표준화 문서를
기반으로 하는
지침서

속이 깊은 HTML5 & CSS3

김명진 지음

{{Information
escription={{en|1=A
aphical depiction of a
very simple HTML5
cument.}} {{nl|1=Een
afbeelding van een
eenvoudig HTML5
document.}}
Source=Self-made,

생능출판

국립중앙도서관 출판시도서목록(CIP)

속이 깊은 HTML5 & CSS3 / 김명진 저. -- 파주 :
생능출판사, 2014
p. ; cm

ISBN 978-89-7050-812-2 93000 : ₩28000

HTML[HyperText Markup Language]

004.583-KDC5
004.678-DDC21 CIP2014014778

머리말

PREFACE

웹이 보급된 지 꽤 오랜 시간이 흘렀고, 일상생활에 일부로 완전히 뿌리를 내리면서 눈을 떠서 잠자리에 들기까지 개인 홈페이지나 블로그 또는 SNS 등에서 많은 시간들을 보낼 정도로 항상 웹과 연결되어 있다. 이러한 웹 사이트를 만드는 것이 HTML이라는 마크업 언어이다. 예전에는 웹사이트 제작 도구나 텍스트 에디터를 사용하여 HTML 태그를 의식하면서 작성했지만, HTML 버전이 4.01로 완성도가 높아지면서 이 분야도 더 이상 눈에 띄는 발전이 없는 듯이 보였다. 그러나 기존 HTML의 다양한 기능 구현의 한계와 각 브라우저간의 호환성 및 버전 간의 호환성 문제로 인하여 웹 개발자들은 상당한 시간과 노력이 필요했다. 그러나 HTML5가 등장하면서 이러한 문제들은 자연스럽게 해결되게 되었다. 이것이 바로 웹 표준의 장점이라 할 수 있다.

최근에 HTML5가 주목 받는 이유는 엑티브 X(Active-X)를 설치하지 않아도 동일한 기능을 구현할 수 있고, 특히 플래시(Flash)나 실버라이트(Silverlight), 자바 FX(JAVA FX) 없이도 웹 브라우저에서 화려한 그래픽 효과 및 음악과 동영상을 자유롭게 감상할 수 있기 때문이다. 뿐만 아니라 산업 전반에 걸쳐 새로운 프레임워크로 자리잡고 있기 때문이다.

요즘 대기업들과 정부 각 기관들도 일제히 HTML5 기반으로 한 사이트를 다시 구축하고 있으며, 정부에서도 2017년까지 차세대 웹 표준 HTML5 전문 인력 3천명을 양성하겠다고 발표했다. 따라서 앞으로의 온라인 산업도 HTML5를 기반으로 재편될 것이라 판단된다.

HTML5는 아직 최종 완성되지 않았지만, 차세대 웹 플랫폼으로 현재 HTML5의 많은 기능들을 이미 여러 브라우저에서 사용할 수 있고, 브라우저들도 시간이 흐를수록 빠르게 버전 업이 되고 있는 것을 볼 수 있다. 대학에서 HTML5와 관련 과목들을 강의하고 있는 입장에서, 학생들의 입장을 고려하여 "어떻게 하면 HTML5를 좀 더 빨리 익숙하게 접근할 수 있을까? 라는 생각에서 접근하기 시작했고 가능하면 표준화 문서를 중심으로 내용을 구성하도록 하였다. 따라서, 이 교재와 함께 표준화 문서를 함께 살펴보는 것도 좋은 방법이라 할 수 있다.

작성된 내용은 대부분 표준화 문서에 있는 내용들을 중심으로 이루어져 있기 때문에 본 교재와 함께 표준화 문서를 함께 본다면, HTML5에 좀 더 쉽게 접근할 수 있으리라 생각된다. 그러나, HTML5의 기술이 워낙 방대한 양을 담고 있기에 본 교재에서는 학생들에게 가장 우선적으로 필요한 내용들만 다루었다. 또한 내용을 학습함에 있어서 아직 배우지 않은 내용들이 나올 경우에는 보충 설명을 통해 이해를 돕도록 하였기 때문에 학습하는데 어려움이 없으리라 생각한다. 다만, 대학 교재의 페이지 한계상 많은 내용들을 다룰 수 없었기에 추가적인 내용들은 추가적으로 출간되는 필자의 책들을 참고해 보기를 권한다.

참고로, 표준화 명세서에 기술하고 있는 사용자 에이전트(User Agent)는 줄여서 UA라고도 말한다. 이는 브라우저뿐만 아니라 소프트웨어에서도 명세서에 있는 HTML5 요소들을 사용할 수 있기 때문에 브라우저란 단어 대신에 사용자 에이전트라는 용어를 사용하고 있다. 그러나 본 교재에서는 특별히 언급이 없는 한 표준 명세서의 사용자 에이전트 용어를 웹 브라우저로 지칭하여 사용할 것이다. 그리고, 아직은 표준화가 진행 중이기 때문에(본 교재를 집필하는 순간에도 계속되는 업데이트), 본 교재에서 언급되어 있는 예제들은 모두 다음과 같은 브라우저에서 테스트를 하였으며, 구글 크롬 카나리아 개발자 버전을 중심으로(가장 많은 기능을 지원하고 있기 때문에) 테스트 하였음을 밝혀둔다.

- 크롬 버전 38.0.2074.0 canary(64-bit) / 크롬 버전 36.0.1985.18 beta-m
- 파이어폭스 Nightly 33.0a1 / 파이어폭스 버전 30
- 오페라 개발자 버전 23.0.1522.10
- 인터넷 익스플로러 버전 11.0.9600.17126

그리고 본 교재에서 사용된 예제들은 모두 일반 텍스트 편집기를 사용하였기 때문에 특별한 개발 도구가 필요 없지만, 텍스트 편집의 편리함을 제공해주는 노트패드(Notepad++)만을 사용하였다. 노트패드는 http://notepad-plus-plus.org에서 무료로 다운로드 받을 수 있다.

본 교재에서는 표준화 문서 이외에도 다음과 같은 많은 유용한 사이트를 참고하였다.

- 모질라 개발자 사이트 - developer.mozilla.org
- 마이크로소프트 개발자 네트워크 - msdn.microsoft.com
- HTML5 ROCKS - html5rocks.com

- W3schools.com
- Korea HTML5 - www.koreahtml5.kr
- W3C HTML5 KIG(대한민국 관심그룹)
- 기타 HTML5 관련 사이트

마지막으로, 본 교재가 출간될 수 있도록 해주신 하나님께 감사를 드립니다. 그리고 교재의 기획과 아낌없는 조언으로 도와주신 한국방송통신대학교의 이관용 교수님께 깊은 감사를 드립니다. 또한, HTML5에 대한 최신 정보를 비롯하여 유용한 기능들을 소개하는 W3C HTML5 KIG의 이원석 회장님을 비롯하여 그룹에 참여하는 모든 분들에게도 감사를 드립니다. 본 교재가 잘 출간될 수 있도록 도와주신 출판사 김민수 팀장님, 교정을 도와주신 김민보 대리님 이하 모든 분들에게도 감사의 말씀을 드립니다. 마지막으로, 항상 곁에서 힘든 순간마다 격려해주고 도와준 사랑하는 아내에게 특히 고마움을 전합니다.

(참고로, 필자가 시삽으로 있던, 추억의 넷츠고 너른마당 운영진들은 필자에게 연락바랍니다.)

2014년 7월
저자 김명진

PREFACE

HTML5

홈페이지(www.booksr.co.kr) 제공자료

- PDF 파일
  CHAPTER 1~15 학습정리 및 연습문제
- 예제 소스파일

생능출판사 홈페이지 접속 → [도서검색]에서 '도서명' 또는 '저자명'으로 검색 → [보조자료]에서 다운로드

차례

CONTENTS

CONTENTS

CONTENTS

CHAPTER 01

HTML5 알아보기

학습 목표

HTML 4.01이 발표된 이후에 무려 10여 년 만에 새로운 HTML5 버전이 표준화로 돌아왔다. 이번 장에서는 HTML5의 특징에 대하여 간략히 살펴보도록 한다.

Key Point

HTML5 API, HTML5 관련 기술, HTML5 주요 특징, 웹 표준, HTML5 표준화 일정, HTML 콘텐츠 모델, HTML5 문서 기본 구조

Section

CHAPTER

01 HTML5 알아보기

HTML5는 차세대 웹 표준으로 W3C(World Wide Web Consortium)에서 웹 표준화를 위해서 진행중인 HTML의 새로운 사양으로, WHATWG(Web Hypertext Application Technology Working Group)에서 웹 애플리케이션 1.0이라는 이름으로 세부 명세 작업을 시작하여 현재에도 개발 중에 있다. 최근에 HTML5가 주목 받는 이유는 엑티브X(Active-X)를 설치하지 않아도 동일한 기능을 구현할 수 있고, 특히 플래시(Flash)나 실버라이트(Silverlight), 자바 FX(JAVA FX) 없이도 웹 브라우저에서 화려한 그래픽 효과 및 음악과 동영상을 자유롭게 감상할 수 있기 때문이다. 뿐만 아니라 산업 전반에 걸쳐 새로운 프레임워크로 자리잡고 있기 때문이다. HTML5는 기존 HTML 4.01과 XHTML 1.0, 그리고 DOM(Document Object Model) Level 2에서 CSS3(Cascading Style Sheets 3)와 강화된 JavaScript API(Application Programming Interface)를 포함한 것을 말하며, 특정 클라이언트 소프트웨어(안드로이드 또는 애플의 앱(APP)과 같은 소프트웨어를 네이티브(Native) 소프트웨어라 한다.)에서만 구현할 수 있었던 최신 멀티미디어 뿐만 아니라 고기능의 애플리케이션을 웹 브라우저에서 쉽고 용이하게 볼 수 있게 하는데 목적을 두고 2014년(12월 예정) 기술표준으로 공식 발표할 예정이다. 이에 따라 애플(Apple), 마이크로소프트(MS), 구글(Google), 페이스북(Facebook) 등의 글로벌 IT 기업들이 HTML5 시대의 주도권을 잡기 위해 치열한 경쟁을 하고 있다.

Section 01 HTML5 API 및 관련 기술들

HTML5 기술은 현재 표준화가 진행되고 있는 기본 기술을 포함하여 다양한 관련 기술들이 다음 그림과 같이 논의되고 있다. 그림에서 보듯이, 일반적으로 표준화에서 논의되고 있는 기술들은 정해져 있지만, 이를 지원하기 위한 관련 기술들을 모두 포함하여 HTML5 기술들이라 할 수 있다.

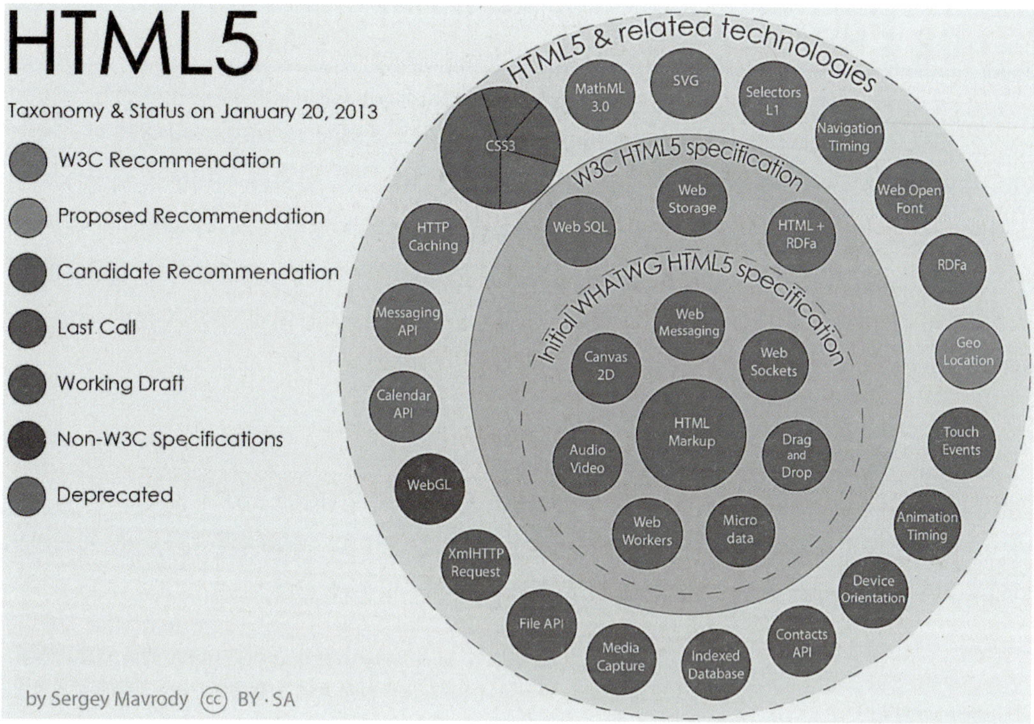

그림출처: 위키피디아

▣ 추가된 API

HTML5에 새롭게 추가된 API들을 살펴보면 다음과 같다.

- 2차원 그래픽을 위한 Canvas 요소의 API
- 미디어의 재생을 위한 API
- 오프라인(Offline) 웹 애플리케이션을 위한 API
- 드래그-앤-드롭(Drag-and-drop)을 위한 API
- 웹 스토리지(Web Storage)를 위한 API
- 인덱스 데이터베이스를 위한 API
- 위치 정보(Geo-Location)를 위한 API
- 파일 업로드와 관리 기능을 위한 API
- 양방향 통신을 위한 웹 소켓(WebSocket)을 위한 API

Section 02 HTML5의 주요 특징

기존 HTML의 다양한 기능 구현의 한계와 각 브라우저간의 호환성 및 버전 간의 호환성 문제로 인하여 웹 개발자들은 상당한 시간과 노력이 필요했지만, HTML5로 인하여 이러한 문제들은 자연스럽게 해결되게 되었다. 이것이 바로 웹 표준의 장점이라 할 수 있다. 그러나 HTML5에 대한 내용은 너무 방대하기 때문에 모두 살펴보지 못하고, 다음과 같은 특징들을 간략하게 살펴보고 이후 2장부터 각 기능들에 대한 내용들을 좀 더 자세히 알아볼 것이다. 이에 대한 자세한 내용들은 http://www.w3.org/html/wg/drafts/html/CR/에서 확인이 가능하다.

▣ 웹 애플리케이션 개발을 위한 플랫폼

HTML5의 가장 큰 특징은 플래시나 실버라이트 같은 플러그-인(Plug-in)이 없이도 웹 문서뿐만 아니라 웹 애플리케이션도 만들 수 있는 플랫폼이라는 것이다. HTML5에서는 이를 지원하는 다양한 API들을 제공하고 있으며, 주요 기능들을 살펴보면 다음과 같다.

웹 폼 (Web Form)	웹 양식을 지원하는 폼 태그로써, 달력 양식, 범위(Range) 양식, 그리고 Email 등의 새롭고 실용적인 양식이 추가되어 입력 보조 수단이나 입력 값의 검증 등에도 활용이 가능(기존에는 스크립트를 사용하여 구현할 수 밖에 없었던 기능적 요소)하다.
비디오(Video) 오디오(Audio)	비디오 또는 영화를 보여주기 위해 새롭게 추가된 <video> 태그와 사운드나 오디오 스트림을 표현하기 위해 추가된 <audio> 태그는 플러그-인을 이용하지 않고도 미디어를 웹 문서에 추가할 수 있으며, HTML5를 지원하지 않는 웹 브라우저의 경우에도 기존 플래시 등과 같은 플러그-인을 이용하여 미디어 재생이 가능하게 하고 있다(코드 혼용 가능). 이러한 미디어들의 상황별 다양한 이벤트들을 이용하여 자바스크립트를 통해 직접 미디어를 제어할 수 있다. 그러나 미디어 요소들의 명세는 라이센스 문제로 인하여 아직도 진행 중이며 여전히 코덱(MPEG4, VP8, WebM, H.264 등), 스트리밍(Streaming) 등에 대한 다양한 이슈들이 존재한다.
캔버스 (Canvas)	웹에서 즉시모드(Immediate mode)로 2차원 그래픽을 그리기 위한 API를 지원하여 선, 도형, 텍스트, 이미지와 같은 그래픽을 표현할 수 있고 색상, 그림자, 패턴과 같은 효과도 적용이 가능하다. 또한 캔버스 내 각종 객체를 회전, 변환, 그라데이션 및 이미지 생성 등의 각종 효과를 줄 수 있으며, 이미지 처리, 비디오 프레임 단위 추출, 동적 캔버스 이미지 추출 및 픽셀 단위의 제어를 할 수 있도록 기능을 지원하고 있어 HTML5의 기능 중에서 가장 많이 활용되고 있는 특징이다.
SVG (Scalable Vector Graphic)	XML 기반의 2차원 벡터 그래픽을 표현하기 위한 언어로써(일부 래스터 그래픽 기능도 가능), 실질적이고 유연한 그래픽 포맷을 XML로 구현한다는 목표로 만들어졌다. 중첩된 변형, 클리핑 경로, 알파 마스크, 래스터 필터 효과, 애니메이션, 줌 및 플래닝 뷰, 다양한 그래픽 명령어, 그룹핑, 스크립팅 등을 지원한다.
위치정보 (Geolocation)	디바이스의 지리적 위치 정보를 제공하는 API로써 구글의 Geolocation API라는 표준으로 정의되어 있으며 모바일 환경에서 가장 많이 사용되는 API이다. 모바일 브라우저의 구현에 따라 IP Address, Wifi/Bluetooth MAC Address, GSM/CDMA의 셀-타워(Cell-tower) 정보 등으로부터 위치 정보를 제공한다.

오프라인 웹 응용 (Offline Web Application)	인터넷 연결이 지원되지 않는 경우에도 웹 응용프로그램이 정상적으로 수행될 수 있도록 주요 구성요소인 HTML, JavaScript, CSS 등의 문서파일들과 각종 이미지 파일들을 브라우저의 임시 영역에 캐시(Cache)로 저장하고 브라우저가 새로 고침(Refresh) 되더라도 웹 응용프로그램이 로딩하도록 지원된다. 응용프로그램에 대한 캐싱과 데이터에 대한 캐싱으로 구성되어 있으며 현재 각 도메인당 5M의 캐시 크기가 설정되어 있다(브라우저의 구현에 따라 다르고, 현재로서는 표준의 크기가 제한되어 있지 않음).
웹 데이터베이스 (Web Database)	웹 브라우저에 데이터베이스 엔진을 이용하여 자바스크립트로 사용하는 기술로 웹 SQL 데이터베이스와 인덱스 데이터베이스 기술(W3C 표준)이 존재하였지만, 웹 SQL 데이터베이스는 SQL과의 표준 문제로 HTML 표준 명세서에서 하차(deprecated)가 결정되어 현재는 W3C Note Track으로만 남아있다.
로컬 저장소 (Local Storage)	기존의 쿠키(Cookie)의 단점(웹 브라우저의 최대 저장 크기가 4KB로 제한되어 있고 유효 기간이 있으며, Request 호출시마다 헤더에 전송되므로 많은 양의 값들을 저장할 경우 웹 서버의 응답시간에 영향을 줌)을 극복하기 위한 목적으로 개발된 기능이다. 웹 클라이언트에서 키와 값이 쌍으로 구성된 데이터가 영구적으로 저장되기 때문에 웹 브라우저 창을 닫아도 다른 모든 웹 브라우저간에 데이터가 공유된다.
웹 소켓 (Web Socket)	웹 응용프로그램이 서버 측의 프로세스와 직접적인 양방향 통신을 위한 API로써, 비접속지향(Connectless)인 HTML을 이용한 웹 응용프로그램 개발의 제약을 극복하기 위해서 도입한 기술이다. 서버와 웹 브라우저가 지속적으로 연결된 TCP 라인을 통한 실시간 데이터 통신을 함으로써 HTTP 헤더에 불필요한 데이터가 줄어들어 데이터 통신 크기와 응답시간이 향상된다.
웹 워커 (Web Worker)	웹 응용을 위한 쓰레드(Thread) 기능에 대한 API로써, 싱글-쓰레드로 동작하는 자바스크립트의 코드 개발에 대한 제약을 극복하기 위한 방법으로 멀티-쓰레드의 개념을 도입한 기술이다. 다음과 같은 특징이 있다. • XmlHttpRequest 객체를 이용한 I/O 작업 가능 • 생성된 쓰레드에서 다른 쓰레드를 생성하는 sub-workers 생성 가능 • 전역(Global) 함수(Function)에 접근이 가능 • 타임-아웃(Timeout)과 인터벌(Interval) 사용 가능 • 다른 스크립트의 로딩이 가능: importScripts() 이용 • 쓰레드를 생성한 생성자를 통해서만 메시지(Message) 통신이 가능

▣ 시맨틱 웹(Semantic Web)

기존 HTML로 작성된 문서의 내용을 웹 브라우저가 이해하는 것은 쉬운 일이 아니지만, 데이터의 의미를 분명히 하고 그 의미를 웹 브라우저에서 활용할 수 있도록 하자는 목적으로 만들어진 것이 바로 "시맨틱 웹(Semantic Web)"이라고 한다. 이는 기존 HTML 문서에서의 표현은 태그를 사용하여 구조를 정의하였기 때문에 단순한 문서 표현에 불과하였다. 따라서 이러한 문서의 표현 방식은 빅데이터를 중심으로 하는 검색 엔진이나 문서 해석기가 이를 판별하고 해석하는 데는 문제가 될 수 있어, 자료 분석에 어려움이 따를 수밖에 없다. 따라서 W3C에서는 대표적인 의미가 있는 구조를 가지고 있는 XHTML을 개발 및 발표하였고, 이를 HTML5가 이어받게 된 것이다.

> 현재의 인터넷과 같은 분산환경에서 리소스(웹 문서, 각종 파일, 서비스 등)에 대한 정보와 자원 사이의 관계-의미 정보(Semanteme)를 컴퓨터가 처리할 수 있는 온톨로지 형태로 표현하고, 이를 자동화된 컴퓨터가 처리하도록 하는 프레임워크이자 기술(웹의 창시자 팀 버너스리, 1998년)
>
> \- http://ko.wikipedia.org/wiki/시맨틱_웹

▣ 웹 표준화(Web Standards)

우리는 지금까지 웹 사이트를 제작할 때 웹 표준이 없었기 때문에 여러 기술들을 사용해서 사람들에게 멋있고 화려하게 보이도록 제작을 하면서 회사의 이미지 제고에 많은 공을 들였다. 그렇게 제작된 웹 사이트가 여러 웹 브라우저에 정상적으로 보이게 하기 위해 많은 플러그인 기술이나 확장 라이브러리를 사용하면서 크로스 브라우징 관련 라이브러리 기술들이 인기를 누리고 있다. 또한 다양한 기기에서 웹 문서를 보기 위한 기술들이 더해지면서 웹 사이트의 복잡성은 점점 심화되고, 이로 인하여 문서를 구성하는 내용물이 많아지고 네트워크 트래픽이 증가하면서 웹 사이트가 무거워지고 느려지고 있다. 그리고 이러한 관련 기술들을 안내하고 있는 많은 서적들이 계속해서 출간되고, 학원에서도 관련 기술들의 커리큘럼을 경쟁하다시피 만들고 있다. 이러한 관련 기술들을 배우는 학습자의 입장에서 보면 매우 혼란스러울 것이다. 대체 어디서부터 무엇을 먼저 배워야 하며 추가적으로 배워야만 하는 관련 기술들은 어떤 것이 있을까 하는 고민들을 가지고 먹이를 찾아 떠도는 하이에나처럼 웹 서핑을 통해 관련 기술들을 습득하게 될 것이다. 이는 사회적으로 엄청난 시간과 비용이 낭비되는 것이라 할 수 있다. 만일 웹 표준이 있다면 어땠을까? 예를 들어, 우리가 매장에서 신발이나 옷을 구입할 때 정해진 규격이 없다면 어떻게 해야 할까? 매번 신어보거나 입어보거나 하는 번거로움이 있을 것이다. 따라서 지금의 홈쇼핑(TV 또는 웹사이트 등)은 다른 양상을 보였을 수도 있다. 그러나 우리는 우리 자신의 신체 사이즈에 맞는 규격을 알고 있기에 편하게 제품을 구입할 수 있는 것이다.

웹을 구현하는 데 있어 표준으로 사용되는 지침과 기술 방식이 바로 웹 표준이라 할 수 있으며, 이 웹 표준에 따라 다양한 접속환경을 가진 인터넷 사용자들이 정보에 소외되지 않고 모두가 동등하게 정보를 이용할 수 있도록 해야 한다. 따라서 국제 표준(Global Standard)에 따라 웹을 개발해야 하며, 웹 표준은 반드시 지켜져야 한다. HTML5는 바로 이러한 웹 표준에서도 중요한 역할을 하고 있으며, 이에 대한 효과로는 다음과 같이 사업적인 부분, 웹 접근성 부분, 개발 지향적 부분, 디자인 지향적 부분 등에서 다양하게 나타나고 있다.

부문별 웹 표준화의 효과

부문별	표준화 효과
비즈니스	• 로딩 속도가 빠르다(트래픽 컨트롤 가능). - HTML 파일이 간결해진다 • 버전관리, 유지보수가 용이하다. - 규격에 맞는 콘텐츠와 디자인을 간편하고 편리하게 관리할 수 있기 때문에 투입되는 노력과 시간이 줄어든다. • 더 넓은 확장성 및 신기술 도입이 용이하다. - 여러 다양한 도구에 쉽게 적용할 수 있어 유동적 웹 사이트 구축 관리 대응이 용이하다. • 더 넓은 사용자층 확보가 수월하다. - 콘텐츠와 디자인이 분리되어 배포가 쉽기 때문에 콘텐츠를 빠르게 확산시킬 수 있다. • 장애인, 노인 등을 위한 서비스 제공에 따라 기업 이미지 제고에 도움이 된다 - 장애인 등을 위한 리더기를 이용한다.
웹 접근성	• 멀티 플랫폼에 대한 웹 브라우징이 가능하다. • 장애인, 저연령 및 고연령 층에서도 손쉽게 접근할 수 있다. - 검색자료를 빠르게 노출하게 하고 장애인 등을 위한 리더기를 이용한다. • 특정 질병, 저소득층, 학습능력이 낮은 사람, 기타 특수 환경이나 조건에 있는 사람들도 쉽게 접근할 수 있다.
개발지향적	• 로딩 속도가 빠르다(트래픽 컨트롤 가능). - HTML 파일이 간결해진다. • 버전관리, 유지보수가 용이하다. - 규격에 맞는 콘텐츠와 디자인을 간편하고 편리하게 관리할 수 있기 때문에 투입되는 노력과 시간이 줄어든다. • 더 넓은 확장성 및 신기술 도입이 용이하다. - 여러 다양한 도구에 쉽게 적용할 수 있어 유동적 웹 사이트 구축 관리 대응이 용이하다. • DHTML / Ajax / Rich Internet Application / Semantic Web 등의 기술 개발이 용이하다. • 코드의 유효성 검사가 용이하다. - 웹 문서가 만들어지는 동안 코드상의 오류를 점검할 수 있다.
디자인지향적	• 디자인 분리 관리가 용이하여 디자인 기간이 단축된다. - 동일한 디자인 요소의 제어가 손쉽고 기존 콘텐츠와 관계없이 디자인을 자유롭게 수정하거나 변경할 수 있다. • 수정/변경이 자유롭다. - 규격에 맞는 콘텐츠와 디자인을 간편하고 편리하게 관리할 수 있기 때문에 투입되는 노력과 시간이 줄어든다. • 코드의 유효성 검사가 용이하다. - 웹 문서가 만들어지는 동안 코드상의 오류를 점검할 수 있다. • 디자인 재활용이 가능하다.

Section 03 HTML5 미리 보기(Preview)

HTML5를 본격적으로 학습하기에 앞서, HTML5로 할 수 있는 일들을 미리 살펴보는 것이 HTML5에 대한 생각을 정리하고 HTML5의 필요한 기능들을 좀 더 자세히 학습하는 데에 도움이 될 것이다.

▣ 웹 브라우저 지원 현황

WHATWG의 주체는 브라우저의 벤더들이기 때문에 표준화의 핵심은 브라우저에서의 기능 구현 여부에 달려 있다고 할 수 있으며, 각 브라우저에서 빠른 속도로 지원되고 있다. 다음은 태블릿 및 모바일 별 브라우저의 HTML5 지원 현황을 정리하여 나타낸 것이다.

태블릿 별 브라우저의 HTML5 지원 현황

	Android	BlackBerry	Chrome	Firefox	Internet Explorer	iOS	Opera
Upcoming							
Current	4.4 428	2.1 412	33 488	27 464	11 376	7.0 412	16 471
Older	4.0 272	2.0 398	32 484	26 462	10 335	6.0 387	15 441
	3.2 229		31 484	25 462		5.1 328	12.10 391
			30 484	24 452		4.2 215	11.50 301

모바일 별 브라우저의 HTML5 지원 현황

	Android	BlackBerry	Chrome	Firefox	iOS	Opera	Windows Phone
Upcoming							8.1 372
Current	4.4 428	10.2 491	33 488	27 464	7.0 412	16 471	8 332
Older	4.0 272	7 275	32 484	26 462	6.0 387	15 441	7.5 128
	2.3 187		31 484	25 462	5.1 328	12.10 391	
			30 484	24 452	4.2 215	11.50 301	

2014년 5월 현재 HTML5를 완벽하게 지원하는 브라우저는 없다. 다음 그림은 웹 브라우저의 HTML5 지원 현황을 보여준 것으로 크롬 브라우저의 개발자 버전인 카나리아 37.0.1995.1버전은 507/555 점수를 받았다. HTML5의 표준화 단계에 따라 기능이 추가될 수 있고 총 점수 555는 증가될 수 있으며, 획득한 점수 507점은 브라우저의 지원 점수로서 벤더에서 브라우저의 버전업을 함에 따라 달라질 수 있다. 앞에서도 말했듯이 HTML5를 완벽하게 지원하는 브라우저는 없다. 그

러나 각 벤더에서 HTML5를 지원하는 범위를 계속해서 확대하고 있는 실정이다.

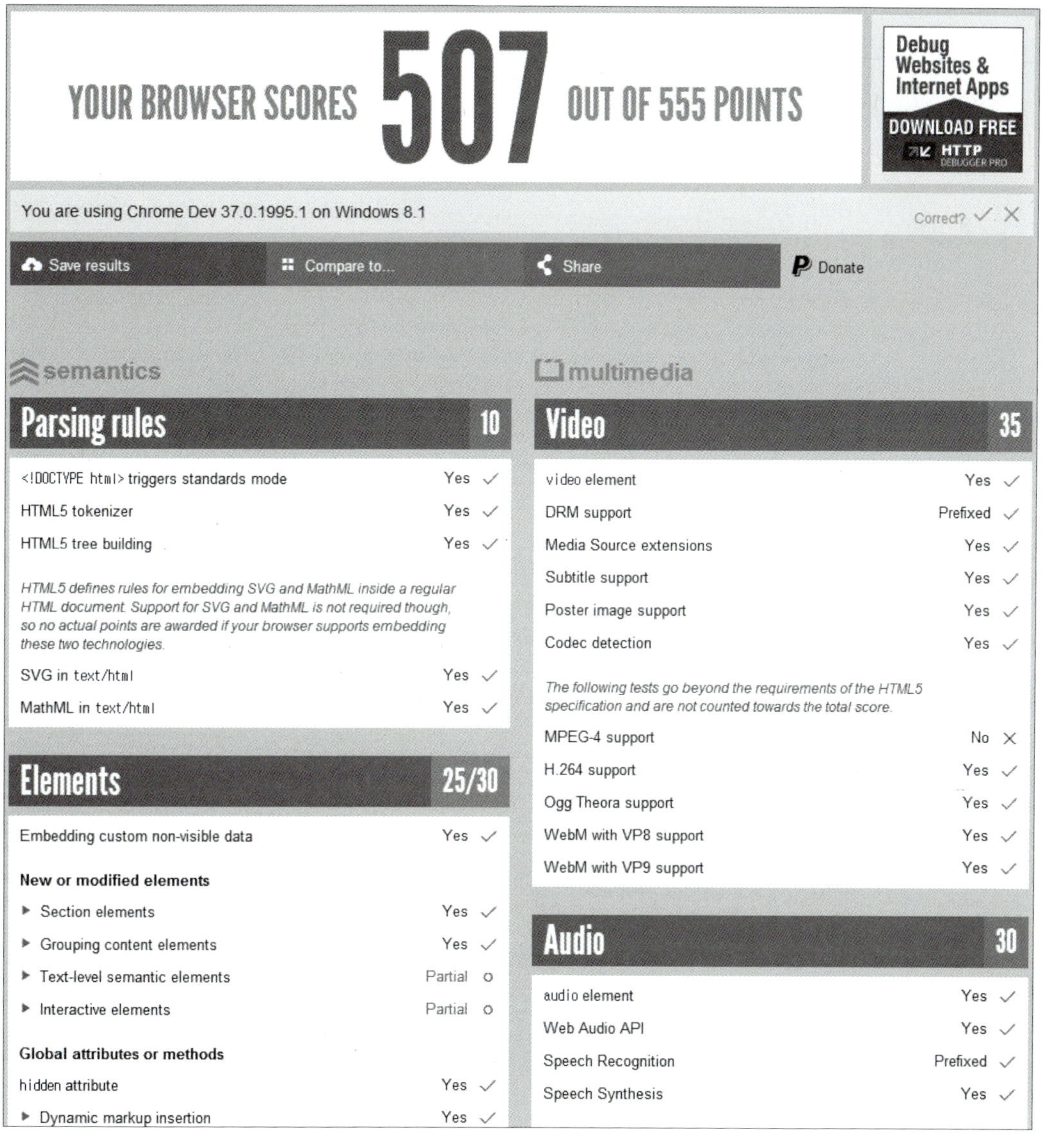

HTML5 Test - http://html5test.com/

▣ HTML5를 학습할 수 있는 사이트

다음 사이트들은 HTML5 요소에 대한 설명과 함께 간단한 예제를 살펴 볼 수 있으며, 관련된 내용들은 표준화 진행중인 W3C의 최신 문서와 연결되어 확인할 수 있다.

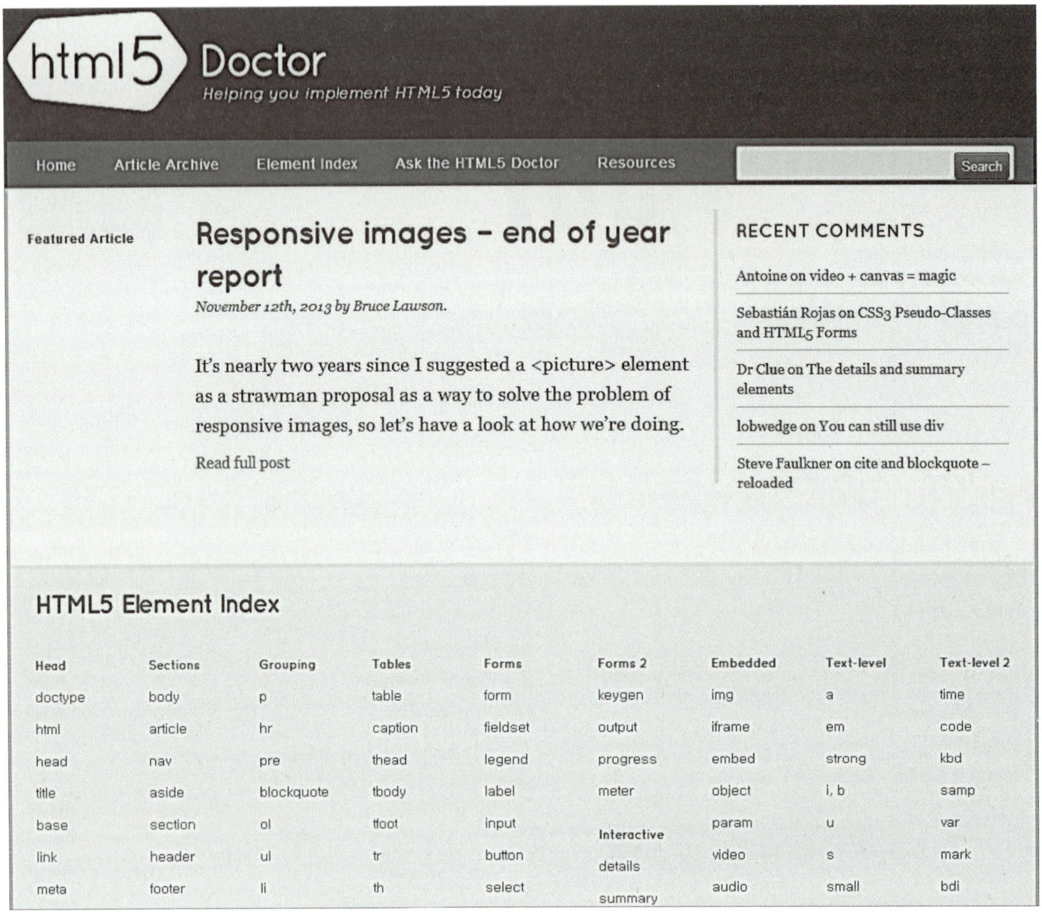

HTML5 Doctor - http://html5doctor.com/

♣ 실전 HTML5 가이드 - http://webstandards.or.kr/html5

♣ HTML5 동영상 가이드 - http://www.sqler.com/pHTML5

▣ HTML5를 느껴보기

- HTML5 Demos and Examples - http://html5demos.com
- HTML5 Rocks - http: http://www.html5rocks.com
- HTML5 Gallery - http://html5gallery.com/
- Apple HTML5 Showcase - http://www.apple.com/html5/showcase/gallery/

Section 04 HTML5 표준화 일정

W3C에서 HTML 4.01 이후(1999년) XHTML 1.0이(2000년) 차세대 마크업 언어으로 채택되어 널리 이용되지만, XHTML 2.0으로(2009년에 책정 중단) 큰 폭으로 변경되면서 호환성이 고려되지 못해 웹 애플리케이션에 대한 수요에 대응하지 못했다. 이에 대하여 2004년 6월에 오페라(Opera)의 이안 힉슨(Ian Hickson), 모질라(Mozilla)의 데이비드 바론(David Baron), 애플의 데이비드 하얏트(David Hyatt) 등이 주축이 되어 W3C와 별도로 표준안을 만들기 위한 WHATWG를 결성하고 차세대 HTML 표준 제정을 독자적으로 추진하게 되었고, W3C가 그동안의 방침을 바꿔 이 제정에 협력하면서 HTML5라는 이름이 탄생하게 되었다. 그리고 W3C에서 HTML5에 대한 향후 로드맵을 밝히는 Plan 2014(http://dev.w3.org/html5/decision-policy/html5-2014-plan.html)라는 문서를 외부에 공개했는데, 2014년 말에 HTML 5.0을, 2016년 말에 HTML 5.1의 순차적인 권고안 최종안을 마련한다는 내용이다.

▣ 표준화 일정

- 2004년 06월 WHATWG 활동 시작
- 2007년 05월 HTML5와 Web Forms 2.0 규격 채택 - 리뷰 기반으로
- 2007년 11월 HTML5 디자인 원칙 작업 초안
- 2010년 01월 HTML5 Last Call Working Draft 초안
- 2010년 08월 HTML5 Working Draft 공개
- 수정된 HTML 5.0 개발 일정
  - 2012년 4분기 - CR(Candidate Recommendation)
  - 2014년 3분기 - LC(Last Call Working Draft)
  - 2014년 4분기 - PR(Proposed Recommendation)
  - 2014년 4분기(12월) - Rec(Recommendation)
- HTML 5.1 개발 일정
  - 2012년 4분기 - FPWD(First publication Working Draft)
  - 2014년 3분기 - LC(Last Call Working Draft)
  - 2015년 1분기 - CR(Candidate Recommendation)
  - 2016년 4분기 - Rec(Recommendation)

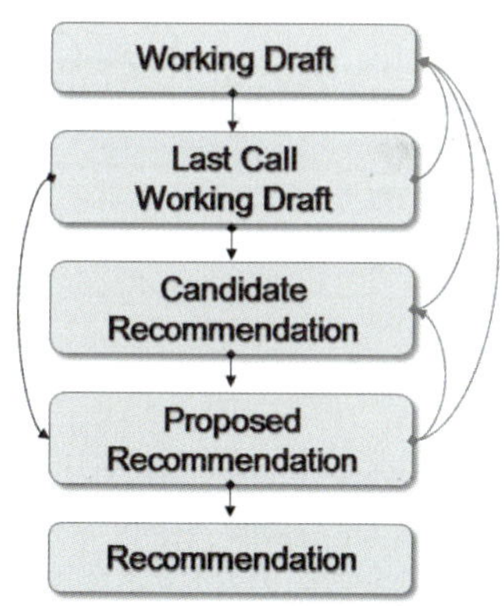

- WHATWG Community - http://www.whatwg.org/
- W3C Web Site - http://www.w3.org/
- W3C Process Document - http://www.w3.org/Consortium/Process-20010719/tr.html
- W3C 대한민국 사무국 - http://www.w3c.or.kr/

▣ HTML 5.1 표준을 벌써 만드는 이유

현재 HTML 5.0과 HTML 5.1의 표준화는 동시에 진행되고 있다. 이런 이유로는 W3C에서는 이미 정해진 일정에 따라 HTML5의 표준을 마감하고, 못다한 구성 요소의 표준화 작업을 속행하기 위해 이후 버전으로 주요 이슈들을 분리하기 위해서라고 설명하고 있다. 이는 HTML 5.1이 HTML 5.0과 구별되는 새로운 내용이라기보다는 기존 산업표준의 연장선에 놓인다고 할 수 있다.

윤석찬 한국 모질라 커뮤니티 리더

먼저 웹 기술 변화에 아주 큰 변화와 혁신이 일어나고 있는데 반해 웹 표준화 프로세스는 여전히 과거의 프로세스를 그대로 답습하고 있어서 빠른 변화를 능동적으로 수용하기에 한계가 있다(물론 W3C가 메일링리스트 외부 개방, 표준 문서 소스 콘트롤 활용, 커뮤니티 그룹으로 참여 확대 등 표준 제정 단계에 많은 변화를 받아들이는 점은 고무적이지만...).

이에 따라 HTML5의 표준 에디터였던 이안 힉슨(Ian Hickson)이 2012년 4월부터 표준안 혁신을 지속하려면 표준안 자체가 소프트웨어 개발 방식 같은 변화가 따라야 한다고 강조하면서 새로운 표준 개발 협업 방식을 제안했다. 요컨데 2004년 부터 2006년까지 W3C 이전에 HTML5 표준안 작업을 한 후 W3C에 제출 했던 WHATWG라는 표준 커뮤니티가 있다. W3C HTML W/G이 만들어진 후에도 활동이 계속됐으나 이들 기능들이 빠르게 W3C 내부로 전달되어 포함되지 못했다. 따라서 WHATWG에서 HTML의 개발 버전(Living HTML이라고도 명명하고 소스 개발상의 Trunk에 해당하는)을 담당하고 W3C가 외부 작업과 내부 작업을 병합해서 주기적으로 표준안 스냅샷을 내놓는(일종의 Branch 버전) 방법을 제안하였다.

표준안	2012	2013	2014	2015	2016
Living HTML	–	–	–	–	–
HTML 5.0	CR start	CR, LC	Rec		
HTML 5.1	FPWD	–	LC+CR	CR	Rec
HTML 5.2 ?		FPWD	–	LC+CR	CR
HTML 6.0 ?			FPWD	–	LC+CR
HTML 6.1 ?				FPWD	–
HTML 6.2 ?					FPWD

HTML 5.1은 2014년 말까지 5.0 스펙을 표준안을 내야 된다는 강박관념(?) 때문에 어느 정도 이슈를 정리하고자 하는 의지에 따른 것이다. 표준이 제정 되려면 회원사들의 공감대가 필요하다. 각 단계에서 의견을 받아(Last Call) 이를 해결해야 하는데, 계속 반대와 토론이 계속되면 현실적으로 표준 제정이 어렵게 된다. HTML 5.1은 마치 중간 단계에서 스냅샷을 뜨는 것으로 향후 HTML6, 7의 전초 작업 형식이 될 것으로 보인다. 특히 Microdata, 2D Canvas 같은 논쟁이 많았던 표준들은 모듈화를 통해 HTML5에서 분리되어 내보내면서 기존 이슈를 최소화 하였다. 그러면서 HTML.next에서 제안된 다양한 기능은 5.1에서 채용될 것으로 보인다.

자료출처: http://blog.creation.net/533

이를 요약해보면 완성된 표준안은 W3C가 만들고 그 바탕이 되는 Living HTML 작업은 WHATWG에서 추진하면서, HTML 5.x를 통해 쌓이는 변화들은 HTML6와 HTML7 등에 반영될 수도 있다.

Section 05 HTML5를 사용해야 하는 이유

HTML5를 사용해야 하는 이유로는 여러 가지가 있지만 특히 애플과 구글이 웹 표준 기술에 적극적으로 참여하고 있으며, 그 동안 가장 소극적이었던 MS도 새롭게 개발되는 기술들에 웹 표준 기술들을 적극적으로 지원하고 있기 때문이다. 애플의 스티브 잡스는 생전에 플래시는 폐쇄된 비표준 기술이기 때문에 공개되는 웹 표준 기술이 플래시를 대체할 수 있다고 언급한 바 있다(플래시의 높은 CPU 사용과 메모리 누수 그리고 좋지 않은 터치감 등을 이유로 잡스가 플래시를 비난하며 아이팟이나 아이폰 등에 플래시를 지원하지 않은 사실은 널리 알려져 있다).

"표준이 아닌 것에 종속되면 그 말로가 어찌 되는지 우리는 잘 알고 있다."
– 스티브잡스(http://www.apple.com/hotnews/thoughts-on-flash/)

구글의 경우도 모든 플랫폼에 앱을 만들어서 지원하기에는 비용이 부족하다면서 2009년 Google I/O 컨퍼런스에서 HTML5에 사활을 걸었다고 언급하였다. 그리고 구글의 Gears 개발을 중단하고 HTML5로의 방향을 전환하였다.
- http://www.engadget.com/2009/12/01/google-halts-development-of-gears-makes-room-for-html-5/

HTML5 이전에는 회사를 위해 개발되는 서비스는 각종 디바이스에 대처하기 위해 웹 사이트를 별도 운영하거나(www.service.com, m.service.com, t.service.com과 같은), 각 디바이스에 맞는 네이티브 앱(안드로이드 앱, 애플 앱 등과 같은)을 별도로 만들어야 했다. 이러한 일들은 결국 인력과 시간의 중복 투자라는 낭비를 불러왔다. 만일 HTML5 및 웹 기술을 활용하게 되면 아이폰, 안드로이드, 윈도우 8.x 같은 운영체제별로 별도의 앱을 만들지 않아도 된다. 모바일 웹 하나로 데스크탑을 포함한 여러 운영체제에 대응 가능한 서비스 개발이 가능하기 때문이다. 이는 기존 네이티브 앱 개발과는 달리 다양한 운영체제에 대응이 가능하고 기업내의 인력 및 비용의 중복 투자를 줄일 수 있기 때문이다. 이는 역설적으로 국내 기업들의 웹 서비스의 개발 및 관리의 문제점으로 지적되어 온 인력과 시간의 중복 낭비를 줄이기 위해 인력을 줄일 수 있다는 의미이기도 하다. 따라서 기존 웹 개발자와 디자이너를 포함하여 현업에 종사하는 많은 개발자들이 HTML5에 관심을 가지기 시작하였다(특히 플래시 개발자들의 자리가 없어지면서 HTML5 관련 개발 업무로 탈바꿈을 하고 있는 중이다).

▣ 모바일 앱 개발자들의 움직임 시작

전 세계적으로 안드로이드와 iOS는 아직까지 모바일 앱 개발자에게 인기가 높다는 것은 누구

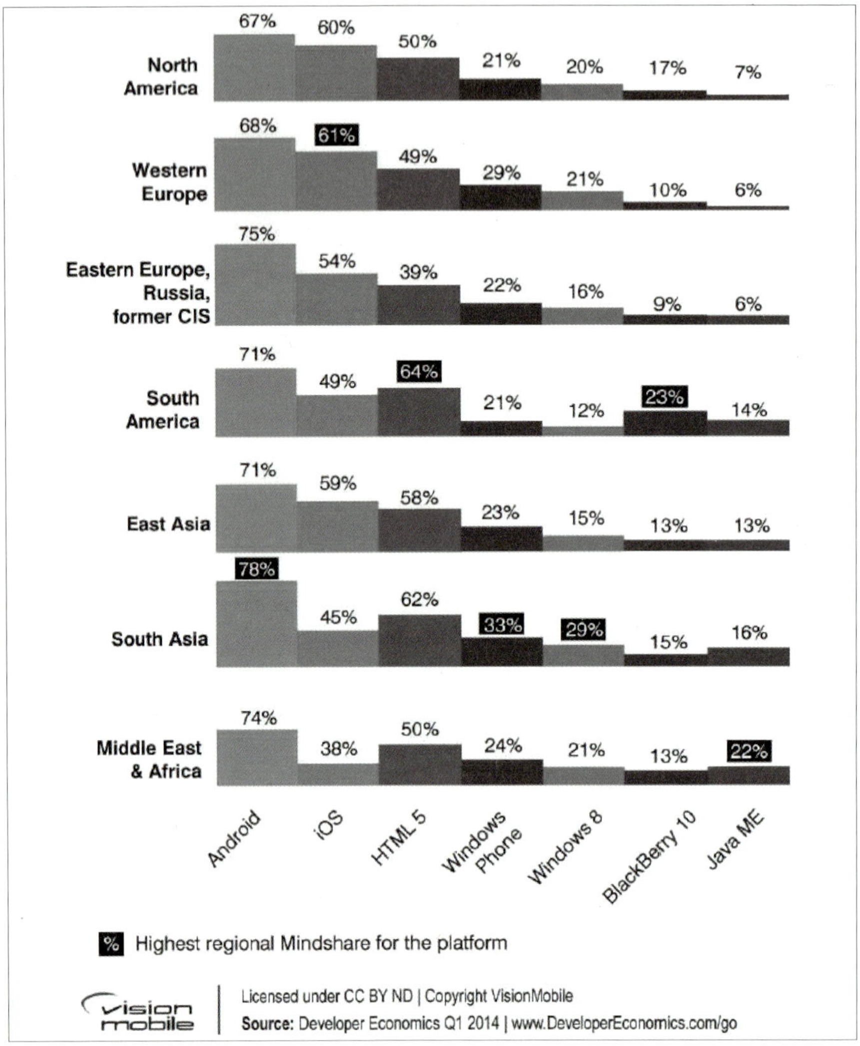

모바일 앱 개발자들의 개발 플랫폼 인지도

조사보고서 - http://www.visionmobile.com/product/developer-economics-q1-2014-state-developer-nation/

국내 기사 - http://www.zdnet.co.kr/news/news_view.asp?artice_id=20140208093727

나 알고 있는 사실이다. 그러나 미국과 유럽 외부 지역 일부에선 벌써부터 HTML5가 iOS보다 선호되고 있다는 조사 결과가 나왔다. 2014년 1분기에 비전모바일이 6천명의 개발자를 대상으로 실시한 설문조사에서 남아시아, 남미, 중동, 아프리카 등에서 HTML5가 안드로이드 다음으로 대중적인 모바일 환경으로 조사 발표되었다. 모질라의 경우, 파이어폭스 OS를 웹 앱에 초점을 맞춘 저사양 휴대폰용이라고 강조하고 파이어폭스 OS를 탑재한 저사양 스마트폰을 남미 시장을 중심으로 퍼트리고 있다. 이렇게 HTML5 개발이 선호되는 건 모질라의 적극적 노력 덕분이 아닐까 하는 생각이 든다.

HTML5에 대해서는 전세계 모바일 개발자 37%가 브라우저를 위한 앱을 개발중이며, 15%가 하이브리드 HTML5 앱을 개발한다고 답했다. HTML5는 모든 플랫폼에서 동시에 사용되는 가장 대중적인 플랫폼이다. iOS나 안드로이드를 최우선으로 삼는 개발자 중 19%가 앱 안에서 웹 콘텐츠를 보여주기 위해 HTML5를 사용한다고 답했다.

▣ 세계 시장 전망

2014년 1월 중순 가트너에서 발표한 자료에 따르면, 2020년까지 세계 사물인터넷(IoT, Internet of Things) 기기가 260억대에 이를 것이란 전망을 하였다. 이는 2009년 9억대에서 약 30배가 증가한 규모이다. 그리고 IoT제품과 서비스 공급업체의 수익이 3천억 달러를 상회하며, 대부분의 서비스 부문에서 창출될 것으로 예상했다. 이로 인해 창출되는 세계 경제적 부가가치는 1조 9천억 달러에 이를 것으로 전망했다.

가트너 "2020년 사물인터넷 기기 260억대"

IOT는 상태 감지, 내 · 외부 환경과의 통신과 상호 작용을 위해 임베디드 기술을 탑재한 물리적 사물들의 네트워크를 의미한다. 가트너 책임연구원인 피터 미들턴은 "IoT는 여타의 연결 기기의 성장을 곧 앞지를 것"이라며 "2020년이면 사용 중인 스마트폰, 태블릿, PC의 대수는 73억 대에 이를 것으로 예상되지만, IoT는 대략 260억 대에 이르게 될 것"이라고 밝혔다.

IoT 기능을 소비자 제품에 탑재하는 비용이 낮기 때문에 기하급수적으로 증가하는 IoT 탑재 제품과 더불어 인터넷에 연결이 안 되어 있는 '유령(ghost)' 기기도 일반화될 전망이다. IoT 기능이 탑재됐지만 연결을 활성화하기 위해 소프트웨어가 필요하거나, IoT기능이 있지만 사용자가 적극적으로 활용하지 않는 제품들이 '유령' 기기에 해당된다.

기업의 경우 IoT 기술을 광범위하게 활용할 전망이다. 첨단 의료 기기, 공장 자동화 센서와 산업 로봇 애플리케이션, 농작물 수확량 제고용 센서 모트, 자동차 센서와 도로 및 철도 교통, 수자원 공급, 송전 등의 분야에 적용할 수 있는 인프라 모니터링 시스템까지 폭넓은 시장을 대상으로한 다양한 제품이 판매될 것으로 예상된다.

… 이하 생략 …

자료출처 – ZDNet Korea(http://www.zdnet.co.kr/news/news_view.asp?artice_id=20131216153337)

세계 최대 전자제품 박람회인 CES2014에서 웨어러블과 함께 2014년을 주도할 차세대 개념으로 사물인터넷이 화두에 올랐다. 특히 CES가 전자제품 박람회임에도 불구하고, 자동차업체들이 참여하면서 사물인터넷이 향후의 모든 시장에 영향을 끼칠 것이라는 것을 볼 수 있는데, 아우디는 <스마트 디스플레이>라는 10.2인치 태블릿PC를 공개하였고, 현대자동차는 구글과 손잡고 구글 글래스를 활용하여 자사의 <블루링크> 활용성을 끌어올리려는 시도를 하였다. 그리고 BMW도 삼성전자의 스마트 손목시계인 갤럭시 기어를 통한 각종 제어기술(시동을 걸거나 차안의 온도 조절 등)을 선보였다.

구글 역시, 모바일시장을 키워나가기 위해 사물인터넷 벤처기업인 <네스트 랩스>를 인수하였다. 그리고 시스코는 사물인터넷의 영향력에 대한 대비를, 인텔은 이에 맞춘 칩셋 플랫폼을 내놓았다. 또한 퀄컴 · 인텔 · 엔비디아 등이 미래의 사물 인터넷 시대를 준비하는 제품들을 내놓는 등, 세계 기업들이 앞다투어 사물인터넷 시장에 뛰어드는 이유가 엄청난 파급효과가 있기 때문이다.

▣ 국내 시장 전망

비단 세계 시장 뿐만 아니라 국내 시장의 사물인터넷의 미래가 다른 나라들보다 더 빠른 속도로 발전하고 있음을 삼성전자와 LG전자가 세계 최대 전자제품 박람회인 CES2014에서 사물인터넷시스템을 출품하여 많은 주목을 받았다. LG전자의 스마트홈 시스템인 <홈챗>은 전세계 3억명

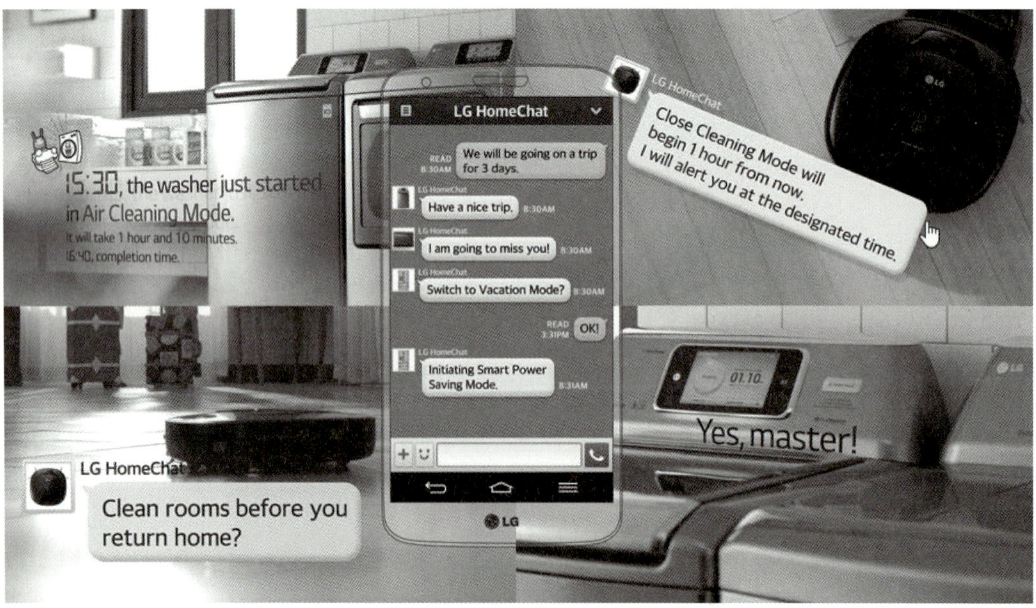

LG 전자의 홈챗(Home Chat)

이상의 가입자를 보유하고 있는 라인(Line) 메신저를 통해 가전기기를 제어할 수 있는 사물인터넷 시스템이다. 이는 스마트폰에서 냉장고, 세탁기를 제어하고 로봇청소기에 언제 청소를 했는지도 문의를 할 수가 있다(응답으로 몇 시부터 몇 시까지 어떤 모드로 청소를 했는지 문자로 알려준다). 그리고 냉장고 및 에어콘 등에 센서를 장착하여 데이터를 무선으로 스마트폰에 연결하여 제어할 수도 있다.

삼성전자 역시 클라우드 기반의 <스마트홈>을 선보이며 사물인터넷에 적극적인 자세를 보였다. 이는 삼성이 주도적으로 개발하고 있는 타이젠 OS와의 호환성을 무기로 가정의 모든 전자

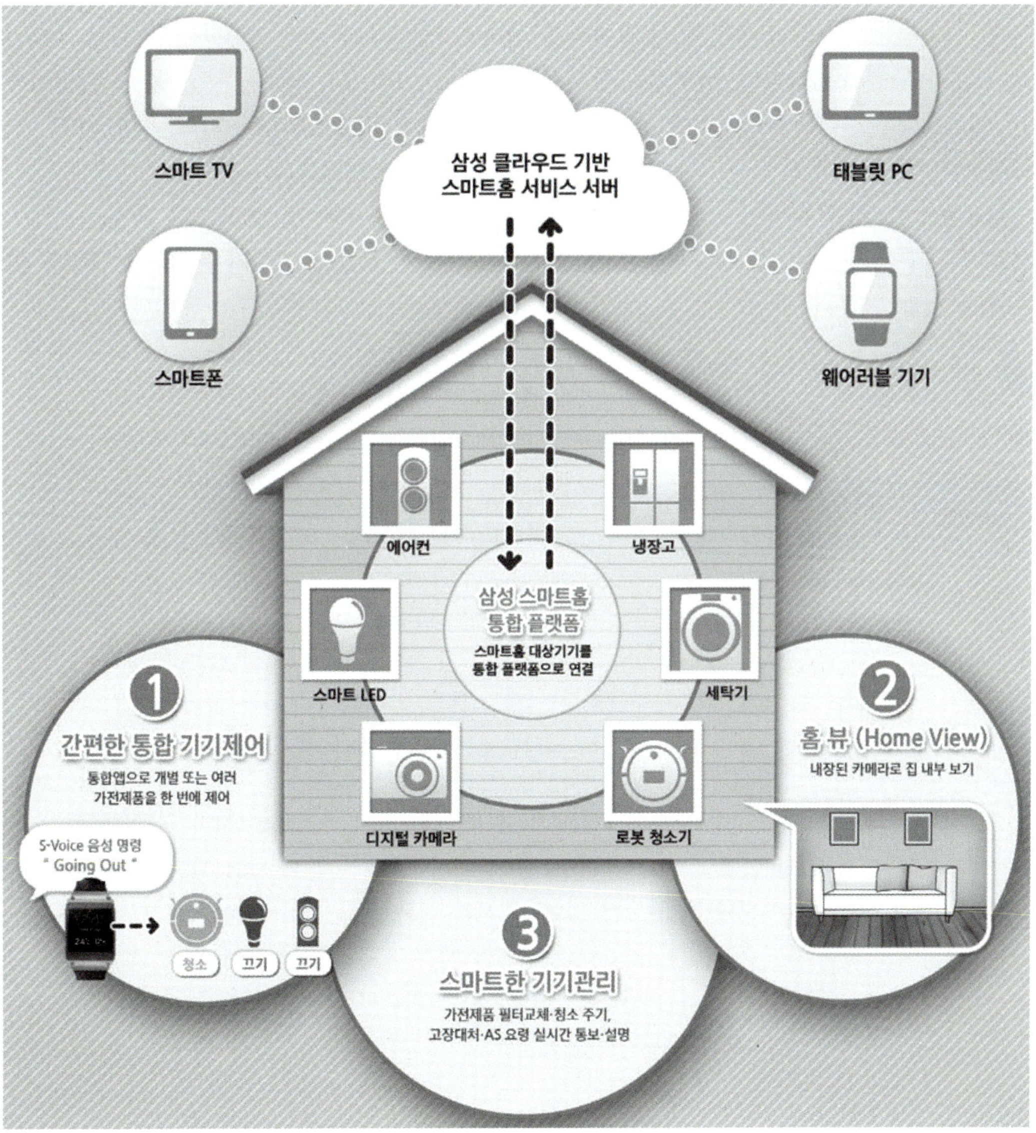

삼성전자의 스마트 홈(Smart Home)

제품들을 모바일 기기 하나로 제어할 수 있는 환경을 만들겠다는 의지로 보인다. 더군다나 스마트홈의 경우엔 타 가전업체들의 기기도 연동시킬 수 있도록 오픈 소스로 개발된다고 한다. 이는 기업들간의 상생에도 큰 도움을 줄 수 있으리라 생각된다.

이처럼 웨어러블 기기, 헬스케어, 스마트홈, 스마트카 등 각 분야에서의 변혁은 이미 시작되었고 사물인터넷에 필요한 디바이스가 점차적으로 늘어나면서 반도체 수요가 급격히 증가할 것이다. 특히 클라우드 서비스와 빅데이터 등과 연계된다면 향후의 생활 환경에 끼치게 될 영향력은 상상을 초월하게 될 것이다.

국가적인 차원에서도, 미래창조과학부가 사물인터넷 국가 표준개발과 글로벌 표준화 선도를 위해 [사물인터넷 표준화 협의회]를 발족하고 2014년 3월 사물인터넷 산업 육성을 위한 국가전략(기본계획)을 수립하였다. 협의회는 삼성전자, LG전자, SKT, KT, LG U+, 삼성SDS, 모다정보통신, 엔텔스, 엑스톤 등 사물인터넷 분야의 대 · 중소기업 13개 업체와 TTA, ETRI, KCA, KETI, 지능형전력망협회 등 관련 공공기관 및 학계 전문가들이 함께 참여하고 있다.

결론적으로, 각종 디바이스와 운영체제에 종속적이지 않은 HTML5를 이용하여 웹 애플리케이션을 만든다면, 앞으로 다가올 사물인터넷과 같은 스마트한 세상을 열어가는 첨병의 역할을 할 수 있을 것으로 생각한다.

2014년 ICT 산업 이슈 전망 – NIPA, 가트너, SK C&C

2013년 연말, 국내외 연구 기관에서는 2014년 ICT분야를 이끌어 나갈 이슈들을 다음과 같이 연이어 발표했다.

순위	정보통신산업진흥원(NIPA) 2014년 ICT 10대 이슈	가트너 선정 2014년 10대 전략기술	SK C&C 선정 2014년 8대 기술
1	웨어러블 컴퓨팅 시대의 개막	다양한 모바일 기기 관리	빅데이터
2	빅데이터의 활용 사례 증가	모바일 앱과 애플리케이션	HTML5
3	3차 산업혁명을 주도하는 3D프린팅과 제조 로봇	만물인터넷	스마트 채널 (Smart Channel)
4	신종 보안위협의 증가	하이브리드 클라우드와 서비스 브로커로서의 IT	Indoor LBS
5	LTE-A서비스의 본격 경쟁	클라우드/클라이언 아키텍쳐	3D 프린팅
6	초연결/사물인터넷의 확산	퍼스널 클라우드의 시대	웨어러블 디바이스
7	클라우드 컴퓨팅의 진화: 하이브리드, 오픈스택	소프트웨어 정의 (Software Defined)	소프트웨어 정의 (Software Defined)
8	차세대 TV와 방송 서비스	웹스케일 IT	데브옵스(DevOps)
9	차세대 부품: 3D 반도체, 플렉시블 OLED	스마트 머신	
10	소셜 2.0	3D 프린팅	

★ 보충 설명 – 사물인터넷(IoT)

영어 머리글자를 따서 '아이오티(IoT)'라 약칭하기도 한다. 이 용어는 1999년 매사추세츠공과대학(MIT)의 오토아이디센터(Auto-ID Center) 소장 케빈 애시턴(Kevin Ashton)이 향후 RFID(전자태그)와 기타 센서를 일상생활에 사용하는 사물에 탑재한 사물인터넷이 구축될 것이라고 전망하면서 처음 사용한 것으로 알려져 있으며, 이후 시장분석 자료 등에 사용되면서 대중화되었다. 사물인터넷은 기존의 유선통신을 기반으로 한 인터넷이나 모바일 인터넷보다 진화된 단계로 인터넷에 연결된 기기가 사람의 개입없이 상호간에 알아서 정보를 주고 받아 처리한다. 사물이 인간에 의존하지 않고 통신을 주고받는 점에서 기존의 유비쿼터스나 M2M(Machine to Machine: 사물지능통신)과 비슷하기도 하지만, 통신장비와 사람과의 통신을 주목적으로 하는 M2M의 개념을 인터넷으로 확장하여 사물은 물론이고 현실과 가상세계의 모든 정보와 상호작용하는 개념으로 진화한 단계라고 할 수 있다

자료출처 – 네이버 지식백과(두산백과사전)

Section 06 HTML5 콘텐츠 모델

기존 HTML과 HTML5의 차이점 중에 하나가 콘텐츠 모델이라는 개념과 구조 관련 요소들이 새롭게 도입되었다는 점이다. 이번 절에서는 새롭게 도입된 콘텐츠 모델과 이에 해당되는 요소들이 무엇인지 살펴보도록 하겠다. 본 교재에서 언급되지 않은 내용들은 다음의 표준화 문서를 참고하도록 하자. 현재 주요 브라우저에서 지원되고 있는 기능이지만, HTML5 명세서에 없는 언급되지 않은 요소들도 있기 때문에 HTML5.1 명세서를 참고하였다.

표준화 문서 참조 위치	HTML5 (2014-05-26) - http://www.w3.org/html/wg/drafts/html/CR/ W3C Editor's Draft (Candidate Recommendation)
	3.2.4 content models (http://www.w3.org/html/wg/drafts/html/CR/dom.html#content-models)

콘텐츠 모델은 허용되거나 금지된 요소의 유형의 이름, DTD(Document Type Definition), 엔티티(Entity), 그리고 문서의 텍스트가 무엇인지 정의하고 있어서 각 요소 유형에서 어떤 내용들이 포함될 수 있는지를 알려주는 모델이다. HTML4에서는 이 요소가 블록 요소인지 인라인 요소인지 규정하고 "인라인 요소 안에는 블록 요소를 넣을 수 없다"라는 규칙만 있지만, HTML5에서는 더 엄격하게 규칙을 적용하여 요소마다 그 목적에 따라서 다음과 같이 분류하고 있다.

- Metadata Content, Flow Content, Sectioning Content, Heading Content, Phrasing Content, Embedded Content, Interactive Content, Palpable Content, Script-Supporting Elements, Transparent Content Models.

다음 그림은 WHATWG에서 각 콘텐츠의 요소를 7가지 유형별로 분류하고 있음을 보여주고 있

다. 그림에서 알 수 있듯이 HTML5의 요소 대부분이 이 분류에 속하지만, 반드시 한 분류에만 속한 것은 아니고 조건에 따라서 다른 분류에도 속할 수 있음을 알 수 있다.

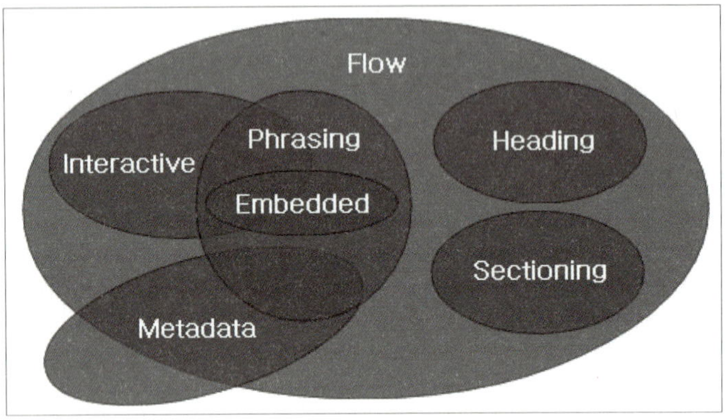

HTML5 콘텐츠 유형별 분류

다음 표는 HTML 콘텐츠 유형의 내용과 해당되는 요소들을 정리한 내용이다.

분류	내용
Metadata Content	문서의 정보를 포함하여 현재 문서와 다른 문서의 관계를 설정하거나 나머지 내용의 표현이나 행동을 설정 또는 분류되지 않은 정보들을 포함한다.
	base, link, meta, noscript, script, style, template, title
Flow Content	body 요소 내에서 사용되는 대부분의 요소들이 포함되지만, 일부는 조건부로 포함된다.
	a, abbr, address, area, article, aside, audio, b, bdi, bdo, blockquote, br, button, canvas, cite, code, data, datalist, del, details, dfn, dialog, div, dl, em, embed, fieldset, figure, footer, form, h1, h2, h3, h4, h5, h6, header, hr, i, iframe, img, input, ins, kbd, keygen, label, link, main, map, mark, math, menu, meta, meter, nav, noscript, object, ol, output, p, pre, progress, q, ruby, s, samp, script, section, select, small, span, strong, style, sub, sup, svg, table, template, textarea, time, u, ul, var, video, wbr, Text
Sectioning Content	header 요소와 footer 요소의 범위 내에서 콘텐츠를 그룹화하여 구조를 나눌 때 사용한다.
	article, aside, nav, section
Heading Content	section 요소의 헤더(제목)를 정의할 때 사용한다.
	h1, h2, h3, h4, h5, h6

Phrasing Content	문서의 텍스트를 정의할 때 사용하며 단락 안에 있는 텍스트의 범위를 나타내는 요소가 속한다. 그러나 p 요소와 같이 단락 그 자체를 나타내거나 div, section 요소와 같이 여러 개의 단락을 묶을 수 있는 요소는 속하지 않는다.
	a, abbr, area, audio, b, bdi, bdo, br, button, canvas, cite, code, data, datalist, del, dfn, em, embed, i, iframe, img, input, ins, kbd, keygen, label, link, map, mark, math, meta, meter, noscript, object, output, progress, q, ruby, s, samp, script, select, small, span, strong, sub, sup, svg, template, textarea, time, u, var, video, wbr, Text
Embedded Content	문서 안에 외부 리소스로 삽입되는 콘텐츠 또는 다른 언어로 표시된 콘텐츠들이 포함된다.
	audio, canvas, embed, iframe, img, math, object, svg, video
Interactive Content	사용자가 어떤 조작을 할 수 있는 콘텐츠들이 포함된다.
	a, audio, button, details, embed, iframe, img, input, keygen, label, object, select, textarea, video,
Palpable Content	새롭게 추가된 개념으로써, 구체적으로 보여지고 이해할 수 있는 콘텐츠들이 포함된다. 최소한 하나 이상의 요소가 존재해야 하고 해당 요소는 숨김 상태여도 안된다.
	a, abbr, address, article, aside, audio, b, bdi, bdo, blockquote, button, canvas, cite, code, data, details, dfn, div, dl, em, embed, fieldset, figure, footer, form, h1, h2, h3, h4, h5, h6, header, i, iframe, img, input, ins, kbd, keygen, label, main, map, mark, math, menu, meter, nav, object, ol, output, p, pre, progress, q, ruby, s, samp, section, select, small, span, strong, sub, sup, svg, table, textarea, time, u, ul, var, video
Script-supporting Element	요소 자체가 렌더링이 되지 않아 어떤 정보를 표현하지 않지만, 스크립트를 지원하는데 사용된다.
	script, template

앞의 표에서 몇몇 요소들은 다음과 같은 조건부로 해당 콘텐츠에 포함될 수 있다.

- 조건부로 Flow Content가 되는 요소
  - area - map 요소의 자손일 때
  - link, meta - itemprop 속성이 지정되었을 때
  - style - scoped 속성이 지정되었을 때

- 조건부로 Phrasing Content가 되는 요소
  - area - map 요소의 자손일 때
  - link, meta - itemprop 속성이 지정되었을 때

- 조건부로 Interactive Content가 되는 요소
  - audio, video - controls 속성이 지정되었을 때

- img, object - usemap 속성이 지정되었을 때
- input - type 속성이 "hidden"이 아닐 때
- tabindex 속성은 모든 요소를 Interactive Content로 만들 수 있다.

• 조건부로 Palpable Content가 되는 요소
- audio - controls 속성이 지정되었을 때
- dl - 자식 요소로 하나 이상의 이름과 값으로 구성되어 있을 때
- input - type 속성이 "hidden"이 아닐 때
- menu - toolbar 속성이 지정되었을 때
- ol - 자식 요소로 하나 이상의 li 요소를 포함하고 있을 때
- ul - 자식 요소로 하나 이상의 li 요소를 포함하고 있을 때

Section 07 HTML5 문서의 기본 구조

HTML5 문서의 기본 구조는 기존 HTML/XHTML의 형식과 크게 다르지 않고 호환되기 때문에 기본적으로 사용되는 HTML의 구성 요소를 그대로 사용할 수 있으며, HTML5의 실용성 원칙에 따라 일부 불필요한 속성들을 생략하여 문서의 구조를 간결하게 유지하고 있다. 따라서 HTML5에서 각 요소가 가지고 있는 의미는 더 중요해졌다고 할 수 있다.

HTML(Hyper Text Markup Language)은 웹 문서를 기술하기 위한 언어로써 마크업(Markup) 언어의 일종이다. 마크업 언어는 다음 그림과 같이 일반 텍스트에 태그(Tag)를 붙여서 텍스트가 문서 어디에 해당되는지를 기술한 것이다. 이렇게 HTML은 태그들로 이루어진 요소(Element)의 형태로 작성되며, 이 태그는 요소 기술자로서 꺽쇠 괄호(<, >)로 둘러싸 구분한다. 본격적인 학습에 앞서 HTML 문서의 기본적인 구성 요소를 살펴보고 용어를 이해하도록 하자.

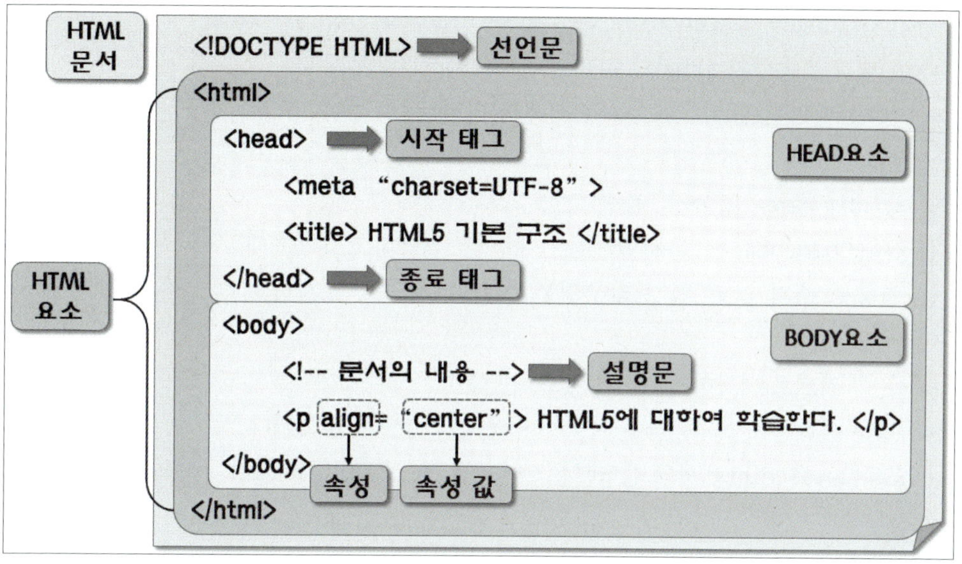

HTML 문서의 구성 요소

HTML 문서의 구성 요소를 살펴보면, 다음과 같이 요소라 불리우는 마크업 명령어인 태그(Tag), 속성(Attribute), 그리고 속성 값(Value)으로 이루어져 있으며 앞의 그림과 같이 트리 구조의 형태로 구성된다.

- 요소(Elements) – 문서에 내용을 지정할 때 사용되며, 시작과 종료를 나타내는 태그로 이루어져 있다. 태그는 대소문자를 구분하지는 않지만, W3C에서는 HTML4부터 태그의 표기를 소문자로 해야 한다고 권고하고 있고 XHTML에서는 반드시 소문자를 사용해야 한다.
  - ex) <title> 문서의 제목 </title> (※ 여기서 "문서의 제목"은 요소의 내용에 해당된다)
  - 요소 = 시작 태그 + 콘텐츠(요소의 내용) + 종료 태그
- 태그(Tag) – '<' 기호와 '>' 기호로 둘러싸인 요소로 짝을 이루는 시작 태그와 종료 태그로 이루어져 있다. 태그 사용시 대소문자를 구분하지 않지만, 중첩해서 사용할 때는 순서가 뒤바뀌지 않도록 주의해야 한다.
  - <title>은 시작 태그, </title>은 종료 태그
  - <a><b><c> 내용 입력 <c><b><a> 와 같이 하나의 태그가 다른 태그를 감싸고 있어야 한다
- 속성(Attributes) – HTML 요소는 속성을 가질 수 있는데, 지시하고자 하는 추가적인 정보를 구체화시키기 위해서 시작 태그 내에서 사용되며 '='기호와 인용 부호인 큰따옴표 " " 를 사용하거나 작은 따옴표 ' ' 를 사용하여 값을 지정한다.
- 속성 값(Arguments) – 속성에 지정되는 실제 값을 나타내며, 문자열, 숫자나 %같은 단위 등으로 지정한다. 속성 값을 변수라고도 한다.

- ex) <p align="center">HTML5에 대하여 학습한다.</p>
- <p> 태그의 속성인 align의 속성 값은 "center" 값이 된다.
- 속성 값이 이미 큰 따옴표를 포함하고 있다면, 속성 값을 지정할 때 작은 따옴표로 감싸야 한다.

  ex) <div name='강아지 "촐랑이"'>

• 설명문(Comment) – 문서에 있는 내용을 설명하고자 할 때 사용하며, HTML 문법에는 영향을 주지 않고 웹 브라우저는 이를 무시하고 표시하지 않는다. 주석문이라고도 한다.

- "<!--" 기호로 시작하여 "-->" 기호로 닫는다.
- 설명문 안에는 <, >, -- 같은 기호는 사용하지 않도록 주의한다
- CSS와 JavaScript에서의 설명문은 C언어와 같이 "/* 내용 설명 */"와 같이 사용한다.

★ 보충 설명

☞ meta나 br 요소와 같이 종료 태그가 없는 요소를 셀프-클로징 태그(Self-Closing Tag), 비어 있는 태그(Empty Tag), 또는 홀 태그라고 부른다. 그리고 XHTML 문법에서는 규칙이 엄격하기 때문에
처럼 홀 태그 끝에 닫는 태그를 넣어 사용해야 했지만, HTML 4.x부터는 끝을 닫지 않아도 상관없다. p 요소의 경우, 종료 태그는 선택 사항으로 간주되기 때문에 생략이 가능하다. 다음은 홀 태그들이다.

- area, base, br, col, command, embed, hr, img, input, keygen, link, meta, param, source

☞ 문서의 문자셋(Charet)을 UTF-8로 사용하는 이유

UTF-8은 한글을 포함하여 세계의 다양한 언어를 문제 없이 표현할 수 있기 때문에 미국이나 유럽의 컴퓨터에서 웹 문서를 열더라도 한글이 정상적으로 출력이 된다. 그러나 UTF-8 대신에 EUC-KR을 사용하면 한글, 한자 및 영어를 제외한 다른 나라의 언어를 표현하지 못한다. 문자셋을 UTF-8로 사용하려면 HTML 파일을 저장할 때 인코딩의 형태도 UTF-8로 저장해야 한다.

▣ 문서의 불필요한 속성 생략

HTML5에서는 문서 유형의 DOCTYPE 선언과 문자 인코딩 선언 부분 등에서 일부 불필요한 속성들을 생략하여 다음과 같이 간결해졌다.

사용 예제

코드	비고
<!DOCTYPE html PUBLIC "-//W3C//DTD XHTML 1.0 Strict//EN" "http://www.w3.org/TR/xhtml1/DTD/xhtml1-strict.dtd">	기존 HTML 방식
<HTML lang="ko"> <html> <head> <title> HTML5 기본 구조 </title>	

<meta http-equiv="content-type" content="text/html; charset=UTF-8">	
<link rel="stylesheet" href="path/to/stylesheet.css" type="text/css"/>	
<script type="text/javascript" src="path/to/script.js"><script>	
</head> <body> HTML5 기본 구조를 학습합니다. </body> </HTML>	
<!DOCTYPE HTML>	HTML5 방식
<HTML lang="ko"> <html> <head> <title> HTML5 기본 구조 </title>	
<meta charset="UTF-8">	
<link rel="stylesheet" href="path/to/stylesheet.css"/>	
<script src="path/to/script.js"><script>	
</head> <body> HTML5 기본 구조를 학습합니다. </body> </HTML>	

- 문서의 유형 변화 - 기존 HTML에서의 DOCTYPE은 SGML 기반이었기 때문에 DTD를 명시해야 했으나, HTML5에서는 브라우저가 표준모드로 작동되게 하는 역할만 하면 되기 때문에 간결해졌다. 일반적으로 DOCTYPE이 지정된 HTML 문서는 소수의 예외적인 경우를 제외하고 MS사의 IE6 이상의 버전을 포함한 모든 브라우저에서 표준 모드로 렌더링이 된다.
- 문자의 인코딩 변화 - HTML 문서의 문자 인코딩 방식을 명시할 때도 간결해졌다.
- Link의 Type 생략 - CSS 파일 연결 또한 기본적으로 CSS이기 때문에 매번 type="text/css"를 명시하지 않아도 된다.
- Script의 Type 생략 - HTML5에서는 스크립트가 기본적으로 자바스크립트이기 때문에 매번 type="text/javascript"를 명시하지 않아도 된다.

▣ Metadata 요소들

Title, Meta, Link, Style, Script와 같은 meta 요소들은 웹 브라우저에게 HTML로 작성된 웹 문서와 관련된 정보를 제공하는데 사용된다. 이러한 요소들은 앞의 사용 예제와 같이 metadata

요소들의 컨테이너 역할을 하는 head 요소의 블록 내에서 기술한다.

- title - 웹 문서의 제목을 설정하는데 사용된다.
- link - 주로 외부에 있는 스타일시트(CSS)를 지정하는데 사용된다.
- style - 웹 문서의 디자인을 담당하는 스타일을 적용하는 코드를 작성하는데 사용된다.
- script - 웹 문서의 동적인 작업을 위한 자바스크립트 코드 등을 작성하거나 참조할 때 사용된다.
- meta - 웹 문서의 인코딩 정보, 문서에 대한 저자, 설명, 몇 초 후 다시 읽기(Refresh)등을 설정할 때 주로 사용되며 다음과 같은 속성들이 있다.
  - name - Metadata의 이름을 지정하는데 사용된다.
  - http-equiv - 문자 인코딩의 설정 또는 몇 초 후 페이지를 다시 로드할 것인지 등에 사용되며 HTML5에서는 보통 생략한다.
  - content - name, http-equiv 속성과 연관된 Text 형태의 데이터로, HTML5에서는 보통 생략한다.
  - charset - HTML 문서에 대한 문자셋을 설정하는데 사용된다.
- base - 웹 문서와 연관된 기본적인 URL 경로나 목적지(Target) 경로를 지정하는데 사용되기 때문에 상대적인 링크(Link)들의 시작 위치 역할을 하게 된다. 다음 예와 같이 지정하여 사용할 수 있다.
  - <base href="절대 경로 URL">
  - <base target="_blank">
  - <base href="절대 경로 URL" target="_blank">

특히 Meta 요소를 이용하여 HTML에 대한 정보를 기록하면 웹 검색(사이트 홍보 등)에 유리하다. 이는 구글 등의 유명 검색 로봇에 의해 수집되는 정보이기 때문이다. 사용할 수 있는 항목으로는 다음과 같은 것들을 이용할 수 있다.

- <meta name="description" content="HTML 파일의 간략한 설명">
- <meta name="keywords" content="HTML 파일의 키워드">
- <meta name="author" content="HTML 파일의 작성자">
- <meta name="copyright" content="HTML 파일의 저작권 정보">
- <meta name="reply-to" content="연락처 메일">
- <meta name="date" content="HTML 파일의 작성 일자">

★ 보충 설명

메타데이터(<meta>)를 이용하면 현재 웹 문서를 다시 로드하거나 다른 페이지로 이동하게 할 수 있다.
- 5초 후에 페이지를 다시 로드하는 경우
  - <meta http-equiv="refresh" content="5">
- 5초 후에 다른 페이지를 로드하는 경우
  - <meta http-equiv="refresh" content="5; http://your_website.com">

▣ HTML5 문서의 협업 관계

HTML5에서부터 웹 프로그래밍에 사용되는 웹 표준 기술을 확립하였는데, HTML5 기반의 웹 사이트를 제작한다는 것은 웹 문서의 내용을 HTML5에서 언급되는 다양한 요소들과 속성들을 이용하여 웹 사이트를 구성하는 웹 문서(HTML 파일)들 뿐만 아니라 웹 문서의 디자인과 같은 부분은 CSS3로 처리하고 웹 문서의 이벤트 처리 같은 상호작용을 담당하는 부분은 자바스크립트로 작성한다는 의미이다. 이에 대한 관계를 다음 그림으로 나타내었다. 그림에서 동적인 CRUD의 의미는 요소에 대한 생성(Create), 읽기(Read), 수정(Update), 삭제(Delete) 작업을 의미한다. 따라서 단순히 HTML5의 마크업만 학습을 한다고 해서 HTML5를 공부하는 것이 아니기 때문에 CSS3와 자바스크립트를 함께 학습해야 한다.

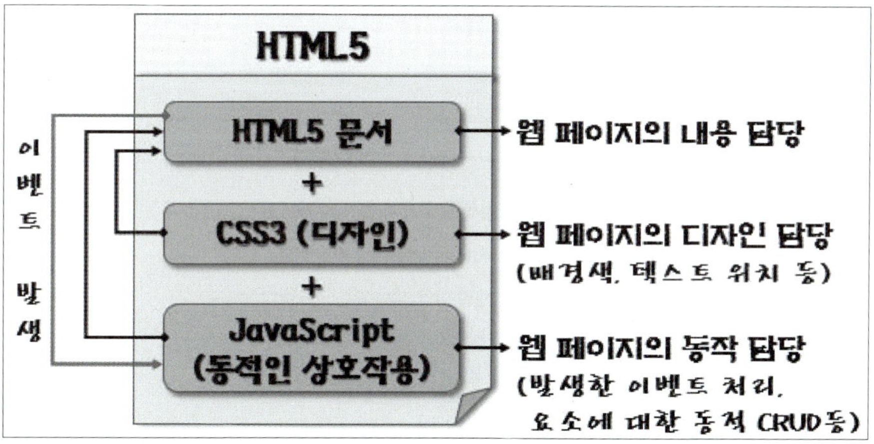

HTML5, CSS3, JavaScript의 관계

Section 08 HTML5 요소(Element)의 확장

HTML 4.01 태그들 중에는 사용되지 않거나 사용되지 않을 요소들의 경우, HTML5에서는 삭제되거나 새롭게 바뀌고 있다. HTML5에서는 여러 기능들을 지원하기 위하여 다음과 같은 새로운 요소들이 추가되었다.

▣ 시맨틱(Semantic)/구조적(Structural) 요소

기존 HTML에서 문단을 구분하기 위해 가장 많이 사용되던 요소는 <div>였지만, 이 요소만으로는 정확한 의미를 전달할 수 없기 때문에 새롭게 추가된 요소들이 다음과 같은 레이아웃을 위한 시맨틱 요소들, 그룹핑 콘텐츠 요소들, 텍스트 레벨의 시맨틱 요소들, 상호작용 요소들이다.

레이아웃을 위한 시맨틱 요소들

요소	설명
header	머리말(제목)을 나타낸다.
footer	제작자의 정보나 저작권의 정보를 나타낸다.
hgroup	제목과 부제목을 묶어주는 역할을 한다.
nav	메뉴 부분을 나타낸다.
section	문서 영역을 구성할 때 사용되고 h1~h6과 함께 사용하며 제목별로 나눌 수 있다.
article	개별 콘텐츠(뉴스 기사 또는 블로그의 내용 글과 같은)를 나타낸다.
aside	주요 콘텐츠 이외의 참고가 될 수 있는 좌우측의 콘텐츠를 나타낸다.

그룹핑 콘텐츠 요소들

요소	설명
main	body 영역의 주요 콘텐츠 블록을 그룹화할 때 사용한다.
figure	그림이나 비디오 같은 멀티미디어 요소를 나타낸다.
figcaption	figure 요소에 대한 제목(개략적인 설명)을 나타낸다.
ol (reversed 속성)	li 요소들의 순서를 바꾸도록(앞의 순번이 뒤의 순번으로) 한다.

텍스트 레벨의 시맨틱 요소들

요소	설명
a (download 속성)	href 속성에 지정된 파일을 다운로드할 수 있도록 한다.
a (ping 속성)	링크를 클릭했을 때, 링크의 정보를 자동으로 송신할 수 있도록 한다.
strong	아주 중요하거나 심각하거나 긴급을 요하는 내용을 표시하도록 한다.
time	날짜와 시간 표현에 의미를 주고자 할 때 사용하며 날짜와 시간을 나타낸다.
mark	특정 텍스트의 강조 효과를(형광펜으로 칠한 것과 같은) 나타낸다.

ruby, rt, rp, rb, rtc	ruby 언어를 표시할 때 사용한다.
bdi	텍스트의 방향을 격리하여 나타나도록 한다.
wbr	줄 바꿈 지점을 나타낸다.

상호작용 요소들

요소	설명
details	사용자 요청에 따라 얻은 콘트롤이나 추가적인 정보를 나타낸다.
summary	details 요소의 하위 요소로서 머리글을 나타낸다.
menu	명령들의 목록을 정의하고 명령들의 단축 메뉴 같은 것들을 목록화한다
command	사용자가 호출할 수 있는 명령어를 나타낸다.
dialog	대화를 의미 있는 콘텐츠로 만들고자 할 때 사용하며 대화상자 또는 창을 나타낸다.

▣ 캔버스(Canvas) 요소

요소	설명
canvas	2차원 그래픽(비트맵)을 그리기 위한 요소, 자바스크립트 API 이용

▣ 미디어(Media) 요소

요소	설명
audio	오디오 콘텐츠를 정의하며, 별도의 플러그인 없이 재생 및 제어가 가능하다.
video	비디오 콘텐츠를 정의하며, 별도의 플러그인 없이 재생 및 제어가 가능하다.
source	여러 개의 미디어 요소를 정의하며, video와 audio 요소의 하위 요소로서 미디어 요소의 리소스를 정의한다.
embed	플러그인과 같은 외부 애플리케이션을 정의한다.
track	텍스트 트랙을 정의하며, <video>와 <audio>에서 사용된다.

▣ 폼(Form) 요소

요소	설명
datalist	자동 완성 기능으로, 목록 속성과 함께 사용하여 콤보 상자(ComboBox)를 만든다.
keygen	키 쌍(Key Pair)을 생성할 때 사용하며 암호 키를 생성해준다.
output	스크립트의 계산 결과 같은 실행 결과를 나타낸다.
meter	현재 상태를 나타낸다.
progress	현재 진행 상황을 나타낸다.

- form 요소의 추가된 속성
  - autocomplete, novalidate
- input 요소의 추가된 속성
  - autocomplete, noValidate
  - form, formaction, formenctype, formmethod, formnovalidate, formtarget
  - minlength, height, width, min, max, placeholder, required
  - list, multiple, step, pattern, dirname
- input 요소의 추가된 타입(Type)
  - month, week, date, datetime, datetime-local, time
  - color, email, number, range, search, tel, url

▣ 새로 추가된 전역 속성

속성	설명
accesskey	요소를 활성화하거나 요소에 초점을 맞추기 위한 키보드의 단축키를 나타낸다.
class	요소의 지정된 클래스 속성을 나타낸다.
contenteditable	이 속성이 지정된 요소의 콘텐츠를 사용자가 수정할 수 있도록 한다.(3장 참조)
contextmenu	컨텍스트 메뉴를 지정할 때 사용한다.
dir	요소의 텍스트 방향성을 지정한다.
draggable, dropzone	요소가 드래그를 할 수 있는지, 드래그 앤 드롭을 할 수 있는 항목의 타입인지 나타낸다. 드래그 & 드롭 API와 함께 사용하게 된다.
hidden	이 속성은 지정된 요소를 없는 상태(브라우저에 표시되지 않음)로 만들 때 사용한다.
id	해당 요소의 고유 식별자(ID)를 지정한다. [DOM]
itemid	Microdata, 아이템의 고유 식별자를 나타낸다.
itemprop	Microdata, 아이템을 구성하는 속성(property)을 정의한다.
itemref	Microdata, 다른 Microdata를 ID 값으로 참조할 때 사용한다.
itemscope	Microdata, 새로운 Microdata 아이템을 만들 때 사용한다.
itemtype	Microdata, 아이템 타입을 지정할 때 사용한다.
lang	요소의 내용과 텍스트를 포함하는 요소의 속성 중 하나에 대한 기본 언어를 지정한다.
spellcheck	문법 검사(영어 단어 및 영어 문장만 해당)를 사용할지를 나타낸다.
style	CSS 스타일 속성을 나타낸다.
tabindex	웹 문서의 요소들을 사용자가 키보드를 이용하여 어떤 순서로 이동할지를 지정한다.
title	툴팁에 적합할 것 같은 요소에 대한 권고 또는 조언하는(경보 등) 정보를 나타낸다.
translate	콘텐츠가 번역되어야 하는지를 나타내기 위해서 사용한다.
data-*	저작자가 속성을 추가(어떤 요소든 임의의 속성 추가 가능)하고자 할 때 사용한다.

aria-*	웹 문서의 접근성이 좋아질 수 있도록 HTML 확장 기능을 제공한다.
role	aria 특정 요소가 담당하는 역할을 기준으로 몇 가지 속성 값을 정의한다.

▣ 변경된 요소

속성	설명
address	가장 가까운 article이나 body 조상 요소로 범위가 정해진다.
b	강조의 의미는 사라지고 주목해야 할 단어를 표기하도록 변경되었다.
cite	단독으로 작품을 지칭할 때 사용된다. 사람에게는 해당하지 않는다.
dl	이름-값 그룹을 나타내는 데 사용된다. 대화 목록을 기술하는 데에는 더 이상 적합하지 않게 된다.
hr	문단 수준의 주제 구분에 사용된다
i	다른 분위기나 어조, 보통의 서술과 구분되어야 하는 텍스트를 지칭할 때 사용한다.
label	레이블을 클릭했을 때 포커스를 이동하는 기능이 플랫폼의 표준 인터페이스와 다를 경우 브라우저가 더 이상 포커스를 이동시키지 않는다.
menu	툴바나 컨텍스트 메뉴를 나타내는 용도로 변경되었다.
noscript	더 이상 직전 script 요소와 연관되지 않는다.
s	더 이상 정확하지 않거나 관련이 없는 내용을 나타낸다.
script	스크립트나 커스텀 데이터를 넣기 위한 용도로 사용된다.
small	작게 출력해야 하는 사이드 코멘트를 나타낸다.
strong	강한 강조보다는 중요함을 나타낸다.
u	불충분한 내용을 나타내는 데 사용된다.

Section 09 HTML5에서 중단된 요소 및 속성

표준화 문서 참조 위치	HTML 5 (2014-05-26) - http://www.w3.org/html/wg/drafts/html/CR/ W3C Editor's Draft (Candidate Recommendation)
	11 Obsolete feature (http://www.w3.org/html/wg/drafts/html/CR/obsolete.html#obsolete)

▣ 권장하지 않는 속성들

속성	설명
img 요소의 border 속성	속성 값이 0일 때만 사용하도록 하고 가능하면 CSS를 사용하도록 권장하고 있다.

script의 language 속성	기존 스크립트 사용 시 <script type="text/javascript" language="javascript"> 라고 되어 있던 부분에서 language 속성이 type과 겹치기 때문에 사용하지 않도록 권장하며 type 속성도 기본값으로 적용되기 때문에 생략하기도 한다.
a의 name 속성	name 속성 대신에 가능하면 id 속성으로 사용하도록 권장하고 있다.

▣ 기존 HTML에서 중단된 요소들

- CSS로 처리할 수 있는 요소들(단순히 보여지는 데 사용되는 요소들)
  - basefont, big, blink, center, font, marquee, multicol, nobr, spacer, s, strike, tt, u, … 등
- 프레임과 관련된 요소들(사용성과 접근성에 부정적인 영향을 주는 요소들)
  - frame, frameset, noframes → iframe과 CSS로 대체
- 다른 요소로 대체할 수 있는 요소들(거의 사용되지 않음)
  - applet → embed 및 object 요소로 대체
  - acronym → abbr 요소로 대체
  - bgsound → audio 요소로 대체
  - dir → ul 요소로 대체
  - isindex → form 요소로 대체
  - listing → pre 및 code 요소로 대체
  - nextid → GUIDs로 대체
  - noembed → object 요소로 대체
  - plaintext → text/plain MIME type으로 대체
  - strike → 요소가 편집을 표시하는 경우 del 요소로 대체, 그렇지 않으면 s 요소로 대체
  - xmp → pre 및 code 요소로 대체, "<" 기호는 "&lt"로 대체, "&"기호는 "&amp"기호로 대체

▣ 기존 HTML에서 중단된 속성들

폐지된 속성	적용된 요소
charset, rev, urn, methods	link, a
shape, coords	a
name	a, embed, img, option(id 요소로 대체)
accept	form(input 요소에 직접 accept 속성 사용)
nohref	area
profile	head
version	html

ismap, usemap	input,
lowsrc	img
target	link
scheme	meta
archive, classid, code, codebase, codetype, declare, standby	object
type, valuetype	param
language, event, for	script
datapagesize, summary	table
axis	td, th
scope	td
datasrc	a, applet, button, div, frame, iframe, img, input, label, legend, marquee, object, option, select, span, table, textarea
datafld	a, applet, button, div, fieldset, frame, iframe, img, input, label, legend, marquee, object, param, select, span, textarea
dataformatas	button, div, input, label, legend, marquee, object, option, select, span, table 요소들
alink, link, vlink, bgcolor, text, marginbottom, marginheight, marginleft, marginright, margintop, marginwidth	body
char, charoff, valign, width	col
clear	br
compact	dl, ol, ul
type	li, ul
char, charoff	tbody, thead, tfoot, td, th, tr
hspace, vspace	embed, iframe, input, img, object
color, noshade, size, width	hr
allowtransparency, frameborder, marginheight, marginwidth, scrolling	iframe
border	object, img,
width	col,, hr, table, td, th, pre
bgcolor, bordercolor, cellpadding, cellspacing, frame, rules	table

align	caption, col, div, embed, hr, iframe, h1~h6, input, img, object, legend, table, p, tbody, thead, tfoot, td, th, tr
valign	tbody, thead, tfoot, th, td, tr
bgcolor	table, tr, td, th, body
background	body, table, thead, tbody, tfoot, tr, td, th
height, nowrap	td, th
rules	table

CHAPTER 02

HTML5

HTML5 시작하기

학습 목표

HTML5의 특징 가운데 하나인 시맨틱 웹은 HTML 문서에 의미를 부여하겠다는 의미로 새롭게 추가되었다. 이번 장에서는 레이아웃을 위한 시맨틱 요소들과 그룹핑 콘텐츠 요소들, 텍스트 레벨의 시맨틱 요소들, 그리고 상호 작용 요소들에 대하여 학습하도록 한다.

Key Point

header, footer, nav, aside, section, article, hgroup, main, figure, figcaption, ol(reverse), a(download), a(ping), strong, time, mark, ruby, rt, rp, rb, rtc, bdi, wbr, detail, summary, menu, command, dialog, a, b, abbr, address, cite, hr, i, small, s, u

Section

CHAPTER

02 HTML5 시작하기

Section 01 들어가기에 앞서

HTML은 콘텐츠에 구조와 의미를 주기 위한 마크업 언어로서 콘텐츠에 스타일과 모양을 주기 위한 CSS와 동작을 담당하는 자바스크립트가 결합하여 하나의 웹 문서로 완성된다. 기존의 HTML이 웹 문서 작성을 위한 언어였다면, HTML5는 문서 작성 이외에 다양한 웹 애플리케이션을 만들기 위한 웹 플랫폼을 지향하고 있다. 이번 장에서는 HTML5의 추가된 시맨틱 요소들에 대하여 학습하도록 한다.

본 교재에서는 지면 관계상 다음의 표준화 문서를 참조하여 중요한 부분을 요약하여 설명하였다. 좀 더 자세한 내용을 살펴보고자 한다면 아래 사이트에서 해당 문서를 참고하기 바란다.

표준화 문서1	HTML5 (2014-05-24) - http://www.w3.org/html/wg/drafts/html/CR/ W3C Editor's Draft (Candidate Recommendation)
표준화 문서2	HTML5.1 Nightly (2014-05-24) - http://www.w3.org/html/wg/drafts/html/master/Overview.html W3C Editor's Draft

학습하기 앞서 각 요소들에 대한 웹 브라우저 별로 지원되는 현황을 비교하여 다음 표에 나타내었다.

항목별 지원사항	Chrome 35 (507점)	Firefox 29 (467점)	MS-IE 11 (376점)	Opera 21 (496점)	Safari 7.0 (397점)
Section Elements	Yes	Yes	Yes	Yes	Yes
Section, Nav, Article, Aside, Header, Footer	O	O	O	O	O
Grouping content Elements	Yes	Yes	Partial	Yes	Yes
Main	O	O	X	O	O

Figure	O	O	O	O	O
Figcaption	O	O	O	O	O
Reserverd attribute on the OL element	O	O	X	O	O
Text-level Semantic Elements	Partial	Partial	Partial	Partial	Partial
Download attribute on the a element	O	O	X	O	X
Ping attribute on the a element	O	O	X	O	O
Mark	O	O	O	O	O
Ruby, Rt, Rp	O	X	X	O	O
Time	X	O	X	X	X
Wbr	O	O	O	O	O
Interactive Elements	Partial	No	No	Partial	Partial
Details	O	X	X	O	O
Summary	O	X	X	O	O
Menu – type: toolbar	X	X	X	X	X
Menu – type: popup	X	X	X	X	X
Dialog	X	X	X	X	X

참조: http://html5test.com(비교 일자: 2014년 5월 24일 기준)

Section 02 레이아웃을 위한 시맨틱 요소들

HTML에서의 시맨틱(Semantics)은 페이지의 의미와 구조 위에 콘텐츠를 올려놓는 것인데 HTML5의 특징 가운데 하나가 바로 시맨틱 웹이라고 할 수 있다. 이는 표현의 수단으로만 사용되었던 기존 HTML 문서와는 달리 문서의 구조에 정확한 의미를 담고 있는 것이 특징이라 할 수 있다.

표준화 문서 참조 위치	4.3 Sections
	http://www.w3.org/html/wg/drafts/html/CR/sections.html#sections

2.1 기존 DIV 요소를 이용한 문서의 구조

많은 퍼블리셔들과 개발자들의 오랜 씁쓸한 경험은 HTML 문서를 구성하기 위해 table 요소를 사용하다가 div 요소를 사용하면서부터 보이지 않는 벽에 부딪히곤 한다. HTML 문서의 영역을 나누고 그 위에 다른 요소들을 올려놓을 때 중첩이 된 div 요소를 사용하면서 두통이 밀려오곤 했을 것이다. 이런 모습들은 잘 만들어진 웹 사이트들에서도 볼 수 있는 상황으로 웹 사이트의 구조를 분석하기 위해 소스 코드를 열어보면 많은 양의 div 요소들이 중첩되어 사용된 것들을 볼 수 있다. 이러한 상황들에 대하여 많은 사람들은 div 요소에 대한 남용이라고 이야기를 한다. 이는 기존 HTML 태그가 표현의 수단으로만 사용되었기 때문이다. 시맨틱 요소를 이용하여 코딩하는 것은 웹 문서를 적절히 읽고 이해하는 능력을 컴퓨터, 스크린 리더, 그리고 검색엔진이나 다른 기기들에게 제공하는 등의 이점을 제공하기 때문에 각 콘텐츠의 특성을 명확하게 알 수 있어서 관리하기가 더 쉽다. 이번 절에서는 div 요소를 이용하여 문서의 구성을 했을 때와 시맨틱 요소를 사용했을 때의 모습을 살펴보도록 하겠다.

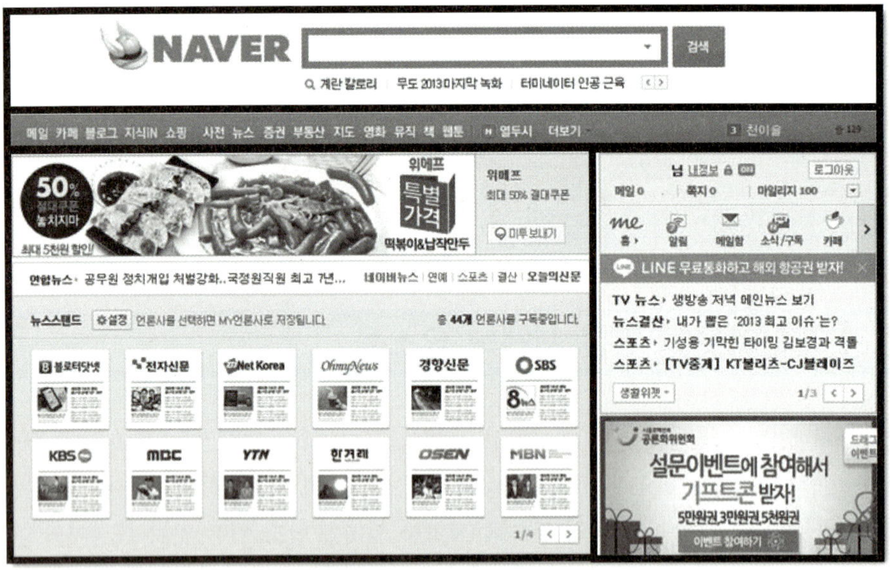

포털 웹 사이트 예

위 그림은 국내 포털 웹 사이트 화면의 일부를 나타낸 것으로, 헤더, 메뉴, 콘텐츠, 그리고 사이드 영역으로 구분되어 있는 것을 볼 수 있다. 지금 인터넷이 연결되어 있다면, 웹 브라우저에서 웹 사이트를 열고 브라우저의 소스 보기 기능을 이용하여 소스를 한번 살펴보기 바란다. 많은 웹 사이트들이 이와 비슷한 구조를 가지고 있는 것을 쉽게 찾아볼 수 있을 것이다.

다음은 이러한 내용들을 기존 HTML 방식의 div 요소를 이용한 방법과 HTML5 시맨틱 요소를 이용한 방식으로 표현하여 비교한 예를 나타낸 그림이다. 기존 HTML 방식에서는 이와 같이 각 요소들을 구분하기 위하여 div 요소들을 클래스(class)로 구분하여 각 클래스별 CSS를 별도로 꾸미고 있다. 그러나 HTML5에서는 새롭게 도입된 시맨틱 요소를 이용하여 구조를 한 눈에 알 수 있도록 의미를 부여하고 있으며, 실제로 이러한 요소들을 이용하여 웹 문서의 구조를 설계하고 있다.

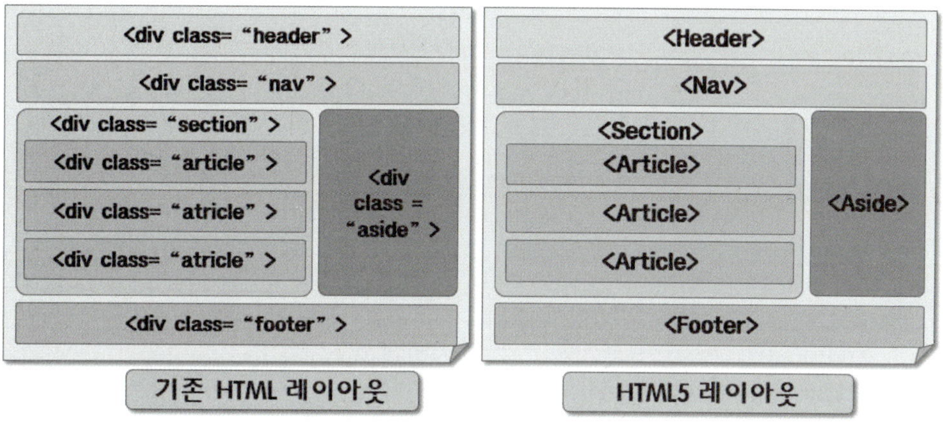

div 요소는 division의 약자로 블록의 형태로 문서 내의 영역을 분리할 때 많이 사용되는 태그로, 해당 영역만큼의 공간을 분할하여 사용한다. 영역을 분할할 수 있는 또 다른 요소인 span 요소와는 달리 그룹핑을 하는 영역의 폭에 대한 기본값은 100%지만 높이의 값은 설정되어 있지 않다. 이 요소 안에는 table, p, form 그리고 또 다른 div 요소 등과 같이 다양한 요소들을 중첩해서 사용할 수 있는 것이 특징이다. 그러나 이 요소는 자동으로 화면의 100%를 차지하기 때문에 자동으로 줄바꿈이 되는 특징이 있다. 그래서 float 속성의 left, right 값을 이용하여 화면의 배치를 정해야 한다.

다음 그림은 div 요소를 이용하여 문서의 구조가 앞의 그림과 같은 결과가 나타나도록 한 것으로, 문서 전체 구조는 container로 이루어져 있으며, 그 위에 header, menu, left-side, content, right-side, footer의 레이아웃이 올려져 있는 예제이다. 그리고 이에 대한 예제 소스 코드를 간단히 살펴보기만 하자.

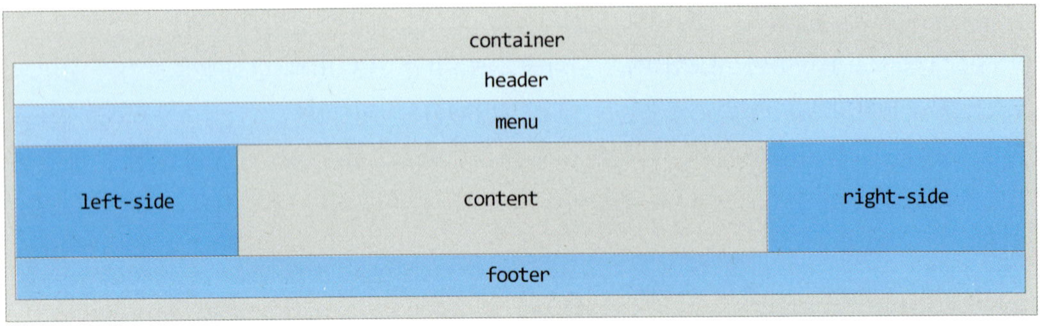

div 요소를 이용한 문서 구조

예제 HTML_2_Div.html

```
<!DOCTYPE html PUBLIC "-//W3C//DTD XHTML 1.0 Transitional//EN"
                        "http://www.w3.org/TR/xhtml1/DTD/xhtml1-transitional.dtd">
<html xmlns="http://www.w3.org/1999/xhtml">
<head>
    <meta http-equiv="Content-Type" content="text/html; charset=UTF-8" />
    <link rel="stylesheet" type="text/css" href="HTML_2_Div.css" />
    <title>HTML 문서의 DIV 태그 연습</title>
</head>
<body>
    <div id="container">
        <div id="header">Header 영역</div>
        <div id="menu">Menu 영역</div>
        <div id="left-side">왼쪽의 영역</div>
        <div id="content">콘텐츠 영역</div>
        <div id="right-side">오른쪽 영역</div>
        <div id="footer">Footer 영역</div>
    </div>
</body>
</html>
```

예제 HTML_2_Div.css

※ 자세한 내용은 관련된 CSS 내용을 통해 학습하도록 한다.

```
body {margin:0; text-align:center;}
#container  { background-color:#BDBDBD; width:600px; margin:0 auto; padding:10px; }
#header     { background-color:#FFE400; height:50px; line-height:50px; }
#menu       { background-color:#B2EBF4; height:50px; line-height:50px; }
#left-side  { background-color:#86E57F; float:left; width:150px; height:200px; line-height:200px;}
#content    { background-color:#FFC19E; float:left; width:300px; height:200px; line-height:200px;}
#right-side { background-color:#86E57F; float:right; width:150px; height:200px; line-height:200px;}
#footer     { background-color:#F361DC; clear:both; height:50px; line-height:50px;}
```

	CSS 설명
2	"margin:0 auto"는 container 전체 레이아웃을 화면의 중앙에 위치시키기 위해 들어간 속성으로 이 속성을 주지 않으면 기본적으로 왼쪽에 위치하게 된다.
5	"float:left"은 left-side 또는 content 영역을 왼쪽으로 정렬시키기 위한 속성으로 부모 요소인 container 영역 내에 있기 때문에 이 영역 안에서 왼쪽에 위치하게 된다. right값은 영역을 오른쪽에 위치하게 해준다.
8	"clear:both"의 사용은 float 속성이 기본적으로 한번 사용한 이후의 요소들까지 태그의 계층 구조와 관계 없이 지속적으로 영향을 주는 특성이 있다. 따라서 float 속성을 사용한 이후에는 정상적인 새 문단을 시작하기 위해서는 float 속성을 해제해 주어야 한다. 이 방법은 float을 해제하는 여러 방법 중에 하나이다.

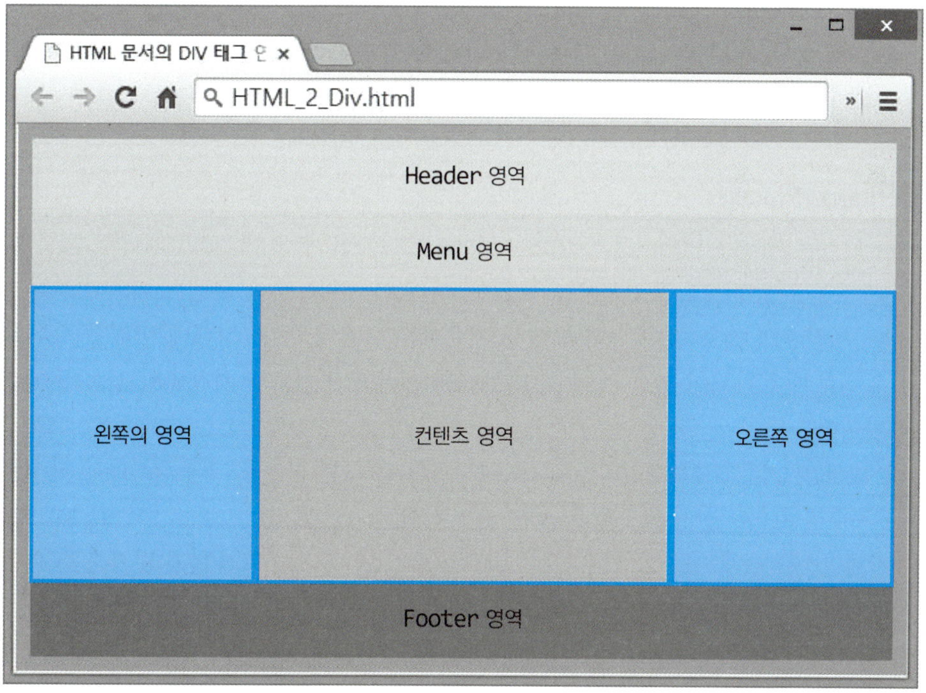

div 요소를 이용한 문서 구조의 결과

div와 span의 차이

p(Paragraph) 요소는 단락을 나타내는 시맨틱 요소이지만 div(Division)와 span은 컨텐츠의 컨테이너로 동작되는 단순한 컨테이너 요소이다. 그러나 CSS를 이용하여 스타일을 세부적으로 지정할 수 있기 때문에 많이 사용되기도 한다. div는 웹 사이트의 영역 등을 구분할 때 주로 사용되는 블록(Block) 요소로써 화면의 레이아웃과 디자인을 만드는데 주로 사용되지만, span은 p 요소와 같은 블록 요소 안의 일부 텍스트 부분을 정의하는 인라인(Inline) 요소이다.

- 블록 요소는 페이지의 새로운 줄에서 시작하며 화면의 최대 너비를 갖는다. 인라인 레벨의 요소뿐만 아니라 다른 블록 요소도 포함할 수 있다.
- 인라인 요소는 새로운 줄에서 시작하지 않으며, 필요한 너비만을 갖고 문서의 흐름을 따르지는 않는다. 그리고 블록 요소는 포함할 수 없으나 다른 인라인 요소를 포함할 수는 있다.

보충 설명 - div

기존 HTML의 div 요소는 웹 문서의 영역 부문을 정의하는데 사용되고 CSS를 이용하여 해당 부분에 대한 스타일을 적용하거나 그룹화를 할 수 있었지만, HTML5에서는 div 요소 대신에 section, article, aside, header 그리고 footer 등과 같은 새로운 요소가 등장하여 div 요소가 하던 일들이 세분화된 형태로 진행되었다. 따라서 HTML5부터는 새로운 요소들로 구현할 수 없는 것들만 div 요소로 처리하는 것이 적당할 것이다.

2.2 시맨틱 요소를 이용한 문서 레이아웃 꾸미기

시맨틱 요소를 이용하여 HTML5를 이용한 문서를 만들기에 앞서 문서의 레이아웃을 위해 추가된 header, footer, nav, section, article, aside 그리고 hgroup 요소에 대하여 학습하도록 한다.

▣ 요소 header와 footer

header 요소는 HTML5 명세서에서 말하는 것처럼 로고, 사이트 이름, 제목/부제목, 검색 폼, 주요 네비게이션 등을 포함하는데 주로 사용할 수 있다. 여러 웹 사이트에서 콘텐츠 이외에 사이트의 로고나 메뉴, 제작자의 정보 등이 나타나 있는 것을 볼 수 있다. 보통 상단에는 해당 사이트의 로고나 소개 정보가 포함되어 있을 것이고, 하단에는 제작자의 정보나 저작권의 정보 등이 포함되어 있을 것이다.

header 요소는 기존 HTML에서의 〈div id="header"〉 로 했던 부분을 그냥 〈header〉 태그를 사용하여 구조적으로 표현하였다. 이러한 header 요소는 내용 중간에서는 머리글 역할을 하기도 한다. 사이트 전체의 머리말로 사용할 경우에는 header 요소 안에서 h1~h6 까지의 요소를 사용해 사이트 제목으로 사용할 수도 있고 img 요소를 사용해서 사이트 로고를 넣기도 한다. footer 요소는 기존 HTML에서의 〈div id="footer"〉로 표현했던 부분을 간단하게 〈footer〉 태그를 사용하여 간단하게 표시한다. 이러한 footer 요소는 바닥글 역할을 하기도 한다.

header 요소와 footer 요소의 특이한 점은 이러한 요소들이 문서의 구성상 어느 위치에 와도 무방하다는 것이다. 물론, 웹 사이트의 레이아웃이 변경될 수 있지만 웹 사이트의 상단, 중간, 또는 section 요소 사이든 어느 위치에 있어도 원래 의미를 나타내는 것은 변함이 없기 때문이다. 그러나 이 요소들을 중첩시킬 수 없다는 점과 section, header, footer 요소는 header와 footer 요소에 들어갈 수 없다. 또한 address 및 footer 요소에 header 요소를 넣을 수 없다는 점에도 주의하자(footer 요소도 address 또는 header 요소에 넣을 수 없다). 페이지의 시작 부분에 header 요소를 포함하는 것이 이상적이나 구조적으로 article의 헤더나 section에 필요한 만큼 사용할 수 있다.

보충 설명 – head와 header의 차이

<head> 태그와 <header> 태그의 사용 방법은 다르다. <head> 태그는 문서에서 단 한번만 사용할 수 있다. 그리고 <title>과 <meta> 같은 웹 문서 정보가 들어가지만, 화면에서는 보이지 않는 내용들이다. 반면에 <header> 태그는 한 문서에서 여러번 사용할 수도 있고 사이트 로고나 메뉴 등 실제 문서의 내용이 들어가며 화면에 보여지는 내용들이다.

```
<head>
  <meta charset="UTF-8">
  <title>HTML5 구조적인 요소 연습</title>
</head>
<body>
<article>
    <header>
     <h1><a href="#">제1장 HTML5 알아보기</a></h1>
     <p>HTML5의 주요 기능들 소개
    </header>
</article>
```

▣ 요소 nav

nav 요소는 네비게이션 영역으로써, 주로 웹 사이트에서 분류된 다른 영역으로 쉽게 갈 수 있는 링크의 모음이기도 하다. 따라서 포털 웹 사이트의 경우와 같이 웹 사이트 전체에 적용되는 메뉴를 나타낼 때도 주로 사용한다. 이 요소는 header 요소 안에 사용되기도 하지만, 필요에 따라서 aside나 다른 요소 안에서도 표시할 수 있다. 앞에서 살펴본 포털 웹사이트에서와 같이 주요 콘텐츠가 연결되어 있는 메뉴 영역에서 네비게이션 메뉴를 볼 수 있다. 이번 실습 예제에서도 HTML5의 주요 기능들을 살펴보기 위한 하위 구조의 빠른 연결 메뉴로 구성하였다. 이러한 네비게이션 메뉴의 실제 소스 코드를 살펴보면 다음과 같이 되어 있음을 확인할 수 있다.

예제 – 포털 웹 사이트의 메뉴 소스 코드

※ 지면 관계상 소스 코드의 일부 내용 생략 하였음

```
<div id="s_menu" class="s_menu">
   <dl id="naver_menu" class="nmenu">
     <dt class="blind">네이버 메뉴</dt>
     <dd class="f"><a href="http://mail.naver.com/" class="mn_mail"><span></span>메일</a></dd>
     <dd><a href="http://cafe.naver.com/" class="mn_cafe"><span></span>카페</a></dd>
     <dd><a href="http://section.blog.naver.com/" class="mn_blog"><span></span>블로그</a></dd>
     <dd><a href="http://kin.naver.com/" class="mn_kin"><span></span>지식iN</a></dd>
     <dd><a href="http://shopping.naver.com/" class="mn_shopping"><span></span>쇼핑</a></dd>
   </dl>
   <dl class="fmenu" id="fmenu">
     <dt class="blind">자주 쓰는 메뉴</dt>
     <dd class="f"><a href="http://dic.naver.com" onclick="..." ><span></span>사전</a></dd>
```

```
        <dd><a href="http://news.naver.com" onclick="..." ><span></span>뉴스</a></dd>
        <dd><a href="http://stock.naver.com" onclick="..." ><span></span>증권</a></dd>
        <dd><a href="http://land.naver.com" onclick="..." ><span></span>부동산</a></dd>
        <dd><a href="http://map.naver.com" onclick="..." ><span></span>지도</a></dd>
        <dd><a href="http://movie.naver.com" onclick="..." ><span></span>영화</a></dd>
        … 생략 …
    </dl>
</div>
```

앞의 예제에서 볼 수 있듯이 div 요소와 함께 dl, dt, dd 요소를 사용하고, id와 class 속성을 사용하였다. 실제 코드는 위에서 보는 것보다 훨씬 복잡하게 되어 있는 것을 확인해 볼 수 있다. 그렇다면 이와 같은 메뉴 구성을 새롭게 추가된 nav 요소를 이용해서 어떻게 만들어야 할까? 이번 실습에서는 다음 그림과 같은 결과가 나오도록 만들어보기로 하겠다. 이러한 메뉴 구성은 웹사이트의 전체 메뉴로 활용될 수 있기 때문에 꼭 실습을 해보도록 하자.

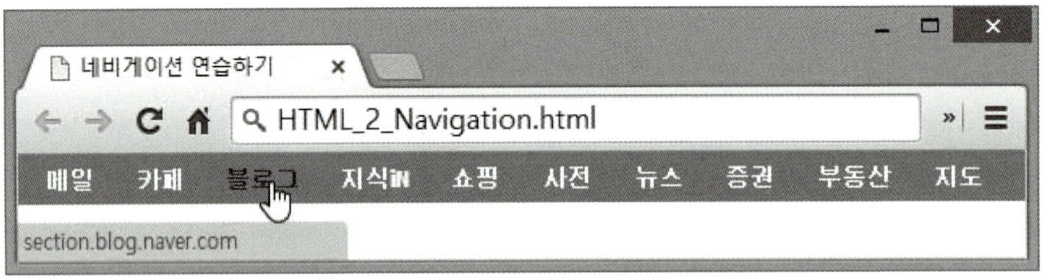

예제 HTML_2_Navigation.html

```
<!DOCTYPE html>
<html lang="ko">
<head>
    <meta charset="utf-8">
    <title>네비게이션 연습하기</title>
    <link rel="stylesheet" href="HTML_2_Navigation.css">
</head>
<body>
    <nav>
      <ol>
        <li><a href="http://mail.naver.com/">메일</a></li>
        <li><a href="http://cafe.naver.com/">카페</a></li>
        <li><a href="http://section.blog.naver.com/">블로그</a></li>
        <li><a href="http://kin.naver.com/">지식iN</a></li>
        <li><a href="http://shopping.naver.com/">쇼핑</a></li>
        <li><a href="http://dic.naver.com/">사전</a></li>
```

```
17            <li><a href="http://news.naver.com/">뉴스</a></li>
18            <li><a href="http://stock.naver.com/">증권</a></li>
19            <li><a href="http://land.naver.com/">부동산</a></li>
20            <li><a href="http://map.naver.com/">지도</a></li>
21         </ol>
22      </nav>
23  </body>
24  </html>
```

	HTML 설명
11 ~ 20	☞ **li(list item)** 요소는 ol(Ordered List), ul(Unordered List), 그리고 menu 요소에서 항목을 지정하는데 사용되고 다른 목록을 포함하여 중첩된 목록을 만들 수도 있다. 다음과 같이 속성과 이벤트를 사용할 수 있다. • 속성 – class, id, type, value, style, title, compact, dir, lang, start • 이벤트 – onclick, ondblclick, onmousedown, onmouseup, onmouseover, onmousemove, onmouseout, onkeypress, onkeydown, onkeyup

보충 설명 – 목록(ul, ol, dl)

목록은 항목을 나열하는데 사용되고 종류에 따라서 항목 앞에 블릿 기호가 붙는 번호 없는 목록(unordered lists), 항목 앞에 번호가 붙는 번호 있는 목록(ordered lists), 그리고 항목을 정의(설명)하여 사용되는 정의 목록(definition lists)이 있다. 정의 목록은 <dt> 태그를 이용하여 항목을 지정하고 <dd> 태그는 항목에 대한 설명을 나타낼 때 사용한다. ol의 경우, 기본적으로 1,2,3의 순서로 번호가 붙게 되지만 특정한 숫자부터 시작하려면 start="숫자"를 지정하면 된다. 그리고 소문자로 시작하려면 type="a", 대문자로 시작하려면 type="A", 로마 숫자의 소문자 형태로 시작하려면 type="i", 그리고 로마 숫자 대문자 형태로 사용하려면 type="I"로 설정하면 된다.

```
<ul>번호 없는 목록(UL)
  <li>캔버스</li>
  <li>위치 정보</li>
  <li>웹 소켓</li>
</ul>
<ol>번호 있는 목록(OL)
  <li>캔버스</li>
  <li>위치 정보</li>
  <li>웹 소켓</li>
</ol>
<dl>정의 목록(DL)
  <dt>캔버스</dt><dd>웹에서 즉시모드로 2차원 그래픽을 그리기 위한 API</dd>
  <dt>위치 정보</dt><dd>디바이스의 지리적 위치 정보를 제공하는 API</dd>
  <dt>웹 소켓</dt><dd>웹 응용프로그램이 서버 측의 프로세스와 직접적인 양방향 통신을 위한 API</dd>
</dl>
```

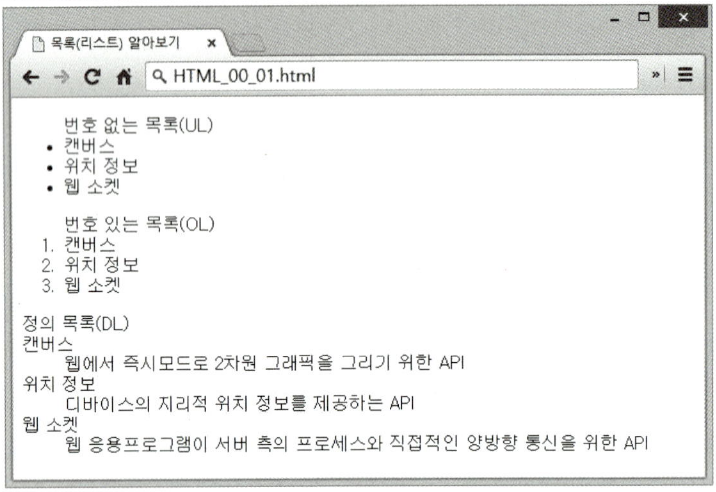

목록의 예 결과

이와 같은 HTML 소스 코딩에 대하여 CSS의 도움을 받지 않는다면 다음 그림과 같은 순서화된 목록이 표시된 결과만 나타날 뿐이다.

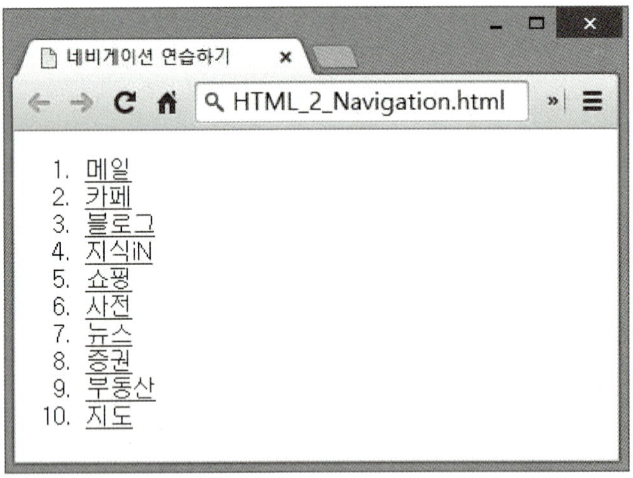

따라서 다음 CSS의 도움을 받아야 원하는 결과를 얻을 수 있다.

예제 HTML_2_Navigation.css

※ 자세한 내용은 관련된 CSS 내용을 통해 학습하도록 한다.

```
1  * { margin: 0; padding: 0; }
2  nav { font-family:  "Lucida Grande", Tahoma, Verdana, Arial, Helvetica, sans-serif;
3      font-size: 0.8em; font-weight: bold; }
4  nav ol { background-color: #44b316; padding: 6px; }
5  nav li  { display: inline;  margin: 0 10px; }
6  nav a {  color: #FFFFFF; text-decoration: none; }
7  nav a:hover { color: #0000FF; }
```

	CSS 설명
1	모든 요소의 마진과 패딩 값을 0으로 설정한다.
2	nav 요소의 글꼴, 글꼴의 크기 및 굵기를 설정한다.
4	ol 요소의 배경 색상과 안쪽의 여백을 설정한다.
5	목록 요소인 li는 블록 속성을 가지고 있기 때문에 세로로 배열된다. 따라서 메뉴를 가로로 배열하기 위하여 display속성을 인라인(inline)으로 설정하고 목록간의 좌우 여백을 10픽셀로 지정한다.
6	nav 요소 하위인 a 요소 글자색상을 흰색(#FFFFFF)으로 설정하고 언더라인이 나오지 않게 설정한다.
7	nav 요소 하위인 a 요소에 마우스 오버시(hover) 글자 색상을 파란색(#0000FF)으로 설정한다.

소스 코드 저장 시 주의할 점

노트패드 또는 메모장 같은 일반 텍스트 편집기를 사용하여 HTML 파일을 저장할 때 인코딩 방식을 다음 그림과 같이 **UTF-8**로 선택해서 저장해야 웹 브라우저에서 글꼴의 깨짐을 방지할 수 있음에 주의하자.

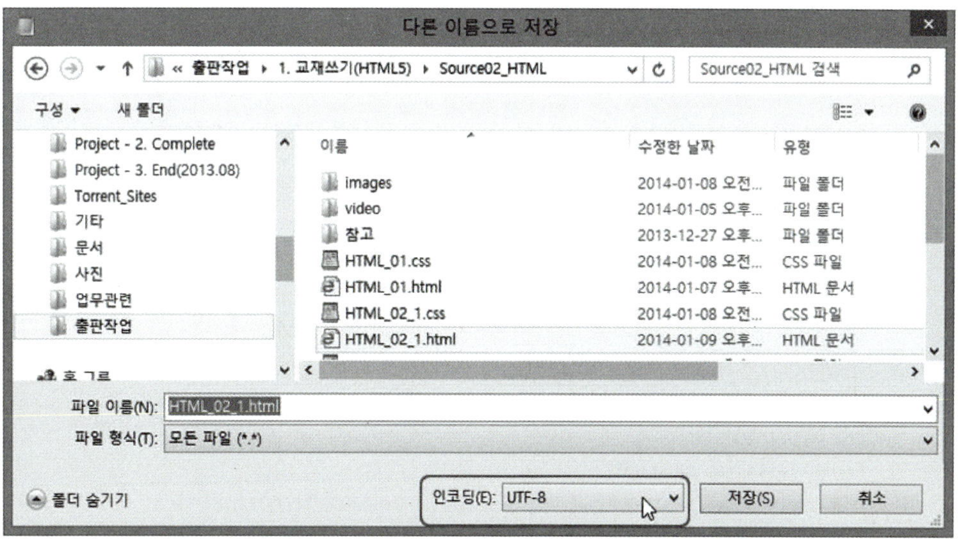

(※ 1장 "1.7 HTML5 문서의 기본 구조"절의 보충 설명 부분에서 문서의 문자셋 부분을 참고하자)

▣ 요소 aside

주요 콘텐츠 이외에 남아있는 콘텐츠나 참고가 되는 콘텐츠(페이지의 주 내용과 크게 연관이 없는, 설문 조사, 로그인, 간편 링크 목록 등) 등을 나타내고자 할 때 사용되는 요소가 바로 aside 요소이다. 이 요소는 필요하다면 한 페이지에 여러 번 사용될 수 있으며, 블록 요소이기 때문에 좌우로 배치시키려면 float 속성을 이용해야 한다. 다음 그림과 같은 뉴스 웹 사이트의 [오피니언]면을 살펴보도록 하자.

뉴스 웹 사이트의 예

[오피니언]면의 소스 코드를 살펴보면 다음과 같은 코드로 이루어져 있음을 볼 수 있고 1번 줄에서 이 부분이 바로 aside라는 것을 div 요소의 id로 지정해서 사용하고 있음을 확인할 수 있다.

오피니언 면의 실제 소스 코드

※ 지면 관계상 소스 코드의 일부 내용 생략 하였음

```
1  <div id="aside"> <!-- 오피니언 Area Start -->
2      <div id="opinion-tab">
3          <h3 class="tab-menu opi" >
4          <a href="http://www.hani.co.kr/kisa/section-008000000/home01.html" >
5          <span class="imgOn" ></span>오피니언</a></h3>
6          <div id="opinion3" class="rollArea content">
7              <div class="opinion-item">
```

```
            <a href="/arti/opinion/column/618102.html?_fr=mr1">
               <strong>국정원 '무늬만 개혁' 누구 책임인가 </strong>
               <span><em>[아침 햇발] 요즘 동영상 한 편이 유튜브에서 …</em></span>
               <img src="http://img.hani.co.kr/imgdb/resize/......JPG" /></a>
        </div>
     <div class="opinion-item">
            <a href="/arti/opinion/column/618101.html?_fr=mr1">
               <strong>한반도 정세, 비관과 희망 사이 </strong>
               <span><em>[세상 읽기] 새해가 밝았지만, 희망은 너무 멀다….</em></span>
               <img src="http://img.hani.co.kr/imgdb/resize/......JPG"  /></a>
        </div>
…
```

▣ 요소 section과 article

일반적으로 콘텐츠 영역(부분)에는 여러 기사가 포함되어 있으며 각 기사들에는 제목들이 포함되어 있다. 이러한 내용들을 나타내기 위해 사용되는 HTML5의 요소가 바로 section과 article이다. 앞의 그림 뉴스 웹 사이트의 예의 왼쪽에는 뉴스의 주요 기사들로 이루어져 있으며 각각의 정치면, 사회면, 경제면, 국제면, 문화면 등으로 구성되어 있으며, 이렇듯 주제별로 기사들을 모아서 배치한 것을 면(section; 부분)이라 할 수 있고 각각의 세부 내용들을 article(기사)이라 할 수 있다.

section 요소는 문서의 영역을 구성할 때 사용되고 article을 포함할 수 있다. h1~h6 요소와 함께 사용할 수 있고 제목별로 나눌 수 있다. 그리고 section 요소에 스타일링을 적용할 수 있으나, 일반적으로 스타일링이나 스크립팅의 편의를 위해서 사용되지 않는 것이 div 요소와의 차이점이라 할 수 있다. 따라서 페이지를 나누기 위해 사용해야 하고 자연스런 계층을 제공하고 적절한 헤딩을 가지고 있어야 한다.

반면, article 요소는 div나 section과 매우 유사한 블록 요소이나 독립적으로 분배되거나 재사용할 수 있는 개별 콘텐츠(뉴스 기사 또는 블로그의 내용 글과 같은)를 나타낼 때 주로 사용되기 때문에 section 요소와 분리하여 개별적으로도 사용이 가능하다. 이는 article 요소 안에 section 요소가 포함될 수 있다는 뜻이기도 하다. 대부분의 article은 공개된 콘텐츠를 정의하고 RSS피드 콘텐츠와 같이 다른 곳에 배포될 수 있어야 한다.

다음 예제 또한 다음 그림과 같이 오른쪽 메인 section 안에 4개의 article로 이루어져 있는 것을 확인할 수 있다. 그리고 왼쪽에는 aside요소를 배치하였다.

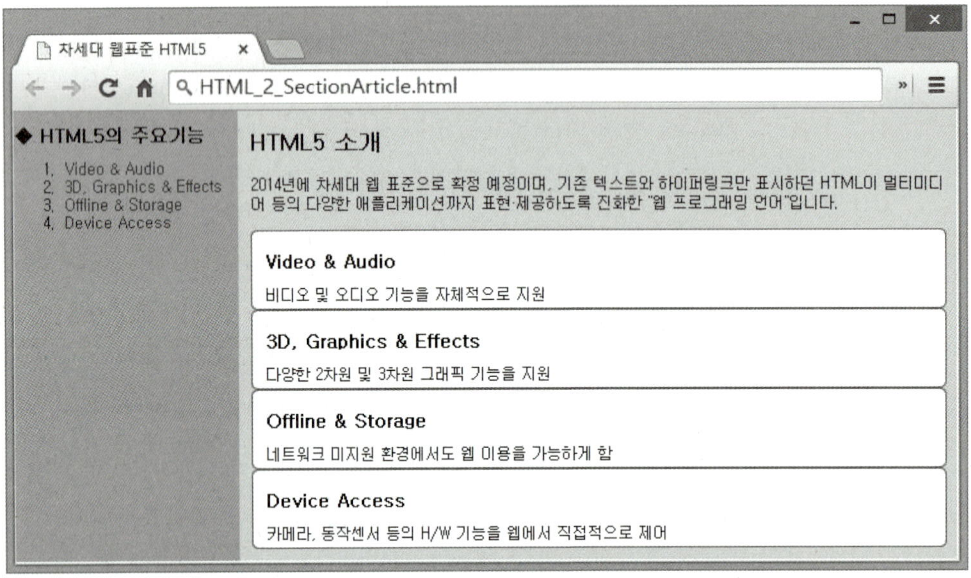

예제 HTML_2_SectionArticle.html

```
<!doctype html>
<html lang="ko">
<head>
  <meta charset="UTF-8">
  <link rel="stylesheet" href="HTML_2_SectionArticle.css" />
  <title>차세대 웹표준 HTML5</title>
</head>
<body>
      <aside><!-- 왼쪽 사이드 영역 -->
         <h3>◆ HTML5의 주요기능</h3>
         <ol>
            <li><a href="#Video">Video & Audio</a></li>
            <li><a href="#Graphics">3D, Graphics & Effects</a></li>
            <li><a href="#Storage">Offline & Storage</a></li>
            <li><a href="#Device">Device Access</a></li>
         </ol>
      </aside>
      <section><!-- 메인 콘텐츠 영역-->
         <h2>HTML5 소개</h2>
         <p>2014년에 차세대 웹 표준으로 확정 예정이며, 기존 텍스트와 하이퍼링크만 표시하던 HTML이 멀티미디어 등의 다양한 애플리케이션까지 표현 · 제공하도록 진화한 "웹 프로그래밍 언어"입니다.</p>
         <article id="Video">
```

```
            <h3>Video & Audio</h3>
            <p>비디오 및 오디오 기능을 자체적으로 지원</p>
        </article>
        <article id="Graphics">
            <h3>3D, Graphics & Effects</h3>
            <p>다양한 2차원 및 3차원 그래픽 기능을 지원</p>
        </article>
        <article id="Storage">
            <h3>Offline & Storage</h3>
            <p>네트워크 미지원 환경에서도 웹 이용을 가능하게 함</p>
        </article>
        <article id="Device">
            <h3>Device Access</h3>
            <p>카메라, 동작센서 등의 H/W 기능을 웹에서 직접적으로 제어</p>
        </article>
    </section>
</body>
</html>
```

예제 HTML_2_SectionArticle.css

※ 자세한 내용은 관련된 CSS 내용을 통해 학습하도록 한다.

```
1  body   { margin:0 auto; font-size:12px }
2  aside  { background-color:#BBBBBB; float:left; width:180px; height:350px }
3  section {
4    background-color:#E0E0E0; float:left; width:550px; height:350px;
5    padding-left:10px; padding-right:10px }
6  article {
7    background-color:#FFFFFF; width:540px; height:55px; line-height:55px;
8    border: 1px solid #777777; border-radius:5px;
9    padding-left:10px; padding-top:5px }
10 p  { line-height:15px }
11 h3 { line-height:10px }
12 a { text-decoration:none }
```

CSS 설명	
1	body 요소의 글자 크기를 12픽셀로 설정한다.
2	aside 요소의 배경색, 폭과 높이를 지정하고, section 요소와 함께 배치되도록 설정한다.
3~5	section 요소의 배경색, 폭과 높이 등을 지정하고 aside 요소와 함께 배치되도록 설정한다.
6~9	article 요소의 각 콘텐츠 내용별로 동일한 넓이와 높이, 그리고 모서리가 둥근 테두리가 그려지도록 한다.

▣ 요소 hgroup

기존 HTML에서는 제목과 부제목을 사용할 때 h1 요소와 h2 요소를 연달아 사용하는 것이 가능했지만, HTML5에서는 더 이상 허용되지 않는다. 이제는 이렇게 하려면 제목과 부제목을 묶어주는 역할을 해주는 hgroup 요소를 사용해야 한다. 이는 section 요소 안에서도 마찬가지이다. 하나의 section 요소는 하나의 주제로 h1~h6을 이용하여 제목을 표현해야 하는데, 이는 하나의 주제만을 가지고 있어야 한다는 의미이기 때문에 하나의 section 요소에는 하나의 h1~h6 요소만을 사용해야 하는 점에 주의를 해야 한다. 만일 하나의 주제 안에 또 다른 세부 주제를 구분해서 사용하려면 section 요소를 중첩해서 사용하면 된다. 정확한 의미 전달을 위해서는 가능하면 하나의 section 요소에는 하나의 h1~h6 요소만을 사용해야 하지만 제목과 부제목을 함께 표현하고 싶을 때는 hgroup 요소를 사용해야만 한다.

사용 예제

```
<section>
   <hgroup>
      <h1>제목1</h1>
      <p>본문의 내용1</p>
      <h2>제목2</h2>
      <p>본문의 내용2</p>
   </hgroup>
   주요 콘텐츠 내용 기술
</section>
```

예제의 의미

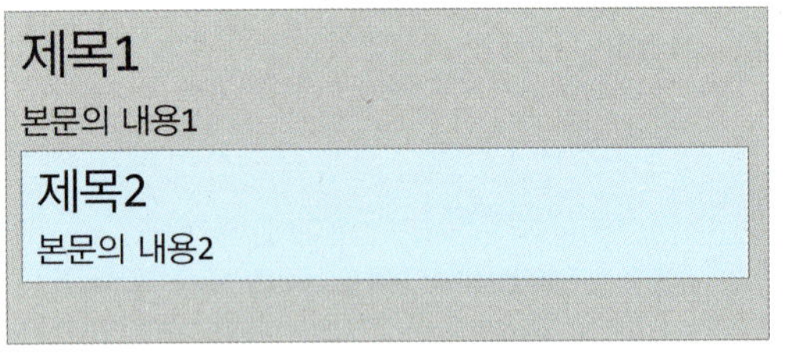

HTML5 | 실습하기 | CSS

이제 앞에서 배운 HTML5의 시맨틱 레이아웃을 위한 요소들을 사용하여 다음 그림과 같은 결과를 얻을 수 있도록 문서를 설계하고 CSS의 도움을 받아 HTML 문서를 꾸며보도록 하자.

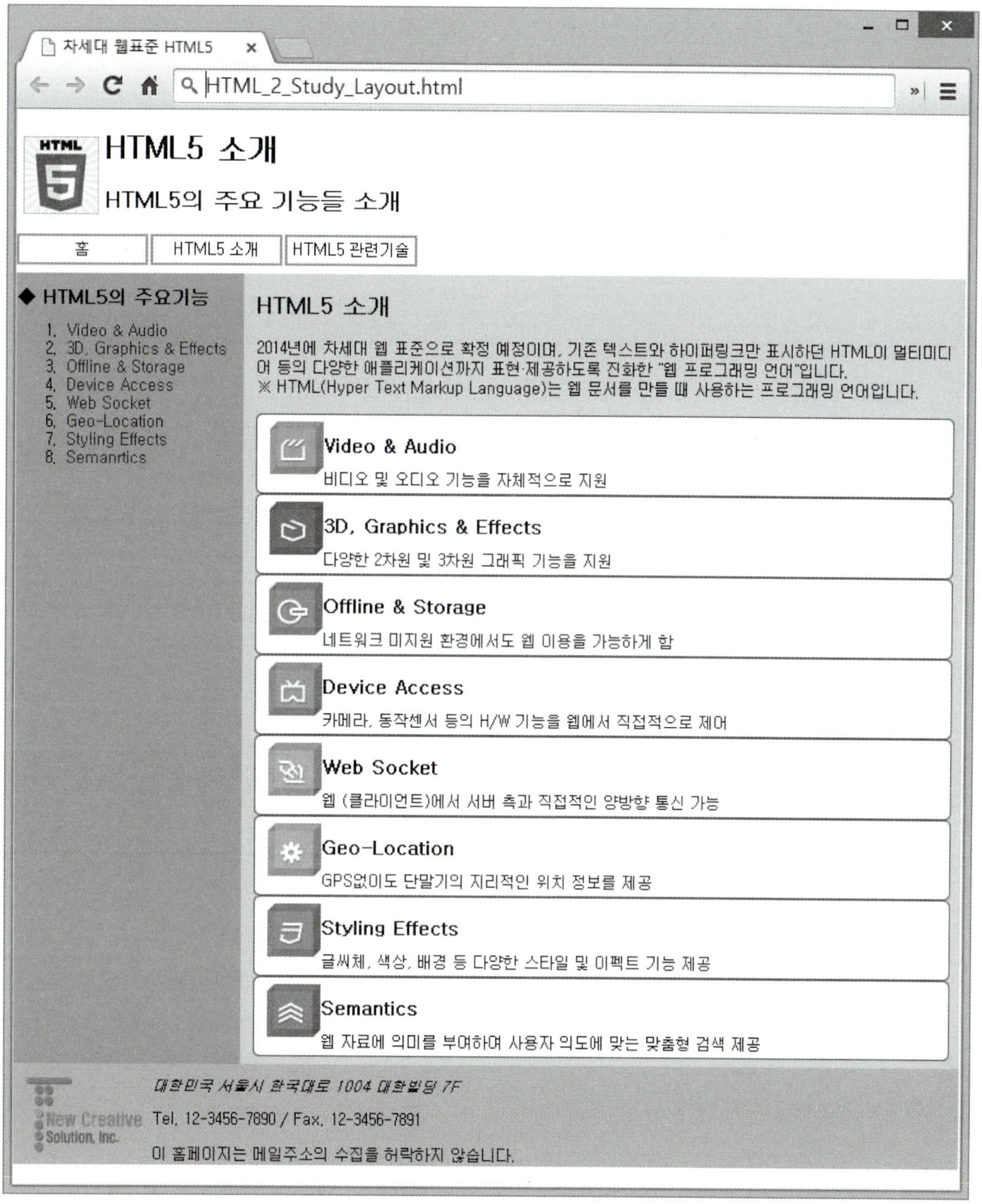

※ 예제에서 사용된 이미지와 문장의 일부는 (http://www.koreahtml5.kr/)에서 참조하였습니다.

우선 실습 문서의 레이아웃을 만들어보기 위하여 다음 그림과 같이 각 영역에 해당되는 시맨틱 요소를 사용하였다. 우선 헤더 영역에는 HTML5의 로고와 함께 "HTML5 소개" 문장이 있으며 메뉴로는 간단하게 "홈", "HTML5 소개", 그리고 "HTML5 관련기술"을 ul과 li 요소를 사용하여 구성하였다. 그리고 주로 사용될 영역으로는 메뉴 아래에 왼쪽 사이드 영역과 오른쪽 주요 콘텐츠 영역으로 구성하였다. 마지막으로 맨 아래쪽에는 바닥(footer) 영역에는 웹 사이트의 주소와 연락처, 간단한 안내 문구로 이루어져 있는 것을 볼 수 있다.

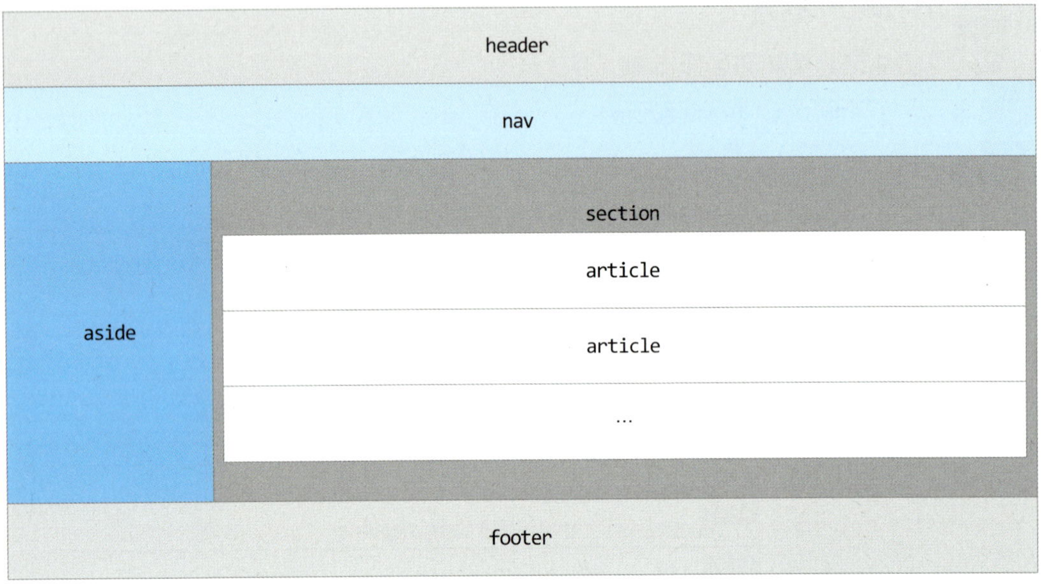

실습 문서의 레이아웃

HTML5 문서는 기존 HTML 문서의 사용과 동일하나 div 요소 대신에 의미를 갖고 있는 시맨틱 요소를 사용한 점이 다른 점이다. 필요에 따라서 div 요소를 사용해야겠지만, 가능하면 의미를 갖고 있는 요소를 사용하는 것이 웹 검색 엔진이나 문서 해석기가 이를 올바르게 판별하고 해석할 수 있기 때문이다. 이번 실습에서 사용된 시맨틱 요소로는 의미를 쉽게 알 수 있는 header, nav, aside, section, article 그리고 footer 요소가 사용되었다.

이번 실습에서의 학습 목표는 시맨틱 요소에 대한 사용 방법을 익히고 활용할 수 있는 방법에 중점을 두도록 하겠다.

예제 HTML_2_Study_Layout.html

```
<!doctype html>
<html lang="ko">
<head>
  <meta charset="utf-8">
  <link rel="stylesheet" href="HTML_2_Study_Layout.css">
  <title>차세대 웹표준 HTML5</title>
</head>
<body>
```

```
<header>
    <img src="images/HTML5_logo1.jpg" width=60 height=60 align="left">
    <hgroup>
        <h1>HTML5 소개</h1>
        <h2>HTML5의 주요 기능들 소개</h2>
    </hgroup>
</header>
<nav><!-- 메뉴 부분 -->
    <ul>
        <li><a href="#">홈</a></li>
        <li><a>HTML5 소개</a></li>
        <li><a>HTML5 관련기술</a></li>
    </ul>
</nav>
<aside> <!-- 왼쪽 사이드 영역 -->
    <h3>◆ HTML5의 주요기능</h3>
    <ol>
        <li><a href="#Video">Video & Audio</a></li>
        <li><a href="#Graphics">3D, Graphics & Effects</a></li>
        <li><a href="#Storage">Offline & Storage</a></li>
        <li><a href="#Device">Device Access</a></li>
        <li><a href="#WebSocket">Web Socket</a></li>
        <li><a href="#GeoLocation">Geo-Location</a></li>
        <li><a href="#Styling">Styling Effects</a></li>
        <li><a href="#Semantics">Semanrtics</a></li>
    </ol>
</aside>
<section><!--콘텐츠를 그룹핑-->
    <h2>HTML5 소개</h2>
    <p>2014년에 차세대 웹 표준으로 확정 예정이며, 기존 텍스트와 하이퍼링크만 표시하던 HTML이 멀티
    미디어 등의 다양한 애플리케이션까지 표현 · 제공하도록 진화한 "웹 프로그래밍 언어"입니다. <br>※
    HTML(Hyper Text Markup Language)는 웹 문서를 만들 때 사용하는 프로그래밍 언어입니다. </p>
    <article id="Video"><!--독립적 콘텐츠 구분-->
        <img src="images/HTML5_Technical_small1.png" align="left">
        <h3>Video & Audio</h3>
        <p>비디오 및 오디오 기능을 자체적으로 지원</p>
    </article>
    <article id="Graphics">
        <img src="images/HTML5_Technical_small2.png" align="left">
        <h3>3D, Graphics & Effects</h3>
        <p>다양한 2차원 및 3차원 그래픽 기능을 지원</p>
    </article>
```

```
            <article id="Storage">
                <img src="images/HTML5_Technical_small3.png" align="left">
                <h3>Offline & Storage</h3>
                <p>네트워크 미지원 환경에서도 웹 이용을 가능하게 함</p>
            </article>
            <article id="Device">
                <img src="images/HTML5_Technical_small4.png" align="left">
                <h3>Device Access</h3>
                <p>카메라, 동작센서 등의 H/W 기능을 웹에서 직접적으로 제어</p>
            </article>
            <article id="WebSocket">
                <img src="images/HTML5_Technical_small5.png" align="left">
                <h3>Web Socket</h3>
                <p>웹 (클라이언트)에서 서버 측과 직접적인 양방향 통신 가능</p>
            </article>
            <article id="GeoLocation">
                <img src="images/HTML5_Technical_small6.png" align="left">
                <h3>Geo-Location</h3>
                <p>GPS없이도 단말기의 지리적인 위치 정보를 제공</p>
            </article>
            <article id="Styling">
                <img src="images/HTML5_Technical_small7.png" align="left">
                <h3>Styling Effects</h3>
                <p>글씨체, 색상, 배경 등 다양한 스타일 및 이펙트 기능 제공</p>
            </article>
            <article id="Semantics">
                <img src="images/HTML5_Technical_small8.png" align="left">
                <h3>Semantics</h3>
                <p>웹 자료에 의미를 부여하여 사용자 의도에 맞는 맞춤형 검색 제공</p>
            </article>
        </section>
        <footer>
            <img src="images/NCS_LogoE.png" width=100 height=60 align="left">
            <address>대한민국 서울시 한국대로 1004 대한빌딩 7F</address>
            <p>Tel. 12-3456-7890 / Fax. 12-3456-7891</p>
            <p>이 홈페이지는 메일주소의 수집을 허락하지 않습니다.</p>
        </footer>
    </body>
</html>
```

예제 HTML_2_Study_Layout.css

※ 자세한 내용은 관련된 CSS 내용을 통해 학습하도록 한다.

```
1  body   { margin:0 auto; font-size:12px }
2  header { display: block }
3  header  img { float: left; padding: 5px }
4  nav     { height:30px; line-height:30px; margin-left:-40px }
5  nav  ul  li { list-style-type:none }
6  nav  ul  li a {  float:left; width:100px; text-align:center; height:20px;
7                 line-height:20px; border:2px solid #ff9900; margin-right:2px  }
8  nav  ul  li a:hover { background-color:#ff9900 }
9  aside  { clear:both; background-color:#BBBBBB; float:left;  width:180px; height:610px }
10 section  { background-color:#E0E0E0; float:left; width:550px; height:610px;
11            padding-left:10px; padding-right:10px  }
12 article {   background-color:#FFFFFF; width:540px; height:55px; line-height:55px;
13             border: 1px solid #777777; border-radius:5px;
14             padding-left:10px; padding-top:5px  }
15 footer   { background-color:#CCCCCC; clear:both; width:740px;
16            padding-left:10px; padding-top:10px  }
17 p  { line-height:15px }
18 h3 { line-height:10px }
19 a { text-decoration:none }
```

<table>
<tr><th colspan="2">CSS 설명</th></tr>
<tr><td>2~3</td><td>header 요소의 디스플레이를 블록으로 설정하여 img와 h 요소를 가로로 배치하도록 지정한다.</td></tr>
<tr><td>5</td><td>목록 리스트의 블릿 모양을 없애는(점 표시가 나오지 않게) 것으로, 계층적인 구조로 nav 요소 아래에 Ul 요소가 있고, 다시 ul 요소 아래에 있는 li 요소에만 적용이 된다.</td></tr>
<tr><td>6~7</td><td>nav ul li a { … } 이 부분은 최하위 목록 태그의 링크 부분의 스타일을 주는 것으로, li 요소 아래에 있는 a 링크 요소에만 적용이 된다.
<table>
<tr><td>float:left</td><td>메뉴의 목록이 가로 방향으로 연속해서 나오게 한다.</td></tr>
<tr><td>width:100px; height:20px;</td><td>메뉴의 넓이를 100픽셀, 높이를 20픽셀의 크기로 지정한다.</td></tr>
<tr><td>text-align:center;
line-height:20px;</td><td>메뉴의 텍스트를 가운데 정렬, 줄간의 높이를 20픽셀로 중간 정렬이 되도록 한다.</td></tr>
<tr><td>border:2px solid #ff9900;</td><td>메뉴의 테두리를 2픽셀 크기, 실선, 그리고 FF9900 색상으로 그린다</td></tr>
</table></td></tr>
<tr><td>8</td><td>최하위 요소인 a링크 영역에 마우스 오버(hover)시 배경색이 변경되도록 지정한다.</td></tr>
<tr><td>12~14</td><td>article {…} 이 부분은 오른쪽 콘텐츠의 각 내용별로 동일한 넓이와 높이, 그리고 모서리가 둥근 테두리가 그려지도록 한다.</td></tr>
</table>

혼동되는 padding과 margin

- padding은 지정한 요소를 border등의 안 쪽에서 콘텐츠의 공간을 확보해주는 역할을 한다.
- margin은 지정한 요소를 border등의 바깥 쪽에서 공간을 벌려주는 역할을 한다.

시맨틱 요소들은 어떻게 만들어졌나?

시맨틱 요소들은 HTML5의 주요 명세서를 책임지고 있는 이안 힉슨이 새로운 요소들을 생각하기 시작하면서 시작되었으며, 2005년도에 구글에서 어떤 클래스 이름들이 개발자와 웹 저작자들에 의해서 사용되었는지 10억개 이상의 웹 문서를 실제로 분석해서 다음과 같이 상위 20개의 클래스 이름들을 발표하였다.

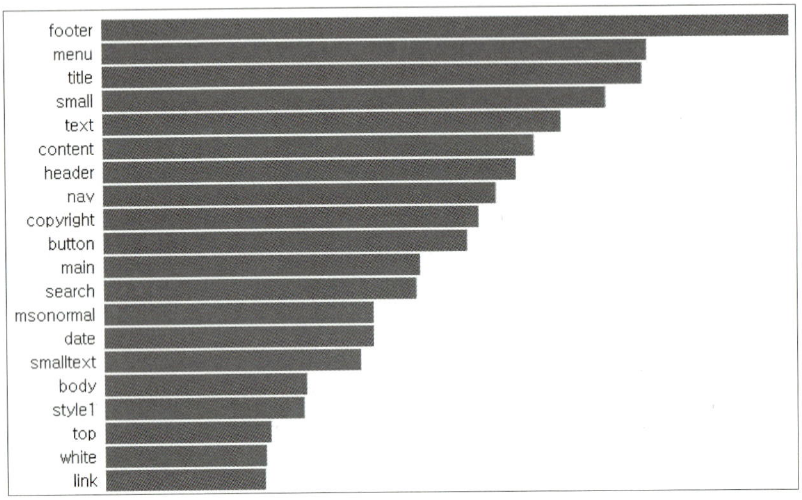

(그림출처: http://code.google.com/webstats/2005-12/classes.html)

오페라도 비슷한 연구를 했는데 2009년도에 MAMA 크롤로(Crawler) 웹 검색엔진에 의해서 무작위로 선택된 350만개의(구글보다 작은) URL을 대상으로 좀 더 넓고 다양한 통계를(공통된 속성들, 아이디(ID) 목록들, 클래스 목록) 분석했다. 다음은 오페라에서 분석한 상위 20개의 클래스 이름과 아이디(ID) 이름들이다.

※ 오페라가 분석한 상위 20개의 클래스 이름과 아이디

순위	클래스	빈도수	순위	클래스	빈도수	순위	아이디	빈도수	순위	아이디	빈도수
1	footer	179,528	11	button	81,503	1	footer	288,061	11	search	74,887
2	menu	146,673	12	main	69,620	2	content	228,661	12	nav	72,057
3	style1	138,308	13	style3	69,349	3	header	223,726	13	wrapper	66,730
4	msonormal	123,374	14	small	68,995	4	logo	121,352	14	top	66,615
5	text	122,911	15	nav	68,634	5	container	119,877	15	table2	57,934
6	content	113,951	16	clear	68,571	6	main	106,327	16	layer2	56,823
7	title	91,957	17	search	59,802	7	table1	101,677	17	sidebar	52,416
8	style2	89,851	18	style4	56,032	8	menu	96,161	18	image1	48,922
9	header	89,274	19	logo	48,831	9	layer1	93,920	19	banner	44,592
10	copyright	86,979	20	body	48,052	10	autonumber1	77,350	20	navigation	43,664

(자료출처: http://dev.opera.com/articles/view/new-structural-elements-in-html5/)

비록 몇몇의 항목들인 white, style1, msnormal 등이 있었지만, 이러한 것들이 표현하는데 주로 사용된 반면에 footer, menu, header, small, article(text, content, main, body), nav, date 같은 항목들은 콘텐츠에 의미를 부여하는 용도로 사용되었기 때문에 시맨틱 요소들로써 우리가 사용할 수 있게 된 것이다.

Section 03 그룹핑 콘텐츠 요소들

HTML5는 레이아웃을 위한 섹션 시맨틱 요소 이외에도 다양한 시맨틱 요소들이 추가되었다. 이번 절에서는 그룹핑 콘텐츠 요소들을 살펴보도록 하겠다.

표준화 문서 참조 위치	4.4 Grouping content
	http://www.w3.org/html/wg/drafts/html/CR/grouping-content.html#grouping-content

▣ 요소 main

main 요소는 문서 또는 애플리케이션 〈body〉 영역의 주요 콘텐츠 블록을 그룹화할 때 사용하지만, 문서의 전체적인 아웃라인(outline)에는 영향을 주지 않는다. main 콘텐츠 영역은 직접 관련되어 있는 콘텐츠나 문서 및 애플리케이션의 핵심적인 기능의 중심 주제로 확장되는 내용으로 구성되어 있다. 그리고 문서에서 유일한 영역으로서 body 요소 내에서 한번만 사용해야 하고, 사이트의 내비게이션 링크, 저작권 정보, 사이트 로고 및 배너, 검색 양식 등의 형태로 문서 집합에 걸쳐 반복되는 내용을 콘텐츠 영역으로 그룹화를 하면 안 된다. 따라서 article, aside, footer, header, nav 요소의 하위 요소로서 main 요소를 포함할 수 없다.

main 요소는 문서나 애플리케이션의 서브 섹션의 주 콘텐츠 영역을 식별하기 위해서 사용하기에는 적합하지 않기 때문에 모든 하위 섹션의 주요 내용을 표시하고 그냥 암시적으로 두는 것이 좋다. 그러나 적절한 콘텐츠를 그룹화 또는 콘텐츠를 섹션화할 수 있다.

▣ 요소 figure, figcaption

figure 요소는 그림, 사진, 다이어그램, 코드, 비디오 같은 독립된 콘텐츠를 하나로 묶어서 블록을 형성하고 캡션을 포함시켜서 서로의 관계를 명확히 구조화시킬 때 사용된다. 그리고 figcaption 요소는 figure 요소에 대한 캡션(제목 또는 개략적인 설명)을 표시할 때 사용한다. figure 요소의 콘텐츠는 주요 콘텐츠와 관련되어 있어야 하지만 이 요소의 위치는 독립적이기 때문에 문서 흐름에 영향을 주지 않고도 주요 콘텐츠에서 옮길 수 있다. 이는 이 요소가 반드시 주요 콘텐츠가 있는 문서 안에 있을 필요는 없으며 페이지의 옆이나 참조되는 별도의 다른 페이지 등에 넣어도 크게 상관없는 내용을 지정할 수 있다는 뜻이다. 여러 개의 독립된 콘텐츠가 figure 요소 안에 들어갈 수 있지만 figcaption 요소는 figure 요소 바로 다음이나 맨 마지막에 사용하여야 한다.

▣ 요소 ol의 reversed 속성

HTML5에서는 ol 요소가 가지고 있는 기존 속성 compact, start, type 이외에 새로운 속성인 reversed가 추가되었다. 따라서 다음 실습 예제에서 <ol reversed>와 같이 reversed 속성을 사용하면 li 요소들의 앞의 순번이 역순으로 출력되기 때문에 영화의 흥행순위가 낮은 순위로 출력됨을 확인해 볼 수 있다.

HTML5	실습하기

이번 실습은 그룹핑 요소인 main, figure, figcaption에 대하여 실습을 하도록 한다.

예제 HTML_3_Study_Group.html

```
<!-- 생략 (이전 실습하기 참고) -->
<body>
<h2>HTML5 시맨틱 요소 연습하기</h2>
<main>
    <article id="Figure">
        <hgroup>
            <h3>Figure 연습</h3>
            <h4>도산 아카데미</h4>
        </hgroup>
        <figure>
            <p>도산의 교육 방침은 건전한 인격을 가진 애국심 있는 국민의 양성에 있었다. 건전한 인격이란 참됨으로 중심을 삼고 거짓말이 없고 속이는 행실이 없는것이다.<cite>"죽더라도 거짓이 없으라."<cite></p>
            <blockquote><p>"농담으로라도 거짓말을 말아라. 꿈에라도 성실을 잃었거든 통회하라." 하고 도산은 기회 있을 때마다 학도에게 타일렀다.</p></blockquote>
            <img src="images/DosanAcademy_Logo.png" width=300 height=200 alt="도산 아카데미">
            <figcaption>(사)도산 아카데미, <cite>since 1989</cite></figcaption>
        </figure>
        <figure>
            <figcaption>2013년 한국영화 흥행순위(2013.01.01 ~ 2013.12.31)</figcaption>
            <ol>
                <li><cite>7번방의 선물</cite>, (10,810,776명), 2013년</li>
                <li><cite>설국열차</cite>, (9,341,572명), 2013년</li>
                <li><cite>관상</cite>, (9,134,386명), 2013년</li>
                <li><cite>베를린</cite>, (7,166,268명), 2013년</li>
                <li><cite>은밀하게 위대하게</cite>, (6,959,083명), 2013년</li>
                <li><cite>변호인</cite>, (5,687,032명), 2013년</li>
            </ol>
        </figure>
    </article>
</main>
</body>
</html>
```

HTML5 시맨틱 요소 연습
HTML_3_Study_Group.html
그룹핑 요소 연습하기
Main 및 Figure/Figcaption 연습
도산 아카데미
도산의 교육 방침은 건전한 인격을 가진 애국심 있는 국민의 양성에 있었다. 건전한 인격이란 참됨으로 중심을 삼고 거짓말이 없고 속이는 행실이 없는것이다. '죽더라도 거짓이 없으라.'
"농담으로라도 거짓말을 말아라. 꿈에라도 성실을 잃었거든 통회하라."
하고 도산은 기회 있을 때마다 학도에게 타일렀다.
DOSAN ACADEMY
도산아카데미
(사)도산 아카데미, since 1989
2013년 한국영화 흥행순위(2013.01.01 ~ 2013.12.31)
1. 7번방의 선물, (10,810,776명), 2013년
2. 설국열차, (9,341,572명), 2013년
3. 관상, (9,134,386명), 2013년
4. 베를린, (7,166,268명), 2013년
5. 은밀하게 위대하게, (6,959,083명), 2013년
6. 변호인, (5,687,032명), 2013년

실습 결과

Section 04 텍스트 레벨의 시맨틱 요소들

HTML5에서의 텍스트 레벨의 시맨틱 요소들에는 다음과 같은 요소들이 있으며, strong 요소는 기존 HTML 4.01에서 정의된 내용과 다르게 변경이 되었다. 그리고 time, mark, ruby, rt, rp, rb, rtc, bdi, wbr 요소들이 HTML5에서 새롭게 추가되었다.

a, em, strong, small, s, cite, q, dfn, abbr, data, time, code, var, samp, kbd, sub, sup, I, b, u, mark, ruby, rb, rt, rtc, rp, bdi, bdo, span, br, wbr

이번 절에서는 변경된 요소 및 새롭게 추가된 요소들에 대하여 살펴보도록 하겠다. 학습하는 요소들은 다음 HTML5 명세서에서 확인해 볼 수 있다.

표준화 문서 참조 위치	4.5 Text-level Semantics
	http://www.w3.org/html/wg/drafts/html/CR/text-level-semantics.html#text-level-semantics

▣ 요소 a의 download 및 ping 속성

a 요소에 href 속성이 있으면, 이 요소는 하이퍼링크(하이퍼텍스트 앵커)를 나타내기 때문에 다른 웹 문서 또는 웹 사이트로의 이동이 가능하다. 그러나 href 속성이 없다면 target, rel, media, hreflang, type 속성들은 생략되어야 한다. HTML5에서는 이 a 요소에 새로운 기능인 download 속성과 ping 속성을 추가하였다.

download 속성은 사용자가 링크를 클릭했을 때, href 속성에 지정된 파일을 다운로드 할 수 있도록 한다. 즉, 텍스트 및 이미지와 같은 파일을 별도의 브라우저에서 열지 않고 직접 파일로 저장할 수 있게 된다. 따라서 이 방법을 사용한다면, 해당 자료를 다운로드 받고 싶을 때 마우스 우측 버튼을 눌러서 이미지 또는 링크를 "다른 이름으로 저장"하기 같은 번거로운 과정을 거치지 않아도 된다.

다음은 HTML5_logo0.jpg 이미지 파일을 logo.jpg 이미지 파일로 다운로드 하도록 한 예제를 나타낸 것으로, a 요소의 href 속성에는 다운로드할 데이터의 URI 또는 다운로드할 파일 이름을 지정하고 download 속성에는 저장할 파일 이름을 지정하면 된다.

사용 예제

```
<a href="HTML5_logo0.jpg" download="logo.jpg">HTML5 로고 다운로드</a>
<a href="images/HTML5_logo0.jpg" download="logo.jpg">
  <img border="0" src="images/HTML5_logo0.jpg" alt="HTML5 Logo" width="100px" height="100px"></a>
```

ping 속성은 사용자가 링크를 클릭했을 때, 사용자가 클릭한 링크의 정보를 서버로 자동으로 송신할 수 있도록 한다. 서버 애플리케이션을 호출할 때 하이퍼링크에 대하여 ping 정보를 보내야 하는 URI 목록에 공백으로 분리해서 다수를 제공할 수 있다. 이 속성을 이용하면 사이트 내에서의 사용자 행동을 추적할 수 있기 때문에 웹 사이트의 유입 통계 등을 계산할 수 있다.

사용 예제 ※ 결과 화면은 실습하기 참조

```
<a href="index.html" ping="/track.php">홈으로</a>
<a href="#" ping="track.asp track.php">유입통계</a>
```

이전에는 이러한 기능을 구현하기 위해 다음과 같이 HTTP 리다이렉트로 구현해야 했다. 즉, 링크 주소를 클릭하면 서버 측에서는 어떤 링크를 클릭했는지를 기록하고 목적지 페이지로 리다이렉트 하는 방식이었다.

```
<a href="track.php?linkTarget=index.html">홈으로</a>
```

ping 속성을 사용함으로써 기존 리다이렉션을 하는 방법보다 좋은 점은 우선 링크 URL이 목적지 페이지를 직접 가리킬 수 있으므로 브라우저가 사용자에게 알려줄 수 있고 사용자가 알기 쉽다는 점이다. 그리고 하이퍼링크 기능을 유지하면서도 사용자가 ping 통지 기능을 사용하지 않을 수 있다. 또한 브라우저가 링크 페이지를 미리 읽을 수 있기 때문에 네트워크의 대역폭을 효율적으로 이용할 수 있을 것으로 생각된다.

▣ 요소 strong

strong 요소는 기존 HTML 4.01에서는 텍스트를 강조하도록 정의되었지만, HTML5로 오면서 단어(word) 또는 구(phrase)와 같은 텍스트가 아주 중요하거나 심각하거나 또는 긴급을 요하는 내용을 표시할 때 사용되도록 변경되었다. 따라서 이 요소를 사용하면 그 콘텐츠의 중요성을 증대시킨다.

중요성	일반적인 부분(자세하거나, 유쾌 및 단순한 표준문안 등)에서 중요한 부분을 구분하기 위해 제목, 캡션 또는 절에서 사용할 수 있다.
심각성	경고 또는 경고주의 사항을 표시할 때 사용할 수 있다.
긴급	사용자가 문서의 다른 부분보다 더 빨리 만나야 내용을 알 수 있을 때 사용할 수 있다.

사용 예제 ※ 결과 화면은 실습하기 참조

```
<p>HTML5 [2장] <strong>HTML5 시작하기</strong></p>
```

▣ 요소 time

time 요소는 날짜와 시간 표현에 의미를 주고자 할 때 사용한다. 시각적으로 날짜와 시간을 표시할 수는 있으나, 시스템상에서는 일반 텍스트인지 날짜와 시간인지 구분할 수 없기 때문에 여기에 날짜와 시간의 의미를 부여하여 시스템이 지정한 시간이나 날짜를 인식할 수 있게 하기 위해서는 time 요소를 사용해야 한다.

time 요소는 datetime 속성에 있는 컴퓨터가 읽을 수 있는 콘텐츠와 자신의 콘텐츠를 나타내는 것으로 콘텐츠의 종류는 여러 종류의 날짜, 시간, 표준 시간대 오프셋 및 기간 등으로 제한되어 있다. datetime 속성은 컴퓨터가 날짜와 시간을 확실하게 인식하게 하기 위한 속성으로 날짜와 시간의 조합으로 지정할 수 있다.

정확한 형식의 날짜나 시간을 datetime 속성으로 지정하고자 할 때는 컴퓨터가 읽을 수 있는 포맷으로 표현되어야 하며, 시간의 문자열 형태는 ISO-86이라는 표준 명세서에 정해져 있다. 그러나 속성이 지정되어 있지 않다면 time 요소는 자손이 전혀 없어야 한다. 다음은 datetime 속성 값에 사용되는 구문의 예를 나타낸 것이다.

성분	사용 방법	사용 예
날짜	YYYY-MM-DD	2014-12-31
시간, 분 단위	hh:mm	18:35
시간, 분, 초 단위	hh:mm:ss	18:35:05
시간, 분, 초, 밀리초 단위	hh:mm:ss.f	18:35:05.1234
날짜, 시간	날짜와 시간을 T로 결합	2014-12-31T18:35
GMT 시간대	시간대 끝에 z를 붙임	2014-12-31T18:35:05Z
시간대 오프셋 지정	+mm:hh 또는 －mm:hh	2014-12-31T18:35:05+02:00

사용 예제 ※ 결과 화면은 실습하기 참조

```
<p>우리 회사의 출근시간은 <time>09:00</time> 이며, 퇴근시간은 <time>18:00</time> 입니다</p>
<p>HTML5의 1차 표준화 완료 예정일은 <time datetime="2014-12-31">2014년 말</time> 입니다</p>
```

- 2번째 p 요소 내용의 의미는, 2014년 12월 31일이 "2014년 말"과 같은 뜻이라는 추가적인 시맨틱과 함께 "2014년 말"문자열을 전달한다.

▣ 요소 mark

mark 요소는 일련의 텍스트가 다른 상황에서도 관련이 있기 때문에 이 텍스트를 참조용으로 표시하거나 부각시켜서 나타내도록 한다. 즉, 이 요소를 문서의 주요 본문 안에서 사용하면 이 요소는 사용자의 현재 활동과 관련성이 있을 수 있기 때문에 부각된 문서의 일부를 나타낸다.

strong 요소가 시각적으로만 중요성을 강조하는데 사용된 반면 mark 요소는 강조 효과(노란색 형광펜으로 칠한 것과 같은)와 함께 의미적으로도 강조하고자 할 때 사용된다. 그러나 다른 색상으로 강조를 주고자 할 때는 CSS를 사용해야만 한다.

사용 예제 ※ 결과 화면은 실습하기 참조

```
<p>기존 HTML에서는 <strong>강조하고자 하는 텍스트에</strong> Strong요소를 주로 사용하였으나, <mark>HTML5에서는 추가적으로 Mark요소를 사용할 수 있도록 하였다.</mark></p>
<p>Strong 요소가 시각적으로만 강조하는데 사용된 반면 <mark>Mark 요소는 강조 효과와 함께 의미적으로도 강조하고자 할 때 사용된다.</mark></p>
```

- 이 예제에서 strong 요소와 Mark요소의 차이를 알 수 있는데, HTML5와 관련된 내용에는 부각되어 강조효과가(노란색) 표시되어 있고 HTML5와는 관련이 없지만 강조하고자 하는 내용에는 strong 요소가 사용되어 중요할 수도 있다는 것을 표시하고 있다(문서에서 문자열을 검색할 때 일치하는 부분에서 검색된 문자열이 노란색으로 부각되어 표시되는 것을 볼 수 있을 것이다).

▣ 요소 ruby, rt, rp, rb, rtc

ruby 요소는 구문(phrasing) 콘텐츠 하나 이상을 루비 주석으로 표시할 수 있다. 루비(ruby)는 동아시아 문서(한자, 일본어 등)에서 발음 지시나 짧은 해설을 위해 기본 텍스트 주변에 배치하는 짧은 텍스트 문자열을 뜻하는 것으로, 중국어 문서와 일본어 문서에서의 루비 주해(또는 주석)는 글자의 발음법을 나타낼 때 사용할 수 있다. 이러한 문자열을 표기하기 위해서는 ruby에 기준 텍스트를 작성하고 주석은 rt 또는 rp를 이용하여 표현한다.

rt	루비 주석을 구성하는 루비 텍스트를 표시한다. 만일 rp 요소와 함께 사용하면 rp 요소를 무시하며, ruby 요소 안에서 이 rt요소 바로 앞에 오는 하나 이상의 구문(phrasing) 콘텐츠 노드에 달린 주석을 나타낸다.
rp	루비 주석을 구성하는 루비 텍스트 주위에 괄호를 둘 수 있기 때문에, ruby요소의 주석을 지원하지 않는 웹 브라우저를 위한 요소로 사용된다. rp 요소는 아무것도 나타내지 않는다.
rb	루비 주석의 기본 텍스트 구성 요소를 표시한다. 이 요소가 ruby 요소의 자식인 경우에는 아무것도 rb 자신을 표현하지 않지만 부모 ruby 요소가 무엇을 나타내는지를 결정하는 일부로서 사용된다.
rtc	루비 주석에서 루비 텍스트 구성 요소에 대한 루비 텍스트 컨테이너를 표시한다. 이 요소가 ruby 요소의 자식인 경우에는 이 요소 자체만으로는 아무것도 대표하지 않지만 부모 ruby 요소가 무엇을 나타내는지를 결정하는 일부로 사용한다.

루비 요소에 의한 콘텐츠 모델은 하나 이상의 다음 순서로 구성된다.

- 하나 이상의 구문 콘텐츠 노드 또는 rb 요소

• rp 요소의 앞이나 뒤에 따라오는 하나 이상의 rt 또는 rtc 요소

다음 내용들은 다양한 스타일의 루비를 보여준다.

- 각 기본 문자의 단일 루비 – 주석(루비 텍스트)이 각 표의 문자(기본 텍스트)와 개별적으로 연결되어 있는 경우에 사용된다. 예를 들어, 다음과 같이 일본어의 경우 한자의 판독을 제공하는 데 사용되는 히라가나 또는 가타가나이다.

사용 예제

```
<ruby>日<rt>に</rt></ruby>
<ruby>本<rt>ほん</rt></ruby>
<ruby>語<rt>ご</rt></ruby>で
<ruby>書<rt>か</rt></ruby>
いた<ruby>作<rt>さく</rt></ruby>
<ruby>文<rt>ぶん</rt></ruby>です。
```

に ほん ご　か　さく ぶん
日本語で書いた作文です。

- 그룹 루비 – 기본 텍스트에 대한 발음 기호 또는 의미를 설명하기 위한 주석에 사용된다. 일반적인 렌더링에서는 그룹 루비에 대한 주석 텍스트를 분할하지 않고 다음 줄에 하나의 단위로 감싼다. 따라서 루비 텍스트 주석은 하나 이상의 문자로 구성되어 베이스에 매핑될 때 그룹화된다. 예를 들어, 단어 "today"는 일본어로 "今日"로 기록된다. 문자 그대로 "this day"이지만 "きょう(kyou)"로 발음된다. 따라서 "this" 부분과 "day" 부분으로 분해될 수 없다.

사용 예제

```
<ruby>今日<rt>きょう</ruby>
```

きょう
今日

```
<ruby>HTML5<rt>웹 표준</rt></ruby>
```

웹 표준
HTML5

- 주쿠고(Jukugo) 루비 – 주쿠고는 일본의 복합 명사를 말하는 것으로, 하나 이상의 한자 문자로 구성된 단어를 말한다. 단일 루비와 비슷하지만, 루비 텍스트는 일반적으로 같은 줄에 있을 때 여러 표의 문자와 함께 그룹화로 렌더링된다.

사용 예제

```
<ruby>法<rb>華<rb>経<rt>ほ<rt>け<rt>きょう</ruby>
```

이 예에서, 각각의 rt 요소는 각각의 rb 요소와 쌍을 이룬다.
아직은 브라우저에서 결과를 확인해 볼 수 없고, 오른쪽 그림과 같이 표시될 수 있음을 기대해 볼 수 있다.

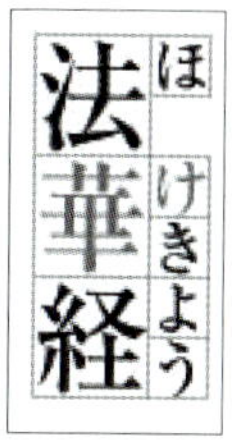

- 양면(double-sided) 루비 – 발음 기호와 의미 모두를 위한 주석 텍스트에 사용된다. 다음의 예는 샌프란시스코에 대한 중국의 단어 (旧金山, 예를 들어 "old gold mountain") 발음을 제공하는 병음을 사용하고 원래 영어로 되어 있도록 해주는 예제로, 오른쪽 그림과 같이 표시될 수 있음을 기대해 볼 수 있다(아직은 주요 브라우저에서 결과를 확인해 볼 수 없다).

사용 예제

```
<ruby>
    <rb>旧<rb>金<rb>山<rt>jiù<rt>jīn<rt>shān<rtc>San Francisco
</ruby>
```

```
<ruby>
    <rb>上<rb>手<rt>じょう<rt>ず<rtc><rt>jou<rt>zu
</ruby>
```

주쿠고 루비

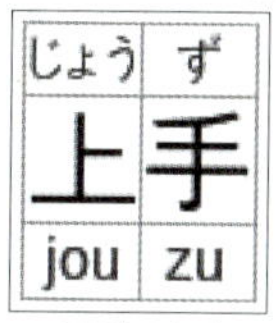

단일 루비

▣ 요소 bdi

bdi 요소는 텍스트의 방향을 격리하기 위한 요소로서, 양방향 텍스트의 형태를 일부 텍스트에 적용하기 위해서 이 텍스트를 주위와 떨어뜨려서 나타나도록 한다. 이는 특히 필기 방향이 정해져 있지 않은 사용자가 생성한 콘텐츠를 내장할 때 유용하다.

다음 예제는 사용자가 제출한 포스트의 개수와 함께 사용자 이름을 보여준다. 만일 이 bdi 요소를 사용하지 않으면 아랍인 사용자의 이름은 텍스트를 혼란스럽게 한다. 이는 양방향 알고리즘으로 인해 "posts"가 아니라 "User"라는 단어 옆에 콜론과 "3"이라는 숫자가 붙을 것이다.

사용 예제

```
<ul>
   <li>User <bdi>jcranmer</bdi>: 12 posts.
   <li>User <bdi>hober</bdi>: 5 posts.
   <li>User <bdi>إيان</bdi>: 3 posts.
</ul>
```

▣ 요소 wbr

br 요소가 HTML 문서에서 실제로 줄 바꿈을 하는 반면, wbr 요소는 줄 바꿈 지점을 나타내기 위해 사용하는 요소이다. 다음 예제는 누군가의 말을 인용한 것으로, wbr 요소의 효과를 알아보기 위해 하나의 긴 단어로 만든 것이다. 그러나 텍스트를 읽을 수 있도록 둘러싸기 위해서, 인용구 안에 있는 각 단어를 wbr 요소를 이용하여 분리하도록 하였다.

사용 예제

```
<p>도산 안창호 선생님 日 -"농담으로라도<wbr>거짓말을<wbr>말아라.<wbr>꿈에라도<wbr>성실을<wbr>잃었거든
<wbr>통회하라."</p>
```

도산 안창호 선생님 日 -"농담으로라도거짓말을말아라.꿈에라도성실을잃었거든통회하라."

- 줄 바꿈이 일어날지는 전적으로 레이아웃의 배치 상황에 의해 결정되는데, wbr 기능은 줄 바꿈을 강제하는 것이 아니라 허용하는 것이다. 이 요소는 긴 URL이나 소스 코드 줄에 유용하게 사용된다.

HTML5	실습하기

이번 실습은 앞에서 살펴본 텍스트 레벨의 요소들에 대하여 실습을 하도록 한다. 예제 폴더에서 HTML_4_Study_TextLevel_Step.html 파일을 편집기로 열어서 다음의 내용을 입력하고 브라우저로 확인을 해보자.

예제 HTML_4_Study_TextLevel_Step.html

```
<article><h3>A 요소 연습</h3>
    <p>이미지를 클릭하면 이미지를 다운로드 합니다.</p>
    <a href="images/HTML5_logo0.jpg" download="logo.jpg">
    <img border="0" src="images/HTML5_logo0.jpg" width="50px" height="60px"></a>
    <p>다음 링크를 클릭하면 ping 속성을 이용하여 링크 정보를 전송합니다.</p>
    <a href="#" ping="track.asp track.php">유입통계</a>
```

```
</article>
<article><h3>Strong 연습</h3>
    <p>HTML5 [2장] <strong>HTML5 시작하기</strong></p>
</article>
<article><h3>Time 연습</h3>
    <p>회사의 출근시간은 <time>09:00</time> 이며, 퇴근시간은 <time>18:00</time> 입니다</p>
    <p>HTML5의 1차 표준화 완료 예정일은 <time datetime="2014-12-31">2014년 말</time> 입니다</p>
</article>
<article><h3>Mark 연습</h3>
    <p>기존 HTML에서는 <strong>강조하고자 하는 텍스트에</strong> Strong요소를 주로 사용하였으나, <mark>HTML5에서는 추가적으로 Mark요소를 사용할 수 있도록 하였다.</mark></p>
    <p>Strong 요소가 시각적으로만 강조하는데 사용된 반면 <mark>Mark 요소는 강조 효과와 함께 의미적으로도 강조하고자 할 때 사용된다.</mark></p>
</article>
<article><h3>Ruby 연습</h3>
    <ruby>日<rt>に</rt></ruby><ruby>本<rt>ほん</rt></ruby>
    <ruby>語<rt>ご</rt></ruby>で<ruby>書<rt>か</rt></ruby>
        いた<ruby>作<rt>さく</rt></ruby><ruby>文<rt>ぶん</rt></ruby>です。
    <ruby>今日<rt>きょう</rt></ruby>
    <ruby>HTML5<rt>웹 표준</rt></ruby></article>
<article><h3>Bdi 연습</h3>
    <ul>
        <li>User <bdi>jcranmer</bdi>: 12 posts.
        <li>User <bdi>hober</bdi>: 5 posts.
        <li>User <bdi>إيان</bdi>: 3 posts.
    </ul>
</article>
<article><h3>Wbr 연습</h3>
    <p>도산 안창호 선생님 日 -"농담으로라도 <wbr>거짓말을 <wbr>말아라. <wbr>꿈에라도 <wbr>성실을 <wbr>잃었거든<wbr>통회하라."!</p>
</article>
```

이를 다시 클릭하면 펼쳐진 내용은 감춰지고 글자색은 다시 파란색으로 변경이 된다. 이 두 개의 details 요소의 경우 open 속성을 기본으로 지정하였기 때문에 화면에 표시될 때 기본적으로 펼쳐 보이는 것이다. 그러나 세 번째 details 요소인 [애플 MacBook Pro Retina 15인치 보기] 항목은 open 속성을 주지 않았기 때문에 하위 요소들의 내용을 펼쳐 보이지 않는다. summary 요소는 기본적으로 '감춤' 상태이기 때문에 다음 그림과 같이 웹 브라우저에서는 summary 요소만 나타나고 왼쪽에 작은 삼각형 모양만 표시된다. 그리고 summary 요소를 클릭하면 하위 요소들이 열리면서 화면에 확장되어 표시되고 다시 클릭하면 숨겨진다.

이 예제는 details 요소의 중첩된 사용과 하위 요소로써의 다양한 요소들이 사용될 수 있다는 것을 보여준 예제로써 좀더 다양한 HTML 요소들을 추가하면 다양한 형태의 상호작용 메뉴 또는 요약되는 내용들을 구성하는데 유용하게 사용될 수 있을 것이다.

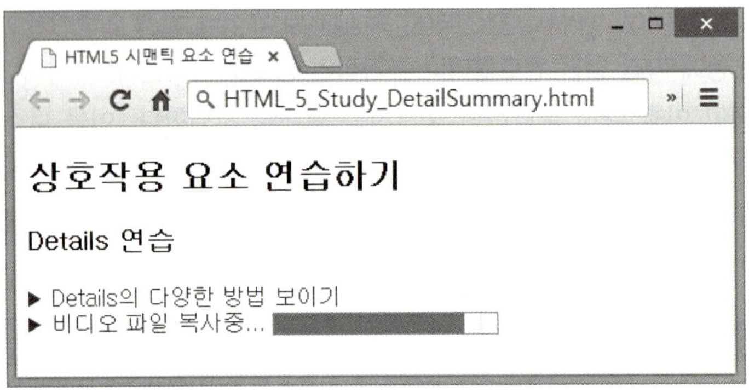

Details, Summary 실습 결과 초기화면

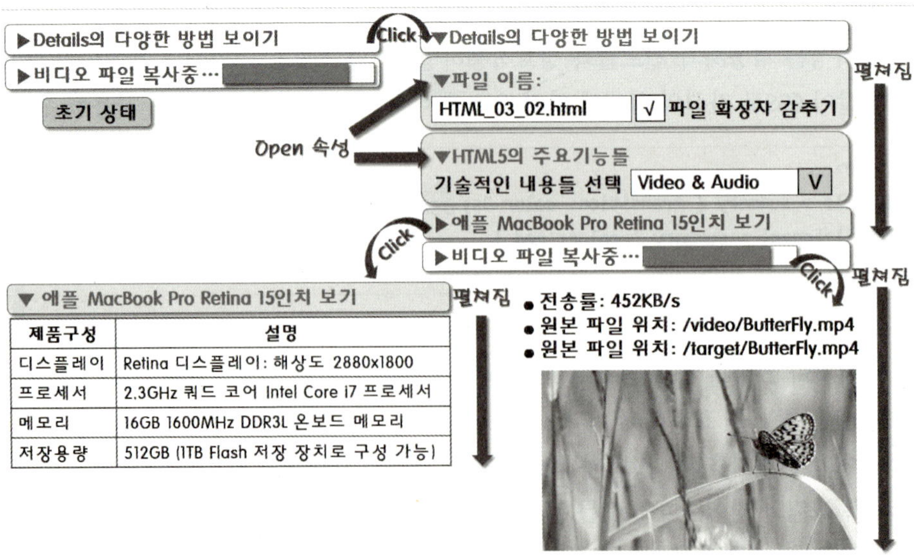

Details, Summary 동작 과정

HTML5 실습하기

details, summary 요소에 대하여 실습을 하면서 이에 대한 사용 방법을 잘 익혀두도록 하자. 예제 폴더에서 HTML_5_Study_DetailSummary_Step.html 파일을 편집기로 열어서 다음의 내용을 입력하고 브라우저로 확인을 해보자.

예제 HTML_5_Study_DetailSummary_Step.html

```
<article id="Details">
    <h3>Details 연습</h3>
    <details>
      <summary>Details의 다양한 방법 보이기</summary>
      <details open>
        <summary><label for=fn>파일 이름:</label></summary>
          <input id="fn" name="fn" type=text value="HTML_03_02.html">
          <label><input type=checkbox name=ext checked>파일 확장자 감추기</label>
      </details>
      <details open>
        <summary>HTML5의 주요기능들</summary>
          <label for="html5_tech">기술적인 내용들 선택</label>
          <select id="html5_tech" name="html5_tech">
            <option>Video & Audio</option>
            <option>3D, Graphics & Effects</option>
            <option>Offline & Storage</option>
            <option>Device Access</option>
            <option>Web Socket</option>
            <option>Geo-Location</option>
            <option>Styling Effects</option>
            <option>Semanrtics</option>
          </select>
      </details>
      <details>
        <summary>애플 MacBook Pro Retina 15인치 보기</summary>
        <table border=1>
          <tr><th>제품구성</th><th>설명</th></tr>
          <tr><td>디스플레이</td><td>Retina 디스플레이: 해상도 2880x1800</td></tr>
          <tr><td>프로세서</td><td>2.3GHz 쿼드 코어 Intel Core i7 프로세서</td></tr>
          <tr><td>메모리</td><td>16GB 1600MHz DDR3L 온보드 메모리</td></tr>
          <tr><td>저장용량</td><td>512GB (1TB Flash 저장 장치로 구성 가능)</td></tr>
        </table>
      </details>
    </details>
    <details>
```

이 요소는 menu 요소 안에서 사용될 때만 보여지고 그렇지 않을 때는 표시되지 않는다. 그러나 키보드의 단축키 같은 것을 지정할 때 유용하게 사용될 수 있다. 사용할 수 있는 속성으로는 다음과 같은 것들이 있다.

속성	설명
Type	연관된 동작이 있는 일반적인 명령어를 지정하는 속성으로 기본값은 command이다. • checkbox - 토글될 수 있는 상태나 선택 사항을 지정한다. • radio - 항목들의 목록에서 하나의 항목을 선택하도록 지정한다. • command - 명령어 종류를 정의한다.
ID	마크업 또는 스크립트에서 명령어를 참조하기 위한 명령어 이름을 지정한다. ID가 없으면 익명의 명령어가 된다.
Label	사용자에게 보이는 명령어의 이름을 지정한다. 명시되어야 하며 빈 문자열이 아닌 값을 가져야 한다.
Hint	도움이 되거나 설명적인 문자열로 사용자가 볼 수 있다.
icon	명령을 표시하기 위한 이미지의 절대 경로를 지정한다. 명령어에 아이콘이 없을 수 있다.
Access Key	명령어를 실행하는 브라우저가 선택한 키 조합을 지정한다. 명령어에 접근 키(Access Key)가 없을 수 있다.
Hidden State	명령어가 숨겨져 있는지 나타낸다(기본적으로 명령어가 메뉴에 나타나는지를 표시한다).
Disabled State	명령어가 관련이 있고 실행될 수 있는지를 나타낸다.
Checked State	명령어가 체크되어 있는지를 나타낸다.
Action	명령어의 행이 미칠 수 있는 실제 효과를 지정한다. 효과는 스크립트로 작성된 이벤트 핸들러가 될 수도 있고 이동할 UTL이거나 폼 제출이 될 수도 있다.

- command 요소들은 메뉴의 일부를 구성하지 않으면 렌더링되지 않아 화면에 표시되지 않는다.
- 이 요소 또한 아직 지원하는 웹 브라우저가 없기 때문에 정상적으로 표시되지는 않는다.

▣ 요소 dialog

dialog 요소는 사용자와의 상호작용을 위해 애플리케이션의 일부분으로 대화 상자 같은 창을 띄워서 작업을 수행하도록 지정하는 요소이다. 다음과 같은 open 및 returnValue 속성을 사용할 수 있다.

속성	내용
open	논리적 속성으로 참과 거짓 값을 가질 수 있으며, 이 속성이 지정되어 있는 경우에는 dialog 요소가 활성화되어 사용자와의 상호작용을 할 수 있다는 것을 나타낸다.
returnValue	대화 상자의 반환 값(DOMString)을 돌려준다.

다음은 dialog 요소에서 사용할 수 있는 메서드 API를 나타낸 것이다.

메서드	내용
show([anchor])	dialog 요소(대화 상자)가 나타나도록 한다. anchor 인수가 지정되어 있는 경우에는 대화 상자가 고정(anchor) 될 수 있도록 위치를 설정한다.
showModal([anchor])	dialog 요소가 제일 상단에 나타나도록 한다. 즉, 이 메서드로 인해 나타난 대화 상자를 최우선으로 처리해야 함을 의미한다. anchor 인수가 지정되어 있는 경우에는 대화 상자가 고정(anchor) 될 수 있도록 위치를 설정한다. 이 메서드는 autofocus 속성을 허용한다.
close([result])	dialog 요소를 닫는다. result 인수가 제공된 경우, 반환 값을 제공한다.

tabindex 속성은 dialog 요소에 지정될 수 없다. 이 요소를 이용하여 대화를 의미 있는 콘텐츠로 만들고자 할 때 유용하게 사용될 수 있으며, 예제와 같이 dt 요소에는 말하는 사람을, dd 요소에는 대화 내용을 기술하면 된다. 사용 예제에 대한 결과는 오른쪽 그림과 같이 표시된다.

사용 예제

```
<dialog open>
  <dt>여자</dt><dd>자기야! 나 얼마나 사랑해?</dd>
  <dt>남자</dt><dd>하늘에 떠있는 별 숫자만큼</dd>
  <dt>여자</dt><dd>지금 아침인데?</dd>
  <dt>남자</dt><dd>그니깐…</dd>
</dialog>
```

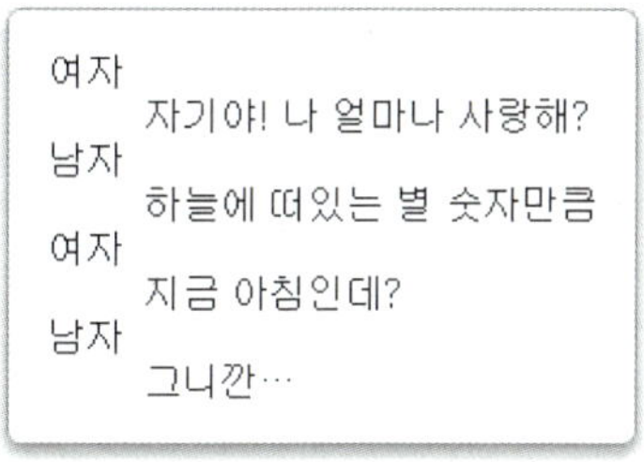

아직은 주요 브라우저에서 지원하고 있지 않으며, 크롬 브라우저의 카나리아 버전만 실험용 웹 플랫폼 기능을 사용할 때 지원되고 있다. 이 기능을 사용하기 위해서는 브라우저 주소 창에서 "chrome://flags"를 입력하여 다음과 같이 [실험용 웹 플랫폼 기능을 사용 가능]으로 설정하고 브라우저를 다시 시작해야 한다.

- #enable-experimental-web-platform-features

HTML5 실습하기

이번 실습은 앞에서 살펴본 상호작용 요소 menu, command 그리고 dialog 요소에 대하여 실습을 하도록 한다. 예제 폴더에서 HTML_5_Study_MenuCommand_Step.html 파일을 편집기로 열어서 다음의 내용을 입력하고 브라우저로 확인을 해보자.

예제 HTML_5_Study_MenuCommand.html

```
<article id="Menu">
<h3>Menu 연습</h3>
    <menu>
        <li><button type=menu value="파일" menu="filemenu">
        <menu id="filemenu" type="popup">
            <menuitem onclick="fnew()" label="파일 만들기">
            <menuitem onclick="fopen()" label="파일 열기">
            <menuitem onclick="fsave()" label="파일 저장하기">
        </menu>
        </li>
        <li><button type=menu value="편집" menu="editmenu">
        <menu id="editmenu" type="popup">
            <menuitem onclick="ecopy()" label="내용 복사">
            <menuitem onclick="ecut()" label="내용 잘라내기">
            <menuitem onclick="epaste()" label="내용 붙여넣기">
        </menu>
        </li>
    </menu>
</article>
<article id="Command">
<h3>Command 연습</h3>
    <menu>
        <command onClick="alert('새 파일')">새 파일</command>  
        <command onClick="alert('파일 열기')">파일 열기</command>  
        <command onClick="alert('파일 저장')">파일 저장</command>  
    </menu>
</article>
<article id="Dialog">
<h3>Dialog 연습</h3>
    <dialog open>
    <dt>여자</dt><dd>자기야! 나 얼마나 사랑해?</dd>
        <dt>남자</dt><dd>하늘에 떠있는 별 숫자만큼</dd>
        <dt>여자</dt><dd>지금 아침인데?</dd>
        <dt>남자</dt><dd>그니깐…</dd>
    </dialog>
</article>
```

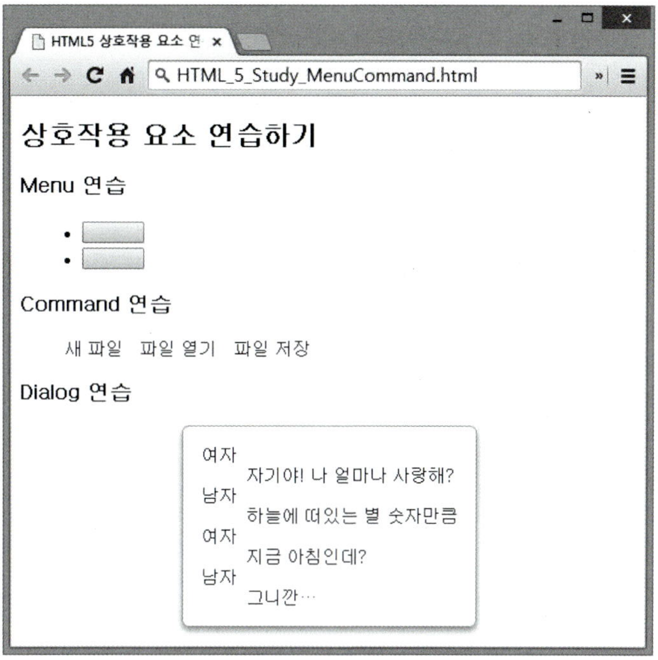

menu, command, dialog 실습 결과

Section 06 변경된 요소들

기본 HTML에서 서식화 방식으로 사용되는 b 요소는 bold에서 왔고, i 요소는 italic에서 왔지만, HTML5의 개념과 잘 맞지 않기 때문에 단어의 중요성을 표시할 때는 이 요소들 대신에 strong과 em(emphasis) 요소를 사용해야 한다. 그러나 기존 HTML에서 b와 i가 많이 사용되는 요소이기 때문에 HTML5에서도 계속 사용할 수 있도록 허용하되 그 의미가 조금 바뀌었다. 즉, b는 굵은(bold) 오프셋 텍스트를 뜻하고 i는 이탤릭체의 오프셋 텍스트를 뜻한다. 여기서 오프셋 텍스트는 주된 텍스트 안의 기술 용어, 짧은 인용구, 그리고 외국어 문장 등에 쓰이며 강조와는 조금 다른 것이다. HTML5를 주로 사용할 계획이라면 이 두 요소 대신에 strong과 em을 사용하는 것이 바람직하다. cite 요소 역시 인명을 인용하는데 대신에 작품(그림이나 시 등)의 제목을 나타내는데 사용해야 한다. small 역시 단순히 글씨를 작게 표시하는 대신에 부수적인 해설이나 이용 조건, 법적 공지 등의 작은 인쇄(small print)를 의미하는데 사용해야 한다. hr은 웹 문서 영역을 분할하는 단순한 수평선이 아니라, 내용의 주제가 바뀌는 용도로 사용되어야 한다. 다음 내용들은 기존 HTML에서 의미가 조금 변경된 요소들을 정리한 내용이다.

요소	설명
a	인라인 요소로써, W3C 권고안에는 인라인 요소가 블록 요소를 포함할 수 없도록 하고 있지만, HTML5에서는 다른 블록 요소를 포함할 수 있도록 하고 있다. 그러나 주의할 점은 a 요소안에는 버튼 속성이나 포인터 속성의 버튼이 있으면 안된다. 그리고 HTML4에서는 널 링크(Null Link)로 사용하려면 href="#" 와 같이 사용했지만 HTML5에서는 href 속성 없이 사용하면 바로 널 링크가 된다.
address	연락처 정보를 담는 요소로써, HTML4에서는 이름, 이메일 주소, 그리고 전화번호 등으로 사용되었지만, HTML5에서는 실제 우편물 주소로 사용된다. 요소 이름만으로는 우편물 주소만을 생각할 수도 있지만, 꼭 그럴 필요는 없다. 즉, 이 요소의 의미는 그냥 회사 이름이나 직위 등 연락처에 해당하는 정보를 뜻하기 때문이다. 만일 독립적인 주소가 실제로 적절한 정보가 아니라면 사용해서는 안되고, 연락처 정보 외의 정보가 있어서는 안되며 일반적으로 다른 정보와 함께 footer 요소에 포함된다.
b	특정 텍스트가 중요하지는 않지만, 단순히 진하게 표시해야 할 때 사용이 된다.
abbr	축약(Abbreviation)의 약자로, WWW가 "World Wide Web"에서 첫머리 글자만 따서 축약해서 나타내는 것처럼 사용할 수 있다. title 속성을 사용할 수 있으며, 축약된 약어에 마우스 오버시 타이틀이 표시된다.
cite	책이나 시, 그림 등의 제목을 정의할 때 사용되는 요소로 이탤릭체 형태로 나타난다.
hr	텍스트나 이미지 같은 것 등을 나타낸 후 내용의 전환을 위해 가로로 수평선을 그릴 때 사용된다. HTML4에서는 단순히 가로줄을 표시하기 위해 사용되었지만, HTML5에서는 문장의 단락 단위로 주제를 바꾸려고 할 때 주로 사용된다.
i	텍스트를 기울어지게 표시할 뿐 아니라 중요한 정보가 들어있지 않은 주변 요소로부터 텍스트를 별도로 표시할 때 사용된다. 전문 용어, 관용구, 생각 또는 특정 이름 등에 사용할 수 있다.
s	워드프로그램의 취소선과 같은 기능을 하는 것으로, 해당 텍스트가 더 이상 정확하지 않거나 관련이 없을 때 한 줄을 긋는 형태로 해당 텍스트에 표시한다.
small	한 라인 정도의 짧은 텍스트에 사용되는 요소로, 해당 텍스트를 작게 나타낸다. 그러나 단락, 리스트 그리고 섹션 같은 여러 라인이 포함된 텍스트에서는 이용되지 않는다.
u	텍스트에 밑줄을 표시할 때 사용된다.

CHAPTER 03

HTML5

폼, 드래깅, 텍스트편집

학습 목표

웹 문서에서의 UI를 구성하는데 있어서 입력 양식(Form)은 상당히 중요하다 할 수 있다. 기존 HTML에서는 복잡한 자바스크립트를 이용해야 했던 방법들이 HTML5로 오면서 추가된 요소만으로도 쉽게 처리할 수 있도록 바뀌었다. 그리고 새롭게 추가된 다양한 API들이 표준화되어 추가되었는데, 특정 콘텐츠를 끌어다 놓는 드래그 앤 드롭 관련 API와 편집이 가능하도록 하는 텍스트 편집 관련 API 등이다. 본 단원에서는 새롭게 추가되거나 수정된 폼 요소, 입력 타입과 폼 속성들, 그리고 드래그 앤 드롭 및 편집 관련 API에 대해 학습하도록 한다.

Key Point

datalist, keygen, output, meter, progress, autocomplete, noValidate, search, tel, url, email, number, color, date, month, week, time, datetime, datetime-local, minlength, required, list, multiple, pattern, autocomplete, min, max, step, placeholder, autofocus, dirname, form, width, height, formaction, formenctype, formmethod, formnovalidate, formtarget, draggable, dropzone, dropEffect, effectAllowed, items, types, files, setData(), getData(), setDragImage(), clearData(), dragstart, dragend, dragenter, dragleave, dragover, drag, drop, contenteditable, designMode, execCommand(), queryCommandEnabled(), queryCommandIndeterm(), queryCommandState(), queryCommandSupported(), queryCommandValue()

Section

01 폼　02 드래그 앤 드롭　03 텍스트 편집하기

Step2 – 토핑 선택

```
<fieldset>
  <legend>피자 토핑 고르기</legend>
  <label><input type=checkbox name="topping" value="bacon">베이컨</label>
  <label><input type=checkbox name="topping" value="cheese">치즈</label>
  <label><input type=checkbox name="topping" value="onion">양파</label>
  <label><input type=checkbox name="topping" value="mushroom">버섯</label>
<fieldset>
```

3단계에서는 고객이 원하는 시간대에 피자를 배달하기 위하여 input 요소의 type 속성 값을 time으로 하였다. 그리고 시간을 정확하게 제어하기 위하여 min, max, step 속성을 이용하여, 오전 11시에서 밤 9시 사이에만 배달하고 배달 시간은 15분 간격으로 설정하도록 하였다. 추가적으로 고객이 피자를 배달할 때 부탁할 내용을 입력하도록 textarea 요소를 이용하였고, 폼을 제출할 수 있도록 button 요소를 사용하였다.

Step3 – 고객 요구사항 입력 및 제출

```
<label>원하는 배달 시간: <input type=time min="11:00" max="21:00" step=900" name="delivey">
</label>
<label>배달 요구 사항: <textarea name="comments"></textarea></label>
<p><button>피자 주문하기</button></p>
```

예제 폴더에 있는 Form_Study01 폴더에서 각 단계별 실습을 해보도록 해보자. 동작이 잘 안될 때는 각 단계별 파일을 열어서 확인해보도록 한다.

- PizzaOrder_Step1.html파일을 열어서 Step1를 입력하고 확인해보자
- PizzaOrder_Step2.html파일을 열어서 Step2를 입력하고 확인해보자
- PizzaOrder_Step3.html 파일을 열어서 Step3 를 입력하고 확인해보자

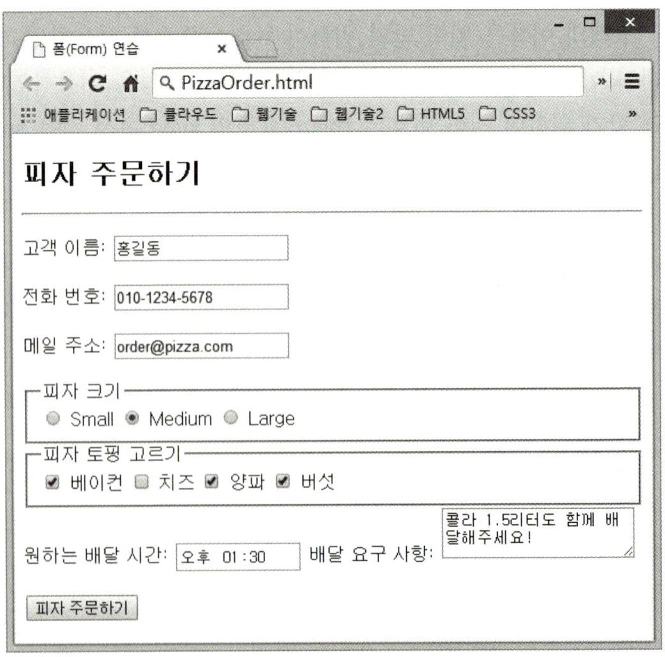

최종적인 HTML 코드를 웹 브라우저에서 열면, 오른쪽 그림과 같이 근사하지는 않지만, 피자를 주문하기 위한 폼이 나타나는 것을 확인할 수 있을 것이다.

지금까지 폼에서 가장 많이 사용되는 요소들을 이용하여 폼에 대한 기본적인 내용들을 간단하게 살펴보았다. 그러나 이 예제는 입력된 값이 유효한지 검사를 하지 않고 있다. 이제부터 살펴볼 내용들은 HTML5에서 새롭게 추가된 유효성 검사를 포함한 새로운 기능들이다.

보충 설명 – fieldset, legend
그룹박스와 그룹의 제목을 만들 수 있는 요소로써, 시각적으로 그룹을 묶어서 표현할 때 편리하다.

1.2 HTML5에서 추가된 폼 요소들

HTML5에서 새롭게 추가된 폼 요소로는 다음과 같이 datalist, keygen 그리고 output 요소가 있다.

요소	설명
datalist	목록 속성과 함께 사용하여 콤보 상자(ComboBox)를 만든다.
keygen	키 쌍(Key Pair)을 생성할 때 사용하며 암호 키를 생성해준다.
output	스크립트의 계산 결과와 같은 실행 결과를 나타낸다.
progress	어떠한 작업의 완료 진행 상황을 나타낸다.
meter	일정 범위 안의 측정 값이나 분포 비율 등을 나타낸다.

▣ datalist 요소

datalist 요소는 텍스트 박스에 대한 옵션 리스트를 보여주는 것으로 텍스트 박스가 포커스를 받으면 하단에 미리 입력한 목록 값을 표시하여 준다. datalist 요소는 input 요소의 list 속성으로 input 요소와 연결된다. 그리고 input 요소에 옵션 목록을 지정하기 위해서는 HTML5에서 새롭게 추가된 list 속성에 datalist 요소의 id 값을 지정하고 datalist 요소 안에 option 요소를 사용하여 목록을 지정해야 한다. 이때 각 option 요소는 datalist 요소의 자손으로, 비활성화되어 있지 않고 값이 빈 문자열이 아닌 문자열이며 제시 사항을 하나 나타낸다. 그리고 각 제시 사항은 값과 레이블을 갖는다.

▣ output 요소

output 요소는 폼 내의 계산 결과를 출력할 수 있도록 지정하는 요소로서, 폼의 양식 데이터를 입력하고 form의 처리한 결과를 표시할 때 유용하게 사용될 수 있다. 처리한 결과를 output 요소에 출력하기 위해서는 form 요소의 oninput 이벤트를 사용하거나 output 요소의 onforminput 이벤트(오페라만 지원)를 사용할 수 있다.

속성	기능
for	지정된 값은 대소문자를 구별하며 비순차적이고 고유하며 공백으로 분리된 토큰들의 집합으로 구성되어 있는 문자열을 포함해야 한다. 그리고 각 토큰은 같은 문서 내에 있는 요소의 ID의 값을 가져야 한다. 이 속성으로 인하여 계산 결과와 계산에 포함되거나 다른 식으로 계산에 영향을 미친 값을 나타내는 요소들 간에 명확한 관계가 만들어질 수 있다.
form	output 요소와 폼 소유자를 명시적으로 연관 짓기 위해 사용되기 때문에 output 요소가 속한 form을 지정한다.
name	output 요소의 이름을 지정한다.

다음은 간단한 계산기(더하기)를 나타낸 것으로, 계산 결과를 나타내기 위하여 output 요소를 사용하였다.

사용 예제

```
<form onsubmit="return false" oninput="out.value = parseInt(in_a.valueAsNumber) + in_b.valueAsNumber">
  <input name="in_a" type="range" step=1 value=5> +
  <input name="in_b" type="number" step=1 value=7> =
  <output name="out" for="in_a in_b"></output>
</form>
```

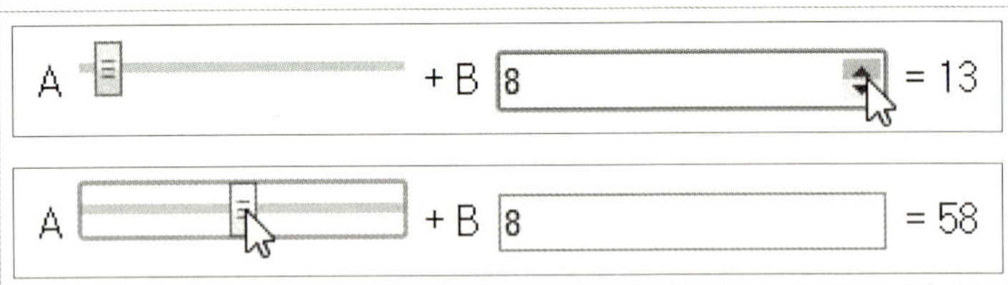

▣ progress 요소

progress 요소는 어떠한 작업의 완료 진행 상황을 나타내는 것으로, 파일의 복사나 다운로드할 때의 진척도를 알려줄 때 많이 사용될 수 있는 유용한 요소이다. 그러나 진척도를 업데이트하지 않으면 정적인 상태만이 표시되기 때문에 자바스크립트와 연동하여 현재 진행중인 상태 값을 업데이트시켜 주어야 한다. value, max 속성 값에는 각각 유효한 부동 소수 값을 지정해야 한다.

속성	설명
value	얼마나 많은 작업이 완료되었는지를 나타내는 현재 진행중인 상태의 값으로, 기본적으로 0.0 ~ 1.0 사이의 값이나 max 값이 지정되어 있을 경우 0 ~ max 사이의 값이 된다. 크기가 한정된 진행 막대를 만들기 위해서는 현재의 진척도를 나타내는 value 속성 값을 주어야 하지만, 한정되지 않은 진행 막대를 만들기 위해서는 value 속성을 제거한다.
max	작업이 전체에서 얼마나 필요한지를 나타내는 최대값
position	value값의 현재 위치를 비율로 나타낸다. 크기가 한정된(알려진 현재 값과 최대 값을 갖고 있는) 진행 막대일 경우, 현재 값을 최대 값으로 나눈 결과를 반환하고 크기가 한정되지 않은 진행 막대일 경우, -1을 반환한다.
labels	요소의 레이블 목록을 제공한다.

다음의 예제는 작업의 진행 상황을 보여주는 몇 개의 애플리케이션의 코드가 포함되어 있는 것으로, 사용자에게 현재 진행되는 값과 함께 요소 내부 텍스트로 최대값을 포함하는 것이 좋다.

사용 예제

```
<p>작업 진행 상태 : <progress id="work" max=100>%</progress></p>
<script>
    var progressBar = document.getElementById('work');
    function updateProgress(newValue) {
            progressBar.value = newValue;
            progressBar.getElementsByTagName('span')[0].textContent = newValue;
    }
</script>
<p>파일 다운로드 상태: <progress id="bar"></progress></p>
<script>
    var fileDownload = document.getElementById('bar');
    fileDownload.min = 20;
    fileDownload.max = 100;
    setInterval ( function () { fileDownload.value = fileDownload.min +
                        Math.random () * (fileDownload.max - fileDownload.min); }, 1000);
</script>
```

- 위 예제에서의 updateProgress( ) 메서드는 작업이 진행됨에 따라서 실제로 진행률 표시를 업데이트 하는 페이지의 다른 코드에 의해 호출될 것이다.
- "파일 다운로드 상태"에서 사용된 progress 요소는 자바스크립트와 연동하여 1초에 한번씩 함수(function)가 호출되어 progress 요소의 값을 자동으로 업데이트하는 예제이다.

▣ meter 요소

meter 요소는 일정 범위 안의 측정 값이나 분포 비율 등을 나타낼 때 사용되며 알려진 범위 내에서의 스칼라 크기나 분수 값을 가진다. 각 속성에 들어가는 수치 값은 유효한 부동 소수 값이어야 한다. 디스크 사용률 또는 성적 비율이나 투표율 등을 나타낼 때 유용하게 사용될 수 있기 때문에 측정기(Gauge)라고도 한다.

속성	설명
value	실제로 측정한 데이터 값, 반드시 지정해야 한다
min	값이 지정되었다면 가장 가장 낮은 경계 값이 되고, 지정되지 않으면 0값이 된다.
max	값이 지정되었다면 가장 높은 경계 값이 되고, 값을 지정하지 않으면 1.0값이 지정된다.
low	허용되는 범위의 최솟값을 나타낸다.
high	허용되는 범위의 최댓값을 나타낸다.
optimum	최적의 기대치 값을 나타낸다.
labels	요소의 레이블 목록을 제공한다.

- Meter요소의 범위를 "상", "중", "하" 세 부분으로 나눌 때 high, low, optimum 속성의 값은 각각 "상", "하", "최적"의 값을 의미한다. 만일, optimum 값이 high보다 크다면 value 값이 클수록 더 좋다는 뜻이고 low값보다 작다면 value값이 작을수록 더 좋다는 것을 의미한다. 그러나 high와 low의 중간에 있으면 큰 값도 작은 값도 좋은 값이 아님을 의미한다.
- 각각의 값들이 명시되어 있다면 다음 조건들이 만족되어야 한다
  - min ≤ value ≤ max
  - min ≤ low ≤ max (low값을 지정한다면)
  - min ≤ high ≤ max (high값을 지정한다면)
  - min ≤ optimum ≤ max (optimum값을 지정한다면)
  - low ≤ high (low와 high값을 모두 지정할 경우)

사용 예제

```
<p>디스크 사용률 <meter max=100 value=60></meter> (2TB 기준)</p>
<p>티켓 판매량 <meter min=0 max=100 value=75></meter> (3,500석 기준)</p>
<p>올해 투표율 <meter value=0.75 title="최근 4차례의 투표 최고치"></meter></p>
```

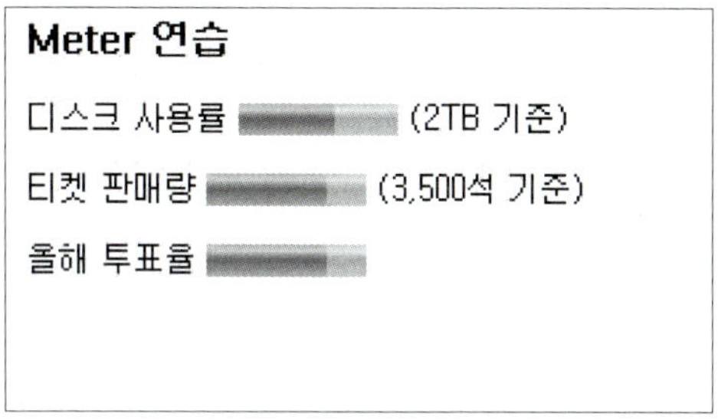

초기 상태

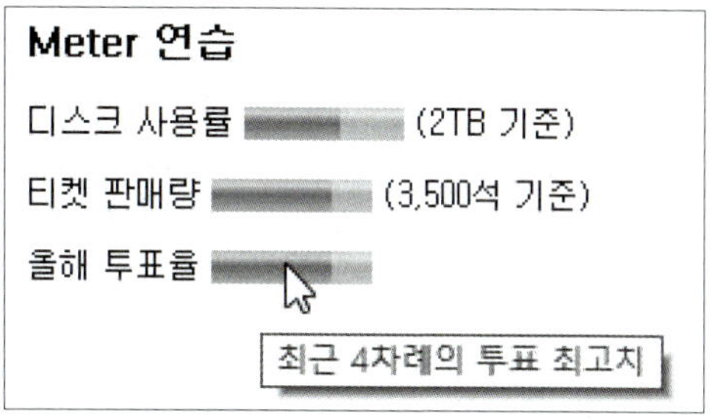

마우스를 meter 요소 위에 오버시 툴 팁

HTML5 실습하기

이번 실습은 앞에서 살펴본 datalist, keygen, output, meter 그리고 progress 요소에 대하여 실습을 하도록 한다. Form_Study02_Step.html 파일을 열고, 다음의 실습 코드를 입력하여 학습한 내용을 확인해 보도록 하자.

예제 Form_Study02_Step.html

```
<form action="" method="get" id="security" onsubmit="return false"
    oninput="out.value = parseInt(in_a.valueAsNumber) + in_b.valueAsNumber">
    <p>웹 브라우저:<input type="text"  list="browsers"></p>
        <datalist  id="browsers">
            <option value="인터넷 익스플로러" label="IE">
            <option value="파이어폭스" label="FireFox">
            <option value="크롬" label="Chrome">
            <option value="오페라" label="Opera">
            <option value="사파리" label="Safari" disabled>
        </datalist>
    <p>암호화 : <keygen name="security" /></p>
    A <input name=in_a type=range step=1 value=5> +
    B <input name=in_b type=number step=1 value=7> =
    <output name=out for="in_a in_b"></output>
    <p>디스크 사용률 <meter max=100 value=60></meter> (2TB 기준)</p>
    <p>티켓 판매량 <meter min=0 max=100 value=75></meter> (3,500석 기준)</p>
    <p>올해 투표율 <meter value=0.75 title="최근 4차례의 투표 최고치"></meter></p>
    <p>작업 진행 상태 : <progress id="work" max=100>%</progress>
```

```
    <script>
        var progressBar = document.getElementById('work');
        function updateProgress(newValue) {
          progressBar.value = newValue;
          progressBar.getElementsByTagName('span')[0].textContent = newValue; }
    </script>
    <p>파일 다운로드 상태: <progress id="bar"></progress></p>
    <script>
        var fileDownload = document.getElementById('bar');
        fileDownload.min = 20;
        fileDownload.max = 100;
        setInterval ( function () { fileDownload.value = fileDownload.min + Math.random () *
(fileDownload.max - fileDownload.min); }, 1000);
    </script>
    <p><input type="submit" /></p>
</form>
```

※ 완성된 코드는 Form_Study02.html에서 확인해 볼 수 있다(앞에서 학습한 내용 결과 참조)

1.3 HTML5에서 추가된 폼 속성들

기존 form 요소에서 사용할 수 있는 속성들에는 여러 form 요소 컬렉션 내에 있는 유일한 이름을 나타낼 수 있는 name 속성과 양식 제출을 위한 문자 인코딩 방식을 지정하는 acceptCharset 속성, 그리고 폼 제출 시 사용되는 action, enctype, encoding, method, target 속성들이 있다. 이번에는 HTML5에서 새롭게 추가된 autocomplete와 noValidate 속성에 대하여 살펴보도록 하자.

▣ autocomplete 속성

autocomplete 속성은 input 요소의 자동 완성(autocomplete) 상태를 지정하기 위한 속성으로, 2개의 상태를 지정할 수 있다. "on" 속성 값은 폼 내의 input 요소가 자신의 결과로 나타나는 자동 완성 상태를 "on"으로 설정할 것임을 기본적으로 나타내기 때문에, input 요소별로 autocomplete 속성을 별도로 지정하지 않아도 된다. "off" 속성 값은 자동 완성 상태를 "off"로 설정한다. 이 속성은 생략될 수 있으며, 기본값은 "on" 상태이다.

다음은 autocomplete 속성을 form 요소에 적용한 예를 나타낸 것으로, 양식이 제출되고 페이지가 다시 로드된다면 autocomplete="on" 부분의 필드들이 다시 채워지는 것을 볼 수 있다.

사용 예제

```
<form action="demo_form.asp" autocomplete="on">
   이름: <input type="text" name="name"><br>
   닉네임: <input type="text" name="nick"><br>
   E-mail: <input type="email" name="email" autocomplete="off"><br>
   <input type="submit">
</form>
```

▣ novalidate 속성

novalidate 속성은 폼 제출시 양식 입력 데이터의 유효성을 검사하지 않도록 지정하는 속성이다. 다음의 예를 통해서 양식이 제출되면 input 요소의 email 타입으로 인한 메일 주소의 유효성을 검사하지 않고 그대로 제출되는 것을 볼 수 있다.

사용 예제

```
<form action="demo_form.asp" novalidate>
   E-mail: <input type="email" name="user_email">
   <input type="submit">
</form>
```

1.4 기존 HTML4에서의 입력 타입

기존 input 요소의 type 속성 값에는 앞에서 살펴본 예와 같이 텍스트를 입력 받을 수 있는 text, 암호를 입력 받는 password, 체크박스 형태의 checkbox, 라디오 버튼을 나타내는 radio 등이 있다. 다음은 HTML 4.x에서의 다양한 입력 타입과 이들 이용한 간단한 예를 나타낸 것으로, 이들 타입이 어떻게 사용되고 있는지를 익혀두도록 하자.

입력 타입	설명	제어 타입
text	텍스트를 입력 받을 수 있는 한 줄 입력 타입	텍스트 필드
password	비밀번호를 입력 받기 위한 타입(입력 글자들이 다른 글자로 대체 표시되기 때문에 읽기 어려움)	텍스트 필드
radio	열거된 라디오 버튼을 입력 받기 위한 타입	라디오 버튼
checkbox	미리 정의된 목록의 0개 이상의 값들을 입력 받기 위한 타입	체크박스
hidden	숨겨진 입력 데이터를 받기 위한 타입	해당 없음
file	파일 업로드를 위한 파일 입력 타입(각각 MIME type을 갖고 있음)	레이블과 버튼

image	이미지를 전송 버튼으로 입력 받기 위한 타입	클릭할 수 있는 이미지 또는 버튼
submit	폼 데이터를 전송하기 위한 전송 버튼 입력 타입	버튼
reset	폼의 모든 필드를(입력 데이터들) 초기값으로 초기화하는 입력 타입	버튼
button	클릭할 수 있는 버튼 입력 타입	버튼

예제 Form_01.html

※ 웹 브라우저로 예제를 확인해보자.

```
<!-- 생략 이전 실습하기 참고 -->
<body>
<article>
  <h3>기존 폼 Input 타입 살펴보기</h3>
  <form action="" method="post">
    <p>1. 텍스트 입력: <input type="text" name="txtBox" value="텍스트 입력"></p>
    <p>2. 암호 입력: <input type="password" name="txtPass" value="1234567"></p>
    <p>3. 라디오 버튼: <input type="radio" name="radio">라디오</p>
    <p>4. 체크 박스: <input type="checkbox" name="chkBbox">체크</p>
    <p>5. 숨김 타입: <input type="hidden" name="hidden1" >숨겨짐</p>
    <p>6. 파일 타입: <input type="file" name="file1" value="파일"></p>
    <p>7. 이미지 버튼: <input type="image" name="image1" value="이미지" src="icon/apple.png"
                width=30 heigh=30>이미지</p>
    <p>8. 전송 버튼: <input type="submit" name="btnSubmit" value="전송하기">전송</p>
    <p>9. 취소 버튼: <input type="reset" name="btnRS" value="취소하기">취소</p>
    <p>10. 버튼 생성: <input type="button" name="btnOK" value="확인하기">버튼</p>
  </form>
</article>
</body>
```

1.5 HTM5에서 추가된 입력 타입

기존 input 요소의 type 속성 값으로는 입력 양식을 표현하는 데 한계가 있었기 때문에 HTML5에서는 다양한 입력 타입이 추가되었다. date, color, range와 같은 새 입력 타입으로 인하여 사용자에게 좀 더 친근한 입력 수단을 제공할 수 있게 되었다. 특히 날짜와 같은 시간 입력 타입들의 경우는 매우 유용하게 사용되고 있다. 앞의 예에서 살펴보았듯이 시간 예약을 위해서(음식 주문 배달 예약, 택배 예약, 콘서트 티켓 예약 등) 기존에는 자바스크립트의 달력 컨트롤들이 많이 사용되거나 jQuery 같은 자바스크립트 라이브러리들이 미리 만들어진 달력 컨트롤들을 제공했다. 그러나 이러한 기능들은 본래 양식에서 제공된 기능들로 라이브러리를 통하여 이용했지만, HTML5에서는 이러한 자바스크립트 또는 라이브러리를 이용할 필요가 없게 되었다. 참고로, 설명하게 되는 다양한 입력 타이틀의 결과는 크롬 브라우저를 기준으로 하였기 때문에 각 브라우저에 따라서 다른 모양으로 표시될 수 있다. 특히, range 타입에서 추가적으로 설명되어 있는 그림의 경우는 표준화 명세서에 있는 그림으로서 브라우저에서 다양한 형태의 모습으로 지원될 수 있음을 나타낸 것이다.

1.5.1 다양한 입력 타입

▣ tel 타입

사용자로부터 전화번호 데이터를 입력 받기 위한 타입으로, search 타입과 마찬가지로 보통의 텍스트 필드와 다를 바가 없지만 줄 바꿈 문자를 포함하지 않아야 한다. 전화번호가 항상 숫자로만 구성된 것은 아니고 괄호 또는 + 기호도 함께 사용되기 때문에 text 타입 기능과 동일하다. 스마트폰에서의 전화번호를 입력할 수 있는 자판이 표시된다(사용자마다 설치되어 있는 자판의 모양이 달리 표시된다).

사용 예제

```
전화번호:<input type="tel" name="tel" size=13 >
```

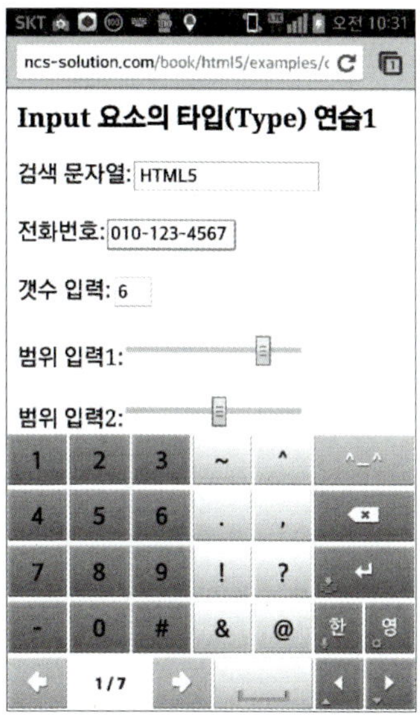

필자의 스마트폰 화면

▣ search 타입

사용자로부터 검색어를 입력 받기 위한 타입으로, 모습 자체로는 보통의 텍스트 필드와 다를 바가 없지만 줄 바꿈 문자 LF(U+000A) 또는 CR(U+000D)를 포함하지 않아야 한다. 그리고 텍스트 박스 안에 표시된 x아이콘을 클릭하면 입력한 텍스트를 초기화시켜 준다. type="text"와 동일한 기능을 제공하지만 검색이 동반된다는 점이 다르다. search 타입은 브라우저가 검색어 입력 필드를 해당 플랫폼의 배치 방식과 일치하게 만들 수 있도록 도입된 것이기 때문에 주요 브라우저의 검색 필드의 모양과 동일하게 표시된다.

사용 예제

```
검색 문자열: <input type="search" name="search" value="HTML5">
```

▣ url 타입

절대경로의 URL 주소 입력을 위한 타입으로 유효성을 점검해주는 역할을 해주기 때문에, email과 마찬가지로 URL 주소가 형식에 맞게 입력되지 않으면 전송(Submit) 버튼을 클릭했을 때 경고 메시지가 표시되고 값은 전송되지 않는다.

사용 예제

```
홈페이지:<input type="url" name="url" >
```

다음의 예는 datalist 요소와 함께 응용을 한 것으로, 즐겨찾기의 예를 나타낸 것이다.

사용 예제

```
<p>즐겨찾기:<input type="url" name="location" list="urls"></p>
<datalist id="urls">
   <option label="MIME: Format of Internet Message Bodies" value="http://tools.ietf.org/html/rfc2045">
   <option label="HTML 4.01 Specification" value="http://www.w3.org/TR/html4/">
   <option label="Form Controls" value="http://www.w3.org/TR/xforms/slice8.html#ui-commonelems-hint">
   <option label="Scalable Vector Graphics (SVG) 1.1 Specification" value="http://www.w3.org/TR/SVG/">
   <option label="Feature Sets - SVG 1.1 - 20030114" value="http://www.w3.org/TR/SVG/feature.html">
   <option label="The Single UNIX Specification, Version 3" value="http://www.unix-systems.org/version3/">
</datalist>
```

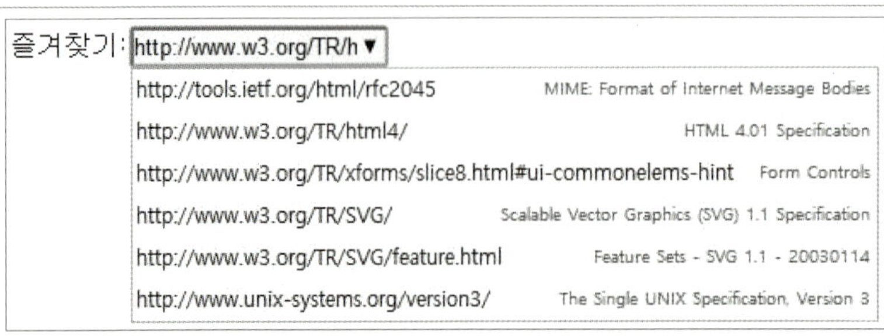

URL 주소를 입력하지 않고 마우스로 입력상자의 오른쪽 끝으로 가져가면 표시되는 스핀 버튼을 클릭하면 위 그림과 같이 나타난다. 만일 사용자가 www.w3를 입력할 때, 브라우저가 사용자가 http://www.w3.org/Consortium/#membership와 http://www.w3.org/TR/XForms를 예전에 방문한 것으로 알고 있으면, 위와 같이 자동으로 표시한다.

▣ email 타입

사용자가 입력한 데이터가 이메일 형식에 맞게 입력했는지를 자동으로 유효성 검사를 해준다(기존 HTML에서의 이메일 체크를 위해서는 텍스트 박스를 이용하여 데이터를 입력 받은 후에 자바스크립트를 이용하여 입력한 데이터가 이메일 형식으로 입력했는지를 유효성 검사를 별도로 했었다). 다음 예제에서 볼 수 있듯이 사용자가 이메일 형식에 맞지 않는 값을 입력할 경우에는 브라우저가 스스로 유효성 검사를 해서 오른쪽과 같은 경고 메시지를 보여준다.

사용 예제

메일 주소:<input **type="email"** name="email" >	

만일, multiple 속성이 명시되어 있다면, input 요소는 자신의 값에 주어진 이메일 주소를 추가, 제거, 편집하기 위한 컨트롤을 표시해주고 value 값이 명시되어 있으면 유효한 이메일 주소 목록(콤마로 분리된 유효한 이메일)인 값들을 가져야 한다.

▣ number 타입

사용자로부터 한 줄의 숫자 데이터를 입력 받기 위한 타입으로, 지정된 특정 범위의 숫자만 입력할 수 있는 것이 특징이다. 따라서 특정 범위를 지정하기 위한 최대값, 최소값 속성이 있고, 입력 값의 간격 및 초기값 등을 지정할 수 있는 속성도 있다. 이 타입은 사용자가 직접 값을 입력할 수도 있지만(소수 값도 입력 가능), 텍스트 박스 오른쪽에 생성되는 스핀(상하) 버튼을 클릭해서 값을 지정할 수도 있다.

속성	값	설명
max	소수 값	유효 범위를 위한 최대값을 지정한다.
min	소수 값	유효 범위를 위한 최소값을 지정한다.
step	소수 값	유효 범위의 입력 간격을 지정한다.
value	소수 값	초기값을 지정한다.

사용 예제

갯수 입력:<input **type="number"** name="number" min=2 max=10 step=1 value=6>

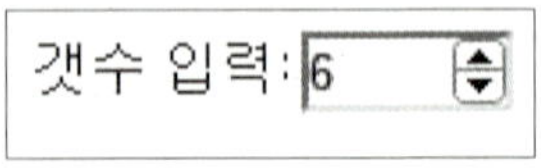		
초기 상태	최소값 상태	최대값 상태

- 사용 예제와 같이 브라우저 화면에는 초기값이 지정된 상태로 표시되고 스핀 버튼을 클릭할 때마다 step 속성에서 지정한 값으로 증가 또는 감소하며 최소값과 최대값의 범위를 벗어나지 않는다.
- 값을 직접 입력하는 경우, 최대값보다 크게 입력한 경우에는 다음과 같이 경고 메시지를 보여준다.

※ 이 타입의 기본값은 1이지만, min 속성 값이 정수 값이라면 정수 값만 허용이 된다.

▣ range 타입

사용자로부터 특정 범위의 숫자 데이터를 슬라이더 형태로 입력 받기 위한 타입이지만, number와는 달리 사용자로부터 직접 입력 받지는 못하고 슬라이더를 움직여서 값을 선택하는 것이 다르다. 그러나 값을 직접 설정하여 범위를 넓히거나 좁힐 수 있고 number와 마찬가지로 소수 값도 입력할 수 있다. Range의 기본값이 0~100 사이의 값이기 때문에 min 속성의 기본값은 0이고, max 속성의 기본값은 100이 된다.

속성	값	설명
max	소수 값	유효 범위를 위한 최대값을 지정한다.
min	소수 값	유효 범위를 위한 최소값을 지정한다.
step	소수 값	유효 범위의 입력 간격을 지정한다.
value	소수 값	초기값을 지정한다.

※ 이 타입의 기본값은 1이지만, min 속성 값이 정수 값이라면 정수 값만 허용이 된다. min 및 max 속성 값이 지정되어 있다면, 슬라이더가 기본적으로 지정한 value 값으로 이동된다. 하지만 지정한 value 값이 없다면 기본값은 최소값과 (최대값 – 최소값) 차이의 반을 합한 값이 자동으로 지정된다.

다음은 list 속성을 갖고 있으며 자동완성 목록을 이용하는 범위 컨트롤의 예를 나타낸 것으로, 조도 또는 제한 속도 등의 값을 범위 내에서 제어해야 할 때 유용하게 사용될 수 있다. 다음의 예는 오른쪽 그림과 같이 표시될 것이고 option의 "++50"의 값은 무시될 것이다.

사용 예제

CSS	input { height: 75px; width: 49px; background: #D5CCBB; color: black; }	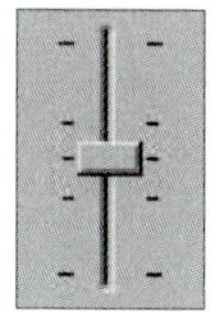
HTML	<input **type="range"** min="-100" max="100" value="0" step="10" name="power" **list="powers"**> <datalist **id="powers"**> <option value="0"> <option value="-30"> <option value="30"> <option value="++50"> </datalist>	

이 예에서 알 수 있는 것은 브라우저가 스타일시트의 높이와 폭 속성들의 비율로부터 컨트롤의 방향을 어떻게 결정하는지를 알 수 있으며 색상도 스타일시트의 것을 사용하고 있다는 것을 알 수 있다. 그러나 눈금의 경우는 마크업이 생성한 그대로인 것을 볼 수 있다. 여기서 step 속성이 눈금의 위치 배정에 아무런 영향을 주지 않았기 때문에 브라우저는 명시한 값만 사용하기로 결정하고 양 끝에 더 긴 눈금을 추가한 것이다.

이러한 범위를 지정하는 마크업은 브라우저의 다양한 방법으로 표시할 수 있다. 예를 들면, 다음의 마크업 코드는 아래 그림의 왼쪽과 같이 표시될 수 있지만, 오른쪽 그림과 같이 대체되어 표시될 수 있다. 브라우저는 스타일시트에 명시된 크기에 따라 어떤 것을 표시할지를 고를 수 있기 때문에 폭에서 차이가 있어도 눈금에 대해 동일한 해상도를 유지할 수 있다.

```
<input name=x type=range min=100 max=700 step=9.09090909 value=509.090909>
```

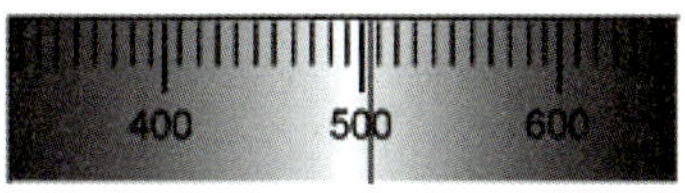

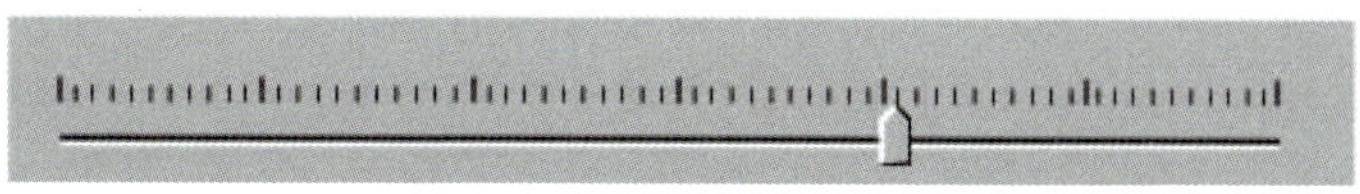

▣ color 타입

사용자로부터 색상을 입력 받기 위한 타입으로, 다양한 색상표가 생성되고 간단히 색상을 선택함으로써 색상을 입력할 수 있다. 또한 색상은 RGB값을(#000000 ~ #FFFFFF) 직접 입력해도 되지만, 값을 지정하지 않거나 잘못된 입력 값일 경우에는 기본적으로 #000000로 설정된다.

사용 예제

```
색상 입력:<input type="color" name="color" value="#FF0000">
```

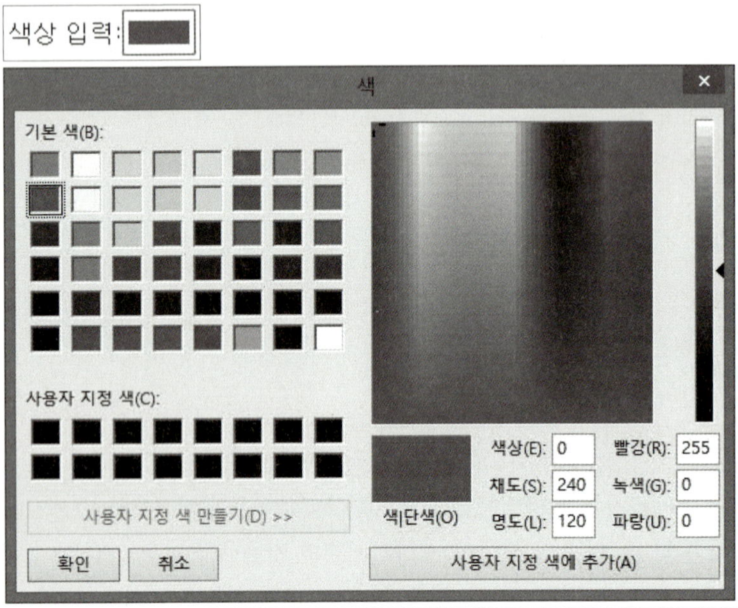

HTML5	실습하기

이번 실습은 앞에서 살펴본 Input 요소의 number, range, color, email, url, search, 그리고 tel 속성에 대하여 실습을 하도록 한다. Form_Study03_Step.html 파일을 열고, 다음의 실습 코드를 입력하여 학습한 내용을 확인해 보도록 하자.

예제 Form_Study03_Step.html

```
<p>검색 문자열:<input type="search" name="search" value="HTML5"></p>
<p>전화번호:<input type="tel" name="tel" size=13 required></p>
<p>홈페이지:<input type="url" name="url"></p>
<p>즐겨찾기:<input type="url" name="location" list="urls"></p>
  <datalist id="urls">
  <option label="MIME: Format of Internet Message Bodies" value="http://tools.ietf.org/html/rfc2045">
  <option label="HTML 4.01 Specification" value="http://www.w3.org/TR/html4/">
  <option label="Form Controls" value="http://www.w3.org/TR/xforms/slice8.html">
  <option label="Scalable Vector Graphics (SVG) 1.1 Specification" value="http://www.w3.org/TR/SVG/">
  <option label="Feature Sets - SVG 1.1 - 20030114" value="http://www.w3.org/TR/SVG/feature.html">
  <option label="The Single UNIX Specification Ver. " value="http://www.unix-systems.org/version3/">
  </datalist>
```

```
<p>메일 주소:<input type="email" name="email"></p>
<p>갯수 입력:<input type="number" name="number" min=2 max=10 step=1 value=6></p>
<p>범위 입력1:<input type="range" name="range1" min=0 max=100 step=2 value=80></p>
<p>범위 입력2:<input type="range" name="range2" min=0 max=30 step=2></p>
<p>범위 입력3:<input class="power" type="range" name="power" min=-100 max=100 step=10 value=0 list="powers"></p>
    <datalist id="powers">
        <option value="0">
        <option value="-30">
        <option value="30">
        <option value="++50">
    </datalist>
<p>색상 입력:<input type="color" name="color" value="#FF0000"></p>
```

※ 완성된 코드는 Form_Study03.html에서 확인해 볼 수 있다(앞에서 학습한 내용 결과 참조).

1.5.2 다양한 날짜 및 시간 입력 타입

▣ 날짜 입력 타입(date, month, week)

사용자로부터 다양한 형태의 달력을 생성하기 위한 입력 타입으로, 기존 자바스크립트를 사용해서 개발했던 달력을 손쉽게 만들 수 있게 제공하는 입력 타입이다. 다음과 같이 시간, 일, 주, 월, 년 등의 선택을 함에 따라서 6가지의 달력 형태가 다르게 표시된다.

속성	설명
date	년, 월, 일 단위로 선택할 수 있다.
month	년, 월 단위로 선택할 수 있다.
week	년, 월, 주 단위로 선택할 수 있고 달력의 왼쪽에 주간이 표시되는 것을 확인할 수 있다.

date와 month에서는 시간 및 시간대가 생략되어 있고, date 형식의 입력 값은 반드시 해당 달 안의 유효한 날짜(윤년도 포함)이어야 하고 연도와 월, 일은 반드시 빼기(-) 기호로 구분되어야 한다. 그리고 연도는 4자리 숫자로 0보다 커야 한다. week는 1년의 특정 주를 나타내기 때문에 주 번호 앞에 반드시 연도도 붙여야 한다.

다음은 다양한 날짜의 입력 타입을 이용한 날짜 선택기의 예를 나타낸 것으로, 데스크탑의 브라우저 화면과 스마트폰의 화면이 date, month, week 속성에 따라서 약간의 차이가 있음을 볼 수 있다.

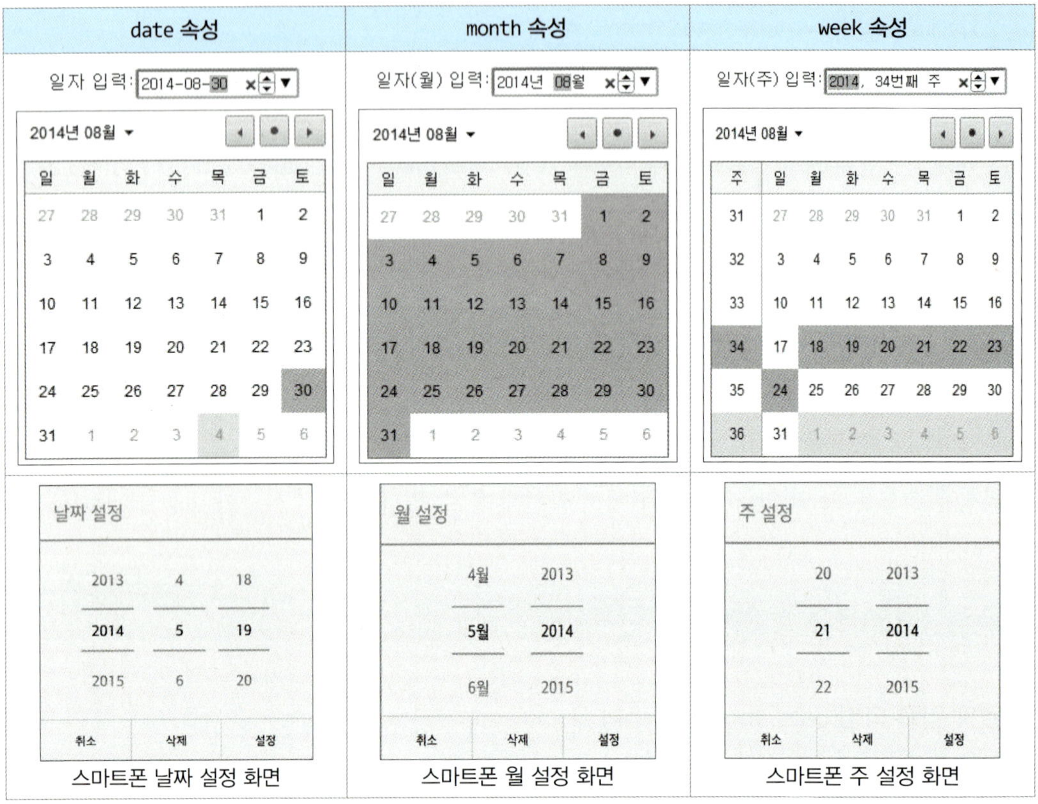

스마트폰 날짜 설정 화면 / 스마트폰 월 설정 화면 / 스마트폰 주 설정 화면

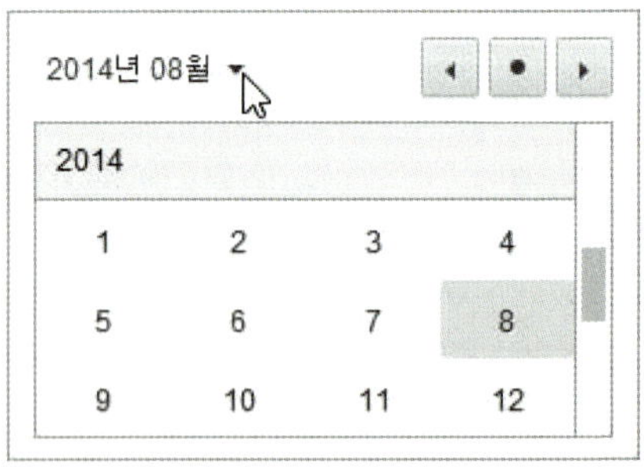

달력은 각 속성 값에 따라서 표시되는 스핀 버튼(작은 삼각형 모양)을 클릭하면 나타나게 되는 달력의 형태를 이용하여 년, 월, 일, 주를 선택할 수 있는 3가지 형태의 달력이 표시된다. 이 달력을 이용하여 일자를 입력할 수도 있고, 값을 직접 입력할 수도 있다. 표시되는 달력에서 월 옆의 스핀 버튼을 클릭하면 오른쪽 그림과 같은 달을 선택할 수 있는 그림이 표시되어 해당 월을 손쉽게 선택할 수도 있다. 그리고 표시된 달력에서 ● 아이콘을 클릭하면 현재 일자 및 월, 주가 자동으로 선택되어 표시되는 것을 볼 수 있다.

▣ 시간 입력 타입(datetime-local, datetime, time)

다음은 다양한 시간의 입력 타입에 대한 설명과 예를 나타낸 것으로, `datetime-local`은 시간대가 지정되지 않는다는 점만 제외하면 `datetime`과 동일하다.

속성	설명
time	시간만(시, 분, 초, 1/1000초)을 입력할 수 있는 타입으로 달력은 표시되지 않고 시간을 입력하거나 스핀 버튼을 클릭해서 입력할 수 있다. Step 속성은 초 단위로 지정할 수 있으며 기본값은 60초이다. 실습에서는 스핀 버튼을 클릭할 때마다 3초씩 변경된다. 
datetime	UTC 시간대에 맞게 일자, 시간 입력을 위한 타입으로, 한국과는 9시간 차이가 나기 때문에 한국 시간을 사용하려면 Datetime-local 타입을 사용해야 한다. 일자와 시간을 2014-08-30T12:35Z, 2014-08-30T12:35:50Z, 2014-08-30T12:35:50:123Z 형태로 입력할 수 있다. 
datetime-local	지역 시간대의 일자 및 시간을 위한 타입으로 한국에서 사용할 수 있는 타입이다. 그리고 연, 월, 일, 시간을 선택할 수 있으며, 일자와 시간 지정, 그리고 Step 속성은 Datetime과 동일하다. 또한 달력은 Date 속성과 동일하게 나타난다. 

HTML5 실습하기

앞에서 살펴본 다양한 날짜 입력 타입에 대하여 실습을 하도록 한다. Form_Study04_Step.html 파일을 열고, 다음의 실습 코드를 입력하여 학습한 내용을 확인해 보도록 하자.

예제 Form_Study04_Step.html

```
<p>1 일자 입력:<input type="date" name="date"></p>
<p>2 일자(월) 입력:<input type="month" name="month"></p>
<p>3 일자(주) 입력:<input type="week" name="week"></p>
<p>4 시간 입력:<input type="time" name="time" step=3 value="16:35:50"></p>
<p>5 일시(UTC) 입력:<input type="datetime" name="datetime" value="2014-08-30T16:35:12"></p>
<p>6 일시(로컬) 입력:<input type="datetime-local" name="datetime-local"></p>
```

※ 완성된 코드는 Form_Study04.html에서 확인해 볼 수 있다(앞에서 학습한 내용 결과 참조).

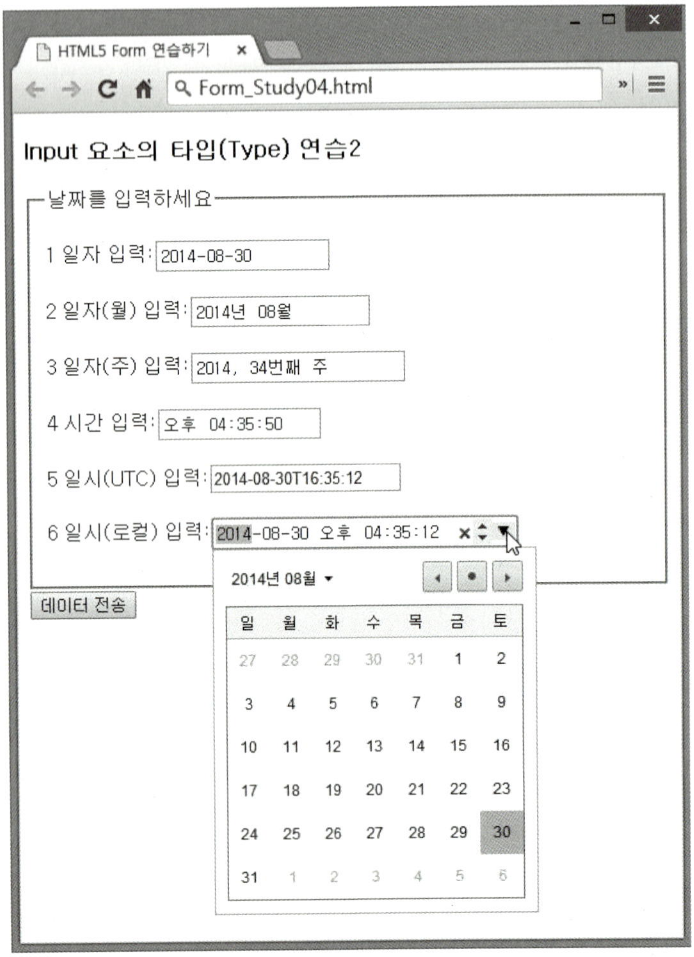

1.6 HTML5에서 추가된 Input 요소의 속성

HTML5에서는 폼 요소와 입력 타입 등에 공통적으로 적용이 가능한 다양한 속성들이 추가되었다. 이러한 속성들 또한 기존 HTML에서는 자바스크립트를 사용해서 복잡하게 구현해야 했던 내용들이다. 이번 절에서는 추가된 속성들에 대해서 학습하도록 한다.

▣ required 속성

required 속성은 필수 입력 항목을 지정하는 것으로, 회원 가입 같은 양식에서 이름이나 메일 주소 항목에는 반드시 입력해야 한다면 이러한 항목들에 required 속성을 지정할 수 있다. 만일, 이 속성이 지정된 항목에 어떠한 값도 입력하지 않고 폼을 전송하려고 시도하면 브라우저는 "필수 입력 사항입니다." 또는 "이 입력란을 작성하세요"라는 문구와 함께 다음 동작을 하지 않는다.

사용 예제

```
비밀번호: <input name=pass type=password required>
```

▣ minlength 속성

minlength 속성은 지정한 입력 항목의 최소로 입력할 수 있는 길이를 지정하는 속성이다. HTML 4.x에서는 maxlength 속성을 이용하여 최대로 입력할 수 있는 길이를 지정할 수 있었지만, 이 속성을 이용함으로써, 지정한 입력 항목의 길이가 최소로 입력할 수 있도록 제어한다. 다음의 예제는 고객 정보를 입력하는데 있어서 비밀번호 설정시, 비밀번호를 최소 12글자 이상으로 제한을 한 것이다(※ 아직은 주요 브라우저에서 지원되지 않는다)

사용 예제

```
비밀번호: <input name=pass type=password required minlength=12>
```

▣ multiple 속성

multiple 속성은 사용자가 하나 이상의 값을 지정할 수 있는지를 지정하는 것으로, 이메일 주소록에 하나 이상의 주소를 입력할 때 유용하게 사용할 수 있는 속성이다. 다음의 예는 이메일의 "참조"필드가 어떻게 여러 줄의 이메일 주소를 수용하는지를 보여준다. 사용자가 "e"만 입력해도 브라우저는 그림과 같이 이메일 주소를 제시할 수 있다.

사용 예제

```
참조: <input type=email multiple name=cc list=contacts>
    <datalist id="contacts">
        <option value="ex1@example.com">
        <option value="ex1@example.com">
        <option value="ex1@example.com">
    </datalist>
```

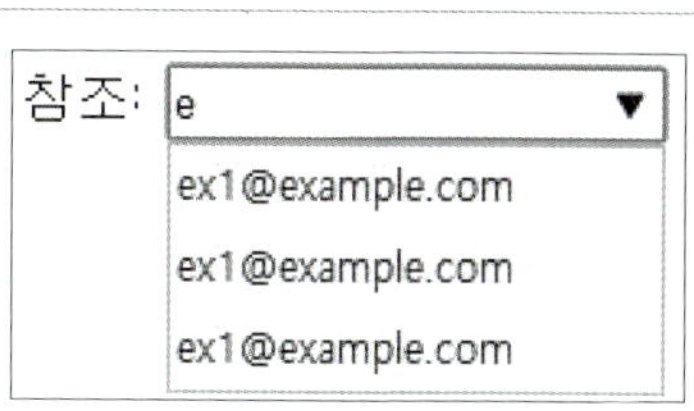

다음의 예는 이메일 사용자가 "첨부"필드에서 어떻게 여러 파일을 업로드 할 수 있는지를 보여준다. 처음에는 첨부파일이 없기 때문에 "선택된 파일 없음"으로 표시되지만, [파일 선택] 버

튼을 클릭하여 첨부하고자 하는 파일들을 선택하고 나면 옆에 파일 이름이 표시되지만, 2개 이상의 파일을 선택하면 몇 개의 파일이 선택되었는지 표시해 준다. 특정 파일의 종류를 지정하고자 할 때는 다음과 같이 accept 속성을 이용하면 된다.

사용 예제

```
첨부파일: <input type=file multiple name=att>

<!-- jpeg 및 png 포맷의 이미지만 선택 가능 -->
첨부파일: <input type=file multiple name=att
         accept="image/jpeg, image/png">
```

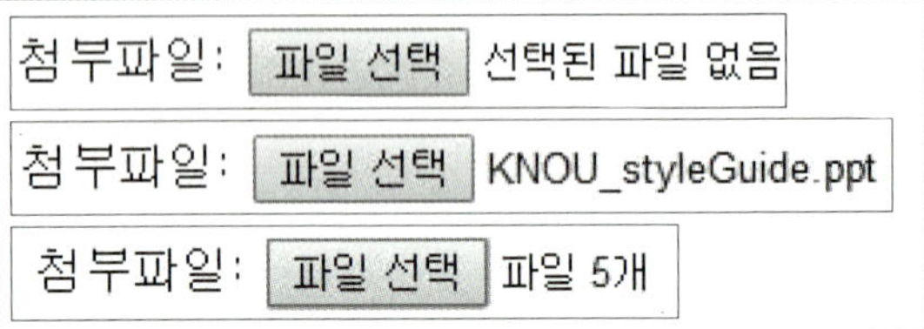

▣ min과 max 속성

min 및 max 속성은 요소에 허용된 값의 범위를 지정해 주는 속성으로, max 값(최대치)은 min 값(최소치)보다 작아서는 안 된다. 만일, 요소에 정해진 최소치 또는 최대치가 있다면, 이 요소에는 범위 제한이 있는 것이기 때문에 이 속성을 이용하면 된다. 다음 예의 첫 번째는 1980년 이전 날짜에 대한 입력을 제한하는 것을 나타낸 것이기 때문에 1979년 12월 31일 이후는 선택할 수 없게 된다. 두 번째 예는 0보다 큰 정수의 입력을 제한한 것을 나타낸 것이기 때문에 0보다 작은 수는 선택 또는 입력할 수 없다. 그리고 세 번째 예는 취침 시간을 제한하는 것을 나타낸 것이기 때문에 오후 9시부터 다음날 새벽 6시까지 정할 수 있다. 참고로, input 요소의 type 속성이 "time"인 경우, min 및 max의 값은 시간의 연속으로 지정할 수 있다. 그리고 세 번째 사용 예제는 명세서에 언급되어 있지만, 아직은 type이 time인 경우에는 정상적으로 동작되지 않는다.

사용 예제

```
생년월일: <input name=birth_day type=date max="1979-12-31">
0보다 큰 수: <input name=quantity required="" type="number" min="1" value="1">
취침 시간: <input name=sleepStart type=time min="21:00" max="06:00" step="60" value="00:00">
```

▣ step 속성

step 속성은 요소에 허용된 값을 제한하여 값에 대해 기대되는(필수적인) 단계를 지정해 주는 속성이다. 요소에 정해진 최소치 또는 최대치가 있다면, 이 요소의 범위 안에서 값이 정해진다. step 값은 input 요소의 type 값에 따라서 단위가 달라진다. 다음 표가 type 값에 따른 step의 단위를 나타낸 것이다.

type	step 단위	기본값	type	step 단위	기본값
date	일	1일	datetime	초	60초
month	월	1개월	datetime-local	초	60초

week	주	1주	number	1	1
time	초	60초	range	1	1

다음 예의 첫 번째는 0과 1 사이의 범위 내에 있는 값만 받아들이고, 이 범위 안에는 256단계가 있다. 두 번째 예는 하루 중 어떤 시간도 선택할 수 있고, 정확한 시간 제한은 없도록 하였다(예; 100분의 1초 또는 그 이상도 좋다)

사용 예제
0과 1 사이: <input name=opacity type=range min=0 max=1 step=0.00392156863>
시간 선택: <input name=favtime type=time step=any>

▣ pattern 속성

pattern 속성은 유효성 검사를 위한 정규 표현식을 지정할 수 있도록 하는 것으로, 자동으로 사용자가 입력한 값에 대하여 유효성 검사가 진행되고 값에 따라 오류 메시지가 출력된다. 정규 표현식은 특정한 규칙을 가진 문자열들을 표현하는 데 사용하는 언어로, 주로 문자열의 검색이나 유효성 검사에 사용이 된다. 입력 항목은 다양하게 존재할 수 있기 때문에 아무리 많은 유효성 점검을 위한 입력 타입을 만들어도 부족한 것이 사실이다. 따라서 정규 표현식을 지정하여 입력되는 항목에 대하여 자동으로 유효성 검사가 진행될 수 있도록 하는 것이 좋다. 예를 들면, 특수 문자를 입력할 수 없게 하는 경우 또는 숫자만 입력 받게 하는 경우 등과 같이 입력 받는 문자의 종류나 자리 수 등을 제한할 수 있다.

사용 예제

```
전화번호:<input type="text" name=tel1
pattern="0₩d{2,3}₩-₩d{2,4}₩-₩d{3,4}"
title="올바른 형식이 아닙니다.">
```

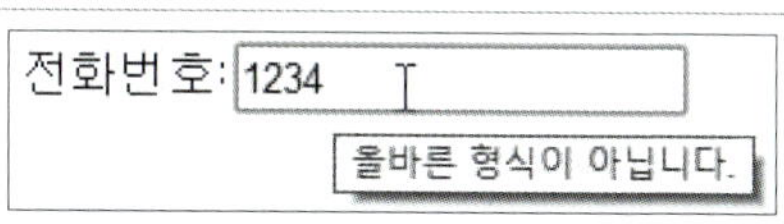

다음은 정규식 패턴과 정규식 예제를 나타낸 것이다.

♣ 정규식 예제

이름	정규식 표현의 예
이름	[A-Za-z]{4,10} → 알파벳문자(대/소문자)를 4개~10개만 입력 받는 표현
주민등록번호	₩d{6}₩-[1-4]₩d{6}
이메일	^[a-zA-Z0-9]+@[a-zA-Z0-9]+$
휴대폰	^01(?:0|1|[6-9])-(?:₩d{3}|₩d{4})-₩d{4}$

정규식 표현 참고하기

좀 더 자세한 정규식 표현을 살펴보기 위해서 다음 사이트를 참고하면 많은 도움이 될 것이다.

- http://en.wikipedia.org/wiki/Regular_expression
- http://www.regexe.com/

▣ list 속성

list 속성은 사용자에게 제시된 미리 정의된 선택항목을 갖고 있는 요소를 구별한다. 그 값이 정의되어 있는 경우, datalist 요소의 아이디(id)여야 한다.

사용 예제

```
주요 브라우저: <input list="browsers">
<datalist id="browsers">
  <option value="Internet Explorer">
  <option value="Firefox">
  <option value="Google Chrome">
  <option value="Opera">
  <option value="Safari">
  </datalist>
```

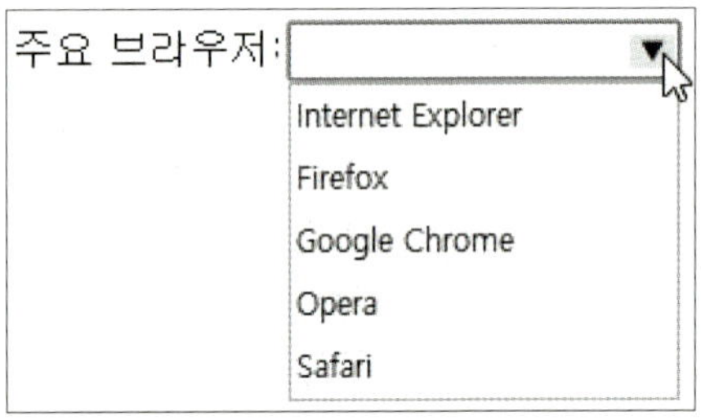

▣ placeholder 속성

placeholder 속성은 입력 타입에 기본 텍스트(미리 참조할 문자열)를 지정하도록 하는 것으로, 사용자의 데이터 입력을 도와주는 짧은 힌트를 지정할 때 사용된다. 기본 텍스트를 지정하면 텍스트 박스에 회색으로 지정한 문구가 표시되고 사용자가 값을 입력하면 지정한 문구는 사라진다.

사용 예제

```
이름: <input type="text" name="name" placeholder="이름을 입력하세요.">
```

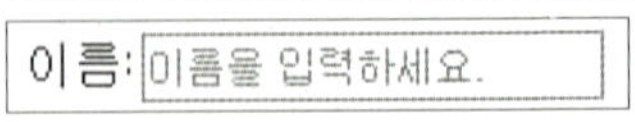

초기화면

텍스트 입력시

※ 좀 더 긴 힌트 또는 다른 설명적인 텍스트를 보여주려면, title 속성을 사용하는 것이 적절하다.

HTML5 **실습하기**

이번 실습은 앞에서 살펴본 HTML5에서 새롭게 추가된 input 요소의 속성들에 대한 실습을 하도록 한다. Form_Study05_Step.html 파일을 열고, 앞의 사용 예제들의 마크업 코드를 입력하여 학습한 내용을 확인해 보도록 하자.

예제 Form_Study05_Step.html

```
<h4>◆ minlength, required, placeholder 속성</h4>
<p>이름: <input name=name type=text placeholder="이름을 입력하세요.">
비밀번호: <input name=pass type=password minlength=12 required></p>

<h4>◆ multiple 속성</h4>
<p>참조: <input type=email multiple name=cc list=contacts>
    <datalist id="contacts">
        <option value="ex1@example.com">
        <option value="ex1@example.com">
        <option value="ex1@example.com">
    </datalist>
    첨부파일: <input type=file multiple accept="image/jpeg, image/png" name=att></p>

<h4>◆ min, max, step 속성</h4>
<p>생년월일: <input name=birth_day type=date max="1979-12-31">
   0과 1사이: <input name=opacity type=range min=0 max=1 step=0.00392156863></p>
<p>취침 시간: <input name=sleepStart type=time min="21:00" max="06:00" step="60" value="00:00">
   시간 선택: <input name=favtime type=time step=any></p>

<h4>◆ pattern 속성</h4>
<p>전화번호: <input type="text" name=tel1 pattern="0₩d{2,3}₩-₩d{2,4}₩-₩d{3,4}" title="올바른
형식이 아닙니다."></p>

<h4>◆ list 속성</h4>
<p>주요 브라우저: <input list="browsers"></p>
    <datalist id="browsers">
        <option value="Internet Explorer">
        <option value="Firefox">
        <option value="Google Chrome">
        <option value="Opera">
        <option value="Safari">
    </datalist>
```

※ 완성된 코드는 Form_Study05.html에서 확인해 볼 수 있다.

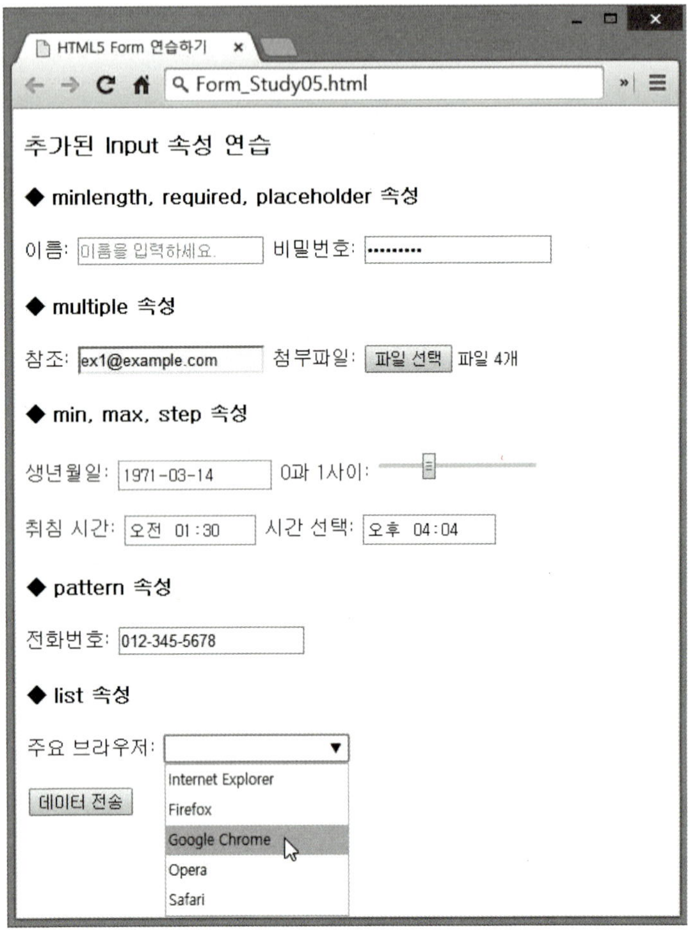

■ autofocus 속성

autofocus 속성은 웹 문서의 로드가 완료됨과 동시에 지정한 입력 타입에 자동으로 포커스를 두도록 한다. 이러한 기능은 다음 그림과 같이 검색 포털 사이트 방문시 검색창으로 포커스가 자동으로 이동되게 하거나, 로그인을 하는 부분에서는 아이디를 입력 받는 부분에 자동으로 포커스를 이동시키는 등에 주로 사용이 된다.

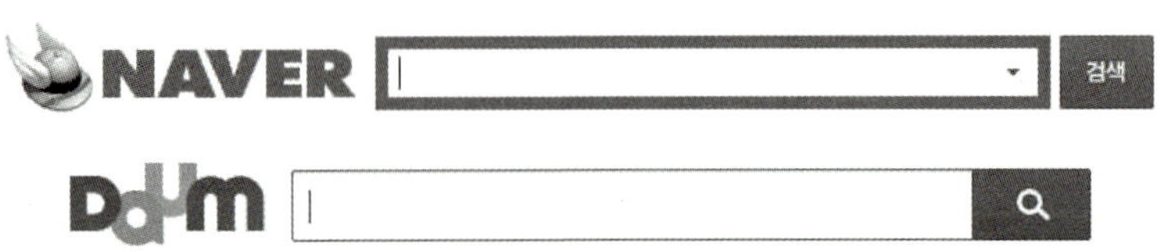

국내 포털 웹 사이트의 검색 창으로의 포커스 이동

사용 예제

```
데이터: <input type=text name=data autofocus>
```

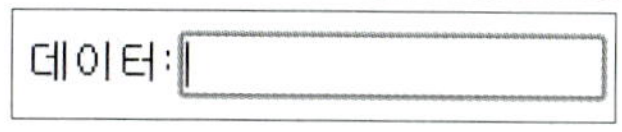

※ 만일, 여러 개의 입력 양식에서 autofocus 속성을 지정하면, 마지막으로 지정한 항목에 포커스가 위치하게 된다.

▣ autocomplete 속성

autocomplete 속성은 지정한 입력 항목의 값을 자동으로 완성하게 해주는 것으로, 지정한 입력 항목은 값을 입력한 후에 다른 웹 사이트나 페이지로 이동했다가 다시 돌아오더라도 값이 그대로 채워져 있도록 해준다. 이러한 기능은 웹 사이트에서 어떠한 정보들을 입력하고 전송 버튼을 클릭했을 때, 전송 실패 시에도 입력한 정보가 사라지지 않고 같은 내용을 입력할 때 입력한 정보를 다시 그대로 표시하여 입력의 편리함을 제공한다(일부 웹사이트에서 회원 가입 시 필수적으로 채워야 하는 양식에서 채우지 않고 전송해서 실패했을 때, 처음부터 다시 양식을 채워본 적이 있다면 조금은 짜증이 나는 경험이 있을 것이라 생각된다).

사용 예제

```
주소: <input type=text name=addr autocomplete="on">
```

▣ dirname 속성

dirname 속성은 폼을 제출할 때 이 속성을 사용한 요소의 방향성(directionality)을 지정하는 것으로, 폼 제출 시에 이 값을 포함하는 필드의 이름이 함께 제출된다. 만일 이 속성을 지정하면 속성 값은 빈 문자열이 아니어야 한다.

다음은 텍스트 필드와 제출 버튼을 가지고 폼의 예제를 나타낸 것이다.

사용 예제

```
<form action="addcomment.php" method=post>
 <p><label>Comment: <input type=text name="comment" dirname="comment.dir" required></label></p>
 <p><button name="mode" type=submit value="add">댓글 달기</button></p>
</form>
```

- 위 예제에서 사용자가 텍스트 필드에 "Hello"라고 입력하고 제출 버튼을 클릭하면, 브라우저는 3개의 필드(comment, comment.dir, mode)를 포함하며, 제출되는 내용은 다음과 같을

것이다.

```
comment=Hello&comment.dir=ltr&mode=add
```

- 만일, 사용자가 댓글이 오른쪽에서 왼쪽으로 쓰여지도록 방향성을 변경하려면 "مرحبا"와 같이 쓰기 모드가 오른쪽에서 왼쪽으로의 쓰기 모드 텍스트를 입력하면 제출되는 내용은 다음과 같이 수정될 것이다(※ 쓰기 모드에 대해서는 본 교재의 6장 CSS 텍스트 조작 및 장식을 참고하도록 하자)

```
comment=%D9%85%D8%B1%D8%AD%D8%A8%D8%A7&comment.dir=ltr&mode=add
```

▣ form 속성

form 속성은 해당 input 요소를 특정 form 요소와의 연결을 지정하는 것으로, 기존 HTML에서는 모든 폼 서식이 form 요소 안에 있어야만 했지만, HTML5에서는 form 속성이 추가됨으로써, input 요소가 form 요소 안에 있지 않아도 form 속성으로 지정한 폼으로 연결할 수 있게 되었다. 특정 form 요소를 지정하기 위해서는 form 요소의 id 속성 값과 동일해야 한다. 다음의 예에서 input 요소가 form 요소 밖에서 지정한 폼으로 연결된 것을 볼 수 있다.

사용 예제

```
<form action="login.php" method="post" id="login">
  <p><label for="userID">아이디</label><input type=text id="userID" name="userID"></p>
  <p><label for="password">비밀번호</label><input type=text id="password" name="userPW"></p>
</form>
<input type="submit" value="로그인" form="login">
```

▣ checkbox 타입의 indeterminate 속성

기존의 checkbox는 checked(선택) 또는 unchecked(미선택) 의 두 가지 상태만을 지원하고 있었지만, HTML5에서는 새로운 상태를 나타내주는 속성을 추가하였다. 추가된 속성 indeterminate는 하위의 체크 박스 전부가 아닌 일부만 선택되었을 때 보여주는 '미확정 선택' 상태를 지정하는 속성이다. 이 속성 값을 true로 지정하면 체크박스가 미확정 상태로 변경되면서 '-'가 표시되게 된다. 다음은 이 속성을 이용한 간단한 예를 나타낸 것이다.

사용 예제

```
<input type="checkbox" id="indeterminateCheckbox"
    onchange="this.indeterminate=!this.indeterminate;">미확정 상태
```

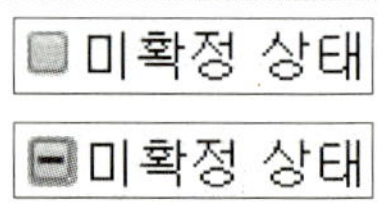

▣ image 타입의 width 및 height 속성

width 및 height 속성은 input 요소 type='image'의 폭과 높이를 픽셀 값으로 지정하는 것으로, 항상 폭과 높이를 함께 지정해야 한다.

사용 예제

```
<input type="image" src="images/HTML5_logo1.jpg" width="40" height="40">
```

▣ form 요소의 속성 확장

HTML5에서는 기존 form 요소에서 사용되었던 action, enctype, method, target, novalidate 속성이 submit 및 image 입력 타입에 대하여 대체할 수 있는 속성으로 추가되었다.

속성	Type	설명
formaction	submit image	폼을 전송해서 처리할 프로그램이 있는 URL을 지정하되, 앞뒤로 공백을 허용하는 유효한 URL이어야 한다.
formenctype	submit image	제출되는 폼 데이터를 인코딩하기 위한 MIME 유형을 지정한다. 사용할 수 있는 값은 다음과 같다. application/x-www-form-urlencoded : 기본값으로 모든 문자를 인코딩한다. multipart/form-data : 어떠한 문자 인코딩도 하지 않는다. 주로 파일 업로드 컨트롤을 제공하는 경우에 사용한다. text/plain : 공백이 + 문자로 변환되며 특수 문자를 인코딩하지 않는다.
formmethod	submit image	form 요소의 method 속성을 대체하는 속성으로 action 속성의 URL로 폼을 전송하기 위한 방법을 지정한다. 사용할 수 있는 값은 get, post, put, delete이다.
formtarget	submit image	form 요소의 target 속성을 대체하는 속성이다. 사용할 수 있는 값은 _blank, _self, _parent, _top이다.
formnovalidate		form 요소의 novalidate 속성을 대체하는 속성으로 'true' 값이 지정되면 폼 제출 시 input 요소에 대한 값을 검증하지 않는다.

사용 예제

```
<form action="form_add.php" autocomplete="on">
    이름: <input type="text" name="name">닉네임: <input type="text" name="nick"><br>
    <input type="submit" value="제출하기">

    <input type="submit" formaction="form_edit.asp" value="제출(Action)">

    <input type="submit" formenctype="multipart/form-data" value="제출(form-data)">

    <input type="submit" formmethod="post" value="제출(post)">
```

```
    <input type="submit" formtarget="_blank" value="제출(새창)">
    <input type="submit" formnovalidate value="제출(form-data)">
</form>
```

HTML5	실습하기

이번 실습은 앞에서 살펴본 HTML5에서 새롭게 추가된 **input** 요소의 속성들에 대한 실습을 하도록 한다. **Form_Study06_Step.html** 파일을 열고, 앞의 사용 예제들의 마크업 코드를 입력하여 학습한 내용을 확인해 보도록 하자.

예제 Form_Study06_Step.html

```
<h4>◆ autofocus, aitocomplete 속성</h4>
<p>데이터:<input type=text name=data autofocus>
주소:<input type="text" name=addr autocomplete="on"></p>

<h4>◆ dirname 속성</h4>
<p>댓글 : <input type=text name="comment" dirname="comment.dir" required></p>
<p><button name="mode" type=submit value="add">댓글 달기</button></p>

<h4>◆ dirname, width, height 속성</h4>
<input type="checkbox" id="indeterminateCheckbox"
        onchange="this.indeterminate=!this.indeterminate;">미확정 상태
<input type="image" src="images/HTML5_logo1.jpg" width="40" height="40">

<h4>◆ formaction, formenctype, formmethod, formtarget, formnovalidate 속성</h4>
<input type="submit" value="제출하기">
<input type="submit" formaction="form_edit.asp" value="제출(action)">
<input type="submit" formenctype="multipart/form-data" value="제출(enctype)">
<input type="submit" formmethod="post" value="제출(method)"><br>
<input type="submit" formtarget="_blank" value="제출(target)">
<input type="submit" formnovalidate value="제출(novalidate)">
```

※ 완성된 코드는 **Form_Study06.html**에서 확인해 볼 수 있다.

Section 02 드래그 앤 드롭(Drag and Drop)

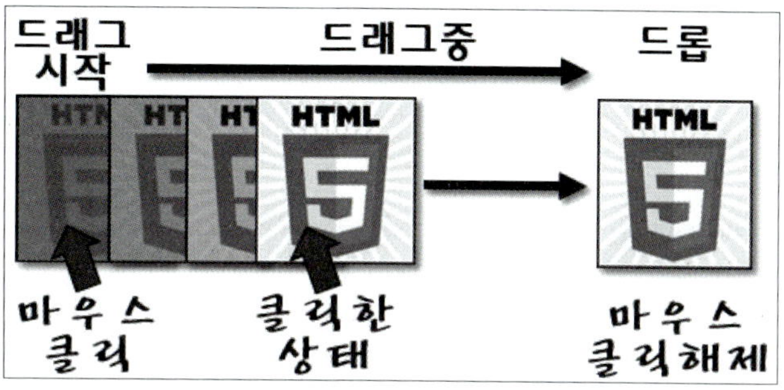

웹 사이트를 이용하면서 오른쪽 그림과 같이 특정 콘텐츠(쇼핑에서의 상품 또는 그림 등)를 마우스로 끌어다 놓음으로써 이동시킬 수 있는 것을 본 적이 있을 것이다. 이러한 기능들은 파일 탐색기에서의 파일 복사 또는 이동, 그리고 웹 메일 작성에서의 파일 첨부 시에도 볼 수 있고 구글 캘린더 같은 웹 사이트에서 할 일 목록이나 일정 등을 다른 날짜로 끌어서 이동하는 등의 기능들이다. 이와 같이 마우스를 이용하여 특정 콘텐츠를 끌어다 놓는 것을 드래그 앤 드롭 이라고 한다.

본 교재에서 설명하게 되는 드래그 앤 드롭 관련 내용들은 표준화 문서를 참조하여 작성하였으므로, 좀 더 자세한 내용을 살펴보고자 한다면 아래 사이트에서 해당 문서를 참고하도록 하자.

표준화 문서	HTML 5.1 Nightly (2014-05-24) - http://www.w3.org/html/wg/drafts/html/master/
표준화 단계	W3C Editor's Draft
참조할 위치	4.7 Drag and Drop (http://www.w3.org/html/wg/drafts/html/master/editing.html#dnd)

2.1 드래그 앤 드롭에 대하여

아래 그림은 구글 웹 메일에서 마우스를 이용하여 드래그 앤 드롭 기능을 이용하여 손쉽게 파일을 첨부하는 예를 나타낸 것이다. 터치패드에서의 동작도 같은 원리로써 마우스 클릭 대신에 터치가 대신하는 것이 다를 뿐이다.

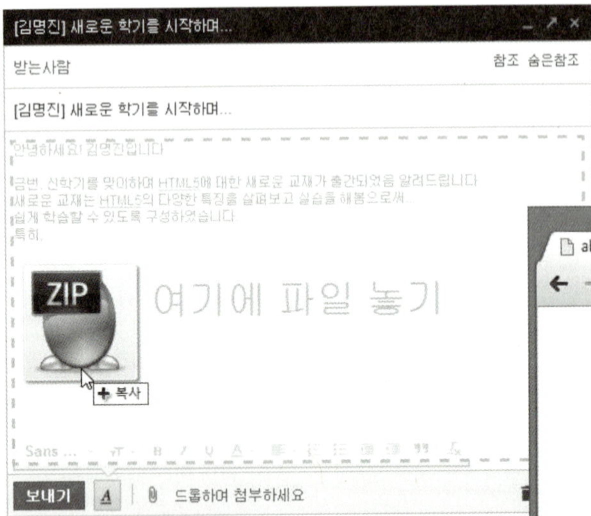

구글 웹 메일 작성시 파일 첨부 드래그 예

HTML문서 드래그 예

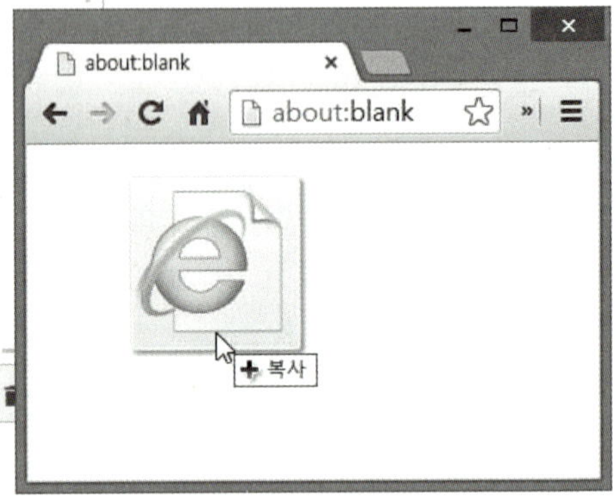

기존 HTML에서는 이러한 기능들의 구현을 mouseup, mousedown, mousemove 등의 이벤트들을 사용하여 구현하였다. 그리고 이러한 이벤트만으로 드래그 앤 드롭의 기능들을 구현하기 위해 다른 라이브러리들을 사용하는 등 많은 수고를 해야 했지만, HTML5에서는 이와 관련된 기능들을 손쉽고 효과적으로 구현할 수 있도록 드래그 앤 드롭 관련 API들을 웹 표준의 일부로 지원한다. 따라서 HTML5의 요소, 웹 브라우저, 그리고 다른 애플리케이션 사이에도 정보를 주고 받을 수 있게 되었다. 이는 어떤 객체도 드래그할 수 있는 것을 의미하며, 이 드래그 과정에서 발생하는 이벤트들은 자바스크립트를 이용하여 처리하게 된다.

보통 드래그 & 드롭 동작은 다음과 같은 과정을 통하여 구현된다.

1	**사용자가 드래그 하고자 하는 요소를 지정한다.** 요소가 드래깅 되기 위해서는 전역 draggable 속성을 이용하여 해당 요소에 (draggable=true)와 같이 지정하면 이 요소는 다른 위치로 이동될 수 있다. 즉, 요소를 드래그하여 옮김으로써 어떤 정보를 한 곳에서 다른 곳으로 전달하는 것이다
2	**요소과 함께 이동할 자료를 결정한다.** 어떤 요소를 전달할 것인지는 드래그의 시작 단계에서 결정해야 하기 때문에 dragstart에 대한 이벤트 리스너를 설정해야 한다. 일반적으로 이벤트 핸들러는 현재 드래그되고 있는 것이 선택된 텍스트인지 검사하고 데이터를 DataTransfer 객체에 저장하며 복사, 이동, 링크 등의 조합을 설정해야 한다. DataTransfer 객체의 setData(format, data) 메서드를 이용해서 전달될 자료의 형식과 값을 설정하면 된다.

3	드롭할 수 있는 대상 요소들을 지정한다. 이동한 데이터를 드롭하기 위해서는 드롭 대상이 dropzone 속성을 갖고 이벤트를 기다려야 한다(listen). dropzone 속성 값은 어떤 종류의 데이터를 받을지(예; 값으로 어떤 텍스트 문자열을 받기 위해서는 "string:text/plain"을 사용하고, PNG 이미지 파일을 받기 위해서는 "file:image/png"를 사용한다)와 어떤 종류의 피드백을 제공할지(예; 데이터가 삭제된다는 것을 나타내기 위해서 "move"를 사용)를 지정한다.
4	드래그 & 드롭의 동작이 끝나면 해당 자료를 추출한다. 전달된 데이터를 추출하기 위해서는 drop 이벤트에서 해당 자료를 추출하게 되는데, 전달된 DataTransfer 객체의 getData( ) 메서드를 이용하여 원하는 정보를 추출하면 된다.

2.2 드래그 속성 지정하기

▣ draggable 속성

특정 요소를 다른 곳으로 이동시키기 위해 사용할 수 있는 속성이 바로 draggable인데, 단순히 드래그를 할 수 있도록 하는 true 값과 드래그를 할 수 없도록 하는 false 값을 가질 수 있다. 그러나 img 요소와 href 속성이 있는 a 요소는 draggable 속성을 지정하지 않아도 기본적으로 드래깅이 되기 때문에 드래깅이 되지 않게 하기 위해서는 이 속성 값을 false로 지정해야 한다.

다음 예제는 HTML5 로고 이미지를 클릭한 상태에서 마우스를 오른쪽으로 움직이는 상태를 나타낸 것으로, 이미지이기 때문에 draggable 속성 값을 지정하지 않아도 기본적으로 드래깅이 된다. 만일, draggable 속성 값을 false로 지정하면 이미지의 드래그 시도 자체가 되지 않는 것을 확인할 수 있다.

사용 예제

```
<img src="images/HTML5_logo1.jpg" width=150 height=150 draggable="true">
```

▣ dropzone 속성

모든 HTML 요소에는 다음 표와 같이 dropzone 콘텐츠 속성이 설정될 수 있다. 이 속성이 지정될 경우, 그 값은 ASCIII 대소문자를 구분하지 않으며 공백으로 분리된 유일한 토큰들의 비순차적인 집합이어야 한다.

속성 값	설명
copy	요소에 허용된 항목을 드로핑(dropping)하면 드래그된 데이터의 복사본이 생성되도록 지정한다.
move	요소에 허용된 항목을 드로핑하면 드래그된 데이터가 새로운 위치로 옮겨지도록 지정한다.
link	요소에 허용된 항목을 드로핑하면 원래 데이터에 대한 링크가 생성되도록 지정한다.
"string:"	"string:" 문자열과 ASCIII 대소문자 구별 없이 일치하는 문자열로 시작하는 문자 8개 이상으로 구성된 모든 키워드를 지정할 수 있다.
"file:"	"file:" 문자열과 ASCIII 대소문자 구별 없이 일치하는 문자열로 시작하는 문자 6개 이상으로 구성된 모든 키워드를 지정할 수 있다.

또한 위 속성 값에는 copy, move, link 중 하나만 지정될 수 있으며, 아무것도 지정하지 않으면 기본적으로 copy 값이 이용된다. 다음의 예는 dropzone 속성을 이용하여 이미지 파일을 위한 드롭 대상으로 옮겨지는 것을 나타낸 것으로 다양한 이미지의 종류를 지정하기 위해 png, gif, jpeg 등을 지정한 것을 볼 수 있다.

사용 예제

```
<div dropzone="copy file:image/png file:image/gif file:image/jpeg" ondrop="receive(event, this)">
```

2.3 드래그 데이터 저장소(Drag Data Store)

드래그 앤 드롭 동작에 관한 데이터를 드래그 데이터 저장소라고 하며, 다음과 같은 정보로 이루어져 있다.

▣ 드래그 데이터 항목 목록(Drag Data Item List)

드래그된 데이터를 나타내는 항목들로 이루어진 목록으로서 다음과 같은 정보로 구성되며, 항목이 목록에 추가된 순서로 정렬되기 때문에 가장 최근에 추가된 것이 마지막 목록이 된다.

종류	설명
드래그 데이터 항목	데이터의 종류를 나타낸다.

단순한 유니코드 문자열	텍스트를 나타낸다.
파일	파일 이름이 포함된 이진 데이터
드래그 데이터 항목 타입 문자열	일반적으로 MIME 타입으로 정해지고, 데이터의 타입이나 포맷을 제공하는 유니코드 문자열이다. API는 MIME 타입의 사용을 강요하지 않기 때문에 다른 값들도 사용할 수 있다. 그러나 모든 경우에서 값들은 API에 의해 모두 ASCII 소문자로 변환된다. 그러나, 공백 문자가 들어있는 문자열은 dropzone 속성과 함께 사용할 수 없기 때문에 MIME 타입이나 공백이 없는 문자열을 사용해야 한다.
실제 데이터	드래그 데이터 항목 종류에 관한 유니코드 또는 이진 문자열을 나타낸다. 파일 이름(이름 자체가 유니코드 문자열)이 이 문자열에 들어갈 수도 있다.

▣ 드래그 데이터 저장소 모드(Drag Data Store Mode)

모드	설명
Read/Write	dragstart 이벤트를 위한 것으로, 읽기와 쓰기가 가능하다. 따라서 새 데이터는 드래그 데이터 저장소에 추가될 수 있다.
Read-only	drop 이벤트를 위한 읽기만 가능한 모드로써, 드래그된 데이터를 나타내는 항목들로 이뤄진 목록과 그 데이터를 읽을 수만 있다. 따라서 새로운 데이터는 추가될 수 없다.
Protected	다른 모든 이벤트를 위한 보호 모드로써, 드래그된 데이터를 나타내는 항목들로 이뤄진 드래그 데이터 저장소 목록에서 포맷과 종류가 열거될 수 있다. 그러나 데이터 자체는 볼 수 없으며 새로운 데이터가 추가되지도 않는다.

2.4 데이터전송(DataTransfer) 객체

드래그 앤 드롭과 관련된 이벤트들을 제어하기 위해서는 드래그 되는 대상의 요소 안에 속성을 지정하여 이벤트에서 처리할 메서드를 지정하고 이 메서드 안에서는 드래그 앤 드롭으로 전달되는 데이터에 대한 처리를 해야 한다. 이 때, 사용되는 것이 바로 이벤트의 dataTransfer 객체로써, 드래그 앤 드롭 동작에 관한 데이터인 드래그 데이터 저장소를 노출시키는 데 사용된다. 따라서 dataTransfer 객체는 드래그 앤 드롭 이벤트가 발생하는 동안 사용되며, 그 이벤트가 발생하는 동안에만 유효하게 된다.

다음은 dataTransfer 객체에 대한 속성 및 속성 값을 나타낸 것으로, 특히 dropEffect와 effectAllowed 속성은 드래그하는 동안의 시각적 효과를 내기 위한 것으로, 드래그하는 동안의 마우스 포인터 모양을 변경할 수 있다.

속성	설명
dropEffect	현재 선택된 동작의 종류를 반환하기 때문에 드래그가 끝날 때 어떤 효과를 사용할지 지정할 수 있다. 드롭할 때 발생하는 dragenter 및 dragover 이벤트에서 사용되며 동작의 종류가 effectAllowed 속성에서 설정할 수 있는 값이 아니면 동작되지 않는다. 다음의 속성 값을 사용하여 선택된 동작을 변경하도록 설정할 수 있다. • none, copy, link, move
effectAllowed	드래그하는 동안의 허용될 효과의 종류를 반환하기 때문에 드래그할 때 발생하는 dragstart 이벤트에서 사용된다. 다음의 속성 값을 사용하여 선택된 동작을 변경하도록 설정할 수 있다. • none, copy, copyLink, copyMove, link, linkMove, move, all, uninitialized
items	드래그 데이터와 함께 DataTransferItemList 객체를 반환한다.
types	dragstart 이벤트에서 설정된 포맷들의 목록(setData 메서드로 설정된 모든 형식과 값을 담은)을 볼 수 있는 DOMStringList를 반환한다. 추가적으로 어떤 파일이든 드래그되고 있으면, 타입 중 하나는 "Files"라는 문자열이다.
files	현재 드래그되는 파일이 있으면, 그 파일의 FileList를 반환한다. 이를 이용하면, 웹 브라우저 이외의 다른 애플리케이션에서 웹 브라우저로 드래그 앤 드롭이 가능하다.

다음은 DataTransfer 객체에 대한 메서드를 나타낸 것이다.

메서드	설명
setData(format, data)	드래그 앤 드롭을 위한 새로운 요소를 정의한다.
getData(format)	setData() 메서드에서 정의한 요소와 데이터를 가져온다.
setDragImage(element, x, y)	드래그 피드백을 갱신하는 데 주어진 요소를 사용하여, 이전에 명시된 피드백이 어떤 것이든 그것을 대체하도록 한다. 따라서 드래그되는 도중에 표시될(시각적 피드백을 위해) 사용자 이미지를 지정할 수 있다.
clearData([format])	드래그 앤 드롭 도중에 특정 형식의 데이터를 삭제할 때 사용되며, format 인수를 생략하면 기존의 모든 형식이 삭제된다.

이 객체의 setData( ) 메서드를 사용하여 데이터를 보관하면 dataTransfer 객체가 데이터를 가지고 간다. 그리고 전달되는 데이터는 드롭할 때 getData( ) 메서드를 사용하여 전달된 데이터를 dataTransfer 객체에서 꺼내오게 된다. 드래그할 데이터를 보관하기 위해 전달되는 인수 format의 종류로는 다음과 같은 것들을 이용할 수 있다.

format	설명
text	단순한 문자열을 나타낸다(MIME 타입 중 text/plain과 같다).
url	URL 문자열을 나타낸다(MIME 타입 중 text/url-list와 같다).

2.5 드래그 이벤트 처리하기

앞의 예제(Drag_01.html)와 같이 요소의 속성에 draggable 속성을 지정함으로써 드래그 앤 드롭의 기능이 가능하게 되었지만, 이것만으로는 온전하게 드래그 앤 드롭의 기능을 기대할 수는 없다. 앞의 예제는 드롭의 기능이 없기 때문이다. 따라서 드래그 앤 드롭을 할 때 전달하는 데이터에 대해서도 지정을 해야 한다. 즉, 어느 한 장소에서 다른 장소로 콘텐츠 데이터를 이동시키려면 이동시키려는 데이터에 대한 처리가 필요하기 때문이다. 그리고 이 때 필요한 것이 바로 이벤트이며, 이를 통하여 완전한 드래그 앤 드롭의 기능을 구현할 수 있게 되는 것이다. 드롭할 위치를 설정하는데 있어서 dropzone 속성을 이용할 수도 있지만, 이 교재에서는 이벤트 처리를 통한 예제를 살펴볼 것이다. 다음 그림은 드래그 앤 드롭과 관련된 이벤트의 발생 지점을 표현한 것이다.

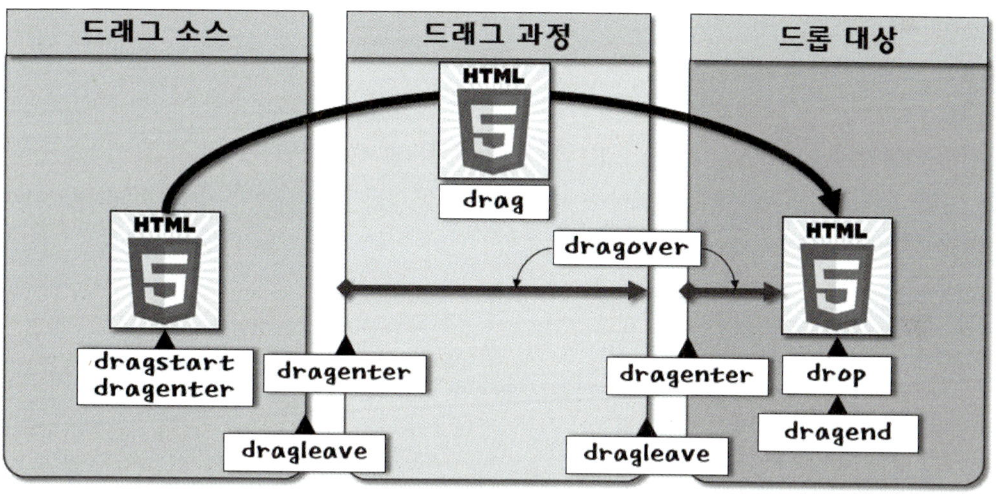

드래그 앤 드롭 이벤트 발생 시점

이벤트	설명
dragstart	드래그를 시작하였을 때 발생하며, 전달하고 데이터를 지정한다.
dragend	드래그를 종료했을 때 발생한다.
dragenter	드래그 요소가 새로운 요소 범위 안에 들어올 때 발생하기 때문에 새로운 요소가 드롭 하려고 하는 대상의 요소인지를 검사해서 드롭 대상이라면 drop 이벤트를 처리하는 콜백 함수를 설정할 수 있다.
dragleave	드래그 요소가 요소를 벗어날 때 발생하며, 특별하지 않으면 처리할 필요가 없다.
dragover	드래그 요소가 다른 요소 위에서 드래그하고 있을 때 또는 드롭 직전에 발생한다. 즉, 드래그 중에 발생하기 때문에 마우스가 다른 요소 위에 있다는 것을 나타내며, 만일 이 이벤트가 드롭 대상에서 발생하였다면 드롭을 허용하는지를 처리해야 한다. 기본적으로 요소 위에서 다른 요소가 드롭될 수 없기 때문에 드롭을 허용하려면 기본값 처리를 무효로 처리하도록 설정해야 한다.

drag	드래그 중에 계속 발생하지만, 반드시 수행해야 하는 작업은 없다.
drop	전달하려는 데이터를 대상 위치에 드롭을 하였을 때 발생한다. 이 과정에서 전달된 데이터를 꺼내오도록 지정하고 기본값 처리를 무효로 처리하도록 설정하기 위해 preventDefault( ) 메서드를 호출한다.

다음 사용 예제는 앞에서 살펴본 예제에 추가적으로 이벤트 ondragstart 속성을 지정하고 속성 값으로는 drag( ) 메서드를 호출하도록 설정하고 텍스트 형식의 id를 보내기 위한 것으로, 데이터 형식(format)이 "Text"이고 전달되는 데이터는 드래그되는 요소의 id가 된다.

사용 예제 ※ 메서드(Method)의 이름은 우리가 임의로 적절한 이름으로 대체할 수 있다.

```
<img src="images/HTML5_logo1.jpg" width=150 height=150  draggable="true" ondragstart="drag(event)">
<script>
   function drag(event) { event.dataTransfer.setData("Text", event.target.id); }
</script>
```

다음 사용 예제는 setData( ) 메서드를 사용하여 전달할 데이터를 보관하도록 하였고, 드롭 측에서는 데이터를 가져오기 위해서 getData( ) 메서드를 사용하여 데이터를 가져오도록 하였다. 이때 가져오게 될 데이터의 형식은 setData( ) 메서드에서 지정한 데이터 형식과 같아야 한다.

사용 예제

```
<script>
    function drag(event) { event.dataTransfer.setData( "Text", event.target.id); }
    function drop(event) {
        event.preventDefault();
        var data = event.dataTransfer.getData( "Text");
        ...
    }
</script>
```

▣ 드래그 포인터 변경하기

일반적으로, 마우스 포인터를 살펴보면 현재 어떤 동작을 하고 있는지를 쉽게 알 수 있다. 이렇게 마우스 포인터를 이용하여 현재 선택된 요소가 복사되는 상황인지 이동되는 상황인지를 사용자에게 알려줄 수 있다. 앞에서 살펴본 데이터 전송 객체의 속성 가운데, effectAllowed 및 dropEffect 속성을 이용하여 사용자가 포인터의 모양을 지정할 수 있다.

다음 사용 예제는 effectAllowed 속성 값에 따른 드래그 시의 포인터 모양을 변경하는 예제로, 각 값에 따라 마우스 아이콘의 모양이 어떻게 바뀌는지 살펴보도록 하자.

사용 예제

```
<script>
function drag(event) {  event.dataTransfer.setData("Text", event.target.id);
                        event.dataTransfer.effectAllowed = "none"; }
</script>
```

event.dataTransfer.effectAllowed = none

event.dataTransfer.effectAllowed = copy

event.dataTransfer.effectAllowed = link

event.dataTransfer.effectAllowed = move

※ 만일, effectAllowed 속성에 copy 값을 지정하고 dropEffect 속성에 move 값을 지정하면 none에 해당되기 때문에 지정한 영역으로 요소를 드롭할 수 없게 된다.

▣ 드래그 이미지 변경하기

드래그되는 마우스의 모양을 effectAllowed 속성 값으로 변경할 수 있지만, 데이터전송 객체의 setDragImage(element, x, y) 메서드를 사용하여 드래할 때의 마우스 커서 위에 표시할 이미지를 변경할 수 있도록 하고 있다. 이때, 지정한 이미지를 드래그 아이콘의 이미지로 추가하기 위해서는 addElement( ) 메서드를 이용하여 이미지를 인수로 지정해야 한다.

다음 사용 예제는 setDragImage( ) 메서드를 사용하여 마우스 커서 위의 이미지를 변경하도록 한 것이다.

예제 Drag_01.html

```
function drag(event) {
  event.dataTransfer.setData("Text", event.target.id);
  event.dataTransfer.effectAllowed = "copy";
 var icon = document.createElement("img");
  icon.src = "images/drag_img.png"
  event.dataTransfer.setDragImage(icon, 0, 0);
}
```

HTML5 | 실습하기

이번 실습은 앞에서 학습한 내용을 중심으로, 상품들이 담겨 있는 왼쪽 박스에서 오른쪽의 알콜 종류 또는 음료수 종류만 담을 수 있는 박스에 각각 드래그하여 옮기는 예제이다. 이 예제에서는 박스의 아이디와 상품의 아이디를 이용하여 박스별 담을 수 있는 종류를 비교문(if)을 통하여 구분하도록 했기 때문에 해당 박스에 드래그를 하지 않으면 드롭이 되지 않는다. 그리고 ondrop 이벤트에서는 preventDefault( ) 메서드를 사용하여 이벤트의 기본값을 취소하도록 하였다. 모든 요소의 기본값은 드롭을 허용하지 않기 때문에 이 메서드를 사용하여 드롭을 허용하도록 지정해야 하기 때문이다. Drag_Study_Step.html 파일을 열고, script 및 html 부분에 다음의 코드를 입력하여 학습한 내용을 확인해 보도록 하자.

예제 Drag_Study_Step.html

```
<script>
    function dragStart(event) {
        event.dataTransfer.effectAllowed='move';
        event.dataTransfer.setData("Text", event.target.getAttribute('id'));
        return true;
    }
    function dragOver(event) {
        var data = event.dataTransfer.getData("Text");
        var id = event.target.getAttribute('id');
        if( ( id =='boxA' || id =='boxB' ) && (data == 'beer' || data=='cocktail')) return false;
    else if( ( id =='boxA' || id =='boxC' ) && (data == 'coffee' || data == 'juice')) return false;
        else return true;
    }
    function dragDrop(event) {
        var data = event.dataTransfer.getData("Text");
        event.target.appendChild(document.getElementById(data));
        event.preventDefault();
        return false;
```

```
    }
</script>
```

```
<div id="boxA" ondrop="return dragDrop(event)"
        ondragover="return dragOver(event)" ondragenter="return dragEnter(event)">
    <img src="icon/beer.png" id="beer" draggable="true"
        ondragstart="return dragStart(event)" ondragend="return dragEnd(event)">
    <img src="icon/juice.png" id="juice" draggable="true"
        ondragstart="return dragStart(event)" ondragend="return dragEnd(event)">
    <img src="icon/cocktail.png" id="cocktail" draggable="true"
        ondragstart="return dragStart(event)" ondragend="return dragEnd(event)">
    <img src="icon/coffee.png" id="coffee" draggable="true"
        ondragstart="return dragStart(event)" ondragend="return dragEnd(event)">
</div>
<div id="boxB" ondrop="return dragDrop(event)" ondragover="return dragOver(event)"
    ondragenter="return dragEnter(event)"><p>알콜 종류만 가능</p></div>
<div id="boxC" ondrop="return dragDrop(event)" ondragover="return dragOver(event)"
    ondragenter="return dragEnter(event)"><p>커피나 음료수 종류만 가능</p></div>
```

※ 완성된 코드는 Drag_Study.html에서 다음 실습 결과를 통해 확인해 볼 수 있다.

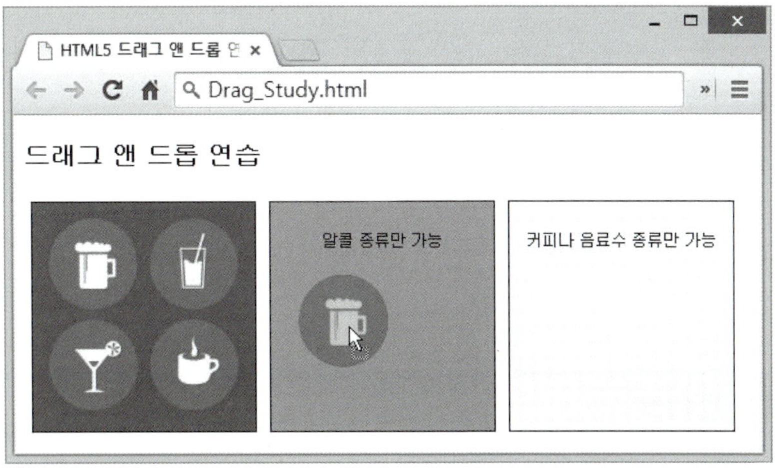

드래그 화면

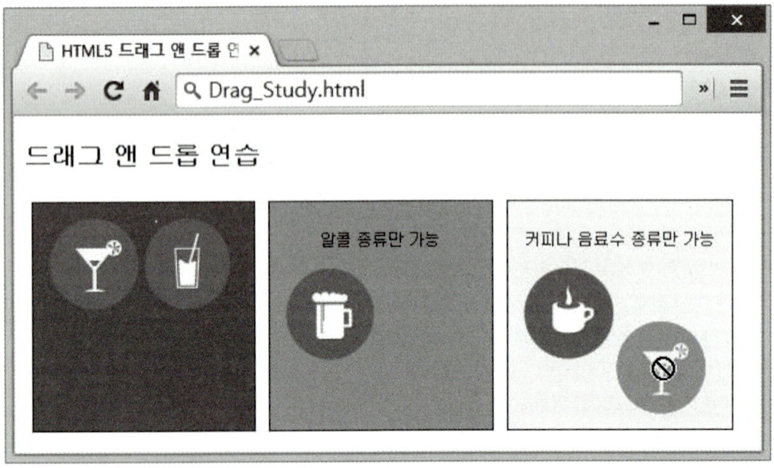	드래그 화면 다른 박스로 상품을 옮기면 드롭이 안된다.
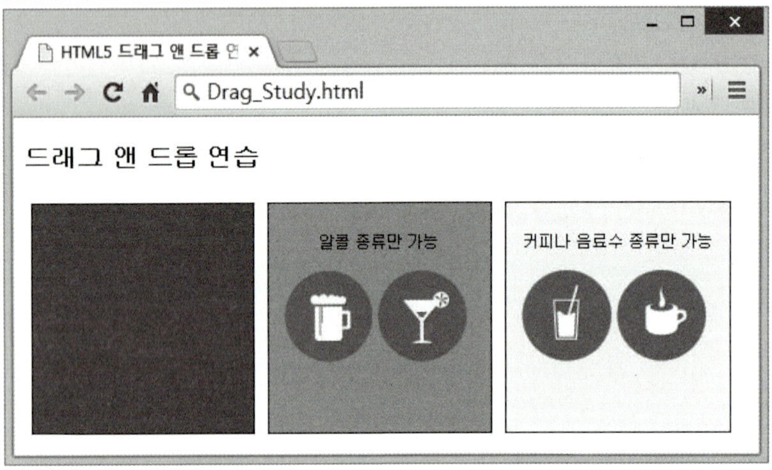	드래그 결과

Section 03 텍스트 편집하기

만일, 우리가 웹 문서에서 바로 사용할 수 있는 에디터(Editor)를 구현한다면 어떻게 해야 될까? 웹 문서에서 에디터(Editor)를 구현하기 위한 기존 방법은 업체별로 또는 개발자별로 JavaScript를 사용하여 각각의 방법으로 직접 개발하거나 라이브러리를 사용하였지만, HTML5에서는 리치 텍스트(Rich Text)를 편집하기 위한 API가 표준으로 규정되어 추가되었기 때문에 이를 이용하여 손쉽게 에디터를 만들 수 있게 되었다. 뿐만 아니라 기존 HTML에서의 텍스트 편집이 불가능한 요소들까지 텍스트 편집이 가능하게 되었다.

본 교재에서 설명하게 되는 텍스트 편집 관련 내용들은 표준화 문서를 참조하여 작성하였으므로, 좀 더 자세한 내용을 살펴보고자 한다면 아래 사이트에서 해당 문서를 참고하도록 하자.

표준화 문서	HTML 5.1 Nightly (2014-05-14) - http://www.w3.org/html/wg/drafts/html/master/
표준화 단계	W3C Editor's Draft
참조할 위치	4.6 Editing (http://www.w3.org/html/wg/drafts/html/master/editing.html#editing-0)

3.1 텍스트 편집 속성

텍스트를 편집이 불가능한 요소를 편집이 가능하도록 하기 위한 방법으로 contenteditable 속성과 designMode 속성을 이용하는 방법이 있다.

▣ 문서 영역 편집

웹 문서의 특정 요소만을 편집이 가능하도록 하기 위해서는 contenteditable 속성을 이용하면 된다. 이 속성은 HTML 페이지를 그 자리에서 바로 수정할 수 있도록 해주지만, 전적으로 메모리에서만 수정이 되기 때문에 온라인 양식을 채운 후에 인쇄하기 전에 바로 수정해서 사용한다면 아주 유용하게 사용될 수 있을 것이다. contenteditable 속성은 다음과 같이 3가지의 값을 가질 수 있다.

속성	설명
contenteditable [=value]	**특정 요소의 내용을 편집할 수 있도록 문자열 형식으로 지정한다.** • **true** – 편집이 가능하도록 한다. 자식 요소들은 기본적으로 true값을 가지게 된다. • **false** – 편집이 불가능하도록 한다. • **inherit** – 부모 요소로부터 값을 물려 받는다. 위 값들 중 아무것도 해당되지 않으면 SyntaxError 예외를 발생시킨다.
isContentEditable	요소가 편집 가능하면 true를 반환하고 그렇지 않으면 false를 반환한다.

특정 요소의 contenteditable 속성이 true인 경우, 이 요소를 클릭하면 요소의 텍스트 안에서 편집 커서가 깜빡이기 시작하고 텍스트의 추가 및 삭제 등을 할 수 있으며 단축 키 또는 단축 메뉴(마우스 오른쪽 버튼 클릭 시 나타나는 메뉴)를 이용해서 잘라내기, 복사, 붙여넣기, 삭제, 취소, 인쇄 등을 수행할 수도 있다.

사용 예제

Script

```
<script>
  window.onload = function() {
      var editor = document.getElementById("edit1");
      if(editor.isContentEditable) { editor.focus(); }
  };
</script>
```

HTML

```
<ol>
  <li id="edit1" contenteditable>텍스트 편집 가능(자동 포커싱)</li>
  <li id="edit2">클릭해도 편집이 안됨</li>
  <li id="edit3" contenteditable>클릭하면 편집 가능
    <ul>
        <li id="edit4" spellcheck=false>클릭하면 편집이 가능</li>
        <li id="edit5" contenteditable=false>클릭해도 편집이 안됨</li>
    </ul>
  </li>
</ol>
```

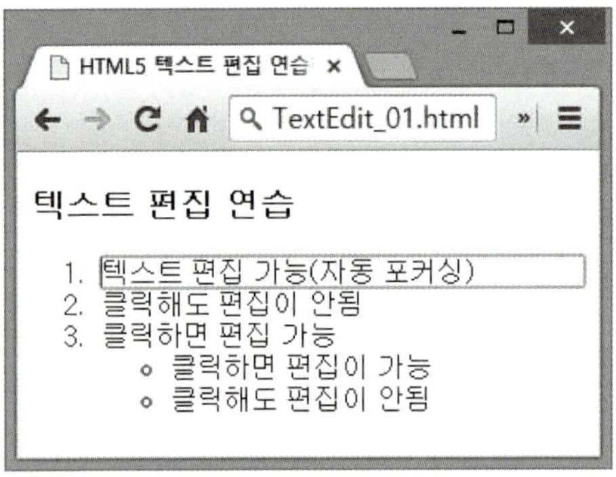

1. 초기 화면

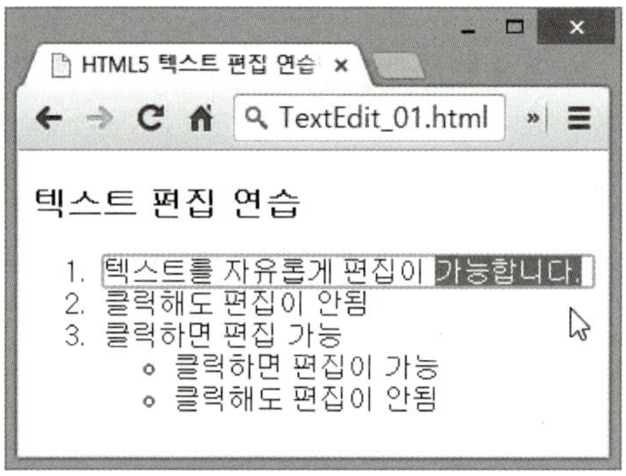

2. 1번 텍스트 편집 화면

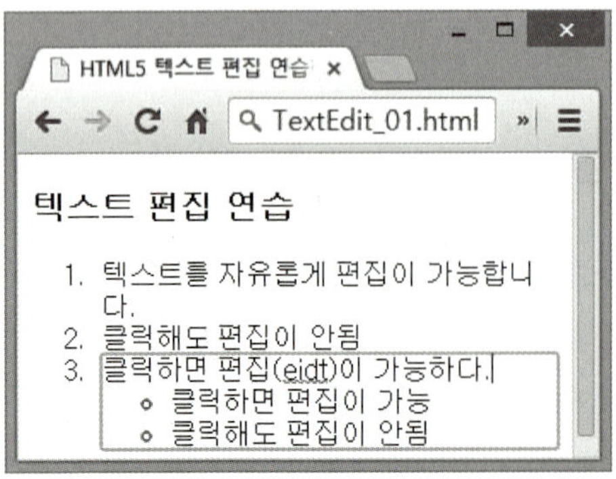

3. 3번 텍스트 편집 화면

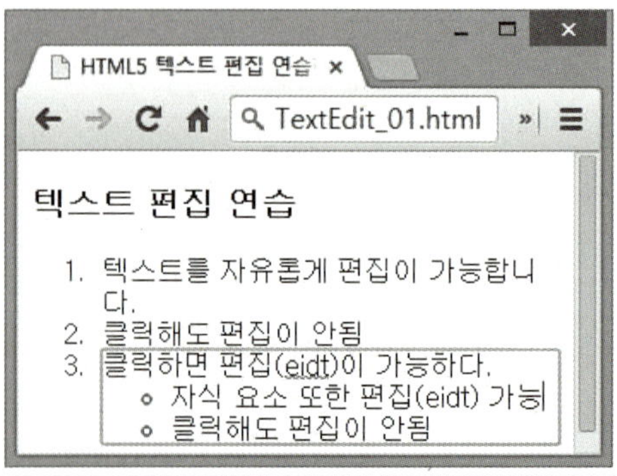

4. 3번 자식 요소 편집 화면

- 웹 문서를 로드하면 1번은 contenteditable 속성이 지정되었고 자바스크립트에서 이 속성이 참값을 가지게 되므로 1번에 포커스를 준다. 따라서 1번 항목은 수정이 가능한 상태로 된다. 그러나 2번은 contenteditable 속성을 주지 않았기 때문에 편집이 불가능하다.
- 3번 텍스트 편집 화면의 경우, contenteditable 속성이 지정되었기 때문에 편집이 가능하며, 자식 요소들 모두 기본적으로 편집이 가능해진다. 즉, id가 edit4인 li 요소에 contenteditable 속성을 지정하지 않았지만, 부모 요소의 속성 값이 true이기 때문에 기본적으로 true 값을 가지게 되어 편집할 수 있게 된다. 그러나 id가 edit5인 li 요소의 경우는 같은 자식이지만 명시적으로 contenteditable 속성 값을 false로 지정하였기 때문에 편집이 불가능함을 확인할 수 있다.
- 스크립트의 isContentEditable 속성은 편집하려고 하는 요소에 contenteditable 속성이 지정되었는지의 여부를 판단할 때 사용하며 contenteditable 속성의 값을 Bool 형으로 반환한다.
- spellcheck 속성은 맞춤법 검사를 수행하는지의 여부를 지정하는 것으로 이 부분은 브라우저의 몫이기 때문에 맞춤범 검사 기능이 브라우저별로 달리 나타날 수 있다. 기본값은 참이기 때문에 결과 화면의 3번과 같이 영어 단어 [edit]에 빨간 밑줄이 표시되지만, id가 edit4인 li 요소의 경우는 spellcheck 속성 값이 false이기 때문에 4번 화면과 같이 맞춤법 검사를 수행하지 않는다(맞춤법 검사 옵션이 기본적으로 영어(미국)로 되어 있다).

▣ 문서 전체 편집

웹 문서 전체를 편집하고자 한다면 document 객체에 있는 designMode 속성을 이용하면 된다. 문서의 현재 상태를 바꿀 수 있도록 설정할 수 있기 때문에 문서가 편집 가능하도록 하기 위해서는 "on"을 지정하고 그렇지 않으면 "off"를 지정한다. 다음의 예는 웹 문서 전체를 편집하기 위한 예를 나타낸 것이다.

사용 예제

```
<script>
   window.onload = function() { document.designMode = "on"; };
</script>
<h3>웹 문서 편집 연습</h3>
<div>웹 문서의 편집이 가능합니다</div>
```

	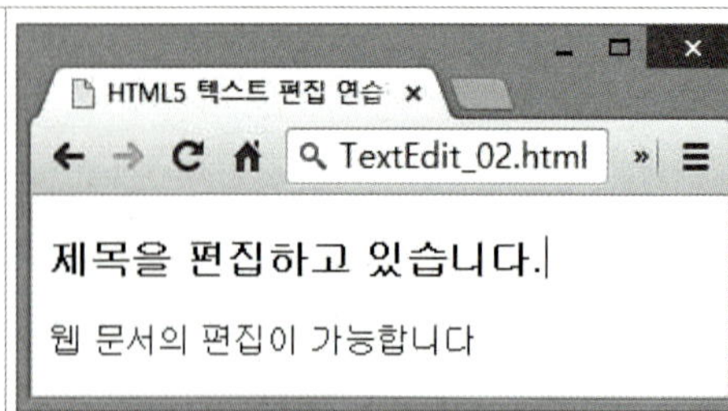
초기 화면	H요소를 클릭하여 내용을 수정하는 화면

3.2 편집 API 사용 – 텍스트 편집하기

앞에서 살펴본 contenteditable 속성이나 designMode 속성을 사용하여 편집모드로 지정한 상태에서 편집 API인 execCommand( ) 메서드를 사용하면 편집하는 내용을 리치 텍스트로 취급하여 텍스트를 다양하게 편집을 할 수 있게 된다. 이 메서드는 document 객체에서 사용할 수 있는 함수로써, 다음과 같이 commandId, showUI, value의 3가지 인수를 지정해야 한다.

사용 방법	document.execCommand(*commandId* [, *showUI* [, *value*]])

- commandId는 선택한 텍스트 영역에 대한 명령어를 나타내기 때문에 생략할 수 없다.
- showUI는 commandId에 대한 UI를 표시할 지의 여부를 나타낸다.
- value는 commandId가 필요로 하는 추가적인 정보를 지정한다.

commandId에서 사용할 수 있는 명령어들을 살펴보면 다음과 같은 것들이 있다.

CommandID	설명
bold	선택한 문자열을 굵은 글씨로 변경한다.
italic	선택한 문자열을 이탤릭체로 변경한다.
subscript	선택한 문자열을 아래첨자로 변경한다.
superscript	선택한 문자열을 윗첨자로 변경한다.
formatBlock	선택한 문자열을 지정한 태그로 감싼다. 세 번째 인수를 삽입할 태그로 지정한다.
forwardDelete	선택한 문자열이나 커서 뒤의 문자를 삭제한다.
insertImage	커서가 위치한 곳에 이미지를 삽입한다. 첫 번째 인수는 이미지를 불러올 대화상자의 생성 여부를 지정하고 세 번째 인수는 두 번째 인수의 값이 false일 때 불러올 이미지의 주소를 지정한다.

insertHTML	커서가 위치한 곳에 HTML을 삽입한다. 세 번째 인수에 삽입할 HTML 코드를 지정한다.
insertLineBreak	커서가 위치한 곳에 줄바꿈을 삽입한다.
inserOrderedList	커서가 위치한 곳에 순서 있는 목록(ol 요소)을 삽입한다.
inserUnorderedList	커서가 위치한 곳에 순서 없는 목록(ul 요소)을 삽입한다.
insertParagraph	커서가 위치한 곳에 단락을(p 또는 div 요소, 브라우저마다 다름)을 삽입한다.
insertText	커서가 위치한 곳에 문자를 삽입한다. 세 번째 인수는 삽입할 문자를 지정한다.
selectAll	편집 가능한 모든 콘텐트를 선택한다.
unselect	선택을 취소한다.
createLink	선택한 문자열을 하이퍼링크로 변경한다.
unlink	선택한 문자열에 적용된 하이퍼링크를 제거한다.
undo	실행을 취소한다.
redo	undo를 다시 실행한다.
delete	선택한 문자열이나 커서 앞의 문자를 삭제한다.
vendorID-customCommandID	웹 브라우저 제작사별로 명령어를 지정하여 호출한다.

※ 자료 참고 - http://www.w3.org/TR/html5/dnd.html#editing-apis

execCommand( ) 메서드 이외에도 다음과 같은 다섯 가지의 메서드를 잘 활용하면 WYSIWYG(What You See Is What You Get) 에디터를 쉽게 만들 수 있을 것이다.

document.메서드	설명
queryCommandEnabled(commandId)	지정한 명령어(commandId)가 실행가능한지 여부를 반환하며 현재 커서가 있는 위치에서 확인할 수 있다.
queryCommandIndeterm(commandId)	지정한 명령어(commandId)가 효과가 일정한가의 여부를 반환한다.
queryCommandState(commandId)	지정한 명령어(commandId)의 상태를 반환하며 현재 커서가 있는 위치에서 확인할 수 있다.
queryCommandSupported(commandId)	지정한 명령어(commandId)가 지원되는지의 여부를 반환한다.
queryCommandValue(commandId)	지정한 명령어(commandId)의 현재 값을 반환한다.

HTML5 **실습하기**

이번 실습은 execCommand() 메서드를 활용한 간단한 텍스트 에디터를 만들어보는 것이다. TextEdit_Study01_Step1 파일을 열어서 다음의 스크립트 및 HTML 마크업 코드를 입력하여 결과를 확인해보자.

예제 TextEdit_Study01_Step1.html

```
<script>
   window.onload = function() { var editor = document.getElementById("editor");
                        if (editor.isContentEditable) { editor.focus(); } };
    function setBold()        { document.execCommand("bold"); }
    function setItalic()       { document.execCommand("italic"); }
    function setSuperscript() { document.execCommand("superscript"); }
    function setSubscript()   { document.execCommand("subscript"); }
    function setInsertOL()    { document.execCommand("InsertOrderedList"); }
    function setInsertUL()    { document.execCommand("InsertUnorderedList"); }
    function setInsertImage() { document.execCommand("insertImage", true, "images"); }
    function setCreateLink()  { document.execCommand("createLink"); }
    function setUnLink()       { document.execCommand("unlink"); }
    function setSelectAll()   { document.execCommand("selectAll"); }
    function setUnselect()    { document.execCommand("unselect");  }
    function setUndo()        { document.execCommand("undo");  }
</script>
```

```
<input type="button" value="굵게" onclick="setBold();">
<input type="button" value="기울게" onclick="setItalic();">
<input type="button" value="윗 첨자" onclick="setSuperscript();">
<input type="button" value="아래 첨자" onclick="setSubscript();">
<input type="button" value="순서 목록" onclick="setInsertOL();">
<input type="button" value="비순서 목록" onclick="setInsertUL();"><br>
<input type="button" value="이미지 추가" onclick="setInsertImage();">
<input type="button" value="링크 만들기" onclick="setCreateLink();">
<input type="button" value="링크 해제" onclick="setUnLink();">
<input type="button" value="모두 선택" onclick="setSelectAll();">
<input type="button" value="선택 취소" onclick="setUnselect();">
<input type="button" value="되돌리기" onclick="setUndo();"><br><br>
<div id="editor" contenteditable></div>
```

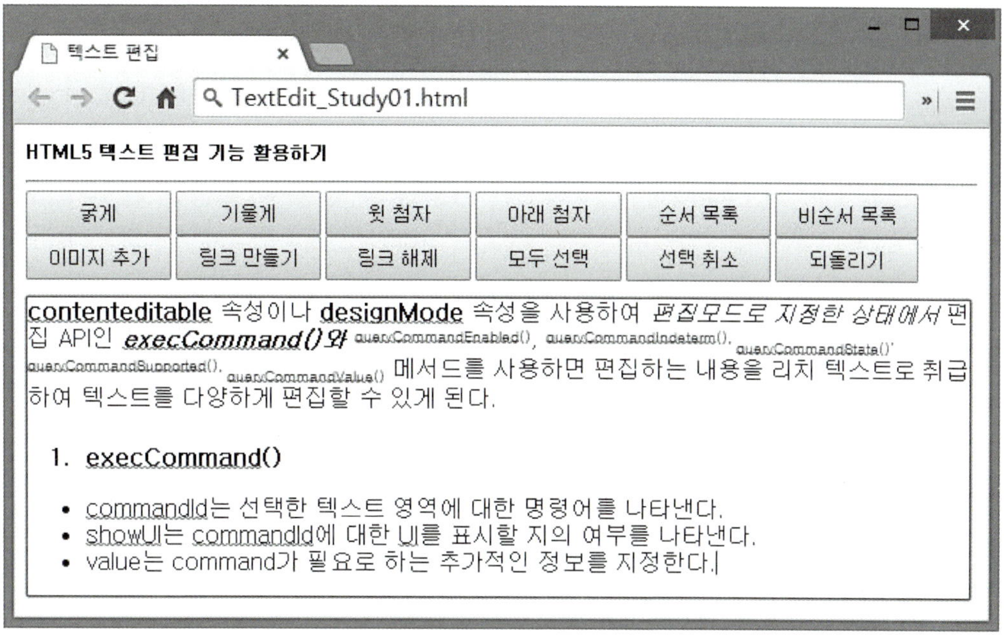

텍스트 편집하기 실습 결과

HTML5

CHAPTER 04

CSS3 Part-1 기본 및 선택자

학습 목표

하나의 웹 문서를 작성하기 위해서는 HTML 문서와 디자인을 위한 CSS, 동작을 위한 자바스크립트가 서로 조화를 이루도록 해야 한다. HTML이 기존 HTML4.01에서 HTML5로 업그레이드가 이루어지는 동안, CSS도 CSS2에서 CSS3로 업그레이드가 되면서 다양한 속성들이 추가되었다. 모바일 기기 및 태블릿 PC 등의 다양한 디바이스들이 출시되고 있고 관련 산업이 발전되면서 이러한 디바이스들에 초점이 옮겨지고 있는 상황에서 본 장에서는 CSS의 기본 사용 방법 및 선택자들에 대하여 살펴보도록 하겠다.

Key Point

CSS 레벨 및 모듈, CSS 형식, CSS 규칙, CSS 상속, CSS 우선순위, 선택자, 전체(Universal) 선택자, 형식(Type) 선택자, 클래스(Class) 선택자, 아이디(ID) 선택자, 속성(Attribute) 선택자, 가상 클래스(Pseudo-classes), 가상 요소(Pseudo-elements), 조합자(Combinator)

Section

CHAPTER

04 CSS3 Part-1 기본 및 선택자

Section 01 CSS3 사용하기

일반 HTML 웹 문서를 다양하게 설계하고 변경하는데 많은 제약이 따르기 때문에, 이를 보완하여 문서의 레이아웃이나 장식을 하기 위한 것이 바로 스타일(작성 형식)시트이고 간단히 스타일시트(Style Sheets)라고도 부른다. 이 스타일시트의 표준안이 바로 CSS이며, 글꼴이나 텍스트 배치 그리고 여백 및 색상 등을 세세하게 지정하여 웹 문서의 모양을 손쉽게 변경할 수 있도록 해 준다. 즉, 웹 문서를 만들기 위한 HTML 요소들이 문서를 만들기 위한 뼈대라면, CSS는 문서의 살을 입히는 디자인 요소를 담당한다. 이러한 CSS는 W3C에 의하여 표준화 작업이 진행되고 있으며, 현재는 차세대 스타일시트인 CSS3(CSS Level 3)를 HTML5에서 기본으로 사용하고 있다.

▣ 스타일시트를 사용해야 하는 이유

HTML이 HTML 4.01에서 HTML5로 업그레이드가 되는 동안 CSS도 CSS2에서 CSS3로 업그레이드가 되면서 다양한 속성들이 추가되었다. 요즘은 모바일 기기 및 태블릿 PC등의 다양한 디바이스들이 출시되고 있고 관련 산업이 발전되면서 이러한 디바이스들에 초점이 옮겨지고 있는 상황이다. 이러한 각종 디바이스들에 적응적으로 레이아웃을 입히기 위해서는 반드시 스타일시트의 도움을 받아야 하는 것은 누구나 알고 있는 사실이다.

특히, 기존 HTML 4.01에서는 HTML 문서의 디자인을 위한 몇몇 요소들이 존재하였지만, HTML5에서는 이러한 요소들이 대부분 제거되었기 때문에 CSS3의 중요성이 높아졌다고 할 수 있다.

하나의 웹 문서를 만들기 위해서는 기본적으로 문서 작성을 위한 HTML 문서와 이 문서의 디자인을 담당하는 CSS의 도움을 받아야 외관적으로 보기 좋게 만들 수 있다는 사실을 앞의 예제들을 통해서 이미 살펴보았을 것이다. CSS의 모든 내용을 다루기에는 분량이 많은 관계로 이번 장에서는 CSS에 대한 기본적인 내용과 CSS3에 대한 내용을 위주로 학습하고 응용을 해보도록 하겠다. 우선, CSS를 사용할 때의 장점을 살펴보면 여러 가지 있겠지만, 정리하면 다음과 같이 크게 4가지로 요약될 수 있다.

- 웹 문서의 내용과 디자인 분리
  - 웹 표준에 의한 웹 문서는 내용과 디자인이 분리되어 있기 때문에 웹 문서의 내용을 수정해야 하는 경우, 디자인에 전혀 영향을 주지 않고 내용만 수정할 수 있거나, 내용에는 영향을 주지 않고 디자인을 수정하여 레이아웃을 변경하여 다른 느낌의 문서를 만들 수 있다.
- 다양한 기능의 확장
  - HTML 문서는 단순한 기능만을 제공하기 때문에 CSS를 사용해야 다양한 기능을 추가하거나 변경시킬 수 있다. 다양한 글꼴의 사용이나 글자의 크기를 변경할 수 있고, 특정 요소를 원하는 모양으로 수정할 수도 있다.
- 통일된 문서 양식 제공
  - HTML 문서는 각 요소마다의 속성들을 하나하나 지정해 줘야 하지만, CSS를 사용하면 한 번의 속성을 정의함으로써 동시에 해당 요소에 속성들을 적용할 수 있다. 물론, 다른 문서에도 동일하게 적용할 수 있기 때문에, HTML 문서의 유지 보수가 쉬워진다. 일일이 각각의 요소마다 수정하기 보다는 하나의 CSS 속성을 수정하면 되기 때문이다.
- 로딩 시간 단축
  - 통일된 문서 양식 CSS를 사용함으로써 웹 브라우저가 읽어야 하는 문서의 내용도 작아지므로 웹 문서의 로딩 시간이 단축된다. 즉, 통일된 문서 양식이 한번 로딩이 되어 메모리에 적재되면, 이후에 이 CSS를 사용하는 HTML 문서들이 로딩될 때는 문서의 양이 작기 때문에 로딩 시간이 단축되는 것이다. 특히 기존 HTML에서는 포토샵 같은 툴들을 이용하여 이미지를 만들어서 많이 활용해 왔지만, CSS3만으로도 다양한 효과를 줄 수 있기 때문에 많은 이미지 파일들을 로딩할 필요가 없어져 로딩 시간을 줄일 수 있다.

▣ CSS의 레벨(Level) 관리

CSS는 대부분의 소프트웨어 관리에서 사용하고 있는 버전(version)은 없지만, 레벨(Level) 관리를 채택하여 기술 발전에 맞추어 기능들을 보완 및 추가하는 등으로 표준화를 진행하고 있다. CSS의 각 레벨은 이전 레벨의 기능들을(features) 수정 및 보완하고 새로운 기능들을 추가하는데 기반으로 하고 있다. 기본적으로 높은 레벨 수준의 기능들은(feature set) 낮은 레벨 수준의 상위 집합이 된다. 따라서 각 레벨 수준의 호환을 위해서 높은 수준의 주어진 기능에 허용되는 동작(behavior)들은 낮은 수준에서도 동작이 된다고 볼 수 있다.

▣ CSS3 모듈

CSS Level 2까지는 하나의 문서에 모든 기능들에 대한 내용들을 정의하였지만, CSS Level 3부터는 기능에 따라 모듈로 분리하여 정의하고 있다. 이는 웹의 기능이 발전함에 따라 HTML도 진화를 거듭하여 HTML5로의 표준화를 앞에 두고 있으며, 이를 기점으로 동적 애플리케이션 및 웹을 표현하는 디바이스들이 다양해짐에 따라서 웹의 표현도 더 다양해질 필요성이 확대되었다. 이로 인하여 웹의 표현 범위를 넓히기 위해 CSS의 기능들이 모듈별로 개발되고 있으며, 그 양도 CSS 2.1과는 비교할 수 없을 만큼 방대함을 확인할 수 있다. 그러나 이러한 모듈들은 대부분 작성중에 있으며, 통합되거나 삭제될 수 있고, 필요에 따라서 새로운 모듈이 추가될 수도 있다. 이에 대한 자세한 진행중인 정보들은 다음 주소에서 확인해 볼 수 있다.

- http://www.w3.org/Style/CSS/current-work

CSS Level 3의 핵심은 CSS 2.1의 명세서를 기본으로 하여 CSS Level 2의 모듈 단위로 만들어지고 있는 것이 특징이다. 이 때, 각 모듈들은 기능성을 추가하고(하거나) CSS 2.1 명세서의 일부를 대체한다. 그리고 각각의 모듈이 완성됨에 따라서 CSS 2.1 플러스에(이전에 완료된 모듈들) 하나씩 추가되면서 CSS3가 만들어지고 있는 중이다. 즉, CSS Level 3는 모듈 단위로 만들어지기 때문에 각 모듈들에서의 레벨은 독립적으로 레벨화가 된다. 그 예로서, CSS 라인(Line) 모듈 Level 3가 완성되기도 전에 벌써부터 선택자(Selectors) Level 4가 정의되고 논의되고 있는 실정이다.

▣ Cascading Style Sheets (CSS) Snapshot 2010 [2011-05-12] - http://www.w3.org/TR/CSS/

- CSS Level 3에 정의된 명세서
  - CSS Level 2 Revision 1, CSS Style Attributes, CSS Namespaces
  - Media Queries Level 3
  - Selectors Level 3
  - CSS Color Level 3
- CSS Level 3에 정의된 프로파일
  - CSS Mobile Profile 2.0, CSS Print Profile 1.0, CSS TV Profile 1.0

▣ 스타일시트를 사용하는 방법

CSS를 작성하는 방법에는 다음 그림과 같이 인라인 스타일, 스타일 요소 사용, 외부 파일을 연결하는 방법으로 크게 세 가지로 구분할 수 있다. 어떤 방법을 사용하더라도 같은 효과를 볼 수 있지만 웹 문서의 유지 보수를 위해서는 대부분의 웹 사이트들이 외부 파일 연결 방법을 주로 사용하고 있다. 이는 CSS의 내용을 HTML과 분리해서 저장해 두면 웹 문서의 한 가지 요소만 변경해도 관련되는 전체 페이지의 내용이 한번에 변경되기 때문에, 웹 문서의 유지 보수를 쉽게 할 수 있다는 장점을 가지고 있기 때문이다.

웹 표준에서는 외부로부터 스타일을 읽어 들이는 방법을 권장하고 있기 때문에 본 교재에서도 특별히 언급이 없는 한, 외부로부터 CSS 파일을 읽어 들이는 방법으로 설명할 것이다.

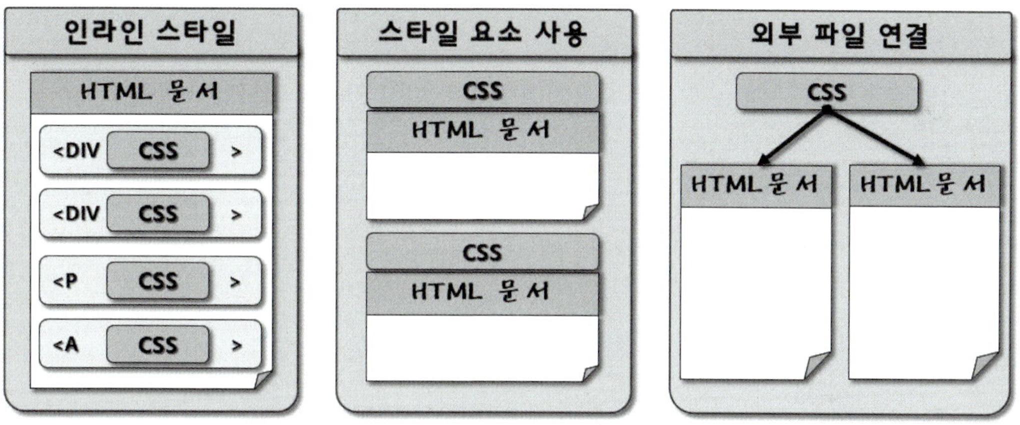

CSS 작성 방법

▣ 스타일의 형식

웹 문서 작성시에 워드프로세서처럼 글꼴의 모양 및 색상을 변경하고자 할 때 스타일을 적용하고자 하는 영역을 선택하고 원하는 스타일을 지정하듯이 CSS도 마찬가지로 변경하고자 하는 요소 등을 선택하고 어떤 내용을 어떻게 변경할지를 기술하면 된다. 다음 내용은 p 요소의 글자 색상을 빨간색으로 변경하도록 하고 있는 스타일 형식이다. 이렇게 웹 문서에서 자주 사용하는 글꼴이나 색상 등을 어떻게 꾸미는지 텍스트와 이미지 등을 어떻게 배치할 것인지 등의 규칙들을 모아놓은 것을 스타일이라 할 수 있다.

사용 형식	p { color: red; }

▣ 인라인 스타일 – 스타일 속성으로 태그 안에 직접 적용하는 방법

이 방법은 인라인-스타일시트(Inline Style Sheets)라 하여 다음과 같이 HTML 태그 안에 직접 스타일 속성을 지정하여 해당 요소에 스타일을 적용하는 방법이다. 그러나 이 방법은 해당 요소에만 스타일을 적용하기 때문에 다른 동일한 요소에도 적용하려면 스타일 요소를 사용하거나 외부 파일로부터 스타일을 읽어 들여야 한다.

사용 예제

```
<p style="color: red;">직접 태그 안에서 CSS를 적용하였습니다.</p>
```

- style="color:red;" 로 인하여 문장의 글자 색상이 빨간색으로 적용된다.
- 웹 브라우저에서는 "직접 태그 안에서 CSS를 적용하였습니다." 라는 문장의 글자 색상이 빨간색으로 적용되어 나타나는 것을 볼 수 있다.

▣ 스타일 요소 사용 – Style 요소를 사용하여 동일한 파일 안에서 지정하는 방법

이 방법은 위와 같이 각 HTML 요소 각각에 스타일을 적용시키는 것이 아니라, HTML 헤더 요소 안에 style 요소를 넣어 스타일을 지정하는 방법으로 여러 개의 속성에 스타일을 적용할 수 있다는 장점이 있다. 이 방법은 스타일이 하나의 웹 문서에서만 적용되기 때문에 HTML 문서마다 스타일을 달리 적용하고자 할 때 편리하다.

예제 CSS_04_01_styleInFile.html

```
<!DOCTYPE html>
<head>
<title>HTML 스타일시트 연습</title>
<style>
p {
   color: #FFFFFF;
   background-color: #0000FF;
}
#p1 { color: gold; }
</style>
</head>
<body>
   <h3>HTML5 뉴스</h3>
   <p id="p1">HTML5는 차세대 웹 표준으로 W3C에서 웹 표준화를 위해서 만들어진 새로운 …</p>
   <p>현재에도 계속해서 개발 중에 있다.</p>
   <p>2004년 6월 WHATWG에서 웹 애플리케이션 1.0이라는 이름으로 시작하였다.</p>
</body>
</html>
```

HTML 설명	
4~10	5~8줄의 <p> 태그를 사용하는 문장은 모두 파랑색 배경에 흰색 글자로 나타내지만, 9번 라인에서는 CSS의 선택자(자세한 내용은 다음 절에서 학습)를 이용하여 HTML 요소의 속성 값 id가 "p1"인 요소의 글자 색상을 빨간색으로 지정하고 있다.
14~16	<p> 태그의 스타일이 적용되어 웹 브라우저에서 변화된 화면을 볼 수 있다.

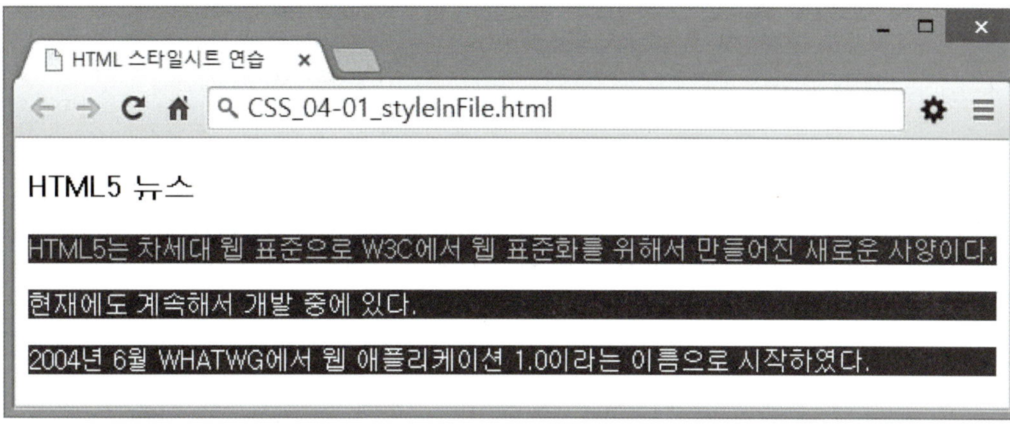

예제 결과

▣ 외부 파일 연결 – 외부로부터 스타일을 읽어 들이는 방법

이 방법은 .css라는 확장자를 가진 파일에 스타일시트의 내용을 저장해서 HTML 파일에서 읽어 들이는 방법이다. 이 방법은 여러 개의 HTML 파일에 동일한 스타일을 적용할 수 있는 장점이 있기 때문에 동일한 레이아웃을 유지하기 위한 방법으로 가장 많이 사용되고 있다. 다음 예제는 앞의 예제에서 스타일시트 부분만 별도의 CSS 파일에 저장하고 웹 문서 HTML에서 link 요소를 이용하여 스타일을 적용시키는 예제이다. 이 예제의 실행 결과는 앞의 예제의 결과와 동일하게 나타난다.

예제 CSS_04-01.css

```
p {
   color:#FFFFFF;
   background-color:#0000FF;
}
#p1 {
   color:#FF0000;
}
```

예제 CSS_04-01_styleInExternal.html

```
1  <!DOCTYPE html>
2  <head>
3  <title>HTML 스타일시트 연습</title>
4  <link rel="stylesheet" href="CSS_04-01.css">
5  </head>
6  <body>
7    <h3>HTML5 뉴스</h3>
8    <p id="p1">HTML5는 차세대 웹 표준으로 W3C에서 웹 표준화를 위해서 만들어진 새로운 …</p>
9    <p>현재에도 계속해서 개발 중에 있다.</p>
10   <p>2004년 6월 WHATWG에서 웹 애플리케이션 1.0이라는 이름으로 시작하였다.</p>
11 </body>
12 </html>
```

HTML 설명

4: 4번 줄의 link 요소를 다음과 같은 방법으로 지정해서 사용할 수도 있으며, 결과는 동일하다.

```
<style> /* CSS_04-01_styleInImport.html */
  @import url("CSS_04-01.css");
</style>
```

▣ 스타일시트의 상속 및 우선순위

만일, 앞에서 배운 3가지 스타일 방법을 모두 사용한다면 과연 어떤 순서로 스타일이 적용 될까? CSS(Cascading Style Sheet)의 용어 그대로 우선 순위에 따라서 단계적으로(계단식) 스타일이 적용된다는 점을 명심하자. 즉, **인라인 스타일 방법의 우선 순위가 가장 높기 때문에 최우선적으로 적용이 되고, 다음으로 스타일 요소의 우선 순위가 적용이 된다. 그리고 외부 파일 연결 방법이 마지막에 적용이 된다.**

또한 웹 문서에서 사용되는 각 요소들은 서로간의 관계를 가지고 있기 때문에 지정한 스타일이 하위 요소에 그대로 전달되어 상속이 되는 경우가 많다. 만일 body 요소에 어떤 스타일을 적용하면 h 요소나 p 요소 등이 body 요소에서 지정한 스타일을 상속받아 그대로 적용이 된다. 이는 h 요소 및 p 요소가 body 요소 안에 들어있기 때문이며, 이 때 body 요소를 부모 요소라 하고 h 요소와 p 요소를 자식 요소 또는 자손이라 부른다. 만일 body 요소에 배경 이미지를 지정하고 자식 요소들이 이러한 배경 이미지를 상속 받는다면 과연 웹 문서는 어떻게 될까? 아마도 웹 문서는 엉망진창이 될 것이다. body 요소의 배경 이미지를 자식 요소들이 상속 받아서 반복되어 나타날 것이기 때문이다. 이렇듯 모든 속성이 부모 요소에서 자식 요소로 상속되는 것은 아니기 때문에 주의해야 한다.

예제 CSS_04-01_styleInherit.html

```
1  <!DOCTYPE html>
2  <head>
3      <title>HTML 스타일시트 연습</title>
4      <style>
5          body { color: blue }
6      </style>
7  </head>
8  <body>
9      <h3>CSS 상속 예제</h3>
10     <p>부모 요소의 스타일은 기본적으로 하위(자식) 요소로 상속된다.
11     <p style="color: red">그러나, 모든 속성들이 상속되는 것은 아니라는 점에 유의하자.
12 </body>
13 </html>
```

	HTML 설명
9~11	5번 줄에서 body 요소의 스타일을(글자 색상을 파란색으로) 선언하였고 h3 요소와 p 요소가 body 요소 안에 있기 때문에 body 요소의 스타일링을 그대로 상속 받아서 글자 색상이 파란색으로 적용된다. 그러나 11번 줄의 p 요소는 스타일의 우선 순위에 따라서 인라인 스타일이 적용된다.

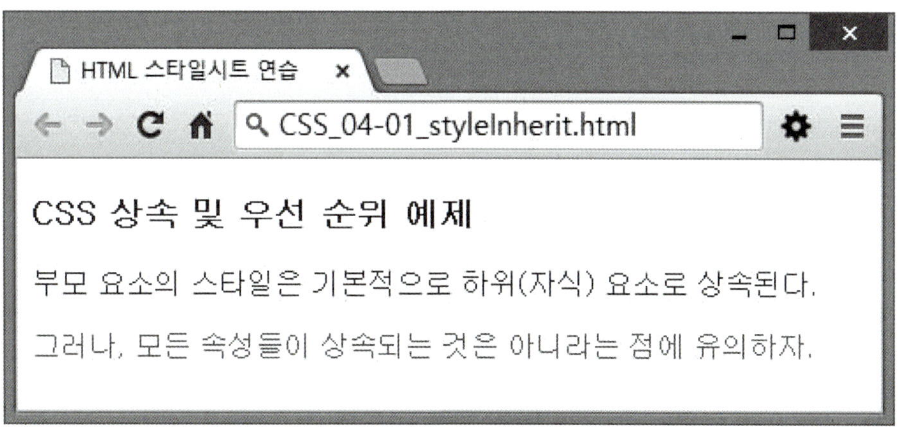

예제 결과

만일 다음과 같이 스타일이 중복되어 나타난다면 어떻게 될까?

사용 형식	p { color: red } p { color: blue }

마지막에 정의한 스타일이 적용되어 다음과 같이 p 요소의 색상은 파란색이 된다.

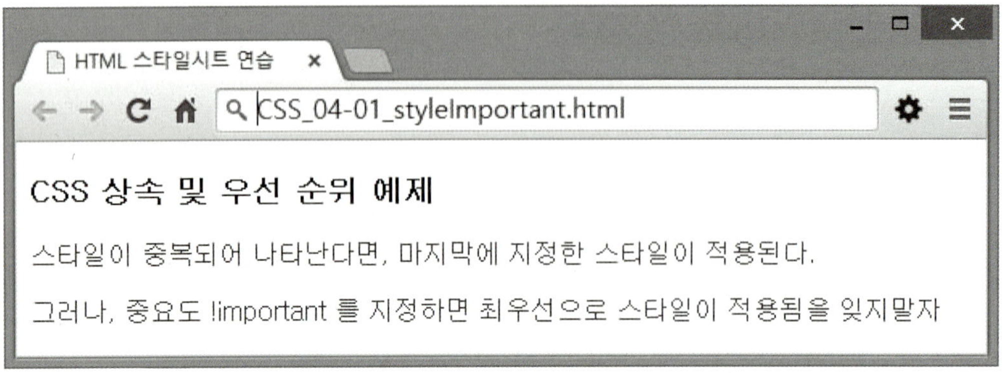

그러나 다음과 같이 강제로 중요도(`!important`)를 지정하면 지정한 스타일이 항상 적용이 된다.

사용 형식	p { color: red !important} p { color: blue }

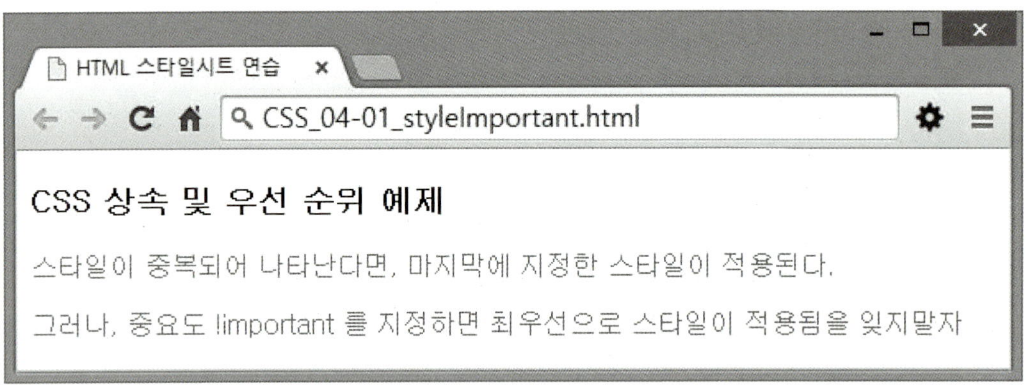

▣ 웹 브라우저별 스타일시트 지원 상태

다음 그림은 CSS3의 속성들을 웹 브라우저에서 어느 정도 지원하고 있는지를 나타낸 것으로 아직은 표준화가 완료된 상태가 아니기 때문에 모든 브라우저가 지원하고 있지 않다는 것을 확인할 수 있다.

웹 브라우저별 CSS3 속성(Properties) 지원 현황

CSS3 Browser support

The table below lists all CSS3 properties and their browser support:

Property	IE	Firefox	Chrome	Safari	Opera
align-content		28	21		12.1
align-items	11	20	21	-webkit- 7	12.1
align-self		20	21		12.1
@keyframes	10	16	-webkit-	-webkit- 4	12.1
animation	10	16	-webkit-	-webkit- 4	12.1
animation-name	10	16	-webkit-	-webkit- 4	12.1
animation-duration	10	16	-webkit- 3	-webkit- 4	12.1
animation-timing-function	10	16	-webkit-	-webkit-	12.1
animation-delay	10	16	-webkit-	-webkit- 4	12.1
animation-iteration-count	10	16	-webkit-	-webkit- 4	12.1
animation-direction	10	16	-webkit-	-webkit- 4	12.1
animation-play-state	10	16	-webkit-	-webkit-	12.1
backface-visibility	-ms- 10	16	-webkit- 12	-webkit-	15
background-clip	9	4	4	3	10.5
background-origin	9	4	4	3	10.5
background-size	9	4	4	4.1	10
border-bottom-left-radius	9	4	4	5	10.5
border-bottom-right-radius	9	4	4	5	10.5
border-image	11	15	16	6	15
border-image-outset	11	15	15	6	
border-image-repeat	11	15	15	6	
border-image-slice	11	15	15	6	
border-image-source	11	15	15	6	
border-image-width	11	13	15	6	
border-radius	9	4	4	5	10.5
border-top-left-radius	9	4	4	5	10.5
border-top-right-radius	9	4	4	5	10.5
box-decoration-break					
box-shadow	9	-moz- 4	-webkit- 10	-webkit- 5.1	10.5
box-sizing	8	-moz- 1	9	5.1	7
break-after	10				11.1
break-before	10				11.1
break-inside					

자료 출처 - http://www.w3schools.com/cssref/css3_browsersupport.asp

▣ 알아두어야 할 용어들

CSS를 학습하기 앞서 이해하고 있어야 할 몇 가지 용어들을 소개한다. 본 교재는 웹 표준화 문서에 기초하고 있기 때문에 본 교재를 학습한 이후에 열성적인 학생들이 웹 표준화 문서를 참조하는 경우에 도움을 주기 위해서이다.

용어	설명
네임스페이스 (Namespace)	개체를 구분할 수 있는 범위를 나타내는 용어로써, 웹 문서에서 동일한 이름을 가진 요소들끼리의 충돌을 방지하기 위해서 사용된다. 이 용어는 사용처(프로그래밍 언어, 예를 들어 C++ 같은)에 따라서 "명칭공간" 이라는 이름으로도 불리지만, 개발 현장에서는 직접적인 용어인 네임스페이스라는 용어를 더 많이 사용하기 때문에 본 교재에서도 이 용어를 사용한다. 네임스페이스에 대한 자세한 내용은 다음의 CSS3 네임스페이스 모듈을 참고하도록 하자. ✓ [W3C] CSS3 Namespace Module (2011-09-29) - http://www.w3.org/TR/css3-namespace/
객체(Object)	어떤 도구에 의해 만들어진 실제 존재하는 대상체로써, JavaScript와 DHTML에서 사용하는 최상위의 존재가 된다. 예를 들면, 창을 가리키기 위해서는 window 객체를 사용하고, body 등의 요소를 가리키기 위해서는 document 객체를 사용한다. 그리고 객체에 지정할 수 있는 것들은 property, method, event가 있다. DOM(Document Object Model)을 참조하면 많은 도움이 될 것이다. DOM에 대한 자세한 내용 역시 W3C DOM 문서를 참조해보자. ✓ [W3C] DOM Level 4 (2014-02-04) - http://www.w3.org/TR/dom/ ✓ MDN(Mozilla Developer Network) - https://developer.mozilla.org/en-US/docs/DOM ✓ JavaScript HTML DOM - http://www.w3schools.com/js/js_htmldom.asp
속성(Attribute)	이 속성은 HTML 요소의 속성을 가리키는 것으로, body, div, a와 같은 요소들이 가지고 있는 것들이다. 즉, 요소의 형식을 지정하는 것이다. 예를 들면, <div *id*="div1">이것은 Div1 입니다.</div>에서, *id*가 바로 속성(Attribute)이다.
속성 (성질 또는 특성) (Property)	이 속성은 요소 객체의 속성을 가리키는 것으로, 객체가 가지고 있는 구성 요소이다. window 객체가 가지고 있는 속성(property) 으로는 name, parent, history, innerHeight 등등이 있다. 또한 CSS 스타일에 지정한 것들도 W3C에서는 속성(Property)이라고 부른다. 예를 들면, <div style="color: red; font-weight: bold">에서 color와 font-weight이 바로 속성(Property)이 된다. 이 속성은 요소의 구성 요소인 속성(Attribute)이 아니기 때문이다.

※ 상기 용어에서, 속성이라는 용어는 매우 혼란을 일으킬 수 있는 용어이다. [W3C]의 표준화 문서들과 관련 원서들에서는 이 용어들을 구분하여 사용하고 있다. 따라서, 본 교재에서도 이 두 가지의 속성 용어를 구분하여 사용하도록 하였다.

보충 설명 - 속성(Attribute)과 속성/성질(Property)에 대하여

속성에 대하여 추가적으로 설명하면, 통상적인 언어에서는 성질과 속성이 보통 호환적으로 사용되고 있다. property가 성질, 특성의 뜻을 가지고 있기 때문에, 속성이라는 용어를 사용해도 별 무리가 따르지 않는다. 사실, 객체지향 언어(C++, Object-C 등)를 비롯한 많은 프로그래밍 언어에서도 Attribute와 Property가 구분되어 있지만, 많은 책들과 프로그래머들은 이들 용어들을 혼용해서 같은 의미로도 많이 사용하고 있다. 그러나 HTML5와 CSS에서의 속성이라는 용어에 대한 내용을 정확히 이해하고 사용하는 것이 바람직하다 생각한다. 다음과 같은 HTML 요소를 살펴보자.
이 HTML 코드에서의 input 요소는 2개의 속성(Attribute)을 가지고 있다.

```
<input type="text" value="Name:">
```

이 코드는 웹 브라우저에서 파싱되고 이에 맞는 DOM 노드(node)가 만들어지게 되는데, 이 노드가 바로 객체가 되고 이 객체는 HTML 코드에서의 각 속성(Attribute)을 위한 속성(Property)을 가지게 된다. 이 예제에서는 HTMLInputElement 객체가 만들어지고 accept, accessKey, align, alt, attributes, autofocus, baseURI, checked, childElementCount, childNodes, children, classList, className, clientHeight 등등의 많은 속성

(Properties)들을 가지게 된다.
위 HTML 코드에서 만들어진 DOM 노드는 type과 value 속성(property)을 가지게 된다. 그러나 사용자가 input 박스에 있는 값을 "JohnKim"으로 변경하는 경우에는 value 속성(property)은 이 값을 즉시 반영하여 변경하기 때문에 input 박스에는 JohnKim으로 표시된다. 그럼 input.value는 "JohnKim"이라는 값을 돌려준다. 그러나, input.getAttribute('value')에서는 초기에 지정했던 value 속성(attribute) 값인 "Name:"을 돌려줄 것이다. 따라서 현재의 input 박스에 있는 값을 알고자 할 때는 속성(property) 값을 가져오면 되고 원래 가지고 있던 초기값을 알고자 할 때는 속성(attribute) 값을 가져오면 된다. CSS에는 초기값이 없기 때문이다.

Section 02 선택자 이해하기

CSS(Cascading Style Sheet)는 용어 그대로 종속형 시트로서 XML, XHTML, HTML, SVG 등을 포함하여 모든 생성 언어의 표현 부분을 담당한다. 즉 HTML 및 XML 문서 렌더링을 표현하기 위한 언어이기 때문에 주로 HTML 및 SVG 일부와 가장 관련이 있으며 전적으로 HTML의 표현 부분을 담당한다. 우리가 CSS를 이야기할 때 주안점이라 할 수 있는 것들은, 과연 어떤 것들에 영향을 줄 것인지를 정의하는 선택자(Selectors)와 선택할 때 사용하는 선택자 또는 조합자(Comninators), 그리고 색상 속성(Color properties), 텍스트 속성(Text properties), 박스 속성(Box properties) 등이라 할 수 있다. 여기서 선택자는 웹 문서의 특정한 트리의 구성 요소와 일치하는 패턴으로 XML 문서에서 노드를 선택하는 데 사용될 수 있는 기술을 의미하며 HTML 및 XML과 함께 사용하도록 최적화가 되어 있다.

본 교재에서 설명하게 되는 선택자에 대한 내용들은 표준화 문서를 참조하여 작성하였으므로 좀 더 자세한 내용을 살펴보고자 한다면 아래 사이트에서 해당 문서를 참고하도록 하자.

표준화 문서1	Selectors Level 3 - http://www.w3.org/TR/css3-selectors/
표준화 단계	Recommandation, (2011-09-29)
표준화 문서2	Selectors Level 4 - http://dev.w3.org/csswg/selectors4/
표준화 단계	Editor's Draft, (2014-05-28)

2.1 기본적인 내용 이해

앞에서 언급한 바와 같이 CSS Level 3부터는 기능에 따라 모듈로 분리하여 정의하고 있기 때문에 각 모듈단계에서 사용된 용어들 또한 기능별 상세 명세서에 따라서 조금씩 달라진다. 따라서 본 교재에서는 선택자와 관련된 용어들의 익숙함을 위하여 Selectors Level 4를 기준으로

Selectors Level 3를 참고하여 설명하도록 하였다.

▣ CSS2와의 차이점

CSS2의 선택자와의 주요 차이점을 살펴보면 다음과 같다.

- 선택자, 선택자 그룹, 단순 선택자의 기본적인 정의가 변경되었다. CSS2에서는 "단순 선택자(Simple selector)"로 불리던 것이 선택자의 순서(sequence) 구성 요소로 사용되기 때문에 "단순 선택자의 순서(Simple Selector Sequence)"로 불리운다.
- 선택적인 네임스페이스(Namespace) 구성 요소가 전체 선택자(Universal Selector), 형식 선택자(Type Selector), 그리고 속성 선택자(Attribute Selector)에서 사용이 가능하게 되었다.
- 속성 선택자에 새로운 문자열을 포함하는 단순 선택자가 추가되었다.
- 새로운 가상 클래스(Pseudo-classes) 및 가상 요소(Pseudo-elements), 조합자(Combinator)가 추가되었다. 이로 인하여 가상 요소를 위한 "::"규칙이 새롭게 도입이 되면서 문법이 다시 작성 되었다.
- 프로파일(Profile)을 명세서에 포함시킴으로써 각 명세서에 의해 지원되는 선택자 집합을 정의하였다. 이로 인해 선택자가 CSS3의 독립적인 모듈로 존재함으로써 다른 명세서들도 선택자 명세서를 참조할 수 있게 되었다.

▣ 대소문자 구분

모든 선택자의 구문(Syntax)은 ASCII 범위([a-z]와 [A-Z]) 내에서 대소 문자를 구분하지 않는다. 그러나 문서 요소의 이름, 속성 이름 및 속성 값의 대소 문자 구분은 문서 언어에 좌우된다. 예를 들어 HTML에서는 요소 이름이 대소 문자를 구분하지 않지만 XML에서는 대소문자를 구분한다.

▣ 선택자 구문(Syntax)

선택자는 조합자로 구분되는 하나 이상의 단순 선택자의 순서가 연결된(chain) 것이다. 그리고 하나의 가상 요소(Pseudo-element)는 단순 선택자의 마지막 순서에 추가될 수 있다. 여기서 단순 선택자의 순서는 조합자로 구분되지 않는 단순 선택자의 연결이다. 그리고 항상 형식 선택자 또는 전체(*) 선택자로 시작되어야 하고 순서(sequence)에서는 허용되지 않는다.

단순 선택자 (Simple Selector)	형식(Type) 선택자, 전체(*) 선택자, 속성(Attribute) 선택자, 클래스(Class) 선택자, 아이디(ID) 선택자 및 가상 클래스(Pseudo-class)를 단순 선택자라 한다.

조합자 (Combinator)	공백(whitespace), 보다 큰 기호(>), 더하기 기호(+) 및 틸드 기호(~)를 조합자라고 부른다. 여기서 공백은 조합자와 그 주위의 단순 선택자 사이에서 나타나고, [space], [tab], [line feed], [carriage return], [form feed]만이 될 수 있다.

선택자로 표현되는 문서 트리 요소는(HTML에서의 a, p, span 같은 요소들) 선택자의 대상이 된다. 하나의 단순 선택자 순서로 이루어진 선택자는 요건을 충족시키는 모든 요소들을 가리킨다. 그리고 특정 순서 앞에 다른 단순 선택자 순서와 조합자를 배치하면 추가적인 일치 제약이 발생하기 때문에 선택자의 대상은 항상 단순 선택자의 마지막 순서로 표현되는 요소의 부분 집합이어야 한다. 빈 선택자(Empty Selector)는 단순 선택자 순서와 가상 요소(Pseudo-element)가 들어있지 않으므로 잘못된 선택자가 된다. 그리고 선택자에서의 글자는 CSS와 동일한 이스케이핑 규칙에 따라서 백슬래시로 벗어날 수 있다[CSS 2.1에서 정의됨].

특정 선택자는 네임스페이스 접두사를 지원하며 CSS에서의 네임스페이스 접두사는 @namespace 규칙에 따라 선언된다. 이에 대한 자세한 내용은 앞에서 언급한 CSS 네임스페이스 모듈을[CSS3NAMESPACE] 참고하도록 한다.

▣ 스타일 규칙

CSS를 학습할 때 좋은 점은 코드의 구조나 계층 구조가 그리 복잡하지 않고 단순하며 기본적인 언어라는 것이다. 즉, 일련의 선택자만 쭉~ 나열한 후에 스타일을 정의함으로써 각자의 스타일을 정하는 것이라 할 수 있다. 이를 스타일 규칙이라 부르기도 한다. 다음 그림은 스타일 규칙 및 사용 예제를 나타낸 것으로, 그림과 같이 영향을 주고 싶은 대상(Selector)과 어떤 영향(Property)을 주고 싶은지 정하기만 하면 되는 것이다.

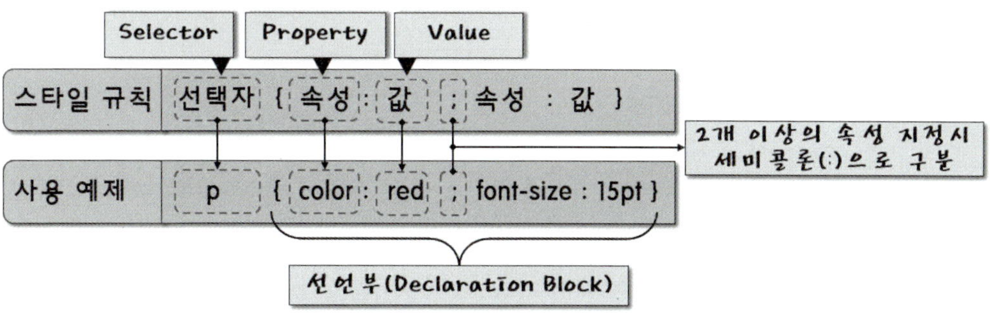

예를 들어 워드프로세를 이용하여 내용을 작성할 때 제목과 문장의 글꼴 모양이나 크기, 색상 등을 이용하여 내용에 변화를 주고자 할 때, 단순히 변화를 주고 싶은 부분에 강조 표시를 하고 [굵게] 버튼을 누르거나 [들여쓰기] 버튼과 글꼴의 색상을 선택하거나 크기를 지정하면 된

다. CSS의 동작 원리도 이와 같다고 할 수 있다. 문서 개체 모델, 즉 DOM의 일부 영역을 선택하는 것으로써 HTML에서 선택한 후 선택 영역에 속성(Property)을 적용시키기만 하면 되기 때문이다.

앞의 그림의 스타일 규칙 및 사용 예제("p { color: red; }") 에서 p를 선택자(Selector)라고 하며, 무엇을 꾸밀지를 지정해주는 역할을 한다. 그리고 color는 속성(property)이라고 하며, 어떤 모양을 꾸밀지 알려준다. 마지막으로 red는 속성값(value)이라고 하며, 어떻게 꾸밀지를 정하는 값이다. 속성과 속성값은 그림과 같이 콜론(:)으로 구분하고 이 둘을 합하여 선언(declaration)이라고 한다. 선언은 여러 개 넣을 수 있고, 선언과 선언의 구분은 그림과 같이 세미콜론(;)으로 구분하여 사용한다.

이와 같이 선택자는 HTML의 어떤 것이 영향 받을지를 결정하는 방법으로, 다음과 같이 다양한 방법으로 결정할 수 있다.

- type selectors – 형식 선택자
- .class selectors – 클래스 선택자
- #id selectors – 아이디 선택자
- [attribute] selectors – 속성 선택자
- :pseudo-class and ::pseudo-element – 가상 클래스와 가상 요소
- Combinators – 조합자

▣ 선택자 그룹

콤마로 구분되는 선택자 목록은 목록에 있는 개별 선택자 각각에 의해 선택된 모든 요소의 결합체를 나타낸다. 예를 들어 CSS에서 여러 개의 선택자가 동일한 선언을 공유하고자 할 때에는 콤마로 구분하여 하나의 목록으로 그룹화시킬 수 있다. 그리고 콤마 앞뒤에는 공백이 나타날 수 있다. 이에 대한 자세한 내용은 조합자 그룹에서 설명하도록 한다.

개별 선택자		선택자 그룹
h1 { font-family: sans-serif } h2 { font-family: sans-serif } h3 { font-family: sans-serif }	⇒	h1, h2, h3 { font-family: sans-serif }

2.2 단순 선택자(Simple Selector)

학습하게 되는 단순 선택자로는 모든 요소에 스타일을 적용시킬 수 있는 전체(Universal) 선택자, 특정 요소에 스타일을 적용시킬 수 있는 형식(Type) 선택자, 특정 부분에 스타일을 적용

시킬 수 있는 클래스(Class) 및 아이디(ID) 선택자, 그리고 특정 속성값에 따라 스타일을 적용시킬 수 있는 속성(Attribute) 선택자가 있다. 다음 표는 이러한 기본 선택자의 종류를 나타낸 것이다.

CSS 기본 선택자 종류

Level	선택자	이름	설명
CSS2	*	전체 선택자	전체에 스타일을 적용한다.
CSS1	요소	형식 선택자	지정한 요소에 스타일을 적용한다.
CSS1	요소.클래스이름	클래스 선택자	지정한 클래스에 스타일을 적용한다.
CSS1	요소#아이디	아이디 선택자	지정한 아이디에 스타일을 적용한다.
CSS2	요소[속성]	속성 선택자	지정한 속성에 해당하는 요소에 스타일을 적용한다.

▣ 전체(Universal) 선택자 - 모든 요소에 스타일 적용

로컬 이름으로 별표(* U+002A)가 사용된 CSS 공식 명칭[CSS3NAMESPACE]으로 작성된 전체 선택자는 요소 형식(Element type)의 공식 명칭이다. 전체 선택자에 옵션 네임스페이스 요소를 허용하기 때문에 기본 네임스페이스가 지정되지 않은 경우에는 임의의 네임스페이스에서 문서 트리의 모든 단일 요소(네임스페이스가 없는 요소 포함)를 나타낸다.

즉, 전체 선택자는 웹 문서에 있는 모든 요소들에 스타일을 적용시키는 것으로 모든 하위(자손) 요소에 스타일을 적용시키고자 할 때 주로 사용한다. 전체 선택자를 사용하려면 별표(*) 기호를 사용한다. 다음은 전체 선택자의 사용 방법과 예를 나타낸 것으로, 모든 요소 및 하위 요소의 여백 및 패딩을 0으로, 글자 색상을 회색으로 지정한 예이다.

사용 방법	**[네임스페이스]|<*> { property: value; property: value; … }**
사용 예제	* { margin: 0; padding: 0; color: gray }

별표로 표시된(즉, 네임스페이스 접두사가 없는) 전체 선택자가 단순 선택자 순서의 유일한 구성 요소가 아니거나 바로 뒤에 가상 요소가 붙을 경우에는 별표 기호가 생략되고 전체 선택자의 존재가 있는 것으로 암묵적으로 처리된다. 다음의 예제들은 모두 동등한(같은 뜻을 가진) 관계를 나타낸다.

전체 선택자 사용	전체 선택자 생략
*[hreflang|=en]	[hreflang|=en]

*warning	.warning
*#myid	#myid

그러나 div:first-child의 경우에는 혼선을 줄이기 위하여 div *:first-child와 같이 별표 기호를 생략하지 않는 것이 더 좋을 수 있다.

그리고 CSS3부터는 전체 선택자에 다음과 같이 네임스페이스 요소가 선택적으로 사용이 가능하다.

ns|*	네임스페이스 ns안에 있는 모든 요소들
|	모든 요소들
|*	네임스페이스 없는 모든 요소들
*	기본적인 네임스페이스가 지정되지 않은 경우, 이것은 *|* 와 동등하다. 그렇지 않다면 ns가 기본 네임스페이스인 ns|*와 동등하다.

만일 위와 같이 접두사에 선언되지 않은 네임스페이스가 사용되었다면, 전체 선택자는 잘못된 것이기 때문에 무효 처리되어 어떤 것도 선택되지 않는다. 따라서 네임스페이스를 사용하기 전에 반드시 미리 선언되어 있어야 한다는 점에 유의하도록 하자.

▣ 형식(Type) 선택자 - 특정 요소에 스타일 적용

형식 선택자는 CSS 공식 명칭의 구문을 사용하여 작성되는 문서 언어 요소 형식의 명칭이다. 즉, 형식 선택자는 스타일을 지정할 요소를 의미하는 것으로, HTML 요소의 형식과 관련이 있기 때문에 형식 선택자라 부른다. HTML 요소에는 div, p, ul, table 등의 다양한 요소들이 존재하는데, 이런 요소 이름에 따라 형식이 결정되기 때문이다.

예를 들어, table 요소의 모든 것을 변경하고 싶다면, 선택자에 요소 이름인 table이라고 입력하고 속성 값을 주면 된다. 다음은 형식 선택자의 사용 방법과 예를 나타낸 것이다.

사용 방법	**[네임스페이스]|<요소> { property: value; property: value; … }**
사용 예제	**table** { color: red; } **ul** { color: red; }

위 예제의 경우, 테이블 안의 내용뿐만 아니라 테이블의 모든 자식 요소에게까지 영향을 미치게 된다. 따라서 테이블 안에 있는 tr 요소와 그 안에 있는 td 요소 안의 값 모두 변경이 된다. 그리고 순서가 지정되지 않은 목록 요소인 ul의 경우도, ul이라고만 써도 ul 요소의 하위 목록

항목인 모든 li 요소의 텍스트 전부를 빨간색으로 변경할 수 있다.

예제 CSS_04-02_TypeSelector.html ※ 사용된 속성 및 속성값은 4장 이후를 참고하도록 한다.

CSS

```css
/* P 요소에 글자 크기는 20포인트, 굵은 글자체 스타일을 지정한다. */
p { font-size: 20pt; font-weight: bold }

/* UL 요소에 글자 크기는 18포인트, 이탤릭체 스타일을 지정한다. */
ul { font-size: 18pt; font-style: italic }
```

HTML

```html
<p>CSS 형식 선택자 연습</p>
<ul>
   <li>목록의 항목 1</li>
   <li>목록의 항목 2</li>
   <li>목록의 항목 2</li>
</ul>
```

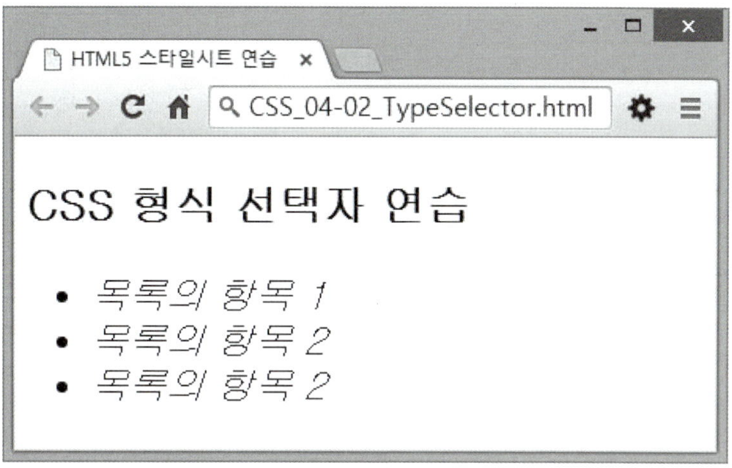

예제 결과

형식 선택자 또한 CSS3부터는 네임스페이스의 구성 요소를 선택적으로 허용하기 때문에 요소 앞에 네임스페이스를 배치할 수 있다. 네임스페이스 접두사에 별표를 사용하여 선택자가 모든 네임스페이스 요소를 표현할 수도 있지만, 네임스페이스 구성 요소를 지정하지 않음으로(네임스페이스 구분 기호 앞에 접두사가 없음)해서 선택자가 네임스페이스가 없는 요소만을 표현한다는 사실을 나타낼 수 있다.

따라서 기본 네임스페이스가 선언되면 해당 선택자는 기본 네임스페이스 내에 있는 요소들만 선택이 되지만 전체 선택자와 마찬가지로 네임스페이스를 선언하지 않고 네임스페이스 접두사가 형식 선택자에 들어있다면 이 또한 무효한 선택자가 된다. 이를 요약하면 다음과 같다.

ns|E	네임스페이스 ns안에 있는 요소 E
***|E**	모든 네임스페이스에(네임스페이스가 없는 요소 포함) 있는 요소 E
|E	네임스페이스 없는 요소 E
E	기본적인 네임스페이스가 지정되지 않은 경우, 이것은 *|E에 해당된다. 그렇지 않다면 ns가 기본 네임스페이스인 ns|E에 해당된다.

다음은 네임스페이스를 지정한 형식 선택자의 사용 예를 나타낸 것이다.

사용 예제	`@namespace foo url(http://www.example.com);` ① **foo|h1** { color: blue } ② **foo|*** { color: yellow } ③ **|h1** { color: red } ④ ***|h1** { color: green } ⑤ **h1** { color: green }

①번 규칙은 http://www.example.com 네임스페이스에 있는 h1 요소만이 해당 되지만 ②번 규칙은 http://www.example.com 네임스페이스에 있는 모든 요소들이 해당 된다. 그리고 ③번 규칙은 네임스페이스 없는 h1 요소만이 해당이 되고 ④번 규칙은 모든 네임스페이스에서의 h1 요소만이 해당된다(네임스페이스가 없는 요소 포함). 마지막 ⑤번 규칙은 기본 네임스페이스가 정의되지 않았으므로, ④번 규칙에 해당된다. 이는 앞의 예제에서 살펴본 내용과 동일하다.

▣ 클래스(Class) 선택자 - 특정 부분에 스타일 적용

하나의 HTML 문서에는 같은 요소를(p 요소 또는 a 요소와 같은) 여러 개 사용하는 경우가 많이 있다. 앞의 예제와 같이 동일한 요소를 사용하는 요소들은 스타일 결과도 동일하게 나타난다. 같은 요소이지만, 각각 다른 스타일을 적용하려면 각 요소들을 구별할 수 있는 클래스 선택자를 이용하면 된다. 즉, 요소 안에서 다중의 값을 가질 수 있는데, 기본적으로 모든 요소에 적용되겠지만 특정 클래스를 가진 모든 요소를 선택하기 위해서는 요소 다음에 마침표(.)를 넣어서 선택자를 사용하도록 한다.

다음은 클래스 선택자의 사용하는 방법과 예를 나타낸 것이다. 만일 요소를 지정하지 않고 (.클래스이름)과 같이 선택자만 사용한다면 해당 클래스이름을 가진 모든 요소에 스타일을 지정하게 된다.

사용 방법	요소.클래스이름 { 속성: 값; 속성: 값; … }
사용 예제	.fancy { color: red; }

사용 예제에서 클래스 이름이 ".fancy"로 되어 있기 때문에 class= "fancy"로 지정된 모든 요소를 빨간색으로 변경한다. 또한 *.fancy { color: red; }와 같이 *를 붙여서 전체 스타일 선택자를 사용할 수 있으며, 이는 요소 전부를 뜻한다. 그러나 특정 요소의 선택자를 사용하려면 div.fancy { color: red; }와 같이 요소 이름을 선택자 앞에 붙여주어야 한다. 즉, 요소 선택자 및 클래스 이름을 결합할 수 있는 것이다.

다음 예제에서 선택자 .select2는 해당 요소의 클래스를 지정하는 것이기 때문에 class="select2"의 모든 요소를 선택한다. 따라서 2번째 p 요소와 a 요소 모두에 스타일이 지정되는 것을 볼 수 있다.

예제 CSS_04-02_ClassSelector.html ※ 사용된 속성 및 속성값은 4장 이후를 참고하도록 한다.

CSS

```
p.select1 { font-size: 15pt; font-weight: bold } /* 클래스 이름이 select1인 p 요소 */
.select2  { font-size: 20pt; font-style: italic }  /* 클래스 이름이 select2인 모든 요소 */
```

HTML

```
<p class="select1">CSS 클래스 선택자 연습</p>
<p class="select2">CSS 클래스 선택자 연습</p>
<a class="select2">http://www.google.com</a>
```

예제 결과

▣ 아이디(ID) 선택자 – 특정 부분에 스타일 적용

문서 언어에는 id로 선언되는 속성이 들어 있을 수 있는데, 이는 요소의 종류와 관계없이 문서에서 두 개의 해당 속성이 같은 값을 가질 수 없다. 즉, 문서 언어와 관계없이 ID를 활용하여 요소를 고유하게 식별할 수 있는 것이 특징이다. HTML에서의 모든 id 속성은 "id"로 지정한다. 이렇게 아이디 선택자는 요소 및 클래스 선택자와는 달리 요소의 정체성을 나타내기 때문에 하나만 있어야 한다. 즉, 하나의 문서 안에서 구별할 수 있는 식별자를 선택할 수 있는 것으로 문서 안에서 하나의 요소에만 적용할 수 있기 때문에 여러 문서에서 사용할 수 있으나, 각 문서에서는 한 번씩만 사용할 수 있는 것이 클래스 선택자와 다른 점이다.

따라서 클래스 선택자가 글자 색상이나 글자 굵기 등 다른 곳에도 적용할 수 있는 스타일을 정의하는 데 사용했다면, 아이디 선택자는 주로 문서 안에서 요소들을 배치(Layout)시키는 데 사용된다. 이는 특정 레이아웃이나 서식을 지정할 때 이를 정확히 지정하여 제어해야 하기 때문이다. 클래스 선택자가 마침표를 이용하여 구분했다면, 아이디 선택자는 # 기호를 이용하여 선택자를 구분한다. 다음은 아이디 선택자의 사용하는 방법과 예를 나타낸 것이다.

사용 방법	요소#아이디이름 { 속성: 값; }
사용 예제	① h1#fancy {color: red } ② #fancy { color: red } ③ *#z98y { color: red }

①번 규칙은 아이디 이름이 "fancy"인 h1 요소를 나타내는 것이고, ②번 규칙은 아이디 이름이 "fancy"로 지정되어 있는 모든 요소를 나타낸다. 그리고 ③번 규칙은 아이디 이름에 "z98y" 값이 들어 있는 모든 요소를 나타낸다. 다음의 예제에서 #select2는 해당 요소의 아이디를 지정하는 것이기 때문에 id="select2"의 요소를 선택한다. 따라서 2번째 p 요소에 스타일이 지정된다.

예제 CSS_04-02_IdSelector.html

※ 사용된 속성 및 속성값은 4장 이후를 참고하도록 한다.

CSS	**p#select1 { font-size: 15pt; font-weight: bold }** /* 아이디 이름이 select1인 p 요소 선택 */ **#select2 { font-size: 20pt; font-style: italic }** /* 아이디 이름이 select2인 모든 요소 선택 */
HTML	<h2 id="title">CSS 아이디(ID) 선택자</h2> <p **id="select1"**>CSS 아이디 선택자 1</p> <p **id="select2"**>CSS 아이디 선택자 2</p>

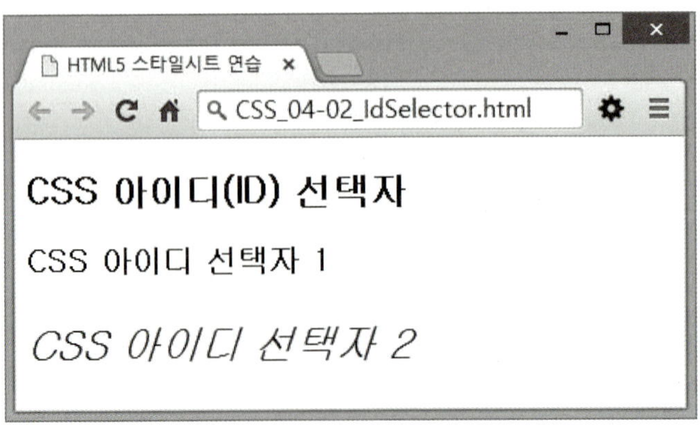

예제 결과

▣ 속성(Attribute) 선택자 - 속성 값에 따른 스타일 적용

속성 선택자는 요소의 속성(attribute)에 대한 표현문(설명)을 허용하기 때문에 이를 활용하여 해당 요소와의 일치 여부를 판단한다. 즉, 속성 선택자는 다음 사용 방법과 같이 특정한 속성의 이름을 지정할 수 있는 것으로, 대괄호 '['와 ']'로 묶여 있으며, 대괄호 안에 찾고자 하는 속성 값을 지정하면 된다. 즉, 모든 요소에서 사용할 수 있는 거의 모든 속성들이 지원되기 때문에, 속성 값에 따른 스타일을 다르게 적용할 수 있다는 것이 특징이라 할 수 있다.

사용 방법	요소[네임스페이스|속성 *연산자 값*] { 속성: 값; }

다음은 CSS2에서 도입된 속성 선택자의 연산자 종류와 간단한 설명을 나타낸 것이다. 표에서 사용된 속성은 요소의 속성(Attribute)를 나타내며, 연산자에서 사용하는 속성 값은 반드시 CSS 식별자 또는 문자열이어야 한다[CSS2.1].

CSS2에서의 속성 선택자의 연산자 종류

연산자	설명
요소[네임스페이스|속성]	속성 값과 관계없이 해당 속성을 사용하는 요소를 나타낸다.
요소[네임스페이스|속성 = 값]	속성 값이 정확히 일치하는 요소를 나타낸다.
요소[네임스페이스|속성 ~= 값]	속성 값을 공백으로 구분한 요소를 나타낸다.
요소[네임스페이스|속성 |= 값]	속성 값이 정확히 값과 일치하거나 값으로 시작하고 바로 뒤에 "-" 기호가 나타난 요소를 나타낸다.

다음은 이에 대한 사용 예를 나타낸 것이다.

사용 예제	① h1[**title**] { … } ② span[**class="example"**] { … } ③ span[**hello="President"**][**goodbye="Dictator"**] { … } ④ a[**rel~="copyright"**] { … } ⑤ a[**hreflang|="en"**] { … }

①번은 속성 값과 상관없이 title 속성을 가진 h1 요소를 나타내고 ②번은 클래스 이름이 정확히 "example"과 일치하는 span 요소를 나타낸다. 그리고 속성 선택자는 복수의 속성 선택자를 활용하여 특정 요소의 여러 가지 속성이나 동일한 속성의 여러 가지 상태를 나타낼 수 있는데, ③번은 바로 이런 복수 선택자의 사용 예를 나타낸 것이다. 여기서, 선택자는 "President" 값과 정확히 일치하는 hello 속성이 있고 "Dictator"값과 정확히 일치하는 goodbye 속성이 있

는 요소를 나타낸다. ④번은 "copyright copyleft copyeditor"와 같은 속성 값에서 공백으로 구분하는 "copyright"와 일치하는 a 요소를 나타낸다. 마지막으로 ⑤번은 hreflang 속성 값이 "en", en-US" 및 en-scouse"를 포함해서 "en"으로 시작하는 a 요소를 나타낸다.

CSS3의 레벨 3과 레벨 4에서는 특정 속성 값과 일치하는 문자열을 검사할 수 있도록 다음 표와 같이 추가적인 속성 선택자를 제공한다. 다음은 CSS3에서 새롭게 도입된 속성 선택자, 그리고 레벨 4에서 논의되고 있는 속성 선택자의 연산자 종류와 간단한 설명을 나타낸 것이다. 이 또한 연산자에서 사용하는 속성 값은 반드시 CSS 식별자 또는 문자열이어야 한다[CSS2.1].

CSS3 의 레벨3 및 레벨4에서 추가된 선택자의 연산자 종류

Level	연산자	설명
CSS3	요소[네임스페이스|속성 ^= 값]	속성 값의 시작 부분의 문자와 일치하는 요소를 나타낸다.
	요소[네임스페이스|속성 $= 값]	속성 값의 끝 부분의 문자와 일치하는 요소를 나타낸다.
	요소[네임스페이스|속성 *= 값]	속성 값 전체 중 어떤 일부분이라도 일치하는 요소를 나타낸다.
CSS4	요소[네임스페이스|속성 = 값 i]	속성 값이 ASCII 범위의 순열에 정확히 일치하는 요소를 나타낸다.

다음은 이에 대한 사용 예를 나타낸 것이다.

사용 예제	① p[title^="hello"] { … } ② p[title$="bye"] { … } ③ a[href*="toube"] { … }

①번은 p 요소의 title 속성 값이 접두사 "Hello"로 시작하는 문자열일 때 선택되고 ②번은 p 요소의 속성 값이 접미사 "bye"로 끝나는 문자열일 때 선택된다. 그리고 ③번은 속성 값에 최소 하나 이상의 문자열 "toube"가 들어있는 속성의 요소를 나타낸다. 또한 이 예제 모두에서 속성 값이 빈 문자열이라면 아무것도 선택하지 않는다.

속성 선택자도 CSS3부터는 네임스페이스의 구성 요소를 선택적으로 허용하기 때문에 네임스페이스 분리 기호 "|"로 분리되는 요소 앞에 배치할 수 있다. 그러나 속성 선택자는 XML에서 권고한 네임스페이스 규칙에 따라 기본 네임스페이스를 속성(Attribute)에 적용시킬 수 없다. 따라서 네임스페이스 요소가 없는 속성(Attribute) 선택자는 네임스페이스가 없는 속성에만 적용해야 한다("|attribute"와 같은). 속성 선택자도 마찬가지로 네임스페이스를 선언하지 않고 네임스페이스 접두사가 속성 선택자에 들어있다면 무효한 선택자가 된다.

다음은 네임스페이스를 지정한 형식 선택자의 사용 예를 나타낸 것이다.

사용 예제

```
@namespace foo url(http://www.example.com);
 [foo|attr=val] { color: blue } /* 첫 번째 규칙 */
 [*|attr] { color: yellow }     /* 두 번째 규칙 */
 [|attr] { color: red }        /* 세 번째 규칙 */
 [attr] { color: green }       /* 네 번째 규칙 */
```

첫 번째 규칙은 http://www.example.com 네임스페이스에서 attr 속성을 가진 요소의 값이 "val"값과 일치하는 경우에 선택이 된다. 그리고 두 번째 규칙은 속성의 네임스페이스와 관계없이(네임스페이스 없음 포함) attr 속성을 가진 요소만 선택이 된다. 세 번째 규칙과 네 번째 규칙은 동등한 것으로, 네임스페이스에 속성이 없는 attr 속성을 가진 요소만 선택이 된다.

다음의 예를 하나 더 살펴보도록 하자

사용 예제

```
table["data-author "] { color: red }
```

이 예제에서 table 요소의 유효한 속성들 중에서 특정 속성을 선택할 수도 있지만 이와 같이 직접 속성을 만들 수도 있다. 즉, "data-"를 앞에 두기만 하면 된다. 예를 들어 "data-author"라고 하면 이제부터 유효한 HTML5 속성으로 간주된다. "data-"로 시작되기 때문이다. 이 예는 table 요소가 data-author 속성을 가지고 있을 때 조건에 해당되어 선택된다. 만일 "data-author"라는 속성을 지닌 모든 요소에 한하여 빨간색으로 변경하고 싶다면 속성 선택자 앞에 전체 선택자 *를 사용하여 *[data-author] { color: red; } 라고 해주면 된다. 이는 데이터를 만든 이 요소(data-author)가 있다고 지정했기 때문이다. 그러나 테이블을 만든 사람을 'JohnKim'이라고 한정할 때는 [data-author=JohnKim] { color: red } 라고 지정하면 된다. 그러면 JohnKim이 만든 모든 테이블은 빨간색으로 변경된다. 다음은 속성 선택자를 사용하는 예제를 나타낸 것이다.

예제 CSS_04-02_AttributeSelector.html

※ 사용된 속성 및 속성값은 4장 이후를 참고하도록 한다.

CSS

```
a { line-height: 25pt; text-decoration: none; padding-left: 70px; background-repeat:
no-repeat; }
a[title=전자신문] { font-weight: bold; background-image: url(images/site_etnews.jpg) }
a[title~=신문] { color: red; background-image: url(images/site_haninews.jpg) }
a[title^=경향] { font-weight: bold;  font-style: italic ;
                    background-image: url(images/site_kyungnews.jpg) }
a[title$=뉴스] { color: blue; background-image: url(images/site_ohmynews.jpg) }
a[title|=구글] { color: green; background-image: url(images/site_google.jpg) }
a[title*=투] { font-weight: bold; background-image: url(images/site_youtube.jpg); }
```

HTML

```
<a title="전자신문" href="http://www.etnews.com">전자신문</a><br>
<a title="한겨레 신문" href="http://www.hani.co.kr/">한겨레 신문</a><br>
<a title="경향신문" href="http://www.khan.co.kr">경향신문</a><br>
<a title="오마이뉴스" href="http://www.ohmynews.com">오마이뉴스</a><br>
<a title="구글-검색" href="https://www.google.co.kr/">구글 검색</a><br>
<a title="유투브" href="http://www.youtube.com/?gl=KR&hl=ko">유튜브</a><br>
```

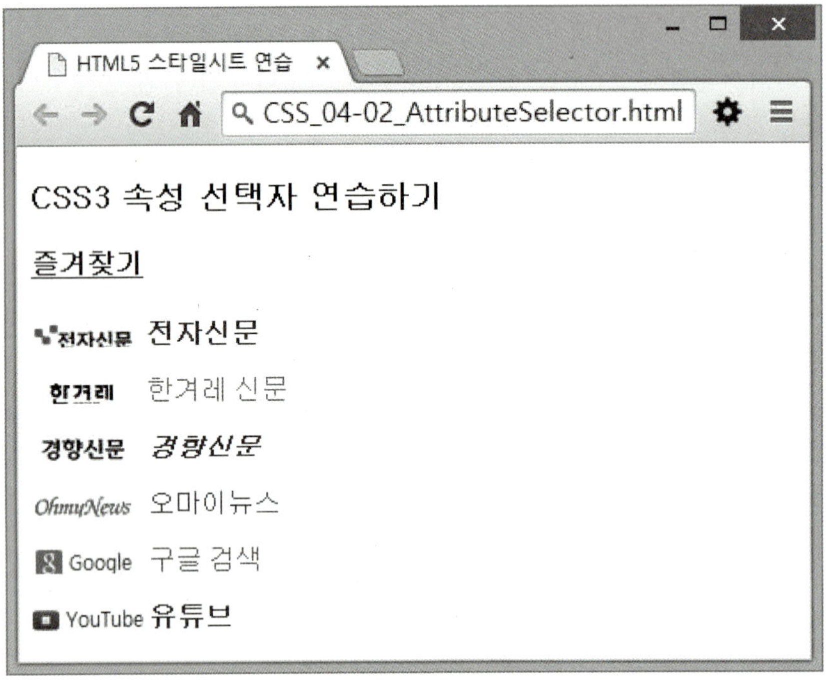

예제 결과

HTML5	실습하기

이번 실습은 앞에서 학습한 형식, 클래스, 아이디 및 속성 선택자에 대하여 실습을 해보도록 한다.

1. CSS_Study01_Step1.html파일을 열고, 다음의 CSS 실습 코드를 입력한다.

예제 CSS_Study01_Step1.html

※ 사용된 속성 및 속성값은 4장 이후를 참고하도록 한다.

```
th { padding: 5px 5px; color:#000000; background-color: #cccccc; font-size: 18px }
tr { padding: 5px 5px; height: 20px }
td { padding: 5px 5px; width: 150px }
```

```
a { text-decoration: none; padding-left: 70px; background-repeat: no-repeat }
.td_center { text-align: center }
#selector1 { font-style: italic }
table[data-author^=John] { width: 600px; color: green }
a[title=전자신문] { font-weight: bold; background-image: url(images/site_etnews.jpg) }
a[title~=신문] { color: red; background-image: url(images/site_haninews.jpg) }
a[title^=경향] {font-weight: bold;  font-style: italic ; background-image: url(images/site_kyungnews.jpg) }
a[title$=뉴스] { color: blue; background-image: url(images/site_ohmynews.jpg) }
a[title|=구글] { color: green; background-image: url(images/site_google.jpg) }
a[title*=투] { font-weight: bold; background-image: url(images/site_youtube.jpg) }
```

2. CSS_Study01_Step2.html파일을 열고, 다음의 HTML 실습 코드를 입력한 다음 브라우저로 확인을 해보자.

예제 CSS_Study01_Step2.html

```
<table data-author="JohnKim">
    <tr><th>바로가기</th><th>Title</th><th id="selector1">속성 선택 연산자</th></tr>
    <tr><td class="td_center"><a title="전자신문" href="#">전자신문</a></td>
      <td>"전자신문"</td><td>title="전자신문"</td>
    </tr>
    <tr><td class="td_center"><a title="한겨레 신문" href="#">한겨레 신문</a></td>
      <td>"한겨레 신문"</td><td>title~="신문"</td>
    </tr>
    <tr><td class="td_center"><a title="경향신문" href="#">경향신문</a></td>
      <td>"경향신문"</td><td>title^="경향"</td>
    </tr>
    <tr><td class="td_center"><a title="오마이뉴스" href="#">오마이뉴스</a></td>
      <td>"오마이뉴스"</td><td>title$="뉴스"</td>
    </tr>
    <tr><td class="td_center"><a title="구글-검색" href="#">구글 검색</a></td>
      <td>"구글-검색"</td><td>title|="구글"</td>
    </tr>
    <tr><td class="td_center"><a title="유투브" href="#">유투브</a></td>
      <td>"유투브"</td><td>title*="투"</td>
    </tr>
  </table>
```

※ 완성된 코드는 CSS_Study01_PseudoSelector.html에서 확인해 볼 수 있다

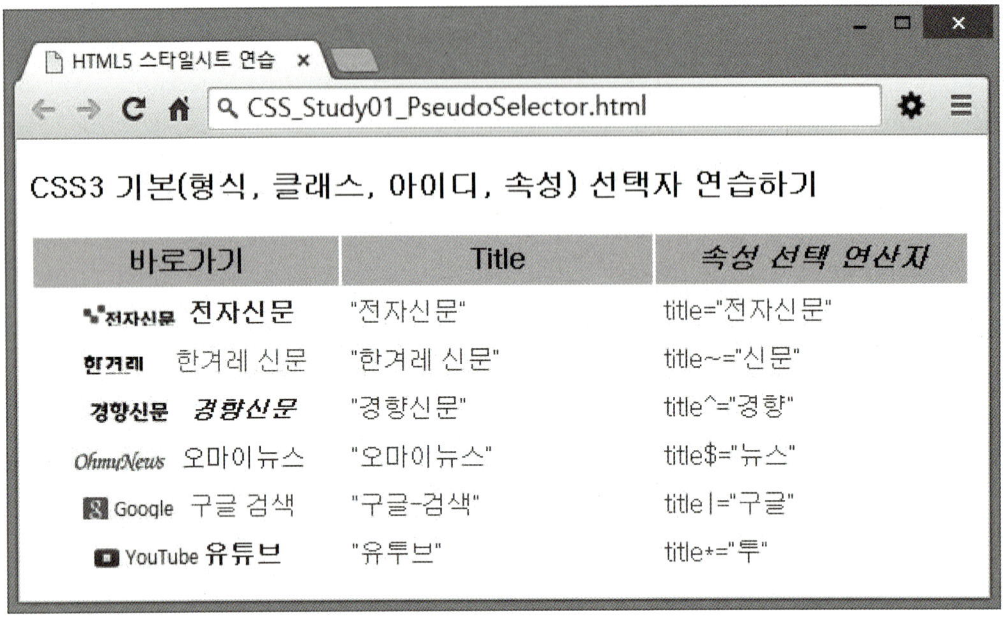

기본 선택자(형식, 아이디, 클래스, 속성) 예제

Section 03 가상 선택자

가상 선택자는 가상의 형용사 같은 것으로 명시적으로 정의하지 않아도 가상으로 설정한 것처럼 동작하도록 하는 것이다. 즉, 웹 문서상에는 존재하지 않지만 임의로 가상 선택자를 지정하여 사용하는 것을 의미한다. 이 가상 선택자는 가상 클래스(Pseudo-class)와 가상 요소(Pseudo-element)로 구분하여 사용되며 다음 표에 정리하여 나타내었다. 예를 들어, 표에서 선택자가 "E:link" 일 때, E는 요소(Element)를 의미하기 때문에 E 요소의 링크를 나타낸다.

가상 선택자 종류

구분	Level	선택자	설명
링크 관련 동적 가상 클래스	CSS1	E:link	아직 방문하지 않은 링크를 가진 E요소 선택
	CSS1	E:visited	이미 방문된 링크를 가진 E요소 선택
	CSS2	E:hover	마우스 오버된 링크를 가진 E요소 선택

	CSS1/2	E:active	현재 사용자 액션을 받아서 활성화된 링크를 가진 E 요소 선택
	CSS2	E:focus	input, a, area 등의 키보드 포커스를 받은 E 요소 선택
사용자 인터페이스 상태 가상 클래스	CSS3	E:enabled	사용할 수 있는 상태일 때의 E 요소 선택
	CSS3	E:disabled	사용할 수 없는 상태일 때의 E 요소 선택
	CSS3	E:checked	라디오 버튼이나 체크박스가 체크되었을 때의 E 요소 선택
트리 구조적인 (Tree-Structural) 가상 클래스	CSS3	E:root	문서 안의 최상위(루트) 요소 선택
	CSS3	E:nth-child(n)	동일한 부모 요소에서 n번째에 있는 자식 요소 선택
	CSS3	E:nth-last-child(n)	동일한 부모 요소에서 끝에서부터 n번째에 있는 자식 요소 선택
	CSS3	E:nth-of-type(n)	동일한 부모 요소에서 E 요소의 형제 요소 중 n번째에 있는 요소 선택
	CSS3	E:nth-last-of-type(n)	동일한 부모 요소에서 E 요소의 형제 요소 중 끝에서부터 n번째에 있는 요소 선택
	CSS2	E:first-child	동일한 부모 요소에서 첫 번째 자식 요소 선택
	CSS3	E:last-child	동일한 부모 요소에서 마지막 자식 요소 선택
	CSS3	E:first-of-type	동일한 부모 요소에서 E 요소의 형제 요소 중 첫 번째 형제 요소 선택
	CSS3	E:last-of-type	동일한 부모 요소에서 E 요소의 형제 요소 중 마지막 형제 요소 선택
	CSS3	E:only-child	자식 요소가 유일하게 E 요소 하나일 때 선택
	CSS3	E:only-of-type	해당 요소가 유일한 E 요소일 때 선택
	CSS3	E:empty	자식이(텍스트가 아닌) 없는 E 요소 선택
	CSS4	E:blank	내용이 없는(공백 제외) E 요소 선택
	CSS4	E:nth-match	n번째에 있는 형제 선택자에 일치하는 요소 선택
	CSS4	E:nth-last-match	끝에서부터 n번째에 있는 형제 선택자에 일치하는 요소 선택
언어적인 가상 클래스	CSS2/4	E:lang(language)	lang 속성이 language로 지정된 언어로 시작되는 E 요소 선택
	CSS4	E:dir(d)	괄호 안의 흐름 방향성(d)을 가진 E 요소 선택
목적지 가상 클래스	CSS3	E:target	E 요소가 하이퍼링크(앵커)의 목적지가 되는 경우 선택
부정 가상 클래스	CSS3/4	E:not(S)	괄호 안의 선택자 S와 일치하지 않는 E 요소 선택

가상 요소	CSS2	E::first-letter	E 요소의 첫 번째 문자를 선택
	CSS2	E::first-line	E 요소의 첫 번째 줄을 선택
	CSS2	E::before	E 요소의 콘텐츠 앞으로 생성된 가상 요소를 선택
	CSS2	E::after	E 요소의 콘텐츠 뒤로 생성된 가상 요소를 선택
시간 차원 가상 클래스	CSS4	E:current	현재 시간 차원 캔버스에 제시되어 있는 E 요소 선택
	CSS4	E:current(s)	선택자 s에 일치하는 현재 요소에서 가장 깊은 E 요소 선택
	CSS4	E:past	과거에 시간 차원 캔버스에 있었던 E 요소 선택
	CSS4	E:future	미래에 시간 차원 캔버스에 있을 E 요소 선택
드래그 앤 드롭 가상 클래스	CSS4	E:active-drop	현재 드래그된 아이템을 받을 E 요소 선택
	CSS4	E:valid-drop	현재 드래그된 아이템을 받을 수 있는 E 요소 선택
	CSS4	E:invalid-drop	현재 드래그된 아이템을 받을 수는 없지만, 다른 아이템을 받을 수 있는 E 요소 선택
하이퍼링크 가상 클래스	CSS4	E:any-link	하이퍼링크의 소스 앵커로 시작되는 E 요소 선택
지역 링크 가상 클래스	CSS4	E:local-link	현재 문서로 하이퍼링크의 대상(target)이 되는 소스 앵커로 시작되는 요소 선택
	CSS4	E:local-link(0)	현재 도메인으로의 하이퍼링크의 대상(target)이 되는 소스 앵커로 시작되는 E 요소 선택
논리적 일치 조합자	CSS4	E:matches(e)	괄호 안에 있는 e 요소에 일치하는 E 요소 선택
범위 가상 클래스	CSS4	E:scope()	지정된 참조 요소로 시작되는 E 요소 선택
격자구조 조합자	CSS4	E1 || E2	요소 E1의 격자 구조로 표시되는 열(column)에 속하는 Grid/Table의 셀에 나타나는 요소 E2 선택
	CSS4	E:nth-column(n)	Grid/Table의 n번째 열에 속하는 셀을 나타내는 E 요소 선택
	CSS4	E:nth-last-column(n)	Grid/Table의 마지막에서 n번째 열에 속하는 셀을 나타내는 E 요소 선택

선택자 레벨 4에서 다루고 있는 추가적인 가상 선택자들을 표에 함께 나타내었지만, 이런 내용들은 언제든지 변경되거나 삭제될 수 있기 때문에 본 교재에서는 기본적인 내용들만 언급하고 자세히는 다루지 않는다. 좀 더 자세히 알고자 하는 경우에는 관련 표준화 문서를 참조하도록 하자.

3.1 가상 클래스(Pseudo-classes)

문서 트리를 벗어나거나 다른 단순 선택자를 활용하여 표현할 수 없는 정보를 토대로 한 선택이 가능하도록 한 것이 바로 가상 클래스의 개념으로, 슈도 클래스라고도 부른다. 즉, 실제로 존재하지는 않지만 요소들의 이름 이외의 속성이나 내용에 따라 분류(classify) 함으로써 임의로 가리키는 기능을 가상의 선택자로 지정하여 사용하는 것을 말한다.

가상 선택자는 특정 선택자에 들어있는 모든 단순 선택자 순서에서 허용이 되기 때문에 상호 배타적인 가상 클래스도 있고 같은 요소에 동시적으로 적용되는 가상 클래스도 있다. 가상 클래스의 이름은 대소문자를 구별하지 않고 항상 콜론 기호(:) 뒤에 가상 클래스 이름과 괄호 사이에 값으로 이루어진다.

▣ 동적 가상 클래스(Dynamic Pseudo-classes)

동적 가상 클래스는 이름, 속성, 내용 이외의 다른 기능(문서 트리에서 추론될 수 없는 기능)과 관련된 요소를 분류하고 문서 소스나 문서 트리에 나타나지 않는다. 웹 브라우저는 공통적으로 사용자가 이전에 방문했던 곳과 아직 방문한 적이 없는 링크를 표시한다. 선택자는 가상 클래스 :link와 :visited를 제공하여 구별하도록 하고 있다.

• 링크 가상 클래스 :link와 :visited

:link 가상 클래스는 아직 방문한 적이 없는 링크에 적용되며, 기본적으로 파란색 글자와 밑줄로 표시되기 때문에, 밑줄을 없애거나 색상을 바꾸려고 할 때는 바로 이 :link 선택자를 이용해야 한다. 그리고 :visited 가상 클래스는 방문한 적이 있는 링크에 적용된다.

이 2가지의 선택자는 상호 배타적으로 동작된다. 그리고 브라우저는 일정 시간이 지났을 때, 방문 했던(:visited) 링크는 방문하지 않았던(:link) 링크로 되돌릴 수 있다. 그리고 이런 가상 클래스를 활용하여 사용자의 동의 없이도 사용자가 방문한 사이트를 파악할 수 있다. 다음에 사용 예를 나타내었다.

a:link { color: green } **a.outside:visited** { color: blue }	<a class="outside" href="http://mySite.com">mySite 방문</a>
이 예제의 a 요소에서는 기본적으로 링크를 녹색으로 표시하지만, 클래스 이름 "outside"를 사용하는 링크에서는 방문했던 연결이면 파란색으로 표시된다.	

• 사용자 조치 가상 클래스 :hover, :active, 그리고 :focus

쌍방향(사용자와의 상호작용을 지원하는) 브라우저들은 사용자의 조치에 대응하여 렌더링을 변경하기 때문에 선택자는 사용자가 활동하는 특정 요소의 선택을 위해 세 가지의 가상 클래스를 제공한다. 이 가상 클래스들은 사용자 활동에 반응하여 표현을 변화시켜 주기 때문에 상호 배타적이 아니다. 또한 한 요소에 여러 가지를 동시에 일치시킬 수도 있다.

:hover 가상 클래스는 사용자가 포인팅 장치로 특정 요소를 지정하는 동안 적용이 되지만, 반드시 활성되는 것은 아니다. 예를 들어, 요소에 의하여 생성된 박스 위에 마우스 포인터를 올려놓으면 적용된다. 그러나 상호작용을 지원하지 않는 브라우저는 이 가상 클래스를 지원하지 않는다. 그리고 쌍방향 매체를 지원하더라도 일부 브라우저는 이 가상 클래스를 지원하지 못할 수도 있다(예를 들면, 호버링을 탐지하지 못하는 펜 장치).

:active 가상 클래스는 사용자에 의하여 요소가 활성화되는 동안(예를 들면, 사용자가 마우스를 눌렀다 놓는 동안) 적용된다. 마우스 버튼이 하나 이상인 시스템에서는 :active가 1차 또는 1차 활성화 버튼(일반적으로 왼쪽 마우스 버튼) 신호에만 적용된다.

:focus 가상 클래스는 특정 요소에 초점이 있는 동안(예를 들면, 텍스트 입력 양식에 입력할 때, 텍스트 필드 안에 마우스 커서를 놓기 위해 Tab 키를 눌렀을 때, 또는 기타 입력 형태를 수용할 때 등) 적용된다. 다음에 사용 예를 나타내었다.

a:**hover** { color: red; font-size: 18px } a:**active** { background: yellow }	a:**focus** { background: yellow; color: red } a:**focus:hover** { background: blue; color: white }

이 예제에서의 왼쪽 열은 사용자가 마우스를 링크 위에 올려놓았을 때(hover) 색상을 빨간색으로 변경하면서 글꼴의 크기를 18픽셀로 변경한다. 그리고 마우스를 버튼을 눌렀다 놓는 순간은(active) 링크의 배경을 노란색으로 변경한다. 그러나 :hover 선택자는 반드시 :link 선택자와 :visited 선택자 다음에 위치시켜야 한다. 그렇지 않는다면 :hover 선택자가 color 속성(property)을 감추기 때문이다. 마찬가지로, :active가 :hover 다음에 위치해야 a 요소를 활성화하고 그 위를 오버(hover)할 때 활성화된(active) 배경 색상이(yellow) 적용된다. 따라서 반드시 다음과 같은 순서로 적용시켜야 한다.

```
A:link { … }
A:visited { … }
A:hover { … }
A:active { … }
```

예제의 오른쪽 열은 가상 클래스들의 결합 예제로서 연결 요소에 초점이 오면 배경색을 노란색으로 변경하고 연결 색상을 빨간색으로 변경한다. 그리고 초점이 있는 상태에서 마우스 포인터를 올려놓으면 연결의 배경색을 파란색으로, 연결 색상을 흰색으로 변경한다.

링크 관련 가상 클래스를 이용한 예제를 살펴보도록 하자. 다음은 초기 화면, 마우스 오버시, 마우스 버튼을 눌렀다 놓는 순간, 연결에 초점이 이동한 순간 등의 스타일을 모두 달리 적용한 예제이다.

예제 CSS_04-03_PseudoClass_Link.html

※ 사용된 속성 및 속성값은 4장 이후를 참고하도록 한다.

CSS

```css
p { font-size: 14px }
a:link { color: green; }
a:visited { color: blue; }
a:hover { color: red; font-size: 18px }
a:active { background: yellow }
a:focus { background: yellow; color: black; font-weight: bold }
a:focus:hover { background: blue; color: white }
```

HTML

```html
<h3>CSS3 가상(Pseudo) 클래스 선택자 연습하기 </h3>
<p>즐겨찾기 1</p>
<a href="http://www.etnews.com">전자신문</a> |
<a href="http://www.hani.co.kr/">한겨레 신문</a> |
<a href="http://www.khan.co.kr">경향신문</a> |
<a href="http://www.ohmynews.com">오마이뉴스</a> |
<a href="http://www.youtube.com/?gl=KR&hl=ko">유튜브</a>
```

다음은 동적 가상 클래스 예제의 결과를 나타낸 것이다.

초기 화면: 연결 색상은 녹색, 방문한 연결은 파란색

전자신문 | 한겨레 신문 | 경향신문 | 오마이뉴스 | 유튜브

마우스 오버(Hover)시: 연결 색상은 빨간색, 글꼴 크기는 18px

전자신문 | 한겨레 신문 | 경향신문 | 오마이뉴스 | 유튜브

마우스 버튼을 눌렀다 놓는 순간(Active): 연결 색상은 빨간색, 배경 색상은 노란색

전자신문 | 한겨레 신문 | 경향신문 | 오마이뉴스 | 유튜브

연결에 초점이 이동한 순간(Focus): 키보드의 탭 키 이용, 연결 색상은 검은색, 배경 색상은 노란색, 글꼴은 굵게

전자신문 | 한겨레 신문 | 경향신문 | 오마이뉴스 | 유튜브

연결에 초점이 있는 상태에서(Focus) 마우스 오버시(Hover): 연결 색상은 흰색, 배경 색상은 파란색

전자신문 | 한겨레 신문 | 경향신문 | 오마이뉴스 | 유튜브

▣ 목적지(Target) 가상 클래스 - CSS3

• :target 가상 클래스

일부 URI는 리소스 내의 특정 위치를 참조하기 위하여 다음과 같이 URI 뒤에 앵커(Anchor) 식별자 기호 #를 덧붙인다. 이러한 앵커가 있는 URI는 목적지 요소라고 하는 문서 내의 특정 요소로 연결되는 것이 특징이다. 일반적인 웹 문서에서 동일한 사이트의 웹 문서 또는 다른 사이트의 웹 문서로 이동할 때는 링크를 이용하지만, 동일한 문서 안에서 다른 위치로 이동하고자 할 때는 이와 같은 앵커를 이용한다.

http://example.com/top.html#section_2	특정 HTML 문서에서 section_2라는 이름의 앵커를 가리키는 URI

목적지 요소는 :target 가상 클래스로 표현할 수 있지만, 문서 URI에 앵커가 없다면 그 문서에는 목적지 요소가 없는 것이다. 다음에 사용 예를 나타내었다.

p:target { background: yellow; border: 1px dotted red }
이동되는 앵커 목적지의 p 요소를 빨간색의 점선으로 사각형을 그리고 배경을 노란색으로 변경한다.
#sample1:target { background: blue; color: white }
이동되는 앵커 이름이 #sample1인 곳으로 이동되는 목적지의 배경색을 파란색으로, 글자 색상을 흰색으로 변경한다.
***:target** { color: red } ***:target**::before { content: url(target.png) }
목적지 요소를 빨간색으로 변경하고 이미지가 있을 경우에 그 앞에 이미지를 놓는다. ::before 선택자에 대해서는 학습하게 될 가상 요소를 참고하도록 한다.

다음은 목적지 요소에 대한 사용 예를 나타낸 것이다.

예제 CSS_04-03_ PseudoClass_Target.html

※ 사용된 속성 및 속성값은 4장 이후를 참고하도록 한다.

CSS

```css
p:target { background: yellow; border: 1px dotted red }
#sample1:target { background: blue; color: white }
```

HTML

```html
<a href="#sample1">새로운 콘텐츠로 이동하기 1</a> |
<a href="#sample2">새로운 콘텐츠로 이동하기 2</a>
<p>위 링크를 클릭하면 아래 콘텐츠로 이동하면서 스타일이 변경됩니다.</p>
<p id="sample1"><b>새로운 콘텐츠1...</b></p>
<p id="sample2"><b>새로운 콘텐츠2...</b></p>
```

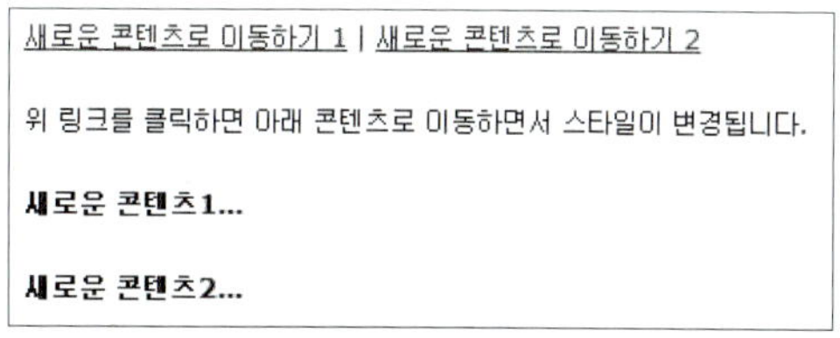

처음 화면

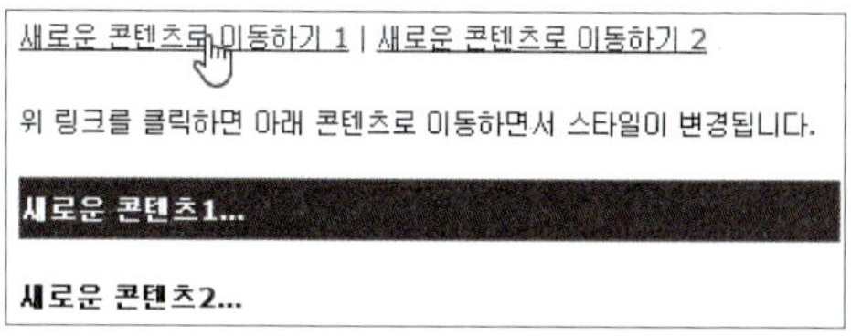

[새로운 콘텐츠로 이동하기 1] 클릭 시

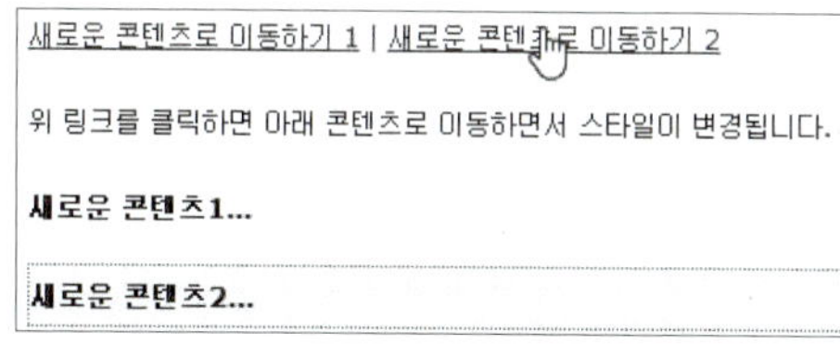

[새로운 콘텐츠로 이동하기 2] 클릭 시

▣ 언어적인 가상 클래스 - CSS3/CSS4

- **:lang(language) 가상 클래스**

문서 언어가 특정 요소에서 사용되는 언어로 결정되는 방법을 지정하는 경우에 그 언어를 토대로 특정 요소를 나타내는 선택자를 작성할 수 있다. 예를 들어, HTML에서 언어는 lang 속성과 meta 요소 또는 프로토콜 정보의(HTTP 헤더와 같은) 조합에 의해서 결정된다. 이와 같이 가상 클래스 :lang 선택자는 지정된 요소 중 language로 지정된 언어로 시작되는 요소를 선택하는 것으로, 다음은 사용 예를 나타낸 것이다.

예제 CSS_04-03_PseudoClass_Lang.html

※ 사용된 속성 및 속성값은 4장 이후를 참고하도록 한다.

CSS

```css
p:lang(ko) { font-weight:bold; }                          /* 한국어 */
p:lang(it) { background:yellow; font-style: italic } /* 이태리어 */
p:lang(fr) { color: #f00; font-weight:bold; }          /* 프랑스어 */
p:lang(de) { color: blue; }                                  /* 독일어 */
```

HTML

```html
<p lang="ko">이 책을 보는 사람은 행복한 사람입니다</p>
<p lang="it">Questo libro è un uomo felice che vede.</p>
<p lang="fr">Ce livre est un homme heureux qui voit.</p>
<p lang="de">Dieses Buch ist ein glÜcklicher Mann, der sieht.</p>
```

이 책을 보는 사람은 행복한 사람입니다

Questo libro è un uomo felice che vede.

Ce livre est un homme heureux qui voit.

Dieses Buch ist ein glücklicher Mann, der sieht.

예제 결과

일반적으로 lang 속성값을 지정할 때는 2~3개의 문자 코드를 사용하여 지정할 수 있다. 앞의 예제와 같이 French 언어를 위해서는 lang="fr"로 지정하고, Italian 언어를 위해서는 lang="it"로 지정하면 된다. 또한 이 언어 코드를 조합하여 Canadian French 언어를 위해서는 lang="fr-ca"로, Belgian French 언어를 위해서는 lang="fr-be"로 지정할 수도 있다.

그리고 :lang 가상 클래스의 language 값을 en으로 지정하면 en, en-US, en-cockney 등으로 en으로 시작하는 lang 속성을 갖고 있는 요소에 스타일을 적용할 수 있다.

- **:dir(direction) 가상 클래스 (Selectors Level 4)**

웹 문서는 작성되는 문서 언어에 따라서 쓰여지는 방향이 정해져 있다. 그리고 HTML5에서는 dir 속성과 주위의 텍스트 및 다른 요인들의 조합에 기초하여 요소의 방향이 결정된다. :dir 선택자는 direction에 일치하는 요소를 선택한다. :dir(ltr) 의미는 Left-to-Righr(ltr)의 뜻으로, 왼쪽에서 오른쪽으로의 방향성을 갖는 요소를 나타낸다. 마찬가지로 :dir(rtl) 의미는 Right-to-Left(rtl)의 뜻으로, 오른쪽에서 왼쪽으로의 방향성을 갖는 요소를 나타낸다.

▣ 사용자 인터페이스(UI) 상태 가상 클래스 - CSS3

사용자 인터페이스 상태 가상 클래스는 요소 중에서 사용할 수 있는 상태일 때와 사용할 수 없는 상태일 때, 그리고 라디오 버튼이나 체크박스가 체크되었을 때의 스타일을 지정할 수 있는 가상 클래스이다. 이러한 가상 클래스에 대하여 알아보자.

- **:enabled, :disabled 가상 클래스**

:enabled 가상 클래스는 요소 중에서 활성화된 상태의 인터페이스 요소(이에 해당하는 활성화 해제 상태가 있다)를 나타낸다. 반면에 :disabled 가상 클래스는 요소 중에서 활성화가 해제된 상태의 인터페이스 요소(이에 해당하는 활성화 상태가 있다)를 나타낸다.

그러나 사용자 인터페이스에 영향을 미칠 수 있는 CSS 속성(property)인 display 및 visibility 속성은 특정 요소의 활성화/해제 상태에 영향을 미치지 않는다. 다음에 사용 예를 나타내었다.

```
input[type="text"]:enabled { background: yellow }
input[type="text"]:disabled { background: green }
```

이 예제에서, 선택자는 기본적으로 enabled되어 있는 input 데이터의 배경색을 노란색으로 지정하고 disabled시킨 input 데이터의 배경색은 녹색으로 지정한다.

- :checked 가상 클래스

사용자는 라디오 버튼이나 체크박스 요소를 클릭해서 상태를 반전(토글) 시킬 수 있다. 사용자가 선택하면 일부 메뉴 항목이 "체크 표시"된다. 해당 요소를 "on"시키면 :checked 가상 클래스가 적용된다. :checked 가상 클래스는 문서의 시맨틱 속성 존재를 기반으로 할 수도 있기 때문에 사용자에 의해 변경될 수 있고, 동적이지만 모든 매체에 적용이 가능하다. 예를 들면, 이 가상 클래스는 처음 HTML4의 17.2.1에 설명된 HTML4 selected 및 checked 속성이 있는 요소에 적용될 수 있고 사용자가 해당 요소를 토글 "off" 할 수 있다. 그러나 이 경우에 :checked 가상 클래스는 더 이상 적용되지 않는다. 다음에 사용 예를 나타내었다.

```
input:checked { background: red; }
```

이 예제에서, 라디오버튼과 체크박스에서 체크가 되어 있는 input 데이터에는 배경색을 빨간색으로 지정한다.

다음의 예제 결과에서, [자동차 소유]의 체크박스는 기본적으로 체크가 되어 있지 않았지만, 마우스로 클릭해서 체크를 하였기 때문에 checked로 값이 변경되면서 배경색이 바뀐 것이다. :checked 선택자의 경우, 현재 오페라 브라우저만 지원하고 있다.

예제 CSS_04-03_PseudoClass_State.html

※ 사용된 속성 및 속성값은 4장 이후를 참고하도록 한다.

CSS

```css
input[type="text"]:enabled { background: yellow }
input[type="text"]:disabled { background: green }
input:checked { background: red }
```

HTML

```html
<form action="">
   이름 : <input type="text" value="홍길동" /><br>
   국가 : <input type="text" value="한국" disabled /><br>
   <input type="radio" checked value="male" name="gender" /> 남자
   <input type="radio" value="female" name="gender" /> 여자<br>
   <input type="checkbox" checked value="Bike" /> 자전거 소유
   <input type="checkbox" value="Car" /> 자동차 소유
</form>
```

예제 결과

• :indeterminate 가상 클래스

라디오 및 체크박스 요소는 사용자가 상태를 반전(토글)할 수도 있지만, 가끔은 체크 상태도 아니고 미체크 상태도 아닌 애매한 상태가 되기도 한다. 이는 특정 요소 속성이나 DOM 조작으로 인한 것일 수 있기 때문에 향후의 CSS에서는 이러한 요소에 적용되는 :indeterminate 가상 클래스를 도입할 수도 있다.

▣ 트리 구조적인 가상 클래스 - CSS2/CSS3/CSS4

다음 그림과 같은 구조의 문서 트리에는 존재하지만, 다른 단순 선택자나 조합자로 표현할 수 없는 추가적인 정보를 기초로 하여 선택할 수 있도록 구조적인 가상 클래스 개념이 도입되었다. 그리고 부모 요소의 자식 목록에서, 특정 요소의 위치를 계산할 때의 색인 번호는 1부터 시작하여 1번째 자식, 2번째 자식, 3번째 자식같이 계산된다. 그러나 독립 텍스트를 비롯한 요소가 아닌 것은 계산되지 않는다.

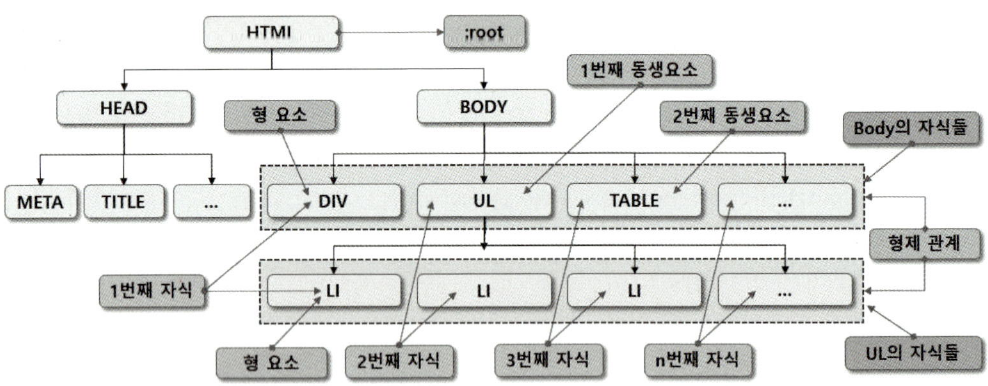

이러한 구조적인 가상 클래스들은 CSS2에서 시작하여 미래의 CSS4까지 꾸준히 관련 선택자들이 채택되어 해당 요소를 좀 더 다양하게 선택할 수 있도록 하고 있다. 이러한 구조적인 가상 클래스에 대하여 살펴보도록 하자.

• :root 가상 클래스

:root 선택자는 위 그림과 같이 웹 문서 안의 최상위 요소(루트)를 선택하여 스타일을 적용하는

것으로서, HTML 문서의 경우에는 HTML 요소가 루트 요소가 되기 때문에 이 선택자를 이용하면 HTML 전체에 동일한 스타일을 적용시킬 수 있다.

• :nth-child(an+b) 가상 클래스

:nth-child 가상 클래스는 동일한 부모 요소 안에서 n번째에 있는 자식 요소를 선택하는 것으로, 문서 트리에서 양의 정수 또는 n의 제로 값에 대하여 앞에 an+b-1 형제가 있고 부모 요소를 갖춘 요소를 나타낸다. 0보다 큰 a와 b 값의 경우, 요소의 자식을 a 요소의 그룹으로 나누고 각 그룹의 b번째 요소를 선택한다.

여기서 a와 b의 값은 반드시 정수(양수, 음수, 또는 제로)여야 하고 첫 번째 자식의 인덱스는 1이 된다. 또한 an+b의 값을 odd(홀수), even(짝수)과 같은 방법으로도 지정할 수 있는데, odd는 2n+1과 동일한 의미를 가지고, even은 2n과 동일한 의미를 가지게 된다. 그 이유는 다음과 같다.

2n+1	a의 값이 2이고 b의 값이 1이기 때문에 자식 요소의 그룹을 2개로 나누고, 각 그룹에서 1번째 인덱스는 홀수 번째가 된다. 따라서 2n+1은 odd와 같게 되는 것이다.

이에 대한 예를 살펴보면 다음과 같다.

tr:nth-child(2n+1)	HTML 표의 홀수 번째 행들을 선택한다. :nth-child(odd)와 동일하다.
tr:nth-child(2n+0)	HTML 표의 짝수 번째 행들을 선택한다. :nth-child(even)와 동일하다.

만일, b의 값이 음수일 경우에는 다음과 같이 계산이 된다.

nth-child(10n-1)	요소의 9, 19, 29번째, … 자식 요소를 선택한다. :nth-child(10n+9)와 동일하다.

그리고 a의 값이 0인 경우에는 :nth-child(0n+5)와 nth-child(5)는 동일한 의미를 가지게 된다. 또한 a의 값이 1 또는 -1의 값을 가지게 되는 경우에는 규칙에서 숫자를 생략할 수 있으며, b의 값이 0인 경우에는 다음과 같이 모든 a번째 요소가 선택된다.

tr:nth-child(2n+0)	모든 짝수 번째 행들을 선택한다. tr:nth-child(2n)과 동일하다.

an+b에서 an과 b를 구분해주는 + 기호 또는 - 기호의 양쪽에 다음과 같이 공백이 허용된다.

:nth-child(3n+1)	:nth-child(3n + 1)과 동일하지만, nth-child(3n)은 잘못된 수식이다.

a와 b의 값이 모두 0일 경우에는 가상 클래스 문서 트리의 어떠한 요소도 나타내지 않는다. a 값은 음수가 될 수 있지만, n≥0일 경우에는 양수 값 an+b 만이 문서 트리의 특정 요소를 나타낼 수 있다.

:nth-child(-n+6)	1번째 ~ 6번째 요소까지 선택한다.

다음은 이러한 다양한 방법을 사용한 예이다.

① **tr:nth-child(1)** { font-weight: bold } ② **tr:nth-child(2n+1)** { background: red; color: white }	③ **tr:nth-child(even)** { background: blue; color: white } ④ **tr:nth-child(-n+3)** { font-size: 16px }
① HTML 표에서 첫 번째 행의 글꼴 굵기를 굵게 지정한다. ② HTML 표에서 (2n+1)번째인 홀수 번째 행의 배경색을 빨간색으로, 글자 색상을 흰색으로 지정한다. ③ HTML 표에서 짝수(even)번째인 행의 배경색을 파란색으로, 글자 색상을 흰색으로 지정한다. ④ HTML 표에서 첫 번째 행에서 3번째 행까지의 글꼴의 크기를 16픽셀로 지정한다.	

- **:nth-last-child(an+b) 가상 클래스**

:nth-last-child 가상 클래스는 끝에서부터 n번째에 있는 자식 요소를 선택하여 스타일을 적용하는 것으로, 문서 트리에서 양의 정수 또는 n의 제로 값에 대하여 뒤에 an+b-1 형제가 있고 부모 요소를 갖춘 요소를 나타낸다. an+b에 대한 계산은 :nth-child 가상 클래스와 동일하다. 다음은 이에 대한 사용 예를 나타낸 것이다.

- tr:nth-last-child(2) /* HTML 표에서, 마지막에서 두 번째 행을 나타낸다.
- tr:nth-last-child(-n+2) /* HTML 표에서, 마지막 행에서 마지막 두 번째 행까지를 나타낸다.

다음 예제는 :nth-child 및 :nth-last-child 가상 클래스의 사용 예를 나타낸 것이다.

예제 CSS_04-03_PseudoClass_nthChild.html　　※ 사용된 속성 및 속성값은 4장 이후를 참고하도록 한다.

CSS

```
tr:nth-child(1) { font-weight: bold }           /* 1 번째 행의 글꼴 굵기를 굵게 */
tr:nth-last-child(2) { font-style: italic }  /* 마지막에서 2번째 행의 글꼴을 이탤릭체로 */
/* 1, 3, 5, .. 홀수 번째 행의 배경색을 빨간색으로 */
tr:nth-child(2n+1) { background: red; color:white }
/* 짝수 번째 행의 배경색을 파란색으로 지정 */
tr:nth-child(even)  { background: blue; color:white }
tr:nth-child(-n+3)  { font-size: 16px; }        /* 3번째 행까지의 글꼴 크기를 16픽셀로 지정 */
```

HTML

```
<table>
  <tr><td>표의 1 번째 행입니다.</td></tr>
  <tr><td>표의 2 번째 행입니다.</td></tr>
  <tr><td>표의 3 번째 행입니다.</td></tr>
```

```
    <tr><td>표의 4 번째 행입니다.</td></tr>
    <tr><td>표의 5 번째 행입니다.</td></tr>
    <tr><td>표의 6 번째 행입니다.</td></tr>
    <tr><td>표의 7 번째 행입니다.</td></tr>
</table>
```

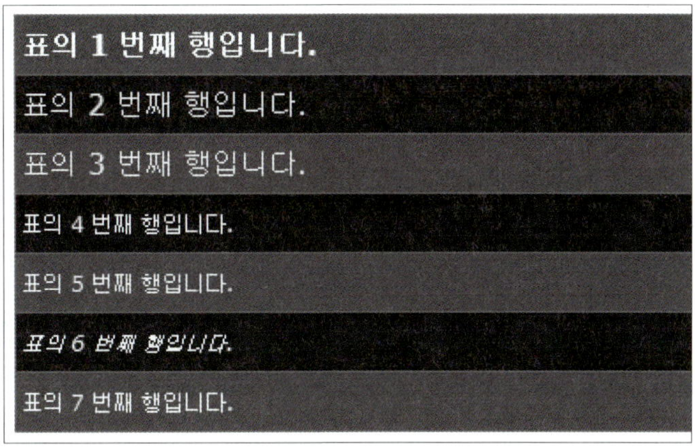

예제 결과

- `:first-child`와 `:last-child` 가상 클래스

:first-child 가상 클래스는 다른 일부 요소의 첫 번째(first) 자식인 특정 요소를 나타내는 것으로, `:nth-child(1)`와 동일하다. 그리고 :last-child 가상 클래스는 다른 일부 요소의 마지막(last) 자식인 특정 요소를 나타내기 때문에 `:nth-last-child(1)`과 동일하다.

```
div > p:first-child { text-indent: 20px; font-size: 18px }
```

이 예제에서, 선택자는 div 요소의 첫 번째 자식인 어떤 p 요소에 일치한다. 따라서 이 명령은 div의 첫 번째 문단 들여쓰기를 20픽셀로 하도록 하고 글꼴의 크기를 18픽셀로 한다. 다음의 두 예를 더 살펴보도록 하자.

```
<p>이것은 이전의 P 요소이다.
<div class="myClass">
  <p>이것은 Div 요소의 첫 번째 P 요소이다.
</div>
```

```
<p>이것은 이전의 P 요소이다.
<div class="myClass">
  <h3>가상 클래스 연습
  <p>이것은 Div 요소의 첫 번째 P 요소이다.
</div>
```

위의 2개의 예제에서, 왼쪽의 선택자는 div 요소 안의 첫 번째 자식인 p 요소에 일치하여 기능을 적용시키지만, 오른쪽의 선택자는 두 번째 자식인 p 요소에는 일치하지 않아 기능을 적용시키지 않는다.

```
p:first-child mark { font-size: 14px; font-weight: bold; color: red }
```

이 예제는 첫 번째 자식인 p 요소의 하위 요소들 가운데 어떤 mark 요소의 글꼴 크기를 14px로, 굵기를 bold로, 색상을 빨간색으로 지정하는 것이다.

```
ol > li:last-child { font-size: 14px; font-weight: bold; color: red }
```

이 예제는 순서 목록 ol 요소의 마지막 자식인 목록 항목 li 요소의 글꼴 크기를 14px로, 굵기를 bold로, 색상을 빨간색으로 지정하는 것이다.

예제 CSS_04-03_PseudoClass_firstChild.html ※ 사용된 속성 및 속성값은 4장 이후를 참고하도록 한다.

CSS

```
p { font-size: 14px }
p:first-child mark { font-size: 14px; color: red; font-weight: bold }
div { width: 450px; border: 1px solid black; padding: 3px }
div > p:first-child { text-indent: 20px; font-size: 18px }
```

HTML

```
<div>
    <p>가상 선택자는 <mark>가상의 형용사</mark> 같은 것으로, 명시적으로 정의하지 않아도 가상으로 설정한 것처럼 동작한다.</p>
    <p>:first-child 가상 클래스는 첫 번째 자식인 요소에 일치하는 선택자이다.</p>
</div>
```

가상 선택자는 **가상의 형용사** 같은 것으로, 명시적으로 정의하지 않아도 가상으로 설정한 것처럼 동작한다.

:first-child 가상 클래스는 첫 번째 자식인 요소에 일치하는 선택자이다.

- **:nth-of-type(an+b) 가상 클래스**

:nth-of-type(an+b) 가상 클래스는 문서 트리에서 양의 정수 또는 n의 제로 값에 대하여 앞에 동일한 확장 요소의 an+b-1 형제가 있고 부모 요소를 갖춘 요소를 나타낸다. 즉, 동일한 부모 요소 안의 형제 요소들 중에서 다른 종류의 요소를 제외하고 지정한 요소를 선택한다. 이 가상 클래스의 an+b에 대한 구문은 :nth-child 가상 클래스와 동일하게 계산되며 even 및 odd 값도 사용이 가능하다. 이 가상 클래스는 형제 요소들이 다양하게 여러 개 나열되어 있을 때, 특정한 위치의 지정한 요소만을 선택해서 스타일을 적용시킬 수 있다는 장점이 있다.

다음은 이러한 사용 예를 나타낸 것이다.

img:**nth-of-type(2n+1)** { float: left }	img:**nth-of-type(2n)** { float: right }
이 예제는, 동일한 부모 요소 안에 있는 img 요소만을 계산하여 홀수((2n+1) 또는 odd) 번째에 있는 이미지들은 왼쪽으로 배치하고, 짝수(2n 또는 even) 번째에 있는 이미지들은 오른쪽으로 배치하도록 지정한 것이다.	
p:**nth-of-type(even)** { background: yellow; color: green; }	
이 예제는, 동일한 부모 요소 안에 있는 p 요소만을 계산하여 짝수(2n 또는 even) 번째에 있는 단락의 배경색을 노란색으로, 글꼴의 색상을 녹색으로 지정한 것이다.	

- **:nth-last-of-type(an+b) 가상 클래스**

:nth-last-of-type(an+b) 가상 클래스 또한 :nth-of-type 가상 클래스와 마찬가지로, 문서 트리에서 양의 정수 또는 n의 제로 값에 대하여 앞에 동일한 확장 요소의 an+b-1 형제가 있고 부모 요소를

갖춘 요소를 나타낸다. 즉, 동일한 부모 요소 안의 형제 요소들 중에서 끝에서부터 계산하여 다른 종류의 요소를 제외하고 계산하여 지정한 요소를 선택한다. 이 가상 클래스 또한 an+b에 대한 구문은 :nth-child 가상 클래스와 동일하게 계산되며 even 및 odd 값도 사용이 가능하다. 이 가상 클래스도 특정한 위치의 지정한 요소만을 선택해서 스타일을 적용시킬 수 있다. 다음은 이러한 사용 예를 나타낸 것이다.

body > h2:nth-of-type(n+2)**:nth-last-of-type(n+2)** { color: blue }
이 예제는, 첫 번째와 마지막을 제외한 body 요소의 h2 자식을 모두 나타내기 위한 선택자의 예를 나타낸 것으로 다음과 같이 :not() 가상 클래스를 사용해도 된다. body > h2:not(first-of-type):not(:last-of-tpye)

- **:first-of-type, :last-of-type 가상 클래스**

:first-of-type 가상 클래스는 동일한 부모 요소 안에서 형제 관계 요소 중에서 첫 번째 형제 요소를 선택하고 :nth-of-type(1)과 동일하다. :last-of-type 가상 클래스 또한 동일한 부모 요소 안에서 형제 관계 요소 중에서 마지막 형제 요소를 선택하고 :nth-last-of-type(1)과 동일하다. 이 가상 클래스들은 :nth-child 선택자와는 다르게, 형제 요소들 중에서 다른 종류의 요소가 있어도 지정한 요소만을 대상으로 계산한다는 점이 다르다.

다음은 이러한 사용 예를 나타낸 것이다.

p:**first-of-type** { color: red }	p:**last-of-type** { color: blue }
이 예제는, 동일한 부모 요소 안에서 맨 처음 나타나는 첫 번째 P 요소의 색상을 빨간 색으로 지정하고, 마지막 P 요소의 색상을 파란색으로 지정하는 것이다.	
tr > td:**last-of-type** { background: blue; color: white }	
이 예제는, table 요소의 행 요소인 tr 중에서 마지막 데이터 셀인 td 요소의 배경색을 파란색으로, 글자의 색상은 흰색으로 지정하는 것이다.	

다음 예제는 :nth-of-type, :nth-last-of-type, :first-of-type, 그리고 :last-of-type 가상 클래스의 사용 예를 나타낸 것이다.

예제 CSS_04-03_PseudoClass_nthType.html

※ 사용된 속성 및 속성값은 4장 이후를 참고하도록 한다.

CSS

```css
tr:nth-child(even) { background: blue; color: white }
p:first-of-type { color: red; font-weight: bold } /* 첫 번째 p 요소 선택 */
p:last-of-type { color: blue; font-weight: bold } /* 마지막 P 요소 선택 */
p:nth-of-type(even) { background: yellow; color: green; } /*짝수 번째 p 요소 선택 */
```

```html
<p> 첫 번째 단락(P 요소) 입니다. </p>
<p> 두 번째 단락(P 요소) 입니다. </p>
<table> <tr><td>표의 1 번째 행입니다.</td></tr>
```

• :blank, :nth-match, nth-last-match 가상 클래스 (Selectors Level 4)

CSS4에서 채택된 가상 클래스들로, :blank 선택자는 내용이 없는(공백 제외) 요소를 선택하는 것으로 :empty 가상 클래스와 비슷하다. 그러나 다음과 같은 내용은 :empty 선택자에는 일치하지 않지만, :blank 선택자에는 일치한다. 그 이유는 내용이 없는 것은 동일하지만, 적어도 줄 바꿈(Linebreak)에 의해서 처리되었기 때문이다.

```
<p>
</p>
```

:nth-match 가상 클래스는 n번째에 있는 형제 선택자와 일치하는 요소를 선택한다. 그리고 :nth-last-match 가상 클래스는 끝에서부터 n번째에 있는 형제 선택자와 일치하는 요소를 선택한다.

▣ 부정(Negation) 가상 클래스 - CSS3/CSS4

• :not(X) 가상 클래스

부정 가상 클래스 :not(X)는 단순 선택자(부정 가상 클래스 자체 제외)를 인자로 하는 기능적 표기로서, 인자로 전달된 단순 선택자 X로 표현되지 않는 특정 요소를 나타낸다. 즉, 괄호 ( ) 안에는 지정된 요소 또는 단순 선택자만 올 수 있기 때문에 :not(:not(…))와 같이 사용할 수 없다. 가상 요소(Pseudo-elements) 또한 단순 선택자가 아니므로 :not() 가상 클래스에 대하여 인자로 전달받을 수 없음에 유의하도록 하자. 다음의 예를 살펴보자.

- button**:not([DISABLED])** /* 해제되지 않은 HTML 문서의 모든 버튼 요소를 나타낸다. */
- ***:not(FOO)** /* FOO 요소를 제외한 모든 요소를 나타낸다. */
- html | ***:not(:link):not(:visited)** /* 이 가상 클래스 그룹은 링크를 제외한 모든 html 요소를 나타낸다. */

다음의 예를 더 살펴보도록 하자.

<table>
<tr><td>:not(h3) { font-size: 14px }</td><td>p:not(.sample) { color: red }</td></tr>
<tr><td colspan="2">이 예제는 h3 이외의 모든 요소들의 글꼴 크기를 14픽셀로 지정하고, class="sample"이 아닌 P 요소에 글꼴을 빨간색으로 지정하는 것이다.</td></tr>
<tr><td colspan="2">input:not([type="text"]) { background: yellow }</td></tr>
<tr><td colspan="2">이 예제는 input 요소 중에서 type 값이 "text"가 아닌 요소들의 배경색을 노란색으로 지정하는 것이다.</td></tr>
</table>

다음은 :not 가상 클래스의 사용 예를 나타낸 것이다.

예제 CSS_04-03_PseudoClass_Not.html

※ 사용된 속성 및 속성값은 4장 이후를 참고하도록 한다.

CSS

```css
:not(h3) { font-size: 14px; }  /* h3 요소가 아닌 모든 요소의 글꼴 크기를 14픽셀로 */
:not(:hover) { font-style: italic } /* 마우스 오버가 아닌 경우에 이탤릭체로 */
/* 클래스이름이 sample이 아닌 P요소의 글자 색상을 빨간색으로 */
p:not(.sample) { color: red; font-weight: bold }
/* type이 text가 아닌 input 요소의 배경색을 노란색으로 */
input:not([type="text"]) { background: yellow  }
```

HTML

```html
<div class="box600">Div 요소의 텍스트입니다. </div>
<p>첫 번째 단락(P) 입니다.</p>
<p class="sample">두 번째 단락(class=sample) 입니다.</p>
<form action="">
    <input type="text" name="name1" value="홍길동"/><br>
    <input type="tel" name="tel1" value="123-456-7890"/>
</form>
```

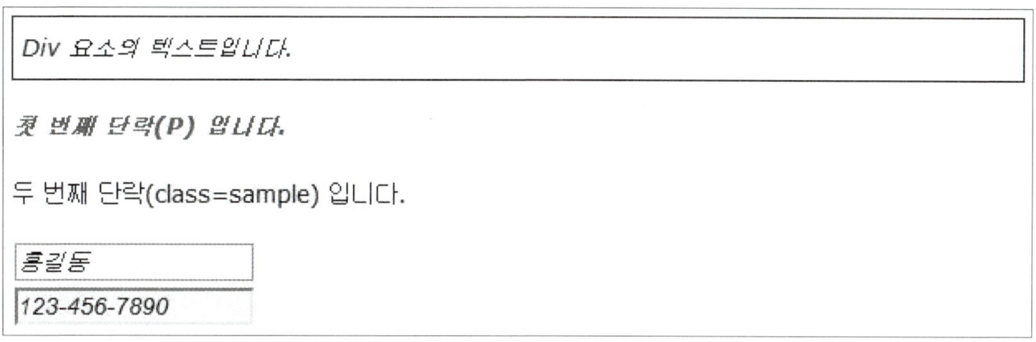

• Selectors Level 4에서의 기능 확장

CSS3에서는 부정 가상 클래스를 사용하여 전달되는 인자 X를(Negation-selector) 하나만 지정할 수 있었으나, Selectors Level 4에서는 기능이 확장되어 다음과 같이 괄호 안에 여러 개의 가상 클래스를 지정할 수 있도록 허용하고 있다. 그러나 앞에서도 언급한 인자 안에 내포되는 형태의 (**:not(:not(**..) ..) 역시 허용되지 않는다.

```
:not( negation-selector1[, negation-selector2, …] )
```

3.2 가상 요소(Pseudo-elements)

가상 요소는 문서 언어(HTML)에 의해 기록된 문서 트리에 관한 추상적 개념을 생성하는 것이다. 예를 들어, 문서 언어는 요소의 내용(content)에서 첫 번째 문자나 첫 번째 줄에 접근하는 방법을 제공하지 않는다. 이렇게 가상 요소는 접근할 수 없는(존재하지 않기 때문에) 정보를 참조할 수 있도록 다양한 수단을 제공하기 때문에 CSS에 없는 내용에 스타일을 지정할 수 있도록 해준다.

가상 요소는 가상 요소 이름 앞에 2개의 콜론(::) 기호를 사용하는데, 이는 가상 클래스와 가상 요소를 구별하기 위해서 CSS Selector Level 3에서 도입된 문법이다. 그러나 현재 스타일시트와의 호환성을 위해 사용자 브라우저는 CSS1과 CSS2에 도입된 1개의 콜론(:) 기호를 사용하는 문법을 허용(:first-line, :first-letter, :before, :after)하고 있다. 표준화가 완료되면, 1개의 콜론 기호는 호환성이 허용되지 않기 때문에 가능하면 2개의 콜론 기호를 사용하도록 하자. 그리고 선택자 당 한 개의 가상 요소만이 나타날 수 있기 때문에 반드시 선택자의 대상을 나타내는 단순 선택자 순서 다음에 나타나야 한다. 다음 버전인 Selector Level 4에서는 선택자 당 복수의 가상 요소를 허용하도록 하고 있다.

- ::first-line 가상 요소

::first-line 가상 요소는 어떤 문단에서 첫 번째 문자열에 일치하는 특정 요소에서만 사용할 수 있으며, 블록 박스, 인라인 블록, 테이블 캡션, 또는 테이블 셀 등의 블록 레벨(block-level)과 유사한 컨테이너에 붙을 때에만 효과를 가질 수 있다. 이 가상 요소에서 첫 번째 문자열의 길이는 페이지의 폭, 글꼴 크기 등 여러 요인들에 의해서 다르게 나타날 수 있다는 점에 유의해야 한다.

```
p::first-line { color: blue }
```

이 예제는, p 요소를 사용하는 문단의 첫 번째 줄의 텍스트 색상을 모두 파란색으로 변경하라는 뜻이다. 여기에서의 p:first-line은 실제 HTML의 어떤 요소에도 일치하지 않지만, 각 문단의 가상 요소에 일치하는 시작 줄을 삽입한다.

> Love many things, for therein lies the true strength, and
> Whosoever loves much performs much, and can accomplish
> much, and what is done in love done well.

특정 요소의 첫 번째 문자열은 같은 계열의 블록 차원 후손(즉 floating 또는 positioning으로 인해 흐름에서 벗어나지 않는 블록 차원의 후손) 내에서만 나타날 수 있다. 예를 들면, 다음의 예는 div 요소의 첫 번째 문자열은 p 요소의 첫 번째 문자열이 된다(p와 div 모두 블록 차원으로 가정).

- <div><p>This line is …. </p></div>

또한 테이블의 셀이나 인라인 블록의 첫 번째 문자열은 조상 요소의 첫 번째 문자열이 될 수 없기 때문에, 다음의 예에서 div의 첫 번째 문자열은 "Hello"가 될 수 없다.

- <div><p style="display: inline-block">Hello
Goodbye</p>etcetera</div>

::first-line 가상 요소는 인라인 레벨 요소와 유사하지만, 일정한 제약이 따르기 때문에 다음의 CSS 속성들만이 이 가상 요소에 적용될 수 있다.

```
font, color, background, word-spacing, letter-spacing, text-decoration, vertical-align, text-transform,
line-height, text-shadow, clear
```

CSS의 상속 과정에서, 첫 번째 문자열에서 발생하는 자식 요소의 부분은 ::first-line 가상 요소에 해당하는 속성만을 상속 받는다. 그 외 다른 요소들은 모두 첫 번째 문자열 가상 요소 중 가상 요소가 아닌 요소의 부모로부터 상속을 받는다(첫 번째 문자열에서 발생하지 않는 자식 요소의 부분은 항상 그 자식의 부모로부터 상속 받는다).

- **::first-letter 가상 요소**

::first-letter 가상 요소는 문자열에서(이미지나 인라인 테이블과 같은) 다른 내용이 앞에 오지 않으면 특정 요소의 첫 번째 글자를 나타낸다. 이 가상 요소의 특징은 일반적인 인쇄 효과에 해당하는 "Initial caps"와 "drop caps"에도 활용할 수 있다는 점이다. 재미있는 것은 글자가 숫자일 경우에는 이 가상 요소가 적용이 된다는 점이다. 예를 들어, 6,700만원 이라고 한다면 6은 아주 많은 돈이기 때문이다.

그리고 이 가상 요소는 ::first-line 요소 안에 있기 때문에 ::first-line 요소에서 설정된 속성들이 그대로 ::first-letter에 상속이 된다는 점에 유의해야 한다. 그러나 같은 속성이 다시 ::first-letter에 설정되었다면 그 속성은 덮어씌워진다. 또한 다음 속성들만이 이 가상 요소에 적용될 수 있다.

- font, color, background, text-decoration, vertical-align(float이 none일 때만), text-transform, line-height, margin, padding, border, float, text-shadow, clear

```
p { font-size: 14px }
p::first-letter { color: green; font-size: 200% }
p::firtst-line { color: blue }
```

이 예제는, 가상 요소를 중복하여 사용할 수 있는 것을 보여주는 것으로, p 요소를 사용하는 문단의 첫 번째 글자의 색상을 녹색으로, 글자의 크기를 p 요소의 글자 크기보다 2배로 변경한다. 그리고 첫 번째 문자열의 나머지는 파란색으로 지정하고, 나머지 단락은 14픽셀의 검은색 색상으로 나타난다.

> Love many things, for therein lies the true strength, and Whosoever loves much performs much, and can accomplish much, and what is done in love done well.

중요한 것은, 첫 번째 글자의 앞이나 뒤에 붙는 구두법(Punctuation)을 포함시켜야 한다는 것이다. 이러한 구두법은 구두법 클래스에서 Unicode로 정의되는 글자들이다(즉, "open" (Ps), "close" (Pe), "initial" (Pi), "final" (Pf) 및 "other" (Po)). [UNICODE]

그러나 일부의 경우, ::first-letter 가상 요소가 한 문자열에서 첫 번째 비 구두법(non-punctuation) 글자 이상을 포함해야 할 수도 있다. 기본 문자와 함께 결합 문자도 유지되어야 하기 때문이다. 예를 들면, 일부 언어에는 특정 글자 조합을 취급하는 메서드에 관한 규칙이 있을 수 있는데, 네덜란드어에서 특정 요소의 도입부에 글자 조합 "ij"가 나타난다면, 두 글자 모두 ::first-letter 가상 클래스에 속하는 것으로 간주해야 하기 때문이다. [UAX29]

그리고 첫 번째 글자는 반드시 첫 번째 문자열에서 나타나야 한다. 예를 들어, 다음의 예는 첫 번째 문자열에는 글자가 들어있지 않기 때문에 ::first-letter는 "First"의 "F"를 일치시키지 않는다(HTML4의 br 기본 스타일로 가정)

- <p>
First….

그리고 이 가상 요소는 CSS에서의 블록, 목록 항목, 테이블 셀, 테이블 캡션 및 인라인 블록 요소와 같이 블록 레벨과 유사한 컨테이너에 적용된다. 그러나 다음 버전에서는 이 가상 요소가 더 많은 디스플레이 종류에 적용되도록 계획하고 있다.

- **::before 와 ::after 가상 요소**

::before와 ::after 가상 요소들은 요소 내용의 앞(before) 또는 뒤(after)에 생성된 내용의 스타일과 위치를 지정한다. 그리고 content 속성은 이들 가상 요소들과 조합하여, 무엇이 삽입되는가를 지정한다.

```
p.note::before { content: "Read this - "; border: solid green; }
p.note::after { content: " - Remember this"; background-color: yellow; color: red }
```

이 예제는, 클래스 이름이 note인 P 요소의 내용 앞에 content 속성의 "Read this - " 문자열을 삽입하고 녹색 실선으로 테두리를 그린다. 또한 P 요소의 내용 뒤에 " - Remember this" 문자열을 추가하고 노란색 배경에 글자의 색상을 빨간색으로 지정한다.

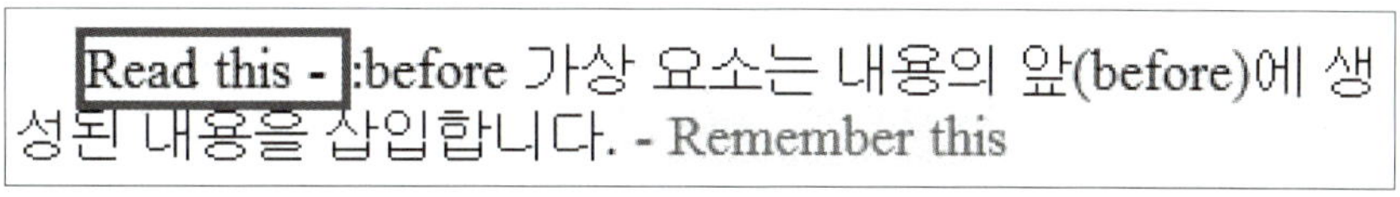

이러한 ::before와 ::after 가상 요소를 이용하여 다음 예제와 같이 버튼이나 박스에 3차원의 효과를 줄 필요가 있는 경우에 아주 유용하게 사용된다.

```
.box3D { width:70%; height:100px; background:gold; margin:40px auto; }
.BoxEffect { position: relative; }
.BoxEffect:before, .BoxEffect:after { z-index: -1; position: absolute; content: "";
   bottom: 15px; left: 10px; width: 50%; top: 80%; max-width:300px;
   background: #777; box-shadow: 0 15px 10px #777; transform: rotate(-3deg); }
.BoxEffect:after { right: 10px; left: auto; transform: rotate(3deg); }
```

```
<div class="box3D BoxEffect"><h3>박스의 3차원 효과 주기</h3></div>
```

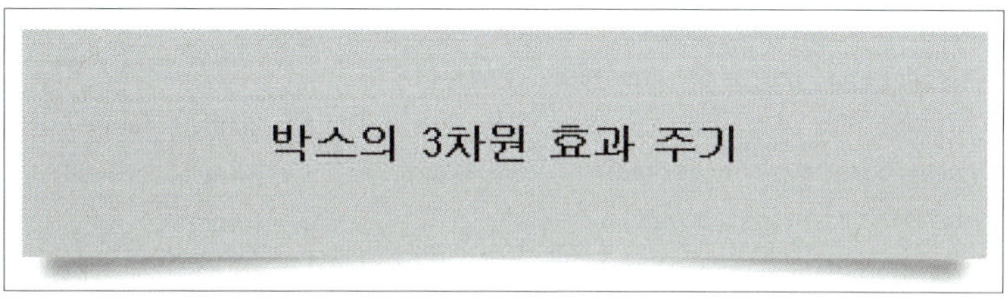

- **::selection 가상 요소 (CSS3 명세서에서 제외됨)**

::selection 가상 요소는 처음에는 CSS3 명세서에 포함되어 있었지만, 지금은 제외되어 있는 상태이다. 그러나 아직까지 웹 브라우저에서는 지원되고 있기 때문에 본 교재에서 간단히 언급하도록 하겠다. 이 가상 요소는 콘텐츠의 영역을 사용자가 마우스로 드래그하여 영역을 선택했을 때의 스타일을 지정하는 것이다.

```
::selection { background: yellow; color: red }
```

이 예제는 마우스로 드래그를 하는 동안 선택된 영역의 배경색을 노란색으로, 글자 색상을 빨간색으로 변경한다.

Love many things, for therein lies the true strength, and whosoever loves much performs much, and can accomplish much, and what is done in love done well.

HTML5	실습하기

이번 실습은 앞에서 학습한 가상 요소에 대하여 실습을 해보도록 한다.

1. CSS_Study02_Step1.html 파일을 열고, 다음의 CSS 실습 코드를 입력한다.

예제 CSS_Study02_Step1.html

※ 사용된 속성 및 속성값은 4장 이후를 참고하도록 한다.

```
p { font-size: 14px }
div > p.line::first-line { color: blue }
div > p.line::first-letter { color: green; font-size: 200% }
div > p.note::before { content: "Read this - "; border: solid green }
div > p.note::after { content: " - Remember this"; background-color: yellow; color: red }
::selection { background: yellow; color: red }
.box3D { width:70%; height:100px; background:gold; margin:40px auto }
.box3D h3{ text-align:center; line-height:100px }
.BoxEffect {  position: relative  }
.BoxEffect:before, .BoxEffect:after {
            z-index: -1; position: absolute; content: "";
            bottom: 15px; left: 10px; width: 50%; top: 80%; max-width:300px;
            background: #777; box-shadow: 0 15px 10px #777;
            transform: rotate(-3deg)
 }
.BoxEffect:after { right: 10px; left: auto; transform: rotate(3deg) }
```

2. CSS_Study02_Step2.html 파일을 열고, 다음의 HTML 실습 코드를 입력한 다음 브라우저로 확인을 해보자.

예제 CSS_Study02_Step2.html

```
<div>
<p class="line">Love many things, for therein lies the true strength, and whosoever loves much performs much, and can accomplish much, and what is done in love done well.</p>
</div>
<div>
```

```
<p class="note">::before 가상 요소는 내용의 앞(before)에 ::after는 내용의 뒤(after)에 생성된 내용을
삽입한다.</p>
</div>
<blockquote>마우스로 드래그하여 영역을 선택하는 동안 ::selection 선택자에 의해 스타일이 변경된다. </
blockquote>
<div class="box3D BoxEffect"><h3>박스의 3차원 효과 주기</h3></div>
```

※ 완성된 코드는 CSS_Study02_PseudoElement.html에서 확인해 볼 수 있다

Section 04 조합자

선택자 개념은 선택자의 연결이라 할 수 있다. 즉, 앞에서 살펴본 선택자를 문맥이나 요소의 구조를 기반으로 하여 조합하는 방법이 바로 조합자이며, 결합자라고도 부른다. 만일, 테이블 뿐만 아니라 목록에도 색상을 빨간색으로 적용시키고 싶다면 table, ul {color: red }와 같이 콤마(,)를 사용하면 된다. 이렇게 선택자는 CSS내의 단순한 선택자들을 조합하는 방법으로 지정한 구역에만 적용된다는 것을 잊지 말자. 다음은 조합자의 종류를 나타낸 것이다.

구분	Level	조합자	설명
하위 조합자	CSS1	선택자1 선택자2	선택자2가 선택자1에 반드시 포함되어 있을 경우 선택
자식 조합자	CSS2	선택자1 > 선택자2	부모 선택자1의 직계 자식 선택자2를 선택
인접 형제 조합자	CSS2	선택자1 + 선택자2	선택자1 바로 다음에 위치한 선택자2를 선택
일반 형제 조합자	CSS3	선택자1 ~ 선택자2	선택자1 뒤에 인접하여 나타나는 모든 선택자2를 선택
그룹 조합자	CSS1	선택자1, 선택자2	선택자1과 선택자2 모두 선택
참조 조합자	CSS4	선택자1 /속성 선택자2	선택자1의 속성에 의해 참조된 선택자2 아이디 선택

우선, 조합자의 예제를 살펴보기 위하여 다음의 HTML 코드를 색상으로 구분하여 블록을 구분하고 요소들의 관계를 그림으로 나타내었다. 조합자의 종류에 따라 스타일이 어떻게 적용되는지 살펴보도록 하자.

CSS

```css
div { border: 5px solid black }
```

HTML

```html
<div id="main">Div 요소의 아이디 #main
    <p>선택자 연습1</p>
    <div>아이디 #main 하위의 div 요소1</div>
    <ul>
        <li class="class">클래스(Class) 선택자</li>
        <li class="id">아이디(ID) 선택자</li>
        <li class="attribute">속성(Attribute) 선택자</li>
        <li class="pclass">가상 클래스(Pseudo-class) 선택자</li>
        <li class="pelement">가상 요소(Pseudo-elements) 선택자</li>
    </ul>
    <table border=1>
        <tr><td>2014</td><td>러시아 소치 동계올림픽</td></tr>
        <tr><td>2018</td><td>대한민국 평창 동계올림픽</td></tr>
    </table>
    <div>아이디 #main 하위의 div 요소2
        <p>선택자 연습3</p>
        <p>선택자 연습4</p>
    </div>
    <div>
        <p>조합자는 CSS내의 단순한 선택자들을 조합하는 방법으로 지정한 구역에만 적용된다</p>
    </div>
</div>
```

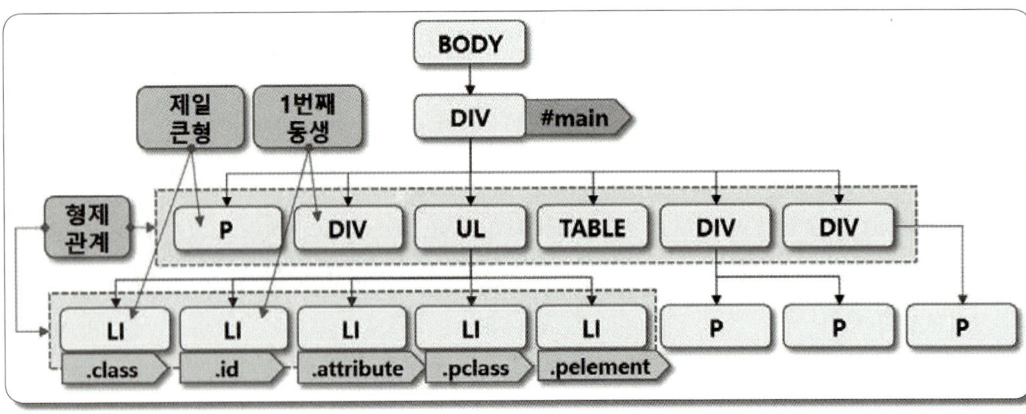

조합자 이해를 위한 웹 문서의 요소들 관계

▣ 하위 조합자(Descendant Combinator) – 모든 하위 요소에 스타일 적용

하위 조합자는 (선택자1 선택자2)와 같이 선택자와 선택자의 조합을 공백으로 연결하여 선언한다. 이 공백의 의미는 모든 하위 요소를 나타내는 것이기 때문에 앞의 선택자1의 하위 요소 중에서 뒤의 선택자2에 해당하는 모든 요소를 선택하는 방법이다.

h1 mark { color: red }	#main div { border: 1px solid red }
이 예제는, h1 요소에 포함되는 하위 mark 요소의 색상을 지정하고, 아이디로 #main을 사용하는 요소에 포함되는 하위 div 요소의 테두리를 1픽셀의 굵기로 빨간 실선으로 그리도록 지정한 것이다.	

CSS	#main div { background: yellow; border: 3px dashed red }

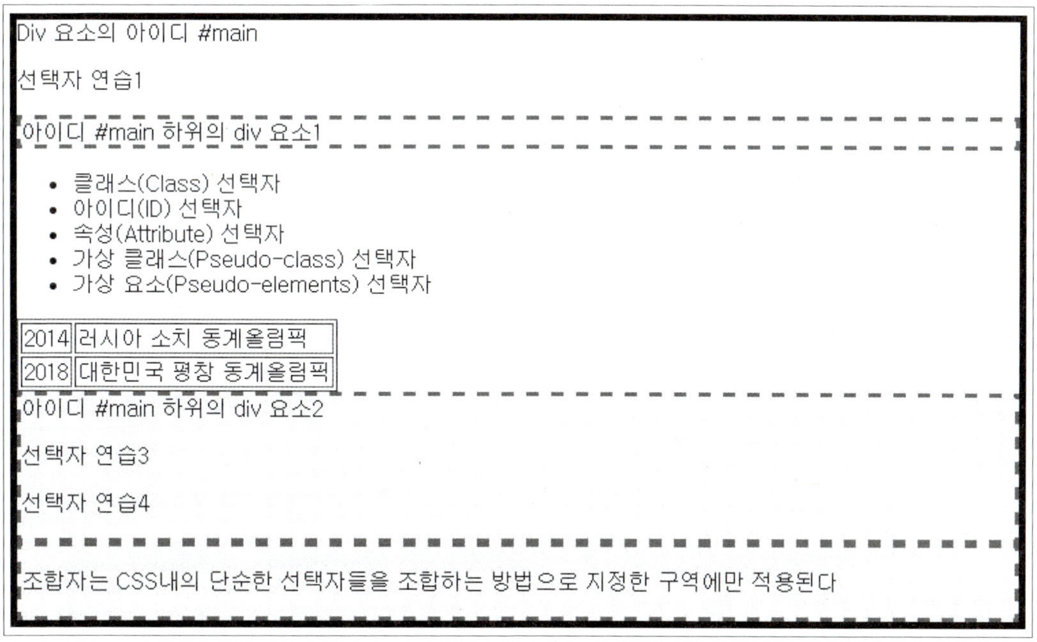

그림과 같이 아이디 #main을 갖고 있는 div 요소의 하위 div 요소 모두 노란색 배경에 빨간색 점선의 3픽셀 굵기의 테두리 스타일이 적용된 것을 볼 수 있다.

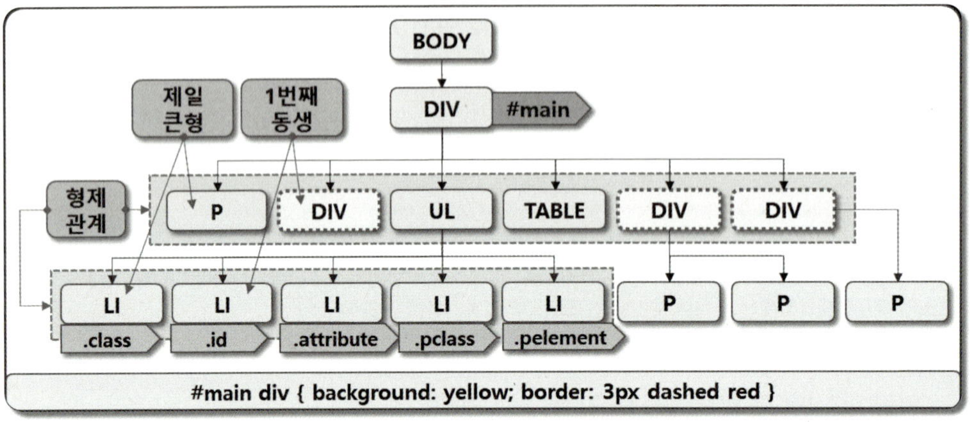

▣ 자식 조합자(Child Combinator) – 자식 요소에만 스타일 적용

자식 조합자는 (선택자1 〉 선택자2)와 같이 선택자와 선택자의 조합을 〉 기호로 연결하여 선언한다. 이는 앞의 선택자1을 부모 요소로 하여 포함된 하위 자식 선택자2 요소를 선택하는 방법으로, 하위 조합자와는 달리 부모 선택자1의 직계 자식 선택자2 요소만 선택하는 방법이다.

body > p { font-size: 16px }	#main > p { color: red }]
이 예제는, body 요소의 직계 자식 p 요소에만 글꼴의 크기를 16픽셀로 지정하는 것으로, 만일 p 요소가 div 요소 같은 블록 안에 포함되어 있다면, 직계 자식이 아니기 때문에 스타일이 적용되지 않는다. 두 번째 예제 또한 아이디를 #main으로 갖는 요소의 직계 자식 p 요소의 글자 색상을 빨간색으로 지정한 것이다.	

CSS	#main > p { background: maroon; color: white }

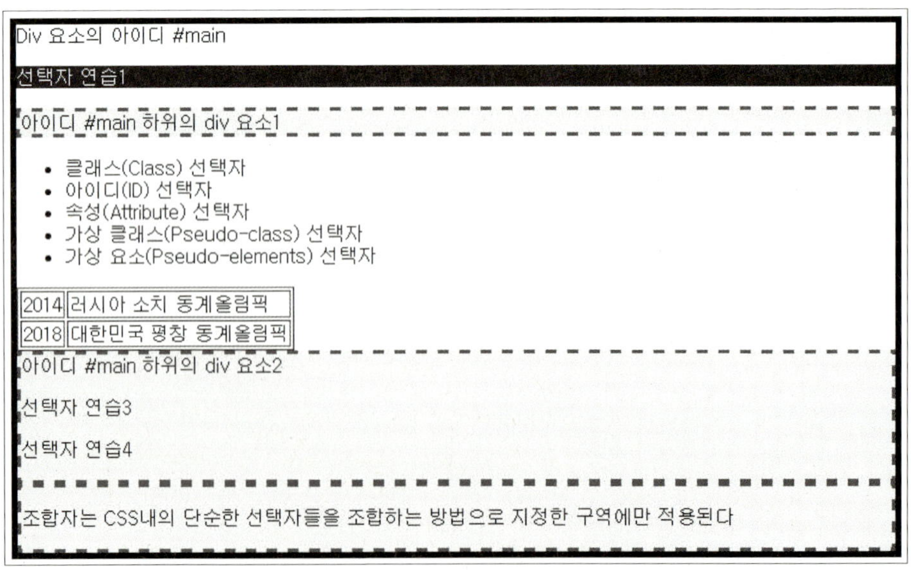

그림과 같이 아이디 #main을 갖고 있는 div 요소의 하위 직계 p 요소에만 스타일이(배경색은 maroon, 글자색은 흰색) 적용된 것을 볼 수 있다. 두 번째 div 요소 및 세 번째 div 요소의 하위 p 요소는 직계 자식이 아니기 때문에 스타일이 적용되지 않은 것을 볼 수 있다.

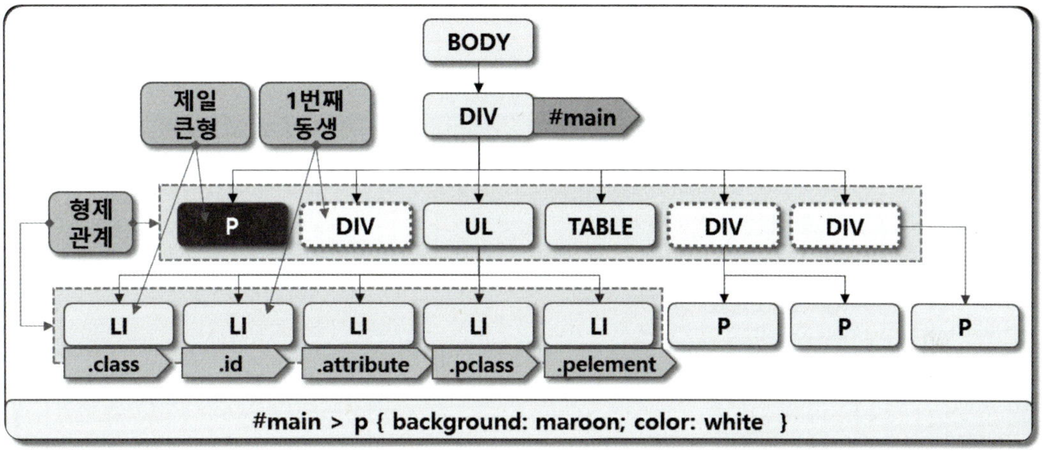

즉, 하위 조합자가 자식 요소뿐만 아니라 자식의 자식까지 모두 포함하는 반면에, 자식 조합자는 자식 요소에만 스타일이 적용된다는 차이점이 있다는 것을 잊지 말자.

▣ 인접 형제 조합자(Adjacent Sibling Combinator) – 첫 번째 동생 요소에만 스타일 적용

인접 형제 조합자는 (선택자1 + 선택자2)와 같이 선택자와 선택자의 조합을 + 기호로 연결하여 선언한다. 이는 동일한 부모 요소를 갖는 형제 관계인 선택자1 바로 다음에 나타나는 동생 선택자2의 요소를 선택하는 방법으로, 선택자1의 바로 동생 선택자2 요소만 선택하는 방법이다.

h1 + p { font-size: 16px }	h1 + h2 { font-style: italic }]
이 예제는 h1 요소의 바로 동생인 p 요소에만 글꼴의 크기를 16픽셀로 지정하는 것으로, 만일 h1 요소와 p 요소 사이에 다른 요소들이 존재하는 경우에는 적용되지 않는다. 두 번째 예제 또한 h1 요소와 h2 요소 사이에 다른 형제 요소가 있으면 스타일이 적용되지 않는다.	

CSS

```
ul + table { background: silver }              /* ul과 바로 인접한 동생 table 요소 */
li.id + li { color: green; font-weight: bold } /* 클래스 이름이 id인 동생 li 요소 */
```

그림과 같이 ul 요소의 형제 요소들 중에서 바로 밑에 있는 table 요소에 적용된 것을 볼 수 있다. 또한 ul을 부모 요소로 하는 li 요소의 형제들에서 클래스 이름이 id인 두 번째 li 동생인 세 번째 li 요소만 스타일이 적용된 것을 볼 수 있다. 만일 "li + li"와 같이 선택자를 조합한다면, 첫 번째 li 요소의 바로 동생인 두 번째 li 요소, 두 번째 li 요소 바로 동생인 세 번째 li 요소, 세 번째 li 요소 바로 동생인 네 번째 li 요소, … 이기 때문에 2번째 li 요소부터 스타일이 적용된다.

즉, 인접 형제 조합자는 바로 인접한 형제 요소에만 관계가 있음을 나타내는 것으로, 꼭 뒤에 오고 인접해 있어야 한다.

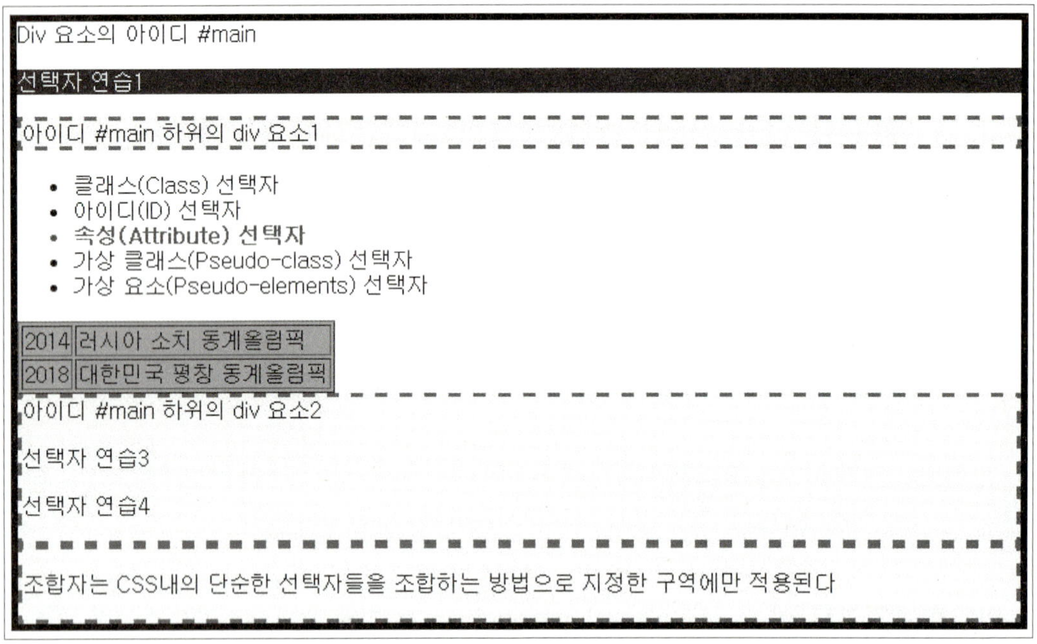

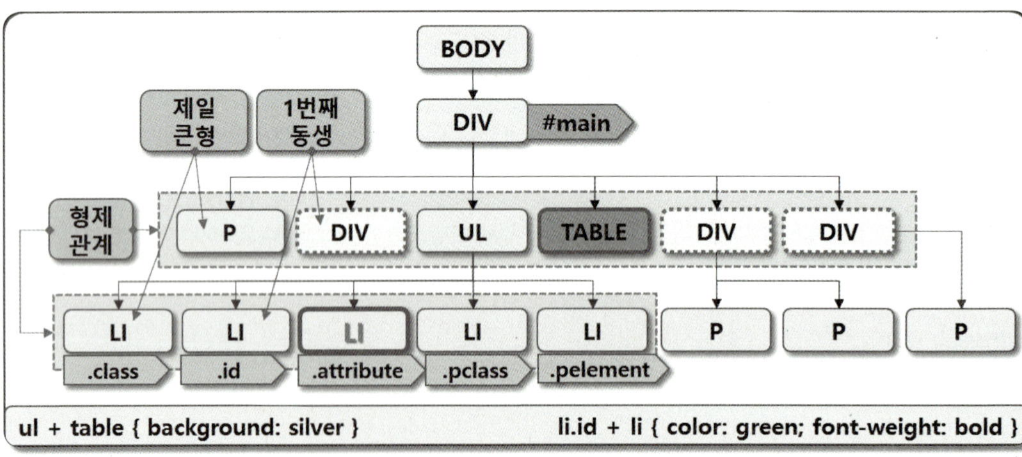

■ **일반 형제 조합자(General Sibling Combinator) – 동생 요소들에 스타일 적용**

인접 형제 조합자는 (선택자1 ~ 선택자2)와 같이 선택자와 선택자의 조합을 ~ 기호로 연결하여 선언한다. 이 또한 형제 조합자의 하나로, CSS3부터 정의되었으며, 인접 형제 조합자와는 달리,

선택자1과 동일한 부모 요소를 갖는 형제 관계의 선택자2의 요소들을 선택하는 방법으로, 선택자1 다음에 나타나는 형제 관계의 선택자2 요소들을 선택하는 방법이다.

h1 ~ pre { font-size: 16px }	.id ~ li { font-style: italic }
이 예제는, h1 요소 다음에 나타나는 동생 pre 요소에 스타일이 적용된다. 마찬가지로, 클래스 이름이 id인 요소 다음에 나타나는 동생 li 요소들에 스타일이 적용된다.	

CSS	ul ~ div { color: blue; font-style: italic } /* ul 형제 요소인 div 요소들 */ .attribute ~ li { color: red; font-style: italic } /* 클래스 이름이 attribute인 요소의 동생 li 요소들 */

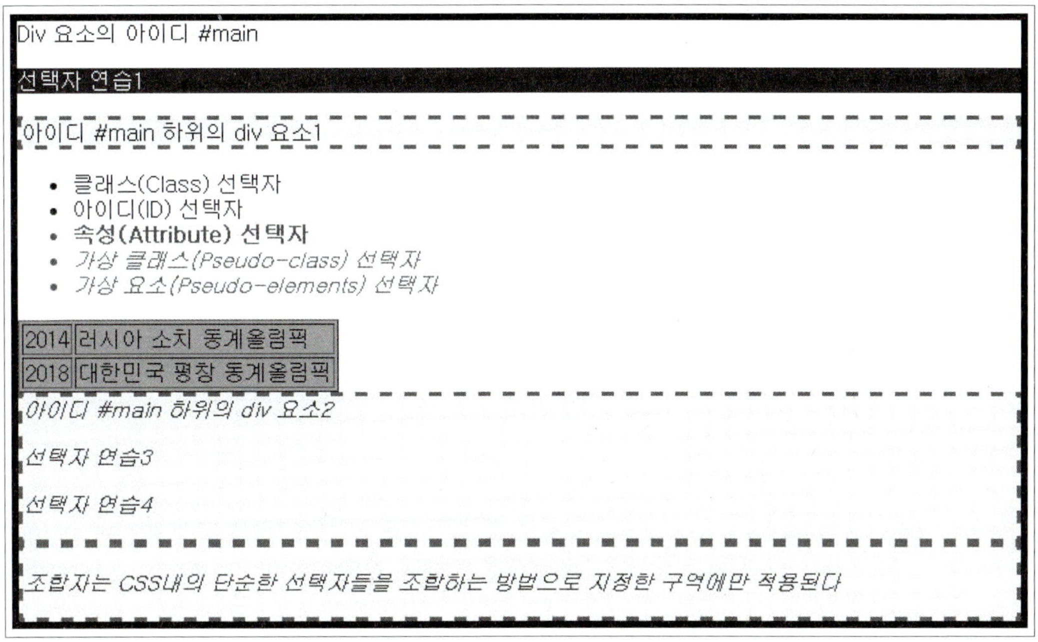

그림과 같이 ul 요소 위에 있는 div 요소와 ul 요소 밑에 있는 table요소에는 영향을 주지 않지만, ul 요소 다음에 나타나는 div 요소들에는 스타일이(글자 색상은 파란색, 글꼴은 이탤릭체로) 적용된 것을 볼 수 있다. 또한, 클래스 이름이 attribute인 li요소 다음에 나타나는 동생들 li 요소들에만 스타일이(글자 색상은 빨간색, 글꼴은 이탤릭체로) 적용된 것을 확인 할 수 있다.

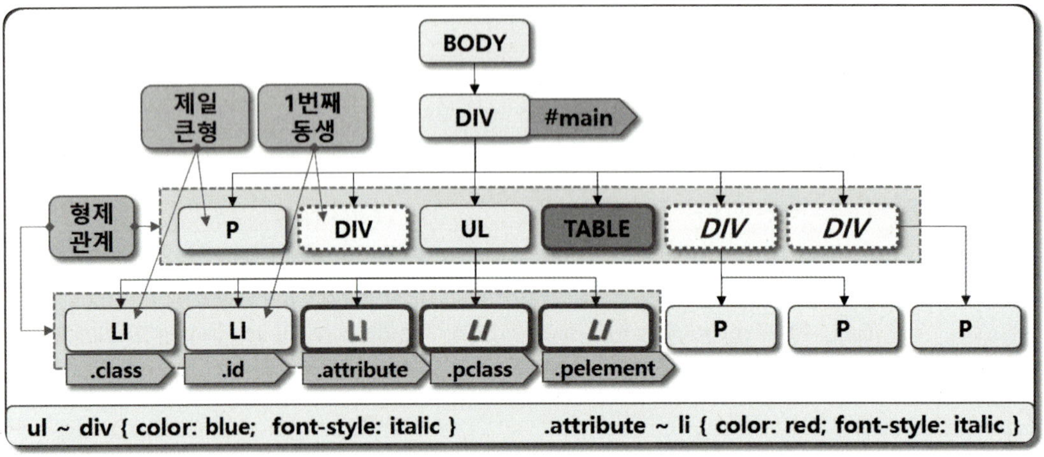

즉, 일반 형제 조합자는 두 선택자 사이에 형제 관계가 있음을 나타내는 것으로 순차적 관계이지만, 꼭 인접한 형제 관계일 필요는 없기 때문에 형과 바로 밑의 동생 관계가 아니어도 된다.

▣ 그룹 조합자(Group Combinator) - 한번에 여러 요소에 스타일 적용

그룹 조합자는 (선택자1, 선택자2, 선택자3, …)와 같이 선택자와 선택자의 조합을 콤마(,) 기호로 연결하여 선언하며 콤마 앞뒤에는 공백이 나타날 수 있다. 이는 여러 선택자 각각에 의해 선택된 모든 요소의 결합체를 나타내는 것으로, 여러 개의 선택자가 동일한 선언을 공유하는 경우에 한번에 묶어서 스타일을 정의할 수 있다. 따라서 여러 요소에 동일한 스타일을 적용해야 할 경우에 매우 유용하다.

h1, h2, p { color: green }	.id, table { font-size: 20px }
이 예제는, h1, h2, p 요소 모두 동일하게 글자 색상을 녹색으로 변경하고, 클래스 이름이 id인 요소와 table 요소의 글꼴 크기를 동일하게 20픽셀로 지정한다.	

그러나, 위와 같은 예제의 경우는 모두 유효한 선택자들이기 때문에 문제가 발생하지 않지만, 다음과 같이 지정한 선택자들 중 하나라도 문제가 있다면 그룹 전체가 무효화되기 때문에 지정된 모든 선택자들의 스타일은 적용되지 않는다는 점에 주의해야 한다.

개별 선택자 지정시	그룹 조합자 지정시
h1 { color: green } h2..foo { color: green } p { color: green } h1, h2..foo, p { color: green }	

h2 선택자의 문제로 인하여 h2는 스타일이 적용되지 않지만, h1, p 선택자는 문제 없이 스타일이 적용된다.	h2 선택자의 문제로 인하여 그룹 전체가 무효화 되기 때문에 스타일이 모두 적용되지 않는다.

CSS	`.class, .id, table { font-size: 20px; font-weight: bold }`

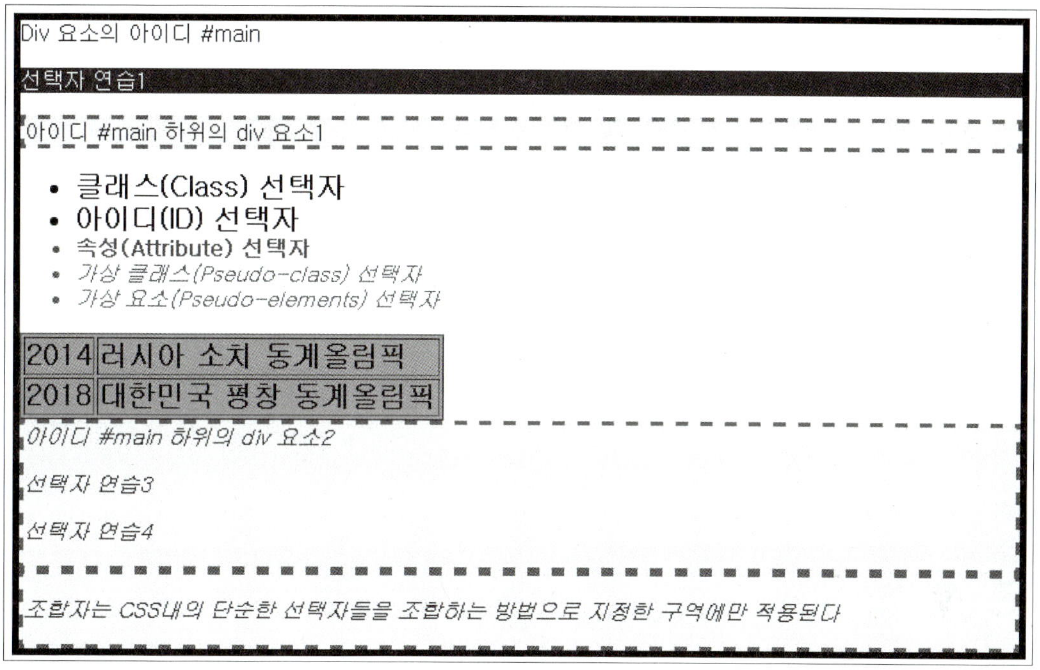

그림과 같이 클래스 이름이 class와 id인 li 요소와 table 요소의 스타일이(글꼴 크기를 20픽셀, 글꼴을 굵게) 적용된 것을 볼 수 있다.

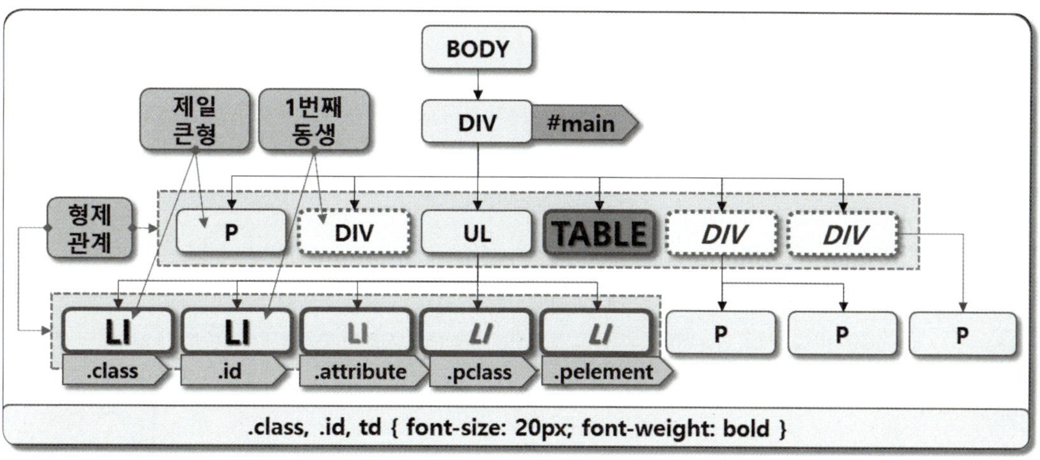

HTML5 **실습하기**

이번 실습은 앞에서 학습한 조합자에 대하여 실습을 해보도록 한다.

1. CSS_Study03_Step1.html파일을 열고, 다음의 CSS 실습 코드를 입력한다.

예제 Form_Study03_Step.html

※ 사용된 속성 및 속성값은 4장 이후를 참고하도록 한다.

```
div { border: 5px solid black }
 #main div { background: yellow; border: 3px dashed red } /* 아이디 #main의 하위 요소인 div 요소들 */
 #main > p { background: maroon; color: white  }  /* 아이디가 #main인 직계 하위 p 요소들 */
 ul + table { background: silver } /* ul과 인접한 바로 동생 table 요소 */
 li.id + li { color: green; font-weight: bold } /* 클래스 이름이 id인 동생 li 요소 */
 ul ~ div { color: blue;  font-style: italic }  /* ul 형제 요소인 div 요소들 */
 .attribute ~ li { color: red; font-style: italic } /* 클래스 이름이 attribute인 요소의 동생 li 요소들 */
 .class, .id, table { font-size: 20px; font-weight: bold }
```

2. CSS_Study03_Step2.html파일을 열고, 다음의 HTML 실습 코드를 입력한 다음 브라우저로 확인을 해보자.

예제 CSS_Study03_Step2.html

```
<div id="main">Div 요소의 아이디 #main
  <p>선택자 연습1</p>
  <div>아이디 #main 하위의 div 요소1</div>
  <ul>
       <li class="class">클래스(Class) 선택자</li>
       <li class="id">아이디(ID) 선택자</li>
       <li class="attribute">속성(Attribute) 선택자</li>
       <li class="pclass">가상 클래스(Pseudo-class) 선택자</li>
       <li class="pelement">가상 요소(Pseudo-elements) 선택자</li>
  </ul>
  <table border=1>
       <tr><td>2014</td><td>러시아 소치 동계올림픽</td></tr>
       <tr><td>2018</td><td>대한민국 평창 동계올림픽</td></tr>
  </table>
  <div>아이디 #main 하위의 div 요소2
       <p>선택자 연습3</p>
       <p>선택자 연습4</p>
  </div>
  <div>
       <p>조합자는 CSS내의 단순한 선택자들을 조합하는 방법으로 지정한 구역에만 적용된다</p>
  </div>
</div>
```

※ 완성된 코드는 CSS_Study03_Combinator.html에서 확인해 볼 수 있다

Section 05 선택자의 우선순위

CSS에서는 기본적으로 하나의 요소에 여러 스타일이 지정되는 경우를 대비해서, 선택자의 우선순위를 정해서 관리하고 있다. 선택자의 우선순위는 구체성(Specificity)을 기준으로 하기 때문에 다음과 같이 선택자의 구체적인 정도에 따라서 순위가 결정된다.

- [W3C] Selector Level 3#specificity - http://www.w3.org/TR/selectors/#specificity

선택자의 구체성은 다음과 같이 계산된다.

- 사용된 선택자들 구성에서 아이디(ID) 선택자의 사용된 횟수를 계산한다(A=아이디 선택자 구체성 값).
- 사용된 선택자들 구성에서 클래스(Class) 선택자, 속성(Attribute) 선택자, 가상 클래스(Pseudo-classes)의 사용된 횟수를 계산한다(B=3가지 종류의 선택자 구체성 값).
- 사용된 선택자들 구성에서 형식(Type) 선택자 및 가상 요소(Pseudo-elements)의 사용된 횟수를 계산한다(C=가상 요소의 구체성 값).
- 그 외에 전체(Universal) 선택자는 무시되고 부정(Negation) 선택자는 구체성 값을 가지지 않지만, 부정 선택자 안에 포함된 선택자는 위와 같은 방법으로 사용된 횟수를 계산한다.
- 조합자는 구체성에 영향을 끼치지 않는다.

최종적으로, 위와 같이 선택자들의 각 구체성 값들을 계산하여 가장 높은 구체성 점수를 가진 선택자의 스타일이 적용된다. 선택자 구성에 따른 구체성 값을 계산하는 방법에 대한 이해를 돕기 위하여 다음과 같이 알아보기 쉽도록 표로 나타내었다.

선택자의 구체성 계산

선택자 구성	구분	A	B	C	계산값	우선 순위
	선택자	아이디	클래스, 속성, 가상 클래스	형식, 가상 요소		
	계산 단위	100단위	10단위	1단위		
*	전체	0	0	0	0	10
LI	형식	0	0	1	1	9
UL LI	형식 형식	0	0	2	2	8
UL OL+LI	형식 형식 + 형식	0	0	3	3	7
H1 + *[REL=up]	형식 + 속성	0	1	1	11	6

UL OL LI.red	형식 형식 형식.클래스	0	1	3	13	5
LI.red.level	형식.클래스.클래스	0	2	1	21	4
#x34y	아이디	1	0	0	100	3
#s12:not(LI)	아이디:가상 클래스	1	0	1	101	2
UL#list1 LI	형식#아이디 형식	1	0	2	102	1

위 표와 같이 아이디 선택자의 계산 단위가 가장 크기 때문에 최우선순위를 갖는다. 그리고 클래스 선택자, 속성 선택자, 가상 클래스 선택자가 다음 우선순위를 갖는다. 형식 선택자와 가상 요소는 우선순위가 가장 낮게 계산된다.

CHAPTER 05

HTML5

CSS3 Part-2 색상 및 글꼴

학습 목표

웹 문서를 디자인하기 위해서는 문서에 있는 텍스트, 배경, 테두리, 캔버스 등에 색상을 지정할 필요가 있다. 또한 여러 요소가 함께 사용되는 문서 안에서 텍스트가 눈에 띄도록 하기 위해서는 글꼴과 글자의 크기 및 색상 등의 다양한 선택이 중요하다 할 수 있다. 이번 장에서는 CSS1과 CSS2의 단계에서 이미 존재하고 있던 색상과 글꼴에 대한 내용을 설명하고 CSS3에서 새롭게 추가된 다양한 기능들에 대하여 살펴보도록 하겠다.

Key Point

RGB, HSL, 16진수, 색 모델, 색상, 시스템 색상, 투명도, 그라데이션, 글꼴, 글꼴 종류, 글꼴 스타일, 글꼴 크기, 글꼴 변환, 절대적 크기, 상대적 크기, 길이(length), 백분율(%), 대체 글꼴, 글꼴 늘림, 글꼴 합성, 대체 문자

Section

CHAPTER

05 CSS3 Part-2 색상 및 글꼴

Section 01 색상 이해하기

CSS Level 2 이후의 CSS 명세서들은 구현과 함께 단계적으로 발전 할 수 있도록 여러 모듈로 분리되어 정의되고 있으며, 색상 관련 속성과 값들도 기존 CSS1과 CSS2의 단계에서 이미 존재하고 있던 것도 있고 새로 도입된 것도 있다. 따라서 본 교재에서 설명하고 있는 내용들은 다음과 같이 W3C 워킹 그룹(Working Group)의 권고(Recommendations) 및 초안(Working Drafts)에 기초하고 있다.

표준화 문서1	CSS Color Module Level 3 - http://www.w3.org/TR/css3-color/
표준화 단계	Recommandation, (2011-06-07)
표준화 문서2	CSS Color Module Level 4 - http://dev.w3.org/csswg/css-color/
표준화 단계	Editors Draft, (2014-05-5)

웹 문서에 있는 텍스트, 배경, 테두리, 캔버스 등에 색상을 지정할 때 다음과 같은 다양한 방법으로 색상의 키워드 또는 숫자로 지정할 수 있다.

- Hexadecimal(16진수), RGB, Predefined/Cross-browser color(브라우저 내부에서 정의된 시스템 색상)
- CSS3에서 추가된 색상 지정 방식
  - RGBA, HSL & HSLA(A는 투명도를 의미), currentColor

기존에는 다음 표와 같이 색상 이름이나 16진수 값 또는 RGB 값을 사용하여 지정하였다. CSS에서는 기본적으로 색상을 빨강(Red), 녹색(Green), 파랑(Blue)의 세 가지 값(RGB)으로 지정한다. 이때 지정되는 값은 숫자가 클수록(최대 255) 해당 색이 진하게 된다.

많이 사용되는 색상 이름 및 키워드

색상 이름	키워드	16진수 값	RGB 값(10진수)	색상 이름	키워드	16진수 값	RGB 값(10진수)
감색	navy	#000080	(0, 0, 128)	밤색	maroon	#800000	(128, 0, 0)
파란색	blue	#0000FF	(0, 0, 255)	올리브색	olive	#808000	(128, 128, 0)
하늘색	aqua	#00FFFF	(0, 255, 255)	청록색	teal	#008080	(0, 128, 128)
초록색	green	#008000	(0, 128, 0)	보라색	purple	#800080	(128, 0, 128)
연두색	lime	#00FF00	(0, 255, 0)	검은색	black	#000000	(0, 0, 0)
노란색	yellow	#FFFF00	(255, 255, 0)	회색	gray	#808080	(128, 128, 128)
빨간색	red	#FF0000	(255, 0, 0)	은색	silver	#C0C0C0	(192, 192, 192)
자주색	fuchsia	#FF00FF	(255, 0, 255)	흰색	white	#FFFFFF	(255, 255, 255)

색상을 손쉽게 지정할 수 있는 사람은 드물 것이다. 색상의 이름이나 색상을 나타내는 수치만으로는 금방 떠올리기 쉽지 않기 때문이다. 따라서 많은 사람들이 색상을 눈으로 직접 보고 선택하는 것을 선호한다. 위의 표준화 문서에서 확장된 색상의 키워드와 RGB 및 HSLA 색상 값도 확인해 볼 수 있다. 이러한 색상표를 눈으로 직접 확인하면서 색상의 이름과 값을 확인하는 것도 좋은 방법 중의 하나라 할 수 있다.

그리고 본 교재에서 설명하고 있는 색상과 관련된 내용들은 위의 표준화 문서를 참고하였기 때문에 본 교재에서 언급하지 않은 추가적인 내용들을 알고자 한다면 위의 표준화 문서를 살펴보도록 하자. 또한 다음 사이트에서는 각 브라우저에서 사용할 수 있는 사전 정의된 색상(Predefined/Cross-browser color)을 확인해 볼 수도 있다.

- [W3schools] CSS Color Names – http://www.w3schools.com/cssref/css_colornames.asp

1.1 색상 지정하기

텍스트, 테두리, 배경 등의 색상을 지정하는 방식에는 다양한 방법이 있다. 전통적인 RGB 색 모델을 이용한 색 지정 방식과 사람이 생각하는 직관적인 개념에 보다 근접한 색 모델을 사용하는 HSL 색상 지정 방식에 대하여 알아보도록 한다.

1.1.1 색 모델

■ RGB 색 모델

RGB 색 모델은 R(빨강), G(녹색), B(파랑)를 삼원색으로 하는 색 모델로서 삼원자극이론에 근거한 색 모델로써, 다음 그림과 같이 R, G, B의 세 축으로 표현된 RGB 색 공간이다(1의 값은 최대값으로 10진수 값 255, 16진수 값 FF에 해당된다). 이 방식은 삼원색의 성분이 더해져서 혼합색을 만드는 가산색 모델이기 때문에 CRT 및 LCD 모니터 등과 같이 빛을 더하여 색을 표현하는 디스플레이 장치에 적합한 모델이라 할 수 있다.

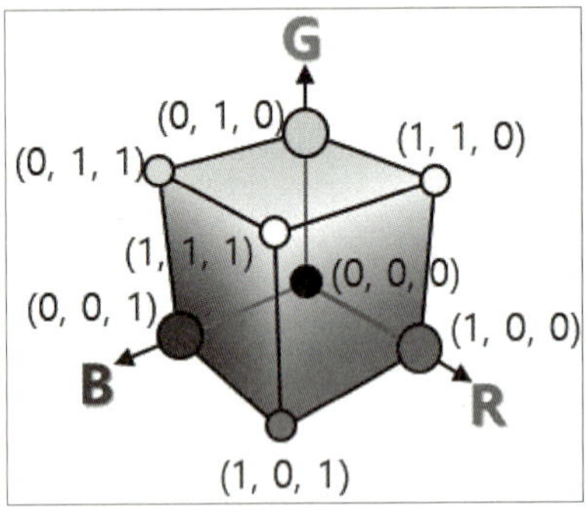

RGB 색공간

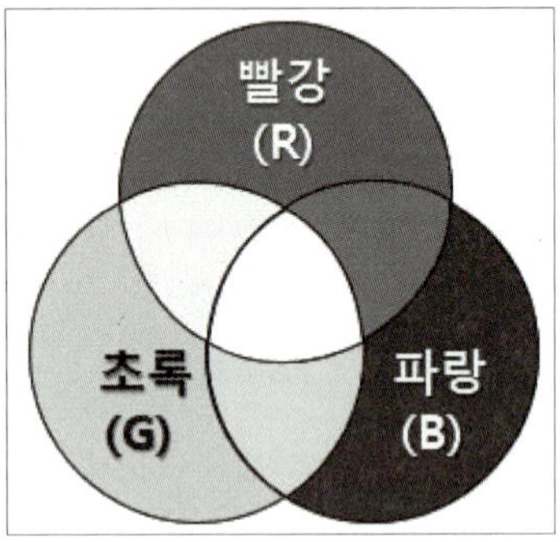

가산색의 혼합

▶ Hexadecimal 색상 지정 방식

Hexadecimal 지정 방식은 #기호 이후에 3자리 또는 6자리의 16진수 값을 적용한다. #기호 다음에 빨간색(r), 녹색(g), 파란색(b)의 각 값을 지정하되, 3자리의 표기는 #rgb와 같이 사용하고 6자리 표기는 #rrggbb로 변환이 되기 때문에 #abc는 #aabbcc로 변환된다. 따라서 white(#ffffff)을 단축 표기인 #fff로 지정할 수 있다. 아쉽게도 이 방식에서는 색상의 투명도를 지정하는 문법이 존재하지 않는다.

예제

```
#p1 { background-color : #ff0000 } /* 빨간색 */
#p1 { background-color : #f0f }    /* 자주색 */
```

▶ RGB 색상 지정 방식

RGB 지정 방식은 RGB(3개의 정수 값 또는 백분율)와 같은 방식으로 지정하고 각 값들은 쉼표(,)로 구분한다. 지정할 수 있는 정수 값의 최대치는 255이며, 이 값은 백분율 100% 및 16진수 F 또는 FF와 같다. 즉, 다음은 모두 같은 색이다.

- **rgb(255, 255, 255) = rgb(100%, 100%, 100%) = #FFF**

예제

```
#p1 { background-color : rgb(255, 0, 0) }       /* 빨간색 */
#p1 { background-color : rgb(100%, 50%, 0%) } /* 오렌지색 */
```

▶ RGBA 색상 지정 방식

RGBA 지정 방식은 RGB 방식에 투명도를 지정하는 A(Alpha)를 포함하도록 확장된 것으로, RGBA(3개의 정수 값 또는 백분율, 투명도)와 같은 방식으로 지정하는 방식이다. 여기서 투명도(Alpha value)는 0.0(투명)에서 1.0(불투명)의 범위를 가질 수 있으며 0.5값을 지정하면 반투명을 의미하게 된다. 투명도의 효과는 각 픽셀의 값이 투명도 값을 마스크로 사용해서 컨테이너의 내용과 현재의 배경이 합성한 것처럼 보이도록 하는 것이다. 그리고 RGB와 같이 16진수로는 지정할 수 없다는 점에 유의하자.

예제

```
#p1 { background-color : rgba(255, 0, 0, 1) } /* 불투명도 1을 명시적으로 지정, rgb(255, 0, 0)과 동일 */
#p1 { background-color : rgba(255, 0, 0, 0.5) } /* 반 투명도를 가진 빨간색 */
#p1 { background-color : rgba(100%, 50%, 0%, 0.1) } /* 매우 투명한 오렌지색 */
```

▣ HSL 색 모델

색은 태양이나 전등과 같은 광원을 통해 전달된 빛이 물체의 표면에서 반사되거나 물체 스스로 내는 빛을 사람의 눈이 감지한 결과라 할 수 있다. 즉 가시광선(사람이 볼 수 있는 영역)은 일정한 주파수 범위의 전자기파로서 약 4.0×10^{14}Hz ~ 7.9×10^{14}Hz 범위에 해당되는 영역의 빛으로서, 낮은 주파수(약 4.0×10^{14}Hz) 영역에서는 빨강, 높은 주파수(약 7.9×10^{14}Hz) 영역에서는 보라색으로 느낀다. 다음 그림과 같이 흰 빛이 불투명한 물체에 입사되면 일부 주파수는 반사되고 나머지는 흡수된다.

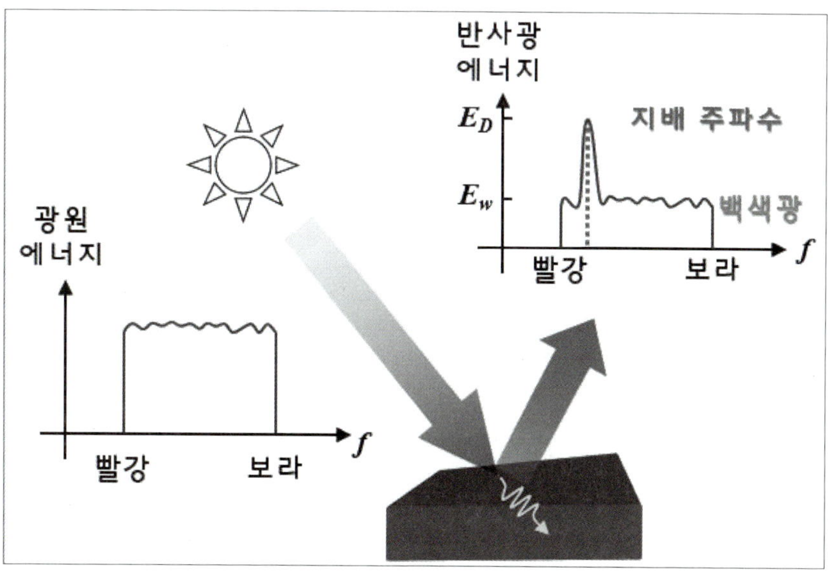

빛의 에너지 분포와 지배주파수

이때 반사되는 빛의 색 조합이 사람이 그 물체에서 보게 되는 색이다. 그림에서는 전체 범위에 E_W만큼의 에너지가 분포하며, 빨강 부근의 특정 주파수에서 큰 에너지 ED를 반사하는 것을 볼 수 있다. 이 강한 에너지(지배주파수, Dominant frequency)가 반사광의 색 성분을 결정하는데, 이를 색조(Hue)라고 한다. 그리고 E_W의 에너지는 반사광의 흰색 성분에 해당되기 때문에 이 성분이 강해지면 색은 점점 옅어져서 파스텔 톤을 나타내지만, 이 성분이 약해지면 선명한 색을 내게 된다. 채도(Saturation)는 색이 순수한 스펙트럼 색에 얼마나 가까운가를 나타내는 성분으로서 ED − Ew 가 클수록 채도가 높다. 밝기(Lightness/Luminancs)는 빛의 전체적인 에너지 크기에 해당되는 요소로서 색상의 밝기를 나타낸다.

RGB 색상 지정 방식은 CRT의 사용을 반영하는 하드웨어 지향적이기 때문에 색상을 표현하는데 직관적이지 못하다. 즉, RGB를 어떻게 사용하는지 배워도 내부적으로는 색상, 채도, 밝기를 단순히 RGB로 변환한 것에 지나지 않기 때문이다. 따라서 CSS3에서는 RGB 색상 이외에도 사람이 생각하는 직관적인 개념에 보다 근접한 모델을 사용할 수 있도록 HSL 색상의 숫자 표현을 추가하였다.

▶ HSL 색상 지정 방식

HSL 지정 방식은 HSL(색조, 채도, 밝기)와 같이 3개의 쌍으로 지정한다. 색조(Hue)는 다음 그림과 같이 색상환(Color Circle, 무지개를 원형으로 나타낸 것)의 각도(°)로 지정하기 때문에

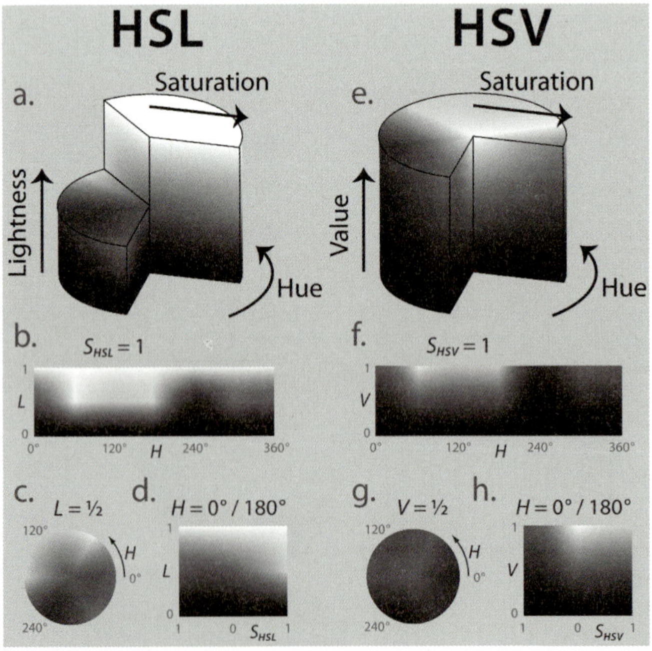

(그림출처 - http://en.wikipedia.org/wiki/HSL_and_HSV#HSV_.28Hue_Saturation_Value.29)

HSL 및 HSV 표현 방식

red=0=360이고 green=120, blue=240 등 원을 따라서 표시된다. 각도이기 때문에 -120=240이 되고 480=120와 같이 대응 관계가 된다.

채도(saturation)는 색상의 선명함을 나타내기 때문에 백분율로 표시되며, 채도가 100%이면 순색이고 0%이면 무채색이다. 만일 0% 이하의 값을 지정하면 이 값은 0%에 포함된다. 밝기(Lightness/Luminancs)는 색상의 밝기를 나타내기 때문에 백분율로 표시되며, 밝기가 0%이면 검은색, 100%이면 흰색, 50%이면 평균(Normal)이다. 밝기를 광도라고도 부른다.

예제

```
#p1 { background-color : hsl(120, 100%, 50%) } /* 녹색 */
#p1 { background-color : hsl(120, 100%, 75%) } /* 밝은 녹색 */
#p1 { background-color : hsl(120, 100%, 25%) } /* 어두운 녹색 */
#p1 { background-color : hsl(120, 60%, 70%) } /* 파스텔(연하고 부드러운) 녹색 */
#p1 { background-color : hsl(0, 100%, 50%) }  /* 빨간색 */
```

▶ HSLA 색상 지정 방식

HSLA 지정 방식은 HSL 지정 방식에 투명도를 지정하는 A(Alpha)를 포함하도록 확장된 것으로, HSLA(색상, 채도, 밝기, 투명도)와 같이 지정한다. 색상, 채도, 밝기의 지정 방식은 HSL 방식과 동일하다.

예제

```
#p1 { background-color : hsla(240, 100%, 50%, 0.5) } /* 반투명 파란색 */
#p1 { background-color : hsla(30, 100%, 50%, 0.1) }  /* 매우 투명한 오렌지색 */
```

1.1.2 색상 지정하기

속성	color - 색상 지정하기	CSS1/CSS3

color 속성은 HTML 요소의 텍스트 등의 색상을 지정할 때 사용되는 것으로, 하위 요소로의 상속이 이루어진다. 다음은 이 속성에 대한 사용 방법 및 예를 나타낸 것으로, <color>는 앞에서 살펴본 색상 이름의 키워드, 16진수, RGB, HSL 지정 방식 모두 사용할 수 있다.

사용 방법	<color> | inherit					
속성 특징	초기값	브라우저에 따라 다름	적용	모든 요소들	상속	O
JavaScript	object.style.color="red"					
사용 예제	P { color: lime } /* 키워드를 사용하여 연두색으로 지정 */ P { color: rgb(0, 255, 0 } /* RGB 지정 방식을 사용하여 녹색으로 지정 */					

inherit는 부모(상위) 요소의 색상을 상속 받아서 부모와 동일한 색으로 지정하는 키워드이다. 그리고 색상을 지정할 때, 다음과 같은 키워드 transparent와 currentColor를 사용할 수도 있다.

transparent	이 키워드는 완전투명도를 의미하는 것으로 투명한 검은색이다. 따라서 rgba(0,0,0,0)와 동일하다. 처음에는 CSS1에서 background-color 값으로 사용되었지만, CSS3에서는 <color>값을 지정하는 모든 속성에서 사용이 가능하도록 확장되었다.
currentColor	현재 색상을 의미하는 것으로, 이전에 지정된 색상이 있다면 그 색상을 그대로 사용한다. 따라서 이 키워드가 색상으로 지정되면 자동으로 "color: inherit"으로 처리가 된다. 이 키워드는 CSS1과 CSS2에서 border-color 속성의 초기값으로 정의되었지만, CSS3에서는 <color>값을 지정하는 모든 속성에서 사용이 가능하도록 확장되었다.

<color> 값을 지정함에 있어서, 다양한 색상 키워드를 사용할 수도 있지만, CSS2부터는 사용자의 그래픽 환경과 통합된 방법으로 색상을 지정할 수 있도록 하고 있다. 바로 다음과 같이 사용자의 시스템 색상을 이용하는 것이다. 물론, 이 시스템 색상은 CSS3에서는 권장하지 않는 방법으로 중요도가 떨어지기 때문에 사람들이 잘 사용하지 않지만, 사용자가 선호하는 환경에 맞게 색상을 자동으로 지정할 수 있다는 장점이 있다. 만일 지정한 값이 없을 때는 시스템에서 지정한 가장 가까운 시스템 색을 기본값에 연결하여 사용한다.

키워드	설명
ActiveBorder, ActiveCaption	활성 창의 테두리 색상 및 제목 색상
AppWorkspace, Background	여러 문서 인터페이스의 배경 색상 및 바탕 화면의 배경 색상
ButtonFace, ButtonHighlight	입체적으로 보이는 3-D 요소의 배경 색상 및 밝은 측면의 색상
ButtonShadow, ButtonText	입체적으로 보이는 3-D 요소의 어두운 측면의 색상 및 글자 색상
CaptionText	제목, 크기 조절(size) 및 스크롤 대화상자 등의 제목 색상
GrayText	회색(비활성화 된) 텍스트 색상
Highlight, HighlightText	선택된 컨트롤의 색상 및 글자 색상
InactiveBorder, InactiveCaption	비활성 창의 테두리 색상 및 제목 색상
InactiveCaptionText	비활성 제목의 텍스트 색상
InfoBackground, InfoText	보조 정보(Tooltip; 툴팁) 컨트롤의 배경 색상 및 텍스트 색상
Menu, MenuText, Scrollbar	메뉴의 배경 색상 및 글자 색상, 스크롤 막대의 회색
ThreeDFace	테두리 주위가 입체적으로 보이는 3-D 요소의 배경 색상
ThreeDDarkShadow	테두리 주위가 입체적으로 보이는 요소의 테두리 중 어두운 그림자 색상 (광원에서 먼 곳에 있는 어두운 2면 (기본적으로 외부)의 색상)
ThreeDLightShadow	테두리 주위가 입체적으로 보이는 요소의 테두리 중 표면 색상 (광원에서 먼 곳에 있는 어두운 2면 (기본적으로 안쪽)의 색상)

ThreeDHighlight	테두리 주위가 입체적으로 보이는 요소의 테두리 중 하이라이트 색상 (광원에서 가까운 곳에 있는 밝은 2면 (기본적으로 외부)의 색상)
ThreeDShadow	테두리 주위가 입체적으로 보이는 요소의 테두리 중 밝은 색상 (광원에서 가까운 곳에 있는 밝은 2면 (기본적으로 안쪽)의 색상)
Window, WindowText	창의 배경 색상 및 텍스트 색상
WindowFrame	창의 프레임 색상

속성 opacity - 투명도 지정하기 CSS3

opacity 속성은 투명도를 지정하는 것으로, 하위 요소로의 상속이 되지 않지만, 부모 요소로부터는 상속을 받을 수 있다. 이 속성을 사용하면 요소 박스 전체의 투명도를 지정할 수 있고 지정한 요소에 포함되는 모든 요소에 적용된다. 다음은 이 속성에 대한 사용 방법 및 예를 나타낸 것으로, 투명도를 지정하는 <alphavalue> 값은 RGBA 및 HSLA의 투명도와 같이 0.0(투명) ~ 1.0(불투명)의 범위를 가진다.

<table>
<tr><td>사용 방법</td><td colspan="6"><alphavalue> | inherit</td></tr>
<tr><td>속성 특징</td><td>초기값</td><td>1</td><td>적용</td><td>모든 요소들</td><td>상속</td><td>X</td></tr>
<tr><td>JavaScript</td><td colspan="6">object.style.opacity="red"</td></tr>
<tr><td>사용 예제</td><td colspan="6">div { opacity: 0.0 } /* div 요소를 투명하게 지정 */
div { opacity: 0.5 } /* div 요소를 반투명하게 지정 */</td></tr>
</table>

예제 CSS_05_01_Color.html

CSS

```css
div { font-size: 14pt; border: 1px solid black; padding: 3px; font-weight: bold ;
background-color: olive; color: maroon }
#back1 { background-color: yellow }  /* 배경색을 노란색으로 지정 */
#back2 { background-color: #00FFFF } /* 배경색을 하늘색으로 지정 */
#back3 { background-color: RGB(192, 192, 192) }  /* 배경색을 은색으로 지정 */
#back4 { background-color: HSL(120, 60%, 70%) }  /* 배경색을 파스텔 녹색으로 지정 */
#color1 { color: RGBA(255, 0, 0, 0.5) }       /* 반 투명도를 가진 빨간색으로 지정 */
#color2 { color: HSLA(240, 100%, 50%, 0.5) } /* 반 투명도를 가진 파란색으로 지정 */
#color3 { color: transparent } /* 투명도를 키워드로 지정 */
```

HTML

```html
<div id="back1"><p>노란색 배경 - background-color: yellow</p></div>
<div id="back2"><p>하늘색 배경 - background-color: #00FFFF</p></div>
<div id="back3"><p>은색 배경 - background-color: RGB(128, 128, 0)</p></div>
<div id="back4"><p>파스텔 녹색 배경 - background-color: HSL(120, 60%, 7%)</p></div>
<div id="back1"><p id="color1">노란색 배경 - 반투명 빨간색(color: RGBA(255, 0, 0, 0.5))</p></div>
```

```
<div id="back3"><p id="color2">은색 배경 - 반투명 파란색(HSLA(240, 100%, 50%, 0.5))</p></div>
<div id="back2">투명도를 키워드로(transparent) 지정 - 다음 문장이 안보임
    <p id="color3">이 문장은 색상을 transparent로 지정하였기 때문에 보이지 않습니다.</p>
</div>
```

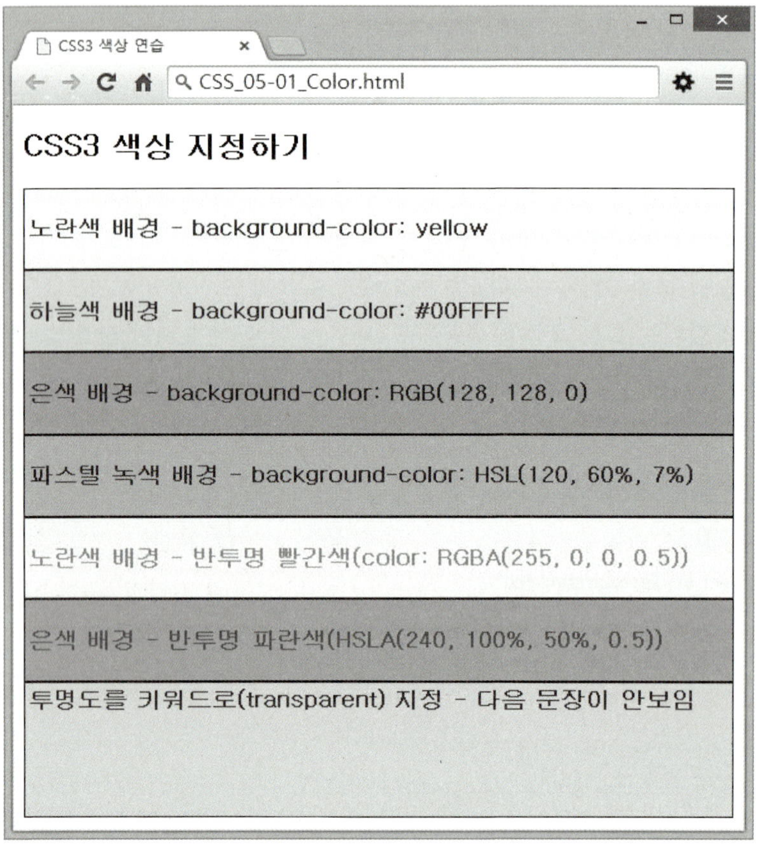

1.2 그라데이션 색상 지정

본 교재에서 설명하고 있는 내용들은 다음과 같이 W3C 워킹 그룹(Working Group)의 권고(Recommendations) 및 초안(Working Drafts)에 기초하고 있다.

표준화 문서	CSS Image Values and Replaced Content Module Level 3 - http://dev.w3.org/csswg/css-images-3
표준화 단계	Editor's Draft, (2014-04-17)

1.2.1 그라데이션 색상 지정하기

문서의 원하는 대상에 단순한 색상을 지정하거나 투명도를 설정하는 것 이외에도 색상의 변화가 있는 그라데이션 효과를 줄 수도 있다. 그라데이션은 다음 그림과 같이(푸른색에서 흰색으로) 어느 한 색상에서 다른 색상으로 부드럽게 변하는 이미지를 말한다.

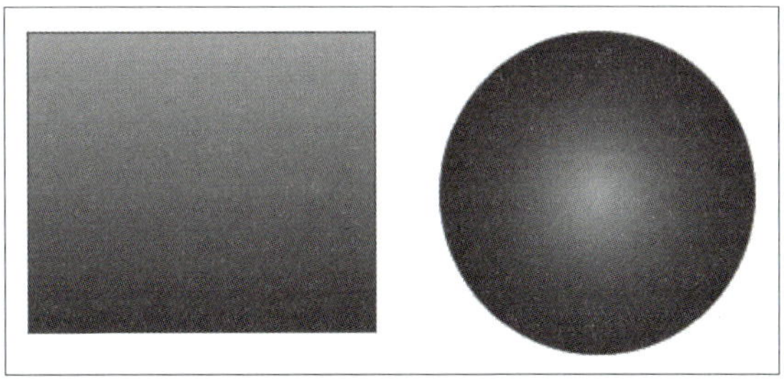

선형 및 원형 그라데이션

이러한 그라데이션은 일반적으로 배경 이미지나 버튼, 그리고 많은 다른 것들의 서서히 변하는 음영 등에 사용된다. 이렇게 그라데이션 효과를 주기 위해서는 *-gradient() 함수를 사용하면 선형(평행) 또는 원형(방사형) 그라데이션으로 색상을 채울 수 있게 된다. 이 기능은 얼마 전까지만 해도 웹 브라우저 제조회사들의 벤더 프리픽스를 사용해야만 했지만, 지금은 대부분의 브라우저에서 지원하고 있기 때문에 다음과 같이 제공되고 있는 표준 함수를 사용하면 된다.

기본 문법	**<gradient> = [<linear-gradient> | <radial-gradient> |** **<repeating-linear-gradient> | <repeating-radial-gradient>]**

함수	linear-gradient - 선형 그라데이션 지정하기	CSS3

선형 그라데이션은 두 개 이상의 색상을 지정해 두고 좌표간의 사이를 직선으로 이동하면서 색상을 점점 변화시킨다. 다음은 선형 그라데이션에 대한 사용 방법 및 예제를 나타낸 것으로, linea-gradient( ) 함수를 사용하면 된다.

사용 방법	<linear-gradient> = **linear-gradient(** **[[<angle> | to <side-or-corner>] ,]? <color-stop>[, <color-stop>]+)** **<side-or-corner> = [left | right] || [top | bottom]**
사용 예제	**linear-gradient(45deg, blue, red);** /* 45도 기울기, blue 색으로 시작해서 red색으로 종료 */ **linear-gradient(to left top, blue, red);** /* bottom, right에서 시작해서 top, left에서 종료, blue 색으로 시작해서 red색으로 종료 */ **linear-gradient(0deg, blue, green 40%, red);** /* bottom에서 시작해서 top에서 종료(수직), blue 색으로 시작해서 green 색으로 40%지점에서 전환된 후, red 색으로 종료 */

linear-gradient( ) 함수에서의 색상 변화의 방향(Direction)은 다음 그림과 같이 그라데이션을 포함하는 박스 형태의 중심점과 이을 통과하는 그라데이션의 라인(gradient line)의 각도로 정해지고 각각의 점이(그림에서 시작점과 종료점) 다른 색상 값을 갖는 하나의 축으로 정의된다. 따라서 그라데이션 색상 값은 그라데이션 라인에 직교하는 선(그림에서 녹색)은 하나의 색상 값을 갖게 되고 시작점(starting point)과 종료점(ending point) 사이에 삽입 가능한 색상(stop color)들로 정의된다. 시작점은 그라데이션 색상이 시작되는 위치를 의미하고 그라데이션 라인과 시작점과 동일한 사분면에 존재하는 그라데이션 영역의 모서리를 지나는 라인이 서로 직교하는 지점에 정의된다. 종료점도 비슷하게 그라데이션 색상이 종료되는 위치를 의미하고 그라데이션 라인과 그라데이션 영역의 근접한 모서리를 지나는 라인이 서로 직교하는 지점에 정의되며 시작점을 그라데이션 영역 중심에 원점 대칭하는 것으로도 정의가 가능하다.

오른쪽 그림은 그라데이션 라인의 시작점과 종료점을 나타낸 것으로, 다음과 같이 지정함으로써 얻어진 결과이다.
- **linear-gradient(45deg, white, black)**

시작점과 종료점은 박스의 외부에 있지만, 그라데이션은 정확히 각 모서리에 흰색과 검은색으로 지정되어 변하게 된다. 그리고 그라데이션 라인의 길이는 다음과 같이 계산된다.
- A는 그라데이션 라인의 방향을 결정하는 각도를 나타내고, 위쪽의 0deg를 기준으로 시계방향으로 표현된다.
- W와 H는 각각 그라데이션 박스의 폭과 높이를 나타낸다.
- length = abs(W * sin(A)) + abs(H * cos(A))

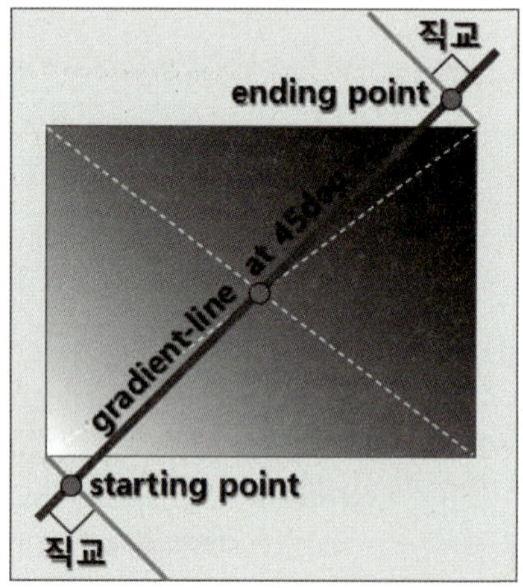

그라데이션 라인의 방향은 각도(Angle) 및 키워드를 사용하여 지정할 수 있다. 각도(Angle)는 위쪽 방향을 기준으로 시작해서 '0deg'~'360deg' 사이의 각도를 지정할 수 있으며, 그림과 같이 '45deg'는 키워드 'top right'가 되고, '90deg'는 키워드 'right'가 된다. 그라데이션의 변환점 색상(color-stop)은 색상과 색상 사이의 경계색으로써, 일반적으로 그라데이션 라인상의 시작점과 끝점 사이에 위치하게 되며, color-stop의 시작 위치를 0%, 0px와 같이 지정할 수 있고 종료 위치를 100%로 지정할 수 있다. 그러나 그라데이션 라인은 양방향으로 무한하게 연장될 수 있기 때문에 시작점과 끝점은 단순히 임의의 위치 표식에 불과하다. 따라서 color-stop은 0% 이전 위치와 100% 이후의 위치를 가질 수 있다.

사용 예제	
	① background: **linear-gradient(0deg, red, blue)** 또는 **linear-gradient(to top, red, blue)**
	② background: **linear-gradient(90deg, red, blue)** 또는 **linear-gradient(to right, red, blue)**
	③ background: linear-gradient(45deg, red, blue) 또는 linear-gradient(to top right, red, blue)
	④ background: linear-gradient(135deg, red, blue) 또는 linear-gradient(to bottom right, red, blue)

그라데이션 라인의 방향을 지정할 때, 주의할 점은 각도가 시작을 의미하는 것이 아니고 최종적으로 변하는 색상의 화살표 방향으로 생각해야 한다는 점이다. 예를 들어, 이 예제의 색상 변화는 빨간색에서 파란색으로 변하는 것으로, 파란색으로 변하는 방향을 기준으로 방향을 설정하면 된다. 즉, ①번은 하단의 빨간색에서 상단의 파란색으로 변하는 그라데이션을 지정하기 위해서는 방향을 top으로 주거나 각도를 0deg로 지정하면 된다. 그리고 ②번은 왼쪽의 빨간색에서 오른쪽의 파란색으로 변하는 그라데이션을 지정하기 위해서는 방향을 to right로 지정하거나 각도를 90deg로 지정하면 된다. 또한 ③번은 하단 왼쪽의 빨간색에서 상단 오른쪽의 파란색으로 변하는 그라데이션을 지정하기 위해서는 방향을 top right로 지정하거나 각도를 45deg로 지정하면 된다. 만일 방향이나 각도를 지정하지 않으면 기본값은 180deg(to bottom)가 된다.

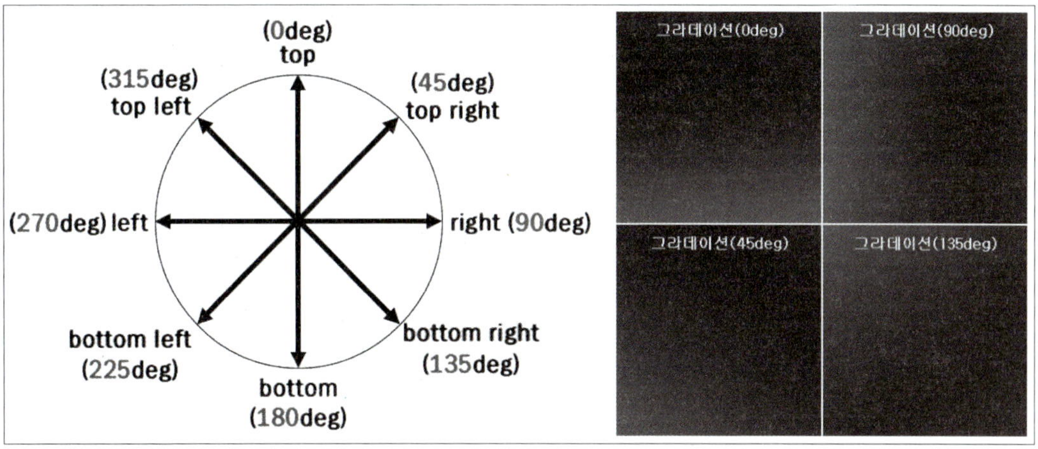

그라데이션 방향(Direction) 및 각도(Angle)

다음은 가로 200픽셀, 세로 100픽셀의 박스 배경을 그라데이션으로 지정한 예제이다.

linear-gradient(yellow, blue);
linear-gradient(to bottom, yellow, blue);
linear-gradient(180deg, yellow, blue);
linear-gradient(to top, blue, yellow);
linear-gradient(to bottom, yellow 0%, blue 100%);

linear-gradient(135deg, yellow, blue); linear-gradient(-45deg, blue, yellow);	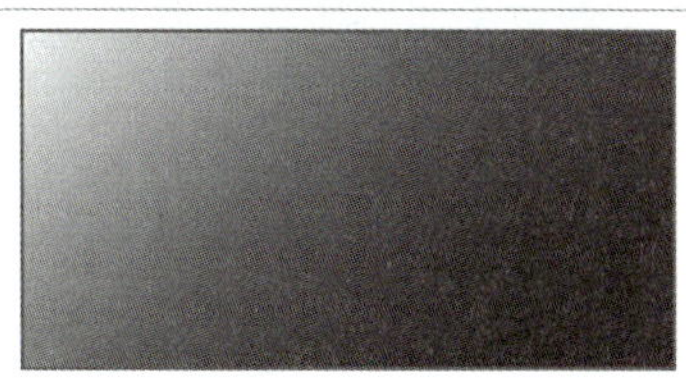

앞의 예제는 색상을 2가지로 지정하였지만, 만일 여러 개의 색상을 지정하고자 할 때는 다음 예제와 같이 여러 개의 색을 차례대로 지정하면 된다. 각 색상간의 변화는 기본적으로 가로 폭이나 세로 높이에 맞추어 균일하게 변하게 된다.

사용 예제	background: `linear-gradient( to right, red, green, blue )` background: `linear-gradient( to right, yellow, red, green, blue )`

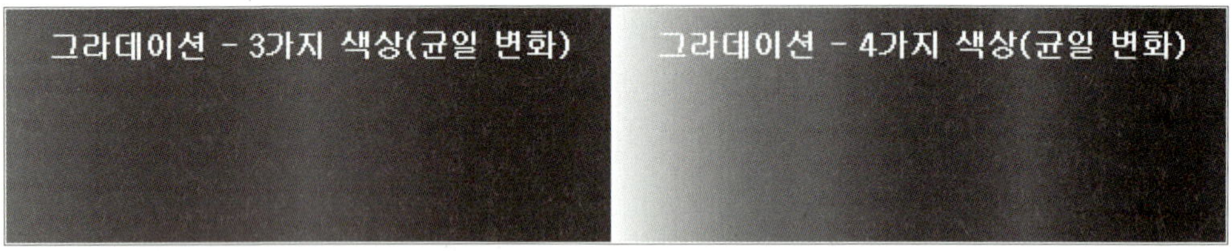

여러 색상이 균일하게 변화하는 경우의 결과

앞의 예제는 색상의 위치를 지정하지 않은 경우로, 색상의 위치가 다음 그림과 같이 자동으로 결정되어 색상과 색상의 경계를 중심으로 색상의 변화가 균일하게 변하는 것을 볼 수 있다.

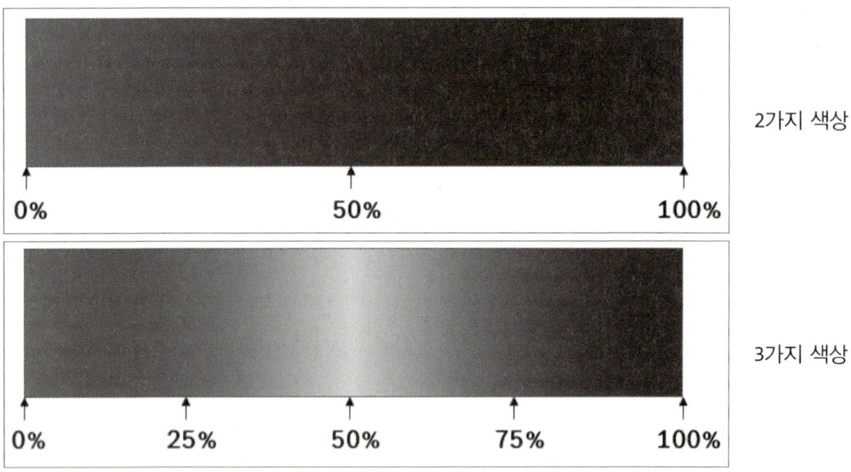

색상과 색상의 경계 및 위치

만일, 색상의 위치를 지정하고자 한다면 다음과 같이 색상의 위치를(%) 색상 뒤에 함께 지정하면 된다.

사용 예제	background: `linear-gradient( to right, red 10%, green 85%, blue 90% )` background: `linear-gradient( to right, yellow 10%, red 40%, green 85%, blue 90%)`

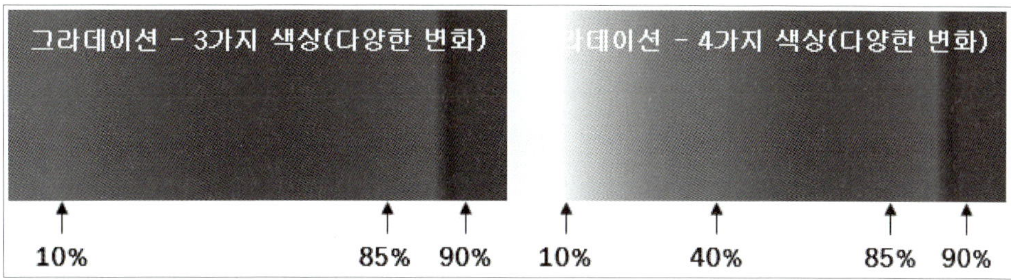

여러 색상이 다양하게 변화하는 경우의 결과

이 예제에서 3가지 색상을 지정한 경우, 10%의 위치가 빨간색이므로 0~10%까지는 모두 빨간색이고, 90~100%까지는 모두 파란색이 된다. 그리고 85%의 위치가 초록색이기 때문에 47.5% 위치가 빨간색과 초록색의 경계색(중간색)이 된다.

이러한 선형 그라데이션의 효과를 반복해서 사용하려면 어떻게 해야 할까? 반복해서 linear-gradient( )함수를 호출해야 될까? 굳이 이 함수를 반복하지 않고도 다음과 같이 repeating-linear-gradient( ) 함수를 사용하면 된다. 그러나 이 역시 0~100% 사이에서 반복이 결정된다는 점에 주의하자.

사용 예제	① background: **repeating-linear-gradient(red, yellow 10%, green 20%)** ② background: **repeating-linear-gradient(to right, red, yellow 10%, green 20%)**

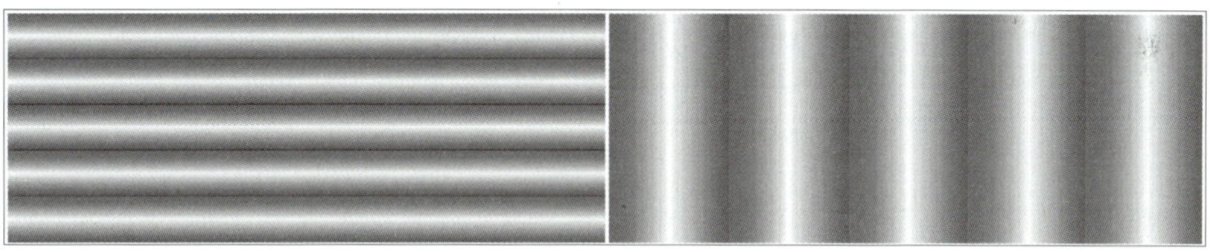

선형 그라데이션의 반복(repeating-linear-gradient)

위 예제는 0~20%까지의 그라데이션 효과를 100%까지 5번 반복해서 채우게 된다. 그러나 repeating-linear-gradient( )함수 대신, linear-gradient( )함수를 사용하면 20~100% 사이는 모두 초록색으로 채워지는 것을 볼 수 있다.

함수	radial-gradient - 원형 그라데이션 지정하기	CSS3

지금까지는 선형 그라데이션을 지정하는 방법에 대하여 알아보았다. 이번에는 그라데이션의 효과를 방사형으로 퍼지는 원형 그라데이션에 대하여 알아보도록 한다. 색상의 위치 지정은 선형 그라데이션과 달리, 다음 그림과 같이 중심 위치(center)를 기준으로 0~100%가 계산되기 때문에 중심에서 시작하여 원 바깥쪽으로 색상을 점점 변화시킨다.

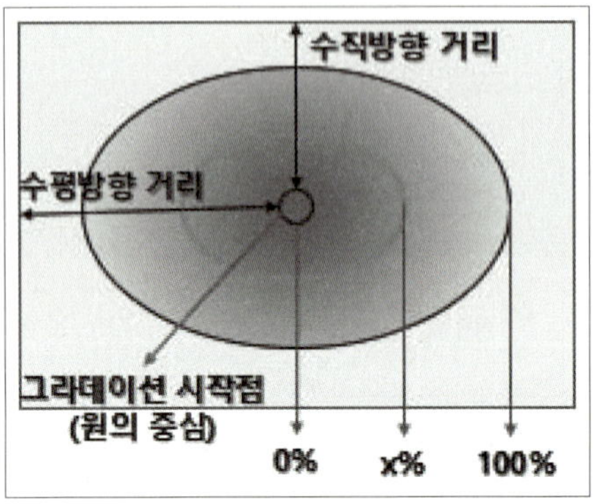

이 때, 중심 위치는 생략이 가능하며, 10px, 20px와 같이 중심에서 떨어진 위치를 지정할 수 있다. 원형의 모양(shape)은 타원형의(박스의 모양에 맞춘 타원) ellipse와 원형의 circle값을 가질 수 있으며, 지정하지 않으면 기본적으로 ellipse값이 지정된다. 다음은 원형 그라데이션의 사용 방법 및 예를 나타낸 것이다.

사용 방법	<radial-gradient> = radial-gradient([[<ending-shape> || <size>] [at <position>]? , | at <position>,]? <color-stop> [, <color-stop>]+)
사용 예제	① background: radial-gradient(red, green, blue) ② background: radial-gradient(red 5%, green 15%, blue 60%) ③ background: radial-gradient(circle, red, green, blue) ④ background: radial-gradient(circle, red 5%, green 15%, blue 60%)

②번과 ④번에서의 그라데이션 효과가 중심점을 기준으로 0~5%는 빨간색으로, 60~100%는 파란색으로 모두 채워지는 것을 확인할 수 있다.

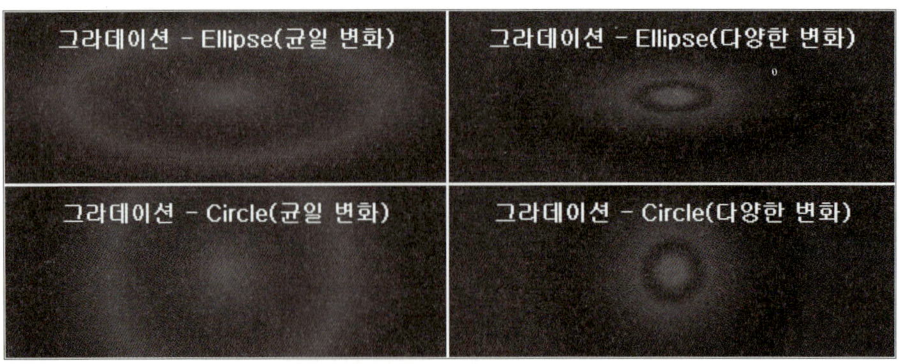

shape 값에 따른 원형 그라데이션

size는 아래 그림과 같이 그라데이션 중심을 기준으로 원의 끝모양이 결정되며 다음과 같은 키워드를 사용할 수 있다.

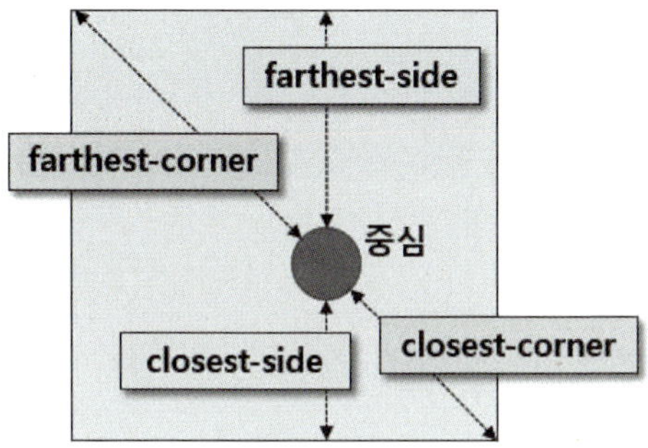

키워드에 따른 의미

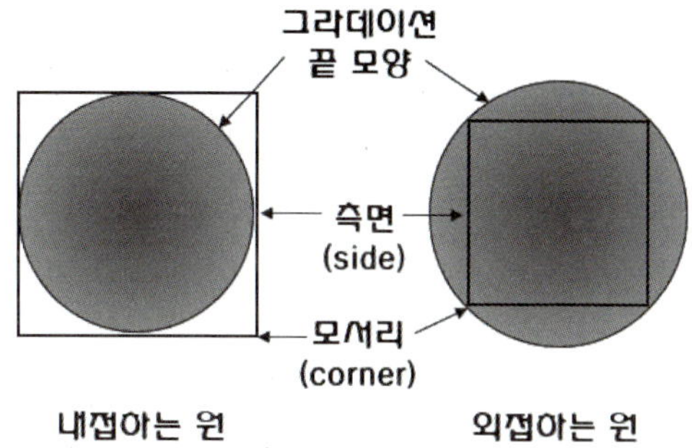

그라데이션 끝 모양의 크기를 결정하는 기준

size 키워드	설명
closest-side	그라데이션 중심에서 가장 가까운 박스 측면과 정확하게 일치하도록 그라데이션 모양의 크기를 형성한다(내접하는 원에 그라데이션의 끝 모양이 결정). 타원일 경우, 중심에서 가장 가까운 상자의 세로 및 가로 측면과 정확하게 일치하는 원의 크기가 된다.
farthest-side	그라데이션 중심에서 가장 먼 박스 측면이나(원형 그라데이션의 경우) 가장 먼 세로 및 가로 측면(타원형 그라데이션의 경우)과 일치하도록 그라데이션 모양의 크기를 형성한다(외접하는 원에 그라데이션의 끝 모양이 결정). 타원일 경우, closest-side와 유사하다.
closest-corner	그라데이션 중심에서 가장 가까운 박스 모서리와 정확하게 일치하도록 그라데이션 모양의 크기를 형성한다(내접하는 원에 그라데이션의 끝 모양이 결정). 타원일 경우, 그라데이션 모양은 closest-side가 지정된 경우와 동일한 폭 대비 높이 비율을 갖게 된다.
farthest-corner (기본값)	그라데이션 중심에서 가장 먼 박스 모서리와 정확하게 일치하도록 그라데이션 모양의 크기를 형성한다(외접하는 원에 그라데이션의 끝 모양이 결정). 타원일 경우, 그라데이션 모양은 farthest-side가 지정된 경우와 동일한 폭 대비 높이 비율을 갖게 된다.

다음은 이 키워드를 사용한 예제를 나타낸 것이며, 아직은 웹 브라우저 벤더 프리픽스를 사용해야만 정상적으로 표시 된다.

사용 예제	
	① background: **radial-gradient(60% 55%, closest-side, red, blue, green, purple)**
	② background: **radial-gradient(60% 55%, farthest-side, red, blue, green, purple)**
	③ background: **radial-gradient(60% 55%, closest-corner, red, blue, green, purple)**
	④ background: **radial-gradient(60% 55%, farthest-corner, red, blue, green, purple)**

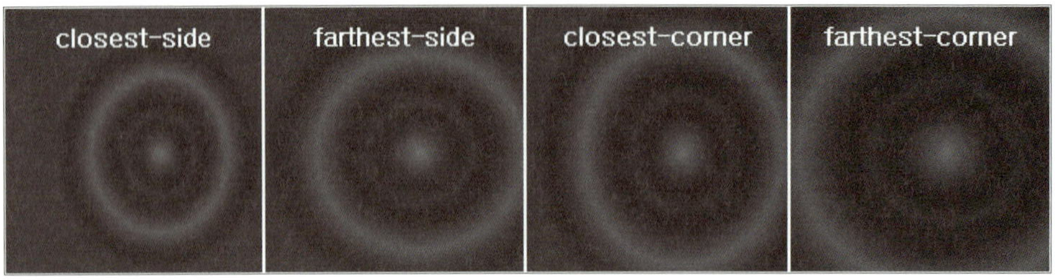

shape 값에 따른 원형 그라데이션 예

원형 그라데이션도 선형과 같이 다음과 같은 방법으로 그라데이션 효과를 반복해서 지정할 수 있다.

사용 방법	background: **repeating-radial-gradient(red, yellow 10%, green 15%)** background: **repeating-radial-gradient(circle closest-side at 20px 30px, red, yellow, green 100%, yellow 150%, red 200%)**

원형 그라데이션 반복

벤더 프리픽스(Vendor Prefix)

CSS3 표준안이 아직 확정되지 않았기 때문에 모든 웹 브라우저들에서 동일한 결과가 나타나지 않는다. 따라서 권고전의 CSS3의 기능을 웹 브라우저 제조업체(Vendor)가 지원하는 경우는 선택자 앞에 접두사(Prefix)를 붙일것을 권장하고 있는데, 이를 "벤더 프리픽스"라고 부른다. 각 제조업체별 프리픽스를 살펴보면 다음과 같다.

주요 웹 브라우저	프리픽스	사용 예
웹킷 엔진을 사용하는 크롬(Chrome), 사파리(Safari)	-webkit-	background: -webkit-linear-gradient(red, blue);
오페라(Opera)	-o-	background: -o-linear-gradient(red, blue);
모질라 계열의 파이어폭스(Firefox)	-moz-	background: -moz-linear-gradient(red, blue);
MS의 인터넷 익스플로러(IE)	-ms-	미지원

다음 사이트들은 CSS3 그라데이션 효과를 브라우저에서 직접 확인하면서 소스를 자동으로 생성해주는 곳이므로, 참고해서 원하는 그라데이션 효과를 손쉽게 만들 수 있다.

- Ultimate CSS Gradient Generator - http://www.colorzilla.com/gradient-editor/
- CSS Gradient Generator - http://www.css3factory.com/linear-gradients/

예제 CSS_05_01_Gradient.html

CSS

```
#color1 { color: rgb(255, 255, 0); }
#color2 { color: hsla(210, 60%, 60%, 1) }
#color3 { color: #0000ff }
#color4 { color: aqua }
div { width: 300px; height: 100px; border: 1px solid white; padding: 10px;
      text-align:center; font-weight: bold; float: left; }
div#bcolor1 { background-color: rgb(0, 0, 128) }
div#bcolor2 { background-color: rgba(0, 0, 128, 0.2) }
div#bcolor3 { background-color: yellow }
div#bcolor4 { background-color: #800000 }

div#l_grad_b { background: linear-gradient(red, blue) }
div#l_grad_r { background: linear-gradient(to right, red, blue) }
div#d_grad_br { background: linear-gradient(to bottom right, red, blue) }
div#d_grad_bl { background: linear-gradient(to bottom left, red, blue) }

div#a_grad_45 { background: linear-gradient(45deg, red, blue) }
div#a_grad_315 { background: linear-gradient(315deg, red, blue) }

div#m_grad_3 { background: linear-gradient(to right, red, green, blue) }
div#m_grad_4 { background: linear-gradient(to right, yellow, red, green, blue) }
div#m_grad_33 { background: linear-gradient(to right, red 10%, green 85%, blue 90%) }
div#m_grad_44 { background: linear-gradient(to right, yellow 10%, red 40%, green 85%,
blue 90%) }

div#r_grad_3 { background: repeating-linear-gradient(red, yellow 10%, green 20%) }
div#r_grad_r3 { background: repeating-linear-gradient(to right, red, yellow 10%, green 20%) }

div#radial_ees { background: radial-gradient(ellipse, red, green, blue) }
div#radial_eds { background: radial-gradient(ellipse, red 5%, green 15%, blue 60%) }
div#radial_ces { background: radial-gradient(circle, red, green, blue) }
div#radial_cds { background: radial-gradient(circle, red 5%, green 15%, blue 60%) }

div#radial_repeat1 { background: repeating-radial-gradient(red, yellow 10%, green 15%) }
div#radial_repeat2 { background: repeating-radial-gradient(circle closest-side at 20px
30px, red, yellow, green 100%, yellow 150%, red 200%) }

div#radial_size1 { width: 150px; height: 150px;
      background: -webkit-radial-gradient(60% 55%, closest-side, red, blue, green, purple) }
```

```
div#radial_size2 { width: 150px; height: 150px;
        background: -webkit-radial-gradient(60% 55%, farthest-side, red, blue, green, purple) }
div#radial_size3 { width: 150px; height: 150px;
        background: -webkit-radial-gradient(60% 55%, closest-corner, red, blue, green, purple) }
div#radial_size4 { width: 150px; height: 150px;
        background: -webkit-radial-gradient(60% 55%, farthest-corner, red, blue, green, purple) }
```

HTML

```
<div id="bcolor1"><h4 id="color1"> 색상 - color: rgb(255, 255, 0)</h4></div>
<div id="bcolor2"><h4 id="color2"> 색상 - color: hsla(210, 60%, 60%, 1)</h4></div>
<div id="bcolor3"><h4 id="color3"> 색상 - color: #0000ff</h4></div>
<div id="bcolor4"><h4 id="color4"> 색상 - color: aqua</h4></div>
<div id="l_grad_b" style="color:white">그라데이션(기본값)</div>
<div id="l_grad_r" style="color:white">그라데이션(to right)</div>
<div id="d_grad_br" style="color:white">그라데이션(to bottom right)</div>
<div id="d_grad_bl" style="color:white">그라데이션(to bottom left)</div>

<div id="a_grad_45" style="color:white">그라데이션(45deg)</div>
<div id="a_grad_315" style="color:white">그라데이션(315deg)</div>

<div id="m_grad_3" style="color:white">그라데이션 - 3가지 색상(균일 변화)</div>
<div id="m_grad_4" style="color:white">그라데이션 - 4가지 색상(균일 변화)</div>
<div id="m_grad_33" style="color:white">그라데이션 - 3가지 색상(다양한 변화)</div>
<div id="m_grad_44" style="color:white">그라데이션 - 4가지 색상(다양한 변화)</div>

<div id="r_grad_3" style="color:white">그라데이션 - repeating</div>
<div id="r_grad_r3" style="color:white">그라데이션 - repeating</div>

<div id="radial_ees" style="color:white">그라데이션 - Ellipse(균일 변화)</div>
<div id="radial_eds" style="color:white">그라데이션 - Ellipse(다양한 변화)</div>
<div id="radial_ces" style="color:white">그라데이션 - Circle(균일 변화)</div>
<div id="radial_cds" style="color:white">그라데이션 - Circle(다양한 변화)</div>

<div id="radial_repeat1" style="color:white"></div>
<div id="radial_repeat2" style="color:white"></div>

<div id="radial_size1" style="color:white">closest-side</div>
<div id="radial_size2" style="color:white">farthest-side</div>
<div id="radial_size3" style="color:white">closest-corner</div>
<div id="radial_size4" style="color:white">farthest-corner</div>
```

Section 02 글꼴 스타일

앞에서 색상에 대하여 학습을 하였기 때문에, 다음 단계인 글꼴 및 텍스트에 대하여 학습하도록 한다. 우선, 글꼴과 관련해서 기존 CSS2에서 제공되던 내용을 간단하게 살펴보고, CSS3에서 새롭게 추가된 속성들에 대해서도 살펴보도록 한다.

표준화 문서	CSS Font Module Level 3 - http://dev.w3.org/csswg/css-fonts/
표준화 단계	W3C Editor's Draft, (2014-02-26)

2.1 기본 글꼴 스타일

기존 CSS2에서도 글꼴 스타일을 지정하는데 있어서 글자체, 글자 크기, 글자 굵기, 글자 스타일등의 다양한 속성들이 제공되었다. 우선 원하는 글꼴 모양을 변경하기 위해서는 다음 표와 같이 font-* 속성을 이용하여 변경할 수 있다.

Level	속성	설명
CSS1	font-family (글꼴 종류)	글꼴의 종류를 나타내며 여러 개의 글꼴을 지정할 수 있다. • family-name(글꼴그룹): 굴림체 등 • generic-family(기본 글꼴그룹) - serif(명조체 계열), sans-serif(고딕체 계열), cursive(필기체 계열), fantasy(장식 계열), monospace(고정 폭)
CSS1	font-size (글꼴 크기)	글꼴의 크기를 다음의 한 방법으로 지정한다. • 절대적 크기 - (작은 크기부터 큰 순서대로) - xx-small, x-small, small, medium(초기 값), large, x-large, xx-large • 상대적 크기 - (상위 요소에 대한 상대적 크기) - smaller는 한 단계 작게, larger는 한 단계 크게 지정. • 절대적 크기 단위: pt(포인트), pc(파이카), cm(센티미터), mm(밀리미터), in(인치) • 상대적 크기 단위: px(픽셀), em, ex, %
CSS1	font-style (글꼴 스타일)	글꼴의 스타일을 지정한다. • normal(표준 글꼴, 기본값), italic(이탤릭체), oblique(기울임체)
CSS1 CSS3	font-variant (글꼴 변환)	글꼴을 작은 대문자로 변환한다. • normal(기본값), small-caps(작은 대문자)
CSS1	font-weight (글꼴 굵기)	글꼴의 굵기를 지정한다. • number(100, 200, 300, … , 900) - 큰 값일수록 진함 • normal(표준 굵기, 기본값=400), bold(굵은 문자, 700) • bolder(보다 굵은 문자), lighter(보다 가는 문자)

CSS1 CSS3	Font (글꼴 스타일)	글꼴의 스타일을 지정한다. • font-style, font-variant, font-weight, font-stretch, font-size • line-height, font-family • caption(제목 글꼴), icon(라벨 아이콘 글꼴), menu(메뉴 글꼴) • message-box(대화 상자 글꼴), small-caption(작은 제목 글꼴) • status-bar(상태바 글꼴), inherit(부모 값을 상속)

속성	font-family - 글꼴 종류 지정하기	CSS1

font-family 속성은 지정한 요소에서 사용할 글꼴의 종류를 지정하는 속성으로, 해당 웹 문서를 보는 사용자의 시스템 환경에 따라서 결정된다. 글꼴은 특정 글꼴 또는 글꼴 그룹을 지정할 수 있으며, 키워드를 통해서도 지정할 수 있다. 다음에 사용 방법 및 예제를 나타내었다.

속성 값	[<family-name> | <generic-family>] | inherit					
속성 특징	초기값	브라우저에 따라 다름	적용	모든 요소들	상속	O
JavaScript	object.style.fontFamily="verdana,sans-serif"					
사용 예제	P { font-family: Verdana, 'Times New Roman' } .other { font-family: courier }					

속성에서 사용할 수 있는 각 속성 값들은 다음과 같다.

속성 값	설명
family-name	브라우저에서 지원하는 사용 가능한 모든 글꼴그룹(예: Times, Helvetica, Western,Courier 등)
generic-family	serif, sans-serif, cursive, fantasy, monospace 등의 글꼴그룹 중 하나
inherit	부모 요소에서 지정된 값을 사용

family-name 이름들의 목록을 지정할 때, 여러 개의 글꼴(그룹)을 지정하고자 할 때는 콤마(,)로 구분하여 지정한다. 글꼴의 이름이 공백을 포함하는 경우에는 인용부호(" 또는 ')를 사용한다. 만일, 특정 글꼴그룹을 지정할 수 없을 때는 기본 글꼴그룹(generic-family) 들의 이름을 키워드로 지정할 수도 있다.

사용 예제에서는 [Verdana], [Times New Roman] 글꼴 그룹을 사용하도록 지정하였다. 이렇게 font-family 속성은 지정한 순서에 따라서 대체(fallback) 시스템과 같은 여러 가지 글꼴 이름을 보유 할 수 있다. 이렇게 하는 이유는 웹 브라우저가 첫 번째 글꼴을 지원하지 않는 경우에 다음 글꼴을 보여주기 위한 시도를 하기 때문이다. 즉, 첫 번째 지정한 글꼴을 사용자에게 표시할 수 없으면 두 번째 글꼴을 사용하고, 두 번째 글꼴도 없으면 세 번째 글꼴을 사용하게 된다. 다음 그림은

[Verdana] 글꼴 그룹의 예를 나타낸 것이다.

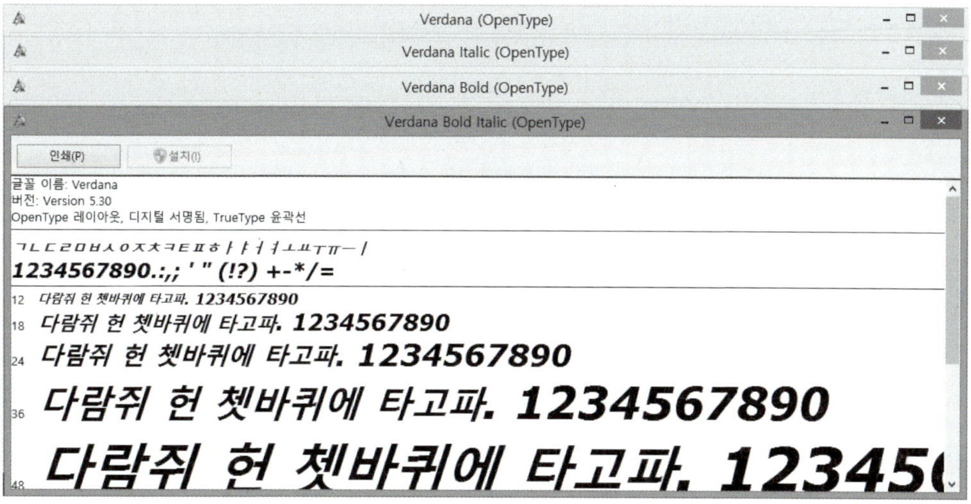

글꼴을 화면에 표시하는데 있어서, 다음 그림과 같이 단일 글꼴이 그림 문자들을 포함하고 있지 않거나 사용자 시스템에서 지정한 모든 글꼴을 사용할 수 없을 때, 제작자들이 모두 같은 크기와 스타일의 글꼴들의 목록을 지정할 수 있게 한다. 이로 인하여 어떤 글자를 위한 그림 문자가 있는지를 순서적으로 점검하게 되는데, 이러한 목록을 글꼴세트(Font Set)라 한다.

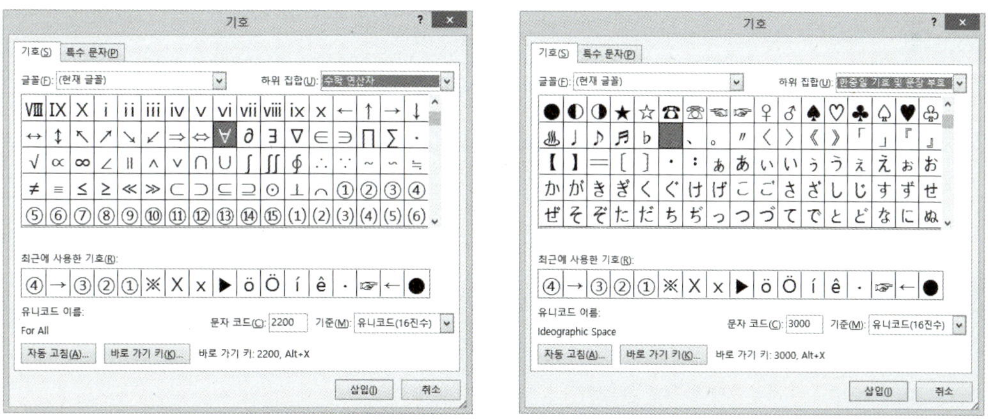

현재 글꼴의 수학 연산자, 그림 문자, 기호 및 특수 문자 등.

시스템에 설치된 글꼴은 다음 그림의 [Terminal 보통]과 같이 하나의 글꼴 스타일만 있는 경우와, [Times New Roman], [Verdana]와 같이 글꼴의 종류는 같지만 다른 스타일을 가지고 있는 글꼴 그룹이 있다.

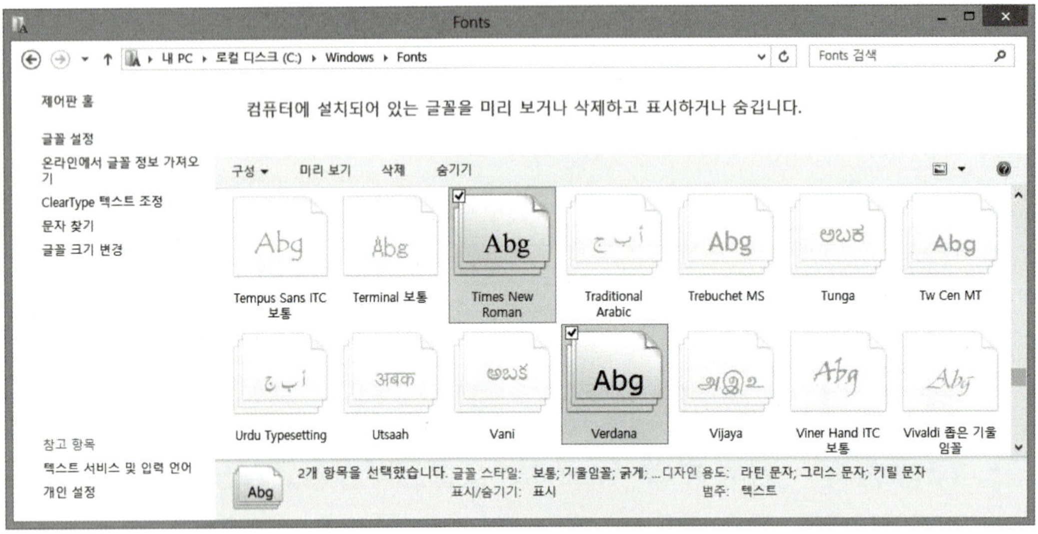

설치된 글꼴의 종류

[Times New Roman]와 [Verdana] 글꼴 그룹 앞의 그림과 같이 "Verdana", "Verdana Italic", "Verdana Bold", "Verdana Bold Italic"과 같은 다양한 스타일의 글꼴을 포함하고 있다.

속성	font-size – 글꼴의 크기 지정하기	CSS1

font-size 속성은 지정하고자 하는 글꼴의 크기를 지정하는 속성으로 하위 요소들에 대하여 상속되는 값이다. 글꼴의 크기를 지정할 때, 픽셀이나 포인트를 비롯해 여러 단위로 크기를 지정할 수 있고 백분율 크기를 사용할 수도 있다. 다음은 글꼴의 크기를 지정하는 방법 및 예제를 나타낸 것이다.

속성 값	<absolute-size> | <relative-size> | <length> | <%> | inherit					
속성 특징	초기값	Medium(16px)	적용	모든 요소들	상속	O
JavaScript	*object*.**style.fontSize="larger"**					
사용 예제	P { **font-size**: 12px } .class1 { **font-size**: larger }					

▣ 절대적 크기(absolute-size) 키워드

절대적 크기를 지정하는 7단계의 키워드 xx-small, x-small, small, medium, large, x-large, xx-large 중에 하나로 지정할 수 있으며, 글꼴 크기는 사용자의 글꼴 기본 설정에 따라 비율로 조정된다. 다음과 같이 각 단계별의 크기는 오른쪽 순서대로 약 1.2배씩 커진다. 만일 medium 크기가 12pt라면 large 크기는 14pt가 된다.

CSS 절대적 크기 값	xx-small <	x-small <	small <	medium <	large <	x-large <	xx-large
비율(Scaling factor)	3/5	3/4	8/9	1	6/5	3/2	2/1
HTML 헤딩(H 요소)	H6		H5	H4	H3	H2	H1
HTML 글꼴 크기	1		2	3	4	5	6

이렇게 절대적 크기의 키워드는 위 표와 같이 계산된 글꼴 크기의 테이블에 대한 인덱스를 의미하는 것으로, HTML의 헤딩(h 요소)과 절대적 글꼴 크기에 연결된(mapping) 크기를 나타낸다. 다음 그림은 7단계의 절대적 크기의 키워드를 사용한 예제의 결과를 나타낸 것이다.

영문 글꼴 미리보기	한글 글꼴 미리보기
font-size: xx-small	한글 미리보기
font-size: x-small	한글 미리보기
font-size: small	한글 미리보기
font-size: medium	한글 미리보기
font-size: large	한글 미리보기
font-size: x-large	한글 미리보기
font-size: xx-large	한글 미리보기

▣ 상대적 크기(relative-size) 키워드

글꼴의 크기를 상대적인 키워드 smaller와 larger로 지정하면, 글꼴 크기는 부모(상위) 요소의 글꼴 크기에 비해 상대적으로 1단계 적게, 1단계 크게 지정이 된다. 따라서 부모 요소의 글꼴 크기가 small 일 때, 글꼴 크기를 smaller로 지정하면 글꼴 크기는 상대적 크기인 x-small이 되고, larger로 지정하면 medium이 된다. 다음 그림은 기준 글꼴(small)을 기준으로 글꼴의 크기를 small와 larger로 지정한 결과를 나타낸 것이다.

기준(small) 글꼴 미리보기	한글 글꼴 미리보기
font-size: smaller	한글 미리보기
font-size: larger	한글 미리보기

▣ 길이(length) – 절대적 크기 단위

일반적으로 CSS 스트일시트 속성의 치수와 위치는 길이 단위로 표시된다. 절대적 크기의 길이 단위는 포인트(pt), 파이커(pc), 센티미터(cm), 밀리미터(mm), 인치(in)와 같이 정확한 수치이다. 출력 장치(모니터 등)의 실제 물리적 속성을 아는 경우에는 효율적이라 할 수 있다. 다음 표는 절대적 크기의 길이 단위를 나타낸 것이다.

속성 값	설명
in	인치 크기를 의미(1in = 2.54cm)
cm	센티미터 크기를 의미
mm	밀리미터 크기를 의미
pt	포인트 크기를 의미하며 (1pt = 1/72 inch = 약 0.006cm)로 계산된다.
pc	파이카 크기를 의미하며 1pc의 크기는 12pt(약 0.07cm)가 된다.

다음 그림은 절대적 크기 단위의 글꼴 크기를 비교하기 위하여 나타낸 것으로, 각각 다른 값을 적용하였다.

pt 단위	pc 단위	cm 단위	mm 단위	in 단위
size: 7pt	size: 0.585pc	size: 0.2cm	size: 2mm	size: 0.1in
size: 8pt	size: 0.668pc	size: 0.25cm	size: 2.5mm	size: 0.11in
size: 9pt	size: 0.751pc	size: 0.3cm	size: 3mm	size: 0.12in
size: 10pt	size: 0.834pc	size: 0.35cm	size: 3.5mm	size: 0.13in
size: 11pt	size: 0.917pc	size: 0.4cm	size: 4mm	size: 0.14in
size: 12pt	size: 1pc	size: 0.45cm	size: 4.5mm	size: 0.15in
size: 13pt	size: 1.083pc	size: 0.5cm	size: 5mm	size: 0.16in

주의사항

이러한 절대적 크기의 단위는 CSS에서 사용되었을 때와 다른 어떤 곳에서 사용되었을 때의 단위의 값이 모두 동일하게 나타내기 때문에 스크린에서는 사용하는 것을 권장하지 않는다. 지금의 스크린의 크기는 작은 크기의 휴대용 기기부터 매우 큰 크기의 스크린까지 다양하며, 우리가 이러한 스크린을 통해 웹 문서의 내용을 볼 때 같은 거리에서 보면서 사용하지 않기 때문이다.

▣ 백분율(%) – 상대적 크기 단위

상대적 크기 단위의 글꼴의 크기(%)는 부모 요소의 글꼴 크기를 기준으로 절대 글꼴 크기를 지정하는 것으로, 글꼴의 크기를 상대적인 단위 px, em, ex로 지정할 때는 실수값+단위 형태로 표현할 수 있지만 음수 단위로는 지정할 수 없다.

속성 값	설명
px	**픽셀(px)은 가장 많이 사용되는 단위로 표시 장치의 해상도에 비례하기 때문에 화면의 DPI 값에 따라 상대적인 크기로 보인다.** 만일 글자 간의 폭이 가변인 글꼴인 [굴림] 같은 글꼴을 사용하는 경우에는 한글 12px(또는 9pt)가 일반적인 본문 사이즈가 된다. 그러나 영문이나 숫자를 사용하는 경우에는 한글보다 조금 더 크게 보이기 때문에 영문 글꼴을 지정하는 경우에는 Verdana 또는 Tahoma와 같은 고딕 계열이 많이 사용된다.
em	이 단위는 **브라우저에서 사용하고 있는 기본 글꼴 크기(font-size 속성 값)이고 W3C에서 권장하는 단위로서 부모 요소의 글꼴 크기를 기준으로 계산하는 단위**이기 때문에 1em은 부모 요소의 글꼴 크기와 같게 된다. 만일, 부모 요소가 없을 경우에는 기본값인 medium을 1로 간주하고 계산한다. 이러한 em의 상대적인 값을 사용하는 것은 단계적 스타일시트(Cascading Style Sheet)를 더욱 강력하게 해준다.
ex	단위 ex는 적용하는 글꼴의 **소문자 x의 높이를 1로 간주하고 계산하는 단위**이다. ex는 글꼴마다 크기가 다른 경우가 많아서(크기 값의 변화가 많아서) ex의 사용을 권장하지 않는다.
%	단위 %는 **항상 다른 값(예를 들어, length)에 비례하는 것으로, 부모 요소의 글꼴 크기에 대한 백분율이다.** 그러나 웹 브라우저에 따라 표현되는 결과가 다르기 때문에 정확한 백분율로 표현이 안 되는 경우도 있다.

다음 그림은 상대적 크기 단위를 비교하기 위하여 나타낸 것으로, em과 ex의 결과는 px 크기를 기준으로 하였다.

px 단위	em 단위	ex 단위	px 단위	em 단위	ex 단위
size: 7px	size: 1em	size: 1.5ex	한글: 7px	한글: 1em	한글: 1.5ex
size: 8px	size: 1em	size: 1.5ex	한글: 8px	한글: 1em	한글: 1.5ex
size: 9px	size: 1em	size: 1.5ex	한글: 9px	한글: 1em	한글: 1.5ex
size: 10px	size: 1em	size: 1.5ex	한글: 10px	한글: 1em	한글: 1.5ex
size: 11px	size: 1em	size: 1.5ex	한글: 11px	한글: 1em	한글: 1.5ex
size: 12px	size: 1em	size: 1.5ex	한글: 12px	한글: 1em	한글: 1.5ex
size: 13px	size: 1em	size: 1.5ex	한글: 13px	한글: 1em	한글: 1.5ex

앞에서 살펴본 바와 같이, 상대적 크기의 길이 단위는 다른 속성을 기준으로 길이가 정의되기 때문에 한 출력 장치에서 다른 출력 장치로 크기가 배율에 따라 알맞게 조정되며(예를 들어, 모니터에서 프린터로) 다른 페이지 요소와 비교하여 길이가 조정된다. 따라서 각종 디바이스의 기

종 및 플랫폼 간의 호환성을 유지하는데 유리하다.

일반적으로 대부분의 브라우저는 글꼴 크기의 기본값으로 12pt, 16px, 1em, 100%를 가진다. 다음 표는 이에 대한 글꼴의 크기를 각 단위별로 비교하여 나타낸 것이다.

글꼴의 단위에 따른 크기 비교표 (자료출처 - http://reeddesign.co.uk/test/points-pixels.html)

포인트(pt)	픽셀(px)	em	백분율(%)
8pt	11px	0.7em	70%
9pt	12px	0.75em	75%
10pt	13px	0.8em	80%
10.5pt	14px	0.875em	87.5%
11pt	15px	0.95em	95%
12pt	**16px**	**1em**	**100%**
13pt	17px	1.05em	105%
13.5pt	18px	1.125em	112.5%
14pt	19px	1.2em	120%
14.5pt	20px	1.25em	125%
15pt	21px	1.3em	130%
16pt	22px	1.4em	140%
17pt	23px	1.45em	145%
18pt	24	1.5em	150%

HTML5 **실습하기** CSS

앞에서 학습한 글꼴의 크기 지정을 다양하게 실습하도록 한다.

1. CSS 파일을 다음과 같이 작성한다.

예제 CSS_05.css

```
body  { font-family: Verdana, 굴림체; font-size: 12px; line-height: 20pt; }
table { width: 600px; margin: 0; padding: 0;
        border-top: 1px solid #999; border-left: 1px solid #999; border-collapse: collapse; }
thead { background-color: #cccccc; }
td    { border-right: 1px solid #999; border-bottom: 1px solid #999; margin: 0; padding: 3px }
```

2. CSS_Study04_Step.html파일을 열고, 다음의 HTML 실습 코드를 입력하고 브라우저로 확인을 해보자.

예제 CSS_Study04_Step.html

```
<table>
  <thead><tr><td>영문 글꼴 미리보기</td><td>한글 글꼴 미리보기</td></tr></thead>
  <tr style="font-size: xx-small"><td>font-size: xx-small</td><td>한글 미리보기 </td></tr>
  <tr style="font-size: x-small"><td>font-size: x-small</td><td>한글 미리보기 </td></tr>
  <tr style="font-size: small"><td>font-size: small</td><td>한글 미리보기 </td></tr>
  <tr style="font-size: medium"><td>font-size: medium</td><td>한글 미리보기 </td></tr>
  <tr style="font-size: large"><td>font-size: large</td><td>한글 미리보기 </td></tr>
  <tr style="font-size: x-large"><td>font-size: x-large</td><td>한글 미리보기 </td></tr>
  <tr style="font-size: xx-large"><td>font-size: xx-large</td><td>한글 미리보기 </td></tr>
</table><br>
<table style="font-size: small">
  <thead><tr><td>기준(small) 글꼴 미리보기</td><td>한글 글꼴 미리보기</td></tr></thead>
  <tr style="font-size: smaller"> <td>font-size: smaller</td> <td>한글 미리보기</td></tr>
  <tr style="font-size: larger">  <td>font-size: larger</td>  <td>한글 미리보기</td></tr>
</table><br>
<table>
   <thead><tr><td>pt 단위</td><td>pc 단위</td><td>cm 단위</td><td>mm 단위</td><td>in 단위</td></tr></thead>
  <tr><td style="font-size: 7pt">size: 7pt</td>
      <td style="font-size: 0.585pc">size: 0.585pc</td><td style="font-size: 0.2cm">size: 0.2cm</td>
      <td style="font-size: 2mm">size: 2mm</td><td style="font-size: 0.1in">size: 0.1in</td></tr>
  <tr><td style="font-size: 8pt">size: 8pt</td>
      <td style="font-size: 0.668pc">size: 0.668pc</td><td style="font-size: 0.25cm">size: 0.25cm</td>
      <td style="font-size: 2.5mm">size: 2.5mm</td><td style="font-size: 0.11in">size: 0.11in</td></tr>
  <tr><td style="font-size: 9pt">size: 9pt</td>
      <td style="font-size: 0.751pc">size: 0.751pc</td><td style="font-size: 0.3cm">size: 0.3cm</td>
      <td style="font-size: 3mm">size: 3mm</td><td style="font-size: 0.12in">size: 0.12in</td></tr>
  <tr><td style="font-size: 10pt">size: 10pt</td>
      <td style="font-size: 0.834pc">size: 0.834pc</td><td style="font-size: 0.35cm">size: 0.35cm</td>
      <td style="font-size: 3.5mm">size: 3.5mm</td><td style="font-size: 0.13in">size: 0.13in</td></tr>
  <tr><td style="font-size: 11pt">size: 11pt</td>
      <td style="font-size: 0.917pc">size: 0.917pc</td><td style="font-size: 0.4cm">size: 0.4cm</td>
      <td style="font-size: 4mm">size: 4mm</td><td style="font-size: 0.14in">size: 0.14in</td></tr>
  <tr><td style="font-size: 12pt">size: 12pt</td>
      <td style="font-size: 1pc">size: 1pc</td><td style="font-size: 0.45cm">size: 0.45cm</td>
      <td style="font-size: 4.5mm">size: 4.5mm</td><td style="font-size: 0.15in">size: 0.15in</td></tr>
  <tr><td style="font-size: 13pt">size: 13pt</td>
      <td style="font-size: 1.083pc">size: 1.083pc</td><td style="font-size: 0.5cm">size: 0.5cm</td>
      <td style="font-size: 5mm">size: 5mm</td><td style="font-size: 0.16in">size: 0.16in</td></tr>
```

```
</table><br>
<table>
  <thead><tr><td>px 단위</td><td>em 단위</td><td>ex 단위</td><td>px 단위</td><td>em 단위</td><td>ex 단위</td></tr></thead>
  <tr style="font-size: 7px">
    <td>size: 7px</td><td style="font-size: 1em">size: 1em</td><td style="font-size: 1.5ex">size: 1.5ex</td>
    <td>한글: 7px</td><td style="font-size: 1em">한글: 1em</td><td style="font-size: 1.5ex">한글: 1.5ex</td>
  </tr>
  <tr style="font-size: 8px">
    <td>size: 8px</td><td style="font-size: 1em">size: 1em</td><td style="font-size: 1.5ex">size: 1.5ex</td>
    <td>한글: 8px</td><td style="font-size: 1em">한글: 1em</td><td style="font-size: 1.5ex">한글: 1.5ex</td>
  </tr>
  <tr style="font-size: 9px">
    <td>size: 9px</td><td style="font-size: 1em">size: 1em</td><td style="font-size: 1.5ex">size: 1.5ex</td>
    <td>한글: 9px</td><td style="font-size: 1em">한글: 1em</td><td style="font-size: 1.5ex">한글: 1.5ex</td>
  </tr>
  <tr style="font-size: 10px">
    <td>size: 10px</td><td style="font-size: 1em">size: 1em</td><td style="font-size: 1.5ex">size: 1.5ex</td>
    <td>한글: 10px</td><td style="font-size: 1em">한글: 1em</td><td style="font-size: 1.5ex">한글: 1.5ex</td>
  </tr>
  <tr style="font-size: 11px">
    <td>size: 11px</td><td style="font-size: 1em">size: 1em</td><td style="font-size: 1.5ex">size: 1.5ex</td>
    <td>한글: 11px</td><td style="font-size: 1em">한글: 1em</td><td style="font-size: 1.5ex">한글: 1.5ex</td>
  </tr>
  <tr style="font-size: 12px">
    <td>size: 12px</td><td style="font-size: 1em">size: 1em</td><td style="font-size: 1.5ex">size: 1.5ex</td>
    <td>한글: 12px</td><td style="font-size: 1em">한글: 1em</td><td style="font-size: 1.5ex">한글: 1.5ex</td>
  </tr>
  <tr style="font-size: 13px">
    <td>size: 13px</td><td style="font-size: 1em">size: 1em</td><td style="font-size: 1.5ex">size: 1.5ex</td>
    <td>한글: 13px</td><td style="font-size: 1em">한글: 1em</td><td style="font-size: 1.5ex">한글: 1.5ex</td>
  </tr>
</table>
```

※ 완성된 코드는 CSS_Study04_FontSize.html에서 확인해 볼 수 있다

속성	font-style - 글꼴 스타일 지정하기	CSS1

font-style 속성은 앞에서 학습한 글꼴 그룹의 스타일을 지정하는 것으로, 지정된 값은 하위 요소로 상속이 된다. 글꼴 그룹의 종류에 따라서 일반적으로 기본값인 **표준 글꼴(normal)**과 **이탤릭(italic)** 및 **기울임(oblique)** 전용 글꼴을 지정할 수 있다. 그리고 해당 글꼴이 없는 경우에는 표준 글꼴이 이용된다. 다음은 사용 방법 및 예제를 나타낸 것이다.

속성 값	**normal | italic | oblique**					
속성 특징	초기값	normal	적용	모든 요소들	상속	O
JavaScript	*object*.**style.fontStyle="italic"**					
사용 예제	H3 { **font-style:** italic }					

속성에서 사용할 수 있는 각 속성 값들은 다음과 같다.

속성 값	설명
normal	글꼴의 기본 형태로 표시
italic	기울임 꼴로 지정하는 것으로, sans-serif는 serif로 font-family가 변경된다
oblique	기울임 꼴로 지정하는 것으로, font-family의 변경 없이 글꼴이 기울여 표시된다.

대부분의 글꼴 파일은 oblique와 italic을 모두 지원하지 않고 한 가지만 지원하기 때문에 일반적으로 두 개의 속성 값 결과는 거의 동일하게 표시된다. 다음은 글꼴 스타일의 예를 나타낸 것이다.

Verdana 글꼴	굴림체 글꼴
font-style: italic	*이탤릭 글꼴 미리보기*
font-style: oblique	*기울임 글꼴 미리보기*
font-style: normal	표준 글꼴 미리보기

속성	font-variant - 글꼴을 대문자로 변환하기	CSS1/CSS3

font-variant 속성은 글꼴을 변화시키는 것으로, 하위요소로 상속이 된다. small-caps값을 지정하여 영어 알파벳의 대문자로 표시하지만 소문자 크기의 작은 글꼴로 나타나게 한다. 이 속성은 영어 알파벳에만 효과가 있기 때문에 한글에는 영향을 주지 않는다. 그리고 지정된 값은 하위 요소에 상속이 되고, 기본값이 normal이기 때문에 별도로 지정할 필요는 없다. 다음은 사용 방법 및 예제를 나타낸 것이다.

속성 값	normal | none | [<common-lig-values> || <discretionary-lig-values> || <historical-lig-values> || <contextual-alt-values> || stylistic(<feature-value-name>) || historical-forms || styleset(<feature-value-name> #) || character-variant(<feature-value-name> #) || swash(<feature-value-name>) || ornaments(<feature-value-name>) || annotation(<feature-value-name>) || [small-caps | all-small-caps | petite-caps | all-petite-caps | unicase | titling-caps] || <numeric-figure-values> || <numeric-spacing-values> || <numeric-fraction-values> || ordinal || slashed-zero || <east-asian-variant-values> || <east-asian-width-values> || ruby]					
속성 특징	초기값	normal	적용	모든 요소들	상속	0
JavaScript	object.**style.fontVariant="small-caps"**					
사용 예제	P { **font-variant:** small-caps }					

속성에서 사용할 수 있는 각 속성 값들은 다음과 같다.

속성 값	설명
normal	글꼴의 기본 형태로 표시
small-caps	영어 알파벳을 소문자의 크기로 대문자로 표시한다.
inherit	부모 요소에서 지정된 값을 사용

Verdana 글꼴	굴림체 글꼴
font-variant: small-cpas (normal)	small-caps 미리보기(normal)
FONT-VARIANT: SMALL-CPAS	SMALL-CAPS 미리보기

영문 대문자 변환 예

CSS3에서는 다음과 같은 하위 속성들이 추가되었다. 아직은 브라우저에서 지원되지는 않고 있으며, 이에 대한 자세한 내용은 [2.3 글꼴 기능 확장에서] 설명하도록 한다.

하위 속성	설명
font-variant-position	글꼴의 표시 위치를 지정하는 속성으로, 텍스트의 위첨자 또는 아래첨자 등과 같은 형태를 지정할 수 있다.
font-variant-ligatures	발음 기호 형태와 같은 묶음 표시 형태를 지정하는 속성이다.
font-variant-caps	대소문자 형태를 지정하는 속성이다.
font-variant-numeric	분수 또는 회계용 숫자 등의 표시형태를 지정할 수 있는 속성이다.
font-variant-alternates	글꼴의 장식 요소나 특수 문자의 표시 형태를 지정하는 속성이다.
font-variant-east-asia	한자 또는 일본어 글꼴의 약자 형식으로 지정할 수 있는 속성이다.

속성	font-weight – 글꼴 굵기 지정하기	CSS1

font-weight 속성은 글꼴 그룹의 굵기를 지정하는 것으로, 지정된 값은 하위 요소로 상속이 된다. 다음은 사용 방법 및 예제를 나타낸 것이다.

속성 값	normal | bold | bolder | lighter | 100 | 200 | 300 | 400 | 500 | 600 | 700 | 800 | 900					
속성 특징	초기값	normal	적용	모든 요소들	상속	0
JavaScript	*object*.**style.fontWeight="bolder"**					
사용 예제	LI { **font-weight**: bolder }					

속성에서 사용할 수 있는 각 속성 값들은 다음과 같다.

속성 값	설명
normal	표준 굵기(9단계의 굵기에서 400에 해당)
bold	표준 굵기보다 굵게(9단계의 굵기에서 700에 해당)
bolder	현재 굵기보다(기본값 또는 상위 요소에서 상속된 값) 한 단계 굵게
lighter	현재 굵기보다(기본값 또는 상위 요소에서 상속된 값) 한 단계 가늘게
100~900	글꼴의 굵기를 9단계로 구분
inherit	부모 요소에서 지정된 값을 사용

일반적으로 글꼴의 굵기는 100~900까지의 9단계의 굵기로 지정할 수 있으며, 다음 그림과 표는 서로 다른 굵기를 비교하여 나타낸 것이다.

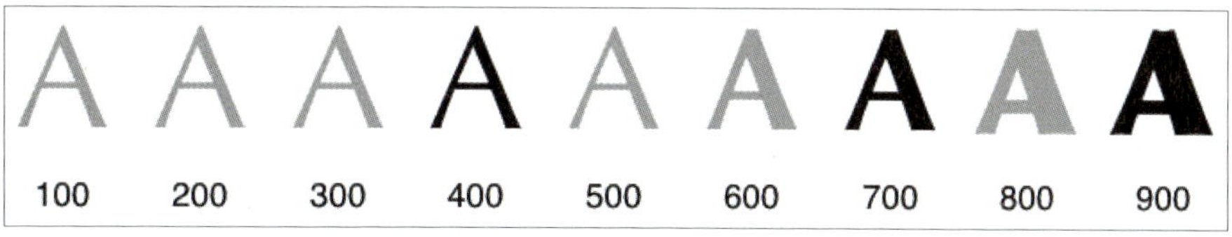

100	200	300	400	500	600	700	800	900
Thin	Extra Light	Light	**Normal**	Medium	Semi Bold	**Bold**	Extra Bold	Black(Heavy)

또한 현재의 굵기를 상대적으로 지정할 수 있는데, 다음 표는 상대적인 굵기를 비교하여 나타낸 것이다.

비교대상(상속된 값)	100	200	300	400	500	600	700	800	900
Bolder	400	400	400	700	700	900	900	900	900
Lighter	100	100	100	100	100	400	400	700	700

이 속성은 사용자의 컴퓨터에 설치된 글꼴에 따라서 특정 글꼴 종류에 매핑이 된다. 그리고 대부분의 경우 운영 체제에서 가장 일치하는 글꼴을 선택하기 때문에 사용자는 다양한 fornt-weight 설정 간의 차이를 구분하지 못한다. 다음 그림은 이 속성을 사용한 예제의 결과를 나타낸 것으로, 결과에서 알 수 있듯이 bold(700)을 기준으로 설정 값 사이의 차이를 구분하기가 쉽지 않은 것을 볼 수 있다.

Verdana 글꼴	굴림체 글꼴
font-weight: 100	글꼴 굵기 100 미리보기
font-weight: 200	글꼴 굵기 200 미리보기
font-weight: 300	글꼴 굵기 300 미리보기
font-weight: 400	글꼴 굵기 400 미리보기
font-weight: 500	글꼴 굵기 500 미리보기
font-weight: 600	글꼴 굵기 600 미리보기
font-weight: 700	글꼴 굵기 **700** 미리보기
font-weight: 800	글꼴 굵기 **800** 미리보기
font-weight: 900	글꼴 굵기 **900** 미리보기
font-weight: bold	글꼴 굵기 **bold** 미리보기

HTML5 **실습하기** CSS

앞에서 학습한 글꼴의 스타일과 굵기, 그리고 영어 알파벳의 대문자화를 다양한 방법으로 실습하도록 한다.

CSS_Study05_Step.html 파일을 열고, 다음의 HTML 실습 코드를 입력하고 브라우저로 확인을 해보자.

예제 CSS_Study05_Step.html

```
<table>
  <thead><tr><td>Verdana 글꼴 </td><td>굴림체 글꼴</td></tr></thead>
  <tr style="font-style: italic"><td>font-style: italic</td><td>이탤릭 글꼴 미리보기</td></tr>
  <tr style="font-style: oblique"><td>font-style: oblique</td><td>기울임 글꼴 미리보기</td></tr>
  <tr style="font-style: normal"><td>font-style: normal</td><td>표준 글꼴 미리보기</td></tr>
</table><br>
<table>
  <thead><tr><td>Verdana 글꼴 </td><td>굴림체 글꼴</td></tr></thead>
  <tr><td>font-variant: small-cpas (normal)</td><td>small-caps 미리보기(normal)</td></tr>
  <tr style="font-variant: small-caps"><td>font-variant: small-cpas</td><td>small-caps 미리보기</td></tr>
</table><br>
<table style="font-size: 1.5em">
  <thead><tr><td>Verdana 글꼴 </td><td>굴림체 글꼴</td></tr></thead>
  <tr style="font-weight: 100"><td>font-weight: 100</td><td>글꼴 굵기 100 미리보기</td></tr>
  <tr style="font-weight: 200"><td>font-weight: 200</td><td>글꼴 굵기 200 미리보기</td></tr>
  <tr style="font-weight: 300"><td>font-weight: 300</td><td>글꼴 굵기 300 미리보기</td></tr>
  <tr style="font-weight: 400"><td>font-weight: 400</td><td>글꼴 굵기 400 미리보기</td></tr>
  <tr style="font-weight: 500"><td>font-weight: 500</td><td>글꼴 굵기 500 미리보기</td></tr>
  <tr style="font-weight: 600"><td>font-weight: 600</td><td>글꼴 굵기 600 미리보기</td></tr>
  <tr style="font-weight: 700"><td>font-weight: 700</td><td>글꼴 굵기 700 미리보기</td></tr>
  <tr style="font-weight: 800"><td>font-weight: 800</td><td>글꼴 굵기 800 미리보기</td></tr>
  <tr style="font-weight: 900"><td>font-weight: 900</td><td>글꼴 굵기 900 미리보기</td></tr>
  <tr style="font-weight: bold"><td>font-weight: bold</td><td>글꼴 굵기 bold 미리보기</td></tr>
</table>
```

※ 완성된 코드는 CSS_Study05_StyleVariantWeight.html에서 확인해 볼 수 있다

속성 | font - 글꼴 스타일 지정하기 | CSS1/CSS3

font 속성은 글꼴의 스타일을 지정하는 것으로, 앞에서 학습한 font-style, font-variant, font-weight, font-size, line-height, font-family속성들 6개의 글꼴 값을 한번에 묶어서 약식으로 표현하는 복합 속성이다. 여기서 line-height은 줄간격을 조정하는 속성으로, 글꼴의 크기와 밀접한 관련이 있기 때문에 font 속성처럼 font-size / line-height와 같이 사용하기도 한다. 다음은 사용 방법 및 예를 나타낸 것이다.

속성 값	[[<'font-style'> || <'font-variant'> || <'font-weight'>]? <'font-size'> [/ <'line-height'>]? <'font-family'>] | caption | icon | menu | message-box | small-caption | status-bar | inherit					
속성 특징	초기값	각 속성별 다름	적용	모든 요소들	상속	O

JavaScript	*object*.style.font="italic small-caps bold 12px arial,sans-serif"
사용 예제	p { **font**: 12pt/14pt sans-serif } /* font-size (12pt) / line-height(14pt) */ p { **font**: 80% sans-serif } p { **font**: x-large/110% "new century schoolbook", serif } p { **font**: bold italic large Palatino, serif } p { **font**: normal small-caps 120%/120% fantasy } p { **font**: condensed oblique 12pt "Helvetica Neue", serif; } button { **font**: 300 italic 1.3em/1.7em "FB Armada", sans-serif } button p { **font**: menu }

그리고 CSS3에서 추가된 caption, icon, menu, message-box, small-caption, status-bar 속성 값들이 있으며, 이들은 시스템 글꼴을 참조하게 되는데, 시스템 글꼴은 글꼴의 그룹, 크기, 굵기 및 스타일 등의 전체로 설정될 수 있고 개별적으로도 변경될 수 있다.

속성 값	설명
caption	컨트롤들(버튼이나 드롭-다운 같은)의 제목으로 사용되는 글꼴을 지정
icon	레이블 아이콘의 글꼴을 지정
menu	메뉴에 사용되는 글꼴을 지정 (드롭-다운 메뉴와 메뉴 목록)
message-box	대화 상자에서 사용할 글꼴 지정
small-caption	작은 컨트롤의 레이블에 사용되는 글꼴 지정
status-bar	창의 상태 표시 줄에 사용되는 글꼴을 지정

사용 예제	p { **font**: normal small-caption 120%/120% fantasy }

2.2 글꼴 스타일 확장

앞에서 살펴본 기본 글꼴 이외에, CSS3에서는 다음과 같은 글꼴 스타일을 확장할 수 있는 기능들이 추가되었다.

추가된 글꼴 규격과 관련된 속성들(CSS3)

Level	속성	설명
CSS3	@font-face (사용자 글꼴)	글꼴의 종류를 외부 글꼴로 지정할 수 있다. • font-family(글꼴 종류), src(글꼴 파일 경로), font-stretch(글꼴 늘림) • font-style(글꼴 스타일), font-weight(글꼴 굵기) • unicode-range(유니코드 문자셋 범위)

CSS3	font-size-adjust (글꼴 크기 조정)	글꼴의 기본 크기를 조정한다. • none(조정 안 함), number(크기 조정 값), inherit(부모 값을 상속)
CSS3	font-stretch (글꼴 늘림)	텍스트의 글꼴 늘림(가로 폭)을 지정한다. • wider(더 넓게), narrower(더 좁게), normal(정상, 기본값) • ultra-condensed(가장 많이 확대), extra-condensed(두 번째로 많은 확대) • condensed(축소), semi-condensed(반 축소), semi-expanded(반 확대) • expanded(확대), extra-expanded(대단한 확대), ultra-expanded(극단적 확대)
CSS3	font-synthesis (글꼴 합성)	텍스트의 굵은 글꼴이나 기울어진 글꼴의 합성 여부를 지정한다. • weight(굵은 글꼴 합성), style(기울어진 글꼴 합성)

속성	@font-face - 사용자 글꼴 스타일 지정하기	CSS3

@font-face는 사용자가 정의한 글꼴을 사용하고자 할 때 사용하는 속성이다. 기본적으로 CSS2에서 제공되는 글꼴 스타일만으로 다양한 글자를 표현하기에는 다소 부족한 것이 사실이다. 특히 지정한 글꼴이 웹 문서를 열어본 사용자에게 설치되지 않은 글꼴이라면 당황스러울 수밖에 없다. 앞에서 살펴본 font-family 속성을 이용하여 사용된 글꼴들은 윈도우 시스템을 사용하는 사람이라면 기본적으로 지원되는 글꼴들이지만, 나눔 글꼴이나 아래 한글을 통해 설치된 글꼴을 지정하였다면 이러한 글꼴을 설치하지 않은 사용자의 컴퓨터에서는 지정한 글꼴을 제대로 보여줄 수 없기 때문에 기본 글꼴로 대체하여 표시해준다. 그래서 지금까지는 그래픽 툴로 글꼴을 이미지로 만들어서 웹에 추가하여 사용해온 사람들이 많이 있다.

이렇게 사용자의 시스템에 어떤 글꼴이 설치되어 있는지 알 수 없기 때문에 목록 끝에 일반 글꼴 패밀리와 함께 대체 글꼴 목록을 제공해야 한다. 이러한 일을 해주도록 CSS3에 @font-face 규칙이 추가되어 외부의 글꼴을 손쉽게 불러올 수 있도록 지원하고 있다. 다음은 사용 방법 및 예제를 나타낸 것이다.

속성 값	<font-family> | <src> | [font-stretch | font-style | font-weight | unicode-range]

사용 예제	**@font-face { font-family: 'MyFont';** /* 사용자 글꼴 지정(필수) */
	        src: url(font/MyFont.ttf) format("truetype"); /* 글꼴 위치 및 유형 지정(필수) */
	        font-weight: bold } /* 글꼴 굵기 지정(선택) */
	body { font-family: MyFont; }

속성에서 사용할 수 있는 각 속성 값들은 다음과 같다.

속성 값	설명
font-family	(필수)사용자가 지정해서 사용할 글꼴 이름이다.

src	(필수)사용자가 정의한 글꼴의 이름을 지정하고 불러올 글꼴의 위치 URL을 지정한다. 글꼴 파일의 유형(format)을 함께 지정할 수 있다.
unicode-range	유니코드 문자 셋의 범위

예제와 같이 @font-face에 사용자가 정의한 글꼴의 이름을 지정하고 불러올 글꼴의 위치를 지정하면 된다. 그리고 선택적으로 font-stretch, font-style, font-weight, 그리고 unicode-range 속성을 지정할 수도 있다.

사용된 예제는 글꼴 계층 구조(이 경우 포함된 글꼴 및 시스템 글꼴)를 정의하는 방법을 보여주는 것으로, 브라우저에서는 적용할 수 있는 글꼴을 찾을 때까지 이 목록 전체를 검색하기 때문에 사용자 컴퓨터에서 액세스하거나 로드할 수 없는 글꼴이 포함된 페이지를 표시할 경우 유용하다

▣ 사용자가 지정 가능한 글꼴의 종류

이렇게 사용자가 지정한 글꼴의 종류는 TTF, OTF, EOT, WOFF, SVG 등이 있으며, 글꼴 파일의 확장자에 따라서 이를 지원하는 브라우저는 각각 다르다. 그러나 TTF(트루타입)와 OTF(오픈타입), 그리고 WOFF(웹오픈타입)는 모든 브라우저에서 지원하고 있기 때문에 이 3가지 종류의 글꼴을 사용하는 것이 안전하다. 만일 EOT(임베디드오픈타입) 글꼴을 사용하고자 계획하고 있다면, 웹 문서를 보는 사용자가 MS IE 9.0 이상 사용하기를 희망해야 할 것이다. 이 글꼴은 Microsoft에서 특허 받은 글꼴이기 때문에 다른 브라우저에서는 지원하지 않는다. 그러나 마음에 드는 글꼴이 EOT에 있다면, 이 글꼴을 변환해주는 프로그램(http://eotfast.com)을 사용해서 TTF 글꼴로 변환하면 된다.

그러나 글꼴 변환 시 글꼴의 용량이 많이 증가하는 것은 감안해야 한다. 글꼴의 용량이 큰 것은 모바일 시스템에서는 적합하지 않기 때문이다. TTF 글꼴이 웹 문서를 비롯한 일반 문서 환경에 최적화된 글꼴이라면 OTF 글꼴은 그래픽 디자인 출력에 최적화된 글꼴이라 할 수 있다. 다음은 사용자 글꼴을 정의할 때 사용할 수 있는 글꼴의 종류 및 글꼴 파일의 유형, 글꼴 파일의 확장자를 나타낸 것이다.

웹 글꼴의 종류

글꼴 파일 확장자	글꼴 종류	글꼴 파일 유형
.TTF	트루타입 - TrueType	"truetype"
.OTF	오픈타입 - OpenType	"opentype"
.WOFF	웹오픈형식 – Web Open Font Format	"woff"

.EOT	임베디드오픈타입 - Embedded OpenType	"embeddedopentype"
.SVG, .SVGZ	스케일러블벡터 - Scalable Vector Graphic	"svg"

▣ 구글 웹 글꼴 사용하기

앞에서 언급한 사용자 지정의 글꼴을 만들어서 사용하거나, 무료 글꼴을 다운받아서 사용할 수도 있지만, 영어 글꼴과는 달리 한글 글꼴의 경우 용량이 크기 때문에 하나 이상의 글꼴을 사용하기에는 웹 사이트의 로딩속도에 치명적인 영향을 끼친다는 것이 문제점이라 할 수 있다. 이러한 문제를 해결할 수 있는 방법 중에 하나가 바로 구글에서 제공하고 있는 글꼴을 사용하는 것이다. 다음 그림과 같이 구글에서 제공하고 있는 매우 다양한 웹 글꼴을 사용할 수 있다. (https//www.google.com/fonts)

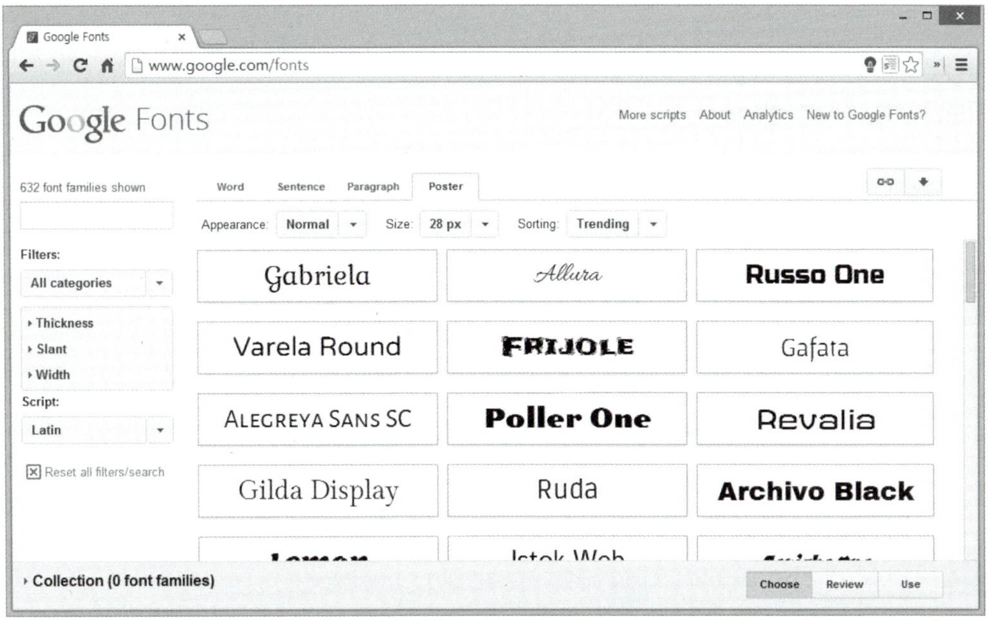

아직은 등록된 정식 한글 글꼴을 찾아볼 수 없지만, 테스트 단계(http://www.google.com/fonts/earlyaccess)에서 실험적으로 사용해 볼 수는 있다. 매우 많은 글꼴들이 테스트 중이기 때문에 검색(Korean)으로 찾아보아야 한다.

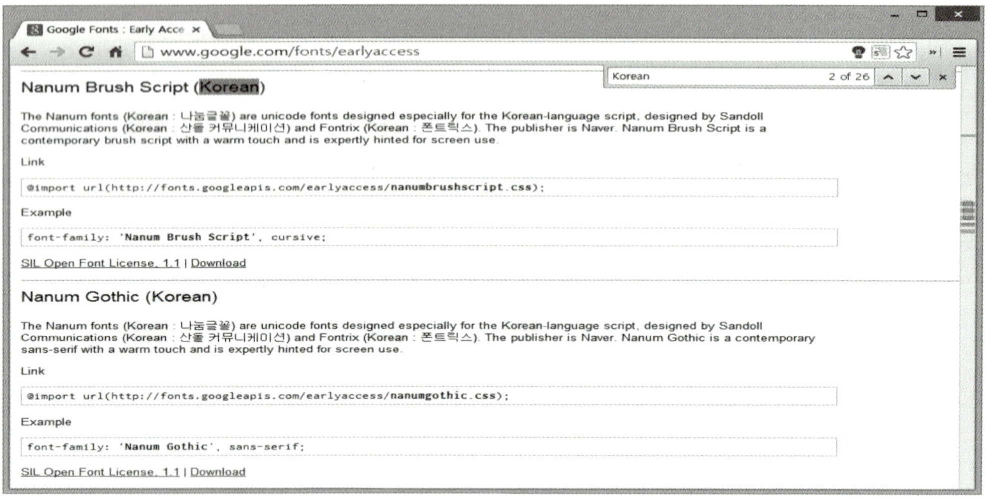

찾아볼 수 있는 한글 글꼴은 1개의 한나체 글꼴과 5개의 나눔 글꼴들이다. 한나체 글꼴은 우아한형제들(Woowa Bros.)에서 만든 글꼴이고, 나눔 글꼴들은 산돌커뮤니케이션(Sandoll Communications)과 폰트릭스(Fontrix)가 개발한 글꼴이다. 이러한 글꼴들은 앞에서 언급한 네이버에서 배포하고 있는 무료 글꼴들이다.

이러한 글꼴들을 사용하는 방법은 CSS Import를 사용하는 방식과 웹 글꼴 로더(Webfont Loader)를 이용하는 방법이 있다.

1. CSS Import 방식: CSS 파일에 다음 구문을 추가하면 된다.
   - @import url(http://fonts.googleapis.com/earlyaccess/nanumgothic.css);
2. 웹 글꼴 로더 동기방식: 웹 글꼴 로더 라이브러리를 사용하기 위해서 webfont.js를 이용한다.

```
<script src="//ajax.googleapis.com/ajax/libs/webfont/1.5.2/webfont.js"></script>
<script>
  WebFont.load( {
     google: { families: ['Droid Sans', 'Droid Serif'] } // 정식 구글 웹글꼴을 사용하는 방식
     custom: {  // 테스트단계의 사용자 글꼴을 사용하는 방식
          families: ['Nanum Gothic'],
          urls: ['http://fonts.googleapis.com/earlyaccess/nanumgothic.css']
     }
  } );
</script>
```

• 정식 구글 웹 글꼴이 아니기 때문에 추가적으로 url을 통해서 글꼴의 CSS 파일을 지정해주

어야 한다.

- 현재 사용된 webfont.js의 버전은 1.5.2 버전이다.
- 글꼴을 로딩하는데 시간이 걸리기 때문에 좀 더 빠른 로딩을 위한 비동기 방식을 사용하고자 한다면, 이곳에서(Web Font Loader - https://github.com/typekit/webfontloader) 확인을 해보자.

3. 실제 글꼴을 적용하는 방법은 일반적으로 글꼴을 지정하는 방법과 동일하다.

```
body { font-family: 'Nanum Gothic', serif; }
```

다음 표에 사용해 볼 수 있는 웹 글꼴들의 사용법을 정리하여 나타내었다.

웹 글꼴	사용 방법	
한나체(Hanna)	Link	@import url(http://fonts.googleapis.com/earlyaccess/hanna.css);
	적용	font-family: 'Hanna', serif;
나눔 붓 글씨체 (Nanum Brush Script)	Link	@import url(http://fonts.googleapis.com/earlyaccess/nanumbrushscript.css);
	적용	font-family: 'Nanum Brush Script', cursive;
나눔 고딕 (Nanum Gothic)	Link	@import url(http://fonts.googleapis.com/earlyaccess/nanumgothic.css);
	적용	font-family: 'Nanum Gothic', sans-serif;
나눔 고딕코딩 (Nanum Gothic Coding)	Link	@import url(http://fonts.googleapis.com/earlyaccess/nanumgothiccoding.css);
	적용	font-family: 'Nanum Gothic Coding', monospace;
나눔 명조 (Nanum Myeongjo)	Link	@import url(http://fonts.googleapis.com/earlyaccess/nanummyeongjo.css);
	적용	font-family: 'Nanum Myeongjo', serif;
나눔 손글씨체 (Nanum Pen Script)	Link	@import url(http://fonts.googleapis.com/earlyaccess/nanumpenscript.css);
	적용	font-family: 'Nanum Pen Script', cursive;

무료 글꼴 사용하기

검색을 통해서 무료 글꼴을 사용할 수 있는 곳은 많이 있지만, 대표적으로 한글 글꼴의 경우는 네이버 소프트웨어 자료실의 무료 글꼴을 사용하면 된다.

- http://software.naver.com/software/fontList.nhn?categoryId=I0000000)

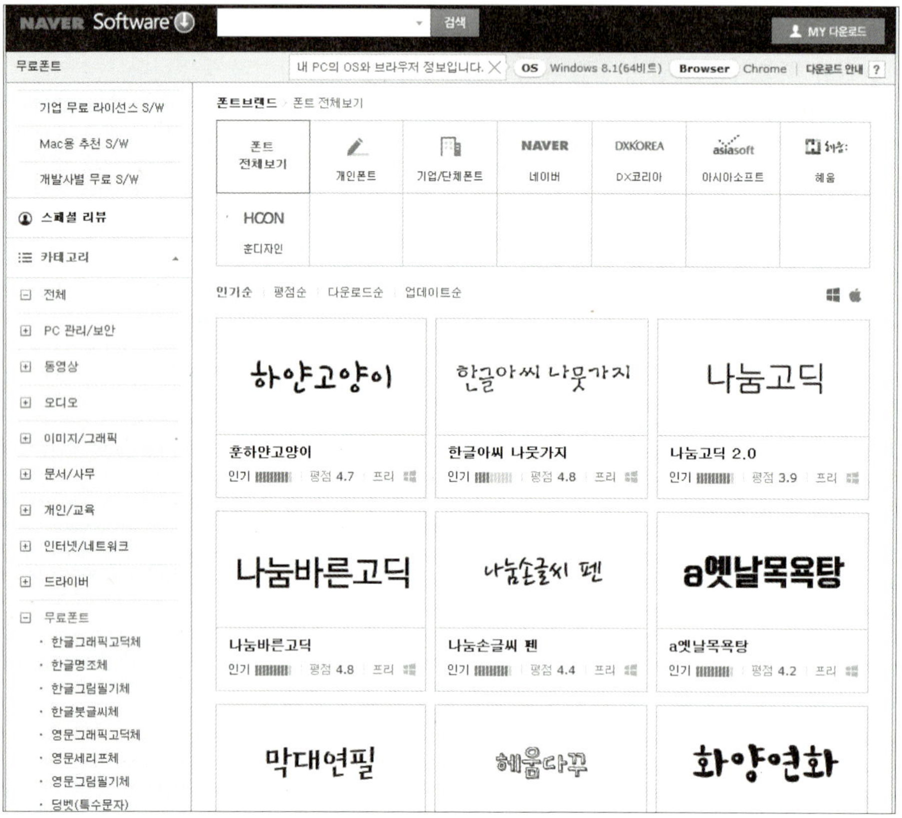

HTML5 | 실습하기 | CSS

앞에서 살펴본 무료 글꼴 사용하기를 통해 글꼴들을 다운로드한 이후에 font 폴더에 각 글꼴들의 압축을 해제한다. 그리고 @font-face를 사용하여 사용자 글꼴 스타일을 정의한 다음, 사용자 글꼴을 실습하도록 한다.

1. CSS 파일을 다음과 같이 작성한다.

예제 CSS_Study06.css

```
@import url(http://fonts.googleapis.com/earlyaccess/hanna.css);
@font-face { font-family: 'My_훈검정고무신'; src: url(font/HunFont/훈검정고무신R.ttf); }
@font-face { font-family: 'My_훈하얀고양이'; src: url(font/HunFont/훈하얀고양이R.ttf); }
@font-face { font-family: 'My_Canaro-Light'; src: url(font/canaro/Canaro-LightDEMO.otf); }
@font-face { font-family: 'My_Exo20-ExtraLight'; src: url(font/exo20/Exo2.0-ExtraLight.otf); }
.user-KorFont0 { font-family: 돋음체; font-size: 30pt }
.user-KorFont1 { font-family: My_훈검정고무신; font-size: 30pt }
.user-KorFont2 { font-family: My_훈하얀고양이; font-size: 30pt }
.user-EngFont0 { font-family: "Times New Roman"; font-size: 25pt }
.user-EngFont1 { font-family: My_Canaro-Light; font-size: 25pt }
.user-EngFont2 { font-family: My_Exo20-ExtraLight; font-size: 25pt }
div { font-size: 20pt; width: 600px; border: 1px solid black; padding: 3px }
.webfont { font-family: 'Hanna', serif; }
```

2. CSS_Study06_Step.html 파일을 열고, 다음의 HTML 실습 코드를 입력하고 브라우저로 확인을 해보자.

예제 CSS_Study06_Step.html

```
<ul>
    <li class="user-KorFont0">시스템 한글 글꼴 - 돋음체</li>
    <li class="user-KorFont1">무료 한글 글꼴 - 훈검정고무신</li>
    <li class="user-KorFont2">무료 한글 글꼴 - 훈하얀고양이</li>
    <li class="user-EngFont0">시스템 영문 글꼴 - Times New Roman</li>
    <li class="user-EngFont1">무료 영문 글꼴 - Canaro-Light</li>
    <li class="user-EngFont2">무료 영문 글꼴 - Exo 2.0 - ExtraLight</li>
</ul>
<div class="webfont">
    <h3>구글 웹 글꼴 - 한나체(Hanna)</h3>
    <p>가나다라마바사아자차카타파하 1234567890<br>
     ABCDEFGHIJKLMNOPQRSTUVWXYZ<br>abcdefghijklmnopqrstuvwxyz
    </p>
</div></html>
```

※ 완성된 코드는 CSS_Study06_ExtFont.html에서 확인해 볼 수 있다

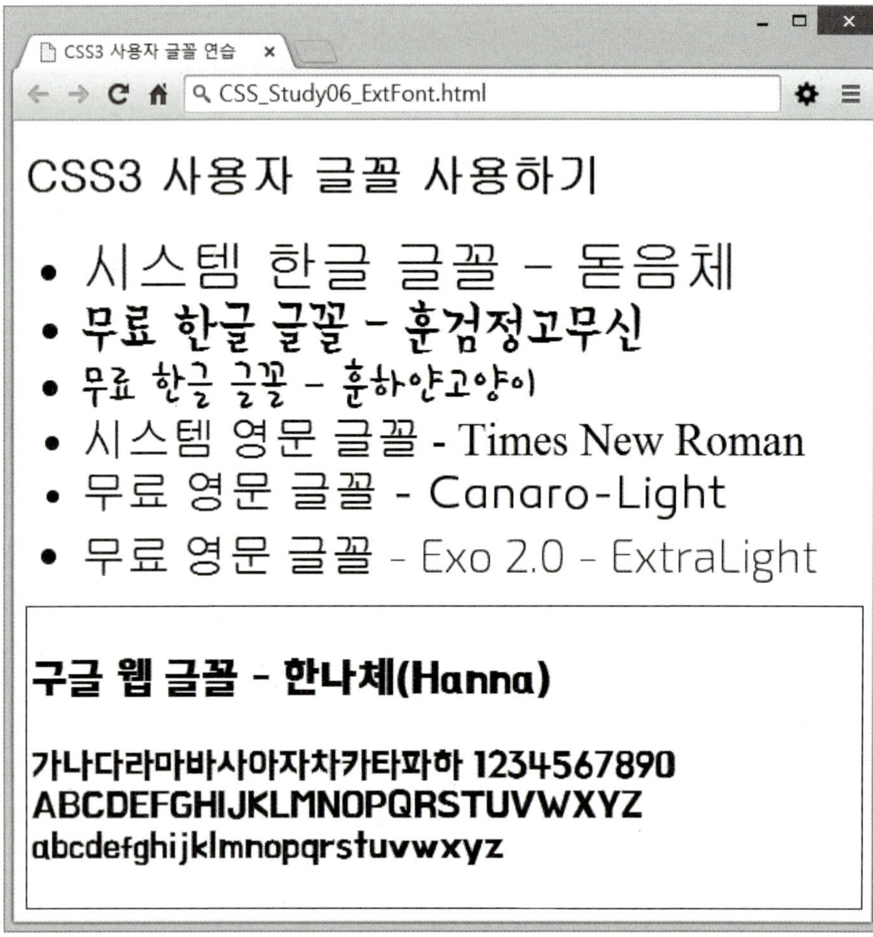

사용자 글꼴 예제 결과

속성	font-size-adjust – 대체 글꼴의 크기 조정하기	CSS3

font-size-adjust 속성은 단어 그대로 글꼴의 크기를 조정하는 속성으로, 텍스트와 관련된 모든 요소에 적용이 가능하며 하위 요소로 상속이 된다. 이 속성의 경우, 처음 제안되었던 Last Call 제안서에 있었던 auto 속성값은 제외되었다. 다음은 이 속성의 사용 방법 및 예를 나타낸 것이다.

속성 값	none | number | inherit					
속성 특징	초기값	none	적용	모든 요소들	상속	O
JavaScript	*object*.style.fontSizeAdjust="0.46"					
사용 예제	font-size-adjust: **0.46**					

속성에서 사용할 수 있는 각 속성 값들은 다음과 같다.

속성 값	설명
none	글꼴 크기의 x-height 값을 유지하지 않는다.
number	첫 번째로 지정한 글꼴이 표시되지 않을 때 두 번째 글꼴의 확대 비율(scaling factor)로 지정되어 다음과 같이 계산된다. **조정된 글꼴 크기** = 첫 번째 글꼴 크기 $\times \frac{\text{font-size-adjust에 지정된 값}}{\text{첫 번째 글꼴의 소문자 비율}}$ 예를 들어, 첫 번째 지정한 Verdana 글꼴의 크기가 14px이고 소문자 x높이의 비율이 0.58일 때, 이 글꼴을 사용할 수 없고 대체로 사용할 수 있는 글꼴의 크기 조정 값을 1로 지정하게 되면, 글꼴의 크기는 약 24px로 표시된다(24.1379 = 14 * (1 / 0.58). 참고로, Verdana 글꼴의 대문자가 1이라면 소문자의 크기는 0.58(Aspect Value)의 크기를 갖는다.
inherit	부모 요소에서 지정된 값을 사용

지정한 모든 글꼴 크기에 대해 외관상 보여지는 글꼴의 크기와 텍스트의 가독성은 지정한 글꼴에 따라 다르게 된다. 예를 들어, 대문자와 소문자를 구분하는 라틴어 또는 키릴어 같은 스크립트에서는 대문자와 비교하여 소문자의 상대 높이는 가독성을 결정하는 요소인데, 일반적으로 이러한 값을 가로 세로 비율 값이라고 한다. 정확하게 정의하면 이 값은 글꼴 크기로 나눈 글꼴의 x-높이(글꼴의 소문자 'x' 문자의 높이)와 같다.

영어의 경우도 글꼴의 종류에 따라서 소문자의 크기가 다르게 표현되기 때문에 웹 브라우저에서 글꼴을 표시할 때 같은 크기의 px값을 갖더라도 크기가 조금씩 달라 보이기 때문에 가독성이 떨어지게 된다. 그러나 지정한 글꼴 크기에 대한 소문자 x 높이의 비율을 미리 지정해 두면, 다른 글꼴이 표시되더라도 소문자 x 높이가 일정하게 유지된다. 한글의 경우도 웹 브라우저에 따라 한글의 크기가 다르게 보여지는 문제를 이 속성을 잘 이용해서 적절히 조절하면 한글 글꼴을 조정해 줄 수 있다.

이렇게 이 속성은 요소에 지정된 첫 번째 글꼴이 표시되지 않는 경우에 두 번째로 지정된 글꼴 또는 기본 글꼴이 표시되어 가독성이 떨어지게 되는데, 이 때 글꼴의 기본 크기가 달라서 발생하는 차이를 조정하기 위해 사용되는 것이다. 즉, 글꼴 크기를 조정하여 사용되는 글꼴에 상관없이 x-높이를 동일하게 만들어서 텍스트의 가독성을 유지하도록 해준다.

다음 그림은 글꼴의 종류에 따른 영어 소문자를 비교한 것으로, 이 속성의 사용 전과 사용 후를 비교하여 나타낸 것이다.

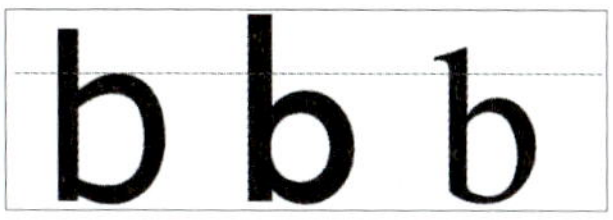

font-size-adjust 사용 전

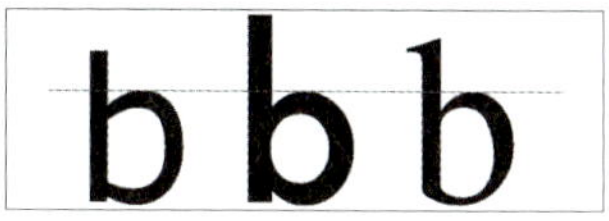

font-size-adjust 사용 후

글꼴의 종류에 따른 영어 소문자 크기

주의사항

font-size-adjust 속성은 font-size 속성 값에는 영향을 주지만, 계산된 크기 값에는 영향을 주지 않는다. 즉, 사용 가능한 첫 번째 글꼴 목록을 기준으로 ex단위(소문자 x 높이 기준) 같은 글꼴 크기에는 영향을 주지만, em 단위와 같은, 부모 요소를 기준으로 상대적으로 계산된 글꼴 크기에는 영향을 주지 않는다는 의미이다. 특히, line-heigh 속성 값은 이렇게 계산된 font-size 값을 참조하기 때문에 font-size-adjust는 line-height 속성의 지정된 값에는 영향을 주지 않는다.

실습을 통하여 글꼴의 크기를 어떻게 조정하는지 알아보도록 하자(이 교재가 출간되는 시점에는 파이어폭스만이 정상적으로 지원되고 있었다). 실습 결과에서 알 수 있듯이 Verdana와 Times New Roman의 글꼴 크기를(24pt와 100px) 동일하게 지정하였지만, 웹 브라우저에서 표시될 때는 차이가 나는 것을 볼 수 있다. 따라서 font-size-adjust 속성을 이용하여 글꼴의 크기를 동일하게 조정하여 글꼴의 크기가 거의 동일하게 맞추어지는 것을 확인할 수 있다.

글꼴에 대한 소문자 비율

다음은 W3C에서 보여주는 일부 글꼴의 측정된 값으로 다음 웹 사이트에서 확인해 볼 수 있다.
- http://www.barrypearson.co.uk/articles/text/aspect_values.htm

Family Name	State Aspect Value	Measured Aspect Value (at 100px)
Verdana	0.58	0.55
Comic Sans MS	0.54	0.56
Trebuchet MS	0.53	0.52
Georgia	0.50	0.48
Myriad Web	0.48	0.48
Times New Roman	0.46	0.45

HTML5 **실습하기** CSS

앞에서 학습한 글꼴의 크기 조정에 대한 내용을 실습하도록 한다.

1. CSS_Study07_Step1 파일을 열고, 다음의 CSS 실습 코드를 입력한다.

예제 CSS_Study07_Step1.html

```
span  { border: solid 1px green }
.adjust1 { font-family: Times New Roman; font-size: 100px }
.adjust2 { font-family: Verdana; font-size: 100px }
.adjust3 { font-family: Verdana; font-size: 100px; font-size-adjust: 0.447 }
```

```
.adjust_v0 { font-family: Verdana; font-size: 24pt }
.adjust_t0 { font-family: Times New Roman; font-size: 24pt }
.adjust_t1 { font-family: Times New Roman; font-size: 24pt; font-size-adjust: 0.54 }
```

2. CSS_Study07_Step2.html파일을 열고, 다음의 HTML 실습 코드를 입력하고 브라우저로 확인을 해보자.

예제 CSS_Study07_Step2.html

```
<p><span class="adjust_t0">글꼴 Times New Roman 24pt </span>
    <span class="adjust_v0">글꼴 Verdana 24pt</span></p>
<p><span class="adjust_t1">글꼴 Times New Roman 24pt </span>
    <span class="adjust_v0">글꼴 Verdana 24pt </span></p>
<p><span class="adjust1">Aa</span><span class="adjust2">Aa</span></p>
<p><span class="adjust1">Aa</span><span class="adjust3">Aa</span></p>
```

※ 완성된 코드는 CSS_Study07_FontSizeAdjust.html에서 확인해 볼 수 있다.

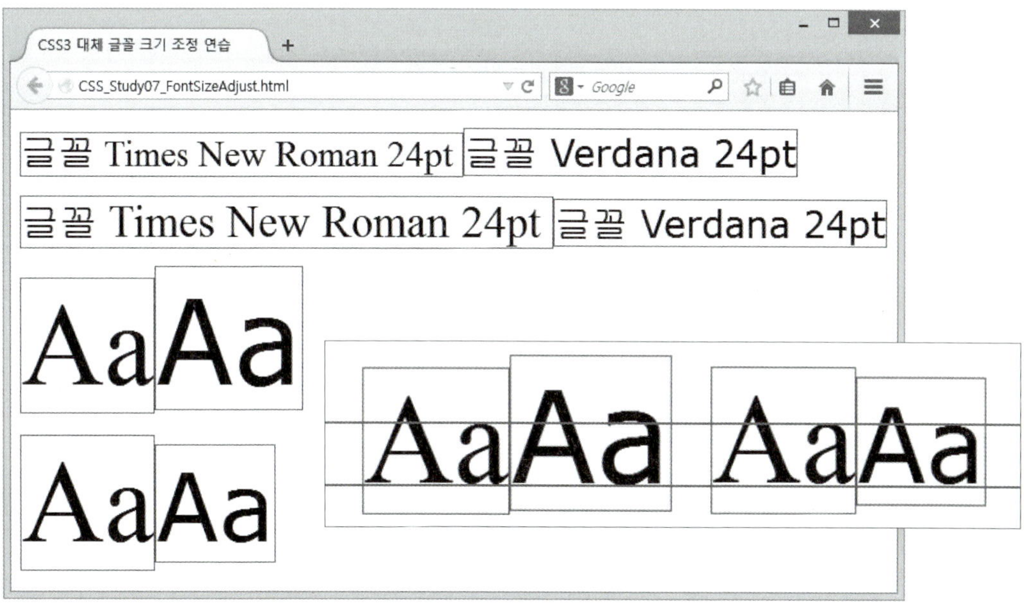

속성	font-stretch - 글꼴 늘림 지정하기	CSS3

font-stretch는 글꼴의 늘림을 지정하는 것으로, 글자 한 자의 좌우(가로)의 폭과 위아래(세로)의 길이를 기준으로 하여 글자간의 좌우 폭을 지정하여 글꼴을 축소 및 확대하는 것이다. 이는 위 아래의 길이와 좌우 폭의 기준을 100으로 설정하고, 좌우의 폭이 기준보다 넓어지면 100을 초과하는 값을 갖게 되고, 기준보다 좁아지면 100미만의 값을 갖게 된다. 다음은 사용 방법 및 예제를 나타낸 것이다.

속성 값	normal | wider | narrower | ultra-condensed | extra-condensed | condensed | semi-condensed | semi-expanded | expanded | extra-expanded | ultra-expanded | inherit					
속성 특징	초기값	normal	적용	모든 요소들	상속	0
JavaScript	object.**style.fontStretch="semi-condensed"**					
사용 예제	font-stretch: **semi-condensed**					

속성에서 사용할 수 있는 각 속성 값들은 다음과 같다.

속성 값	설명	확대/축소
normal	기본값, 좁게 또는 넓게 확장되지 않은 글꼴을 지정	
wider	부모 요소 폭에 비해 더 넓은 값을 지정한다.	
narrower	부모 요소 폭에 비해 더 좁은 값을 지정한다.	
ultra-condensed	가장 축소된 글꼴을 지정한다.	
extra-condensed	두 번째로 많이 축소된 글꼴을 지정한다.	점점 축소
condensed	축소된 글꼴을 지정한다.	↑ ↑
semi-condensed	약간 축소된 글꼴을 지정한다.	↑
normal	기본값, 좁게 또는 넓게 확장되지 않은 글꼴을 지정	**normal** 기준
semi-expanded	약간 확대된 글꼴을 지정한다.	↓
expanded	확대된 글꼴을 지정한다.	↓ ↓
extra-expanded	두 번째로 많이 확대된 글꼴을 지정한다.	점점 확대
ultra-expanded	가장 많이 확대된 글꼴을 지정한다.	
inherit	부모 요소의 속성 값으로 상속 받는다.	

위의 9단계의 속성값에 따라 글자의 폭이 점점 축소되거나 확대된다. 다음 그림은 condensed, normal, expanded 값을 기준으로 9가지 속성들을 비교하여 나타낸 것이다.

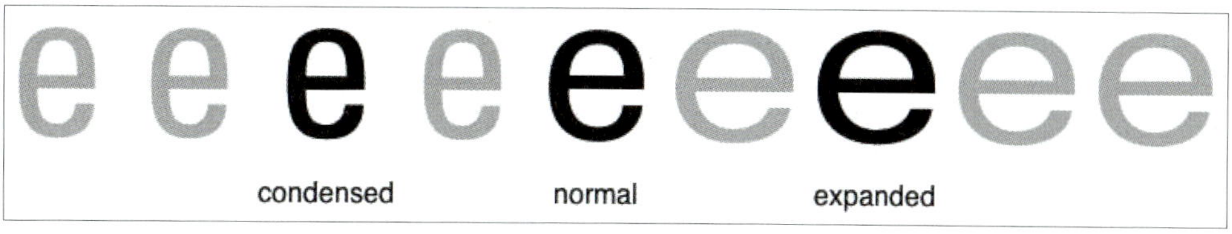

글꼴에 대한 폭을 조정하는 것은 상대적이기 때문에 글꼴 늘리기 값이 더 높다고 해서 글꼴은 더 넓게 표시되지는 않는다. 지정된 폭에 대한 글꼴이 없는 경우에는 보통 또는 축소된 값이 더 좁은 글꼴에 매핑되기 때문이다. 그렇지 않으면 더 넓은 글꼴에 매핑된다. 반대로 확대된 값은 더 넓은 글꼴에 매핑되고 그렇지 않은 경우에는 더 좁은 글꼴에 매핑된다.

속성 font-synthesis – 글꼴 합성 제어하기 CSS3

font-synthesis 속성은 지정된 글꼴에 굵기 및 기울임체가 포함되어 있지 않을 경우, 웹 브라우저에게 굵은 글꼴이나 기울어진 글꼴을 합성하여 표현할 것인지의 여부를 지정하는 속성으로 하위 요소로 상속이 된다.

글꼴 합성의 경우, 브라우저는 모양에서 요구된 글꼴과 가장 잘 일치할 뿐 아니라 크기에도 일치하는 글꼴을 생성한다. 합성 정보는 글꼴의 일치 정보를 포함하고, 전형적으로 일부 일치에서 사용되는 매개변수들보다 더 정확한 값들을 요구한다. 특히, 모든 지정된 글꼴의 배열 속성들이 유지되려면, 합성은 정확한 너비와 그림문자 대체 속성과 위치 정보를 요구한다. 다음은 사용 방법 및 예제를 나타낸 것이다.

<table>
<tr><td>속성 값</td><td colspan="6">none | [weight || style]</td></tr>
<tr><td>속성 특징</td><td>초기값</td><td>none</td><td>적용</td><td>모든 요소들</td><td>상속</td><td>O</td></tr>
<tr><td>JavaScript</td><td colspan="6">object.style.fontSynthesis="none"</td></tr>
</table>

사용 예제

```
*:lang(ar) { font-synthesis: none; }

#p01 {-webkit-font-synthesis: none;}
#p02 {-webkit-font-synthesis: weight;}
#p03 {-webkit-font-synthesis: style;}
#p04 {-webkit-font-synthesis: weight style;}

<p id="p01">[#p01] This is a paragraph with <b>bold</b>
            and <i>italic</i> children. There should be neither bold nor italic.</p>
<p id="p02">[#p02] This is a paragraph with <b>bold</b>
            and <i>italic</i> children. There should be bold, but not italic.</p>
<p id="p03">[#p03] This is a paragraph with <b>bold</b>
            and <i>italic</i> children. There should be italic, but not bold.</p>
```

```
<p id="p04">[#p04] This is a paragraph with <b>bold</b>
            and <i>italic</i> children. There should be both bold and italic.</p>
```

속성에서 사용할 수 있는 각 속성 값들은 다음과 같다.

속성 값	설명
none	글꼴을 합성하지 않는다.
weight	굵은 글꼴을 합성한다.
style	기울어진 글꼴을 합성한다.

2.3 글꼴 기능 확장

현대의 글꼴 기술은 고급 타이포그래피와 언어별 글꼴의 다양한 기능을 지원하기 때문에 단일 글꼴은 이러한 기능을 사용하여 합자(문자 간의 묶음)의 넓은 범위를 지정하고, 문맥과 문체를 대체하며, 테이블 형식이나 오래된 스타일의 숫자, 작은 대문자 등을 위해 문자(glyphs)를 제공하고 주어진 언어에 대한 기능을 대체한다. CSS3에서는 이러한 글꼴의 기능을 다음 표와 같이 제어할 수 있도록 font-variant 속성을 확장하였다.

추가된 글꼴 규격과 관련된 속성들 (※ 아직은 주요 브라우저에서 지원되지 않는다.)

Level	속성	설명
CSS3	font-kerning	글꼴 내부의 공백을 조절하여 글자 간격을 일정하게 유지하도록 지정한다. • auto(브라우저가 결정), normal(기능 사용), none(기능 사용하지 않음)
CSS3	font-feature-settings	글꼴의 문자 모양과 대체 문자, 글자 위치와 레이아웃 등을 조절한다. • normal(변경 안 함), feature-tag-value(오픈 타입 기능 태그 지정)
CSS3	font-language-override	lang 속성으로 정의된 언어를 다른 언어로 대체하도록 한다. • normal(대체 안 함), string(해당 언어로 대체하는 값)
CSS3	font-variant-ligatures	문자 간의 묶음 표시 형태를 지정한다. • normal(기본 기능 활성화), none(기본 기능 비활성화) • common-ligatures(일반 묶음 기능 표시함) • no-common-ligatures(일반 묶음 기능 표시 안 함) • discretionary-ligatures(묶음 기능 선택) • no-discretionary-ligatures(임의의 묶음 기능 표시 안 함) • historical-ligatures(기록 묶음 기능 표시) • no-historical-ligatures(기록 묶음 기능 표시 안 함) • contextual(대체 표시 지정), no-contextuali(대체 표시 지정 안 함)

CSS3	font-variant-position	글자의 표시 위치(윗 첨자 및 아래 첨자)를 지정한다. • normal(기능 사용 안 함), sub(아래 첨자), super(위 첨자)
CSS3	font-variant-caps	대체 문자를 선택할 수 있도록 지정한다. • normal(기능 사용 안 함), small-caps(소문자 크기의 작은 대문자) • all-small-caps(모두 작은 대문자로 표시), petite-caps(작은 크기의 대문자) • all-petite-caps(모두 작은 대문자로 표시), unicase(작은 대문자의 혼합) • titling-caps(제목에 사용되는 대문자로 표시)
CSS3	font-variant-numeric	숫자의 표시형태를 지정한다. • normal(기능 사용 안 함), lining-nums(라이닝), oldstyle-nums(비라이닝) • proportional-nums(비례 형식), tabular-nums(표 형식) • diagonal-fractions(대각선 스타일), stacked-fractions(스택 스타일) • ordinal(순서 번호), slashed-zero(숫자0에 /표시)
CSS3	font-variant-alternates	대체 문자의 선택을 제어한다. • normal(기능 사용 안 함), historical-forms(기록 형태), stylistic(스타일 대체) • styleset(스타일 집합), character-variant(특정 문자의 변형) • swash(스와시 문자 모양), ornaments(장식 문자 교체 지정) • annotation(주석 양식 대체)
CSS3	font-variant-east-asian	동아시아 텍스트의 크기를 조정한다. • normal(기능 사용 안 함), jis78(JIS78 형태), jis83(JIS83 형태), jis90(JIS90 형태) • jis04(JIS04 형태), simplified(단순한 형태), traditional(전통적인 형태) • full-width(전체 폭 변형), proportional-width(비례 간격), ruby(루비 변형 문자)

글꼴 스타일 기능은 두 가지 넓은 범주로 분류될 수 있는데, 하나는 커닝(Kerning)과 같이 문맥 주위로의 그림 문자가 있을 때 어떻게 조화가 이루어지는지에 대한 것이고, 다른 하나는 작은 대문자, 위 첨자 및 아래 첨자 같이 글꼴 모양 선택에 영향을 주는 대체 기능으로써의 다음 그림과 같이 문자와 문자의 묶음 표시 기능(ligature features)이다.

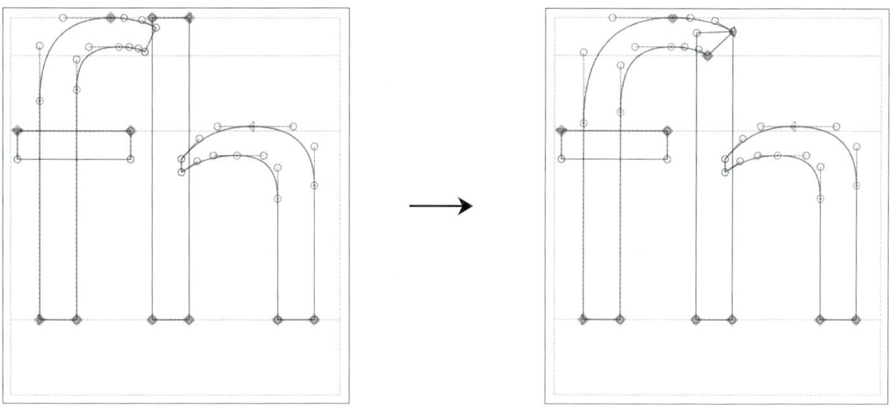

(그림 출처: http://www.glyphsapp.com/tutorials/ligatures)

다음에 설명하는 font-variant의 하위 속성들은 이런 글꼴 스타일을 제어하기 위해 사용되지만, OpenType(아랍어 또는 인도어의 텍스트를 표시 할 때 사용) 같은 특정 스크립트를 표시하기 위해 제어하지는 않는다.

속성	font-kerning – 글자간의 간격 조정하기	CSS3

글자(그림문자 포함)간 여백을 상황에 맞게 조정하는 것을 커닝(Kerning)이라 한다. font-kerning속성은 바로 글꼴에 포함되어 있는 보정 값(adjustment data)을 이용하여 커닝의 수치를 제어하기 때문에 글자간의 간격을 일정하게 유지할 수 있도록 한다.

다음은 사용 방법 및 예제를 나타낸 것이다.

속성 값	auto | normal | none					
속성 특징	초기값	auto	적용	모든 요소들	상속	0
JavaScript	object.style.fontKerning ="normal"					
사용 예제	div { font-kerning: normal; }					

속성에서 사용할 수 있는 각 속성 값들은 다음과 같다.

속성 값	설명
auto	브라우저의 재량에 따라 커닝이 적용되도록 한다. 브라우저는 텍스트 크기, 스크립트 또는 텍스트 처리 속도에 영향을 주는 요인에 따라 커닝을 적용할 지 결정할 수 있다.
normal	커닝이 적용되도록 한다.
none	커닝이 적용되지 않는다.

이 속성은 커닝 데이터가 포함되지 않은 글꼴에는 눈에 보이는 효과가 없기 때문에 OpenType 사양에는 글꼴이 렌더링 될 때 커닝이 기본적으로 활성화되도록 하고 있다. 물론, 브라우저에서는 포함된 데이터를 통해 커닝을 지원하는 글꼴을 지원해야 한다. 만일, letter-spacing 속성이 정의되었다면, 커닝이 적용된 이후에 글자 간의 간격 조정이 이루어진다.

속성	font-feature-setting – 낮은 수준의 글꼴 기능 설정 제어하기	CSS3

font-feature-settings 속성은 오픈 타입 글꼴의 세부 설정을 조정하는 것으로 글꼴의 문자 모양과 대체 문자, 글자 위치와 레이아웃 등을 조절할 수 있으며, 하위 요소로 상속이 이루어진다.

다음은 사용 방법 및 예제를 나타낸 것이다.

속성 값	normal	<feature-tag-value>					
속성 특징	초기값	normal	적용	모든 요소들	상속	o
JavaScript	*object*.**style.fontFeatureSetting = "dlig 1"**					
사용 예제	div { **font-feature-settings**: normal } div { { **font-feature-settings**: "dlig" 1 }					

속성에서 사용할 수 있는 각 속성 값들은 다음과 같다.

속성 값	설명
normal	오픈 타입 글꼴의 설정 값을 변경하지 않는다.
feature-tag-value	오픈 타입 기능 태그를 지정하는 것으로, 이에 대한 자세한 다음 URL을 참조하도록 한다. - http://www.microsoft.com/typography/otspec/featurelist.htm

속성	font-language-override - 다른 언어로 대체하기	CSS3

font-language-override 속성은 lang 속성으로 정의된 언어를 다른 언어로 대체하는 속성으로 하위 요소로 상속이 이루어질 수 있다. 다음은 사용 방법 및 예제를 나타낸 것이다.

속성 값	normal	<string>					
속성 특징	초기값	normal	적용	모든 요소들	상속	o
JavaScript	object.**style.fontLanguageOverride ="KOR"**					
사용 예제	body { **font-language-override**: normal } div { **font-language-override**: "KOR" } /* 한국어로 지정 */					

속성에서 사용할 수 있는 각 속성 값들은 다음과 같다.

속성 값	설명
normal	다른 언어로 대체하지 않는다.
string	해당 언어로 대체하는 값으로, 세 글자로(대소문자 구분함) 이루어진 언어를 지정하여 해당 언어로 대체할 수 있으며, 자세한 언어 종류는 다음 URL을 참조하도록 한다. - http://www.microsoft.com/typography/otspec/languagetags.htm

속성	font-variant-ligatures - 문자간의 묶음 표시 형태 지정하기	CSS3

font-variant-ligatures 속성은 발음 기호 형태와 같은 문자간의 묶음 표시 형태를 지정하는 속성으로 하위 요소로 상속이 이루어질 수 있다. 다음은 사용 방법 및 예제를 나타낸 것이다.

<table>
<tr><td rowspan="2">속성 값</td><td colspan="6">normal | none | [<common-lig-values> || <discretionary-lig-values> || <historical-lig-values> || <contextual-alt-values>]</td></tr>
<tr><td colspan="6"><common-lig-values> = [common-ligatures | no-common-ligatures]
<discretionary-lig-values> = [discretionary-ligatures | no-discretionary-ligatures]
<historical-lig-values> = [historical-ligatures | no-historical-ligatures]
<contextual-alt-values> = [contextual | no-contextual]</td></tr>
<tr><td>속성 특징</td><td>초기값</td><td>normal</td><td>적용</td><td>모든 요소들</td><td>상속</td><td>0</td></tr>
<tr><td>JavaScript</td><td colspan="6">object.style.fontVariantLigatures = "common-ligatures"</td></tr>
<tr><td>사용 예제</td><td colspan="6">div { font-variant-ligatures: common-ligatures }</td></tr>
</table>

속성에서 사용할 수 있는 각 속성 값들은 다음과 같다.

속성 값	설명
normal	일반적인 기본 기능이 활성화되도록 지정한다. 오픈타입 글꼴의 경우, 일반 묶음 기능과 문맥에 맞는 양식들이 기본으로 설정되어 묶음 기능을 사용하지 않는다.
none	지정된 모든 묶음 기능을 명시적으로 비활성화되도록 지정한다. 따라서 텍스트의 렌더링 속도를 향상시킬 수 있다.
common-ligatures	일반 묶음 기능을 표시할 수 있도록 지정한다. 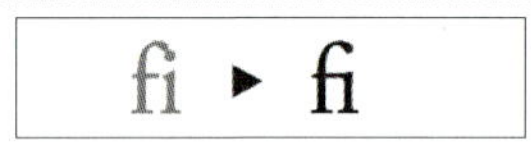
no-common-ligatures	일반 묶음 기능을 표시할 수 없도록 지정한다.
discretionary-ligatures	묶음 기능을 임의로 할지, 선택 사항으로 할지를 디자이너가 결정하도록 한다. 따라서 이 기능을 이용하려면 특정 글꼴의 설명서를 참조할 필요가 있다. 
no-discretionary-ligatures	임의의 묶음 기능을 표시할 수 없도록 지정한다.
historical-ligatures	기록(historical) 묶음 기능을 표시할 수 있도록 지정한다. 
no-historical-ligatures	기록 묶음 기능을 표시할 수 없도록 지정한다.
contextual	상황에 맞는 대체 표시를 할 수 있도록 지정한다. 즉, 엄격한 묶음 기능이 있지만 일반적으로 주변 상황과 문자의 모양을 조화롭게 하는 데 사용된다. 오픈타입 글꼴의 경우 기본적으로 설정되어 있다. 
no-contextual	상황에 맞는 대체 표시를 할 수 없도록 지정한다.

속성	font-variant-position – 첨자의 표시 위치 지정하기	CSS3

font-variant-position 속성은 텍스트의 위 첨자 또는 아래 첨자 문자를 사용하도록 설정하는 속성으로 글자의 표시 위치를 지정한다. 이는 기본 문자와 동일한 em 박스 내에서 조정 또는 위치가 변경되는 것으로 기본 문자와 동일한 기준에 배치하기 위한 것이다. 이 속성은 텍스트의 가독성을 높이기 위해 주변 텍스트와 일치하도록 하고 있기 때문에 줄 높이에는 영향을 주지 않는다. 즉, 기본 문자를 사용하는 것과 같은 기준을 사용하기 때문에 인라인 박스의 높이에 영향을 미치거나 라인 박스의 높이를 변경하지 않는다. 다음은 사용 방법 및 예제를 나타낸 것이다.

속성 값	normal | sub | super					
속성 특징	초기값	normal	적용	모든 요소들	상속	O
JavaScript	object.style.fontVariantPosition = "super"					
사용 예제	p { font-variant-position: super; }					

속성에서 사용할 수 있는 각 속성 값들은 다음과 같다.

속성 값	설명
normal	첨자 기능 중 어느 것도 활성화되지 않게 지정한다.
sub	아래 첨자의(오픈타입 기능:subs) 표시를 사용하도록 지정한다.
super	위 첨자의(오픈타입 기능:sups) 표시를 사용하도록 지정한다.

텍스트 장식이(text-decoration) 첨자 문자가 포함된 텍스트에 적용되면 합성된 문자는 텍스트 장식의 배치 문제를 방지할 수 있어야 한다. 이러한 문제를 해결하기 위하여 이전에는 브라우저가 sup 요소에 대한 첨자를 시뮬레이션하기 위해 글꼴의 크기 및 세로 맞춤을 수행해야 했다. 따라서 하위 호환성을 위해서는 브라우저가 기존 메커니즘을 통해서 위 첨자와 아래 첨자를 렌더링할 수 있도록 조건부 규칙 [CSS3-CONDITIONAL]을 사용하는 것이 좋다.

$C_{10}H_{16}N_5O_{13}P_3$	아래 첨자 사용	$C_{10}H_{16}N_5O_{13}P_3$	합성된 아래 첨자

a^2	$a^{[2a]}$	$a^{[^2a]}$
위 첨자 대체 문자	합성된 위 첨자 문자	2개의 문자가 잘못 혼합된 결과

속성	font-variant-caps - 작은 대문자 표시 지정하기	CSS3

font-variant-caps 속성은 작은 대문자 또는 제목에 사용되는 대체 문자를 선택할 수 있도록 지정하는 속성으로, 주변의 일반 문자들과 잘 조화되도록 설계되어 있으며 하위 요소로 상속이 이루어진다. 다음은 사용 방법 및 예제를 나타낸 것이다.

속성 값	normal | small-caps | all-small-caps | petite-caps | all-petite-caps | unicase | titling-caps					
속성 특징	초기값	normal	적용	모든 요소들	상속	O
JavaScript	object.**style.fontVariantCaps ="small-caps"**					
사용 예제	p { **font-variant-caps:** small-caps }					

속성에서 사용할 수 있는 각 속성 값들은 다음과 같다.

속성 값	설명
normal	아래 기능 중 어느 것도 활성화되지 않게 지정한다.
small-caps	소문자 크기의 작은 대문자로 표시하도록 지정한다. qed ▶ QED
all-small-caps	대문자 및 소문자 모두 작은 대문자로 표시하도록 지정한다.
petite-caps	작은 크기의 대문자로 표시하도록 지정한다(오픈타입 기능: pcap)
all-petite-caps	대문자 및 소문자 모두 작은 대문자로 표시하도록 지정한다.(오픈타입 기능: c2pc, pcap)
unicase	일반 소문자와 대문자에 대한 작은 대문자의 혼합을 표시할 수 있도록 지정한다.
titling-caps	제목에 사용되는 대문자로 표시하도록 지정하는 것으로, 소문자이지만 대문자보다 조금 작은 대문자이다.

다음의 예는 small-caps와 all-small-cap 속성 값의 차이를 나타낸 것이다.

small-caps	all-small-caps
Abc ABC 123 [abc]{abc}&?!	Abc ABC 123 [abc]{abc}&?!
ABC ABC 123 [ABC]{ABC}&?!	ABC ABC 123 [ABC]{ABC}&?!
ABC ABC 123 [ABC]{ABC}&?!	ABC ABC 123 [ABC]{ABC}&?!

속성	font-variant-numeric - 숫자의 표시형태 지정하기	CSS3

font-variant-numeric 속성은 분수 또는 회계용 숫자 등의 표시형태를 지정할 수 있는 속성으로, 하위 요소로 상속이 이루어진다. 다음은 사용 방법 및 예제를 나타낸 것이다.

<table>
<tr><td rowspan="2">속성 값</td><td colspan="6">normal | [<numeric-figure-values> || <numeric-spacing-values> || <numeric-fraction-values> || ordinal || slashed-zero]</td></tr>
<tr><td colspan="6"><numeric-figure-values> = [lining-nums | oldstyle-nums]
<numeric-spacing-values> = [proportional-nums | tabular-nums]
<numeric-fraction-values> = [diagonal-fractions | stacked-fractions]</td></tr>
<tr><td>속성 특징</td><td>초기값</td><td>normal</td><td>적용</td><td>모든 요소들</td><td>상속</td><td>O</td></tr>
<tr><td>JavaScript</td><td colspan="6">object.style.fontVariantNumeric = "lining-nums tabular-nums"</td></tr>
<tr><td>사용 예제</td><td colspan="6">p { font-variant-numeric: lining-nums tabular-nums }</td></tr>
</table>

속성에서 사용할 수 있는 각 속성 값들은 다음과 같다.

<table>
<tr><th>속성 값</th><th colspan="2">설명</th></tr>
<tr><td>normal</td><td colspan="2">아래 기능 중 어느 것도 활성화되지 않게 지정한다.</td></tr>
<tr><td>lining-nums</td><td colspan="2">라이닝 숫자(Lining numerals)의 표시를 사용하도록 지정한다. (오픈타입 기능: lnum)</td></tr>
<tr><td>oldstyle-nums</td><td colspan="2">이전 스타일인 비라이닝 숫자(Non-lining numerals)의 표시를 사용하도록 지정한다. (오픈타입 기능: onum)</td></tr>
<tr><td>proportional-nums</td><td colspan="2">비례 형식의 숫자 표시를 사용하도록 지정한다. 이는 각 숫자의 폭이 각 문자 주위의 작은공간의 폭에 기초하여 달라지기 때문에 차트 및 표에는 사용되지 않는다. (오픈타입 기능: pnum)</td></tr>
<tr><td>tabular-nums</td><td colspan="2">표 형식의 숫자 표시를 사용하도록 지정한다. 이는 각 숫자가 대문자의 높이로 동일한 전체 문자폭을 가지기 때문에 차트 및 재무 재표 등을 나타낼 때 각 숫자의 열을 수직으로 맞출 수 있는 특징이 있기 때문에 표에서 선호되는 값이다. (오픈타입 기능: tnum)</td></tr>
<tr><td>diagonal-fractions</td><td>대각선 스타일의 분수 표시를 사용하도록 지정한다.
(오픈타입 기능: frac)</td><td>2 1/3 ▸ 2⅓</td></tr>
<tr><td>stacked-fractions</td><td>스택 스타일의 분수 표시를 사용하도록 지정한다.
(오픈타입 기능: afrc)</td><td>2 1/3 ▸ $2\frac{1}{3}$</td></tr>
<tr><td>ordinal</td><td colspan="2">순서 번호를 가진 형태의 표시를 사용하도록 지정한다. (오픈타입 기능: ordn)
1st 17th 2a ▸ 1st 17th 2^{a}</td></tr>
<tr><td>slashed-zero</td><td>숫자 제로에 슬래시가 표시되도록 지정한다.
(오픈타입 기능: zero)</td><td>4000 ▸ 4ØØØ</td></tr>
</table>

일반 텍스트에 사용되는 숫자들은 보통 다음 그림과 같이 라이닝 숫자(lining numerals)와 비라이닝 숫자(Nuon-lining numerals)로 구분하여 사용한다. 라이닝 숫자가 대문자의 높이에 맞게 큰 글꼴로 표시되지만, 비라이닝 숫자는 텍스트와 시각적으로 통합되어 표시되기 때문에 수학 및 통화 기호들은 서로 다른 숫자 스타일로 표시된다. 다음의 예는 lining-nums, oldstyle-nums, proportional-nums, tabular-nums 속성 값들의 차이를 비교하여 나타낸 것이다.

If you earn $7.25 per hour (minimum wage in the U.S.), the cost of reading *War and Peace* will be $184.50 (€130.4716, £11.9391, or ¥17676.299).	If you earn $7.25 per hour (minimum wage in the U.S.), the cost of reading *War and Peace* will be $184.50 (€130.4716, £11.9391, or ¥17676.299).
Lining numerals	Non-lining numerals

	Lining	Old-style
Proportional	409,280 367,112 155,068 171,792	409,280 367,112 155,068 171,792
Tabular	409,280 367,112 155,068 171,792	409,280 367,112 155,068 171,792

속성	font-variant-alternates – 대체 문자의 선택 제어하기	CSS3

특정 문자에 대한 글꼴은 문자의 기본 문자 이외에도 추가적으로 대체할 수 있는 다양한 문자를 제공한다. font-variant-alternates속성은 바로 이런 글꼴의 장식 요소나 특수 문자 등의 대체 문자 선택에 대한 제어 기능을 지정하는 속성으로, 하위 요소로의 상속이 이루어진다. 다음은 사용 방법 및 예제를 나타낸 것이다.

<table>
<tr><td>속성 값</td><td colspan="6">normal | [stylistic(<feature-value-name>) || historical-forms || styleset(<feature-value-name> #) || character-variant(<feature-value-name> #) || swash(<feature-value-name>) || ornaments(<feature-value-name>) || annotation(<feature-value-name>)]</td></tr>
<tr><td>속성 특징</td><td>초기값</td><td>normal</td><td>적용</td><td>모든 요소들</td><td>상속</td><td>O</td></tr>
<tr><td>JavaScript</td><td colspan="6">object.style.fontVariantAlternates = "styleset"</td></tr>
<tr><td>사용 예제</td><td colspan="6">p { font-variant-alternates: styleset }</td></tr>
</table>

속성에서 사용할 수 있는 각 속성 값들은 다음과 같다.

속성 값	설명	
normal	아래 기능 중 어느 것도 활성화되지 않게 지정한다.	
historical-forms	기록 형태의 표시를 할 수 있도록 지정한다. (오픈타입 기능: hist)	Jesuits ▶ Jeſuits

stylistic	스타일 대체의 표시를 할 수 있도록 지정한다. (오픈타입 기능: salt <feature-index>)	quick ▸ quick
styleset	스타일 집합으로 표시를 할 수 있도록 지정한다. (오픈타입 기능: ss <feature-index>) incroyable ▸ incroyable	
character-variant	특정 문자의 변형을 표시할 수 있도록 지정한다. (오픈타입 기능: cv <feature-index>) 현재의 오픈타입 기능은 cv01 ~ cv99까지 정의되어 있다.	
swash	스와시 문자 모양으로 표시할 수 있도록 지정한다. (오픈타입 기능: swsh <feature-index>)	Quick ▸ Quick
	스와시 문자는 오른쪽 그림과 같이 과장된 serif, terminal 글꼴과 유사하다. 빨간색 부분이 스와시 표시이다.	SWASH
ornaments	기본 문자와 장식문자의 교체를 가능하게 지정한다. (오픈타입 기능: ornm <feature-index>)	
annotation	주석 양식을 대체하여 표시할 수 있도록 지정한다. (오픈타입 기능: nalt <feature-index>)	519 ▸ ⑤①⑨

위 속성 값에서 특정 <feature-value-name>이 주어진 글꼴 그룹 또는 특정 기능의 유형에 대하여 정의되어 있지 않은 경우에는 마치 정의된 것처럼 계산된다. 그러나 문자를 선택할 때는 이러한 정의되지 않은 <feature-value-name> 식별자를 포함하는 속성 값은 무시된다. 따라서 다음의 예는 동일한 효과를 보인다. 값을 정의하고 주어진 글꼴 그룹을 사용하지만, 글꼴 그룹의 이름이 달라서 무시되기 때문이다.

```
p { font-variant-alternates: swash(unknown-value); } /* 값이 정의되지 않았기 때문에 무시된다. */
p { font-variant-alternates: normal; }
```

속성	font-variant-east-asian - 동아시아 텍스트의 크기 조정하기	CSS3

font-variant-east-asian 속성은 문자 대용 및 동아시아(한자 또는 일본어 같은) 텍스트의 크기를 조정할 수 있도록 지정하는 속성으로, 하위 요소로 상속이 이루어진다. 다음은 사용 방법 및 예제를 나타낸 것이다.

<table>
<tr><td rowspan="2">속성 값</td><td colspan="6">normal | [<east-asian-variant-values> || <east-asian-width-values> || ruby]</td></tr>
<tr><td colspan="6"><east-asian-variant-values> = [jis78 | jis83 | jis90 | jis04 | simplified | traditional]
<east-asian-width-values> = [full-width | proportional-width]</td></tr>
<tr><td>속성 특징</td><td>초기값</td><td>normal</td><td>적용</td><td>모든 요소들</td><td>상속</td><td>0</td></tr>
</table>

JavaScript	*object*.style.fontVariantEastAsian = "full-width"
사용 예제	p { font-variant-east-asian: full-width }

속성에서 사용할 수 있는 각 속성 값들은 다음과 같다.

속성 값	설명
normal	아래 기능 중 어느 것도 활성화되지 않게 지정한다.
jis78	JIS78 형태의 렌더링을 가능하게 지정한다. (오픈타입 기능: jp78) 麹町 ▸ 麴町
jis83	JIS83 형태의 렌더링을 가능하게 지정한다. (오픈타입 기능: jp83)
jis90	JIS90 형태의 렌더링을 가능하게 지정한다. (오픈타입 기능: jp90)
jis04	JIS2004 형태의 렌더링을 가능하게 지정한다. (오픈타입 기능: jp04)
simplified	단순한 형태로 렌더링을 가능하게 지정한다. (오픈타입 기능: smpl)
traditional	전통적인 형태로 렌더링을 가능하게 지정한다. (오픈타입 기능: trad) 大学 ▸ 大學
full-width	전체 폭 변형 간격으로 렌더링을 가능하게 지정한다. (오픈타입 기능: fwid)
proportional-width	비례 간격으로 렌더링을 가능하게 지정한다. (오픈타입 기능: pwid)
ruby	루비 변형 문자 표시를 가능하게 지정한다. (오픈타입 기능: ruby) 루비 텍스트는 관련 본문보다 일반적으로 작다. 다음 그림의 빨간 색의 루비 텍스트는 기본 문자(왼쪽)과 루비 변형 문자(오른쪽)로 표시된다. 획 두께에 있어서 루비 변형 문자의 획이 조금 더 두꺼운 것을 볼 수 있다. しんかんせん 新幹線 (루비 기본 문자) しんかんせん 新幹線 (루비 변형 문자)

CHAPTER

HTML5

06

CSS3 Part-3 텍스트 조작 및 장식

학습 목표

웹 문서에서 가장 많이 차지하는 요소가 바로 텍스트라고 해도 과언이 아닐 것이다. 그만큼 문서를 통해 전달할 내용들은 대부분 텍스트이기 때문이다. 따라서 텍스트 스타일을 어떻게 사용하느냐에 따라 웹 문서의 디자인이 달라질 수 있다. 앞에서 배운 글꼴 스타일이 글꼴과 관련된 내용이었다면, 텍스트 스타일은 글자들과 단어들로 구성된 문단에서 사용하는 텍스트의 스타일을 지정하는 것이다. 이번 장에서는 기존 CSS2에서의 텍스트 관련 스타일과 CSS3에서 새롭게 추가된 다양한 기능들에 대하여 살펴보도록 하겠다.

Key Point

가로쓰기, 세로쓰기, 쓰기 모드, 쓰기 방향, 추상적인 크기, 상대적인 흐름 방향, 상대적인 라인 방향, 텍스트 변환, 공백 처리, 줄 바꿈, 텍스트 맞춤, 간격 지정, 들여쓰기, 텍스트 장식, 텍스트 강조

Section

01 쓰기 모드 02 텍스트 조작하기 03 텍스트 장식하기

CHAPTER

06 CSS3 Part-3 텍스트 조작 및 장식

Section 01 쓰기 모드 - CSS Writing Mode Level 3

이번 절에서는 앞에서 학습한 글꼴 스타일과 함께 가장 많이 사용되고 있는 텍스트와 관련된 글자 간의 간격, 단어 간의 간격, 줄(라인) 간격, 들여쓰기 간격, 수직 및 수평 정렬 등에 대하여 학습하도록 한다. 본 교재에서 설명되고 있는 내용들은 다음의 표준화 문서를 기준으로 설명하고 있기 때문에, 좀 더 자세한 내용을 살펴보고자 하는 독자들은 표준 문서를 참고하도록 한다.

표준화 문서	CSS Writing Modes Level 3 - http://www.w3.org/TR/css3-writing-modes
표준화 단계	Candidate Recommendation, (2014-03-20).

1.1 쓰기 모드 이해하기

세계에 존재하는 문서는 그 언어 및 표기 문자 체계의 조합에 따라서 문자를 써나가는 방향이 다르다.

이 방법은 크게 가로쓰기와 세로쓰기로 나뉜다. 가로쓰기는 가로 방향으로 줄을 맞추어 나타낸 것으로 횡서(橫書)라고 부르며, 왼쪽에서 오른쪽으로 쓰는 좌횡서(左橫書)와 그 반대로 쓰는 우횡서(右橫書)로 나뉜다. 그리고 세로쓰기는 세로 방향으로 열을 맞추어 나타낸 것으로 종서(縱書)라고 부르며, 줄 바꿈 왼쪽에서 오른쪽으로 하는 좌종서와 그 반대로 하는 우종서로 나뉜다.

한국어 · 중국어 · 일본어 · 베트남어 등 한자 문화권의 언어는 전통적으로 우종서를 썼고, 간혹 간판과 같이 가로쓰기를 해야 할 때에는 우횡서로 썼다. 근대 이후 서양 문물이 동아시아에 전래된 이후에는 좌횡서도 도입되어 현재까지 병용되고 있다. 가로쓰기와 세로쓰기가 모두 가능한 문자는 현대에는 비교적 드물며, 문자가 정방형(正方形)의 네모 칸 안에 쓰이는 형태는 한자 문화권의 특징으로 자리하고 있다.

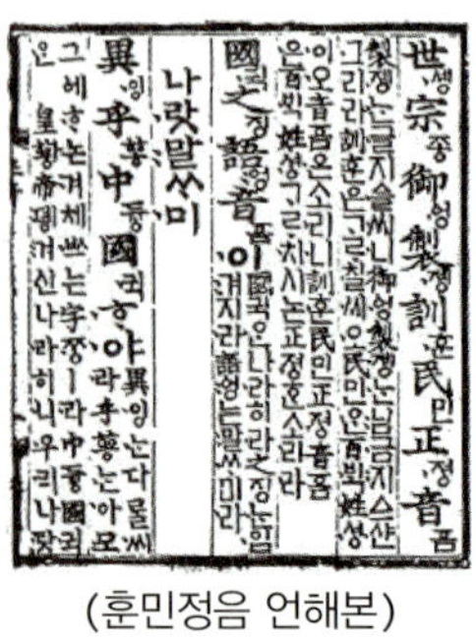

(훈민정음 언해본)
오른쪽에서 왼쪽으로의 줄 바꿈 진행

※ 자료 참조: 위키백과(가로쓰기와 세로쓰기)

서양 언어들에서는 주로 좌횡서가 많이 사용되지만, 아랍어 · 히브리어 등으로 대표되는 중동권에서는 반대로 우횡서가 사용된다. 그리고 독자적인 문자를 가지는 남아시아 · 동남아시아에서는 서양처럼 좌횡서가 많이 사용된다. 몽골 문자로 표기되는 몽골어는 특이하게 좌종서를 사용하는데, 이것은 몽골 문자가 위구르 문자에서 파생한 것에서 유래한다.

CSS의 쓰기 모드 레벨 3은 이렇게 다양한 국제 쓰기 모드를 지원하기 위하여 왼쪽에서 오른쪽으로(라틴어 또는 인도어 등), 오른쪽에서 왼쪽으로(히브리어 또는 아랍어 등), 양방향(혼합 라틴어와 아랍어 등), 그리고 세로 방향(예를 들어 아시아 스크립트) 등의 CSS의 기능을 정의하고 있다. 텍스트 스타일에 대한 내용을 학습하기에 앞서 기능이 확장되면서 몇 가지 용어들이 도입되고 내용의 변경이 있기 때문에 간단히 살펴보도록 하겠다.

CSS에서의 쓰기 모드는 writing-mode(쓰기 모드), direction(방향), text-orientation(텍스트 방향) 속성들에 의해 결정되며, 이는 주로 인라인 기반 방향(inline base direction)과 블록 흐름 방향(block flow direction)의 관점에서 정의된다.

인라인 기반 방향	라인의 시작(start) 및 끝(end) 쪽으로 쓰여지고 정의되는 콘텐츠의 기본 방향이다. 그리고 direction 속성은 해당 요소의 인라인 기반 방향, Unicode-bidi 속성, 텍스트 콘텐츠의 고유 방향성을 지정하고 라인 내에서의 인라인 레벨(inline-level)의 순서를 결정한다.
블록 흐름 방향	블록 레벨(block-level) 박스 스택의 방향과 블록 컨테이너에서의 인라인 박스 스택의 방향이다. 그리고 writing-mode 속성은 바로 이 블록 흐름 방향을 결정한다.

가로쓰기 모드는 세로 블록 흐름(위에서 아래 또는 아래에서 위로)을 가진 텍스트 가로 라인이고 세로쓰기 모드는 가로 블록 흐름(왼쪽에서 오른쪽으로 또는 오른쪽에서 왼쪽으로)을 가진 텍스트 세로 라인이다. 쓰기 시스템은 일반적으로 다음 표와 같이 하나 또는 두 개의 쓰기 모드를 사용한다.

라틴어 기반 시스템 (Latin-based systems)	일반적으로 하향으로의(top-to-bottom) 블록 흐름 방향과 오른쪽으로의(left-to-right) 인라인 방향을 사용해서 쓰여진다.
아랍어 기반 시스템 (Arabic-based systems)	일반적으로 하향으로의(top-to-bottom) 블록 흐름 방향과 왼쪽으로의(right-to-left) 인라인 방향을 사용해서 쓰여진다.
몽골 기반 시스템 (Mongolian-based systems)	일반적으로 오른쪽으로의(left-to-right) 블록 흐름 방향과 하향으로의(top-to-bottom) 인라인 방향을 사용해서 쓰여진다.
한 기반 시스템 (Han-based systems)	일반적으로 하향으로의(top-to-bottom) 블록 흐름 방향과 오른쪽으로의(left-to-right) 인라인 방향을 사용하거나 왼쪽으로의(right-to-left) 블록 흐름 방향과 하향으로의(top-to-bottom) 인라인 방향을 사용해서 쓰여진다. 많은 잡지들과 신문들에서 작성되는 기사는 동일 페이지 내에서 이 두 가지 쓰기 모드를 혼합해서 사용한다.

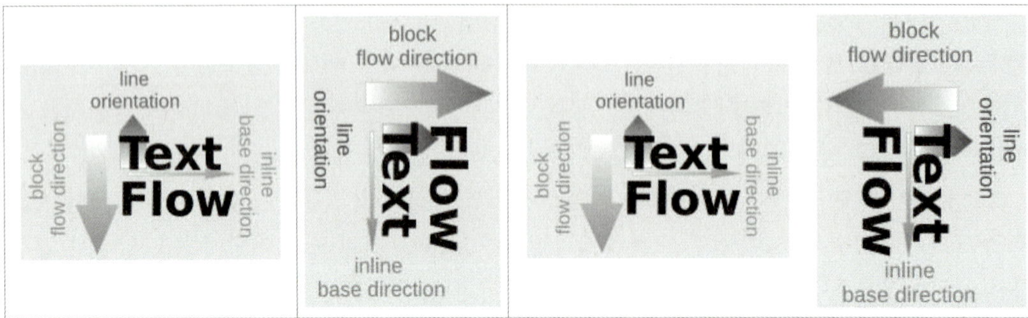

라틴어 기반	몽골 기반	한기반

언어별 쓰기 시스템

1.2 가로 방향의 텍스트

쓰기 모드의 text-orientation 속성은 앞의 그림과 같이 가로 방향(line orientation)을 결정하고 글리프(glyph, 그림문자나 상형문자 등) 방향과 같은 텍스트 레이아웃의 세부 사항을 제어하도록 하고 있다.

다음에 설명되는 내용들은 CSS2.1에서 정의된 direction 속성과 unicode-bidi 속성의 기능 일부를 대체하고 확장된 내용들이다. 대부분의 스크립트 문자는 왼쪽에서 오른쪽으로 쓰여져 있지만, 특정 스크립트는 오른쪽에서 왼쪽으로 쓰여져 있다. 일부 문서에서는 특히 아랍어 및 히브리어 스크립트로 작성되어 있으며, 오른쪽 그림과 같이 여러 언어가 혼합된 문맥에서는 단일(시각적으로 표시된) 블록의 텍스트가 혼재된 방향으로 나타날 수 있는데, 이를 양방향성(bidirectionality) 또는 짧게 'bidi'로 부른다. 그리고 유니코드 표준(Unicode Standard Annex #9)은 양방향 텍스트의 적절한 순서를 결정하는 복잡한 알고리즘을 정의하고 있으며, 포함(embeddings)과 재정의(overrides)를 명시적으로 제어하는 부분과 문자 속성에 기반하여 명시적으로 제어하는 부분으로 이루어져 있다.

속성	direction – 쓰기 방향 지정하기	CSS2

direction 속성은 텍스트의 글 쓰기 방향을 지정하는 것으로, 하위 요소로의 상속이 이루어진다. 그리고 문서의 텍스트를 표시할 때는 왼쪽에서 오른쪽 방향으로, 오른쪽에서 왼쪽 방향으로의 가로쓰기 방향을 지정할 수 있다. 다음은 사용 방법 및 예제를 나타낸 것이다.

속성 값	ltr | rtl | inherit					
속성 특징	초기값	ltr	적용	모든 요소들	상속	0
JavaScript	*object*.**style.textDirection="rtl"**					
사용 예제	h3 { **direction**: rtl } /* h3 요소를 오른쪽에서 왼쪽으로 표시 */					

속성에서 사용할 수 있는 각 속성 값들은 다음과 같다.

속성 값	설명
ltr	(Left to Right), 기본값으로서 텍스트가 왼쪽에서 오른쪽으로 쓰여지도록 지정한다.
rtl	(Right to Left) 텍스트가 오른쪽에서 왼쪽으로 쓰여지도록 지정한다.
inherit	부모 요소에서 지정된 값을 사용

다음 예제는 텍스트를 기본으로 표시했을 때와 **rtl** 속성 값을 지정하여 왼쪽으로 쓰여지도록 한 예제로서, 결과 그림에서 2번째 박스는 **direction** 속성과 함께 **bdo** 요소를 함께 사용한 결과이다. 여기서 **bdo** 요소는 **Bi-Directional Override**의 뜻으로 텍스트를 좌우로 뒤집어서 표시하여 주는 기능을 하기 때문에 보통 **direction** 속성과 함께 사용된다.

예제 CSS_06-01_Direction.html

CSS

```css
.ltr { direction: ltr }
.rtl { direction: rtl }
```

HTML

```html
<div>
  <p class="ltr">direction: ltr - 많은 것을 사랑하라, 왜냐하면 그 안에 진정한 힘이 있기 때문이다</p>
  <p class="rtl">direction: rtl - 많은 것을 사랑하라, 왜냐하면 그 안에 진정한 힘이 있기 때문이다</p>
</div><br>
<div>
  <p><bdo dir="rtl">많은 것을 사랑하라, 왜냐하면 그 안에 진정한 힘이 있기 때문이다</bdo></p>
  <p class="rtl"><bdo dir="rtl">많은 것을 사랑하라, 왜냐하면 그 안에 진정한 힘이 있기 때문이다</bdo></p>
</div>
```

direction: ltr - 많은 것을 사랑하라, 왜냐하면 그 안에 진정한 힘이 있기 때문이다

direction: rtl - 많은 것을 사랑하라, 왜냐하면 그 안에 진정한 힘이 있기 때문이다

다이문때 기있 이힘 한정진 에안 그 면하냐왜 ,라하랑사 을것 은많

다이문때 기있 이힘 한정진 에안 그 면하냐왜 ,라하랑사 을것 은많

텍스트 쓰기 방향 지정하기 결과

보충 설명

direction 속성은 블록들의 기본 쓰기 방향과 깔림(embedding)과 덮어씌움(override)의 방향을 지정한다. 또한 table 요소의 column 배열 방향, 수평 넘처흐름(overflow) 방향, 그리고 text-align 속성 값이 justify인 경우에는 블록 안의 불완전한 마지막 라인의 위치를 지정한다.

※ 깔림과 덮어씌움의 용어는 CSS 2.1에서부터 사용되는 용어로써, 포함과 재정의라고도 불리운다.

주의사항

direction 속성이 인라인 요소에서 효과를 가지려면, unicode-bidi 속성 값이 깔려있거나(embed) 덮어씌워야(override) 한다. 그리고 direction 속성이 table 요소의 column에 지정되면, 문서 트리에서는 column 들이 존재하지 않기 때문에 column의 셀들에 의하여 전달되지 않는다는 점에 유의해야 한다.

속성	unicode-bidi - 쓰기 방향 재정의하기	CSS2/CSS3

unicode-bidi 속성은 알고리즘 내에서 범위를 만들고 텍스트의 본래 방향성(왼쪽에서 오른쪽)을 재정의 하는 것이다. 다음은 사용 방법 및 예제를 나타낸 것이다.

속성 값	normal | embed | isolate | bidi-override | isolate-override | plaintext					
속성 특징	초기값	normal	적용	모든 요소들	상속	X
JavaScript	object.**style.unicodeBidi="bidi-override"**					
사용 예제	div p { **unicode-bidi**: bidi-override } h1.hebrew { direction: rtl; unicode-bidi: embed } h1.english { direction: ltr; unicode-bidi: embed } p.bidi { direction: rtl; Unicode-bidi: bidi-override }					

속성에서 사용할 수 있는 각 속성 값들은 다음과 같으며, CSS3에서 isolate, isolate-override, plaintext 속성 값이 추가되었다.

속성 값	설명
normal	(기본값) 양방향 알고리즘에 대한 추가적인 수준의 깔림(embedding)을 열지 않기 때문에 인라인 요소에서는 요소 경계를 넘어서 재정렬 작업이 일어난다. 즉, 유니코드 양방향 알고리즘에 대하여 투명하게 동작하기 때문에 요소의 경계가 없는 것처럼 콘텐츠가 정렬된다.
embed	인라인 요소에만 적용되며, 양방향 알고리즘에 대한 추가적인 수준의 깔림을 개방하여 지향성 깔림(directional embedding)을 생성한다. 즉, direction 속성에서 지정한 형태로 표시하기 때문에 요소 내부에서는 재정렬이 암시적으로 수행된다. 따라서 'direction: rtl'에서는 normal과 동일하다.
bidi-override	해당 요소가 인라인 요소이거나 인라인 요소만을 포함한 블록 요소일 경우에는 속성 값이 덮어씌워지기(override) 때문에 해당 요소 안에서의 재정렬은 엄격하게 direction 속성의 순서에 따라서 이루어진다. 만일, 해당 요소가 블록 컨테이너인 경우에는 그 콘텐츠 전체를 둘러싸는 익명의 인라인 요소에 덮어씌워진다.
isolate	인라인 요소에만 적용되며, 콘텐츠를 양방향으로 분리한다. 이는 어떤 블록의 경계 또는 강제로 단락 나누기에 의해 방해받지 않는 인라인 레벨 박스들의 각 순서가 분리된 순서로 처리하는 것을 제외하고는 지향성 깔림과 유사하다. 즉, 순서 내에 있는 콘텐츠는 요소의 direction 속성에 의해 지정된 기본 방향성을 가진 독립적인 단락 내에 있는 것처럼 정렬된다.
isolate-override	bidi-override 속성 값의 동작과 iosolate 속성 값의 동작을 결합한 것으로, 주변 콘텐츠를 보았을 때는 isolate 기능과 동일하지만 bidi-override 속성 값이 지정된 것처럼 요소의 콘텐츠 내에서 정렬된다.
plaintext	이 값은 유니코드 양방향 알고리즘의 목적을 위한 것을 제외하고는 isolate 값으로 동작한다.

다음 표는 유니코드 양방향성의 요소 내부 및 외부 효과를 정리하여 나타낸 것이다.

		외부(Outside)	
		강한(strong)	중립(neutral)
내부 (Inside)	범위(scoped)	embed	isolate
	재정의(override)	bidi-override	isolate-override
	평문(plaintext)	-	plaintext

다음의 예를 살펴보도록 하자.

CSS

```
[dir=ltr] {direction: rtl}
[dir=rtl] {direction: ltr}
section, p {display: block}
emphasis {font-weight: bold}
```

HTML

```html
<section dir=rtl>
    <p>HEBREW1 HEBREW2 english3 HEBREW4 HEBREW5</p>
    <p>HEBREW6 <emphasis>HEBREW7</emphasis> HEBREW8</p>
</section>
<section dir=ltr>
    <p>english9 english10 english11 HEBREW12 HEBREW13</p>
    <p>english14 english15 english16</p>
    <p>english17 <quote dir=rtl>HEBREW18 english19 HEBREW20</quote></p>
</section>
```

이 예제에서 기본적으로 영어는 왼쪽에서 오른쪽(left-to-right)의 속성을 갖고, 히브리어는 오른쪽에서 왼쪽으로(right-to-left)의 속성을 갖는 블록이다. 첫 번째 section 요소는 오른쪽에서 왼쪽으로의 기본 방향을 갖고 있는 블록이고, 두 번째 section 요소는 왼쪽에서 오른쪽으로의 기본 방향을 갖고 있는 블록이다. 그리고 p 요소들은 부모 요소인 section 요소들로부터 기본 방향을 상속 받는다. 따라서 처음 2개의 p 요소는 상단 오른쪽에서 시작하여 읽고, 나머지 3개의 p 요소들은 상단 왼쪽에서 시작하여 읽는다. emphasis 요소는 인라인 레벨이고 unicode-bidi 속성의 초기값이 normal이기 때문에 텍스트의 순서에는 아무 효과가 없다. 이와는 달리 quote 요소는 주어진 내부의 방향성과 분리된 순서(isolated sequence)를 생성하기(embedding을 생성) 때문에 HEBREW18이 english19의 오른쪽으로(HEBREW18을 먼저 읽어야 하기 때문에) 온 것을 볼 수 있다.

```
                5WERBEH 4WERBEH english3 2WERBEH 1WERBEH

                                 8WERBEH 7WERBEH 6WERBEH

english9 english10 english11 13WERBEH 12WERBEH

english14 english15 english16

english17 20WERBEH english19 18WERBEH
```

예제 CSS_05-01_Unicode-bidi.html

CSS

```css
.embed { direction: rtl; unicode-bidi: embed }
.override { direction: rtl; unicode-bidi: bidi-override }
```

HTML

```html
<p class="embed">unicode-bidi: embed - 많은 것을 사랑하라, 왜냐하면 그 안에 진정한 힘이 있기 때문이다!</p>
<p class="override">unicode-bidi: override - 많은 것을 사랑하라, 왜냐하면 그 안에 진정한 힘이 있기 때문이다!</p>
```

!unicode-bidi: embed - 많은 것을 사랑하라, 왜냐하면 그 안에 진정한 힘이 있기 때문이다

!다이문때 기있 이힘 한정진 에안 그 면하냐왜 ,라하랑사 을것 은많 - edirrevo :idib-edocinu

아직은 주요 브라우저에서 CSS3에서 추가된 **isolate**, **isolate-override**, **plaintext** 속성 값들을 지원하고 있지 않다.

주의사항

이 속성은 하위 요소로의 상속이 이루어지지 않기 때문에 블록 요소에 bidi-override 또는 plaintext 속성 값으로 설정하는 것은 하위 블록들에 어떤 영향도 주지 않는다. 따라서 블록 레벨 구조를 포함하지 않는 인라인과 블록에 사용되는 것이 좋다. 또한 이 속성은 plaintext 의 경우 direction 속성에 영향을 주지 않기 때문에 direction 속성에 종속적인 레이아웃 계산에는 영향을 주지 않는다는 점에 유의해야 한다.

1.3 세로 방향의 텍스트

주로 가로 방향으로 쓰여지는 라틴 문자와 달리 한글을 포함한 중국어 및 일본어 등의 아시아 언어에서는 세로 방향으로 쓰여질 수 있다. 가로 방향의 경우는 텍스트를 왼쪽에서 오른쪽으로 읽어가며 위에서 아래로 진행해 나간다. 세로 방향의 텍스트는 위에서 아래쪽으로 읽어가며 오른쪽에서 왼쪽으로 진행해 나간다. 따라서 가로 방향의 왼쪽 들여쓰기는 세로 방향의 상단 들여쓰기로 변환이 된다. 그리고 이러한 세로 방향 텍스트의 레이아웃은 종종 세로 방향과 가로 방향 요소들의 혼합을 포함한다. 다음 그림은 이에 대한 예제 그림들이다.

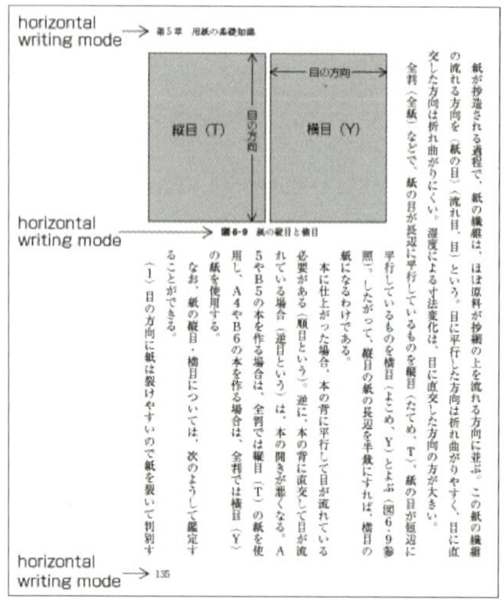

가로 및 세로 방향의 한국어와 일본어 텍스트 비교

속성	writing-mode – 쓰기 모드 지정하기	CSS3

writing-mode 속성은 블록이 진행하는 방향과 텍스트의 진행 방향이 가로인지 세로인지를 지정하는 것으로써 CSS3에서 추가되었으며 하위 요소로 상속이 이루어진다. 다음은 사용 방법 및 예제를 나타낸 것이다.

속성 값	horizontal-tb | vertical-rl | vertical-lr					
속성 특징	초기값	horizontal-tb	적용	아래 ※ 부분을 제외한 모든 요소들	상속	O
JavaScript	*object*.**style.writingMode="vertical-rl"**					
사용 예제	div p { **writing-mode**: vertical-rl }					

※ 적용 – 테이블의 행 및 행 그룹들, 열 및 열 그룹들

속성에서 사용할 수 있는 각 속성 값들은 다음과 같으며, 각 그림은 이미지 ②에 의해 분리된 두 블록 요소들 ①과 ③의 흐름을 나타낸 것이다.

속성 값	설명
horizontal-tb	(기본값) 블록 흐름 방향이 위에서 아래로(Top-to-bottom), 쓰기 모드는 가로 방향이다.
vertical-rl	블록 흐름 방향이 오른쪽에서 왼쪽으로(Right-to-left), 쓰기 모드는 세로 방향이다.
vertical-lr	블록 흐름 방향이 왼쪽에서 오른쪽으로(Left-to-right), 쓰기 모드는 세로 방향이다.

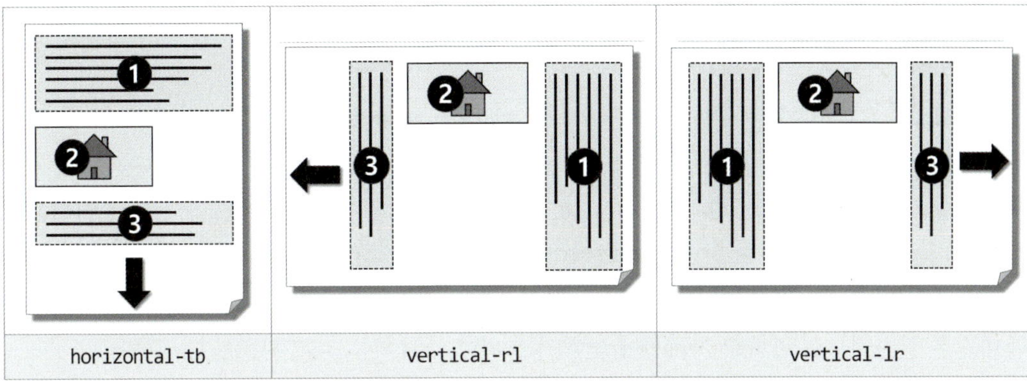

이 속성은 블록 흐름 방향을 지정하는 것으로써, 인라인을 포함하는 블록 컨테이너 내의 라인 박스의 진행 방향 및 테이블에서의 행 진행 방향 등의 블록 형식을 갖는 콘텐츠의 블록 레벨 박스의 진행 방향을 결정한다. 그리고 Body 요소의 writing-mode 속성은 뷰포트(viewport)에는 전파되지 않고 오직 background와 overflow 속성에만 적용된다.

만일, 박스가 'inline'에 지정된 'display'값이 있다면, 'display'는 인라인 블록으로 계산되지만, 'run-in'에 지정된 'display'값이 있다면 'display'는 블록으로 계산된다. 그리고 박스가 블록 컨테이너라면, 새로운 블록 형식의 콘텐츠로 설정한다.

다음 예제는 일부 양식 컨트롤(요소들)들을 vertical-rl 속성 값을 가진 블록 안에 나타낸 것으로 쓰기 모드에 따라 양식 요소들이 표시된 것을 볼 수 있다.

```
<style>
 form { writing-mode: vertical-rl; }
</style>
…
<form>
<p><label>姓名  <input value="艾俐俐"></label>
<p><label>语言  <select><option>English
                <option>français
                <option>فارسی
                <option>中文
                <option>日本語</select></label>
</form>
```

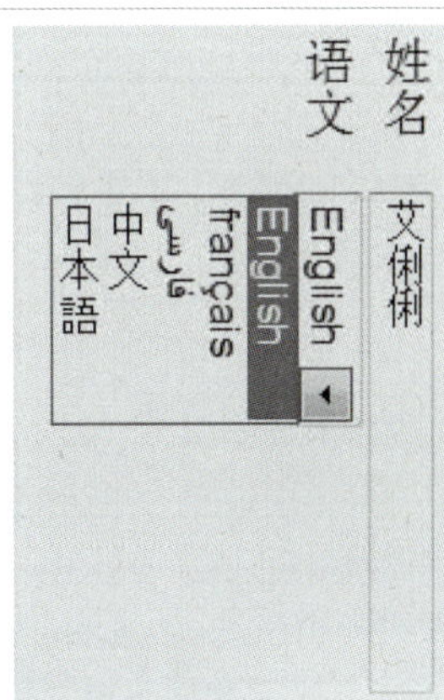

※ 아직은 주요 브라우저에서 이 기능을 지원하지 않고 있다.

1.4 인라인-레벨(Inline-level) 맞춤

다양한 종류의 인라인 레벨 콘텐츠가 한 라인에 함께 배치된 경우, 콘텐츠의 기준선(baseline)과 vertical-align 속성의 설정 값은 라인 박스의 방향이 가로 방향으로의 맞춤이 어떻게 일어나는지를 설정한다. 기준선은 텍스트의 개별 문자 모양(glyphs)의 맞춤이 일어나는 기준이 되는 라인 박스의 인라인 축의 라인이다. 즉, 글꼴 문자를 디자인할 때 어떻게 디자인해야 하는지를 다음 그림들과 같이 안내하는 기준이 된다. 예를 들어, 대부분의 알파벳 문자 모양의 바닥은 일반적으로 알파벳 기준선에 맞춰지게 된다.

기준선과 EM-0box를 가진 두 개의 글꼴 크기의 알파벳 문자

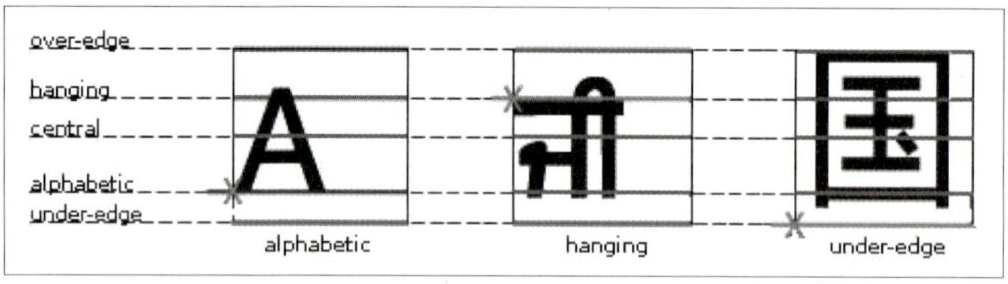

다양한 쓰기 시스템에서의 선호하는 기준선들

잘 구성된 글꼴은, 글꼴 디자인 좌표 공간 내에서 다음 그림과 같이 하나 이상의 기준선 위치를 나타내는 테이블을 포함한다. 기준선 테이블은 글꼴의 속성이며, 다양한 기준선의 위치들은 글꼴의 모든 문자 모양에 적용된다. 그리고 서로 다른 기준선 테이블은 가로 및 세로 텍스트의 맞춤을 위해서 제공될 수 있다.

속성	text-orientation – 텍스트 방향 지정하기	CSS3

text-orientation 속성은 라인의 텍스트 방향을 지정하는 것으로 하위 요소로 상속이 이루어진다. 이 속성의 현재 값은 세로 방향 쓰기 모드에서만 효과가 있으며, 가로 방향 쓰기 모드에 놓여 있는 박스들에는 영향을 주지 않는다. 다음은 사용 방법 및 예제를 나타낸 것이다.

속성 값	mixed | upright | sideways-right | sideways-left | sideways | use-glyph-orientation					
속성 특징	초기값	mixed	적용	테이블의 행 및 행 그룹들, 열 및 열 그룹들을 제외한 모든 요소들	상속	O
JavaScript	*object*.**style.textOrientation="upright"**					
사용 예제	:root { **text-orientation**: sideways } /* 가로 전용 문서로 설정 */					

속성에서 사용할 수 있는 각 속성 값들은 다음과 같다.

속성 값	설명
mixed	(기본값) 이 속성 값은 주로 세로 스크립트 텍스트의 레이아웃을 위한 것이지만, 세로쓰기 모드에서의 스크립트 문자가 세로인지 가로인지에 따라서 달라진다. 즉, 세로쓰기 모드에서, 세로 스크립트 문자는 자신의 고유 방향으로 설정되지만, 가로 전용 스크립트 문자는 텍스트에서의 표준 방향에서 시계 방향으로 90도 옆으로 회전하여 나타나도록 한다.
upright	이 속성 값은 기본적으로 direction 속성 값이 'ltr'이 되지만, 세로쓰기 모드에서는 가로 전용 스크립트 문자들이 표준 가로 방향에서 세로 방향으로 렌더링된다. 그리고 세로 스크립트 문자는 고유 방향으로 설정되지만, 양방향으로 다시 맞추기 위하여 이 값은 모든 문자가 강한 LTR 값으로 처리된다.
sideways-right	이 속성 값은 세로쓰기 모드에서 텍스트가 가로 레이아웃인 것처럼 설정되지만, 시계 방향으로 90도 회전하여 나타난다.
sideways-left	이 속성 값은 세로쓰기 모드에서 텍스트가 가로 레이아웃인 것처럼 설정되지만, 시계 반대 방향으로 90도 회전하여 나타난다.
sideways	이 속성 값은 writing-mode 속성이 'vertical-rl'인 쓰기 모드에서는 sideways-right 속성 값과 동일하게 동작하고, writing-mode 속성이 'vertical-lr'인 쓰기 모드에서는 sideways-left 속성 값과 동일하게 동작한다. 이 속성 값은 주로 가로 전용 문서에서의 가로 스크립트 텍스트를 세로 방향으로 설정할 때 유용할 수 있다.
use-glyph-orientation	[SVG11]에서는 텍스트 방향을 제어하려는 의도로 'glyph-orientation-vertical'과 'glyph-orientation-horizontal'을 정의하고 있지만, 이 속성들은 더 이상 사용되지 않으며 SVG가 아닌 요소들에는 적용되지 않는다. 그러나 이 값들이 SVG 요소에 설정되어 있다면, 이 값은 텍스트의 레이아웃을 제어하도록 동작한다.

다음 표에 나타낸 그림들은 위에서 언급한 속성 값들의 차이를 보이기 위하여 나타낸 것이다. 특히, sideways, sideways-right, sideways-left 속성 값들은 텍스트 레이아웃의 장식 효과를

제공하기 때문에, 아래에서 위쪽으로의(bottom-to-top) 스크립트에 대한 CSS 지원에 대한 한계를 해결할 수 있도록 해준다.

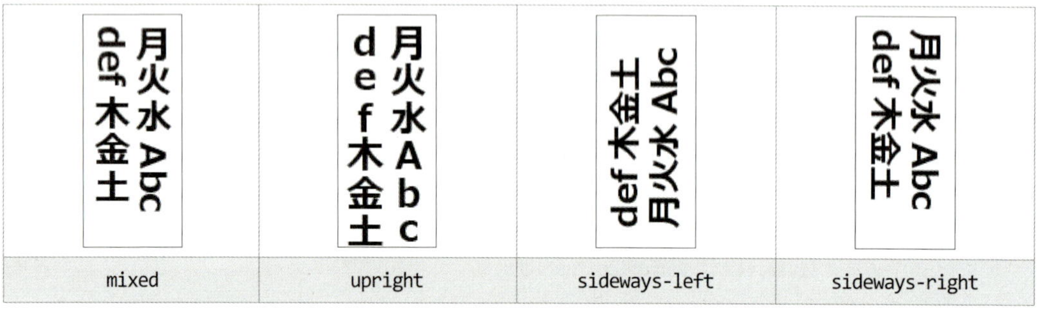

※ 아직은 주요 브라우저에서 이 기능을 지원하지 않고 있다.

주의사항

이 속성 값을 변경하면 인라인 레벨 맞춤(정렬)에 영향을 미칠 수 있다는 점에 유의하도록 하자.

1.5 추상적인 박스 용어(Abstract Box Terminology)

CSS2.1에서는 horizontal-tb 쓰기 모드를 위한 박스 레이아웃 모델을 자세히 정의하고 있지만, 레이아웃은 horizontal-tb보다 쓰기 모드에서 더 유사하다. 따라서 CSS2.1에서의 방향과 크기를 포함한 수치에 있어서, 그리고 사용하게 될 레이아웃에 대한 개념과 관련된 용어들을 적절하게 다시 추상적으로 정의하고 표준화 사양에 맞게 다시 매핑을 정의해야 할 필요가 있다. 이는 CSS의 사양들이 계속해서 세부적인 모듈들로 발전하고 있는 표준화에 대응하기 위해서도 필요하기 때문이다. 따라서 다음 설명에서는 쓰기 모드에 대한 박스 레이아웃을 정의하기 위한 방향 및 크기 관련 용어들을 설명한다.

다음은 CSS의 방향을 나타내는 용어의 3가지를 나타낸 것이다.

물리적 방향 (physical)	물리적 방향은 왼쪽, 오른쪽, 위, 아래가 있으며, 쓰기 모드와는 관계 없이 페이지를 기준으로 해석한다.
상대적 흐름 (flow-relative)	콘텐츠의 흐름에 대한 상대적인 의미로, 흐름의 상대적인 방향을 나타낸다. 이러한 방향에는 start와 end 또는 block-start, block-end, inline-start, inline-end가 있다.
상대적 라인 (line-relative)	라인 박스의 방향에 대한 상대적인 의미로, 이 방향에는 line-left, line-right, line-over, line-under가 있다.

물리적 크기(수치)는 각각 X축(가로 크기) 및 Y축(세로 크기)에 따라 측정되는 해당 폭과 높이를 말한다. 또한 추상적인 크기는 상대적인 흐름(flow-relative)과 상대적인 라인(line-relative) 용어 모두에서 동일하게 적용된다.

▶ 상대적인 흐름 방향(flow-relative directions)

문서 내용의 흐름에 대한 방향은 상대적으로 다음과(특히 왼쪽에서 오른쪽, 위에서 아래(LTR-TB)쪽으로의 쓰기 모드에서) 같이 정의된다.

블록-시작(block-start)	블록의 진행 방향은 다음과 같은 기준으로 쓰기 모드(writing-mode) 속성에 의해 결정된다. - horizontal-tb 모드에서는 상단 - vertical-rl 모드에서는 오른쪽 - vertical-lr 모드에서는 왼쪽
블록-끝(block-end)	block-start의 반대쪽이 기준이 된다.
인라인-시작(inline-start)	텍스트가(인라인의 기본 방향) 시작되는 기준은 다음과 같은 기준으로 결정된다. LTR(왼쪽에서 오른쪽) 방향의 값이 사용된 박스에서는 라인의 왼쪽(line-left) RTL(오른쪽에서 왼쪽) 방향의 값이 사용된 박스에서는 라인의 오른쪽(line-right)
인라인-끝(inline-end)	inline-start의 반대쪽이 기준이 된다.

주의사항

문서 내용의 상대적인 흐름을 결정하는 박스의 block-start와 block-end는 쓰기 모드(writing-mode) 속성에 따라서 달라진다. 그러나 박스의 inline-start와 inline-end는 쓰기 모드뿐만 아니라 direction 및 text-orientation 속성에 따라서도 달라지기 때문에 유의하도록 하자.

다음 그림들은 이러한 용어들을 모호하지 않고 분명하게 이해시키기 위하여 나타낸 것이다. 즉, 시작(start)과 끝(end)의 의미를 분명히 하기 위하여 블록-시작(block-start) 및 인라인-시작(inline-start), 블록-끝(block-end) 및 인라인-끝(inline-end)으로 구분하였다.

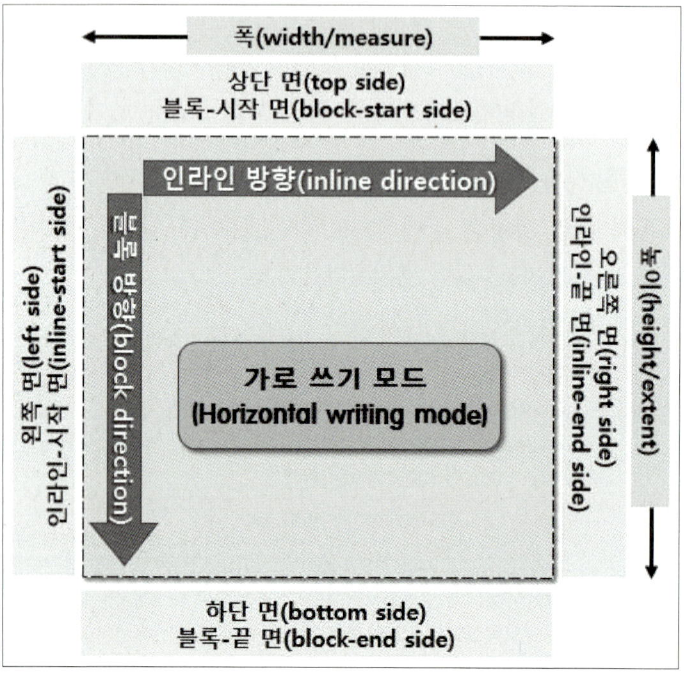

가로쓰기 모드로서, 텍스트의 흐름은 왼쪽에서 오른쪽으로, 블록의 방향은 위에서 아래로 진행된다(LTR-TB)

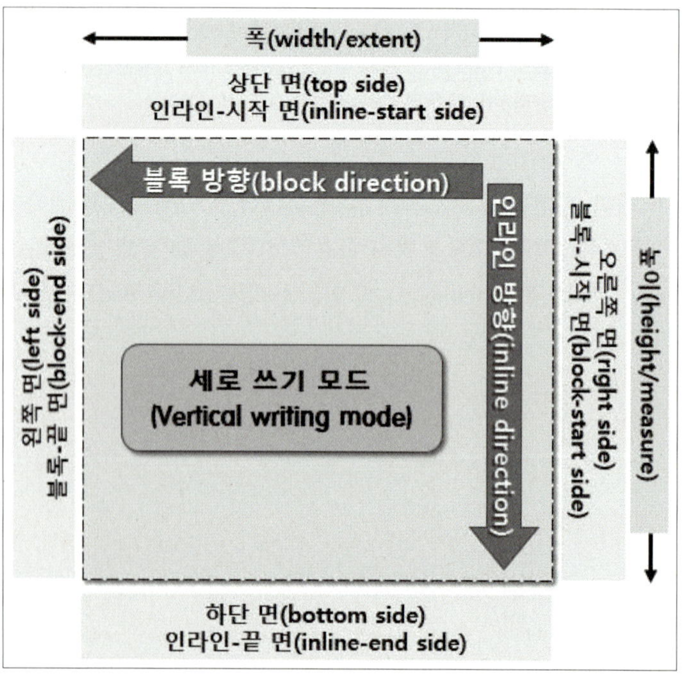

세로쓰기 모드로서, 텍스트의 위에서 아래쪽으로, 블록의 방향은 오른쪽에서 왼쪽으로 진행된다(TTB-RL)

▶ 상대적인 라인 방향(Line-relative directions)

라인 방향은 논리적 상단(위쪽면)인 라인 박스의 측면(side)을 결정하고 text-orientation과 writing-mode의 조합에 의해 제공된다. 일반적으로 상대적인 라인의 상단은 블록의 시작이 되지만, 항상 그런 것은 아니다. 예를 들어, 몽골어에서는(기본적으로 vertical-lr 쓰기 모드) 블록의 끝이 라인의 상단이 되기 때문이다.

다음은 라인 방향에 대한 용어를 정리한 것으로, 표와 함께 그림으로 나타내었다.

over or line-over	명목상 올라가는 측면(side) 또는 라인 박스의 "top"을 나타낸다.
under or line-under	over의 반대로써, 내려가는 측면 또는 라인 박스의 "bottom"을 나타낸다.
line-left	명목상 LTR 텍스트를 시작하는 측면(라인 왼쪽)을 나타낸다.
line-right	명목상 RTL 텍스트를 시작하는 측면을 나타낸다(라인 왼쪽의 반대).

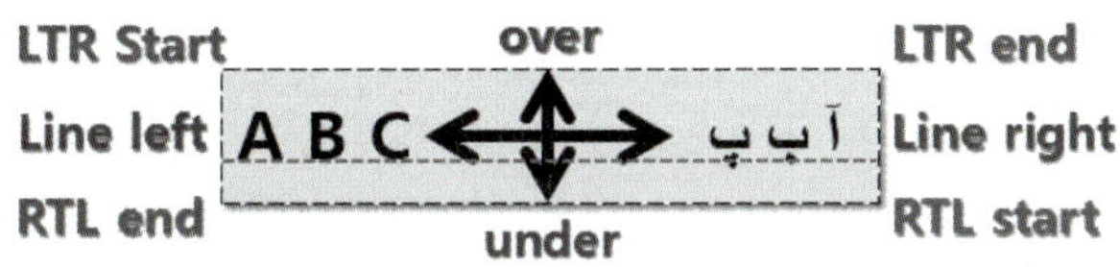

라인 방향의 나침반

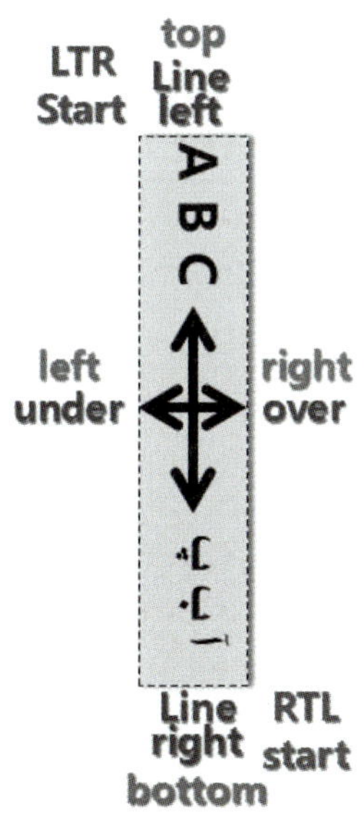

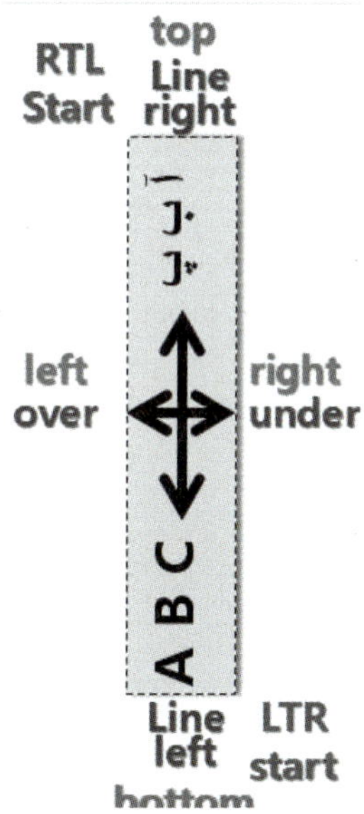

전형적인 세로 방향 | 라인 방향(text-orientation: sideways-left)

그림에서도 알 수 있듯이, 쓰여지는 텍스트가 쓰여지는 LTR을 기준으로 왼쪽 면이 "line left", 오른쪽 면이 "line right", 위쪽 면이 "over", 그리고 아래쪽 면이 "under"가 된다. 그러나 이러한 기준은 텍스트가 쓰여지는 RTL일 때는 반대가 된다는 점에 유의하도록 하자.

▶ 추상적인 크기(Abstract Dimensions)

추상적인 크기는 다음과 같이 정의된다.

블록 크기 (block dimension)	블록 크기는 한 라인 내의 텍스트 흐름과의 직각(perpendicular)을 이루고 있는 크기를 나타낸다. 예를 들어, 가로쓰기 모드에서의 세로 높이 또는 세로쓰기 모드에서의 가로 폭이 블록 크기에 해당된다.
인라인 크기 (inline dimension)	인라인 크기는 한 라인 내의 텍스트 흐름과의 평행(parallel)을 이루고 있는 크기를 나타낸다. 예를 들어, 가로쓰기 모드에서의 가로 폭 또는 세로쓰기 모드에서의 세로 높이가 인라인 크기에 해당된다.
블록 축 (block axis)	블록 크기에서의 축을 의미하는 것으로, 가로쓰기 모드에서의 세로 축(vertical axis)과 세로쓰기 모드에서의 가로 축(horizontal axis)이 있다.
인라인 축 (inline axis)	인라인 크기에서의 축을 의미하는 것으로, 가로쓰기 모드에서의 가로 축과 세로쓰기 모드에서의 세로 축이 있다.
높이 (extent or logical height)	블록 크기에서의 실제 크기를 나타내는 것으로, 가로쓰기 모드의 실제 높이(세로 크기)와 세로쓰기 모드에서의 실제 폭(가로 크기)이 해당된다.
폭 (measure or logical width)	인라인 크기에서의 실제 크기를 나타내는 것으로, 가로쓰기 모드에서의 실제 폭(가로 크기)과 세로쓰기 모드에서의 실제 높이(세로 크기)를 의미한다.

▶ 추상적 - 물리적 용어의 관계

앞에서 언급한 추상적인 용어와 물리적인 용어의 관계를 정리하여 다음 표에 나타내었다.

<table>
<tr><td>'writing-mode'</td><td colspan="4">'horizontal-tb'</td><td colspan="3">'vertical-rl'</td><td colspan="3">'vertical-lr'</td></tr>
<tr><td>'text-orientation'</td><td colspan="2">-</td><td colspan="2">'sideways-left'</td><td colspan="2">*right</td><td colspan="2">'sideways-left'</td><td colspan="2">*right</td></tr>
<tr><td>'direction'</td><td>'ltr'</td><td>'rtl'</td><td>'ltr'</td><td>'rtl'</td><td>'ltr'</td><td>'rtl'</td><td>'ltr'</td><td>'rtl'</td><td>'ltr'</td><td>'rtl'</td></tr>
<tr><td>extent</td><td colspan="5">height</td><td colspan="5">width</td></tr>
<tr><td>measure</td><td colspan="5">width</td><td colspan="5">height</td></tr>
<tr><td>block-start</td><td colspan="4">top</td><td colspan="3">right</td><td colspan="3">left</td></tr>
<tr><td>block-end</td><td colspan="4">bottom</td><td colspan="3">left</td><td colspan="3">right</td></tr>
<tr><td>inline-start</td><td>left</td><td>right</td><td>bottom</td><td>top</td><td>top</td><td>bottom</td><td>bottom</td><td>top</td><td>top</td><td>bottom</td></tr>
<tr><td>inline-end</td><td>right</td><td>left</td><td>top</td><td>bottom</td><td>bottom</td><td>top</td><td>top</td><td>bottom</td><td>bottom</td><td>top</td></tr>
<tr><td>over</td><td colspan="2">top</td><td colspan="2">left</td><td colspan="2">right</td><td colspan="2">left</td><td colspan="2">right</td></tr>
<tr><td>under</td><td colspan="2">bottom</td><td colspan="2">right</td><td colspan="2">left</td><td colspan="2">right</td><td colspan="2">left</td></tr>
<tr><td>line-left</td><td colspan="2">left</td><td colspan="2">bottom</td><td colspan="2">top</td><td colspan="2">bottom</td><td colspan="2">top</td></tr>
<tr><td>line-right</td><td colspan="2">right</td><td colspan="2">top</td><td colspan="2">bottom</td><td colspan="2">top</td><td colspan="2">bottom</td></tr>
</table>

속성	text-combine-upright - 단일 문자 공간에 여러 문자들의 결합 지정하기	CSS3

text-combine-upright 속성은 단일 문자 공간에 여러 문자들의 결합을 지정하는 것으로, 인라인 요소들을 제외한 하위 요소로 상속이 이루어진다. 조합된 텍스트가 1em보다 넓은 경우, 브라우저는 1em 내에서 콘텐츠에 맞게 조정해야 한다. 재조정된 결과는 레이아웃 및 장식의 목적으로 단일 그림 문자로서 처리된다. 이 속성은 세로쓰기 모드에서만 효과를 볼 수 있다. 다음은 사용 방법 및 예제를 나타낸 것이다.

속성 값	none | all | [digit <integer> ?]					
속성 특징	초기값	none	적용	인라인 요소들 제외	상속	0
JavaScript	*object*.**style.textCombineUpright="all"**					
사용 예제	date { **text-combine-upright**: digit 2 }	<date>平成20年4月16日に</date>				

속성에서 사용할 수 있는 각 속성 값들은 다음과 같다.

속성 값	설명
none	(기본값) 이 속성 값은 특별한 처리를 하지 않는다.
all	이 속성 값은 세로 라인 박스 내에서 단일 문자의 공간을 차지하도록 하기 위한 것으로, 수평으로 연속하는 모든 종류의 문자들이 박스 내에서 표시되도록 시도한다. 다음에 있는 그림 참조
digits <integer>?	이 속성 값은 all 속성과 마찬가지로 세로 라인 박스 내에서 단일 문자의 공간을 차지하도록 하기 위한 것이지만, 수평으로 연속하는 모든 종류의 문자들이 박스 내에서 표시될 때 수평으로 연속해서 나오는 ASCII 숫자의 최대치를 지정할 수 있다. 지정할 수 있는 값의 범위는 2~4자리 한도 내에서 지정할 수 있으며, 지정된 값이 생략되면 기본적으로 2자리로 계산된다.

※ 아직은 주요 브라우저에서 이 기능을 지원하지 않고 있다.

동아시아 문서에서의 'text-combine-upright' 효과는 날짜 및 머리 글자의 문자 구성 요소와 같은 라틴 기반의 문자열을 표시하는 데 종종 사용된다. 그리고 이러한 효과는 라인의 쓰기 모드와 관계없이 항상 세로쓰기 모드에서 효과를 볼 수 있다.
왼쪽의 그림은 일본어에서 'tate-chu-yoko'로 알려진 효과를 나타낸 것으로, 앞에서 살펴본 예제에서 속성 값을 'digit 2'로 지정하여 박스 내에서 수평으로 연속해서 나오는 숫자(20)가 2개로 나오도록 한 결과이다.
그러나 다음의 예제의 경우에서는 오른쪽 그림과 같이 의도하지 않은 결과가 발생할 수 있다는 점에 유의하도록 하자.
<p>あれは10,000円ですよ！</p>

렌더링과 레이아웃의 복잡성을 피하기 위하여 'text-combine-upright' 속성은 박스 경계에 의해 중단되지 않는 연속된 문자들로 이루어진 평문으로 결합할 수 있지만, 속성이 하위 요소로 상속되기 때문에 브라우저는 결합할 박스의 내용이 박스 밖에서 시작 또는 종료되는 결합 가능한 시퀀스의 일부가 아님을 확인해야 한다. 그런 다음, 'text-combine-upright' 속성 값이 'none'인 것처럼 텍스트가 제대로 배치되도록 한다.

다음의 예제에서, 텍스트의 결합은 되지 않을 것이다. 같은 'text-combine-upright' 속성 값으로 12와 34가 부모의 속성을 공유하기 때문이다. 따라서 박스 경계에 의해 중단된 4개의 결합 가능한 숫자들의 일부로 간주된다.

주어진 규칙	주어진 마크업
tcy { text-combine-upright: digits 4; }	<tcy>12<span>34</span></tcy>

그러나 다음의 경우를 살펴보면, 34는 결합될 것이다. 바로 이전의 12는 일반적인 'text-combine-upright' 와 34가 함께 부모의 속성을 공유하지 않기 때문이다. 따라서 34는 2개의 조합 가능한 숫자들의 전체가 되는 것으로 간주된다.

주어진 마크업
12<tcy><span>34</span></tcy> 12<tcy><span></span>34</tcy> 12<tcy>34<span></span></tcy>

만일, 다음과 같은 규칙을 사용한다면, 앞에서 살펴본 2가지의 내용과 동일한 결과를 보일 것이다.

주어진 규칙
tcy { text-combine-upright: all }

즉, 'text-combine-upright' 속성 값은 오직 문자의 유형이 결합될 수 있고 결합 가능한 순서의 최대 길이가 얼마인지에 영향을 준다.

Section 02 텍스트 조작하기

이 CSS3 모듈은 텍스트 조작에 대한 속성을 정의하고 그 처리 모델을 지정하는 것으로, 줄 바꿈 및 텍스트 맞춤, 공백 처리, 그리고 텍스트 변환 등에 대하여 학습하도록 한다.

본 교재에서 설명되고 있는 내용들은 다음의 표준화 문서를 기준으로 설명하고 있기 때문에, 좀 더 자세한 내용을 살펴보고자 하는 독자들은 표준 문서를 참고하도록 한다.

표준화 문서1	CSS Text Module Level 3 - http://dev.w3.org/csswg/css-text-3/
표준화 단계1	Last Call Working Draft(Editor's Draft), (2014-03-20)
표준화 문서2	CSS Text Module Level 4 - http://dev.w3.org/csswg/css-text-4/
표준화 단계3	Editor's Draft, (2014-02-03)

속성	내용
text-transform	영어 알파벳 표기방식 지정하기
white-space	텍스트의 공백 처리 결정하기
tab-size	탭(tab) 크기 지정하기
line-break	줄 바꿈 규칙 지정하기
word-break	텍스트 줄 바꿈 지정
hyphens	하이픈 삽입 지정하기
overflow-wrap/word-wrap	줄 바꿈 시 단어 분리 지정하기
text-align	텍스트 수평 맞춤(정렬)하기
text-align-last	마지막 줄 텍스트의 수평 맞춤하기
text-justify	텍스트 맞춤 방법 지정하기
letter-spacing	글자 간격 지정하기
word-spacing	단어 간격 지정하기
text-indent	텍스트 들여쓰기 간격 조정하기
hanging-punctuation	문장부호(구두점) 조정하기

2.1 텍스트 변환 및 공백 처리

속성	text-transform - 영어 알파벳 표기방식 지정하기	CSS1/CSS3

text-transform 속성은 지정한 텍스트의 영어 알파벳 표기방식을 지정하는 속성으로, 하위 요소로 상속이 된다. 그리고 CSS3에서 full-width 값이 추가되었다. 다음은 사용 방법 및 예제를 나타낸 것이다.

속성 값	none | capitalize | uppercase | lowercase | full-width					
속성 특징	초기값	none	적용	모든 요소들	상속	O
JavaScript	*object*.style.textTransform="lowercase"					
사용 예제	div { text-transform: **lowercase** } abbr:lang(ko) { text-transform: full-width; }					

속성에서 사용할 수 있는 각 속성 값들은 다음과 같다.

속성 값	설명
none	변환하지 않는다.
capitalize	텍스트의 시작하는 단어 첫 글자만 대문자로 변환한다.
uppercase	텍스트 전체를 대문자로 변환한다.
lowercase	텍스트 전체를 소문자로 변환한다.
full-width	텍스트 전체를 전각 형태로 변환하지만, 글꼴이 전각을 나타낼 수 있는 종류가 없다면 변환하지 않는다. 이 값은 일반적으로 표의 문자(ideographic)와 같은 라틴 문자와 숫자를 조판하는데 사용된다.

다음 그림은 위 속성 값들을 각각 지정하였을 때의 결과를 나타낸 것이다. 속성 값에 따라 영어 알파벳의 표기 방식이 어떻게 변하는지 확인을 해보자. 참고로, full-width 속성 값은 아직 지원되는 브라우저가 없다.

예제 CSS_06-02_TextTransform.html

속성 값 지정	미리보기 - Text transform effects
Text-transform: none	Text transform effects
Text-transform: lowercase	text transform effects
Text-transform: uppercase	TEXT TRANSFORM EFFECTS
Text-transform: capitalize	Text Transform Effects

보충 설명 – 반각/전각 문자

반각문자(half-width)와 전각문자(full-width)는 기본적으로 "인쇄 용어"에서 나온 용어로서, 다음과 같이 "정사각형" 안에 들어가는 문자가 전각문자이고, 정사각형의 반쪽에 들어가는 문자가 반각문자이다. 따라서 전각문자의 폭은 반각문자의 2배가 된다.

- 반각문자 - 1234ABCDabcd!"#$%&'()*+
- 전각문자 - １２３４ＡＢＣＤａｂｃｄ！＂＃＄％＆＇（）＊＋

일반적으로 영문, 숫자, 기호 등이 반각문자에 해당되며 1바이트의 크기로 표현되고 한글이나 한자 등은 전각문자로서 2바이트의 크기로 표현된다. 그러나 위와 같이 영문과 숫자를 전각으로 표현할 수도 있다. 그리고 컴퓨터는 전각문자의 의미를 인식하지 못하는 경우가 많기 때문에 숫자 "123"을 전각으로 "１２３" 사용하면 대부분 인식하지 못한다.

속성 white-space – 텍스트의 공백 처리 결정하기 CSS1

일반적으로 블록 레벨 요소 안에 있는 스크립트 코드와 같은 내용을 입력하면, 연속된 공백이나 탭 그리고 줄 바꿈은 하나의 공백으로 변환되어 표시되고 블록 가로 폭에 따라서 자동으로 줄 바꿈이 일어난다. white-space 속성은 이렇게 텍스트의 공백과 줄 바꿈의 처리 방법을 어떻게 할지 결정하는 요소로, 모든 요소에 적용이 가능하고 하위 요소로 상속이 된다. 다음은 사용 방법 및 예제를 나타낸 것이다.

속성 값	normal | pre | nowrap | pre | pre-wrap | pre-line					
속성 특징	초기값	normal	적용	모든 요소들	상속	O
JavaScript	*object*.**style.whiteSpace="pre"**					
사용 예제	td { white-space: **nowrap** }					

속성에서 사용할 수 있는 각 속성 값들은 다음과 같다.

속성 값	설명
normal	연속해서 나오는 공백이나 탭 그리고 줄 바꿈을 모두 하나의 공백으로 처리하여 블록 요소의 가로 폭에 따라서 자동으로 줄 바꿈이 일어난다.
pre	연속된 공백이나 탭 그리고 줄 바꿈을 모두 처리 하지 않고 원문 그대로 표시하도록 한다.
nowrap	연속된 공백이나 탭을 하나의 공백으로 처리하지만, 줄 바꿈은 공백으로 처리하지 않기 때문에 텍스트는 한 줄로 표시된다.
pre-wrap	연속하는 공백 문자들을 하나의 공백으로 처리하지 않지만, 줄 바꿈은 박스의 가로 폭을 넘는 경우에 처리한다.
pre-line	줄 바꿈 한 것이 적용 되면서 박스의 가로 폭을 넘어가는 텍스트도 자동으로 줄 바꿈이 처리되도록 한다.

다음은 위 속성 값들을 각각 지정하였을 때의 예제의 결과를 나타낸 것으로, 속성 값에 따라 텍스트의 공백 처리가 어떻게 처리되는지 확인을 해보자.

예제 CSS_06-02_WhiteSpace.html

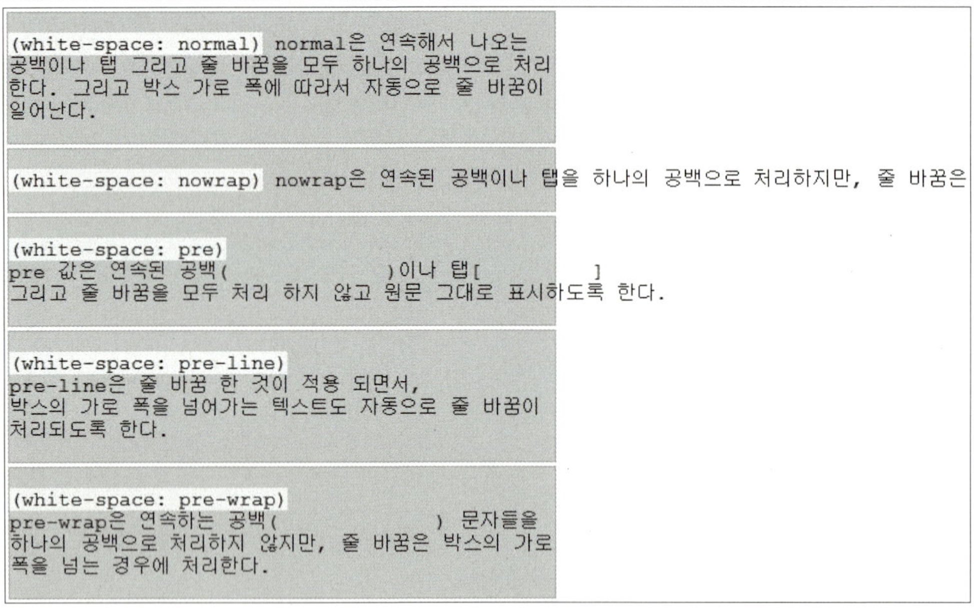

만일, 블록 외곽으로 넘치는 부분을 보이지 않게 하려면 "overflow: hidden" 속성을 추가하면 다음과 같이 외곽으로 벗어난 부분은 보이지 않게 된다.

다음 표는 다양한 white-space 값에 따라 처리되는 동작을 요약한 것이다.

	줄 바꿈(New Lines)	공백 및 탭(Spaces and Tab)	텍스트 배치(Text Wrapping)
normal	공백으로 처리	공백으로 처리	자동 줄 바꿈
pre	유지됨	유지됨	자동 줄 바꿈 처리 안됨
nowrap	공백으로 처리	공백으로 처리	자동 줄 바꿈 처리 안됨
pre-wrap	유지됨	유지됨	자동 줄 바꿈
pre-line	유지됨	공백으로 처리	자동 줄 바꿈

속성 tab-size - 탭(tab) 크기 지정하기 CSS3

tab-size 속성은 탭(tab) 의 크기를 지정하는 속성으로, 모든 요소에 적용이 가능하고 하위 요소로 상속이 된다. 다음은 사용 방법 및 예제를 나타낸 것이다.

속성 값	<integer> | <length>					
속성 특징	초기값	8	적용	블록 컨테이너	상속	O
JavaScript	object.**style.tabSize="16"**					
사용 예제	pre { tab-size: **16** }					

속성에서 사용할 수 있는 각 속성 값들은 다음과 같다.

속성 값	설명
integer	이 속성 값을 이용하여 탭 문자의 길이를 공백 문자의 개수로써 지정할 수 있다. 그러나 음수 값은 지정할 수 없다.
length	이 속성 값을 이용하여 탭 문자의 길이를 지정할 수 있다. 그러나 아직 이 속성 값을 지원하는 주요 브라우저는 없다.

다음은 위 속성 값들을 각각 지정하였을 때의 결과를 나타낸 것이다.

예제 CSS_06-02_TabSize.html

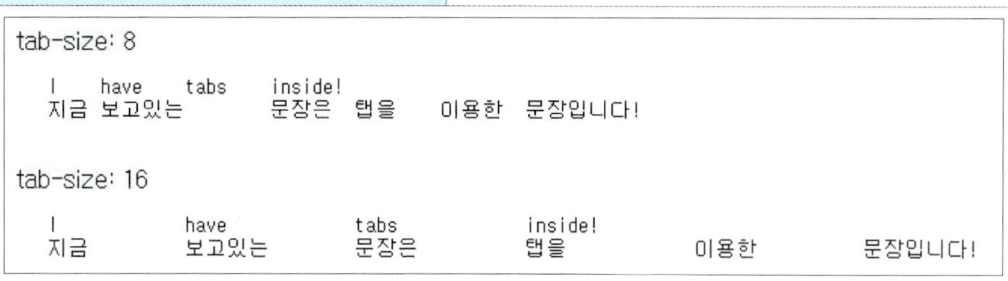

tab-size를 8과 16으로 지정하였을 때의 결과

2.2 단어 및 줄 바꿈 처리

속성	line-break – 줄 바꿈 규칙 지정하기	CSS3

line-break 속성은 요소 내의 줄 바꿈 규칙을 지정하는 속성으로, 특히 문장 부호 및 기호들을 어떻게 상호작용할지 지정한다. 모든 요소에 적용이 가능하고 하위 요소로 상속이 된다. 다음은 사용 방법 및 예제를 나타낸 것이다.

속성 값	auto | loose | normal | strict					
속성 특징	초기값	auto	적용	모든 요소들	상속	O
JavaScript	*object*.**style.lineBreak="loose"**					
사용 예제	p { line-break: **strict** }					

속성에서 사용할 수 있는 각 속성 값들은 다음과 같다.

속성 값	설명
auto	(기본값) 브라우저에 따라 줄 바꿈 규칙을 적용하는 것으로, 줄 바꿈 사용 제한을 라인의 길이에 따라 제한할 수 있다. 예를 들어, 짧은 라인의 줄 바꿈 규칙은 덜 제한적인 설정을 사용한다. 이 속성 값은 모든 요소의 기본값이다.
loose	줄 바꿈 규칙을 최소화하여 적용하는 것으로, 일반적으로 신문의 짧은 라인에 사용된다.
normal	일반적으로 가장 공통적인 줄 바꿈 규칙을 적용한다.
strict	가장 제한적인 줄 바꿈 규칙을 적용한다.

다음은 위 속성 값들을 각각 지정하였을 때의 결과를 나타낸 것이다.

예제 CSS_06-02_LineBreak.html

line-break: auto 많은 것을 사랑하라, 왜냐하면 그 안에 진정한 힘이 있기 때문이며 많이 사랑하는 사람은 많은 것을 수행하면서 많은 것을 이루고, 사랑안에서 이루어지는 것은 잘되게 되어 있다. - 빈센트 반 고흐

line-break: loose 많은 것을 사랑하라, 왜냐하면 그 안에 진정한 힘이 있기 때문이며 많이 사랑하는 사람은 많은 것을 수행하면서 많은 것을 이루고, 사랑안에서 이루어지는 것은 잘되게 되어 있다. - 빈센트 반 고흐

line-break: normal 많은 것을 사랑하라, 왜냐하면 그 안에 진정한 힘이 있기 때문이며 많이 사랑하는 사람은 많은 것을 수행하면서 많은 것을 이루고, 사랑안에서 이루어지는 것은 잘되게 되어 있다. - 빈센트 반 고흐

line-break: strict 많은 것을 사랑하라, 왜냐하면 그 안에 진정한 힘이 있기 때문이며 많이 사랑하는 사람은 많은 것을 수행하면서 많은 것을 이루고, 사랑안에서 이루어지는 것은 잘되게 되어 있다. - 빈센트 반 고흐

속성 | word-break-텍스트 줄 바꿈 지정 | CSS3

word-break 속성은 줄 바꿈을 위한 단어 규칙을 지정하는 속성으로 특정 영역에서 텍스트에 강제로 줄 바꿈을 하거나 문자열을 잘라야 하는 경우에 사용되며, 하위 요소로 상속이 된다. 일반적인 줄 바꿈은 단어의 공백을 기준으로 일어나지만, 공백 없는 텍스트가 블록을 채우는 경우에는 줄 바꿈이 일어나지 않기 때문에 이 속성을 이용하여 줄 바꿈 규칙을 변경할 수 있다. 다음은 사용 방법 및 예제를 나타낸 것이다.

속성 값	normal | keep-all | break-all					
속성 특징	초기값	normal	적용	모든 요소들	상속	O
JavaScript	*object*.**style.wordBreak="break-all"**					
사용 예제	div { word-break: break-all } ② div { word-break: keep-all }					

속성에서 사용할 수 있는 각 속성 값들은 다음과 같다.

속성 값	설명
normal	(기본값) 일반적인 규칙에 따라 줄 바꿈이 일어나도록 지정한다.

keep-all	띄어쓰기(공백)를 기준으로 줄 바꿈이 일어나도록 지정한다. 하이픈(-)은 적용되지 않는다. 이 속성 값은 몇몇 non-CJK 인용구와 CJK 문자를 사용하는 텍스트 맥락에서 주로 사용되며, 각 라인에 텍스트가 잘 분배되도록 요구된다.
break-all	break-all은 특수 문자를 제외하고 강제로 줄 바꿈이 일어나도록 지정한다. 이 속성 값에서는 CJK 문자의 시퀀스를 중단하지 않는다.

이 속성은 때때로 한국어(단어 사이에 공백을 사용)에서 볼 수 있으며, 또한 혼합된 스크립트 텍스트에 유용하다.

예제 CSS_06-02_WordBreak.html

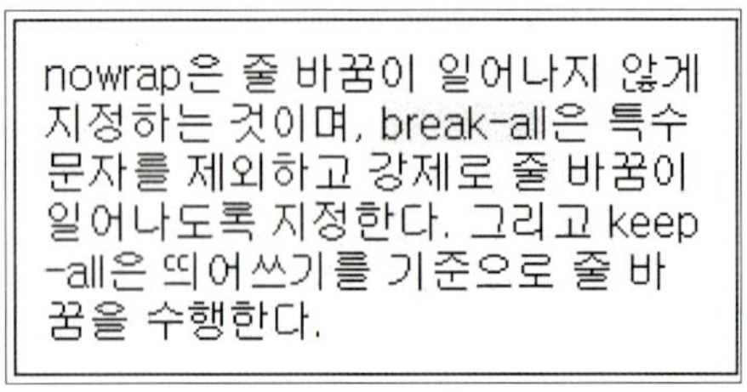

break-all일 때의 결과

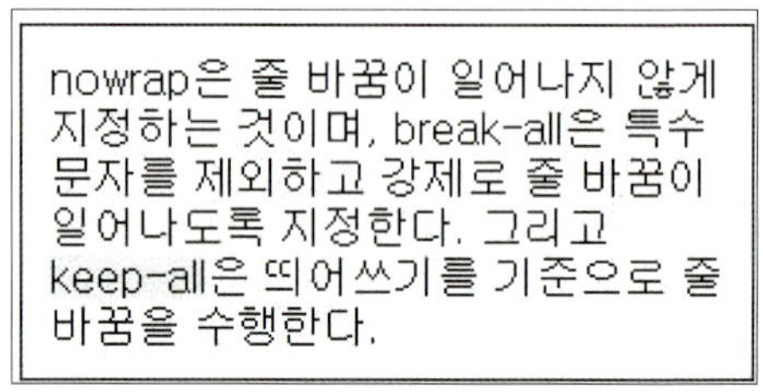

keep-all일 때의 결과

속성 hyphens – 하이픈 삽입 지정하기 CSS3

hyphens 속성은 줄 바꿈으로 인하여 단어가 분리될 때 자동으로 하이픈(-)을 삽입할지 지정하는 속성으로 하위 요소로 상속이 된다. 다음은 사용 방법 및 예제를 나타낸 것이다.

속성 값	none | manual | auto					
속성 특징	초기값	manual	적용	모든 요소들	상속	O
JavaScript	*object*.style.hyphens="manual"					
사용 예제	div { hyphens: manual }					

속성에서 사용할 수 있는 각 속성 값들은 다음과 같다.

속성 값	설명
none	하이픈을 삽입하지 않는다
manual	(기본값) 하이픈이 지정된('') 경우에만 하이픈을 적용하고 줄 바꿈을 수행한다.
auto	브라우저에 따라서 자동으로(언어에 맞게 적절한 위치를 결정) 하이픈을 삽입하도록 지정한다.

다음은 앞의 속성 값들을 각각 지정하였을 때의 결과를 나타낸 것이다.

예제 CSS_06-02_Hyphens.html

hyphens: none
Tell me not, in mournful numbers, Life is but an empty dream! For the soul is dead that slumbers, And things are not what they seem. Life is real! Life is earnest! And the grave is not its goal; Dust thou art, to dust returnest, Was not spoken of the soul.

hyphens: manual
Tell me not, in mournful numbers, Life is but an empty dream! For the soul is dead that slum-
bers, And things are not what they seem. Life is real! Life is earnest! And the grave is not its goal; Dust thou art, to dust returnest, Was not spoken of the soul.

hyphens: auto
Tell me not, in mournful numbers, Life is but an empty dream! For the soul is dead that slum-
bers, And things are not what they seem. Life is real! Life is earnest! And the grave is not its goal; Dust thou art, to dust returnest, Was not spoken of the soul.

속성	overflow-wrap/word-wrap – 줄 바꿈 시 단어 분리 지정하기	CSS3

overflow-wrap/word-wrap 속성은 단어가 길어서 요소 박스의 폭을 넘을 경우에 줄 바꿈이 일어나는데, 이때 단어를 분리할지의 여부를 지정하는 속성으로, 하위 요소로 상속이 된다. 그러나 이 속성을 사용하기 위해서는 white-space 속성 값이 자동 줄 바꿈이 허용되도록 지정되어 있어야 한다. 다음은 사용 방법 및 예제를 나타낸 것이다.

속성 값	normal | break-word					
속성 특징	초기값	normal	적용	모든 요소들	상속	O
JavaScript	*object*.style.overflowWrap="break-word"					
사용 예제	div { overflow-wrap: break-word }					

속성에서 사용할 수 있는 각 속성 값들은 다음과 같다.

속성 값	설명
normal	(기본값) 단어가 해당 요소의 박스 크기를 넘어도 줄바꿈을 하지 않도록 한다.
break-word	단어가 해당 요소의 박스 크기를 넘을 경우에 줄바꿈을 하도록 지정한다.

※ 아직은 주요 브라우저에서 지원되지 않는다.

2.3 텍스트 맞춤 처리하기

속성	text-align - 텍스트 수평 맞춤(정렬)하기	CSS1/CSS3

text-align 속성은 텍스트의 수평 맞춤을 지정하는 것으로, 하위 요소로 상속이 되며 모든 요소에 적용할 수 있다. 이 속성은 라인 박스(line box)에 텍스트 내용이 완전히 채워지지 않는 경우에 효과가 있으며, 블록의 인라인 레벨(inline-level)의 내용이 인라인 축을 따라서 정렬하는 방법을 지정하는 것으로, 만일 블록 레벨의 요소에 이 속성을 사용하면, 해당 블록의 안쪽에 있는 모든 요소에 이 속성 값이 적용된다. 다음은 사용 방법 및 예제를 나타낸 것이다.

속성 값	start | end | left | right | center | justify | match-parent | start end					
속성 특징	초기값	start	적용	블록 요소들	상속	O
JavaScript	*object*.**style.textAlign="right"**					
사용 예제	text-align: **justify**					

속성에서 사용할 수 있는 각 속성 값들은 다음과 같으며 CSS3에서 일부 내용의 추가 및 변경이 있었다.

변경 사항	속성 값	설명
변경	left (왼쪽 맞춤)	인라인 레벨의 콘텐츠가 라인 박스의 시작 부분에 맞추는 것으로, 주로 본문에서 사용되며 문서를 읽기 편하게 해준다.
변경	right (오른쪽 맞춤)	인라인 레벨의 콘텐츠가 라인 박스의 끝 부분에 맞추는 것으로, 주로 머리글이나 바닥글의 텍스트처럼 작은 영역에 사용된다.
유지	center (중앙 맞춤)	텍스트의 내용을 가운데로 맞추는 것으로, 공식적인 문서에 주로 쓰이고 표지 또는 인용 및 보고서 제목에 사용된다.
유지	justify (양쪽 맞춤)	문서의 양쪽 여백 사이에 텍스트를 균일하게 배분하는 데 사용되지만, 강제적으로 줄 바꿈되는 부분까지 좌우 배분하지는 않는다. 그리고 이 속성 값은 글자 간 간격(letter-spacing)이나 단어 간 간격(word-spacing) 설정보다 우선시 된다. 이 속성은 텍스트의 길이가 맞추어지기 때문에 문서가 더욱 깔끔하게 보인다. 따라서 대부분의 본문 내용을 이 값으로 설정하여 사용하는 것을 볼 수 있다. 일반적인 워드프로세서의 균등 분할과 같은 맞춤 방법이다.
유지	match-parent	부모 요소의 정렬 방법과 동일하게 처리되는 것으로, inherit의 기능과 동일하다.
신규(CSS3)	start (라인 왼쪽)	인라인 레벨의 콘텐츠가 라인 박스(line box)의 라인 왼쪽(line left) 부분에 맞추도록 지정하는 것으로, 박스의 시작 위치는 문자열의 진행 방향에 따라 달라지기 때문에 세로쓰기 모드라면 텍스트 방향(text-orientation) 속성에 따라서 위/아래가 결정된다.

신규(CSS3)	end (라인 오른쪽)	인라인 레벨의 콘텐츠가 라인 박스(line box)의 라인 오른쪽(line right) 부분에 맞추도록 지정하는 것으로, 박스의 시작 위치는 문자열의 진행 방향에 따라 달라지기 때문에 세로 쓰기 모드라면 텍스트 방향(text-orientation) 속성에 따라서 위/아래가 결정된다.
신규(CSS3)	start end (라인 양쪽)	인라인 레벨(Inline-level)의 콘텐츠가 인라인 박스의 모서리 양 끝(시작과 끝)에 맞추도록 지정하는 것으로, 워드프로세서의 양쪽 맞춤과 같다.

HTML5 **실습하기** CSS

앞에서 학습한 텍스트의 수평 맞춤을 실습하도록 한다.

1. CSS 파일을 다음과 같이 작성한다.

예제 CSS_Study10.css

```
table   { width: 900px }
.al_le { text-align: left; line-height: 120% }
.al_ri { text-align: right; line-height: 120% }
.al_ce { text-align: center; line-height: 120% }
.al_ju { text-align: justify; line-height: 120% }
.al_st { text-align: start; line-height: 120% }
.al_en { text-align: end; line-height: 120% }
.al_sten { text-align: start end; line-height: 120% }
```

2. CSS_Study10_Step.html 파일을 열고, 다음의 HTML 실습 코드를 입력하고 브라우저로 확인을 해보자.

예제 CSS_Study10_Step.html

```
<table>
  <thead><tr><td>텍스트 수평 맞춤 지정</td><td>텍스트 수평 맞춤 미리보기</td></tr></thead>
  <tr class="al_le"><td><mark>text-align: left</mark><br>Love many things, for therein lies the true strength, and whosover loves much performs much, and can accomplish much, and what is done in love done well. -Vincent van Gogh</td>
      <td>많은 것을 사랑하라, 왜냐하면 그 안에 진정한 힘이 있기 때문이며 많이 사랑하는 사람은 많은 것을 수행하면서 많은 것을 이루고, 사랑안에서 이루어지는 것은 잘되게 되어 있다. - 빈센트 반 고흐</td></tr>
  <tr class="al_ri"><td><mark>text-align: right</mark><br>Love many things, for therein lies the true strength, and whosover loves much performs much, and can accomplish much, and what is done in love done well. -Vincent van Gogh</td>
      <td>많은 것을 사랑하라, 왜냐하면 그 안에 진정한 힘이 있기 때문이며 많이 사랑하는 사람은 많은 것을 수행하면서 많은 것을 이루고, 사랑안에서 이루어지는 것은 잘되게 되어 있다. - 빈센트 반 고흐</td></tr>
  <tr class="al_ce"><td><mark>text-align: center</mark><br>Love many things, for therein lies the true strength, and whosover loves much performs much, and can accomplish much, and what is done in love done well. -Vincent van Gogh</td>
```

```
	<td>많은 것을 사랑하라. 왜냐하면 그 안에 진정한 힘이 있기 때문이며 많이 사랑하는 사람은 많은 것을 수행하면서 많은 것을 이루고, 사랑안에서 이루어지는 것은 잘되게 되어 있다. - 빈센트 반 고흐</td></tr>
  <tr class="al_ju"><td><mark>text-align: justify</mark><br>Love many things, for therein lies the true strength, and whosover loves much performs much, and can accomplish much, and what is done in love done well. -Vincent van Gogh</td>
	<td>많은 것을 사랑하라. 왜냐하면 그 안에 진정한 힘이 있기 때문이며 많이 사랑하는 사람은 많은 것을 수행하면서 많은 것을 이루고, 사랑안에서 이루어지는 것은 잘되게 되어 있다. - 빈센트 반 고흐</td></tr>
  <tr class="al_st"><td><mark>text-align: start</mark><br>Love many things, for therein lies the true strength, and whosover loves much performs much, and can accomplish much, and what is done in love done well. -Vincent van Gogh</td>
	<td>많은 것을 사랑하라. 왜냐하면 그 안에 진정한 힘이 있기 때문이며 많이 사랑하는 사람은 많은 것을 수행하면서 많은 것을 이루고, 사랑안에서 이루어지는 것은 잘되게 되어 있다. - 빈센트 반 고흐</td></tr>
  <tr class="al_en"><td><mark>text-align: end</mark><br>Love many things, for therein lies the true strength, and whosover loves much performs much, and can accomplish much, and what is done in love done well. -Vincent van Gogh</td>
	<td>많은 것을 사랑하라. 왜냐하면 그 안에 진정한 힘이 있기 때문이며 많이 사랑하는 사람은 많은 것을 수행하면서 많은 것을 이루고, 사랑안에서 이루어지는 것은 잘되게 되어 있다. - 빈센트 반 고흐</td></tr>
  <tr class="al_sten"><td><mark>text-align: start end</mark><br>Love many things, for therein lies the true strength, and whosover loves much performs much, and can accomplish much, and what is done in love done well. -Vincent van Gogh</td>
	<td>많은 것을 사랑하라. 왜냐하면 그 안에 진정한 힘이 있기 때문이며 많이 사랑하는 사람은 많은 것을 수행하면서 많은 것을 이루고, 사랑안에서 이루어지는 것은 잘되게 되어 있다. - 빈센트 반 고흐</td></tr>
</table>
```

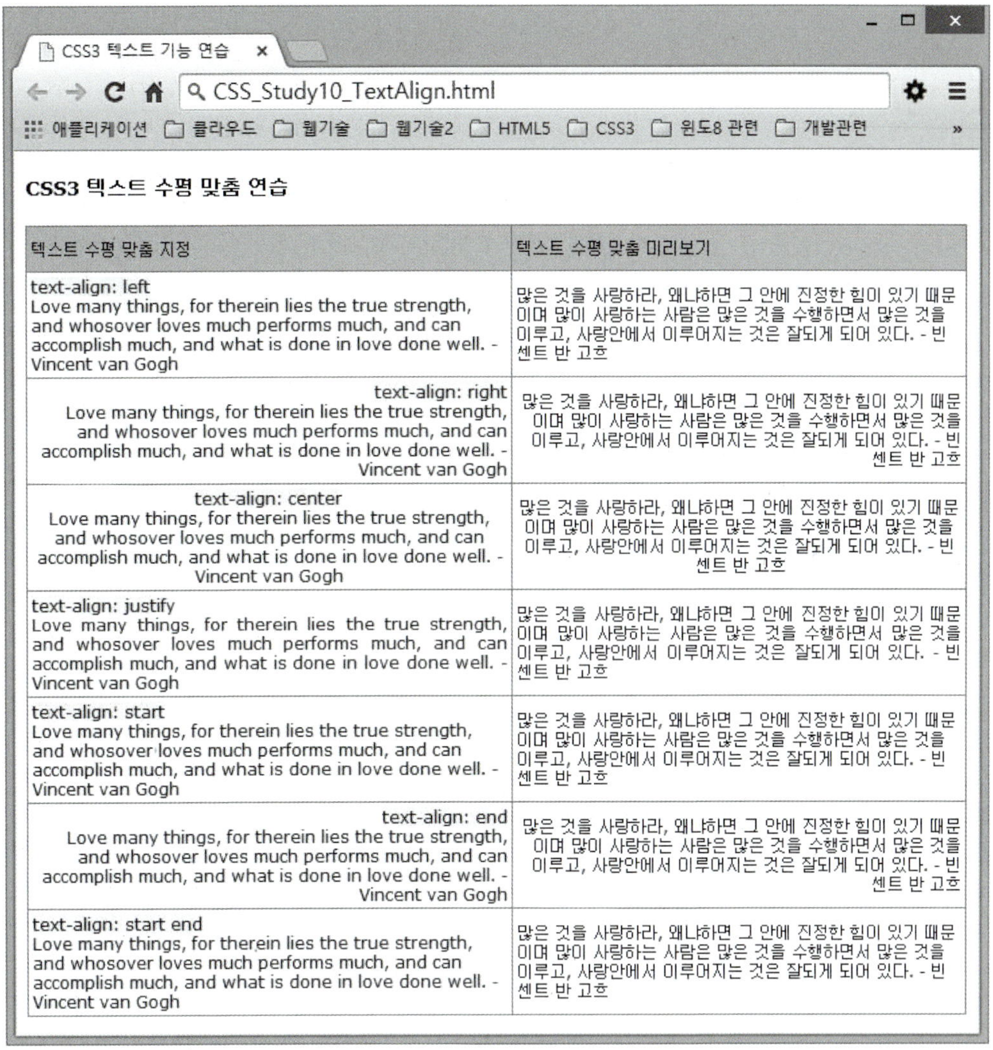

속성	text-align-last – 마지막 줄 텍스트의 수평 맞춤하기	CSS1/CSS3

text-align-last 속성은 단락의 마지막 텍스트 줄의 수평 맞춤을 지정하는 것으로, 하위 요소로 상속이 되며 모든 요소에 적용할 수 있다.

다음은 사용 방법 및 예제를 나타낸 것이다.

속성 값	auto | start | end | left | right | center | justify					
속성 특징	초기값	auto	적용	블록 요소들	상속	O
JavaScript	object.**style.textAlignLast="right"**					
사용 예제	text-align-last: **right**					

속성에서 사용할 수 있는 각 속성 값들은 text-align 속성과 동일하다.

속성	text-justify – 텍스트 맞춤 방법 지정하기	CSS1/CSS3

문서의 양쪽 여백 사이에 텍스트를 균일하게 배분하기 위해서는 앞에서 살펴본 text-align 속성 값을 'justify'로 지정해야 하는데, text-justify 속성은 이런 텍스트의 양쪽 맞춤을 어떻게 처리해야 할지를 지정하는 것으로, 하위 요소로 상속이 이루어진다. 또한 이 속성은 블록 컨테이너에 적용되지만, 브라우저는 인라인 요소에도 지원할 수 있다(필수는 아님). 다음은 사용 방법 및 예제를 나타낸 것이다.

<table>
<tr><td>속성 값</td><td colspan="6">auto | none | inter-word | distribute</td></tr>
<tr><td>속성 특징</td><td>초기값</td><td>auto</td><td>적용</td><td>블록 컨테이너 및 인라인 요소들</td><td>상속</td><td>O</td></tr>
<tr><td>JavaScript</td><td colspan="6">object.style.textJustify="inter-word"</td></tr>
<tr><td>사용 예제</td><td colspan="6">text-justify: inter-word</td></tr>
</table>

이 속성을 위한 정확한 알고리즘은 브라우저에 의존적이지만, CSS는 몇 가지의 지침을 제공하며 사용할 수 있는 각 속성 값들은 다음과 같다.

<table>
<tr><th>속성 값</th><th>설명</th></tr>
<tr><td>auto</td><td>일반적으로 텍스트의 단락을 기반(일본어 및 필기체의 아랍어 및 영어에서의 'inter-word'를 사용하는 경우 등)으로 하는 언어의 모든 쓰기 시스템에서 사용될 수 있는 양끝 맞춤 방법을 사용하는 경우로써, 주로 CJK 및 동남아시아 문자 사이의 확장과 마찬가지로 단어 구분을 확대할 때 사용된다. 다음은 이에 대한 예로써, 필기체의 아랍어 및 혼합 스크립트를 나타낸 것으로 글자 사이의 글자 간격이 확대된 것을 볼 수 있다.
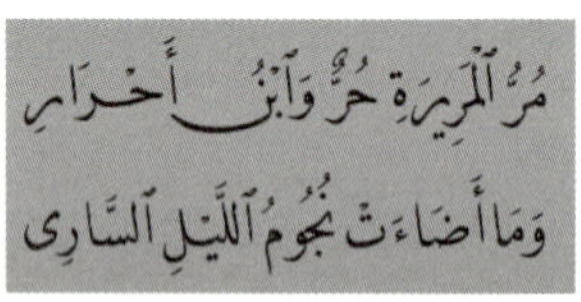
아랍어 필기체의 예
| 日 本 語 Latin ແ ລ ະ |
혼합 스크립트의 예</td></tr>
<tr><td>none</td><td>양끝 맞춤을 하지 않도록 지정한다. 주로 가독성 및 접근성을 개선시킬 목적으로 사용자 스타일시트에서 사용하기 위해 사용된다.</td></tr>
<tr><td>inter-word</td><td>일반적으로 한국어 또는 영어와 같이 공백을 사용하여 단어를 분리하는 언어를 위한 것으로, 단어를 구분하는 간격을(word-spacing) 조정하기 위해 사용된다.
| 日本語 Latin ແລະ |
혼합 스크립트의 예</td></tr>
</table>

distribute	인접한 각 문자 쌍 사이의 간격을(letter-spacing) 조정하기 위해 사용된다	
	|日 本 語 L a t i n และ|	혼합 스크립트의 예

2.4 글자 및 단어 사이의 공백 처리하기

속성	letter-spacing - 글자 간격 지정하기	CSS3

letter-spacing 속성은 인접한 글자 간의 간격을 지정하는 속성으로, 기본적인 글자 간격에 추가되는 것이기 때문에 음수 값을 지정할 수 있으며 하위 요소로 상속이 된다. 그리고 이 속성의 결과는 글꼴의 종류와 크기에 따라서 웹 브라우저에서 달리 보일 수 있다. 또한 이 속성 값은 양쪽 맞춤의 영향을 받을 수 있다. 다음은 사용 방법 및 예제를 나타낸 것이다.

속성 값	normal | <length>					
속성 특징	초기값	normal	적용	모든 요소들	상속	O
JavaScript	*object*.**style.letterSpacing="-1px"**					
사용 예제	letter-spacing: **-1px**					

속성에서 사용할 수 있는 각 속성 값들은 다음과 같다.

속성 값	설명
normal	기본 간격으로 지정한다.
length	글자 간의 간격을 (실수 값+단위 형태)로 지정하며, 절대 단위 지정자 또는 상대 단위 지정자를 이용하여 조정한다. 양수 값을 지정하면 요소 내 글자 간 기본 간격에 더하고, 음수 값을 지정하면 글자 간 간격을 줄인다.

이 속성은 다음 그림과 같이 라인의 시작 및 끝 부분에 적용해서는 안 되기 때문에,

다음 예제의 경우, 다음 그림과 같이 블록의 경계에 적합하게 조정되는 것을 볼 수 있다.

p { letter-spacing: 1em; }	<p>abc</p>

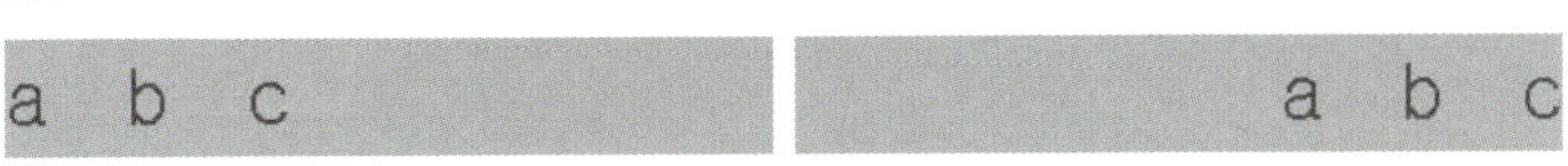

만일 주어진 속성 값이 다음과 같다면 지정된 요소에 포함된 글자 사이의 간격에 영향을 주지만 단일 글자 사이에는 영향을 주지 않는다.

```
p    { letter-spacing: 1em; }
span { letter-spacing: 2em; }
```

<p>a<span>bb</span>c</p>	a b b c
<p>a<span>b</span>c</p>	a b c

이와 같이 속성 값에 따라 텍스트의 글자 간격이 어떻게 변하는지 실습을 통해서 확인을 해보자.

속성	word-spacing - 단어 간격 지정하기	CSS1/CSS3

word-spacing 속성은 단어와 단어의 간격을 지정하는 속성이다. 이 속성도 letter-spacing과 마찬가지로 기본적인 단어 간격에 추가되는 것이기 때문에 음수 값을 지정할 수 있으며 하위 요소로 상속이 된다. 그리고 이 속성의 결과도 글꼴의 종류와 크기에 따라서 웹 브라우저에서 달리 보일 수 있다. 또한 양쪽 맞춤을 하는 경우에는 단어 간격에 영향을 줄 수 있다. 다음은 사용 방법 및 예제를 나타낸 것이다.

속성 값	[normal | <length> | <percentage>]					
속성 특징	초기값	normal	적용	모든 요소들	상속	O
JavaScript	object.**style.wordSpacing="5px"**					
사용 예제	word-spacing: **5px**					

속성에서 사용할 수 있는 각 속성 값들은 다음과 같다.

변경 사항	속성 값	설명
유지	normal	기본 간격으로 지정한다.
유지	length	글꼴에 정의된 고유 단어 간의 간격뿐만 아니라 여분의 간격을 지정하는 것으로, (실수 값+단위 형태)로 지정하며, 절대 단위 지정자 또는 상대 단위 지정자를 이용하여 지정한다. 그리고 양수 값을 지정하면 요소 내 단어 간 기본 간격에 더하고, 음수 값을 지정하면 단어 간 간격을 줄인다.

신규 (CSS3)	percentage	영향을 받는 글꼴의 글자폭 비율로 추가적으로 간격을 지정한다. 다음은 아랍어 단어 사이의 모든 공백 폭을 0(zero)으로 지정하고, 영어의 각 공간의 폭을 두 배로 지정하는 예를 나타낸 것이다. :lang(ar) { word-spacing: -100%; } :lang(en) { word-spacing: 100%; }

이와 같은 속성 값에 따라 텍스트의 단어 간격이 어떻게 변하는지 확인을 해보자.

HTML5 **실습하기** CSS

앞에서 학습한 텍스트의 글자 및 단어의 간격을 지정하는 실습을 하도록 한다.

CSS_Study11_Step.html 파일을 열고, 다음의 HTML 실습 코드를 입력하고 브라우저로 확인을 해보자.

예제 CSS_Study11_Step.html

```
<table>
 <thead><tr><td>텍스트 글자 간격 지정</td><td>텍스트 글자 간격 미리보기</td></tr></thead>
 <tr><td>letter-spacing: normal</td>
     <td style="letter-spacing: normal">글자 간격(Text letter-spacing)</td></tr>
 <tr><td>letter-spacing: -1pt</td><td style="letter-spacing: -1pt">글자 간격(Text letter-spacing)</td></tr>
 <tr><td>letter-spacing: 1pt</td><td style="letter-spacing: 1pt">글자 간격(Text letter-spacing)</td></tr>
 <tr><td>letter-spacing: -1px</td><td style="letter-spacing:-1px">글자 간격(Text letter-spacing)</td></tr>
 <tr><td>letter-spacing: 1px</td><td style="letter-spacing: 1px">글자 간격(Text letter-spacing)</td></tr>
 <tr><td>letter-spacing: -0.1em</td>
     <td style="letter-spacing:-0.1em">글자 간격(Text letter-spacing)</td></tr>
 <tr><td>letter-spacing: 0.5em</td>
     <td style="letter-spacing: 0.5em">글자 간격(Text letter-spacing)</td></tr>
</table><br>
<table>
 <thead><tr><td>텍스트 단어 간격 지정</td><td>텍스트 단어 간격 미리보기</td></tr></thead>
 <tr><td>word-spacing: normal</td>
     <td style="word-spacing: normal">단어 간격(Text word-spacing)</td></tr>
 <tr><td>word-spacing: -5pt</td><td style="word-spacing: -5pt">단어 간격(Text word-spacing)</td></tr>
 <tr><td>word-spacing: 5pt</td><td style="word-spacing: 5pt">단어 간격(Text word-spacing)</td></tr>
```

```
<tr><td>word-spacing: -5px</td><td style="word-spacing:-5px">단어 간격(Text word-spacing)</td></tr>
<tr><td>word-spacing: 5px</td><td style="word-spacing: 5px">단어 간격(Text word-spacing)</td></tr>
<tr><td>word-spacing: -0.5em</td>
    <td style="word-spacing:-0.5em">단어 간격(Text word-spacing)</td></tr>
<tr><td>word-spacing: 1.5em</td>
    <td style="word-spacing: 1.5em">단어 간격(Text word-spacing)</td></tr>
</table>
```

완성된 코드 CSS_Study11_LetterWordSpacing.html 파일을 통해서 확인할 수 있다.

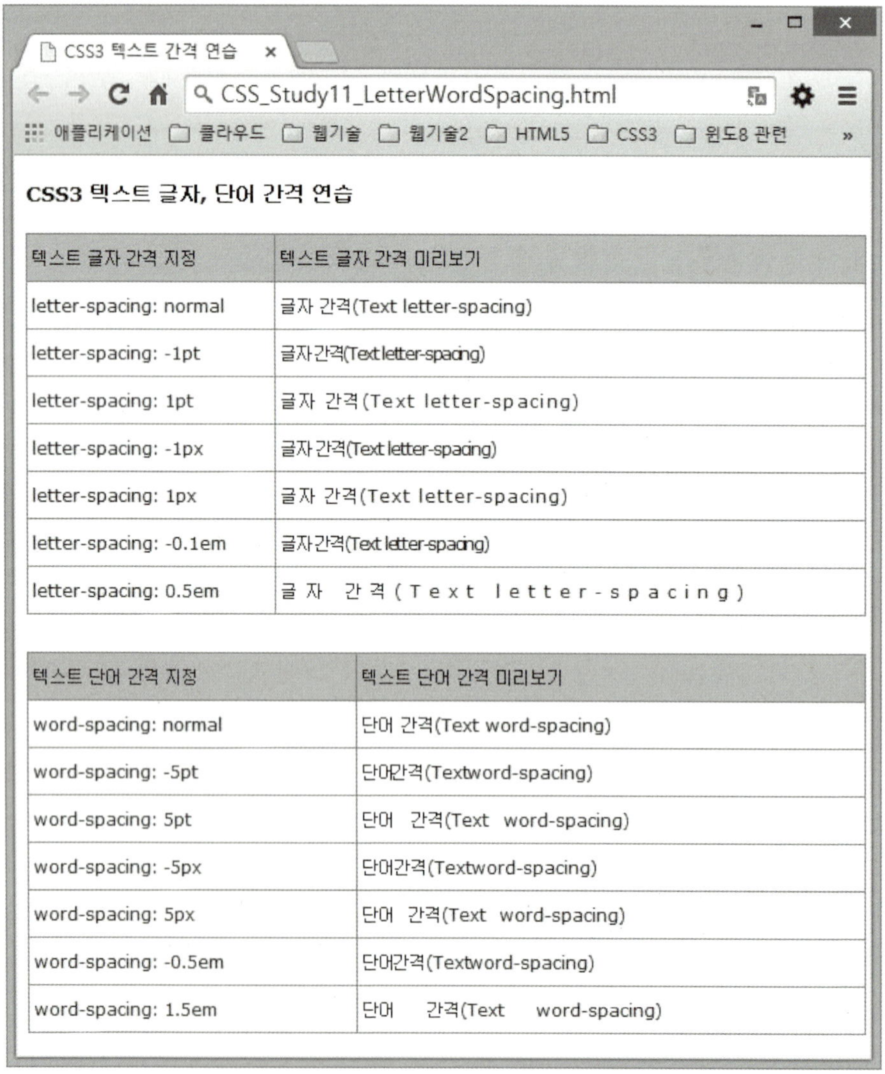

CSS3 텍스트 글자, 단어 간격 연습

텍스트 글자 간격 지정	텍스트 글자 간격 미리보기
letter-spacing: normal	글자 간격(Text letter-spacing)
letter-spacing: -1pt	글자간격(Textletter-spacing)
letter-spacing: 1pt	글자 간격(Text letter-spacing)
letter-spacing: -1px	글자간격(Text letter-spacing)
letter-spacing: 1px	글자 간격(Text letter-spacing)
letter-spacing: -0.1em	글자간격(Text letter-spacing)
letter-spacing: 0.5em	글 자 간 격 (T e x t l e t t e r - s p a c i n g)

텍스트 단어 간격 지정	텍스트 단어 간격 미리보기
word-spacing: normal	단어 간격(Text word-spacing)
word-spacing: -5pt	단어간격(Textword-spacing)
word-spacing: 5pt	단어 간격(Text word-spacing)
word-spacing: -5px	단어간격(Textword-spacing)
word-spacing: 5px	단어 간격(Text word-spacing)
word-spacing: -0.5em	단어간격(Textword-spacing)
word-spacing: 1.5em	단어 간격(Text word-spacing)

2.5 텍스트 가장자리 효과 지정하기

속성	text-indent 속성 – 텍스트 들여쓰기 간격 조정하기	CSS1/CSS3

text-indent 속성은 해당 요소에 포함된 문장의 첫 번째 줄을 들여쓰기 하는 속성으로 하위 요소에 상속이 된다. 이 속성은 들여쓰기 특성상 블록의 인라인 콘텐츠 첫 번째 줄에만 지정이 가능하며, 음수 값을 지정할 수도 있다. 그러나 HTML 요소 내의 br 요소 같이 다른 개체에 의해 텍스트가 나누어진 중간에는 들여쓰기를 삽입할 수 없다. 다음은 사용 방법 및 예제를 나타낸 것이다.

속성 값	[<length> | <%>] && hanging? && each-line?					
속성 특징	초기값	0	적용	블록 요소들	상속	O
JavaScript	*object*.**style.textIndent="1em"**					
사용 예제	p { text-indent: 15px } /* 문단의 들여쓰기를 15픽셀 만큼 조정 */					

속성에서 사용할 수 있는 각 속성 값들은 다음과 같으며, each-line 및 hanging 속성 값은 CSS3에서 추가되었다.

속성 값	설명
length	문단의 첫 글자를 얼마나 들여 쓸지를 지정하는 고정된 값으로, 부동 소수점 뒤에 절대 단위 지정자(cm, mm, in, pt, pc) 또는 상대 단위 지정자(em, ex, px)를 지정하여 길이를 지정한다. 각 단위에 대한 자세한 내용은 글꼴 스타일 지정하기를 참고하도록 한다. 만일, 이 값을 음수로 지정하면 내어 쓰기가 되어 문단 블록을 벗어날 수 있다.
%	상대적인 크기로써, 포함하는 블록의 논리적 폭의 비율로 들여 쓰기의 양을 지정한다.
each-line	블록 컨테이너의 첫 번째 줄뿐만 아니라 강제 줄 바꿈(line-break) 후의 각 라인에도 영향을 주지만, 블록 컨테이너의 폭에 따라 자동으로 줄 바꿈이(wrap-break) 일어난 라인에는 영향을 주지 않는다.
hanging	첫 번째 줄의 들여쓰기를 반대로 지정한다.

예제 CSS_06-02_TextIndent.html

text-indent: 0(default) 많은 것을 사랑하라, 왜냐하면 그 안에 진정한 힘이 있기 때문이며 많이 사랑하는 사람은 많은 것을 수행하면서 많은 것을 이루고, 사랑안에서 이루어지는 것은 잘되게 되어 있다. - 빈센트 반 고흐

text-indent: -1em 많은 것을 사랑하라, 왜냐하면 그 안에 진정한 힘이 있기 때문이며 많이 사랑하는 사람은 많은 것을 수행하면서 많은 것을 이루고, 사랑안에서 이루어지는 것은 잘되게 되어 있다. - 빈센트 반 고흐

text-indent: 1em 많은 것을 사랑하라, 왜냐하면 그 안에 진정한 힘이 있기 때문이며 많이 사랑하는 사람은 많은 것을 수행하면서 많은 것을 이루고, 사랑안에서 이루어지는 것은 잘되게 되어 있다. - 빈센트 반 고흐

text-indent: 15px 많은 것을 사랑하라, 왜냐하면 그 안에 진정한 힘이 있기 때문이며 많이 사랑하는 사람은 많은 것을 수행하면서 많은 것을 이루고, 사랑안에서 이루어지는 것은 잘되게 되어 있다. - 빈센트 반 고흐

text-indent: 5% 많은 것을 사랑하라, 왜냐하면 그 안에 진정한 힘이 있기 때문이며 많이 사랑하는 사람은 많은 것을 수행하면서 많은 것을 이루고, 사랑안에서 이루어지는 것은 잘되게 되어 있다. - 빈센트 반 고흐

앞의 예제 결과는 length를 다양하게 지정한 것으로, 음수 값을 지정한 경우에는 블록의 왼쪽 부분을 벗어난 것을 볼 수 있으며, 마지막 문단의 예는 해당 요소 폭의 5%를 지정하여 들여쓰기를 한 결과이다.

주의사항

블록 요소에 지정한 경우에는, 이 속성의 특성상 상속이 이루어지기 때문에 하위 인라인 블록 요소들에 영향을 미친다. 따라서 'display: inline-block'으로 지정된 요소들에는 'text-indent: 0'으로 지정하는 것이 현명할 수 있다.

속성	hanging-punctuation - 문장부호(구두점) 조정하기	CSS3

일반적으로 문장을 쓸 때는 마침표(.), 콜론(:), 세미콜론(;) 및 쉼표(,)와 같은 문장 부호(구두점; punctuation)를 사용하여 단어 혹은 문장의 사이를 분리하여 의미를 분명하고 명확하게 전달하도록 한다. 이 hanging-punctuation 속성은 이러한 문장부호의 위치를 지정할 수 있게 하는 속성으로 인라인 요소들에만 사용이 가능하며, 하위 요소에 상속이 된다. 다음은 사용 방법 및 예제를 나타낸 것이다.

속성 값	none | [first || [force-end | allow-end] || last]					
속성 특징	초기값	none	적용	인라인 요소들	상속	O
JavaScript	object.style.hangingPunctuation="first"					
사용 예제	p { hanging-punctuation: first }					

속성에서 사용할 수 있는 각 속성 값들은 다음과 같으며, 라인의 맞춤에 따라서 라인 박스 외부에 문장 부호가 위치할 수도 있다.

<table>
<tr><th>속성 값</th><th colspan="2">설명</th></tr>
<tr><td>none</td><td colspan="2">어떤 글자도 문장부호에 따라 조정되지 않게 지정한다.</td></tr>
<tr><td>first</td><td colspan="2">요소의 단락에서 첫 번째로 양식화된 줄(::first-line 가상 요소 같은)의 시작 부분에, 괄호의 시작 기호 또는 인용의 시작 기호로 지정한다. 이는 유니코드 범주 PS, Pf, Pi의 모든 글자들에 적용된다.</td></tr>
<tr><td>last</td><td colspan="2">요소의 단락에서 마지막 번째로 양식화된 줄의 마지막 부분에, 괄호의 끝 기호 또는 인용의 끝 기호로 지정한다. 이는 유니코드 범주 PS, Pf, Pi의 모든 글자들에 적용된다</td></tr>
<tr><td rowspan="2">force-end</td><td colspan="2">해당 줄의 끝에 마침표(.) 또는 콤마(,)가 강제로 걸리도록 지정한다.</td></tr>
<tr><td>p {
  text-align: justify;
  hanging-punctuation: force-end;
}</td><td>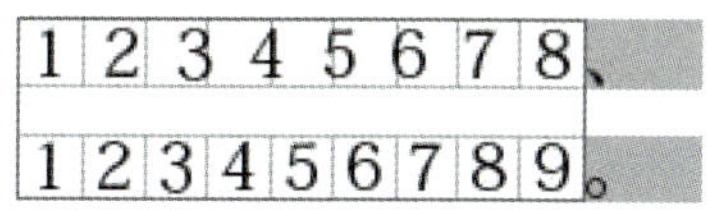</td></tr>
<tr><td rowspan="2">allow-end</td><td colspan="2">해당 줄의 끝에 마침표(.) 또는 콤마(,)가 강제로 걸리지 않게 한다.</td></tr>
<tr><td>p {
  text-align: justify;
  hanging-punctuation: allow-end;
}</td><td>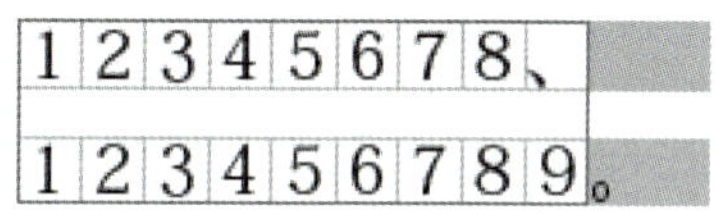</td></tr>
</table>

다음은 마침표 또는 콤마에 올 수 있는 유니코드 기호들이다.

U+002C	,	COMMA	U+002E	.	FULL STOP
U+060C	،	ARABIC COMMA	U+06D4	۔	ARABIC FULL STOP
U+3001	、	IDEOGRAPHIC COMMA	U+3002	。	IDEOGRAPHIC FULL STOP
U+FF0C	，	FULLWIDTH COMMA	U+FF0E	．	FULLWIDTH FULL STOP
U+FE50	﹐	SMALL COMMA	U+FE51	﹑	SMALL IDEOGRAPHIC COMMA
U+FE52	﹒	SMALL FULL STOP	U+FF61	｡	HALFWIDTH IDEOGRAPHIC FULL STOP
U+FF64	､	HALFWIDTH IDEOGRAPHIC COMMA			

주의사항

만일 문장부호를 표시하기 위한 블록 컨테이너의 충분한 여백이 없다면, 블록 컨테이너의 경계를 벗어날 수 있음에 유의하도록 하자.

Section 03 텍스트 장식하기 - CSS Text Decoration Module

이 모듈은 텍스트의 밑줄, 그림자 및 강조 표시와 같은 텍스트 장식과 관련된 CSS의 기능들을 다루고 있으며, 다음과 같은 내용에 대하여 학습하도록 한다. 본 교재에서 설명되고 있는 내용들은 다음의 표준화 문서를 기준으로 설명하고 있기 때문에 좀 더 자세한 내용을 살펴보고자 하는 독자들은 표준 문서를 참고하도록 한다.

표준화 문서	CSS Text Decoration Module Level 3 - http://dev.org/csswg/css-text-deco-3/
표준화 단계	Candidate Recommendation(Editor's Draft), (2014-05-20)

구분	속성	내용
라인 장식	text-decoration-line	텍스트의 장식(밑줄, 윗줄, 취소선)을 지정한다.
	text-decoration-color	텍스트 장식의 색상을 지정한다.
	text-decoration-style	텍스트 장식의 스타일(단일 및 이중선 등)을 지정한다.
	text-decoration-skip	텍스트 장식을 받지 않아야 하는 부분을 지정한다.
	text-decoration	텍스트의 장식을 지정하는 단축 속성이다.
	text-underline-position	텍스트의 밑줄의 위치를 지정한다.
강조 표시	text-emphasis-style	지정된 텍스트에 강조 표시 스타일을 지정한다.
	text-emphasis-color	텍스트에 지정한 강조 표시의 색상을 지정한다.
	text-emphasis-position	텍스트에 지정한 강조 표시 위치를 지정한다.
	text-emphasis	텍스트의 강조 표시를 지정하는 단축 속성이다.
그림자 효과	text-shadow	텍스트에 그림자 효과를 지정한다.

3.1 텍스트 라인 장식(밑줄, 윗줄, 그리고 취소선)

학습하게 되는 내용은 텍스트에 추가되는 라인 장식에 대한 내용으로, 밑줄과 윗줄 및 취소선은 기본적으로 대체되지 않은 인라인 박스에 적용되고 공백과 문자 간격 및 단어 간격을 포함한 모든 텍스트에 라인 장식을 그리게 된다. 그러나 이미지와 같은 인라인에는 라인 장식을 하지 않는다.

속성	text-decoration-line – 텍스트 장식(밑줄, 윗줄, 취소선) 지정하기	CSS3

text-decoration-line 속성은 지정한 텍스트를 어떻게 장식할지에 대한 속성으로, 하위 요소로는 상속이 되지 않는다. 다음은 사용 방법 및 예제를 나타낸 것이다.

속성 값	none | [underline || overline || line-through || blink]					
속성 특징	초기값	none	적용	모든 요소들	상속	X
JavaScript	object.**style.textDecorationLine** ="**overline**"					
사용 예제	p { **text-decoration-line**: underline }					

속성에서 사용할 수 있는 각 속성 값들은 다음과 같다. (※ 아직은 파이어폭스에서만 지원된다)

속성 값	설명
none	텍스트 장식 없음
underline	텍스트 줄에 밑줄을 장식한다(그린다).
overline	텍스트 줄에 윗줄을 장식한다(그린다).
line-through	텍스트 줄에 취소선을 장식하여 줄을 지운 것 같이 가운데에 줄을 그린다.
blink	텍스트를 깜빡이게 한다(보였다, 안보였다를 반복)

이 속성 값을 통해서 알 수 있는 것은 href, u 및 ins 요소에 사용되는 a 요소의 기본값은 underline이고 strike, s 및 del 요소의 기본값은 line-through라는 것이다. 또한 속성 값들을 2개 이상 지정해서 텍스트를 장식할 수 있지만, 다음과 같이 none 값이 마지막에 지정되면 모든 속성 값이 지워져서 텍스트 장식이 무효화된다.

- p { text-decoration: underline overline blink none }

다음 예제의 결과는 위 속성 값들을 각각 지정하였을 때의 결과를 나타낸 것이다

예제 CSS_06-03_TextDecoration.html

속성 값 지정	텍스트 미리보기
Text-decoration-line: overline	텍스트 윗줄 미리보기
Text-decoration-line: underline	텍스트 밑줄 미리보기
Text-decoration-line: line-through	텍스트 취소줄 미리보기
Text-decoration-line: 3가지 속성 모두 지정	텍스트 장식 미리보기
Text-decoration-line: blink	텍스트 깜박이기 미리보기

다음은 이 속성을 사용할 때의 유의할 점이다.

- 3가지 값(underline, overline, line-through)은 오직 텍스트(white-space, letter-spacing, word-spacing 속성 포함)에만 적용된다.
- 여백(margin), 테두리(border), 패딩(padding)에는 적용되지 않는다.
- 이미지(image)같이 텍스트가 없거나 비어 있는 개체(예: <em></em>)의 경우에는 영향이 없다.
- 인라인-블록(Inline-block)에는 underline 속성이 적용되지 않는다.
- Body 요소에서 text-decoration 속성을 none으로 지정해도 a 요소로 만들어진 링크 개체에는 계속 밑줄이 남아 있기 때문에, 스타일을 인라인으로 설정하거나 전역 스타일시트에서 a 요소를 선택기로 사용해야 한다.

속성	text-decoration-color – 텍스트 장식의 색상 지정	CSS3

text-decoration-color 속성은 text-decoration-line 속성으로 설정된 요소의 텍스트 장식(underline, overline, line-through)의 색상을 지정하는 것으로, 하위 요소로는 상속이 되지 않는다. 텍스트 장식 색상은 하위 박스들이 다른 특정 색상을 가지고 있더라도 지정된 요소에서 발생하는 모든 장식에 동일하게 유지된다. 다음은 사용 방법 및 예제를 나타낸 것이다. (※ 아직은 파이어폭스에서만 지원된다)

속성 값	<color>					
속성 특징	초기값	현재 색상	적용	모든 요소들	상속	X
JavaScript	object.style.textDecorationColor ="red"					
사용 예제	p { text-decoration-color: red }					

속성	text-decoration-style – 텍스트 장식 스타일 지정하기	CSS3

text-decoration-style 속성은 요소에 적용되는 줄 장식의 스타일을 지정하는 것으로, 사용되는 속성 값들은 border-style 속성[CSS3BG]과 동일한 의미를 갖는다. 예를 들면, 'wavy'는 물결 모양의 선을 나타낸다. 그리고 텍스트 장식 스타일은 하위 박스들이 다른 특정 스타일을 가지고 있더라도 지정된 요소에서 발생하는 모든 장식에 동일하게 유지된다. 다음은 사용 방법 및 예제를 나타낸 것이다.

속성 값	solid | double | dotted | dashed | wavy					
속성 특징	초기값	solid	적용	모든 요소들	상속	X

JavaScript	object.**style.textDecorationStyle** ="**double**"
사용 예제	p { **text-decoration-style**: double }

속성에서 사용할 수 있는 각 속성 값들은 다음과 같다. (※ 아직은 파이어폭스에서만 지원된다)

속성 값	설명	
solid	단일 선으로 장식하도록 지정한다.	텍스트 장식 스타일 지정하기
double	이중선으로 장식하도록 지정한다.	텍스트 장식 스타일 지정하기
dotted	둥근 점으로 선을 장식하도록 지정한다.	텍스트 장식 스타일 지정하기
dashed	직사각형 모양으로 선을 장식하도록 지정한다.	텍스트 장식 스타일 지정하기
wavy	물결 모양의 선을 지정한다.	텍스트 장식 스타일 지정하기

속성 text-decoration-skip – 텍스트 장식 지정하기 CSS3

text-decoration-skip 속성은 해당 요소의 어떤 부분이 텍스트 장식을 받지 않아야 하는지를 지정하는 것으로, 해당 요소 및 조상 요소에 의해 그려진 모든 텍스트 장식(라인)을 제어한다. 다음은 사용 방법 및 예제를 나타낸 것이다.

속성 값	none | [objects || spaces || ink || edges || box-decoration]					
속성 특징	초기값	objects	적용	모든 요소들	상속	O
JavaScript	object.**style.textDecorationSkip** ="**object**"					
사용 예제	div { **text-decoration-skip**: object }					

속성에서 사용할 수 있는 각 속성 값들은 다음과 같다.

속성 값	설명
none	아무것도 건너뛰지 않고 모든 텍스트 콘텐츠에 텍스트 장식이 그려지도록 지정한다.
object	해당 요소가 인라인(이미지 또는 인라인 블록과 같은)이라면, 전체 박스(여백 포함)를 건너뛰도록 지정한다.
spaces	모든 공백들을(유니코드 White_Space[UAX44]의 모든 문자들과 단어를 구분해주는 문자들, 그리고 인접한 letter-spacing 또는 word-spacing 포함) 건너뛰도록 지정한다.

ink	오른쪽 그림과 같이 장식이 문자 모양을 방해하지 않도록 문자 모양이 그려지는 곳을 건너뛰도록 지정한다.	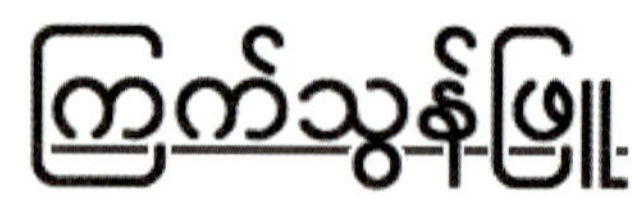
edges	장식(decoration) 박스의 콘텐츠 가장자리에서 안쪽으로(예를 들어, 선 두께의 절반에 의해) 줄의 시작과 끝에 배치하도록 지정한다. 예를 들면, 오른쪽 그림과 같이 두 개의 밑줄 요소가 나란히 배치된 경우에도 하나의 밑줄로 표시되지 않는다. 특히, 구두점(punctuation)의 형태를 갖는 밑줄을 사용하는 중국어에서는 매우 중요하다 할 수 있다.	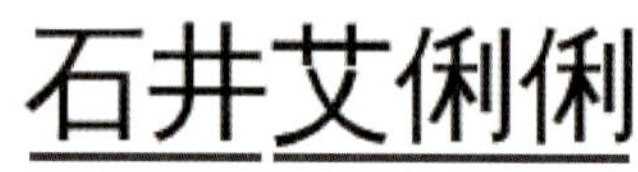 <u>石井</u><u>艾俐俐</u> 의 예
box-decoration	박스의 여백, 테두리, 그리고 패딩 영역을 건너뛰도록 지정한다.	

주의사항

이 속성은 앞의 속성들과 달리 하위 요소로 상속이 이루어지기 때문에, 이 속성을 상속하는 하위 효소들이 다른 설정을 할 수 있다. 또한, CSS 2.1에서는 항상 여백, 테두리 및 패딩을 건너뛰도록 요구된다. 따라서, 모듈 3에서는 기본적으로 장식 박스의 여백, 테두리 및 패딩을 건너뛰도록 하고 있다.

속성	text-decoration – 텍스트 장식하기	CSS1/CSS3

text-decoration 속성은 앞에서 살펴본 속성 text-decoration-line, text-decoration-style, text-decoration-color의 설정을 한번에 지정할 수 있는 특징으로, 하위 요소로는 상속이 되지 않고 생략된 값은 초기 값으로 설정된다. 만일, 이 속성값을 설정할 때, text-decoration-style과 text-decoration-color 값이 생략되었다면, CSS 이전 버전의 레벨 1과 레벨 2와 호환이 된다. 이 속성은 CSS1에서 시작되었지만, CSS3에서는 앞에서 언급한 속성들이 분리되면서, 이들 속성들의 기능들을 한번에 지정하는 것으로 변경되었다. 다음은 사용 방법 및 예제를 나타낸 것이다.

속성 값	<text-decoration-line> || <text-decoration-style> || <text-decoration-color>					
속성 특징	초기값	none	적용	모든 요소들	상속	X
JavaScript	object.**style.textDecoration="underline"**					
사용 예제	:link { color: blue; text-decoration: underline; text-decoration: navy dotted underline; /* CSS1 및 CSS2와 호환되지 않는다. */ }					

사용 예제의 경우, CSS1 및 CSS2를 위해서는 방문하지 않은 링크에 파란 색상의 밑줄을 그리지만, CSS3를 위해서는 navy dotted underline의 속성 값이 적용된다.

속성	text-underline-position - 텍스트 밑줄 위치 지정하기	CSS3

text-underline-position 속성은 지정된 밑줄의 위치를 설정하는 것으로, 상위 요소에서 지정된 밑줄에는 영향을 주지 않는다. 다음은 사용 방법 및 예제를 나타낸 것이다.

속성 값	auto | [under || [left | right]]					
속성 특징	초기값	auto	적용	모든 요소들	상속	0
JavaScript	*object*.**style.textUnderlinePosition** ="left"					
사용 예제	p { **text-underline-position**: left }					

속성에서 사용할 수 있는 각 속성 값들은 다음과 같다.

<table>
<tr><th>속성 값</th><th colspan="2">설명</th></tr>
<tr><td>auto</td><td>브라우저에서 밑줄의 위치를 결정하는 임의의 알고리즘을 사용하도록 지정한다. 그러나 그림과 같이 알파벳 기준선 아래에 밑줄이 배치되도록 해야 한다.</td><td>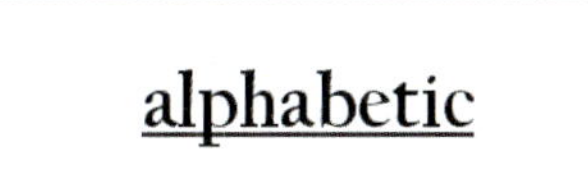</td></tr>
<tr><td>under</td><td>그림과 같이 해당 요소의 텍스트 내용 아래쪽에 밑줄이 위치하도록 지정한다.</td><td></td></tr>
<tr><td>left</td><td>그림과 같이 항상 텍스트의 왼쪽 가장자리에 맞추어 밑줄이 위치하도록 지정한다.</td><td rowspan="2">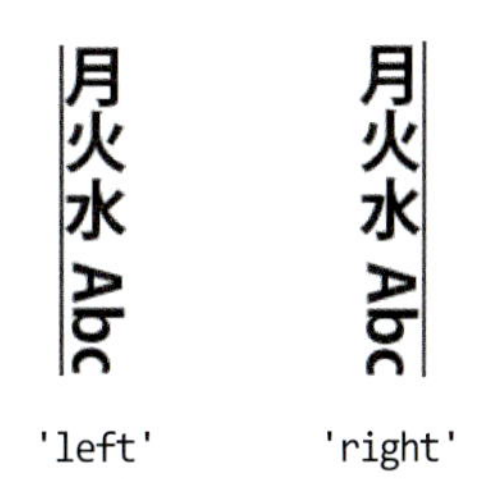</td></tr>
<tr><td>right</td><td>그림과 같이 항상 텍스트의 오른쪽 가장자리에 맞추어 밑줄이 위치하도록 지정한다.</td></tr>
</table>

위 속성 값에서 left와 right의 그림은 세로쓰기 모드에서의 'left'와 'right' 속성 값의 예제를 나타낸 것으로, 가로쓰기 모드에서는 모두 'under' 속성 값으로 처리된다. 다음 예제의 경우, 가로쓰기 및 세로쓰기에서의 적절한 밑줄 위치를 갖는 한국어, 중국어, 일본어의 현대식 스타일을 나타낸 것이다.

```
:root:lang(ja), [lang|=ja], :root:lang(ko), [lang|=ko] { text-underline-position: under right; }
:root:lang(zh), [lang|=zh] { text-underline-position: under left; }
```

줄의 장식은 다양한 글꼴 크기와 수직 맞춤을 가진 요소를 확장할 수 있기 때문에, 줄 장식의 가장 좋은 위치가 장식 박스에 의해 계산된 이상적인 위치일 필요는 없다. 따라서 장식을 위한 줄의 굵기와 정확한 위치는 이 모듈에서 정의되고 있지만, 밑줄과 윗줄의 경우는 단일 장식 박스로부터 파생되는 장식들을 위해서 각 줄에 하나의 굵기와 동일 위치를 사용해야 한다. 다음 그림은 이에 대한 줄의 위치와 굵기를 정확히 표현한 것과 잘못 표현한 것을 비교하여 나타낸 것이다.

```
<u>A<sup>B</sup><big>C</big>D</u>
```

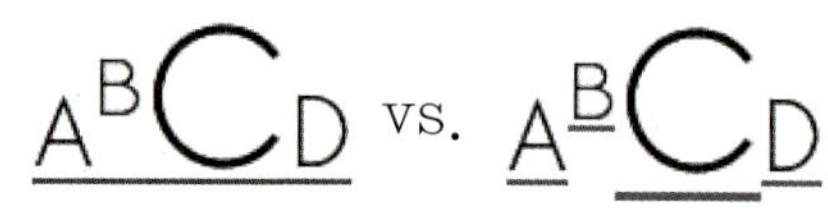

또한 오른쪽 그림과 같이 상당히 큰 글꼴 크기의 텍스트가 포함된 경우, 작은 글꼴의 윗줄 효과가 큰 글꼴의 취소선 같이 될 수 있다. 그리고 텍스트가 알파벳 기준으로(예를 들어, 세로쓰기 스타일에서 텍스트는 기본적으로 가운데를 기준으로 정렬된다) 정렬되지 않은 경우에도 밑줄은 더 큰 글꼴의 텍스트 하위 부분을 자르게 될 것이다.

3.2 텍스트 강조하기

동아시아 문서들은 전통적으로 텍스트의 실행을 강조하기 위하여 아래 그림과 같이 각 문자 옆에(또는 위에) 있는 작은 기호를 사용하는 것을 볼 수 있다. 아직은 주요 웹 브라우저에서 이러한 기능들을 지원하고 있지 않지만, 표준화 문서에서 중요하게 논의되고 있는 만큼 이러한 강조 표시에 대한 내용을 알아보도록 한다.

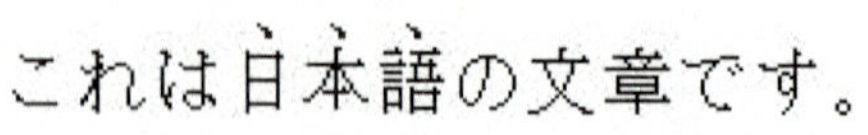

일본어에 적용된 강조(파란색) 표시

속성	text-emphasis-style – 텍스트 강조 표시 스타일 지정하기	CSS3

text-emphasis-style 속성은 위의 그림과 같이 지정된 텍스트에 강조 표시 스타일을 지정하는 것으로, 하위 요소로 상속이 이루어진다. 다음은 사용 방법 및 예제를 나타낸 것이다.

속성 값	none | [[filled | open] || [dot | circle | double-circle | triangle | sesame]] | <string>					
속성 특징	초기값	none	적용	모든 요소들	상속	O
JavaScript	*object*.style.textEmphasisStyle ="filled circle"					
사용 예제	p { **text-emphasis-style**: filled circle }					

속성에서 사용할 수 있는 각 속성 값들은 다음과 같다.

속성 값	설명
none	강조 표시가 없도록 지정한다.
filled	단일 색상으로 채워진 모양으로 강조 표시를 지정한다.
open	속이 비어 있는 모양으로 강조 표시를 지정한다.
dot	작은 원의 모양으로 강조 표시를 지정한다. 채워진 원의 모양은 U+2022 '•'이고 채워지지 않은 원의 모양은 U+25E6 '◦'이다.
circle	큰 원의 모양으로 강조 표시를 지정한다. 채워진 원의 모양은 U+25CF '●'이고 채워지지 않은 원의 모양은 U+25E6 '◦'이다.
double-circle	이중 원의 모양으로 강조 표시를 지정한다. 채워진 원의 모양은 U+25C9 '◉'이고 채워지지 않은 원의 모양은 U+25CE '◎'이다.
triangle	삼각형 모양으로 강조 표시를 지정한다. 채워진 삼각형의 모양은 U+25B2 '▲'이고 채워지지 않은 삼각형의 모양은 U+25B3 '△'이다.
sesame	참깨 모양으로 강조 표시를 지정한다. 채워진 참깨 모양은 U+FE45 '﹅'이고 채워지지 않은 참깨 모양은 U+FE46 '﹆'이다.
<string>	주어진 문자열을 사용하여 강조 표시를 하지만, 하나 이상의 문자를 지정하면 브라우저는 하나 이상의 문자를 자르거나 무시할 수 있다.

주의사항

만일, 속성 값으로 강조 표시를 지정할 키워드를 사용하고 'filled' 또는 'open'을 지정하지 않는다면, 'filled'로 가정하여 강조 표시를 한다. 그러나 강조 표시할 키워드가 지정되어 있지 않고 'filled' 또는 'open' 키워드만 지정되어 있는 경우에는, 가로쓰기 모드에서는 'circle'이, 세로쓰기 모드에서는 'sesame' 키워드가 지정된 것으로 계산하여 강조 표시를 한다는 점에 유의하도록 하자.

속성	text-emphasis-color - 텍스트 강조 표시 색상 지정하기	CSS3

text-emphasis-color 속성은 텍스트에 지정한 강조 표시의 색상을 지정하는 것으로, 하위 요소로 상속이 이루어진다. 다음은 사용 방법 및 예제를 나타낸 것이다.

속성 값	<color>					
속성 특징	초기값	currentColor	적용	모든 요소들	상속	O
JavaScript	*object*.**style.textEmphasisColor ="red"**					
사용 예제	p { **text-emphasis-color**: red }					

초기값 currentColor 키워드는 자체적으로 계산이 되거나 상속이 수행된 이후의 색상 값으로 확인된다. 이 의미는 각 요소의 색상 변화에 따라 텍스트 색상이 변하게 되는데, 기본적으로 텍스트 색상과 일치하는 'text-emphasis-color' 색이 된다는 뜻이다.

속성	text-emphasis – 텍스트 강조 표시 지정하기	CSS3

text-emphasis 속성을 통하여 앞에서 살펴본 속성 text-emphasis-style 및 text-emphasis-color의 설정을 한번에 지정할 수 있으며, 하위 요소로 상속이 이루어진다. 다음은 사용 방법 및 예제를 나타낸 것이다.

속성 값	<text-emphasis-style> || <text-emphasis-color>					
속성 특징	초기값	각 속성 값 참조	적용	모든 요소들	상속	O
JavaScript	*object*.**style.textEmphasis ="filled triangle blue"**					
사용 예제	p { **text-emphasis**: filled triangle blue }					

주의사항

일반적으로 텍스트에 대한 강조 표시의 모양과 색상이 변할 수 있기 때문에 text-emphasis 속성을 이용하여 지정할 수 있다. 하지만 'text-emphasis-position' 속성의 값은 재설정할 수가 없다. 위치(position)에 대한 정보가 문서의 특정 언어에 따라 달라지기 때문이다. 예를 들어, 일본어에서 선호하는 위치는 오른쪽이지만, 중국어에서는 오른쪽 아래가 바람직한 위치가 된다. 따라서 위치는 독립적으로 상속해야 한다는 점에 유의하도록 하자.

속성	text-emphasis-position – 텍스트 강조 표시 위치 지정하기	CSS3

text-emphasis-position 속성은 강조 표시의 위치를 설정하는 것으로, 하위 요소로 상속이 이루어진다. 다음은 사용 방법 및 예제를 나타낸 것이다.

속성 값	[over | under] && [right | left]					
속성 특징	초기값	over right	적용	모든 요소들	상속	O

JavaScript	*object*.**style.textEmphasisPosition ="under right"**
사용 예제	p { **text-emphasis-position**: under right }

속성에서 사용할 수 있는 각 속성 값들은 다음과 같다.

속성 값	설명
over	가로쓰기 모드에서의 텍스트 위쪽에 강조 표시를 그리도록 지정한다.
under	가로쓰기 모드에서의 텍스트 아래쪽에 강조 표시를 그리도록 지정한다.
right	세로쓰기 모드에서의 텍스트 오른쪽에 강조 표시를 그리도록 지정한다.
left	세로쓰기 모드에서의 텍스트 왼쪽에 강조 표시를 그리도록 지정한다.

다음은 중국 및 일본어에서 바람직하게 여겨지는 강조 표시의 위치를 요약한 것이다.

언어별	선호되는 위치		강조 표시 위치의 예	
	가로	세로		
일본어 몽골어	over	right	これは日本語の文章です。	縦書文書
중국어	under	right	中華人民共和国	

만일, 다음과 같이 강조 표시가 루비 주석과 동일한 위치에 그려진다면 강조 표시는 루비 위쪽에 배치된다.

けんてん
るびと圏点を同時

루비와 함께 강조 표시가 적용된 텍스트의 예

그러나 강조 표시가 루비와 충돌이 일어날 때 강조 표시를 감추기 위해서는 다음과 같이 지정하도록 한다.

```
ruby { text-emphasis: none; }
```

또한 루비와 충돌 시 강조 표시를 감추기 위해서는 다음과 같이 지정할 수 있다.

```
em { text-emphasis: dot } /* em 요소에 대한 강조 표시 지정 */
em rt { display: none }  /* em 요소 내에서의 루비 감추기 */
```

3.3 텍스트 그림자 효과 지정하기

텍스트에 그림자 효과를 주는 기능은 CSS2에서 처음 정의되었지만 CSS2.1에서 삭제되었다. 하지만 웹 개발자들이 가장 많이 요청하는 기능 중 하나였기 때문에 이번 CSS3에서 다시 검토되어 표준화가 진행 중이다. 이 속성을 이용하면 인라인 텍스트 이미지를 사용하지 않고도 이전에 어렵거나 불가능했던 텍스트 효과를 구현할 수 있는 장점이 있다. 즉, 텍스트에 그림자 효과를 주기 때문에 텍스트를 좀 더 입체적으로 보이게 하여, 마치 그래픽툴로 처리한 후에 이미지로 만든 듯한 효과를 준다.

속성	text-shadow – 텍스트 그림자 효과 지정하기	CSS2/CSS3

test-shadow 속성은 텍스트에 그림자 효과를 지정하기 위해 사용되는 속성이다. 이 속성은 모든 요소에 적용할 수 있고 가상 요소 ::first-line 및 ::first-letter에도 적용할 수 있다. 다음은 사용 방법 및 예제를 나타낸 것이다.

속성 값	none | [<length>{2,3} && <color>?]#					
속성 특징	초기값	none	적용	모든 요소들	상속	O
JavaScript	object.style.textShadow="2px 2px #ff0000"					
사용 예제	① H1 { text-shadow: 0.2em 0.2em } ② H2 { text-shadow: 7px 7px 5px red } ③ H3 { text-shadow: 7px 7px red, -5px 5px 5px yellow, 7px -7px }					

속성에서 사용할 수 있는 각 속성 값들의 의미는 다음과 같으며, box-shadow 속성의 사용 방법과 동일하다. 하지만 "inset" 키워드는 사용할 수 없다.

속성 값	설명
none	그림자 효과를 표시하지 않도록 지정한다.

length	그림자의 길이를 지정하는 단위로 "실수값+단위"와 같이 지정하며, 필요한 값을 공백으로 구분하여 지정한다. 지정하는 순서는 다음과 같다. - 첫 번째(horizontal offset) 값(필수) - 그림자의 수평 위치를 나타내는 것으로, 텍스트로부터 수평 방향으로 얼마큼 떨어져 그림자를 표시하는지 나타낸다. 이 값은 반드시 지정되어야 하며, 음수 값을 지정하면 왼쪽 방향으로 그림자를 표시한다. - 두 번째(vertical offset) 값(필수) - 그림자의 수직 위치를 나타내는 것으로, 텍스트로부터 수직 방향으로 얼마큼 떨어져 그림자를 표시하는지 나타낸다. 이 값은 반드시 지정되어야 하며, 음수 값을 지정하면 위쪽 방향으로 그림자를 표시한다. - 세 번째(blur distance) 값 - 그림자의 흐림 정도를 나타내는 것으로, 이 값이 0이면 그림자의 가장자리가 선명하게 되지만, 값이 커질수록 그림자의 가장자리는 흐려지게 된다.
color	그림자의 색상을 지정하는 것으로, 이 값이 지정되지 않으면 기본적으로 검은색으로 표시된다.

사용 예제 ③과 같이 그림자의 효과를 쉼표(,)로 분리해서 여러 번(2~3번) 지정할 수 있으며 지정한 수만큼의 그림자 효과를 지정할 수 있다. 이때, 그림자 효과의 순서는 앞에서 뒤쪽으로 적용되기 때문에 첫 번째 지정한 그림자가 제일 위에 표시되고 마지막에 지정된 그림자는 맨 아래에 표시된다. 그림자 효과의 크기는 박스의 크기를 벗어날 수 있으나 배치에는 영향을 주지 않는다.

①과 같이 길이를 2개로 지정하면 각각 x 위치와 y 위치를 지정하는 것으로 이는 수평 거리와 수직 거리를 의미한다. 이는 요소의 텍스트 오른쪽과 아래에 텍스트 그림자를 지정하지만, 색상을 지정하지 않았기 때문에 요소 자체의(h1) 색상과 같은 색상을 가지게 된다. 또한 흐림 정도를 지정하지 않았기 때문에 그림자는 흐려지지 않는다.

그리고 ②와 같이 길이를 3개로 지정하면 수평 및 수직 거리와 함께 흐림 정도(blur distance)를 결정하게 된다. 즉, h2 요소의 텍스트 오른쪽과 아래에 그림자를 지정하되, 5px 정도의 흐릿한 빨간 색상을 갖게 된다.

마지막으로, ③의 경우는 h3 요소의 그림자 효과들의 목록을 지정한 것으로, 첫 번째 그림자는 텍스트 오른쪽과 아래에 빨간색으로 나타나되 흐림 효과는 없는 것이고, 두 번째 그림자는 첫 번째 그림자 효과에 겹쳐지고 텍스트의 왼쪽 아래에 노란색의 흐림 효과가 있도록 한 것이다. 그리고 세 번째 그림자는 텍스트 오른쪽 위에 위치하며 그림자 색상이 없기 때문에 h3 요소의 색상 값이 사용된다.

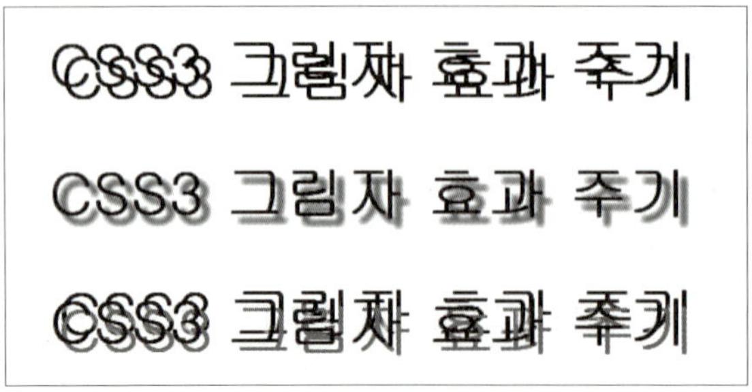

텍스트 그림자 효과 지정

③의 경우와 같이 그림자 효과는 서로 겹칠 수 있지만, 텍스트 자체는 겹쳐지지 않는다. 이러한 그림자 효과는 해당 요소가 테두리와 배경을 가지고 있는지에 따라 달라질 수 있기 때문에, 그림자는 요소의 테두리와 배경 사이의 스택 레벨에서 그려진다.

주의사항

CSS3에서 정의된 그림자가 그려지는 순서는 CSS2 권고안에 정의된 순서와 반대가 됨을 유의하도록 하자.

다음은 마이크로소프트사의 예제를 옮겨온 것으로, 다양한 텍스트의 그림자 효과를 확인해 볼 수 있으며, 다음 주소에서 이와 관련된 내용을 확인해 볼 수 있다.

- http://msdn.microsoft.com/ko-kr/library/jj680149(v=vs.85).aspx

예제 CSS_06-03_TextShadow.html

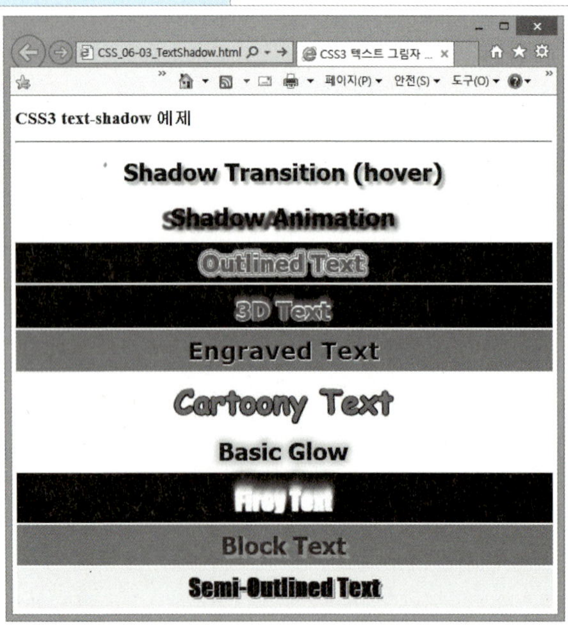

CHAPTER 07

HTML5

CSS3 Part-4 기본 레이아웃

학습 목표

CSS의 장점 중 하나가 바로 웹 문서를 만들 때 웹 요소들을 자유롭게 배치할 수 있다는 것이다. 이번 장에서는 기존 CSS에서 정의되었던, 요소들을 자유롭게 배치하기 위한 박스 모델을 자세히 살펴보고 CSS3에서 새롭게 추가된 기능들에 대해서도 살펴본다. 그리고 이런 박스들의 배경이나 테두리 등을 꾸미기 위한 기능들과 박스들을 배치하기 위한 레이아웃에 대해서도 기존 CSS기능과 함께 CSS3에서 추가된 기능들에 대하여 자세히 살펴보도록 하겠다.

Key Point

박스 모델, 블록/인라인 레벨, 여백, 패딩, 테두리, 콘텐츠, 대체된 요소, 플로팅, 넘침(Overflow), 회전, 레이아웃, 박스 계층, 박스 위치/배경/테두리/영역/테두리/배경/이미지, 모서리 모양, 테두리 이미지, 박스 그림자

Section

01 박스 모델 02 레이아웃 위치 지정하기 03 배경 및 테두리 지정하기

CHAPTER 07

CSS3 Part-4 기본 레이아웃

Section 01 CSS 박스 모델

지금까지는 CSS에 대한 기초적인 내용과, 스타일을 변경하고자 하는 대상을 선택하는 선택자, 그리고 글꼴과 텍스트와 관련된 내용에 대하여 학습하였다. 이번 절에서는 이러한 텍스트뿐만 아니라, 이미지 등이 웹 브라우저 화면에 어떻게 보이게 할지에 대한 내용으로 학습하도록 한다.

CSS는 HTML이나 WML같은 문서들을 눈에 보이는 다양한 영상 매체에(스크린 또는 종이-인쇄 가능 등) 렌더링하여 표현하게 된다. 이때 CSS는 문서의 요소 순서에 따라 중첩될 수 있는 박스에 배치하게 된다. 여기서 박스는 어느 곳에든 위치시킬 수 있는 직사각형 형태를 가지게 때문에 유동(floating; 떠 있어 움직이는 느낌) 박스 또는 플로팅 박스라고 부르기도 한다. 그리고 대부분의 언어에서는 이러한 박스를 수평적으로 배치를 하지만, CSS3에서는 수평 및 수직으로도 배치게 가능하다.

설명하게 되는 박스 모델에 대한 내용들은 표준화 문서를 참조하여 작성하였으므로, 좀 더 자세한 내용을 살펴보고자 한다면 아래 사이트에서 해당 문서를 참고하도록 하자.

표준화 문서1	Cascading Style Sheets Level 2 Revision 1 (CSS 2.1) Specification - http://www.w3.org/TR/CSS2/
표준화 단계1	W3C Recommendation, (2011-06-07)
표준화 문서2	CSS3 basic box model - http://www.w3.org/TR/css3-box/
표준화 단계2	Working Draft, (2007-08-09)

박스 모델은 다양한 형태의 박스 모델들(block, inline, table, floating 등)이 있으며 margin과 float 같은 속성들은 부모 요소 내에서 박스의 위치를 수정할 수도 있다. 또한 문서에 있는 각 요소들은 다음 그림과 같이 하나 이상의 박스[예를 들어, 목록 항목들(List Item)이나 두 줄에 걸쳐 나타나는 박스 같은(p 요소)]를 가지고 있을 수도 있고 전혀 없을(예를 들어 "display: none"과 같이 렌더링을 억제시켜 화면에 표시하지 않음) 수도 있다.

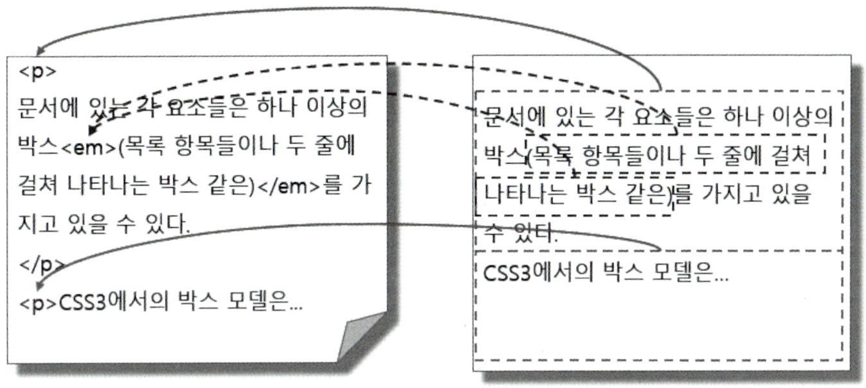

CSS 박스 예

박스는 하나의 웹 페이지를 구성할 수 있는 요소이기 때문에 중요한 개념으로 반드시 이해를 해야 한다. 대부분의 웹 사이트들은 주제에 따라서 여러 영역으로 나누어 처리하고 있는 것을 볼 수 있으며, 이러한 영역들에 스타일을 지정하면서 웹 문서 전체를 디자인하게 된다. 이때, 각 영역들을 박스라고 생각해보면 이해하기가 쉽다. 이렇게 CSS에는 문서의 레이아웃(레이아웃이 배치라는 용어로도 쓰이고 있지만, 실제 현장에서는 레이아웃이라는 용어를 더 많이 사용하기 때문에 이 교재에서도 레이아웃이라는 용어를 사용하도록 한다)을 위해 박스 모델이라는 중요한 개념이 사용된다.

1.1 CSS 박스 모델의 기초

CSS에서의 박스 모델은 단순한 박스형(Box-oriented) 양식(format) 모델로 가정하기 때문에 각 양식화된 요소가 하나 이상의 사각형 박스들을 만든다. 그리고 어느 요소의 display 속성값이 none이라면 양식화되지 않고 박스를 만들지 않는다. 모든 박스들은 텍스트나 이미지 등의 실제 내용이 들어가는 내용(Content) 영역을 중심으로 주위의 패딩(padding 속성), 박스의 테두리(border-width 속성), 여러 박스 모델 간의 여백(margin 속성) 지역을 갖는다. 모든 요소들은 다음 그림과 같은 박스 형태의 모양을 갖는다.

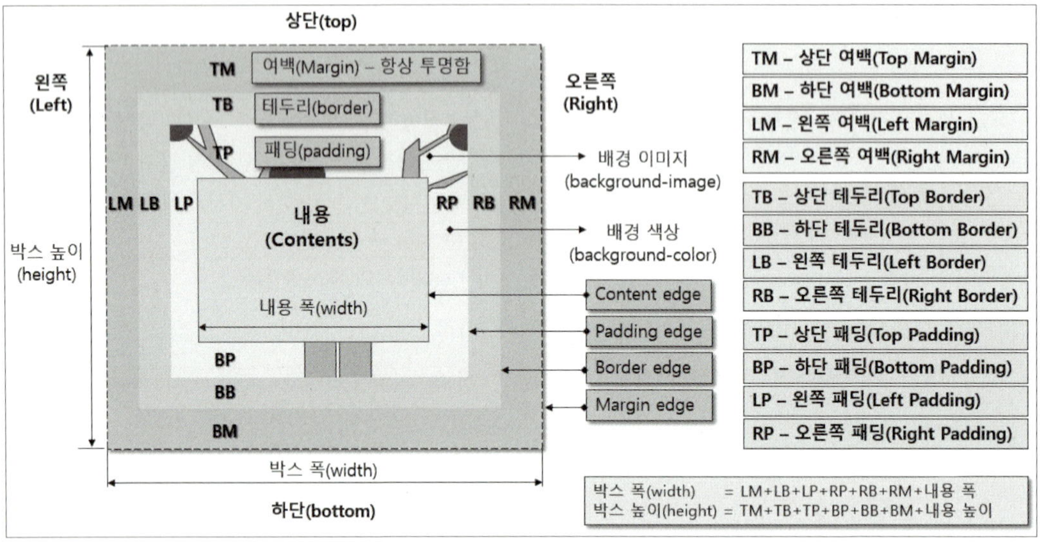

CSS 박스 모델

위 그림에서 패딩 영역은 요소 자체와 동일한 배경을 사용하고 여백은 항상 투명하기 때문에 부모 요소가 잘 보이게 된다. 박스 모델에서의 상단(Top)은 테두리와 여백을 포함한 해당 요소의 맨 위가 된다. 그리고 하단(bottom)은 패딩과 테두리 및 여백을 포함한 해당 요소의 맨 하단이 된다. 이 하단은 인라인(inline)이며 유동(floating)적인 요소들에만 지정되기 때문에 유동적이지 않는(non-floating) 블록-레벨(block-level) 요소들에는 지정되지 않는다. 또한 각 네 지역들(내용, 패딩, 테두리와 여백)의 주변으로 구분되는 부분을 모서리(edge)라 부르고, 각 박스들은 다음과 같은 네 개의 모서리를 갖는다.

박스 모서리	설명
여백 모서리 (Margin edge)	패딩, 테두리, 여백을 포함한 해당 요소의 틀로서, 박스 여백의 주위를 둘러싼다. 여백의 폭이 0이라면 테두리 모서리와 같게 된다. 외부 모서리(Outer edge)라고 한다.
테두리 모서리 (Border edge)	내용, 패딩, 테두리를 포함한 틀로서, 박스 테두리를 둘러싼다. 테두리의 폭이 0이라면 테두리 모서리는 패딩 모서리와 같게 된다.
패딩 모서리 (Padding edge)	내용과 패딩을 포함한 틀로서, 박스 패딩 주위를 둘러싼다. 패딩의 폭이 0이라면 패딩 모서리는 내용 모서리와 같게 된다.
내용 모서리 (Content edge)	패딩, 테두리, 여백 안에 있는 내용(Content)만의 틀로서, 내용의 표현 주위를 둘러싼다. 이를 내부 모서리(Inner edge)라고도 한다.

▣ 블록-레벨(Block-level) 요소의 폭과 높이

유동적이지 않은(non-floating) 블록-레벨 요소의 수평 위치와 크기는 CSS 박스 모델의 그림에서 나타낸 다음 7가지 속성들에 의해서 결정되고 이 7가지의 합계는 항상 부모 요소의 폭과 같게 된다.

- 왼쪽 여백(LM), 왼쪽 테두리(LB), 왼쪽 패딩(LP),
- 내용 폭(width),
- 오른쪽 패딩(RP), 오른쪽 테두리(RB), 오른쪽 여백(RM)

그리고 각 박스는 내용 영역을 포함하여 선택적으로 주위의 패딩, 테두리, 여백 영역을 담고 있기 때문에 박스의 폭과 높이는 각 패딩, 테두리, 여백 영역의 크기를 더하여 계산하게 된다. 만일 각 패딩, 테두리, 여백의 크기가 0이라면 박스의 크기는 내용 영역의 크기와 동일하게 된다.

따라서 박스의 크기를 지정할 때는 반드시 패딩, 테두리, 여백의 크기를 고려해서 다음과 같이 계산해야 한다는 점에 유의해야 한다.

- 박스 폭 = LM + LB + LP + 내용 폭(width) + RP + RB + RM
- 박스 높이 = TM + TB + TP + 내용 높이(height) + BP + BB + BM

어떤 요소의 폭(width)은 자동(auto)이 된다. 그리고 이 요소가 대체된(Replaced) 요소라면 폭은 자동으로 본래의 이 요소의 폭으로 대체되지만, 대체된 요소가 아니라면 위에서 언급한 7가지 속성들의 합이 부모 요소의 폭과 같도록 계산된다. 그리고 7가지 속성들 중에서 왼쪽 및 오른쪽 여백과 내용 폭은 자동(auto)으로 설정되지만, 대체된 요소들에서의 폭 값 auto는 본래의 폭으로 대체되고 여백만이 auto 값을 가질 수 있게 된다.

유동적이지 않은 블록-레벨들의 여백 폭은 주위의 박스 모서리들 사이의 최소 거리가 된다. 예를 들어, 2개 혹은 그 이상의 인접한 수직 여백들은 패딩(padding) 및 테두리(border)가 없거나 그 사이의 내용(content)이 없을 때 여백의 값을 최대로 사용하기 위하여 붕괴된다(앞 요소의 수직 여백과 뒤 요소의 수직 여백은 통합된다). 이에 대한 자세한 내용은 margin 속성에서 살펴보도록 한다.

대체된(Replaced) 요소

대체된 요소는 하나의 그 요소가 지정하는 내용이 바로 대체된 요소임을 의미한다. 예를 들어, img 요소는 src 속성이 지시하는 이미지로 대체(replaced)되고, 이 대체된 요소의 크기로 재조정(Resize)된다. 즉, img 요소에서 지정한 폭 속성 값이 auto가 아니라면 대체된 요소의 폭은 img 요소의 폭으로 재조정된다.

1.2 박스의 종류의 지정하기 (display 속성)

display 속성은 HTML 요소의 표현 방식을 지정하는 속성으로, 모든 요소에 적용이 가능하지만 하위 요소로는 상속이 되지 않는다. 다음은 사용 방법 및 예제를 나타낸 것이다.

속성 값	inline | block | inline-block | list-item | run-in | compact | table | inline-table | table-row-group | table-header-group | table-footer-group | table-row | table-column-group | table-column | table-cell | table-caption | ruby | ruby-base | ruby-text | ruby-base-group | ruby-text-group | <template>| none					
속성 특징	초기값	inline	적용	모든 요소들	상속	X
JavaScript	*object*.**style.display** ="**block**"					
사용 예제	span { **display**: block }					

속성에서 사용할 수 있는 각 속성 값들은 다음과 같다. (예제 CSS3_07-01_Display.html을 참고하도록 한다)

속성 값	설명	
inline	인라인 박스로 지정한다. 줄 바꿈을 만들지 않기 때문에 요소 폭에 따라서 자동으로 줄 바꿈이 일어난다. 그리고 요소의 폭은 콘텐츠에 따라서 결정되기 때문에 직접 요소의 폭을(width 속성 이용) 지정할 수 없다.	
block	블록 박스로 지정한다. 부모 요소의 폭 전체에 콘텐츠를 채우기 때문에 박스 전후로 줄 바꿈이 일어난다.	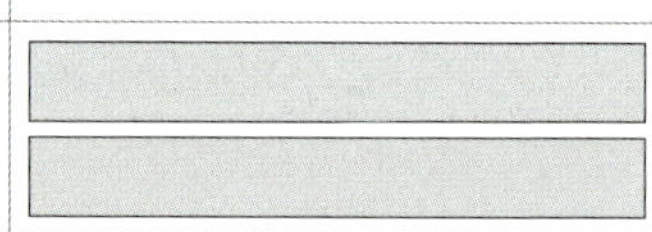
inline-block	하나의 인라인 박스로 처리되는 블록 박스. 즉, 인라인 블록 내부는 블록 형식으로 되어있고 박스 자체는 인라인 박스로 처리된다. 따라서 인라인 박스와 같이 요소 전후에는 줄 바꿈이 일어나지 않지만, 블록 박스와 같이 요소의 폭을 직접 지정할 수 있다.	
list-item	블록 박스를 목록의 항목과 같이 목록 요소로 표시되도록 지정한다	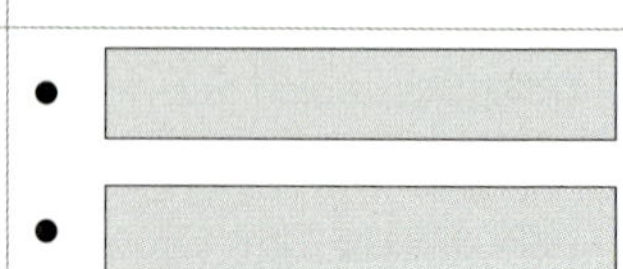
run-in	상황에(요소의 형제가 블록이면 인라인 요소로, 블록이 아니면 블록 요소로 처리) 따라서 블록 또는 인라인 박스로 표현하도록 지정한다.	
compact	상황에 따라서 블록 또는 마커 박스로 표현하도록 지정한다.	
table, *table*	테이블 형식으로 표현하도록 지정한다. 자세한 내용은 CSS3 Tables Module을 참고하도록 한다.	
ruby*	루비 요소 형식으로 표현하도록 지정한다. 자세한 내용은 CSS3 Ruby Module을 참고하도록 한다.	

template	지정한 템플릿으로 표현하도록 지정한다. 자세한 내용은 CSS3 Template Layout Module을 참고하도록 한다.
none	박스를 생성하지 않도록 지정한다.

어느 요소의 display 속성의 값이 블록(block) 이거나 목록(List-item)인 요소들은 모두 블록-레벨의 요소들이다. 그리고 float 속성의 값이 none이 아닌 다른 값을 가진 유동적인 (floating) 요소들도 블록-레벨의 요소들로 간주된다.

1.3 박스의 외부 여백 지정하기

여백은 박스의 내부 및 외부 여백으로 구분할 수 있으며, margin은 박스 외부의 여백을 지정하는 것으로, 하위 요소로는 상속이 되지 않는다. 이렇게 박스의 외부 여백을 지정할 때 사용할 수 있는 속성으로는 margin-top(상단 여백), margin-bottom(하단 여백), margin-left(왼쪽 여백), margin-right(오른쪽 여백) 4개의 속성을 이용하여 지정할 수 있다. 그리고 이 4개의 속성을 한 번에 지정할 수 있는 margin 속성을 이용할 수도 있다. 다음은 박스의 외부 여백을 지정하는 방법 및 예제를 나타낸 것이다.

속성	**margin-top , margin-right, margin-bottom, margin-left**					CSS1
속성 값	<length> | <percentage> | auto					
속성 특징	초기값	0	적용	모든 요소들	상속	X
JavaScript	*object*.**style.marginTop = "5px"**			*object*.**style.marginRight = "5px"**		
	object.**style.marginBottom = "5px"**			*object*.**style.marginLeft = "5px"**		
사용 예제	**margin-top**: 5px;			**margin-right**: 5px;		
	margin-bottom: 5px;			**margin-left**: 5px;		

속성	**margin**					CSS1
속성 값	[<length> | <percentage> | auto] {1, 4}					
속성 특징	초기값	개별 속성 참조	적용	모든 요소들	상속	X
JavaScript	*object*.**style.margin = "10px 20px 30px 40px"**					
사용 예제	**margin**: 10px 20px 30px 40px; /* top right bottom left */ **margin**: 10px 20px 30px; /* top right-left bottom */ **margin**: 10px 20px; /* top-bottom right-left */ **margin**: 10px; /* top-right-bottom-left */					

속성에서 사용할 수 있는 각 속성 값들은 다음과 같다.

속성 값	설명
length	px, pt, cm 등의 단위로 직접 지정이 가능하고(0px 값이 기본값), 음수 값도 지정할 수 있다.
percentage	백분율(%)은 박스의 부모 요소를 기준으로 백분율로 계산하여 지정한다.
auto	웹 브라우저가 자동으로 계산하도록 지정한다.

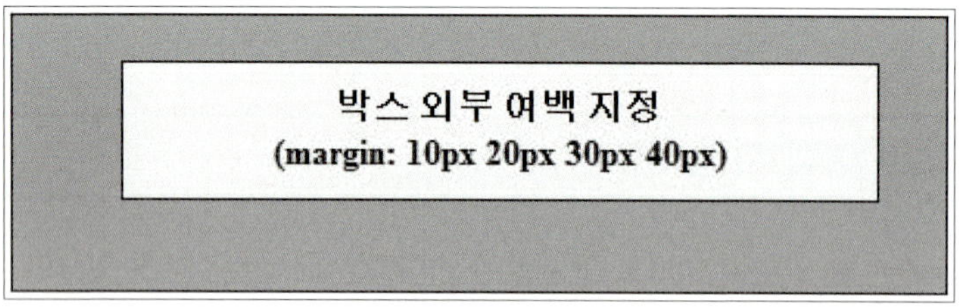

박스의 외부 여백 지정

위 그림은 margin 속성의 사용 예제 결과를 나타낸 것으로, 만일 margin 속성을 이용하여 값을 하나만 지정하면 상하좌우에 동일한 값을 갖게 되는 특징이 있다. 그리고 값을 지정할 때 공백으로 구분하여 값을 지정하면 상, 하, 좌, 우의 순서로 값이 지정된다. 따라서 값을 2개만 지정하면 '상하, 좌우'의 값을 지정하고 3개의 값을 지정하면 '상, 좌우, 하'의 값을 지정한다. 다음 그림은 입력 값의 개수에 따른 적용 결과를 나타낸 것이다.

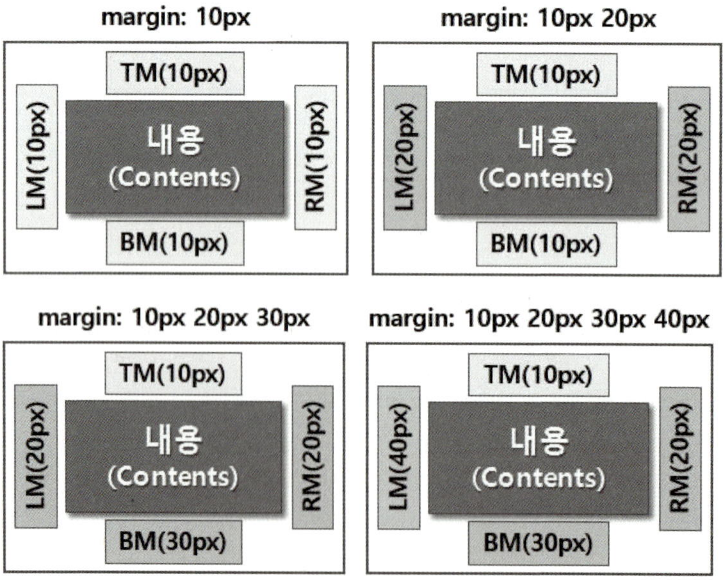

margin 속성 값의 적용 개수에 따른 결과

또한, 2개 이상의 박스(서로 옆에 있거나 포함된)들의 인접한 여백(이들을 분리하는 패딩이나 테두리 지역이 아닌)들은 다음 그림과 같이 통합되어 단일 여백을 형성할 수 있다.

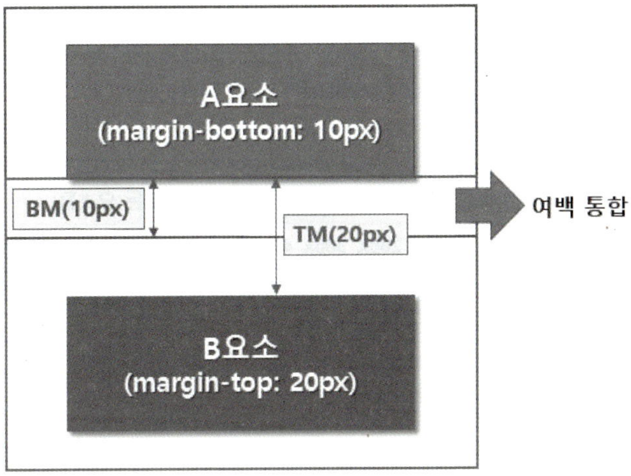

CSS2에서 이러한 여백의 통합은 수평 여백은 통합되지 않지만, 수직 여백들은 박스들 사이에서 통합될 수 있기 때문에 블록 박스들의 2개 이상의 인접한 수직 여백들은 통합되고 여백의 폭은 인접 여백 폭들의 최대치로 결정된다. 만일, 여백 값을 음수로 지정하는 경우에는 인접한 음수 여백의 절대값 최대치를 인접한 양수 여백들의 최대치로부터 빼서 계산하고, 양수 여백이 없다면, 인접한 음수 여백의 절대값 최대치를 0에서 뺀다.

1.4 박스의 내부 여백 지정하기

패딩(padding)은 내용(Content) 영역과 테두리 사이의 박스 안쪽 여백을 나타내는 것으로, 하위 요소로는 상속이 되지 않는다. 이렇게 박스의 내부 여백을 지정할 때 사용할 수 있는 속성으로는 padding-top(상단 여백), padding-bottom(하단 여백), padding-left(왼쪽 여백), padding-right(오른쪽 여백) 4개의 속성을 이용하여 지정할 수 있다. margin과 마찬가지로 이 4개의 속성을 한번에 지정할 수 있는 padding 속성을 이용할 수도 있다. 다음은 박스의 내부 여백을 지정하는 방법 및 예제를 나타낸 것이다.

속성	padding-top, padding-right, padding-bottom, padding-left					CSS1
속성 값	[<length> | <percentage>]					
속성 특징	초기값	0	적용	모든 요소들	상속	X

이 부모 및 형제 요소들에 상대적으로 이루어지기 때문에 패딩과 여백 속성들이 하위 항목에서 영향을 받는다. 만일 이 예제에 테두리가 있다면 CSS 박스 모델과 같이 패딩과 여백 사이에 테두리가 나타날 것이다

그리고 두 개의 li 요소들 사이의 수직 여백은 붕괴되어 첫 번째 li 요소의 하단 여백(LI-BM)과 두 번째 li 요소의 상단 여백(LI-TM)의 최대치 값으로 사용된다. 마찬가지로 ul과 첫 번째 li 요소 사이의 패딩(UL-TP) 값이 0이 되면, ul과 첫 번째 li 요소들의 여백은 붕괴되어 통합된다. 그러나 인라인 레벨의 박스나 플로팅이 지정된 문서의 흐름 상태이거나 절대 위치 값으로 지정된 박스의 경우에는 적용되지 않는다는 점에 유의하자.

다음 그림은 앞의 예제에 대한 결과를 나타낸 것으로, 첫 번째 목록은 테두리를 적용하지 않았고 두 번째 목록은 테두리를 적용하여 나타내었다.

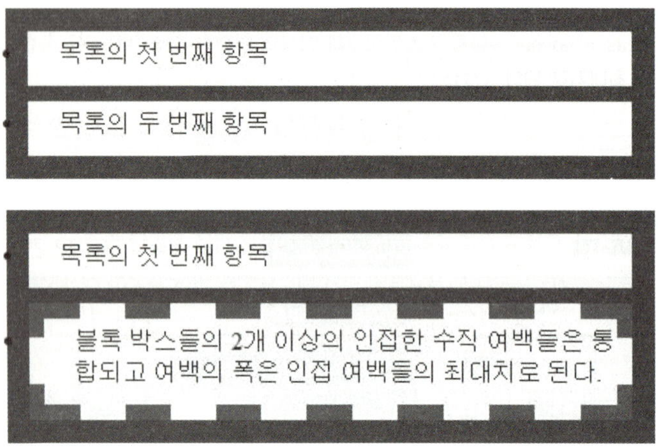

1.5 박스의 크기(폭과 높이) 지정하기

width 및 height 속성을 이용하여 박스의 폭과 높이를 지정할 수 있다. 모든 요소들에 적용할 수 있지만, display속성 값이 "inline"인 요소에는 적용되지 않는다. 그리고 대부분 영역을 박스로 구분하기 때문에 박스의 폭 및 높이에 대해 언급할 때, 별도로 표시하지 않는 한, 내용(contents) 영역의 폭과 높이를 의미한다. 다음은 사용 방법 및 예제를 나타낸 것이다.

속성	**width, height**					CSS1
속성 값	<length> | <percentage> | auto					
속성 특징	초기값	auto	적용	모든 요소들	상속	X
JavaScript	*object*.**style.width** = **"400px"**			*object*.**style.height** = **"100px"**		
사용 예제	div { **width**: 400px; }			div { **height**: 100px; }		

속성에서 사용할 수 있는 각 속성 값들은 다음과 같다.

속성 값	설명
length	수치+단위로 직접 길이(length)를 지정할 수 있지만, 음수 값은 지정할 수 없다. 만일, 지정된 height 속성 값이 콘텐츠의 높이보다 작더라도 지정된 요소의 높이는 변경되지 않는다.
percentage	해당 요소가 포함된 영역의 백분율 값으로 계산하여 지정한다. length와 같이 음수 값은 지정할 수 없고 지정된 height 속성 값이 콘텐츠의 높이보다 작더라도 지정된 요소의 높이는 변경되지 않는다.
auto	웹 브라우저가 자동으로 계산하도록 지정한다. 만일, display 속성 값이 "block"인 경우에는 width 속성 값은 기본적으로 화면 폭 전체를 차지하고 height 속성 값은 콘텐츠 높이에 따라서 자동으로 조절된다.

다음 그림은 상기 사용 예제의 결과를 나타낸 것이다.

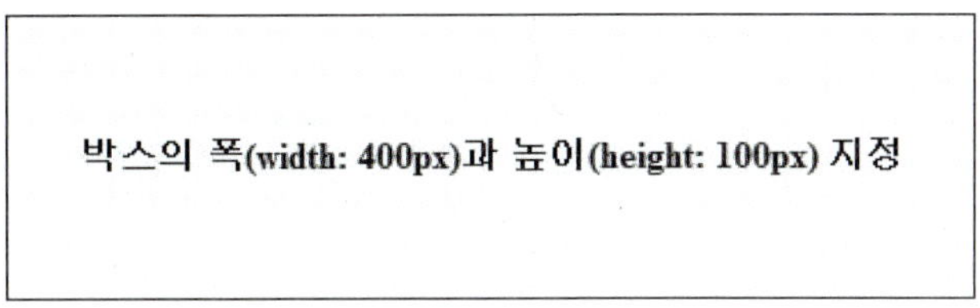

박스의 폭과 넓이 지정

1.6 특정 요소의 크기 지정하기

min-width, min-height, max-width, max-height 속성은 특정 요소(범위)에 대한 콘텐츠의 최소 및 최대 폭과 높이를 제한 할 수 있는 속성으로, 모든 요소들에 적용할 수 있지만, 하위 요소로는 상속이 되지 않는다. 다음은 사용 방법 및 예제를 나타낸 것이다.

속성	**min-width, min-height**					CSS2
속성 값	<length> | <percentage> | inherit					
속성 특징	초기값	0	적용	모든 요소들	상속	X
JavaScript	*object*.**style.minWidth** = **"200px"**			*object*.**style.minHeight** = **"200px"**		
사용 예제	div { **min-width**: 200px; }			div { **min-height**: 200px; }		

속성	**max-width, max-height**					CSS2
속성 값	<length> | <percentage> | none					
속성 특징	초기값	none	적용	모든 요소들	상속	X
JavaScript	*object*.**style.maxWidth** = **"80%"**			*object*.**style.maxHeight** = **"80%"**		
사용 예제	div { **max-width**: 400px; }			div { **max-height**: 100px; }		

속성에서 사용할 수 있는 각 속성 값들은 다음과 같으며, 음수 값은 사용할 수 없다.

속성 값	설명
length	수치+단위로 직접 길이(length)를 지정할 수 있지만, 음수 값은 지정할 수 없다. 만일, 지정된 height 속성 값이 콘텐츠의 높이보다 작더라도 지정된 요소의 높이는 변경되지 않는다.
percentage	해당 요소가 포함된 영역의 백분율 값으로 계산하여 지정한다. length와 같이 음수 값은 지정할 수 없고 지정된 height 속성 값이 콘텐츠의 높이보다 작더라도 지정된 요소의 높이는 변경되지 않는다.
inherit	부모 요소로부터 박스의 최소 폭과 높이 값을 상속받는다.
none	박스의 폭 또는 높이에 대한 제한을 지정하지 않는다.

1.7 플로팅 박스(floating boxes)

현재 행의 왼쪽 또는 오른쪽으로 이동되는 박스를 플로트(float, 또는 플로팅 박스(floating box))라고 부르며, 영어 단어 뜻 그대로 해당 요소가 떠 있는 느낌이 들게 한다. 가장 흥미로운 특징은 콘텐츠가 측면을 따라 흐를 수 있다는 것이다. 즉, 콘텐츠의 일반적인 흐름(normal flow)에서 분리되어 부모 요소의 영역 내에서 새롭게 배치되기 때문에, 왼쪽에 위치한 플로팅 박스의 오른쪽 측면과 오른쪽에 위치한 플로팅 박스의 왼쪽 측면 아래로 흐르게 된다(아래 오른쪽 그림은 플로팅이 지정된 경우).

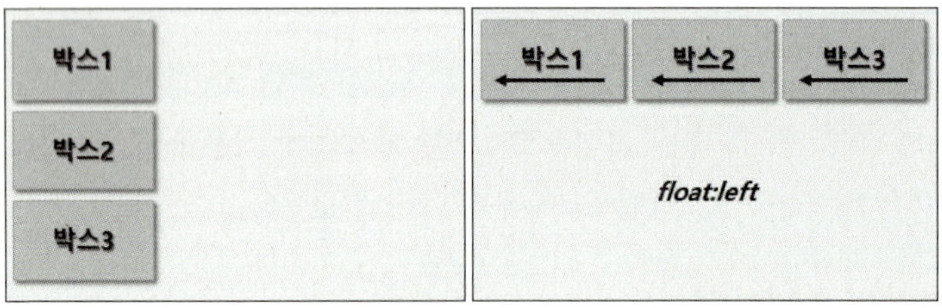

따라서 플로팅이 된 요소는 플로팅 박스의 왼쪽 또는 오른쪽의 바깥쪽 경계 모서리가 포함(containing)된 블록의 경계 또는 다른 플로팅 박스의 바깥쪽 경계에 닿을 때까지 이동한다. 이때, 라인 박스가 있다면 플로팅 박스의 상단은 현재 라인 박스의 상단에 맞춰서 배치하게 된다. 또한 플로팅을 하기 위한 충분한 수평 공간이 없는 경우에는 그중 하나가 맞을 때까지 또는 더 이상 플로팅이 없을 때까지 아래쪽으로 이동한다.

이러한 플로팅 박스는 다음 그림과 같이 웹 문서의 레이아웃 구성 시 많이 활용되는 아주 유용한 개념이라 할 수 있다.

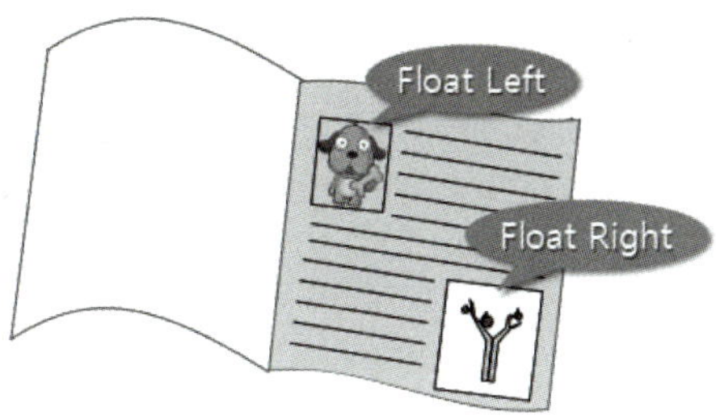	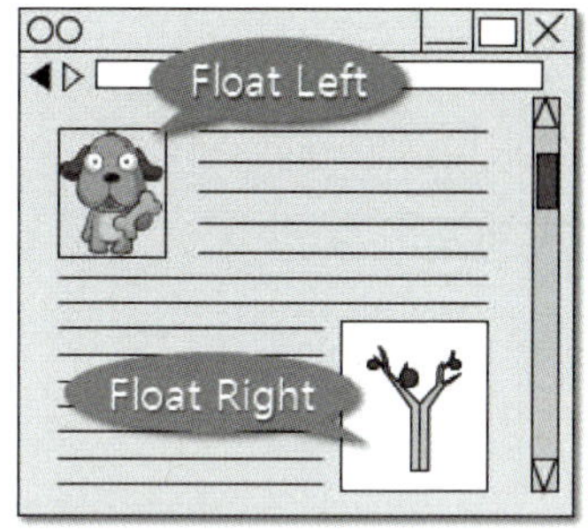
인쇄물 레이아웃의 예	웹 문서 레이아웃의 예

다음의 예를 살펴보면, 이미지(<img>) 박스가 p 요소 왼쪽에 떠(floated) 있는 것을 볼 수 있다. p 요소의 내용은 플로팅 박스와 같은 줄에서 시작해서 박스의 오른쪽에 위치하게 된다(2개의 예제 모두 동일한 결과를 보임).

```
<Style>
  img { float: left }
  body, p, img { margin: 2em }
</Style>
```

```
<body>
  <P><img src=images/dog.png> 현재 행의 왼쪽 또는 오른쪽으로 이동되는
  박스를 …</p>
</body>
```

```
<body>
  <P>현재 행의 왼쪽 또는<img src=images/dog.png> 오른쪽으로 이동되는 박
  스를 …</p>
</body>
```

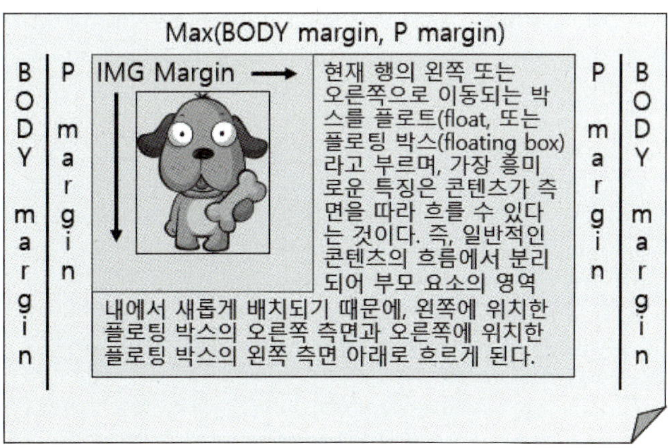

플로팅 박스의 여백들은 절대로 인접한 박스의 여백들과 통합(collapse)되지 않는다. 따라서, 위 예제에서도 플로팅 박스의(<img>) 세로 여백이 인접한 p 요소 박스의 여백과 통합되지

않은 것을 볼 수 있다.

그리고 플로팅 다음의 일반 흐름 박스가 음수 값의 여백을 가지게 되는 경우에는 다른 박스들에 겹쳐질 수 있다. 인라인 박스(inline box)가 인라인 박스의 플로팅, 내용, 배경, 테두리들과 겹쳐지면 그 플로팅 앞에 표현되지만, 블록 박스(block box)가 겹쳐지면 블록 박스의 내용은 플로팅 앞에 표시되고 블록 박스의 배경과 테두리들은 그 플로팅 다음에 표현되고 박스가 투명할 때만 볼 수 있다. 다음 그림이 이러한 예로, 요소들의 일반 흐름에서 플로팅이 테두리들에 겹쳐지게 되는 경우에 어떻게 보여지는지를 나타낸 것이다.

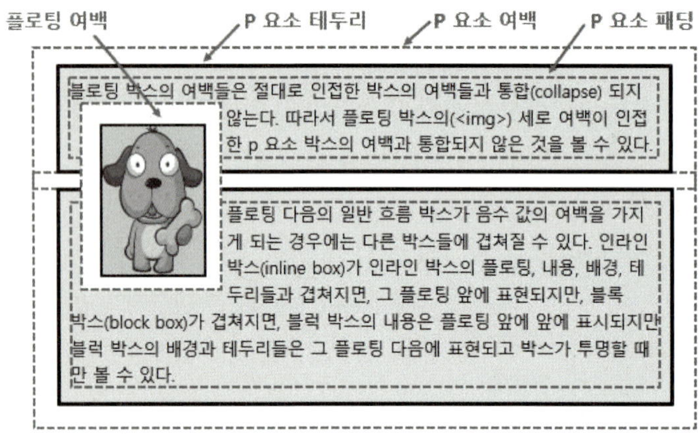

플로팅 이미지가 중첩하는 블록 박스의 테두리들과 모호하게 겹치고 있다.

위 예제에서 볼 수 있듯이 플로팅이 된 콘텐츠는 새로운 스택 컨텍스트를 생성하는 것처럼 스택에 쌓이게 되기 때문에 플로팅은 일반 흐름에 있는 다른 박스에 겹쳐서 표시될 수 있다. 따라서 이러한 플로팅 다음의 일반 흐름을 방지하기 위하여 학습하게 될 `clear` 속성을 이용해야 한다.

```
p { clear: left }
```

p 요소에 위와 같이 위 스타일을 적용하면, 두 문단에는 `'clear:left'`가 설정되어 있어서, 두 번째 문단이 플로팅 아래로 밀려서 떨어지게 되고 상단 여백은 이를 위하여 확장된다.

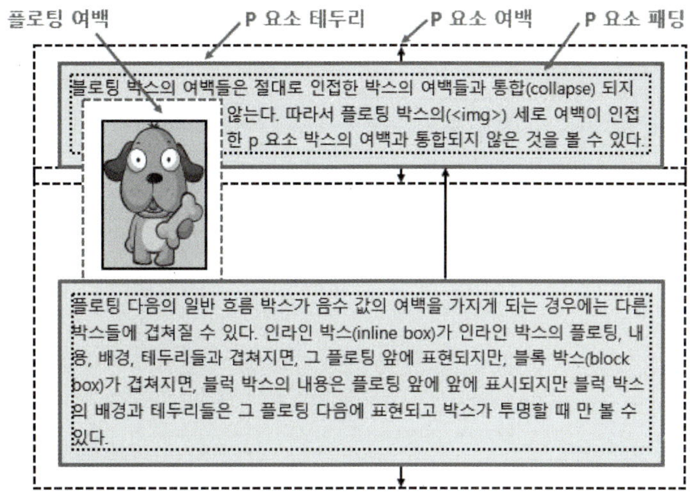

속성	float – 플로팅 지정하기	CSS1/CSS3

float 속성은 앞에서 언급한 바와 같이 부모 요소 영역을 기준으로 왼쪽이나 오른쪽에 배치하도록 지정하는 속성으로, 블록-레벨의 요소들에만 적용할 수 있으며 상속은 이루어지지 않는다. 이렇게 **float** 속성으로 지정된 요소는 다른 요소의 레이아웃에 영향을 미치게 된다. 다음은 사용 방법 및 예제를 나타낸 것이다.

속성 값	left | right | none | <page-floats>					
속성 특징	초기값	none	적용	위치된(positioned) 요소들과 생성된 내용을 제외한 모든 요소들	상속	X
JavaScript	*object*.**style.cssFloat** = **"left"**					
사용 예제	div { **float**: left }					

속성에서 사용할 수 있는 각 속성 값들과 결과는 다음과 같다.

속성 값	설명
none	박스는 플로팅되지 않는다.
left	요소는 왼쪽에 플로팅 박스를 생성하여, 콘텐츠가 맨 위에서 시작하여 박스의 오른쪽 면으로 흐르도록 지정한다.
right	요소는 오른쪽에 플로팅 박스를 생성하여, 콘텐츠가 맨 위에서 시작하여 박스의 왼쪽 면으로 흐르도록 지정한다.
page-floats	CSS3에서 추가된 속성 값으로, 자세한 내용은 CSS Generated Content for Paged Media Module을 참고하도록 한다.

속성 값들을 이용하여 다음 그림과 같이 웹 문서의 콘텐츠를 배치할 때 아주 유용하게 사용할 수 있다.

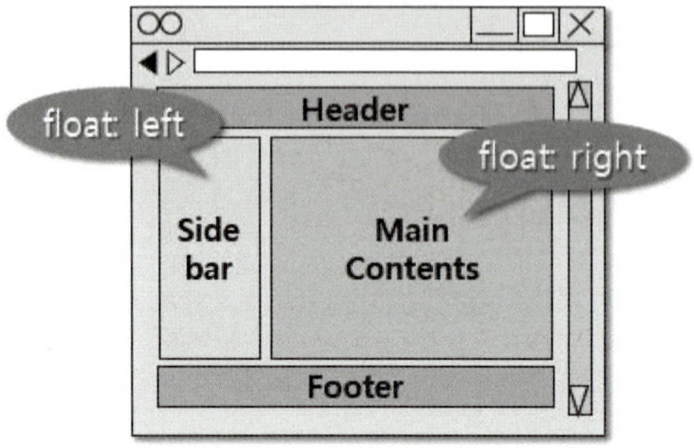

다음은 left 및 right 속성 값을 사용한 예제의 결과로써 콘텐츠의 문장이 그림의 주위로 흐르는 것을 볼 수 있다.

예제	CSS3_07-01_Floating.html

float: left

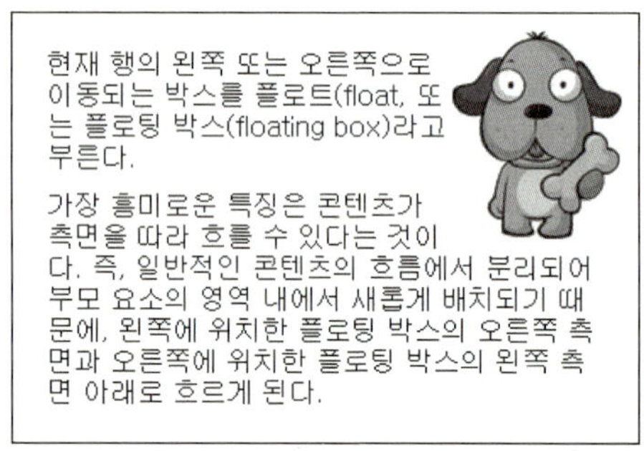

float: right

속성	clear - 플로팅 해제하기	CSS1/CSS3

clear 속성은 float 속성에 의해 요소의 배치가 영향을 받게 된 경우 이를 해제할 때 사용하는 지정하는 속성으로, 블록-레벨의 요소들에만 적용할 수 있으며 상속은 이루어지지 않는다. 다음은 사용 방법 및 예제를 나타낸 것이다.

속성 값	none | left | right | both					
속성 특징	초기값	none	적용	블록-레벨 요소들	상속	X
JavaScript	*object*.**style.cssClear**= **"both"**					
사용 예제	div { **clear**: both }					

속성에서 사용할 수 있는 각 속성 값들은 다음과 같다.

속성 값	설명
none	플로팅에 대한 박스의 위치 변화를 주지 않도록 지정한다.
left	float 속성의 'left'로 인하여 영향을 받은 요소의 흐름을 해제하도록 지정하여 바로 아래쪽에 배치하도록 한다.
right	float 속성의 'right'로 인하여 영향을 받은 요소의 흐름을 해제하도록 지정하여 바로 아래쪽에 배치하도록 한다.
both	플로팅 방향(left 또는 right)과 관계없이 플로팅을 해제하도록 지정한다.

다음은 앞의 플로팅이 지정된 예제에서 두 번째 문단에 플로팅을 해제한 예를 나타낸 것이다.

예제	CSS3_07-01_Floating.html

clear: left

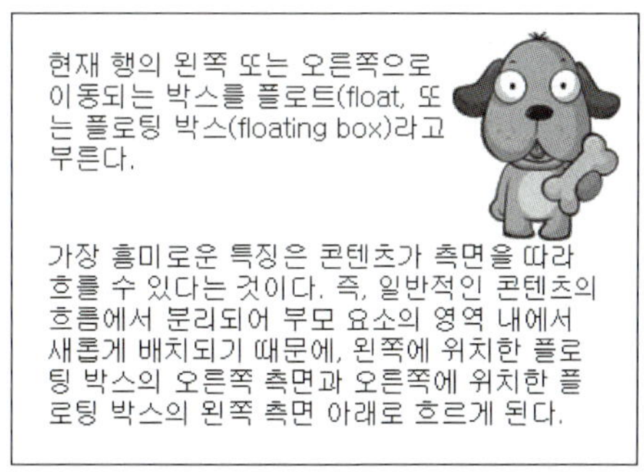

clear: right

위 예제에서 플로팅이 left로 지정된 경우에 clear 속성 값을 right로 지정하면 플로팅이 해제되지 않는다. 따라서 아래와 같이 플로팅이 right로 지정된 경우에는 right 속성 값으로 해제를 해주어야 한다.

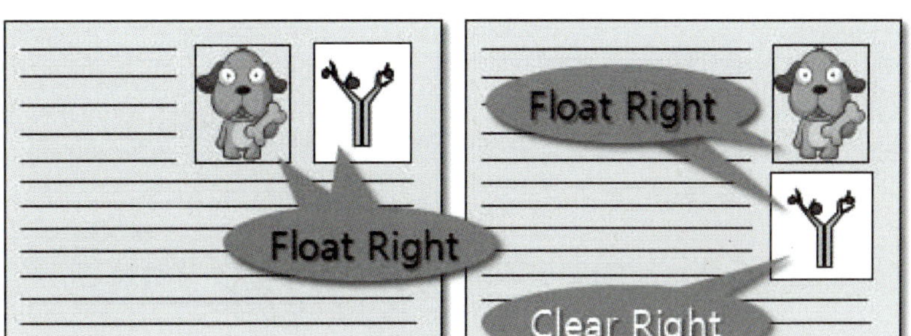

1.8 콘텐츠 넘침(Overflow) 제어하기

넘침은(Overflow)은 블록-레벨 요소의 내용이 그 요소의 영역을 벗어나는 경우를 의미한다. CSS2.1까지는 overflow 속성으로만 제어를 했지만 CSS3부터는 이를 좀 더 세분화하여 제어하도록 하고 있다.

속성	overflow-x, overflow-y - 수평 및 수직 방향의 넘침 제어하기	CSS3

overflow-x, overflow-y 속성은 블록-레벨 요소의 내용을 수평 및 수직 방향으로의 넘침을 지정하는 속성으로 대체되지 않은 블록 레벨 및 인라인 블록 요소들에만 적용할 수 있으며 하위 요소로는 상속이 이루어지지 않는다. 다음은 사용 방법 및 예제를 나타낸 것으로 속성 값에 대한 설명은 overflow 속성 값을 참고하도록 한다.

속성 값	visible | hidden | scroll | auto | no-display | no-content					
속성 특징	초기값	visible	적용	overflow와 동일	상속	X
JavaScript	*object*.**style.overflowX** = **"scroll"**			*object*.**style.overflowY** = **"scroll"**		
사용 예제	div { **overflow-X**: hidden; }			div { **overflow-y**: hidden; }		

속성	overflow - 콘텐츠 넘침 제어하기	CSS2/CSS3

overflow 속성은 overflow-x 속성 및 overflow-y 속성을 한번에 지정하는 속성으로, 기능은 동일하며 속성 값을 1개 지정하면 overflow-x 속성의 기능이, 2개를 지정하면 overflow-x 속성과 overflow-y 속성을 함께 지정할 수 있다. 다음은 사용 방법 및 예제를 나타낸 것이다.

속성 값	[visible | hidden | scroll | auto | no-display | no-content] { 1, 2 }					
속성 특징	초기값	개별 속성 참조	적용	대체되지 않은 블록 레벨 및 인라인 블록 요소들	상속	X
JavaScript	*object*.**style.overflow** = **"scroll scroll"**					
사용 예제	div { **overflow**: hidden } /* 수평 방향으로의 넘침을 스크롤 바가 나타나게 지정 */ div { **overflow**: scroll hidden } /* 수평 방향으로의 넘침을 스크롤 바가 나타나게 지정 */					

overflow, overflow-x 및 overflow-y 속성에서 사용할 수 있는 각 속성 값들은 다음과 같다.

속성 값	설명
visible	요소의 영역을 벗어나도 콘텐츠가 잘리지 않고 보이도록 지정한다. 그러나 콘텐츠가 넘친 영역은 요소 크기에 반영되지 않는다.
hidden	요소의 영역을 벗어난 콘텐츠를 보이지 않도록 지정한다. 스크롤 바를 제공하지 않기 때문에 영역을 벗어난 콘텐츠를 볼 수 있는 방법은 없다.
scroll	요소의 영역을 벗어난 콘텐츠를 보이지 않도록 지정하지만, 요소 박스에 스크롤 바를 생성하여 영역을 벗어난 콘텐츠를 볼 수 있도록 한다.
auto	브라우저의 기본 설정 값대로 작동하도록 지정한다.
no-display	CSS3에서 추가된 속성 값으로, 콘텐츠가 콘텐츠 박스에 들어갈 수 없을 정도로 맞지 않을 경우에 콘텐츠 박스를 제거하도록 지정한다. 이는 "display: none"과 동일하다.
no-content	CSS3에서 추가된 속성 값으로, 콘텐츠가 콘텐츠 박스에 들어갈 수 없을 정도로 맞지 않을 경우에 콘텐츠 자체를 보이지 않도록 지정한다. 이는 "visibility: hidden"과 동일하다.

위 속성 값들에 대한 예제를 살펴보면 다음과 같다. (※아직은 주요 브라우저에서 no-display 및 no-content 속성 값을 지원하지 않는다)

예제	CSS3_07-01_OverflowX.html / CSS3_07-01_OverflowY.html

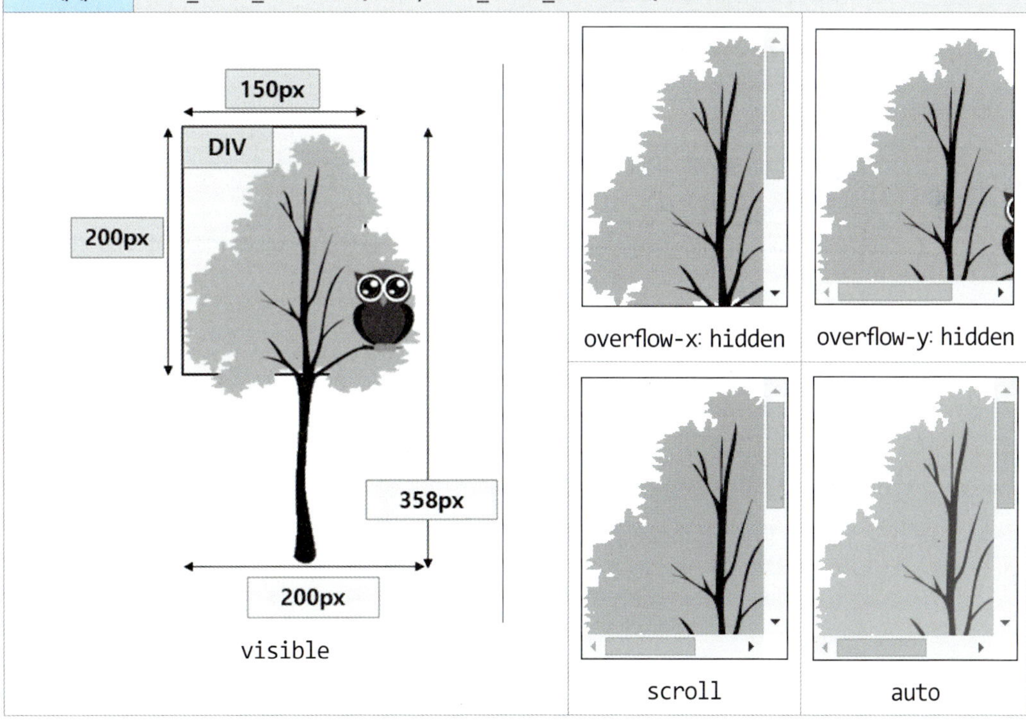

속성	overflow-style - 넘침 영역의 스크롤 방법 지정하기	CSS3

overflow-style 속성은 요소의 영역을 벗어난 영역의 스크롤 방법을 지정하여 overflow 속성의 실행 방식을 지정하는 속성으로, 대체되지 않은 블록 레벨 및 인라인 블록 요소들에만 적용할 수 있으며 하위 요소로 상속이 이루어진다. 다음은 사용 방법 및 예제를 나타낸 것이다.

속성 값	auto | [scrollbar | panner | move | marquee] [, [scrollbar | panner | move | marquee]] *					
속성 특징	초기값	auto	적용	overflow와 동일	상속	O
JavaScript	*object*.**style.overflowStyle = "scroll scroll"**					
사용 예제	div { **overflow-style**: auto }					

속성에서 사용할 수 있는 각 속성 값들은 다음과 같다(※ 아직은 주요 브라우저에서 지원하지 않는다).

속성 값	설명
auto	브라우저의 기본 설정 값대로 작동하도록 지정하는 것으로, 기본적으로 콘텐츠의 크기가 요소 박스의 크기보다 큰 경우에는 스크롤 바를 표시한다.
scrollbar	스크롤 바를 표시하도록 지정한다.
panner	2개의 중첩된 박스를 생성하도록 지정하는 것으로, 중첩된 박스 중에서 작은 박스는 콘텐츠가 보이는 영역으로 큰 박스 내에서 이동할 수 있다.
move	사용자가 직접 콘텐츠를 이동시킬 수 있도록 지정하는 것으로, 일반적으로 마우스로 콘텐츠 주변을 드래그하여 이동시킨다.
marquee	콘텐츠를 제어하기 위한 이벤트 없이 콘텐츠를 독자적으로 움직일 수 있도록 지정한다. 기존 인터넷 익스플로러에서 지원하던 marquee 요소와 동일한 효과를 가진다.

1.9 만들어진 박스의 화면 표시 여부 지정하기

visibility 속성은 요소에 의해 만들어진 박스를 화면에 표시할지를 지정하는 속성으로, 모든 요소들에 적용할 수 있으며 하위 요소로 상속이 이루어진다. 다음은 사용 방법 및 예제를 나타낸 것이다.

속성	**visibility**					CSS2
속성 값	visible | hidden | collapse					
속성 특징	초기값	visible	적용	모든 요소들	상속	O
JavaScript	*object*.**style.visibility = "hidden"**					
사용 예제	div { **visibility**: hidden; }					

속성에서 사용할 수 있는 각 속성 값들은 다음과 같다.

속성 값	설명
visible	요소에 의해 만들어진 박스를 화면에 표시하도록 지정한다.
hidden	요소에 의해 만들어진 박스를 화면에 보이지 않게(완전히 투명하게, 아무것도 그리지 않는다) 지정한다. 그러나 요소의 원래 영역을 유지하기 때문에 레이아웃에는 영향을 준다.
collapse	테이블 요소의 행, 행 그룹, 열, 열 그룹에만 적용되며, 테이블의 레이아웃에는 영향을 미치지 않는다. 그러나 다른 요소에 이 속성 값을 적용하면 'hidden' 속성 값과 동일한 의미를 가진다.

예제	CSS3_07-01_Visibility.html
visibility 속성에 대한 예제 살펴보기 	visibility 속성에 대한 예제 살펴보기
visibility: visible	visibility: hidden

1.10 박스 회전하기

rotation 속성은 요소 박스의 회전 각도를 지정하는 속성이고, rotation-point 속성은 요소 박스를 회전할 때 회전의 중심 위치를 지정하는 속성으로 rotation 속성과 함께 사용된다. 회전은 rotation-point에 의해 지정된 점을 중심으로 반 시계 방향으로 블록 레벨 요소를 회전한다. 테두리, 패딩과 콘텐츠가 회전될 수 있고, 배경은 고정되지 않을 수 있다. 요소가 회전할 때, 모든 정적 또는 상대적으로 위치한 자식 요소들 또한 함께 회전되지만, 부모나 형제 요소에는 영향을 주지 않는다. 다음은 사용 방법 및 예제를 나타낸 것이다.

속성	**rotation**			**rotation-point**			CSS3
속성 값	<angle>			<<bg-position>			
JavaScript	*object*.**style.rotation** = **"45deg"**			*object*.**style.rotation-point** = **"bottom left"**			
사용 예제	div { **rotation**: 45deg }			div { **rotation-point**: bottom left }			
속성 특징	초기값	0	50% 50%	적용	블록-레벨 요소들	상속	X

속성에서 사용할 수 있는 각 속성 값들은 다음과 같다(※ 아직은 주요 브라우저에서 지원하지 않는다).

속성 값	설명
angle	요소의 회전 각도를 0도(0deg) ~ 360도(360deg) 사이에서 지정한다.
bg-position	요소의 회전 중심 위치를 지정하는 것으로, 기본적으로 왼쪽 상단 테두리의 가장자리로부터 위치한 (offset) 한 점을 정의하는 한 쌍의 값을 지정해야 한다. 한 쌍의 값을 지정할 때, 다음과 같이 백분율(%)로 지정하면 테두리 박스의 폭과 높이를 기준으로 계산되고 음수 값을 지정할 수 있다. • x% y% 다음과 같은 키워드 값도 사용할 수 있지만, 하나의 키워드만 사용하면 다른 하나의 키워드는 자동으로 "center"가 된다. • left top, left center, left bottom • right top, right center, right bottom • center top, center center, center bottom

다음의 CSS 예제는 테이블의 제목을 회전시킨 결과를 나타낸 것이다.

```
thead th {
   block-progression: rl;
   padding: 0.5em 1em;
   rotation: 45deg;
   rotation-point: bottom left
}
```

	열 1	열 2	열 3	열 4
행 1	4	10	8	16
행 2	11	12	7	6
행 3	9	13	13	10

Section 02 레이아웃 위치 지정하기

CSS에서의 문서 레이아웃은 요소의 트리로 모델링이 된다고 가정한다. 이때 부모가 없는 독특한 요소는 루트 요소라고 한다. 이번 절에서는 이와 같이 요소 트리의 요소 중 하나가 문서 순서에서 독립적으로 배치될(즉, 흐름(flow) 밖으로 벗어난) 수 있는 방법에 대하여 설명한다.

CSS3로 확장되면서 이 기능들은 박스 모델에서 분리되어 새로운 모듈로 기능들이 정의되고 있는 중이다. 설명하게 되는 내용들은 표준화 문서를 참조하여 작성하였으므로, 좀 더 자세한 내용을 살펴보고자 한다면 아래 사이트에서 해당 문서를 참고하도록 하자.

표준화 문서	CSS Positioned Layout Module Level 3 - http://dev.w3.org/csswg/css3-positioning/
표준화 단계	W3C Editor's Draft, (2014-06-04)

CSS2.1에서 양식화 모델 문서 트리의 각 요소가 박스 모델에 따라서 0개 이상의 박스를 생성하는 방법을 설명하였다면, 이 모듈은 위치 계획(positioning scheme)을 확장하고 설명한다. 또한 이런 박스의 레이아웃은 다음 내용들에 의해 좌우된다.

- 박스의 크기(box demensions) 및 유형(type)
- 위치 계획 - 일반 흐름(normal flow), 플로팅(float), 절대 위치(absolute positioning)
- 문서 트리에 있는 요소 간의 관계
- 외부 정보(예를 들면, 뷰포트의 크기, 이미지의 고유 크기 등)

2.1 박스 배치 방식 지정하기

속성	position - 요소 박스의 배치 방식 지정하기	CSS2/CSS3

position 속성은 요소 박스의 배치 방식을 지정하는 속성으로, 기본적으로 요소의 내용(content) 영역과 패딩(padding) 영역에 적용된다. 그리고 대체되지 않은 블록 레벨 및 인라인 블록 요소들에만 적용할 수 있으며 하위 요소로 상속이 이루어진다. 다음은 사용 방법 및 예제를 나타낸 것이다.

속성 값	static | relative | absolute | sticky | center | page | fixed					
속성 특징	초기값	static	적용	모든 요소들 제외(table-column-group, table-column)	상속	X
JavaScript	*object*.**style.position** = **"absolute"**					
사용 예제	div { **position**: absolute }					

속성에서 사용할 수 있는 각 속성 값들은 다음과 같으며, sticky, center 그리고 page 값들은 CSS3에서 새롭게 추가된 값으로, 아직은 주요 브라우저에서 지원하지 않고 있다.

속성 값	설명
static	일반적인 흐름에 따라 배치하도록 지정한다. 이는 HTML 마크업의 순서대로 배치된다.
relative	일반적인 흐름에 따라 배치되지만, 해당 요소의 본래 위치를 기준으로 지정한 위치만큼 이동하여 배치하도록 지정한다.
absolute	일반적인 흐름에서 벗어나 지정한 위치만큼 이동하여 배치하도록 지정한다. 배치되는 위치는 left, right, top, bottom 속성들에 의해서 지정된다. 배치된 요소는 다른 요소 위에 겹쳐서 배치될 수 있다. 이때, 해당 요소를 포함하는 상위 요소의 position 속성 값이 relative, absolute, fixed로 지정된 요소 중에서 가장 가까운 요소를 기준으로 배치된다는 점에 유의해야 한다.

fixed	뷰포트(viewport)를 기준으로 지정한 만큼 이동하여 배치하도록 지정한다. 해당 요소의 박스 위치는 "absolute" 모델에 따라 계산되고 다른 요소의 여백들과는 통합되지 않는다. 휴대용, 프로젝션, 스크린 그리고 TV 같은 미디어 유형의 경우, 박스의 위치는 뷰포트에 대하여 고정되고 스크롤될 때도 움직이지 않는다. 또한 인쇄 매체의 경우, 박스는 모든 페이지에 렌더링되고 페이지 박스에 대하여 고정된다.
sticky	일반적인 흐름에 따라 배치되지만, 해당 요소 박스 흐름의 루트와 포함 블록에 대하여 상대적인 위치에 배치하도록 지정한다. 다른 박스의 위치에는 영향을 끼치지 않는다.
center	상위 요소를 기준으로 수평 및 수직 방향의 가운데로 배치하도록 지정한다. 배치되는 위치는 left, right, top, bottom 속성들에 의해서 지정된다.
page	미디어가 page로 지정된 경우, 인쇄되는 페이지마다 동일한 영역에 배치되어 출력되도록 지정한다. 해당 요소의 박스 위치는 "absolute" 모델에 따라 계산되고 다른 요소의 여백들과는 통합되지 않는다.

absolute 및 center 속성 값으로 지정된 요소는 일반적인 흐름에서 벗어나는 블록 요소가 되기 때문에 여백을 가지게 된다. 그러나 다른 요소들의 여백들과는 통합되지 않는다. 그리고 기본 레이아웃에는 영향을 끼치지 않기 때문에 형제 요소들의 배치에도 영향을 주지 않는다.

다음은 relative 및 absolute 값에 따른 위치 지정의 예를 나타낸 것이다.

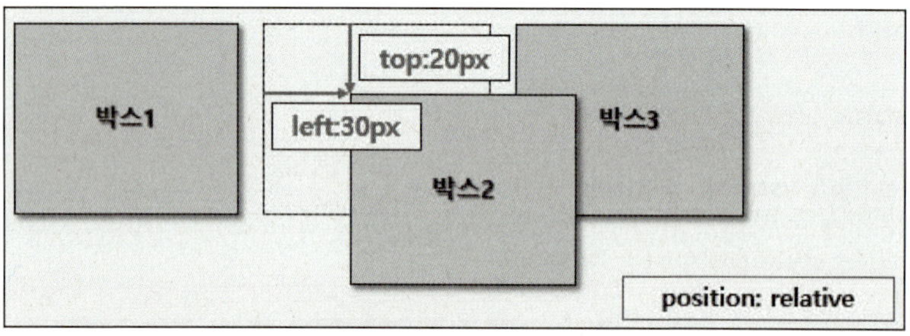

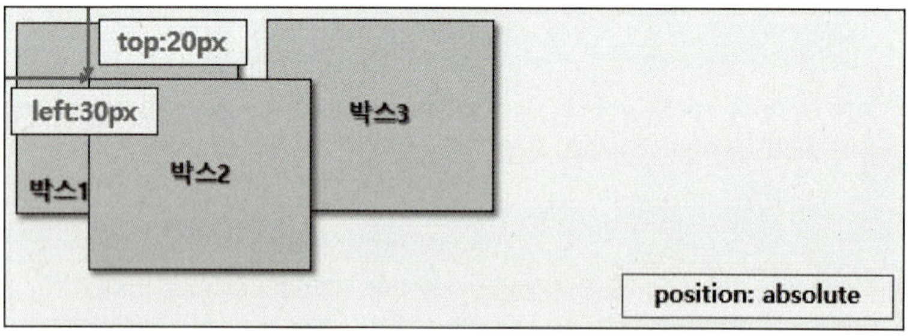

2.2 박스 위치 지정하기

position 속성 값이 'static' 이외의 값을 가질 때, 해당 요소는 위치된(positioned)다고 할 수 있으며, top, right, bottom, left 속성을 이용하여 박스의 포함블록의 각 모서리를 기준으로 해당 요소의 떨어져 있는 거리(offset)를 지정할 수 있다. 다음은 사용 방법 및 예제를 나타낸 것이다.

속성	top, right, bottom, left					CSS2
속성 값	auto | <length> | <percentage>					
속성 특징	초기값	auto	적용	위치된 요소들	상속	X
JavaScript	*object*.style.top = "100px"			*object*.style.bottom = "100px"		
	object.style.left = "100px"			*object*.style.right = "100px"		
사용 예제	div { **top**: 100px }			div { **bottom**: 100px }		
	div { **left**: 100px }			div { **right**: 100px }		

속성에서 사용할 수 있는 각 속성 값들은 다음과 같다.

속성 값	설명
auto	기본값으로, 브라우저에 의해 계산되도록 지정한다.
length	각 방향의 모서리로부터의 거리를 고정된 값으로 지정하며 음수 값을 지정할 수 있다.
percentage	포함(containing) 블록의 폭이나 높이를 기준으로 거리를 계산하도록 한다.

다음은 각 위치에 따른 예의 결과를 나타낸 것이다(CSS3_07-02_*.html).

예제	PositionTop.html / PositionLeft.html / PositionRight.html / PositionBottom.html	
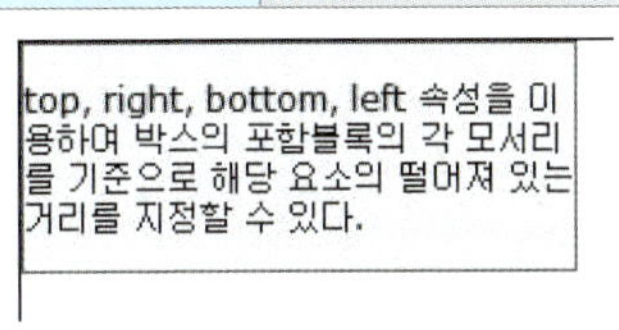	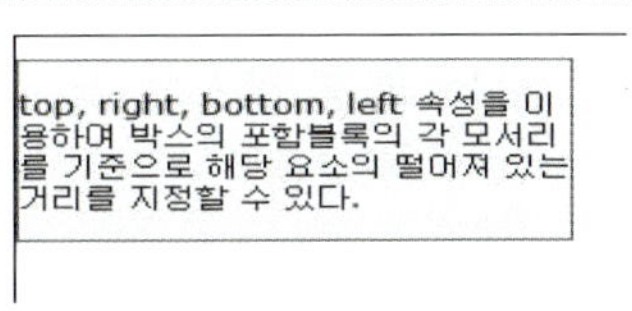	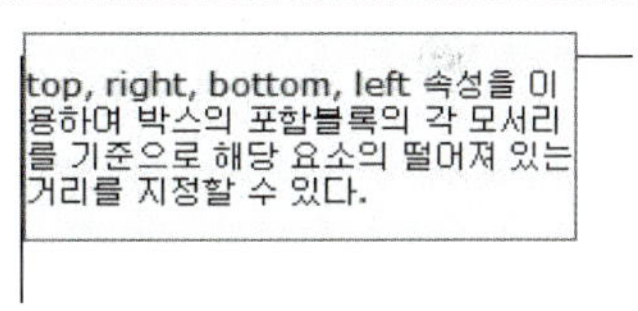
top: 0px	top: 10px	top: -10px
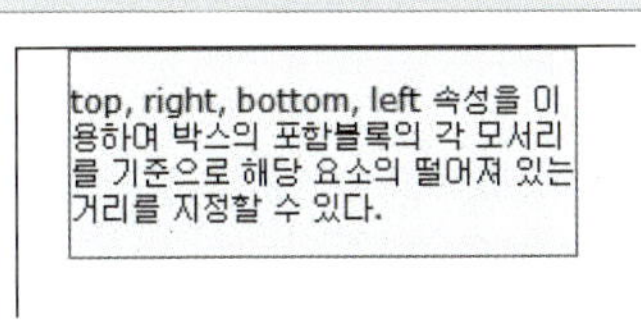	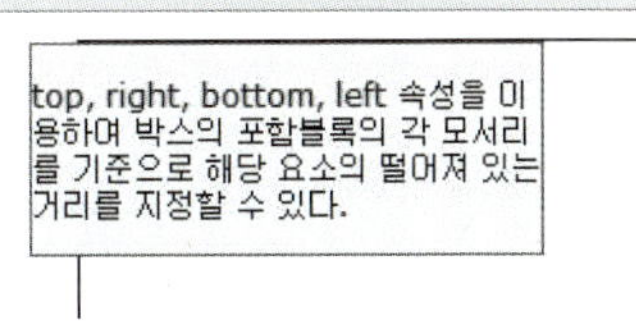	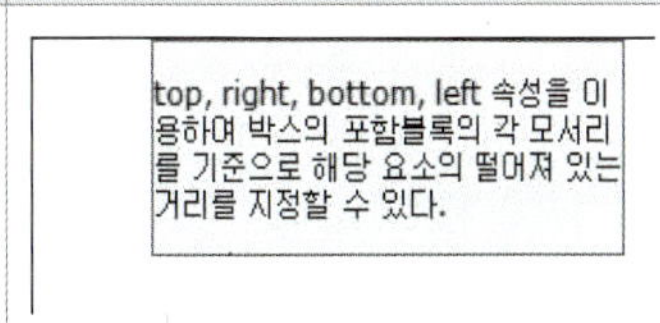
left: 20px	left: -20px	left: 10%
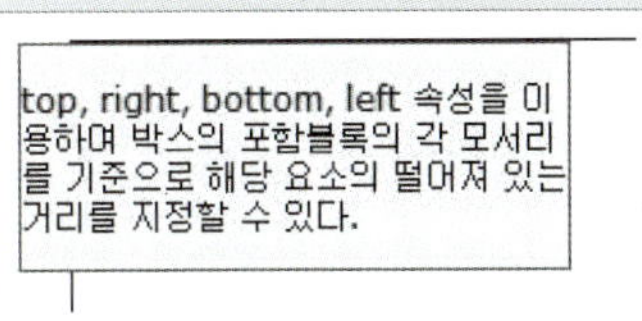	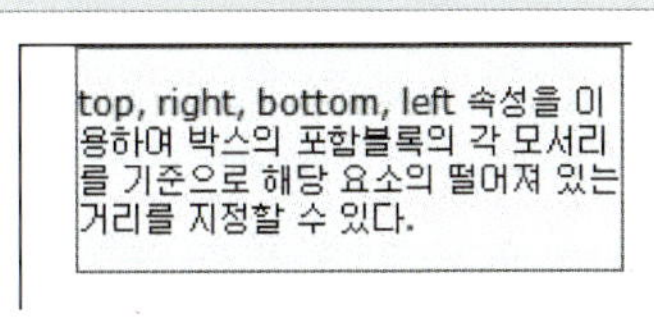	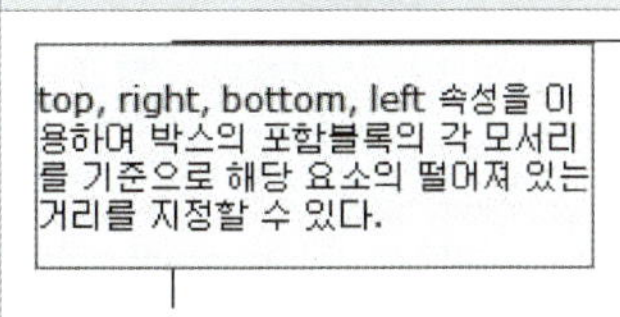
right: 20px	right: -20px	right: 10%

2.3 논리적인 박스 위치 지정하기

논리적 위치 지정 속성들은 writing-mode 및 direction 속성에 따라서 위치한(positioned) 박스의 거리를 지정하는 속성이다. 앞에서 학습한 4방향의 위치 지정과의 차이는 `writing-mode` 및 `direction` 속성에 기초하기 때문에 물리적 속성과 이와 동등한 논리적 속성이 함께 지정되면 물리적 속성은 논리적 속성의 계산된 값으로 계산된다. 다음은 사용 방법 및 예제를 나타낸 것이다.

속성	**offset-before, offset-end, offset-after, offset-start**					CSS3
속성 값	auto | <length> | <percentage>					
속성 특징	초기값	auto	적용	위치된 요소들	상속	X
JavaScript	*object*.**style.offsetBefore = "100px"**			*object*.**style.offsetEnd= "100px"**		
	object.**style.offsetAfter = "100px"**			*object*.**style.offsetStart = "100px"**		
사용 예제	div { **offset-before**: 100px }			div { **offset-end**: 100px }		
	div { **offset-after**: 100px }			div { **offset-start**: 100px }		

속성에서 사용할 수 있는 각 속성 값들은 다음과 같다(※ 아직은 주요 브라우저에서 지원하지 않는다).

속성 값	설명
auto	기본값으로, 브라우저에 의해 계산되도록 지정한다.
length	참조되는 각 방향의 모서리부터의 거리를 고정된 값으로 지정하며 음수 값을 지정할 수 있다.
percentage	포함(containing) 블록의 폭이나 높이를 기준으로 거리를 계산하도록 한다.

다음 표는 논리적 위치 속성과 오프셋이 발생되는 물리적 참조 모서리를 나타낸 것이다.

writing-mode		horizontal-tb		vertical-rl		vertical-lr	
direction		ltr	rtl	ltr	rtl	ltr	rtl
Edge	top	offset-before	offset-before	offset-start	offset-end	offset-start	offset-end
	right	offset-end	offset-start	offset-before	offset-before	offset-after	offset-after
	bottom	offset-after	offset-after	offset-end	offset-start	offset-end	offset-start
	left	offset-start	offset-end	offset-after	offset-after	offset-before	offset-before

2.4 계층으로 된 표현

CSS에서의 각 박스는 3가지 규칙에 의해 위치를 갖게 되는데, 수평 및 수직 위치에 의한 규칙과 함께 z-축에 의한 규칙이다. 박스들은 z-축에 따라서 나열되는 순서에 따라서 화면에 보여지는 결과가 달라진다. 이는 다음 그림과 같이 박스가 마치 스택 구조에 의해 저장되는 것과 같은 방법으로 스택의 제일 위에 있는 박스가 화면의 제일 앞에 표시되는 것이다.

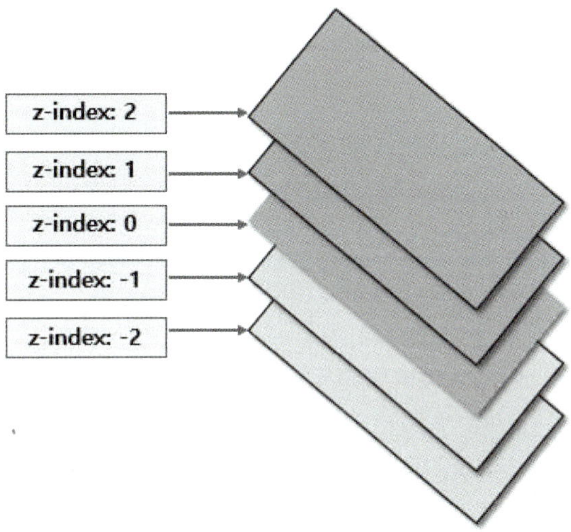

z-index 값에 의한 박스의 겹침 순서

z-index 속성은 position 속성이 static이 아닌 요소의 속성들과 겹쳤을 경우에, 겹쳐지는 순서를 지정하는 속성이다. 다음은 사용 방법 및 예제를 나타낸 것이다.

속성	**z-index**					CSS2
속성 값	auto | <integer>					
속성 특징	초기값	auto	적용	위치된 요소들	상속	X
JavaScript	*object*.**style.zIndex** = "1"					
사용 예제	div { **z-index**: 1 }					

다음은 각 위치에 따른 예의 결과를 나타낸 것이다.

예제	CSS3_07-02_zIndex.html

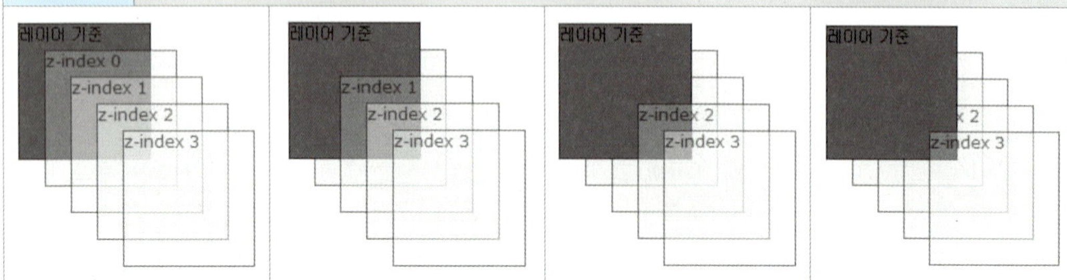

z-index: auto	z-index: 1	z-index: 2	z-index: 3

Section 03 배경 및 테두리 지정하기

웹 문서의 레이아웃을 다루는데 있어서, 박스 모델이 중요한 부분을 차지하지만, 배경과 테두리 또한 디자인을 적용할 때 가장 많이 사용되는 기능이라 할 수 있다. 따라서 앞에서 살펴본 박스 모델과 함께 배경 및 테두리를 이해하는 것은 CSS를 학습함에 있어서 중요하다.

CSS3로 확장되면서, 새로운 기능들이 추가되어 디자인의 자유도가 높아졌는데, 이번 절에서는 이러한 배경과 테두리에 대한 내용을 학습하도록 한다. 설명하게 되는 내용들은 표준화 문서를 참조하여 작성하였으므로, 좀 더 자세한 내용을 살펴보고자 한다면 아래 사이트에서 해당 문서를 참고하도록 하자.

표준화 문서	CSS Backgrounds and Borders Module Level 3 - http://www.w3.org/TR/css3-background/
표준화 단계	W3C Last Call Working Draft, (2014-02-04)

3.1 배경(Background) 지정하기

CSS3에서, 박스의 배경은 여러 계층(layers)이 존재하게 되는데, 'background-image'속성에서 속성 값을 쉼표로 분리하여 지정한 개수 만큼의 계층이 생성된다. 이렇게 생성된 계층별로 배경 속성에 따라서 이미지의 크기, 위치 및 반복 등의 속성 값을 지정할 수 있다. 그리고 속성 값을 'none'으로 지정하더라도 계층은 만들어진다.

다음의 예를 살펴보면, 지정된 배경 이미지는 3개이지만, 나머지 속성들에 지정된 각 값들은 남거나 모자라게 지정된 것을 볼 수 있다. 이럴 경우에는 남는 속성 값을 무시하거나, 부족한 속성 값은 지정된 속성 값을 반복적으로 채운다.

```
background-image: url(flower.png), url(ball.png), url(grass.png);
background-position: center center, 20% 80%, top left, bottom right; /* bottom right 속성 값은 무시된다 */
background-origin: border-box, content-box; /* 부족한 border-box 속성 값이 자동으로 채워진다. */
background-repeat: no-repeat; /* 부족한 no-repeat, no-repeat 속성 값이 자동으로 채워진다. */
```

속성	background-color - 배경 색상 지정하기	CSS1

background-color 속성은 요소의 배경 색상을 지정하는 속성으로, 기본적으로 요소의 내용(content) 영역과 패딩(padding) 영역에 적용된다. 그리고 대체되지 않은 블록 레벨 및 인라인 블록 요소들에만 적용할 수 있으며 하위 요소로 상속이 이루어진다. 다음은 사용 방법 및 예제를 나타낸 것이다.

속성 값	<color>					
속성 특징	초기값	transparent	적용	모든 요소들	상속	X
JavaScript	*object*.**style.backgroundColor = "#F00"**					
사용 예제	h1 { **background-color**: #F00 }					

속성에서 사용할 수 있는 각 속성 값들은 다음과 같다(※ 아직은 주요 브라우저에서 지원하지 않는다).

속성 값	설명
transparent	해당 요소의 바닥이 투명하게(비쳐보이게) 배경색이 지정된다.
color	color 속성과 동일한 방법으로 배경 색을 지정한다.

속성	background-image - 배경 이미지 지정하기	CSS1/CSS3

background-image 속성은 요소의 배경 이미지를 지정하는 속성으로, CSS3부터는 속성 값을 콤마(,)로 구분하여 여러 개의 이미지를 지정할 수 있도록 하고 있기 때문에 요소 배경에 다중 이미지를 지정할 수 있다. 만일 여러 개의 배경 이미지가 겹쳐지게 되는 경우에는 지정한 순서대로 계층이 만들어지기 때문에 가장 먼저 지정한 배경 이미지가 제일 위쪽에 위치하게 된다. 이 속성은 모든 요소들에 적용 가능하지만, 하위 요소로의 상속은 이루어지지 않는다. 다음은 사용 방법 및 예제를 나타낸 것이다.

<table>
<tr><td>속성 값</td><td colspan="3"><bg-image> [, <bg-image>]*</td><td colspan="3"><bg-image> = <image> | none</td></tr>
<tr><td>속성 특징</td><td>초기값</td><td>none</td><td>적용</td><td>모든 요소들</td><td>상속</td><td>X</td></tr>
<tr><td>JavaScript</td><td colspan="6">object.style.backgroundImage = "url(smile.jpg)"</td></tr>
<tr><td>사용 예제</td><td colspan="6">body { background-image: url("image.jpg") }
div { background-image: url(image1.png), url(image2.png) }</td></tr>
</table>

속성에서 사용할 수 있는 각 속성 값들은 다음과 같다(※ 아직은 주요 브라우저에서 지원하지 않는다).

속성 값	설명
none	요소의 배경 이미지를 그리지 않도록 지정하지만, 이미지 계층은 생성된다.
image	배경 이미지를 지정한다. 이미지가 사용 불가능할 때를 대비하여 background-color 속성을 이용하여 텍스트와의 대조를 이룰 수 있도록 배경 색상을 지정할 수 있다. 그러나 여러 개의 배경 이미지를 지정하는 경우에는 가장 마지막 배경 이미지 지정과 함께 배경 색상을 지정해야 한다. 그리고 CSS3부터는 배경 이미지 대신에 앞에서 학습한 그라데이션 색상을 지정할 수 있다.

다음은 하나의 요소 박스에 여러 개의 배경 이미지를 지정한 경우의 예를 나타낸 것이다.

div { **background-image**: url(dog.png), url(tree.png), url(cloud.png), url(moon.png) }

속성	background-repeat – 배경 이미지의 반복 지정하기	CSS1/CSS3

background-repeat 속성은 배경 이미지의 반복 여부를 지정하는 속성이다. 여러 개의 배경 이

미지가 지정되어 있는 경우에는 이 속성 값도 콤마(,)로 구분하여 여러 번 지정할 수 있다. 다음은 사용 방법 및 예제를 나타낸 것이다.

<table>
<tr><td rowspan="2">속성 값</td><td colspan="6"><repeat-style> [, <repeat-style>]*</td></tr>
<tr><td colspan="6"><repeat-style> = repeat-x | repeat-y | [repeat | space | round | no-repeat]{1,2}</td></tr>
<tr><td>속성 특징</td><td>초기값</td><td>repeat</td><td>적용</td><td>모든 요소들</td><td>상속</td><td>X</td></tr>
<tr><td>JavaScript</td><td colspan="6">object.style.backgroundRepeat = "url(smile.jpg)"</td></tr>
<tr><td>사용 예제</td><td colspan="6">body { background-repeat: space }
div { background-repeat: round }</td></tr>
</table>

사용할 수 있는 <repeat-style> 속성 값들은 다음과 같으며, CSS3에서는 새롭게 space 및 round 값을 추가하여 배경 이미지가 반복적으로 나타날 경우 배경 이미지가 잘려 보이지 않도록 하고 있다.

속성 값	설명
repeat	배경 이미지를 가로 및 세로 방향으로 반복하도록 지정한다. - 'repeat repeat'으로 계산된다.
no-repeat	배경 이미지를 반복하지 않도록 지정한다. 한 개의 이미지만 나타난다. - 'no-repeat no-repeat'으로 계산된다.
repeat-x	배경 이미지를 가로 방향으로 반복하도록 지정한다. - 'repeat no-repeat'으로 계산된다.
repeat-y	배경 이미지를 세로 방향으로 반복하도록 지정한다. - 'no-repeat repeat'으로 계산된다.
space	배경을 채우는 영역이 배경이 위치하게 되는 영역보다 클 경우, 패턴은 배경을 채우는 영역을 채우기 위해 반복된다. 그러나 이 속성 값을 사용하면, **배경을 채우는 영역의 경계에서 배경 이미지가 잘려 보이지 않도록 반복 이미지 간의 공백을 조정한다.** 이때, background-position 속성 값의 방향은 무시된다. 따라서 2개의 이미지가 반복되기에 충분한 공간이 없다면, 배경 이미지는 한번만 나타나게 되고, background-position 속성에 의해 배경 이미지의 위치가 결정된다.
round	space 속성과 같이 배경을 채우는 영역의 경계에서 **배경 이미지가 잘려 보이지 않게 처리하기 위하여 배경 이미지의 크기가 재설정된다.** 자세한 내용은 background-size 속성을 참고하도록 한다.

다음 예제는 앞의 속성 값에 따른 결과를 나타낸 것으로, 반복되는 배경 이미지를 요소 박스 내에 가로 방향으로 채우기 위해서는 repeat-x 속성 값을 이용하고, 세로 방향으로 채우기 위해서는 repeat-y 속성 값을 이용하면 된다. space 속성 값의 경우 repeat 속성 값과는 달리 요소 박스 내에서 반복된 마지막 이미지가 잘리지 않기 위하여 반복 이미지 간의 간격을 공백으로 조정된 것을 볼 수 있다. 또한 round 속성 값도 반복된 마지막 이미지가 잘리지 않기 위하여 이미지의 크기가 재조정되어 박스 내부가 채워진 것을 확인할 수 있다.

예제	CSS3_07-03_BackgroundRepeat.html

background-repeat: no-repeat

background-repeat: repeat

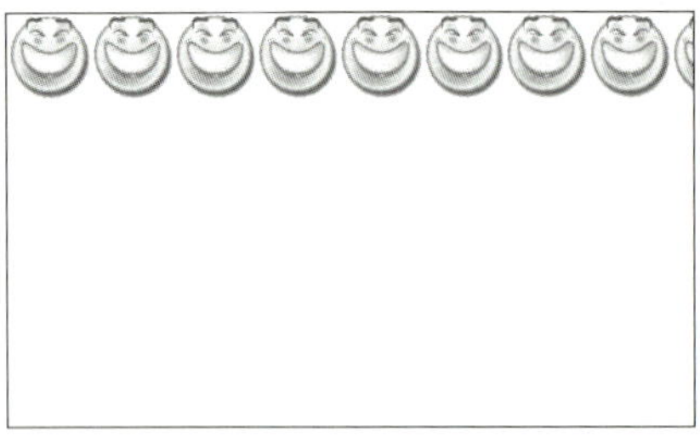

background-repeat: repeat-x

background-repeat: repeat-y

background-repeat: space

background-repeat: round

속성	background-attachment – 배경 이미지 고정시키기	CSS1/CSS3

background–attachment 속성은 배경 이미지의 고정 여부를 지정하는 속성이다. 이 속성 또한 콤마(,)로 구분하여 여러 번 지정할 수 있다. 다음은 사용 방법 및 예제를 나타낸 것이다.

<table>
<tr><td>속성 값</td><td colspan="3"><attachment> [, <attachment>]*</td><td colspan="4"><attachment> = scroll | fixed | local</td></tr>
<tr><td>속성 특징</td><td>초기값</td><td colspan="2">scroll</td><td>적용</td><td>모든 요소들</td><td>상속</td><td>X</td></tr>
<tr><td>JavaScript</td><td colspan="7">object.style.backgroundAttachment = "fixed"</td></tr>
<tr><td>사용 예제</td><td colspan="7">div { background-attachment: fixed }</td></tr>
</table>

사용할 수 있는 속성 값들은 다음과 같으며 CSS3에서 local 속성 값이 새롭게 추가되었다.

속성 값	설명
scroll	배경 이미지가 콘텐츠 영역과 함께 스크롤 되도록 지정한다.
fixed	콘텐츠 영역의 스크롤과 관계없이 배경 이미지가 뷰포트(Viewport)에 고정되도록 지정한다. 배경 이미지가 고정되었다 하더라도 요소의 배경 또는 패딩 지역에 있을 때만 보이기 때문에 이미지가 반복되지 않는 한 보이지 않을 수 있다.
local	요소 내부에서 스크롤이 발생할 경우, 요소 내부의 콘텐츠 영역과 함께 스크롤 되도록 지정한다

속성	background-position – 배경 이미지 위치 지정하기	CSS1

background–position 속성은 배경 이미지의 위치를 지정하는 속성이다. 이 속성 또한 콤마(,)로 구분하여 여러 번 지정할 수 있다. 다음은 사용 방법 및 예제를 나타낸 것이다.

<table>
<tr><td rowspan="2">속성 값</td><td colspan="6"><position> [, <position>]*</td></tr>
<tr><td colspan="6"><position> = [[left | center | right | top | bottom | <percentage> | <length>] |
[left | center | right | <percentage> | <length>]
[top | center | bottom | <percentage> | <length>] |
[center | [left | right] [<percentage> | <length>]?] &&
[center | [top | bottom] [<percentage> | <length>]?]]</td></tr>
<tr><td>속성 특징</td><td>초기값</td><td>0% 0%</td><td>적용</td><td>블록-레벨과 대체된 요소들</td><td>상속</td><td>X</td></tr>
<tr><td>JavaScript</td><td colspan="6">object.style.backgroundPosition = "75% 50%"</td></tr>
<tr><td>사용 예제</td><td colspan="6">background-position: left 10px top 15px; /* 10px, 15px */
background-position: left top ; /* 0px, 0px */
background-position: 10px 15px; /* 10px, 15px */
background-position: left 15px; /* 0px, 15px */
background-position: 10px top ; /* 10px, 0px */
background-position: left top 15px; /* 0px, 15px */
background-position: left 10px top ; /* 10px, 0px */</td></tr>
</table>

위 사용 예제의 경우 상단 왼쪽 모서리를 기준으로 (가로 위치, 세로 위치)에 위치하도록 지정한 예이다.

사용할 수 있는 속성 값들은 다음과 같다.

속성 값	설명
left	배경 이미지의 위치를 제일 왼쪽으로 지정한다. 이는 가로 방향 값을 "0"으로 지정한 것과 동일한 효과를 보인다.
center	배경 이미지의 위치를 가운데로 위치하도록 지정한다. 이는 가로 및 세로 방향의 값을 "50%"로 지정한 것과 동일한 효과를 보인다.
right	배경 이미지의 위치를 제일 오른쪽으로 지정한다. 이는 가로 방향 값을 "100%"으로 지정한 것과 동일한 효과를 보인다.
top	배경 이미지의 위치를 제일 상단으로 지정한다. 이는 세로 방향 값을 "0"으로 지정한 것과 동일한 효과를 보인다.
bottom	배경 이미지의 위치를 제일 하단으로 지정한다. 이는 세로 방향 값을 "100%"로 지정한 것과 동일한 효과를 보인다.
percentage	배경 이미지의 위치를 박스 패딩 모서리의 상단 왼쪽 모서리를 기준으로 상대적인 위치를 백분율로 지정한다. 아래 예를 참고하도록 한다.
length	배경 이미지의 위치를 박스 패딩 모서리의 상단 왼쪽 모서리를 기준으로 고정적인 위치를 지정한다. 예를 들어, '2cm 1cm'의 지정은 배경이 위치하는 영역의 상단 왼쪽 모서리로부터 오른쪽으로 2cm, 아래쪽으로 1cm 떨어진 곳에 배경 이미지가 놓이게 된다.

배경 이미지의 위치를 percentage로 지정하는 경우 다음의 예를 참고하도록 한다.

'0%' 0%'	배경 이미지의 제일 상단 왼쪽 모서리가 박스 패딩 모서리의 제일 상단 왼쪽 모서리에 위치하도록 지정한다.
'100% 100%'	이미지의 제일 하단 오른쪽 모서리가 박스 패딩 지역의 제일 하단 오른쪽 모서리에 위치하도록 지정한다.
'30% 80%'	이미지의 가로 오른쪽으로 30% 위치, 세로 아래쪽으로 80% 위치의 점이 박스 패딩 지역의 가로 오른쪽으로 30% 위치와 세로 아래쪽으로의 80% 위치에 일치하도록 지정한다. 이에 대한 예제를 살펴보면 다음과 같다. 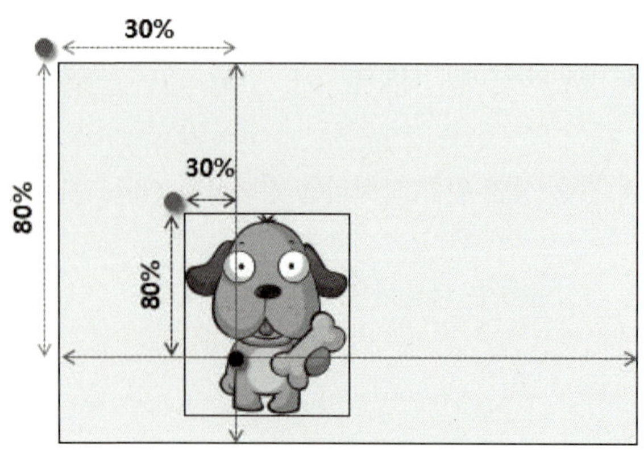 배경 이미지의 위치 지정(percentage)

속성	background-clip - 배경 영역 지정하기	CSS3

background-clip 속성은 배경 속성이 적용되는 영역을 지정하는 속성이다. 앞에서 언급한 바와 같이 CSS 2.1까지는 배경 속성이 적용되는 부분은 콘텐츠 영역과 패딩 영역이었지만, CSS3부터는 배경 속성이 적용되는 영역을 지정할 수 있도록 하고 있다. 이 속성 또한 콤마(,)로 구분하여 여러 번 지정하여 배경 이미지의 순서대로 속성 값을 지정할 수 있다. 다음은 사용 방법 및 예제를 나타낸 것이다.

<table>
<tr><td>속성 값</td><td colspan="2"><box> [, <box>]*</td><td colspan="4"><box> = border-box | padding-box | content-box</td></tr>
<tr><td>속성 특징</td><td>초기값</td><td>border-box</td><td>적용</td><td>모든 요소들</td><td>상속</td><td>X</td></tr>
<tr><td>JavaScript</td><td colspan="6">object.style.backgroundClip = "padding-box"</td></tr>
<tr><td>사용 예제</td><td colspan="2">div { background-clip: border-box }</td><td colspan="4">div { background-clip: padding-box }
div { background-clip: content-box }</td></tr>
</table>

다음은 사용할 수 있는 속성 값들의 의미와 결과를 나타낸 것이다.

속성 값	설명
border-box	배경 속성이 적용되는 영역을 콘텐츠, 패딩, 그리고 테두리 영역까지 표시하도록 지정한다.
padding-box	배경 속성이 적용되는 영역을 패딩 영역까지 표시하도록 지정한다.
content-box	배경 속성이 적용되는 영역을 콘텐츠 영역까지 표시하도록 지정한다.

예제	CSS3_07-03_BackgroundClip.html

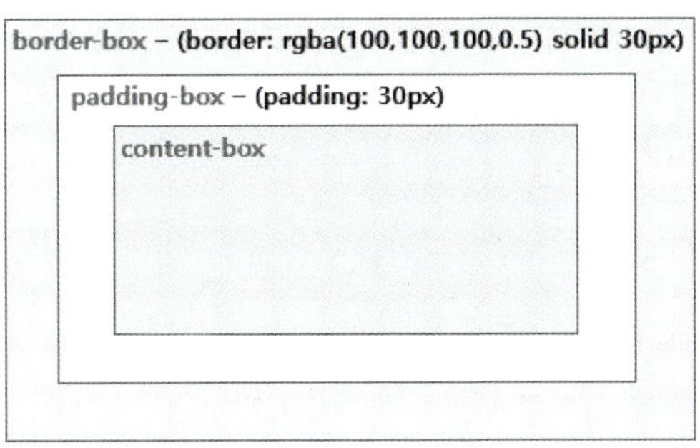

CSS Style

background-clip: border-box;

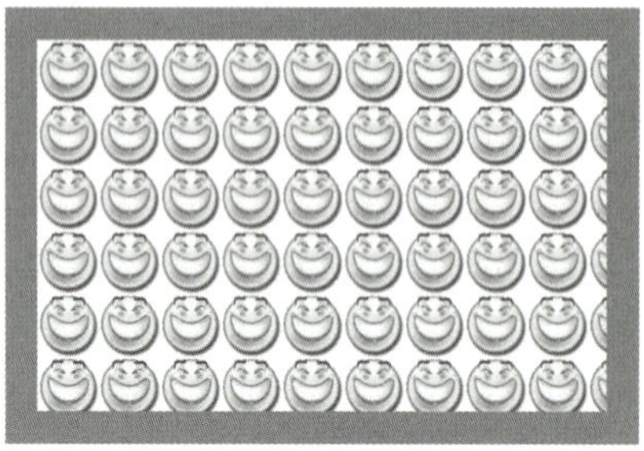

background-clip: padding-box;

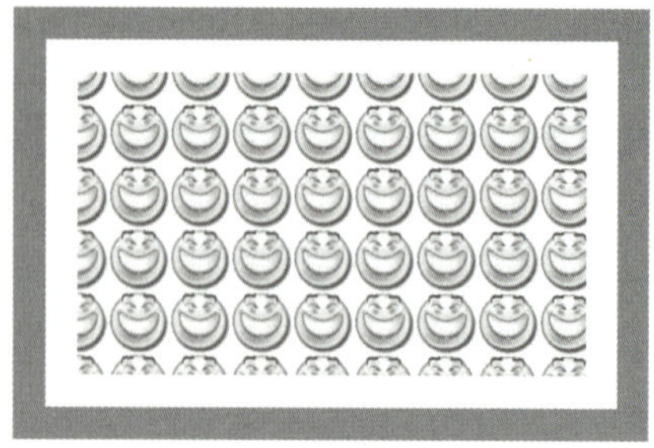

background-clip: content-box;

속성 | background-origin – 배경 이미지 시작 위치 지정하기 | CSS3

background-origin 속성은 배경 이미지의 시작 위치를 지정하는 속성이다. CSS 2.1까지의 배경 이미지의 시작 위치는 패딩 영역의 왼쪽 상단이었지만, CSS3부터는 배경 이미지의 시작 위치를 지정할 수 있도록 하고 있다. 이 속성 또한 콤마(,)로 구분하여 여러 번 지정하여 배경 이미지의 순서대로 속성 값을 지정할 수 있다. 다음은 사용 방법 및 예제를 나타낸 것이다.

속성 값	<box> [, <box>]*			**<box>** = border-box | padding-box | content-box		
속성 특징	초기값	padding-box	적용	모든 요소들	상속	X
JavaScript	*object*.**style.backgroundOrigin = "padding-box"**					
사용 예제	div { **background-origin**: border-box }			div { **background-origin**: padding-box } div { **background-origin**: content-box }		

다음은 사용할 수 있는 속성 값들의 의미와 결과를 나타낸 것이다.

속성 값	설명
padding-box	배경 이미지의 시작 위치를 패딩 박스의 상대적인 위치로 지정한다.
border-box	배경 이미지의 시작 위치를 테두리 박스의 상대적인 위치로 지정한다.
content-box	배경 이미지의 시작 위치를 콘텐츠 박스의 상대적인 위치로 지정한다.

<table>
<tr><td>예제</td><td colspan="1">CSS3_08-01_FlexGrow.html</td></tr>
<tr><td>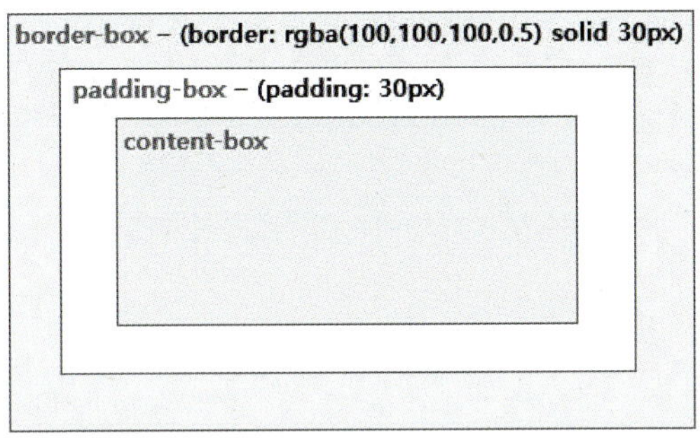
</td><td>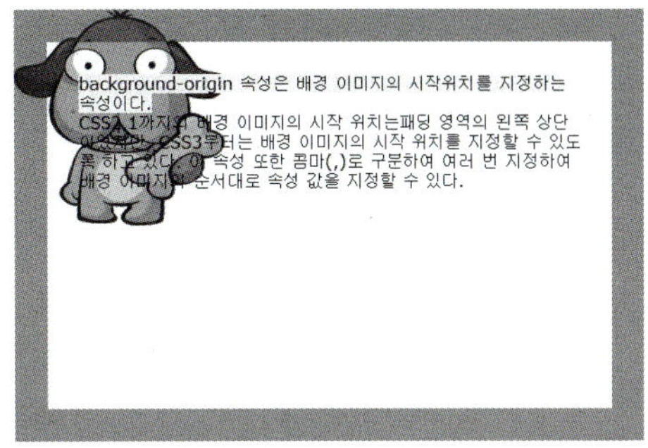
</td></tr>
<tr><td>CSS Style</td><td>background-origin: border-box;</td></tr>
<tr><td>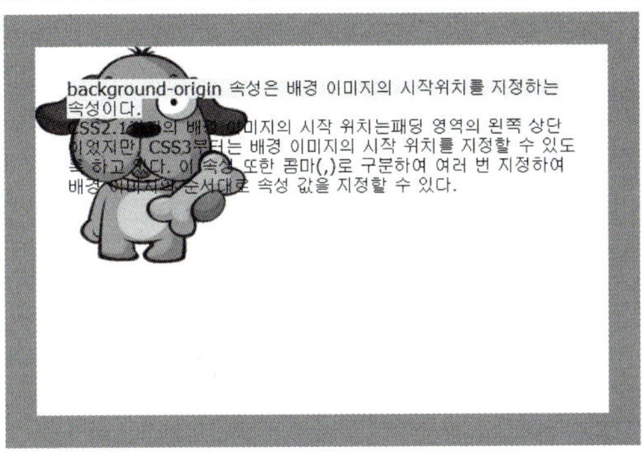
</td><td>
</td></tr>
<tr><td>background-origin: padding-box;</td><td>background-origin: content-box;</td></tr>
</table>

속성	background-size – 배경 이미지 크기 지정하기	CSS3

background-size 속성은 배경 이미지의 크기를 지정하는 속성으로, CSS3에서 새롭게 추가된 속성이다. 이 속성 또한 콤마(,)로 구분하여 여러 번 지정하고 배경 이미지의 순서대로 속성 값을 지정할 수 있다. 다음은 사용 방법 및 예제를 나타낸 것이다.

속성 값	<bg-size> [, <bg-size>]*		***<bg-size>*** = [<length> | <percentage> | auto]{1,2} | cover | contain			
속성 특징	초기값	auto	적용	모든 요소들	상속	X
JavaScript	*object*.**style.backgroundSize = "50px 50px"**					
사용 예제	div { **background-size**: 50px 50px } div { **background-size**: 50% 50% }		**div { background-size: cover }** **div { background-size: contain }**			

다음은 사용할 수 있는 속성 값들의 의미와 결과를 나타낸 것이다.

속성 값	설명
auto length percentage	배경 이미지의 크기를 지정할 때, 일반적인 길이(length)를 이용하여 직접 크기를 지정하거나, 백분율(percentage)로 지정할 수도 있다. 백분율의 경우는 배경 이미지가 배경이 위치하는 영역에 상대적으로 계산되어 위치하게 된다. 위치 값을 지정할 때 2개의 값으로 해당 이미지의 폭과 높이를 함께 지정해야 하지만, 하나의 값만 지정한다면 두 번째 값은 'auto'로 간주된다.
cover	배경 이미지가 가지고 있는 원래 크기의 비율을 무시하고 요소 박스 영역 전체에 배경 이미지를 채우도록 지정한다.
contain	배경 이미지가 가지고 있는 원래 크기의 비율을 유지한 채 요소 박스 영역 전체에 배경 이미지를 채우도록 지정한다

예제 CSS3_07-03_BackgroundSize.html

background-size: **100px 100px**

background-size: **100px 150px**

background-size: **50% 50%**

background-size: **100% 100%**

background-size: cover

background-size: contain

속성	background – 배경 지정하기	CSS3

background 속성은 지금까지 살펴 본 background-* 관련 속성들(배경 이미지 및 위치, 크기, 반복, 고정 여부, 그리고 배경 색상 등)을 한번에 지정할 수 있는 대표 속성이다. 다음은 사용 방법 및 예제를 나타낸 것이다.

<table>
<tr><td rowspan="2">속성 값</td><td colspan="6">[<bg-layer> ,]* <final-bg-layer></td></tr>
<tr><td colspan="6"><bg-layer> = <bg-image> || <position> [/ <bg-size>]? || <repeat-style> ||
<attachment> || <box> || <box>
<final-bg-layer> = <bg-image> || <position> [/ <bg-size>]? || <repeat-style> ||
<attachment> || <box> || <box> || <'background-color'></td></tr>
<tr><td>속성 특징</td><td>초기값</td><td>개별 속성 참조</td><td>적용</td><td>모든 요소들</td><td>상속</td><td>X</td></tr>
<tr><td>JavaScript</td><td colspan="6">object.style.backgroundSize = "50px 50px"</td></tr>
<tr><td>사용 예제</td><td colspan="6">div { background: url('images/dog.png') 60% bottom / 130px 150px no-repeat scroll,
url('images/img_tree.gif') 50% 15% / 200px 280px no-repeat fixed,
url('images/cloud.png') center 5% / 40% 40% no-repeat scroll,
url('images/moon.png') 40% 5% / 15% 15% no-repeat fixed; }</td></tr>
</table>

다음 그림은 위 사용 예제의 결과를 나타낸 것이다.

예제	CSS3_07-03_Background.html

3.2 테두리(Borders) 지정하기

테두리는 요소 내용의 테두리를 나타내기 때문에 일반적으로 사각형 모양으로 표시된다. 이런 테두리의 모양을 CSS 2.1에서는 단순히 사각형의 모양으로만 표시하였지만, CSS3에서는 다양한 방법으로 테두리를 표시할 수 있도록 많은 기능들이 추가되었다. 테두리는 미리 정의된 스타일인 실선, 이중선, 점선, 가상-3D(pseudo-3D) 테두리 등이 될 수 있거나 이미지가 될 수 있다. 전자의 경우는 테두리 스타일(border-style), 테두리 색상(border-color), 그리고 테두리 두께(border-width) 속성 등을 이용하여 정의할 수 있다. 이번에는 이러한 전자의 기능들과 이미지를 이용한 테두리, 다양한 모양의 테두리를 지정하는 방법에 학습하도록 한다.

속성	border-color - 테두리 색상 지정하기	CSS1

border-*-color 속성은 박스 테두리의 색상을 지정하는 것으로, 하위 요소로는 상속이 되지 않는다. 테두리 색상을 지정할 때 사용할 수 있는 속성으로는 border-top-color(상단 테두리 색상), border-bottom-color(하단 테두리 색상), border-left-color(왼쪽 테두리 색상), border-right-color(오른쪽 테두리 색상)인 4개의 속성을 이용하여 지정할 수 있다. 그리고 이 4방향의 테두리 색상을 한번에 지정할 수 있는 border-color 속성을 이용할 수도 있다. 다음은 사용 방법 및 예제를 나타낸 것이다.

<table>
<tr><td>속성</td><td colspan="3">border-top-color, border-right-color,
border-bottom-color, border-left-color</td><td colspan="3">border-color</td></tr>
<tr><td>속성 값</td><td colspan="3"><color></td><td colspan="3"><color>{1,4}</td></tr>
<tr><td>속성 특징</td><td>초기값</td><td>currentColor</td><td>적용</td><td>모든 요소들</td><td>상속</td><td>X</td></tr>
<tr><td rowspan="3">JavaScript</td><td colspan="6">object.style.borderColor = "red green blue gold"</td></tr>
<tr><td colspan="3">object.style.borderTopColor = "red"</td><td colspan="3">object.style.borderRightColor = "green"</td></tr>
<tr><td colspan="3">object.style.borderBottomColor = "blue"</td><td colspan="3">object.style.borderLeftColor = "gold"</td></tr>
<tr><td>사용 예제</td><td colspan="6">div { border-color: red green blue gold } /* (top right bottom left) */
div { border-color: red green blue } /* (top right-left bottom) */
div { border-color: red green } /* (top-bottom right-left) */
div { border-color: red } /* (top-right-bottom-left) */</td></tr>
</table>

사용할 수 있는 속성값으로는 color가 있으며, CSS에서 사용할 수 있는 색상 코드인 16진수, RGB, RGBA, HSL, HSLA 그리고 색상 이름을 이용하여 지정할 수 있다. 테두리 색상은 기본적으로 투명하며 transparent 값을 가질 수 있으며, 속성 값을 지정하지 않으면 기본 색상 값인 currentColor 값이 지정된다.

앞의 사용 예제는 margin 및 padding과 같이 border-color 속성의 값을 1~4개 지정해서 상하좌우 테두리 색상을 한번에 지정한 것으로, 이에 대한 결과는 다음 그림과 같이 나타난다.

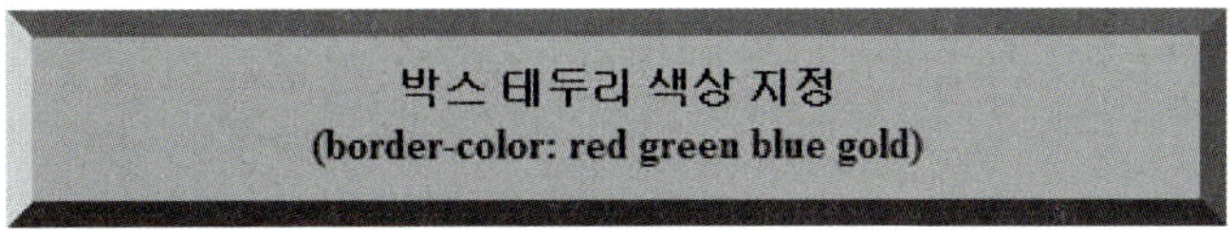

박스의 테두리 색상 지정

속성	border-style - 테두리 스타일 지정하기	CSS1

border-*-style 속성은 박스 테두리의 스타일을 지정하는 것으로, 하위 요소로는 상속이 되지 않는다. 테두리 스타일을 지정할 때 사용할 수 있는 속성으로는 border-top-style(상단 테두리 스타일), border-bottom-style(하단 테두리 스타일), border-left-style(왼쪽 테두리 스타일), border-right-style(오른쪽 테두리 스타일)인 4개의 속성을 이용하여 지정할 수 있다. 그리고 이 4방향의 테두리 스타일을 한번에 지정할 수 있는 border-style 속성을 이용할 수도 있다. 다음은 사용 방법 및 예제를 나타낸 것이다.

<table>
<tr><td>속성</td><td colspan="3">border-top-style , border-right-style,
border-bottom-style, border-left-style</td><td colspan="3">border-style</td></tr>
<tr><td rowspan="2">속성 값</td><td colspan="3"><line-style></td><td colspan="3"><line-style>{1,4}</td></tr>
<tr><td colspan="6"><line-style> = none | hidden | dotted | dashed | solid | double | groove | ridge | inset | outset</td></tr>
<tr><td>속성 특징</td><td>초기값</td><td>none</td><td>적용</td><td>모든 요소들</td><td>상속</td><td>X</td></tr>
<tr><td rowspan="3">JavaScript</td><td colspan="6">object.style.borderStyle = "dotted groove double ridge"</td></tr>
<tr><td colspan="3">object.style.borderTopStyle = "dotted"</td><td colspan="3">object.style.borderRightStyle = "groove"</td></tr>
<tr><td colspan="3">object.style.borderBottomStyle = "double"</td><td colspan="3">object.style.borderLeftStyle = "ridge"</td></tr>
<tr><td>사용 예제</td><td colspan="6">div { border-style: dotted groove double ridge } /* (top right bottom left) */
div { border-style: dotted groove double} /* (top right-left bottom) */
div { border-style: dotted groove} /* (top-bottom right-left) */
div { border-style: dotted} /* (top-right-bottom-left) */</td></tr>
</table>

다음은 사용할 수 있는 속성 값들의 의미와 결과를 나타낸 것이다.

속성 값	설명	
none	테두리를 지정하지 않는다. 따라서 테두리의 색상과 폭은 무시된다.	
hidden	none과 같으나 테이블 요소의 border-collapsed 속성(셀의 테두리선 표시방법을 지정하는 속성)을 위한 규칙과는 다르게 처리된다.	
dotted	테두리를 점선으로 지정한다.	
dashed	테두리를 파선(대시-기호)으로 지정한다.	
solid	테두리를 실선으로 지정한다.	
double	테두리를 이중선으로 지정한다.	
groove	테두리를 오목한 선으로 지정한다.	
ridge	테두리를 볼록한 선으로 지정한다.	
inset	테두리를 안쪽이 오목한 선으로 지정한다.	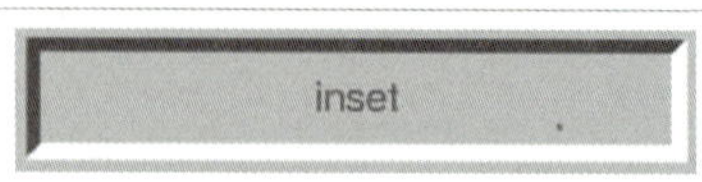
outset	테두리를 안쪽이 볼록한 선으로 지정한다.	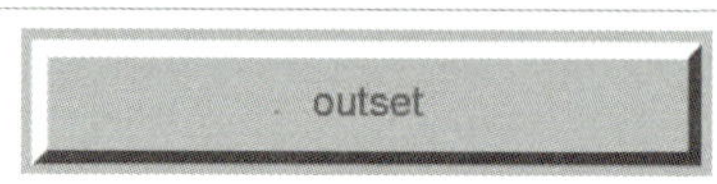

다음은 박스의 테두리 스타일을 지정하는 예제와 결과를 나타낸 것이다.

```
div { background-color: silver; border-width: 10px; border-color: red; border-style: dotted groove double ridge }
div { background-color: silver; border-width: 10px; border-color: gold; border-style: inset solid outset solid }
```

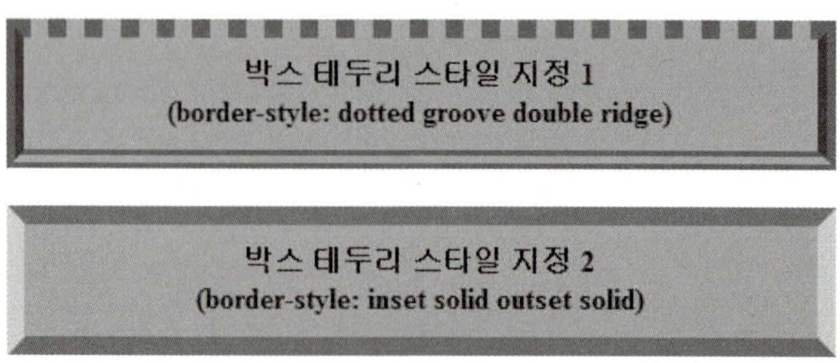

박스의 테두리 스타일 지정

속성	border-width - 테두리 두께 지정하기	CSS1

border-*-width 속성은 박스 테두리의 굵기를 지정하는 것으로, 하위 요소로는 상속이 되지 않는다. 테두리를 지정할 때 사용할 수 있는 속성으로는 border-top-width(상단 두께), border-bottom-width(하단 두께), border-left-width(왼쪽 두께), border-right-width(오른쪽 두께)인 4개의 속성을 이용하여 지정할 수 있다. 그리고 이 4방향의 테두리 스타일을 한번에 지정할 수 있는 border-width 속성을 이용할 수도 있다. 다음은 사용 방법 및 예제를 나타낸 것이다.

<table>
<tr><td>속성</td><td colspan="3">border-top-width, border-right-width,
border-bottom-width, border-left-width</td><td colspan="3">border-width</td></tr>
<tr><td rowspan="2">속성 값</td><td colspan="3"><line-width></td><td colspan="3"><line-width>{1,4}</td></tr>
<tr><td colspan="6"><line-width> = <length> | thin | medium | thick</td></tr>
<tr><td>속성 특징</td><td>초기값</td><td>medium</td><td>적용</td><td>모든 요소들</td><td>상속</td><td>X</td></tr>
<tr><td rowspan="3">JavaScript</td><td colspan="6">object.style.borderWidth = "thin medium thick 10px"</td></tr>
<tr><td colspan="3">object.style.borderTopWidth = "5px"</td><td colspan="3">object.style.borderRightWidth = "5px"</td></tr>
<tr><td colspan="3">object.style.borderBottomWidth = "5px"</td><td colspan="3">object.style.borderLeftWidth = "5px"</td></tr>
<tr><td>사용 예제</td><td colspan="6">div { border-width: thin medium thick 10px } /* (top right bottom left) */
div { border-width: thin medium thick } /* (top right-left bottom) */
div { border-width: thin medium } /* (top-bottom right-left) */
div { border-width: thin } /* (top-right-bottom-left) */</td></tr>
</table>

다음은 사용할 수 있는 속성 값들의 의미와 결과를 나타낸 것이다.

속성 값	설명
length	px, pt, cm 등의 단위로 직접 픽셀(pixel) 값으로 두께를 지정한다.
thin	얇은 두께의 테두리(1px)를 지정한다.
medium	기본값으로 중간 두께의 테두리(3px)를 지정한다.
thick	굵은 두께의 테두리(5px)를 지정한다.

다음 그림은 위 사용 예제의 결과를 나타낸 것이다.

박스의 테두리 두께 지정

속성	border-* – 테두리 지정하기	CSS1

border-* 속성은 박스의 색상, 스타일, 그리고 두께를 함께 지정하는 것으로, 하위 요소로는 상속이 되지 않는다. 테두리를 지정할 때 사용할 수 있는 속성으로는 border-top(상단 테두리), border-bottom(하단 테두리), border-left(왼쪽 테두리), border-right(오른쪽 테두리) 인 4개의 속성을 이용하여 지정할 수 있다. 그리고 이 4방향의 테두리를 한번에 지정할 수 있는 border 속성을 이용할 수도 있다. 다음은 사용 방법 및 예제를 나타낸 것이다.

속성	border-top, border-right, border-bottom, border-left				border	
속성 값	<line-width> || <line-style> || <color>					
속성 특징	초기값	개별 속성 참조	적용	모든 요소들	상속	X
JavaScript	*object*.style.border = "3px solid blue"					
	object.style.borderTop="3px solid blue"		*object*.style.borderRight="thin dashed red"			
	object.style.borderBottom="medium inset #0f0"		*object*.style.borderLeft="thick outset gold"			
사용 예제	각 속성별 예제 참고					

3.3 박스 모서리(Corners) 모양 지정하기

박스와 관련하여 박스의 내부 및 외부 여백, 박스의 테두리 두께, 색상, 그리고 스타일을 지정하는 방법에 대하여 학습하였지만 이것만으로는 박스의 레이아웃을 표현하기에는 부족한 면이 있다. 따라서 CSS3에서 새롭게 추가된 박스의 모서리 모양을 지정할 수 있는 기능을 살펴보도록 한다.

속성	border-radius – 모서리 스타일 지정하기	CSS3

border-radius 속성은 박스의 각 모서리를 둥글게 지정하는 것으로, 하위 요소로는 상속이 되지 않는다. 박스의 각 모서리를 둥글게 지정할 때 사용할 수 있는 속성으로는 border-top-left-radius(상단 왼쪽 모서리), border-top-right-radius(상단 오른쪽 모서리), border-bottom-right-radius(하단 오른쪽 모서리), border-bottom-left-radius(하단 왼쪽 모서리)4개의 속성을 이용하여 지정할 수 있다. 그리고 이들 4개의 속성을 한번에 지정할 수 있는 border-radius 속성이 있다. 다음은 각 모서리의 둥근 정도를 지정하는 방법 및 예제를 나타낸 것이다.

<table>
<tr><td>속성</td><td colspan="6">border-top-left-radius, border-top-right-radius,
border-bottom-right-radius, border-bottom-left-radius</td></tr>
<tr><td>속성 값</td><td colspan="6">[<length> | <percentage>]{1,2}</td></tr>
<tr><td>속성 특징</td><td>초기값</td><td>0</td><td>적용</td><td>모든 요소들</td><td>상속</td><td>X</td></tr>
</table>

<table>
<tr><td>속성</td><td colspan="6">border-radius</td></tr>
<tr><td>속성 값</td><td colspan="6">[<length> | <percentage>]{1,4} [/ [<length> | <percentage>]{1,4}]?</td></tr>
<tr><td>속성 특징</td><td>초기값</td><td>개별 속성 참조</td><td>적용</td><td>모든 요소들</td><td>상속</td><td>X</td></tr>
<tr><td rowspan="3">JavaScript</td><td colspan="6">object.style.borderRadius = "5px"</td></tr>
<tr><td colspan="3">object.style.borderTopLeftRadius="3px"</td><td colspan="3">object.style.borderTopRightRadius="3px"</td></tr>
<tr><td colspan="3">object.style.borderBottomLeftRadius="3px"</td><td colspan="3">object.style.borderBottomRightRadius="3px"</td></tr>
<tr><td>사용 예제</td><td colspan="6">div { border-radius: 5px 15px 25px 35px } /* (top-left top-right bottom-right bottom-left) */
div { border-radius: 5% 15% 25% 35% } /* (top-left top-right bottom-right bottom-left) */
div { border-radius: 10% } /* 모든 모서리 10% */
div { border-radius: 15px/30px } /* (가로값 / 세로값) */</td></tr>
</table>

사용할 수 있는 속성값으로는 length의 px, em 등의 단위로 직접 숫자를 지정하여 모서리의 둥근 정도를 지정하거나 백분율(%)로 지정할 수 있고 값이 클수록 모서리는 더 둥글게 된다. 음수 값은 지정할 수 없다. 모서리의 둥근 정도를 다음 그림과 같이 가로 및 세로 값으로 지정하고자 할 때는 (가로값 / 세로값)와 같이 지정한다.

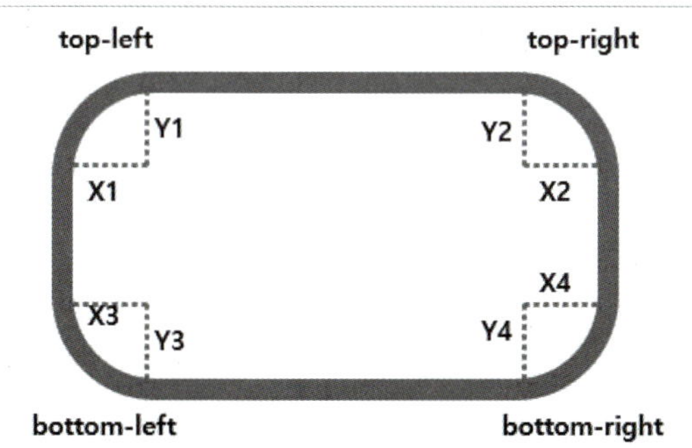

border-radius: X1 X2 X3 X4 / Y1 Y2 Y3 Y4

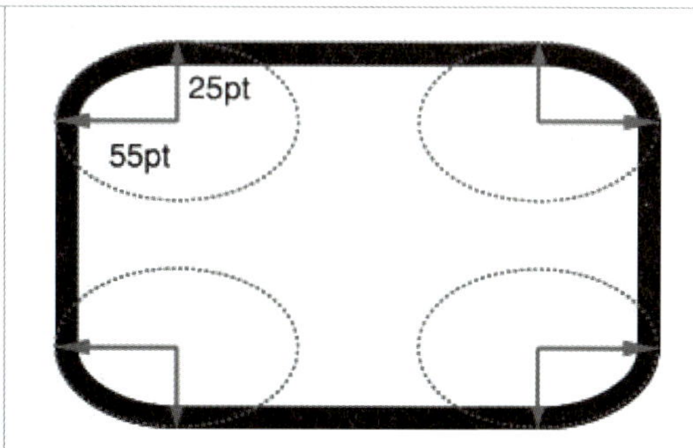

border-top-left-radius: 55pt 25pt

위 사용 예제와 같이 4개의 속성을 모두 지정하면 [상단 왼쪽 모서리] → [상단 오른쪽 모서리] → [하단 오른쪽 모서리] → [하단 왼쪽 모서리] 순의 시계방향으로 적용이 된다. 만일 각 위치의 값이 생략된 경우는 다음과 같은 방법으로 부족한 크기 값을 대체하게 된다.

- bottom-left가 생략 된 경우는 top-right와 동일하다.
- bottom-right가 생략 된 경우는 top-left와 동일하다.
- top-right가 생략 된 경우는 top-left와 동일하다.

따라서 다음 예제의 경우는 동일한 결과를 나타낸다.

border-radius: 2em 1em 4em / 0.5em 3em; /* 가로 값 bottom-left 생략됨 */ /* 세로 값 bottom-right, bottom-left 생략됨 */	**border-top-left-radius**: 2em 0.5em; **border-top-right-radius**: 1em 3em; **border-bottom-right-radius**: 4em 0.5em; **border-bottom-left-radius**: 1em 3em;

다음 그림은 박스의 각 모서리를 다양한 값으로 지정한 사용 예제의 결과를 나타낸 것이다.

예제	CSS3_07-03_BorderRadius.html
border-radius: 5px 15px 25px 35px	박스의 모서리 스타일 지정하기 1 (border-radius: 5px 15px 25px 35px)
border-radius: 5% 15% 25% 35%	박스의 모서리 스타일 지정하기 2 (border-radius: 5% 15% 25% 35%)
border-radius: 10%	박스의 모서리 스타일 지정하기 3 (border-radius: 10%)
border-radius: 15px/30px	박스의 모서리 스타일 지정하기 4 (border-radius: 15px/30px)

3.4 박스 테두리를 이미지로 지정하기

박스의 레이아웃을 표현할 때, 앞에서 박스의 각 모서리 모양을 어떻게 변경하는지 학습하였다. CSS3에서는 박스의 모서리뿐만 아니라, 테두리의 모양을 이미지로 지정할 수 있도록 새로운 기능을 추가하였다. 이러한 기능에 대하여 자세히 살펴보도록 한다.

속성	border-image-source - 테두리에 표시될 이미지 지정하기	

border-image-source 속성은 요소 박스 테두리에 표시될 이미지의 경로를 지정하는 속성이다. 이 속성을 이용하면 border-style 속성에서 지정한 테두리 스타일 대신에 이미지가 표시되고 border-width 속성 값에서 지정된 테두리 굵기만큼 나타난다. 다음은 사용 방법 및 예제를 나타낸 것이다.

속성 값	none | <image>					
속성 특징	초기값	none	적용	모든 요소들, 내부 테이블 요소(border-collapse: collapse) 제외	상속	X
JavaScript	*object*.style.borderImageSource = "url(images/border.png)"					
사용 예제	div { **border-image-source**: url(images/border.png) }					

다음의 이미지를 이용하여 테두리 지정의 예를 살펴보면 다음과 같다.

예제	CSS3_07-03_BorderImageSource.html

이미지(border.png)

이미지(img_flwr.gif)

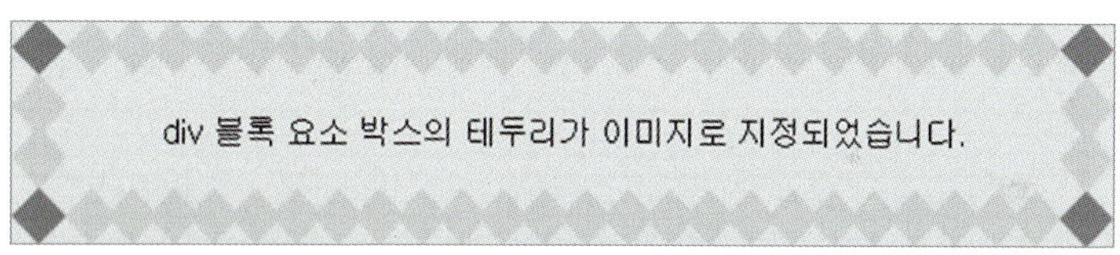

사용하게 될 이미지	이미지를 테두리에 적용시킨 결과

속성	border-image-slice - 표시될 이미지 테두리 영역 지정하기	CSS3

border-image-slice 속성은 요소 박스의 테두리 영역에 보여질 이미지의 크기를 지정하는 것으로, 음수 값은 지정할 수 없으며 만일 지정된 값이 이미지보다 큰 경우에는 100%로 간주된다. 다음은 사용 방법 및 예제를 나타낸 것이다.

<table>
<tr><td>속성 값</td><td colspan="6">[<number> | <percentage>]{1,4} && fill?</td></tr>
<tr><td>속성 특징</td><td>초기값</td><td>100%</td><td>적용</td><td>모든 요소들,
내부 테이블 요소(border-collapse: collapse) 제외</td><td>상속</td><td>X</td></tr>
<tr><td>JavaScript</td><td colspan="6">object.style.borderImageSlice = "25% 30% 12% 20%"</td></tr>
<tr><td>사용 예제</td><td colspan="6">div { border-image-slice: 25% 30% 12% 20% }</td></tr>
</table>

다음은 사용할 수 있는 속성 값들의 의미를 나타낸 것이다.

속성 값	설명
number	이미지에 표시될 픽셀 수를 지정하되 1~4개를 지정할 수 있다. 만일 단위 없이 수치 값으로만 지정할 경우에는 지정된 이미지가 비트맵(Raster) 이면 px 단위로 처리되고, 벡터(vector) 이면 벡터 좌표 단위로 처리된다.
percentage	이미지 크기에 대한 상대적인 백분율로 지정한다.
fill	이 키워드가 지정되어 있다면, 테두리 이미지의 가운데 부분도 표시하도록 지정한다.

다음 그림들은 테두리를 이미지로 지정할 때의 영역을 9등분으로 분할하고 속성 값을 '25% 30% 12% 20%'로 지정하였을 때와 '124'로 지정하였을 때의 해당 이미지의 테두리 영역을 나타낸 것이다.

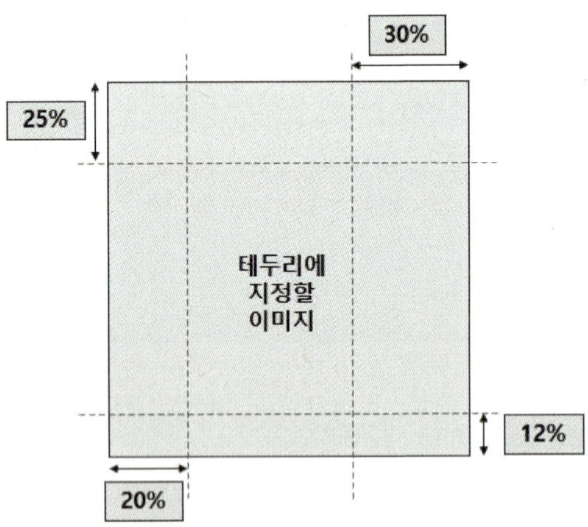

border-image-slice: 25% 30% 12% 20%

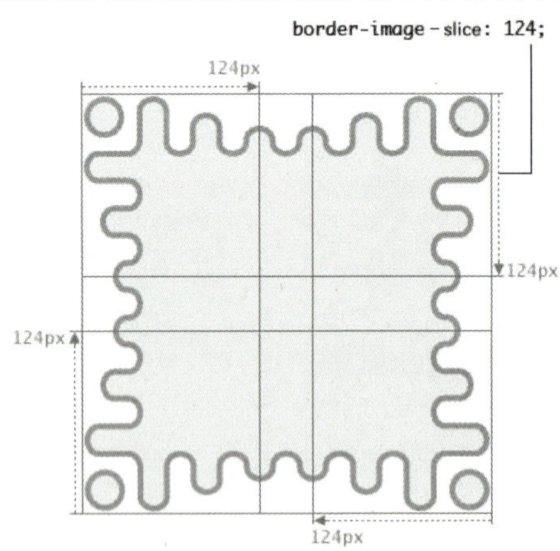

border-image-slice: 124

다음의 예제는 다양한 값을 이용하여 나타낸 결과이다.

예제	CSS3_07-03_BorderImageSlice.html

border-image-slice: 30	**border-image-slice**: 20

border-image-slice: 20 25	**border-image-slice**: 40 10
	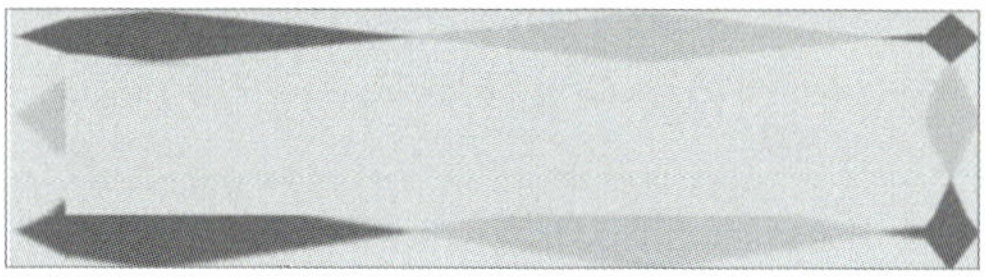
border-image-slice: 30 25 20	**border-image-slice**: 30 25 20 10

속성	border-image-width - 표시될 이미지 영역 길이 지정하기	CSS3

border-image-width 속성은 이미지 표시 영역의 길이를 지정하는 것으로, 음수 값은 지정할 수 없으며 속성 값을 4개까지 지정하여 각 방향별로 지정할 수 있다. 이때 지정된 4개의 값들은 9개로 분할된 테두리 이미지 영역의 오프셋을 의미하며, 이는 각각 상단 → 오른쪽 → 하단 → 왼쪽의 측면 거리를 나타낸다. 따라서 왼쪽 값이 생략된 경우에는 오른쪽 값과 동일하고, 하단 값이 생략된 경우에는 상단 값과 동일하다. 또한 오른쪽 값이 생략된 경우에는 상단 값과 동일하다. 다음은 사용 방법 및 예제를 나타낸 것이다.

속성 값	[<length> | <percentage> | <number> | auto]{1,4}					
속성 특징	초기값	1	적용	모든 요소들, 내부 테이블 요소(border-collapse: collapse) 제외	상속	X
JavaScript	object.**style.borderImageWidth = "5px 10px 20px 15px"**					
사용 예제	div { **border-image-width**: 5px 10px 20px 15px }					

다음은 사용할 수 있는 속성 값들의 의미를 나타낸 것이다.

속성 값	설명
length	직접 테두리 영역의 길이를 px 단위로 지정한다.
percentage	이미지 크기에 대한 상대적인 백분율로 지정한다.
number	테두리 영역의 길이를 지정한다. 지정된 값은 border-wdth 속성 값과 곱해져서 테두리 영역의 길이가 결정된다. 따라서 기본값이 1인 경우에는 border-width 속성의 폭으로 계산된다.
auto	border-image-slice 속성에 지정된 값과 동일한 크기로 적용된다.

만일, 지정된 값이 테두리 두께(border-width) 속성 값보다 큰 경우에는 표시되는 이미지 영역이 콘텐츠 영역까지 확장될 수 있다. 그러나 패딩 및 콘텐츠 영역까지 확장되더라도 두 영역의 레이아웃에는 영향을 끼치지 않는다.

다음의 예제는 다양한 값을 이용하여 나타낸 결과이다.

예제 CSS3_07-03_BorderImageWidth.html

border-image-width: 10px

border-image-width: 20px

border-image-width: 30px 30px

border-image-width: 15px 30px

border-image-width: 30px 15px

border-image-width: 30px 30px 10px

border-image-width: 10px 20px 30px 40px

border-image-width: auto

속성	border-image-outset - 표시될 이미지 테두리 영역 지정하기	CSS3

border-image-outset 속성은 테두리 영역에 보여질 이미지가 테두리 영역에서 벗어나 박스 외부에 표시되는 확장된 영역을 지정하는 것이다. 확장된 영역은 스크롤이 되지 않으며 마우스 이벤트에 노출되지 않기 때문에 영향을 받지도 않는다. 음수 값은 지정할 수 없고, 속성 값을 4개까지 지정할 수 있으며, 상단 → 오른쪽 → 하단 → 왼쪽의 순서로 지정된다. 왼쪽 값이 생략된 경우에는 오른쪽 값과 동일하고, 하단 값이 생략된 경우에는 상단 값과 동일하다. 또한 오른쪽 값이 생략된 경우에는 상단 값과 동일하다. 다음은 사용 방법 및 예제를 나타낸 것이다.

속성 값	[<length> | <number>]{1,4}					
속성 특징	초기값	0	적용	모든 요소들, 내부 테이블 요소(border-collapse: collapse) 제외	상속	X
JavaScript	*object*.**style.borderImageOutset = "20px"**					
사용 예제	div { **border-image-outset**: 20px }					

사용할 수 있는 length 및 number 속성 값들의 의미는 border-image-width 속성과 동일하다. 다음의 예제는 다양한 값을 이용하여 나타낸 결과이다.

예제	CSS3_07-03_BorderImageOutset.html

border-image-outset: 5px　　**border-image-outset**: 10px 5px

속성	border-image-repeat - 테두리 이미지의 반복 스타일 지정하기	CSS3

border-image-repeat 속성은 테두리 이미지가 반복되는 스타일을 지정하는 것이다. 2개의 키워드 값을 지정할 수 있으며, 첫 번째 지정된 키워드는 가로 방향의 스타일을 지정하고, 두 번째 키워드는 세로 방향의 스타일을 지정한다. 만일 1개의 키워드만 지정하면 두 번째 키워드는 첫 번째 키워드 값과 동일하게 지정한 것으로 처리된다. 다음은 사용 방법 및 예제를 나타낸 것이다.

<table>
<tr><td>속성 값</td><td colspan="6">[stretch | repeat | round | space]{1,2}</td></tr>
<tr><td>속성 특징</td><td>초기값</td><td>stretch</td><td>적용</td><td>모든 요소들,
내부 테이블 요소(border-collapse: collapse) 제외</td><td>상속</td><td>X</td></tr>
<tr><td>JavaScript</td><td colspan="6">object.style.borderImageRepeat = "repeat stretch"</td></tr>
<tr><td>사용 예제</td><td colspan="6">div { border-image-repeat: repeat stretch }</td></tr>
</table>

다음은 사용할 수 있는 속성 값들의 의미를 나타낸 것이다.

속성 값	설명
stretch	이미지를 테두리 크기만큼 늘려서 표시하도록 지정한다.
repeat	이미지를 반복하여 표시하도록 지정한다.
round	이미지를 균일한 크기로 분할하여(tiled) 영역을 채우도록 지정한다. 채우게 될 영역에 이미지의 전체 분할된 개수가 맞지 않을 않을 경우에는 이미지의 크기를 조절하여 표시한다.
space	이미지를 균일한 크기로 분할하여(tiled) 영역을 채우도록 지정한다. 채우게 될 영역에 이미지의 전체 분할된 개수가 맞지 않을 않을 경우에는 분할된 이미지 사이에 추가적인 공백을 배분하여 표시한다.

다음의 예제는 다양한 값을 이용하여 나타낸 결과이다.

예제 CSS3_07-03_BorderImageRepeat.html

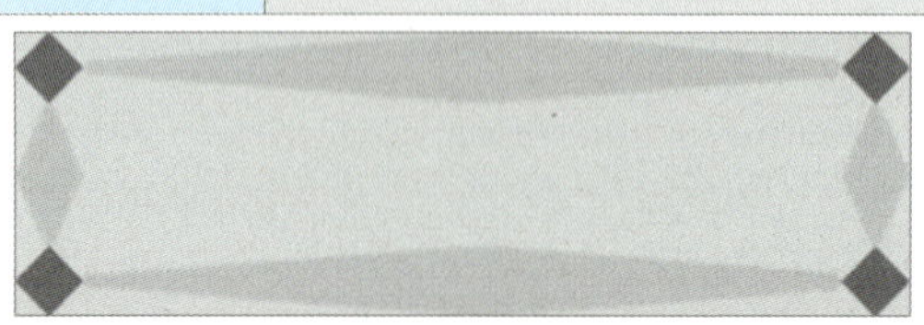

border-image-repeat: stretch

border-image-repeat: repeat

border-image-repeat: round

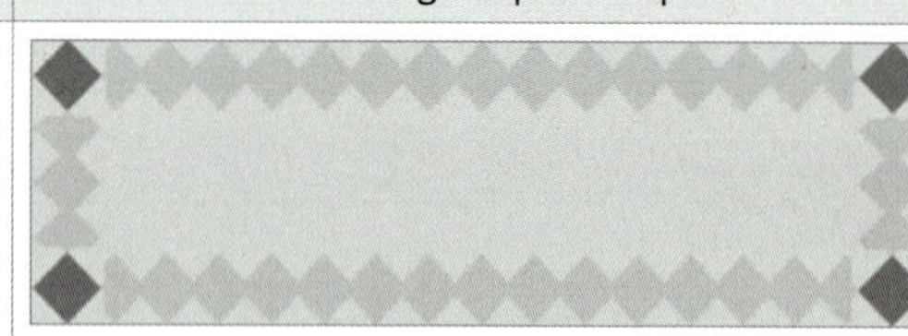

border-image-repeat: space

속성	border-image – 테두리 이미지 지정하기	CSS3

border-image 속성은 테두리 이미지 지정과 관련된 속성들을 일괄적으로 지정하는 대표 속성이다. 다음은 사용 방법 및 예제를 나타낸 것이다.

속성 값	<'border-image-source'> || <'border-image-slice'> [/ <'border-image-width'> | / <'border-image-width'>? / <'border-image-outset'>]? || <'border-image-repeat'>					
속성 특징	초기값	개별 속성 참조	적용	개별 속성 참조	상속	X
JavaScript	*object*.**style.borderImage = "url(images/border.png) 30 30 sound"**					
사용 예제	div { **border-image**: url(images/border.png) 30 30 round }					

3.5 박스의 그림자 스타일 지정하기

속성	box-shadow – 박스의 그림자 스타일 지정하기	CSS3

텍스트에 그림자 효과를 지정하는 방법과 같이 box-shadow 속성은 박스의 그림자 스타일을 지정하는 것으로, 하위 요소로는 상속이 되지 않는다. 지정되는 길이(length) 값은 4개까지 지정할 수 있으며, 처음 2개는 그림자의 가로 및 세로 방향의 위치를 나타내고 세 번째 값은 그림자의 흐림 반경을, 네 번째 값은 그림자의 퍼짐 정도를 나타낸다. 만일 여러 개의 그림자를 지정하려면 콤마(,)로 구분하여 지정하면 된다. 다음은 사용 방법 및 예제를 나타낸 것이다.

속성 값	none | <shadow> [, <shadow>]*		***<shadow>*** = inset? && <length>{2,4} && <color>?			
속성 특징	초기값	none	적용	모든 요소들	상속	X
JavaScript	*object*.**style.boxShadow = "10px 10px 5px #888"**					
사용 예제	div { **box-shadow**: 10px 10px 5px #888 } div { **box-shadow**: 10px 10px 5px rgba(0, 0, 255, 0.7 } /* h-shadow v-shadow blur color */ div {**box-shadow**: inset 10px 10px 5px gold } /* inset h-shadow v-shadow blur color */					

다음은 사용할 수 있는 속성 값들의 의미를 나타낸 것이다.

속성 값	설명
첫 번째 <length>	그림자의 수평 거리를 지정한다. 양의 값을 지정하면 박스의 오른쪽으로 그림자가 표시되고 음의 값을 지정하면 박스의 왼쪽으로 그림자가 표시된다.
두 번째 <length>	그림자의 수직 거리를 지정한다. 양의 값을 지정하면 박스의 아래쪽으로 그림자가 표시되고 음의 값을 지정하면 박스의 위쪽으로 그림자가 표시된다.
세 번째 <length>	그림자의 흐림 반경(blur radius)를 지정한다. 이 값은 기본적으로 0값을 가지며 그림자의 경계선이 선명하게 처리되어 그림자는 진하게 표시된다. 지정된 값이 클수록 그림자의 경계는 점점 더 흐려져서 부드럽게 표시된다. 음의 값은 허용되지 않는다.
네 번째 <length>	그림자가 퍼지는 거리(spread distance)를 지정하는 것으로, 양의 값은 모든 방향으로 퍼져나가지만, 음수 값을 지정하면 모든 방향으로 축소되어 보이도록 한다.
color	그림자의 색상을 지정한다.
inset	박스 외부(오른쪽 하단)로 지정된 그림자를 박스 내부(안쪽) 그림자로 변경하도록 지정한다.

다음은 박스의 그림자 스타일을 지정한 예를 보인 것이다.

예제	CSS3_07-03_BoxShadow.html	
width: 144px; height: 144px; border: 5px solid blue; background-color: orange;	**border-radius: 20px**	**border-radius: 0;**
box-shadow: rgba(0,0,0,0.4) 10px 10px;		
box-shadow: rgba(0,0,0,0.4) 10px 10px inset;		
box-shadow: rgba(0,0,0,0.4) 10px 10px 0 10px /* spread */		
box-shadow: rgba(0,0,0,0.4) 10px 10px 0 10px /* spread */ inset		
width: 400px; height: 70px; border: 5px solid red; border-radius: 40px 0; padding: 10px;		
box-shadow: 10px 10px 5px rgba(0, 0, 255, 0.7)	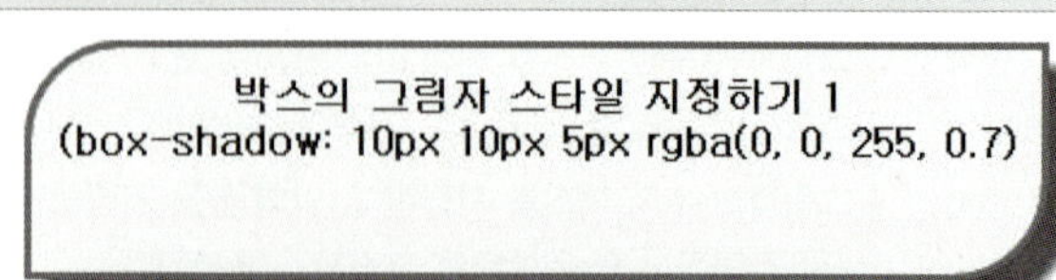	
box-shadow: 10px 10px 5px rgba(0, 0, 255, 0.7) inset	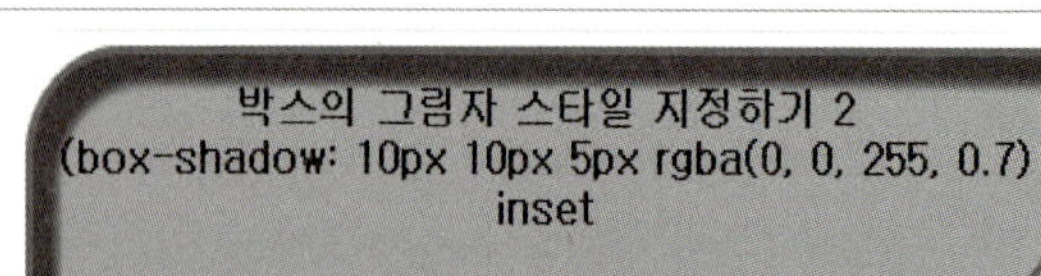	

CHAPTER 08

CSS3 Part-5 고급 레이아웃

학습 목표

웹의 형태가 다양하게 변화하면서 이를 표시해주는 디바이스들도 다양해지고 HTML 요소의 배치 또한 이에 맞도록 배치해야 할 필요성이 생기게 되었다. CSS3에서는 보다 복잡한 응용 프로그램과 웹 문서의 레이아웃을 위해 설계된 새로운 레이아웃 모드인 유연한 레이아웃(flex layout) 기능과 그리드 레이아웃(grid layout) 기능을 추가하였다. 이번 장에서는 이렇게 새롭고 유용한 고급 레이아웃 기능들에 대하여 자세히 살펴보고 사용자 인터페이스 관련하여 새롭게 추가된 기능에 대하여 살펴보도록 하겠다.

Key Point

유연한 박스, 플렉스 레이아웃, 플렉스 컨테이너, 플렉스 항목, 플렉스 라인, 기본 축, 기본 크기, 교차 축, 교차 크기, 그리드 레이아웃, 그리드 라인, 그리드 트랙, 그리드 셀, 그리드 영역, 박스의 윤곽선, 포커스 탐색 방향

Section

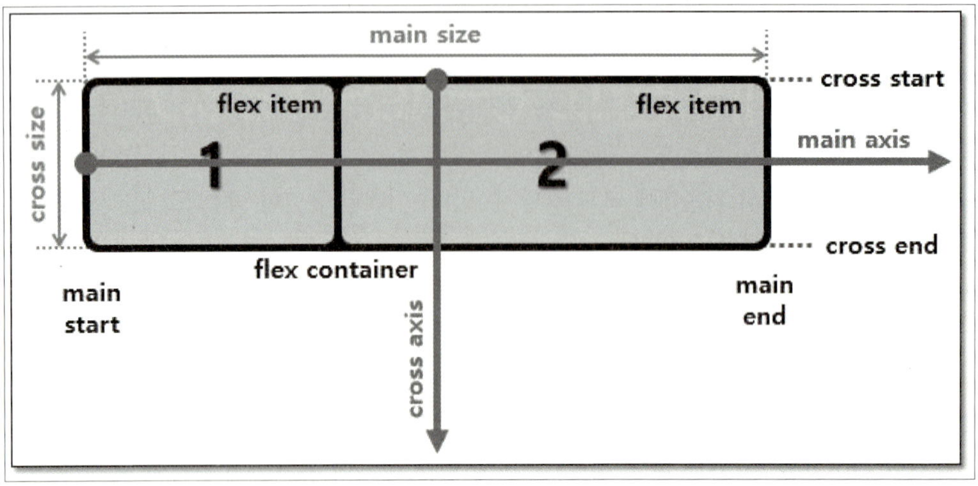

다음은 유연한 박스 모델에서 사용되는 용어를 정리하여 나타낸 것이다.

main axis main dimension	플렉스 컨테이너의 기본 축(main axis)은 플렉스 항목이 배치되는 축으로써, 기본 크기(main dimension) 내에서 연장된다.
main-start main-end	플렉스 항목들은 플렉스 컨테이너 내의 기본-시작(main-start)에서 시작하여 기본-끝(main-end) 방향으로 배치된다.
main size main size property	플렉스 항목의 폭 또는 높이는 기본 크기(main size)에서의 값 또는 항목의 기본 크기가 되기 때문에 플렉스 항목의 기본 크기 속성(main size property)은 폭(width) 또는 높이(height) 속성 중에 하나가 된다.
cross axis cross dimension	기본 축에 수직인 축을 교차 축(cross axis)이라 하고 교차 크기(cross dimension)내에서 연장된다.
cross-start cross-end	플렉스 라인(fles lines)은 플렉스 항목들로 채워지고 플렉스 컨테이너의 교차-시작(cross-start) 측면에서 시작하여 교차-끝(cross-end) 측면 방향으로 배치된다.
cross size cross size property	플렉스 항목의 폭이나 높이는 교차 크기(cross size) 내에서 값 또는 항목의 기본 크기가 되기 때문에 교차 크기 속성(cross size property)은 교차 크기 내에서의 폭 또는 높이가 된다.

1.2 유연한 컨테이너

CSS3에 새롭게 추가된 유연한 박스 모델을 사용하기 위해서는 기존 display 속성에 새롭게 추가된 flex 또는 inline-flex 값을 지정해야 한다.

속성	display	CSS3
속성 값	**flex**	**inline-flex**
JavaScript	*object*.**style.display** = **"flex"**	*object*.**style.display** = **"inline-flex"**
사용 예제	div { **display**: flex }	div { **display**: inline-flex }

추가된 새로운 속성 값들의 의미는 다음과 같다.

속성 값	설명
flex	블록 수준의 유연한 플렉스 컨테이너를 생성하도록 지정한다.
inline-flex	인라인 수준의 플렉스 컨테이너를 생성하도록 지정한다.

플렉스 컨테이너는 콘텐츠에 대한 유연한 형식의 컨텍스트를 새롭게 설정하는 것으로, 블록 형식의 컨텍스트를 설정하는 것과 동일하지만, 레이아웃의 형식은 블록 레이아웃과는 다르다. 즉, float은 플렉스 컨테이너에 강제로 침범할 수 없고, 플렉스 컨테이너의 여백 또한 콘텐츠의 여백과 통합(collapse)되지 않는다. 또한 블록 컨테이너처럼 콘텐츠에 대한 포함 블록을 형성하기 때문에 overflow 속성은 플렉스 컨테이너에 적용된다.

플렉스 컨테이너(Flex Container) 사용시 유의할 점

플렉스 컨테이너는 블록 컨테이너가 아니기 때문에 블록 레이아웃으로 가정하고 설계된 다음과 같은 일부 속성들은 유연한 박스 레이아웃 컨텍스트에는 적용되지 않는다.
- 다단 모듈에 정의되어 있는 모든 다단 관련(column-*) 속성들은 플렉스 컨테이너에는 적용되지 않는다.
- float 및 clean 은 플렉스 항목에 영향을 주지 않기 때문에 플렉스 컨테이너 밖으로의 흐름을 하지 않는다. 그러나 display 속성의 계산된 값에 영향을 미치기 때문에 박스 생성에는 여전히 영향을 미친다
- vertical-align은 플렉스 항목에 영향을 주지 않는다.
- ::first-line 가상 요소 및 ::first-letter 가상 요소는 플렉스 항목에는 영향을 주지 않는다.

1.3 유연한 박스의 순서 및 방향

플렉스 컨테이너의 내용은 순서에 관계없이 어떤 방향이든 배치할 수 있다. 이러한 기능들은 flex-direction, flex-wrap, 그리고 order 속성들을 통하여 구현할 수 있으며, 요소 박스는 반드시 display 속성 값이 flex 또는 inline-flex로 지정되어 있어야 한다.

속성	flex-direction – 유연한 박스의 배치 방법 지정하기	CSS3

flex-direction 속성은 플렉스 컨테이너의 기본 축(main axis) 방향을 설정함으로써, 플렉스 항목이 플렉스 컨테이너에 배치하는 방법을 지정하는 속성이다.

속성 값	row | row-reverse | column | column-reverse					
속성 특징	초기값	row	적용	플렉스 컨테이너들	상속	X
JavaScript	*object*.**style.flexDirection = "column-reverse"**					
사용 예제	div { **flex-direction**: column-reverse }					

속성에서 사용할 수 있는 각 속성 값들은 다음과 같다.

속성 값	설명
row	플렉스 컨테이너의 기본 축을 현재 쓰기 모드의 인라인 축과 동일한 방향으로 지정한다. 이는 main-start와 main-end 방향이 각각 inline-start와 inline-end 방향에 해당된다. 따라서 자식 요소는 원본 문서에서 선언한 것과 같은 순서인 왼쪽에서 오른쪽으로 표시된다.
row-reverse	방향이 반대인 것을 제외하고는 row 속성 값과 동일하다.
column	플렉스 컨테이너의 기본 축을 현재 쓰기 모드의 블록 축과 동일한 방향으로 지정한다. 이는 main-start와 main-end 방향이 각각 block-start와 block-end 방향에 해당된다. 따라서 자식 요소는 원본 문서에서 선언한 것과 같은 순서인 위에서 아래쪽으로 표시된다.
column-reverse	방향이 반대인 것을 제외하고는 column 속성 값과 동일하다

다음 예제는 해당 속성 값을 사용한 결과를 나타낸 것이다.

예제 CSS3_08-01_FlexDirection.html

flex-direction: row

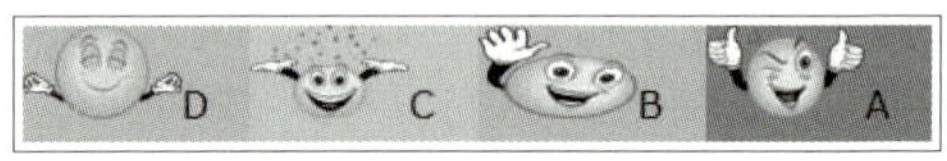

flex-direction: row-reverse

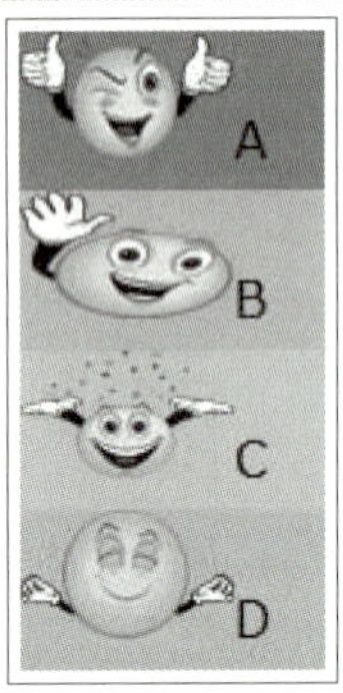

flex-direction: column

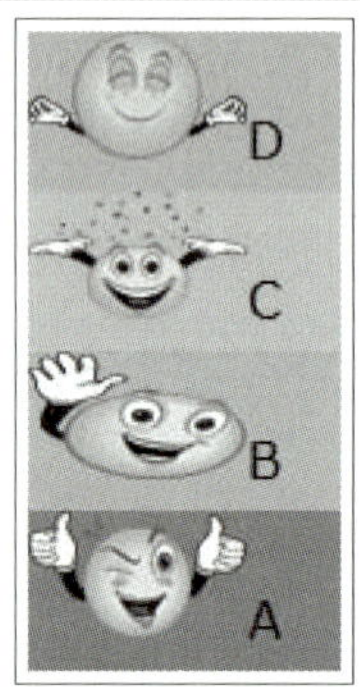

flex-direction: column-reverse

속성 | flex-wrap – 유연한 박스의 넘김 지정하기 | CSS3

flex-wrap 속성은 플렉스 컨테이너를 한 줄 또는 여러 줄에 배치할 것인지를 제어하고 새로운 줄이 교차 축에 어떠한 방향으로 진행되는지를 결정하는 속성이다. 즉, 플렉스 항목이 플렉스 컨테이너에서 사용 가능한 공간을 기준으로 여러 줄 또는 열에 줄바꿈 될지를 지정하는 것이다.

속성 값	nowrap | wrap | wrap-reverse					
속성 특징	초기값	nowrap	적용	플렉스 컨테이너들	상속	X

JavaScript	*object*.**style.flexWrap = "wrap"**
사용 예제	div { **flex-wrap**: wrap }

속성에서 사용할 수 있는 각 속성 값들은 다음과 같다.

속성 값	설명
nowrap	플렉스 컨테이너가 한 줄에 배치하도록 지정한다. 교차-시작(cross-start) 방향은 현재 쓰기 모드에서의 inline-start 또는 block-start 중에 하나와 동일하다.
wrap	플렉스 컨테이너가 여러 줄에 배치하도록 지정한다. 교차-시작(cross-start) 방향은 현재 쓰기 모드에서의 inline-start 또는 block-start 중에 하나와 동일하다. 따라서 플렉스 항목들이 줄 바꿈되고 연속된 행이나 열에 표시된다. 이때 행이나 열이 추가될 수 있도록, 현재 쓰기 모드 속성에서 정의한 축에 수직으로 플렉스 컨테이너의 높이 또는 폭이 확장될 수 있다.
wrap-reverse	cross-start와 cross-end 방향이 반대인 것을 제외하고는 wrap과 동일하다.

다음 예제는 해당 속성 값을 사용한 결과를 나타낸 것이다.

예제	CSS3_08-01_FlexWrap.html

flex-wrap: nowrap	**flex-wrap**: wrap	**flex-wrap**: wrap-reverse

속성	flex-flow – 유연한 박스의 배치 및 넘김 지정하기	CSS3

flex-flow 속성은 flex-direction 속성과 flex-flow 속성을 한번에 지정할 수 있는 대표 속성으로, 플렉스 컨테이너의 기본 축과 교차 축을 정의하는 속성이다.

속성 값	<flex-direction> || <flex-wrap>				
속성 특징	초기값	개별 속성 참조	적용	플렉스 컨테이너들	상속	X
JavaScript	*object.style.flexFlow = "column wrap"*				
사용 예제	div { **flex-flow**: column wrap }				

이에 대한 예와 결과를 살펴보면 다음과 같다.

div { flex-flow: row } /* 기본 축(main-axis)은 인라인, 한 줄에 배치하도록 지정 */	
div { flex-flow: column wrap } /* 기본 축(main-axis)은 블록 방향(위에서 아래 방향) 여러 줄에 배치하도록 지정(왼쪽에서 오른쪽으로) */	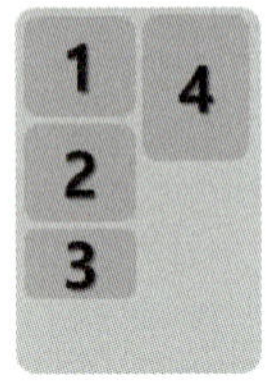
div { flex-flow: row-reverse wrap-reverse } /* 기본 축(main-axis)은 인라인 방향의 반대(오른쪽에서 왼쪽), 여러 줄에 배치하도록 지정(아래에서 위쪽으로) */	

플렉스-흐름(flex-flow) 방향은 쓰기 모드에 민감하기 때문에 세로 쓰기 모드에서의 일본어의 경우 **flex-direction** 속성값이 **row**이면 다음 그림과 같이 플렉스 컨테이너는 위에서 아래쪽으로 컨텐츠를 배치하게 된다.

English	Japanese
flex-flow: row wrap; writing-mode: horizontal-tb;	**flex-flow: row wrap;** writing-mode: vertical-rl;

속성 | order – 유연한 박스의 배치 순서 지정하기 | CSS3

플렉스 항목들은 기본적으로 문서에 요소들이 표시되는 순서와 동일하게 배치하게 되는데 order 속성은 이러한 순서를 변경하는 속성이다.

속성 값	<integer>					
속성 특징	초기값	0	적용	플렉스 항목들과 절대값으로 위치한 플렉스 컨테이너의 자손들	상속	X
JavaScript	*object*.**style.order** = **"2"**					
사용 예제	div { **order**: 2 }					

속성에서 지정한 숫자 중에서 가장 낮은 번호의 요소가 가장 먼저 배치된다. 만일 order 값이 동일하게 지정된 경우에는 일반적인 흐름에 따라서 먼저 배치하게 된 요소가 우선한다. 다음 예제는 해당 속성 값의 변화를 준 결과를 나타낸 것이다.

예제	CSS3_08-01_FlexOrder.html

order: 3

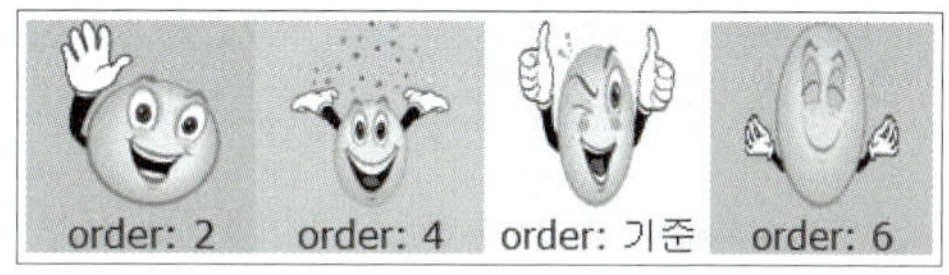

order: 5

1.4 유연성

플렉스 레이아웃의 모양은 사용 가능한 공간을 채우기 위해 폭 또는 높이를 변경할 수 있는 플렉스 항목 'flex'를 사용하여 변경하게 되는데, flex-grow 속성과 flex-shrink 속성을 사용하여 플렉스 컨테이너의 크기를 기준으로 플렉스 항목들의 확대 및 축소 비율을 지정할 수 있으며, flex-basis 속성을 사용하여 플렉스 항목의 기준 크기를 변경할 수 있다.

속성	flex-grow - 유연한 박스 폭의 확대 비율 지정하기	CSS3

flex-grow 속성은 플렉스 컨테이너 내에서의 플렉스 항목들을 배치할 때 **플렉스 항목들의 전체 폭이 플렉스 컨테이너의 폭보다 작을 경우에,** 이 플렉스 항목들 폭의 확대 비율을 지정하여 플렉스 컨테이너 폭에 맞게 자동으로 크기를 조절해주는 속성이다.

속성 값	<number>					
속성 특징	초기값	0	적용	플렉스 항목들	상속	X
JavaScript	*object*.**style.flexGrow** = **"3"**					
사용 예제	div { **flex-grow**: 3 }					

플렉스 항목들의 flex-grow 속성 값은 지정하지 않으면, 플렉스 컨테이너의 여유 공간이 있더라도 크기 조정을 하지 않는다. 하지만 속성 값이 지정되어 있는 경우에는 **속성 값에 따라서 플렉스 컨테이너의 여유 공간 내에서 자동으로 크기 조정이 된다.** 음수 값을 사용할 수 없으며, 생략된 경우에는 1로 설정된다.

다음의 예와 같이 지정한 플렉스 컨테이너의 폭과 확대 비율 값에 따라서 해당 플렉스 항목의 크기가 자동으로 조절된다. 예제에서는 플렉스 컨테이너의 폭을 각각 500px과 700px로 설정하였고, 플렉스 항목들의 속성 값은 기본으로 1로 설정하였다.

예제	CSS3_08-01_FlexGrow.html

flex-grow: 1 (width: 500px)

flex-grow: 3 (width: 500px)

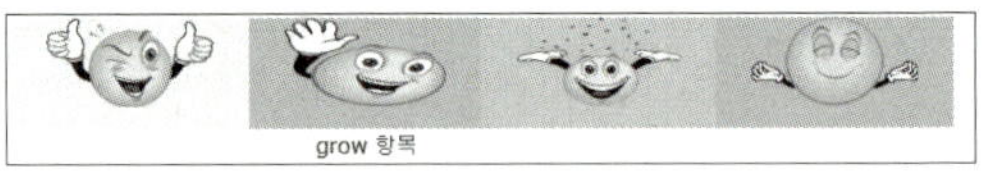

flex-grow: 1 (width: 700px)

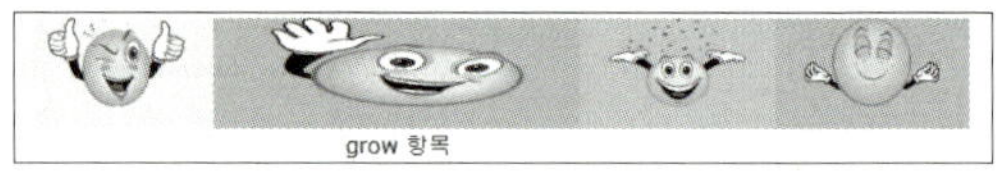

flex-grow: 3 (width: 700px)

속성	flex-shrink – 유연한 박스 폭의 축소 비율 지정하기	CSS3

flex-shrink 속성은 플렉스 컨테이너 내에서의 플렉스 항목들을 배치할 때 플렉스 항목들의 전체 폭이 플렉스 컨테이너의 폭보다 큰 경우에, 이 플렉스 항목들 폭의 축소 비율을 지정하여 플렉스 컨테이너에 맞게 자동으로 크기를 조절해주는 속성이다.

속성 값	<number>					
속성 특징	초기값	1	적용	플렉스 항목들	상속	X
JavaScript	*object*.style.**flexShrink** = "3"					
사용 예제	div { **flex-shrink**: 3 }					

flex-grow 속성과 마찬가지로 속성 값과 플렉스 컨테이너의 폭과 축소 비율에 따라서 여유 공간 내에서의 크기 조정이 된다. 다음의 예와 같이 지정한 축소 비율 값에 따라서 해당 플렉스 항목의 크기가 자동으로 조절된다. 예제에서는 플렉스 컨테이너의 폭을 300px으로, 플렉스 항목들의 폭을 각각 120px로 설정하였다.

예제	CSS3_08-01_FlexShrink.html

flex-shrink: 1

flex-shrink: 2

속성	flex-basis - 유연한 박스의 기준 폭 지정하기	CSS3

flex-basis 속성은 플렉스 컨테이너 내에서의 플렉스 항목들을 배치할 때, 플렉스 항목들의 기준 폭을 지정하는 속성이다.

속성 값	auto | <'width'>					
속성 특징	초기값	auto	적용	플렉스 항목들	상속	X
JavaScript	*object*.**style.flexBasis = "80px"**					
사용 예제	div { **flex-basis**: 80px }					

속성에서 사용할 수 있는 각 속성 값들은 다음과 같다.

속성 값	설명
auto	기준 폭을 플렉스 항목의 기본 크기(main size) 속성의 값이 되도록 지정한다. 이는 콘텐츠에 기초한 플렉스 항목의 크기를 의미한다.
width	width 속성에서 사용할 수 있는 값과 동일하게 플렉스 항목의 기준 폭을 지정한다. 만일 width 속성 값도 함께 지정되어 있다면 flex로 지정된 요소는 flex-basis 속성 값이 적용된다. 그러나 flex-basis 속성 값이 지정되어 있지 않으면 0%로 지정된다.

다음은 2번째 요소만 **flex-basis**로 지정한 예제의 결과를 나타낸 것으로, 플렉스 항목들의 전체 폭이 플렉스 컨테이너의 폭보다 커도 표시되는 것을 확인할 수 있다.

예제	CSS3_08-01_FlexBasis.html

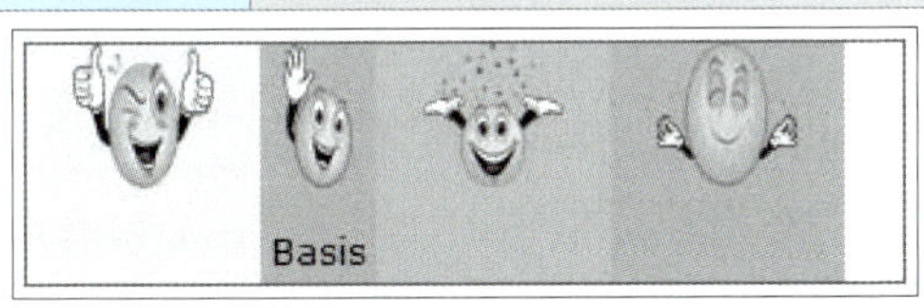

flex-basis: 40px

flex-basis: 60px

flex-basis: 80px

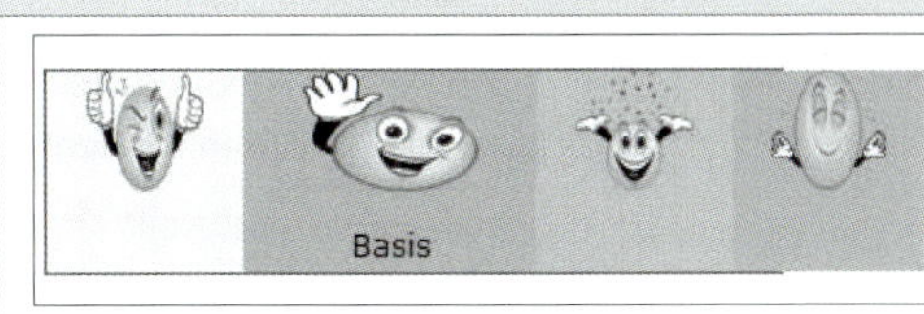

flex-basis: 120px

속성	flex - 유연한 박스 지정하기	CSS3

flex 속성은 flex-grow, flex-shrink, flex-basis 속성을 한번에 지정할 수 있는 대표 속성이다.

속성 값	none | [<'flex-grow'> <'flex-shrink'>? || <'flex-basis'>]					
속성 특징	초기값	개별 속성 참조	적용	플렉스 항목들	상속	X
JavaScript	*object*.**style.flex** = **"3 2 80px"**					
사용 예제	div { **flex**: 3 2 80px } /* flex: flex-grow flex-shrink flex-basis */					

1.5 정렬 지정하기

지금까지 살펴본 플렉스 항목들의 유연성이 끝나고 나면, 플렉스 컨테이너 내에서의 이러한 항목들이 정렬될 필요가 있다. 이때 **margin** 속성은 유사한 방식으로 플렉스 항목들을 정렬하는데 사용하지만 블록 레이아웃 방식보다 더 강하게 사용된다. 플렉스 항목 또한 기본 축과 교차축에서 박스 정렬 시의 방법을 따르지만 좀 더 쉬운 키워드를 사용한다. 이러한 키워드 속성들은 수평 및 수직 중심과 같은 CSS2.1 사양의 어려웠던 몇 가지를 포함하는 정렬의 많은 일반적인 방법들이다.

속성	justify-content - 유연한 박스의 정렬 방식 지정하기	CSS3

justify-content 속성은 플렉스 컨테이너 안에서 현재 줄의 기본 축을 따라서 플렉스 항목들의 정렬 방법을 지정하는 속성으로, **flex-direction** 속성 값(row 또는 column)에 따라서 **flex-start**와 **flex-end**가 결정되기 때문에 플렉스 항목들의 배치가 달라지게 된다.

속성 값	flex-start | flex-end | center | space-between | space-around					
속성 특징	초기값	flex-start	적용	플렉스 항목들	상속	X
JavaScript	object.**style.justifyContent** = **"center"**					
사용 예제	div { **justify-content**: center }					

속성에서 사용할 수 있는 각 속성 값들과 의미는 다음과 같다.

속성 값	설명
flex-start	첫 번째 플렉스 항목이 줄의 시작으로 배치되고 나머지 항목들은 가로로 배치된다. 
flex-end	플렉스 항목이 줄의 마지막으로 배치되고 앞의 항목들이 이어서 가로로 배치된다. 
center	플렉스 항목들이 가운데 가로로 배치된다. 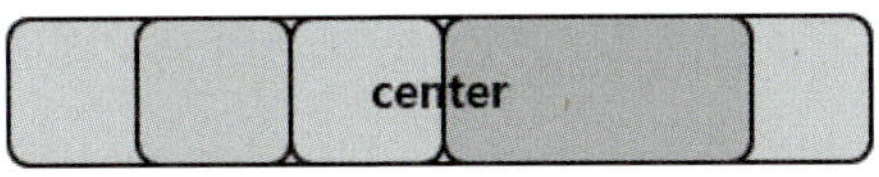
space-between	플렉스 항목들이 가로로 균일하게 배치되기 때문에 항목 간에는 공백이 자동으로 들어간다. 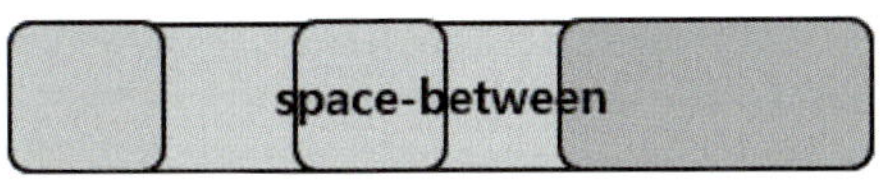
space-around	플렉스 항목들이 가로로 균일하게 배치되는데, 양끝의 여백은 균일한 공백의 절반이 자동으로 들어간다. 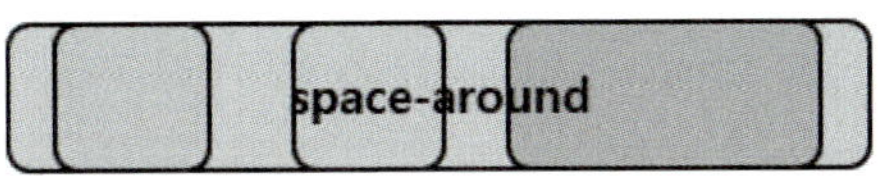

다음 예제는 각 속성 값들을 적용하여 나타낸 결과이다.

예제	CSS3_08-01_JustifyContent.html

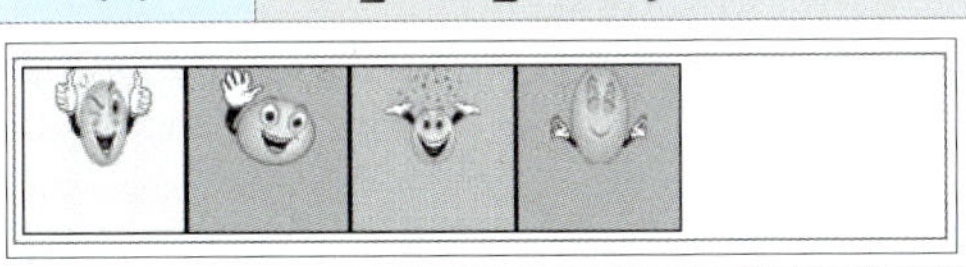

justify-content: flex-start

justify-content: flex-end

justify-content: center

justify-content: space-between	**justify-content**: space-around

속성	align-content – 유연한 박스의 콘텐츠 정렬 방식 지정하기	CSS3

justify-content 속성이 기본 축에서의 개별 항목들을 정렬하듯이, align-content 속성은 플렉스 컨테이너 안에서 교차 축(cross axis)의 여분의 공간이 있을 때 플렉스 컨테이너 줄의 정렬 방법을 지정하는 속성이다. 따라서 플렉스 컨테이너가 하나의 줄로 이루어져 있다면 이 속성의 효과는 적용되지 않는다.

속성 값	flex-start | flex-end | center | space-between | space-around | stretch					
속성 특징	초기값	stretch	적용	플렉스 항목들	상속	X
JavaScript	object.**style.alignContent** = **"center"**					
사용 예제	div { **align-content**: center }					

속성에서 사용할 수 있는 각 속성 값들과 의미는 다음과 같다.

속성 값	설명
stretch	줄이 나머지 공간을 차지하도록 플렉스 항목들의 높이를 늘린다. 여유 공간이 부족할 경우에는 flex-start와 동일하다. 하지만 그렇지 않으면 여유 공간은 모든 줄 사이에 균등하게 분할된다.
flex-start	플렉스 컨테이너의 첫 번째 줄이 cross-start 측에 배치되고 그 이후의 플렉스 컨테이너 줄들은 연속적으로 배치된다.
flex-end	플렉스 컨테이너의 마지막 번째 줄이 cross-end 측에 배치되고 그 이전의 플렉스 컨테이너 줄들은 연속적으로 배치된다.
center	플렉스 컨테이너 줄들이 세로 가운데로 배치된다.
space-between	플렉스 컨테이너 줄들이 세로로 균일하게 배치되고 줄 간의 공백이 자동으로 들어간다.
space-around	플렉스 컨테이너 줄들이 세로로 균일하게 배치되는데, 상단과 하단의 여백은 줄 간 공백의 절반이 자동으로 들어간다. 만일, 남은 여유공간이 모자라면 이 값은 center와 동일하다.

다음 예제는 각 속성 값들을 적용하여 나타낸 결과이다.

예제	CSS3_08-01_AlignContent.html	
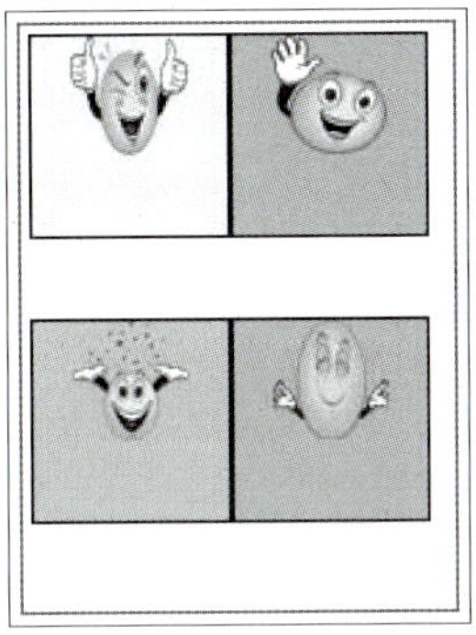	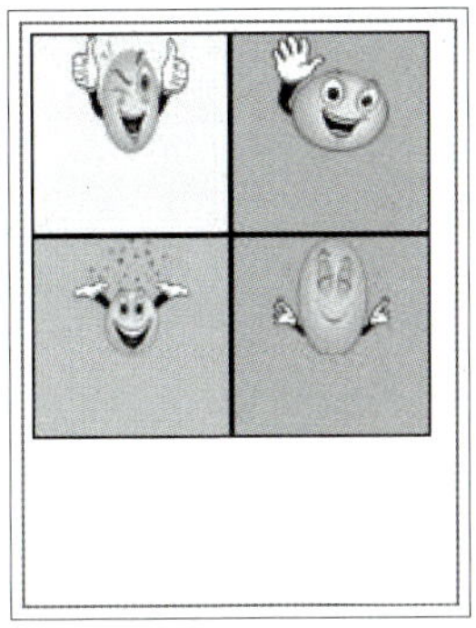	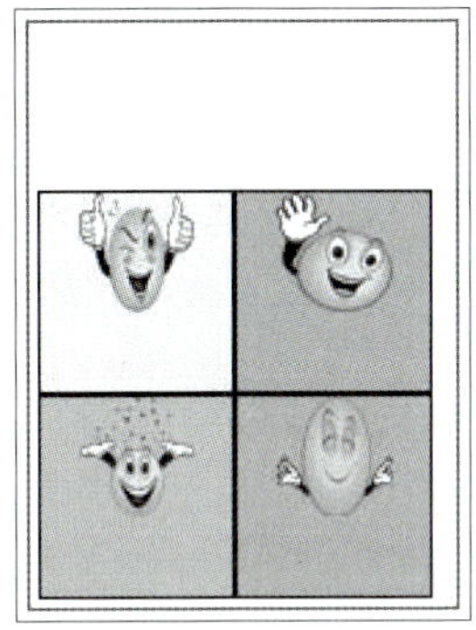
align-content: stretch	**align-content**: flex-start	**align-content**: flex-end
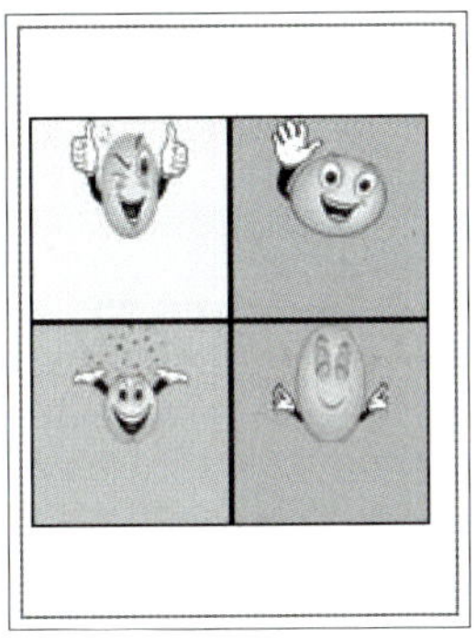	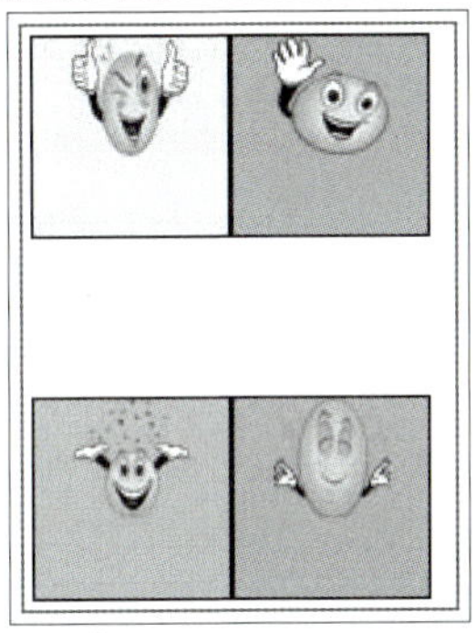	
align-content: center	**align-content**: space-between	**align-content**: space-around

1.6 유연한 박스의 교차 축 지정하기

플렉스 항목들은 justify-content 속성과 비슷하지만 플렉스 컨테이너의 현재 줄의 세로 방향에서 교차 축으로 정렬할 수 있다. align-items속성과 align-self 속성은 플렉스 컨테이너 줄의 높이에 따라 플렉스 항목들을 배치하는 교차 축을 지정하는 속성이다.

플렉스 컨테이너의 플렉스 항목들을 세로 방향으로 정렬할 때, 전체 항목들을 동일한 기준 축으로 지정할 때는 **align-item** 속성을 사용해야 한다.

속성	**align-items**					CSS3
속성 값	flex-start | flex-end | center | baseline | stretch					
속성 특징	초기값	stretch	적용	플렉스 항목들	상속	X
JavaScript	*object*.**style.alignItems** = **"center"**					
사용 예제	div { **align-items**: center }					

만일, 플렉스 항목마다 정렬 기준 축을 별도로 지정하고자 할 때는 **align-self** 속성을 사용해야 한다. 만일 플렉스 항목의 교차 축(cross-axis) 여백 중 하나가 auto이면 이 속성은 아무 효과를 보이지 않는다.

속성	**align-self**					CSS3
속성 값	auto | flex-start | flex-end | center | baseline | stretch					
속성 특징	초기값	auto	적용	플렉스 항목들	상속	X
JavaScript	*object*.**style.alignSelf = "center"**					
사용 예제	div { **align-self**: center }					

속성에서 사용할 수 있는 각 속성 값들과 의미는 앞에서 살펴본 내용들과 유사하며 다음과 같다.

속성 값	설명
auto	align-serif 속성의 기본값으로, 부모 요소의 align-item 값으로 계산되거나 부모가 없는 요소를 교차 축의 높이만큼 늘린다.
stretch	교차 크기에 공간을 차지하도록 플렉스 항목들의 높이를 늘리도록 지정한다.
flex-start	플렉스 항목이 cross-start 측에 배치되도록 지정한다.
flex-end	플렉스 항목이 cross-end 측에 배치되도록 지정한다.
center	플렉스 항목이 교차 축(cross axis)의 세로 가운데로 배치되도록 지정한다.
baseline	플렉스 항목의 인라인 축이 교차 축과 동일하면 flex-start와 동일하지만, 그렇지 않으면 baseline 정렬이 되도록 한다.

다음 예제는 **align-items**의 각 속성 값들에 대한 결과를 나타낸 것이다.

예제 CSS3_08-01_AlignItems.html

align-items: stretch

align-items: flex-start

align-items: flex-end

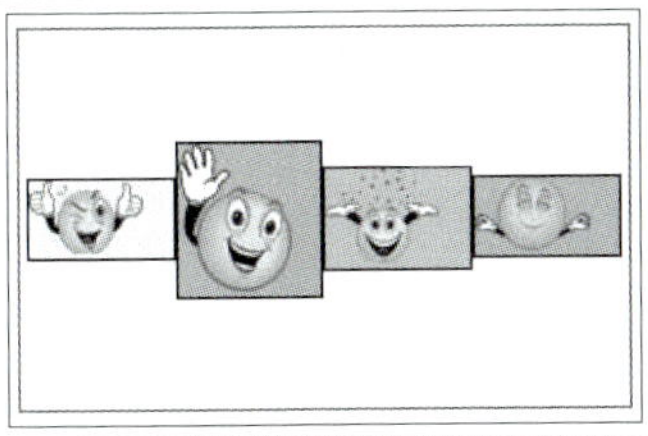		
align-items: center	**align-items**: baseline	

다음 예제는 **align-self**의 각 속성 값들에 대한 결과를 나타낸 것이다.

예제	CSS3_08-01_AlignSelf.html	
	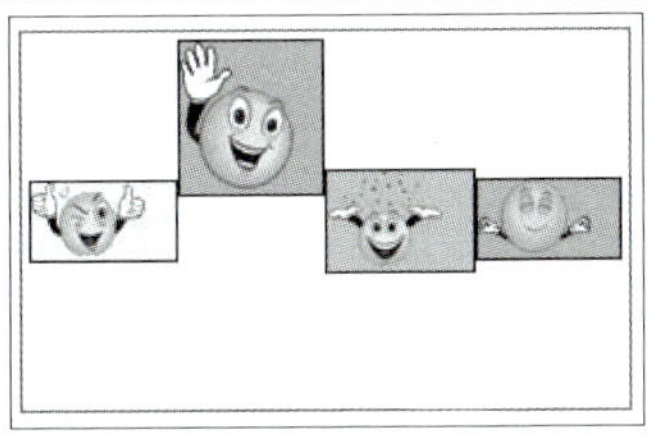	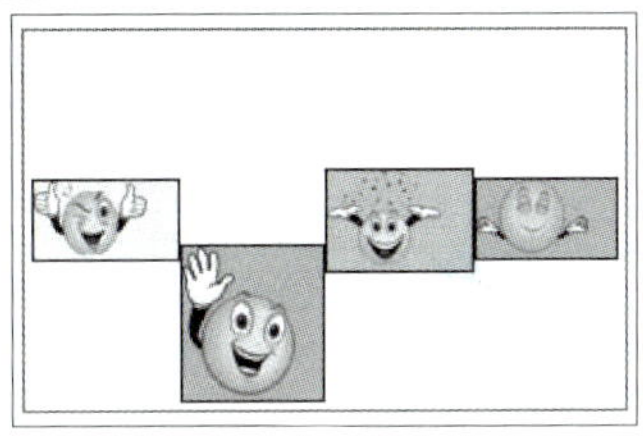
align-self: auto	**align-self**: flex-start	**align-self**: flex-end

align-self: center	**align-self**: baseline	**align-self**: stretch

Section 02 그리드 레이아웃(Grid Layout)

웹 개발자 또는 디자이너들은 웹 문서의 레이아웃에 관한 한 여러 옵션을 가지게 된다. 즉, 사용할 방법을 결정할 때에 고려되는 중요한 사항들은 레이아웃이 서로 다른 장치, 방향 및 화면 크기에 적응할 수 있도록 하는 것이다. 그리드 레이아웃은 브라우저 창 내에서 사용 가능한 공간이나 고정된 공간, 또는 이 둘의 조합을 기반으로 웹 문서의 주 영역 공간을 분할할 수 있는 새로운 레이아웃 방법이다.

이번 절에서는 CSS3 모듈의 하나로, CSS3에서 새롭게 추가된 기능인 그리드 레이아웃에 대하여 설명한다. 그리드 레이아웃에 대한 내용들은 표준화 문서를 참조하여 작성하였으므로, 좀 더 자세한 내용을 살펴보고자 한다면 아래 사이트에서 해당 문서를 참고하도록 하자.

표준화 문서	CSS Grid Layout Module Level 1 (2014-05-20) - http://dev.w3.org/csswg/css-grid/
표준화 단계	W3C Editor's draft (2014-05-20)

※ 아직은 주요 브라우저에서 일부 기능(그리드 레이아웃 생성, 행 및 열 위치 지정)만 지원되고 있으며, 지면 관계상 많은 내용을 언급하지 못하기 때문에 다음의 마이크로소프트사의 그리드 레이아웃을 소개한다(예제 폴더의 작성된 예제 GridSample_MS.html를 참고하도록 하자).

- 그리드 레이아웃 설명
  - http://msdn.microsoft.com/ko-kr/library/ie/hh673533(v=vs.85).aspx
- CSS 그리드를 사용하여 적응 레이아웃을 만드는 방법
  - http://msdn.microsoft.com/ko-kr/library/ie/jj553856(v=vs.85).aspx

2.1 그리드 레이아웃 배경

그리드 레이아웃은 유연한 박스 레이아웃과 마찬가지로 플로팅(float) 이나 자바스크립트를 사용한 배치 방법보다 더 나은 레이아웃의 유연성을 제공한다. 따라서 웹 문서 및 웹 응용 프로그램의 주요 영역에 공간을 분할하고 크기 및 위치, 그리고 계층과 관련하여 HTML 컨트롤간의 관계를 정의할 수 있다. 이렇게 되면 고정된 레이아웃을 만들 필요가 없게 된다(고정된 레이아웃에서는 브라우저 창 내의 사용 가능한 공간을 활용할 수 없다).

그리드 레이아웃은 다음 그림과 같이, 표 요소와 마찬가지로 열과 행으로 지정한 요소를 배치할 수 있지만, 표와는 달리, 그리드 레이아웃에는 콘텐츠 구조가 없기 때문에 HTML의 표 또는 CSS를 통해서는 불가능하거나 수행하기 아주 어려운 레이아웃을 만들 수 있다. 예를 들어, 그리드 컨테이너의 하위 요소들을 겹치도록 배치할 수 있다. 또한, 그리고 미디어 쿼리와 함께 사용하면 장치에 대한 폼 팩터(factors), 방향, 사용 가능한 공간 등의 변경에 맞추어 레이아웃을 더욱 원활하게 조정할 수 있게 된다.

다음 그림은 그리드 컨테이너에서 grid-template-rows 와 grid-template-columns 속성을 사용하여 각 그리드 항목(grid item)들인 A(Title 영역), B(Stats 영역), C(Score 영역), D(Board 영역), 그리고 E(Controls 영역)의 위치와 공간을 정의한 것이다. 그리고 그리드 항목 D와 E는 사용 가능한 공간에서 세로 및 가로 방향으로 확장이 자동으로 이루어지는 영역이

된다. 이러한 각 그리드 항목들은 grid-row와 grid-column 속성을 이용하여 위치를 지정할 수 있다.

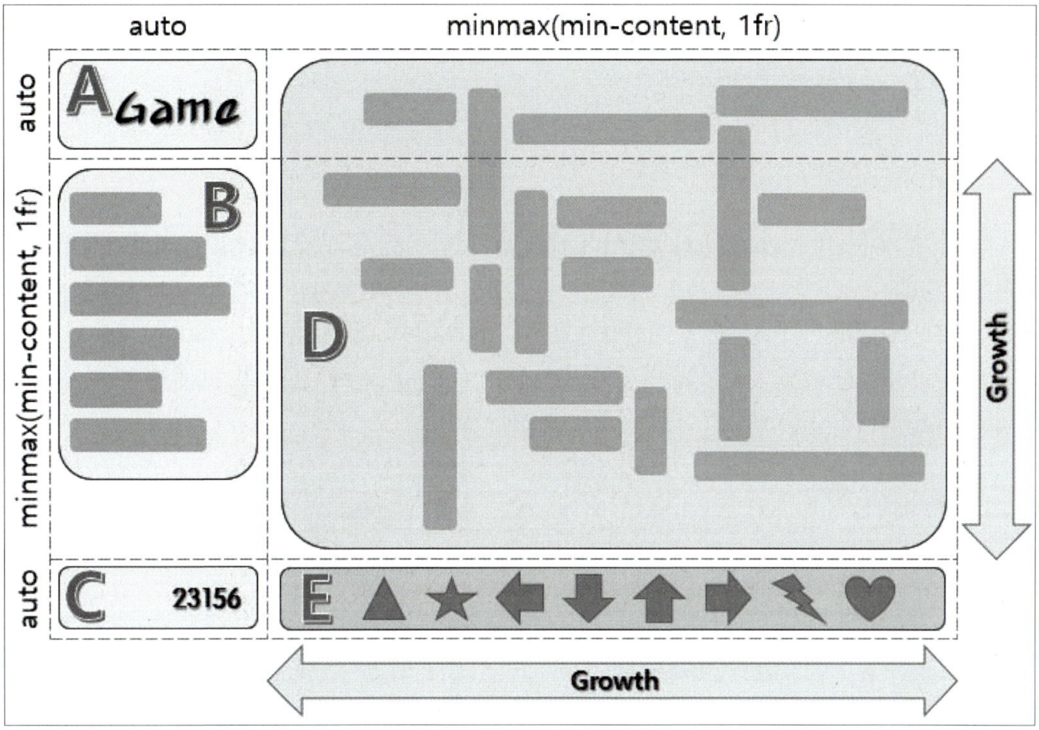

사용 가능한 공간의 변경에 따른 D와 E 부분의 크기 변화를 보여주는 그리드 레이아웃

CSS와 HTML 코드로 나타내면 다음과 같다(자세한 내용은 이후에 설명하는 내용을 참고한다).

사용 예제	

CSS	#grid {
	    display: grid;
	    grid-template-columns: auto minmax(min-content, 1fr);
	    grid-template-rows: auto minmax(min-content, 1fr) auto
	}

CSS	#title { grid-column: 1; grid-row: 1 } #score { grid-column: 1; grid-row: 3 } #stats { grid-column: 1; grid-row: 2; justify-self: start } #board { grid-column: 2; grid-row: 1 / span } #controls { grid-column: 2; grid-row: 3; align-self: center }

HTML	

```
<div id="grid">
    <div id="title">Game Title</div>
    <div id="score">Score</div>
    <div id="stats">Stats</div>
    <div id="board">Board</div>
    <div id="controls">Controls</div>
</div>
```

이러한 레이아웃의 구조는 데스크탑이나 태블릿, 스마트폰 등과 같은 다양한 디바이스에서의 사용할 수 있는 공간에 따라 그리드 항목들(게임 구성 요소)의 배치를 최적화 할 수 있다. 특히, 미디어 쿼리와 그리드 레이아웃을 결합함으로써 다음과 같은 두 방향에서의 원하는 배치를 하기 위하여 동일한 요소들을 사용하지만, 소스의 순서와 관계없이 레이아웃을 재배치 할 수 있다. 다음은 이러한 레이아웃 배치 구조와 CSS를 나타낸 것이다.

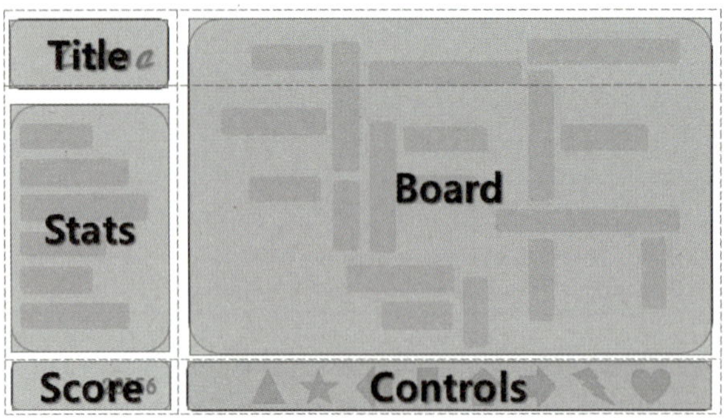

가로 방향(Landscape)에 적절한 배치

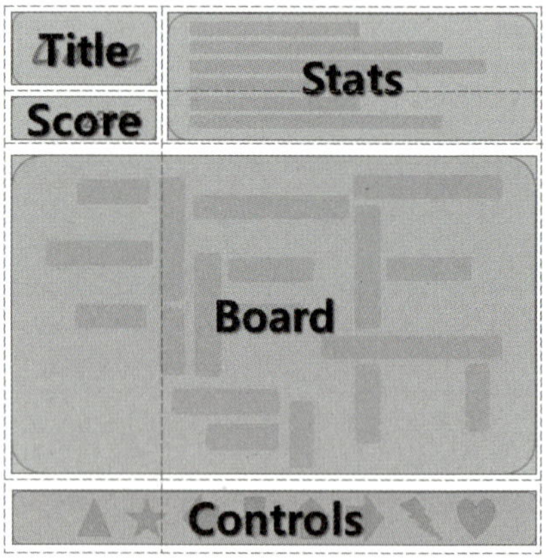

세로 방향(Portrait)에 적절한 배치

사용 예제

CSS	

```
#grid { display: grid;
    grid-template-areas: "title stats"
                         "score stats"
                         "board board"
                         "ctrls  ctrls"
```

CSS	

```
        grid-template-columns: auto minmax(min-content, 1fr);
        grid-template-rows: auto auto minmax(min-content, 1fr) auto
}
@media (orientation: landscape) {
#grid { display: grid;
        grid-template-areas: "title board"
                             "stats board"
                             "score ctrls"
        grid-template-columns: auto minmax(min-content, 1fr);
        grid-template-rows: auto minmax(min-content, 1fr) auto
    }
}
#title    { grid-area: title }
#score    { grid-area: score }
#stats    { grid-area: stats }
#board    { grid-area: board }
#controls { grid-area: ctrls }
```

2.2 그리드 레이아웃 개념 및 용어

그리드 레이아웃은 일반적으로 다음 그림과 같이 가로 및 세로의 그리드 라인이 교차하는 격자 구조(가로 3개 및 세로 4개의 라인)를 갖고 있다.

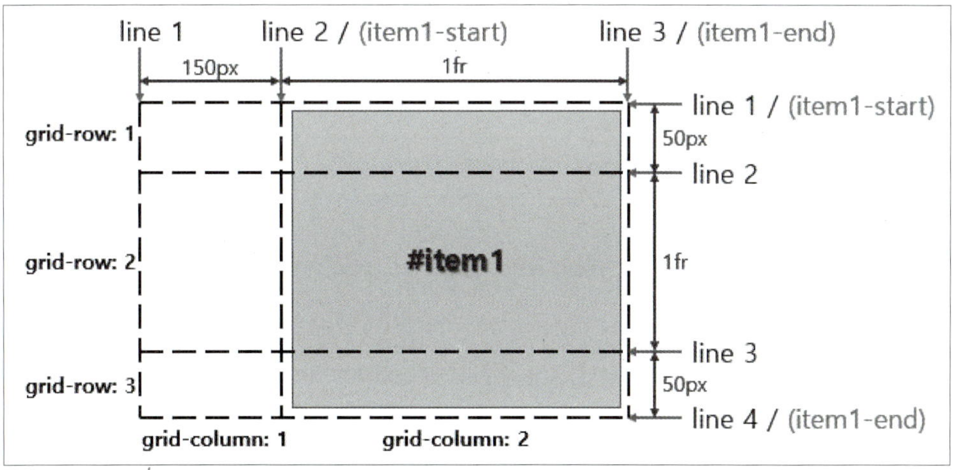

■ 그리드 라인(Line)

그리드 라인은 그리드의 가로 및 세로의 분할 선을 나타내는 것으로, 열(grid-column)이나 행

(grid-row)의 양쪽에 존재하기 때문에 1번째 열(grid-column: 1)은 왼쪽에 line1이 오른쪽에 line2가 위치하게 된다. 이러한 그리드 라인은 그리드 컨테이너의 공간을 그리드 영역으로 분할하는 역할을 하고, 그리드 항목(그리드 컨테이너의 콘텐츠)이 이러한 그리드 라인에 위치하고 정렬되어 배치하게 된다. 다음의 예제는 2개의 열을 구분하는 3개의 그리드 라인과 3개의 행을 구분하는 4개의 그리드 라인을 생성하는 예로서 앞의 그림을 나타낸 것이다.

사용 예제 ※그리드 라인의 숫자 인덱스 사용

```
#grid { display: grid;
    grid-template-columns: 150px 1fr; /* 2개의 열을 가짐 */
    grid-template-rows: 50px 1fr 50px /* 3개의 행을 가짐 */
}
#item1 { grid-column: 2; grid-row: 1 / span 2; } /* 2번째 열, 1번째 행에서 3번째 행까지 확장 */
```

- grid-template-column: 150px 1fr : 첫 번째 열의 크기를 150픽셀로 지정하고 2번째 열의 크기는 유연한(flexible) 크기를 갖도록 지정하였기 때문에 그리드 컨테이너 변화에 따라서 크기가 달라질 수 있다.

▣ 그리드 라인의 이름 사용: 〈custom-ident〉*

그리드 라인은 앞의 예와 같이 숫자 인덱스로 지정할 수 있지만, 지정한 이름(그림에서 item-start 및 item1-end와 같은)을 사용하여 대신할 수 있다. 그리드 라인의 이름을 사용하면 매우 편리하게 그리드 레이아웃을 구성할 수 있다. 앞의 예제가 그리드 라인의 번호를 사용하여 그리드 항목을 어떻게 배치하는지를 나타내었다면, 다음 예제는 그리드 라인에 이름을 지정하고, 이 이름을 사용하여 그리드 항목을 어떻게 배치하는지를 나타낸 것이다.

사용 예제 ※그리드 라인의 이름 사용

```
#grid { display: grid;
    grid-template-columns: 150px (item1-start) 1fr (item1-end);
    grid-template-rows: (item1-start) 50px 1fr 50px (item1-end);
}
#item1 { grid-column: item1-start / item1-end; grid-row: item1-start / item1-end }
```

- grid-template-columns: 150px *(item1-start)* 1fr *(item1-end)* : 두 번째 열(1fr)의 왼쪽과 오른쪽의 그리드 라인의 이름을 각각 item1-start와 item1-end로 명시하여 지정한 것이다.

그리드 라인의 이름은 다음 예제와 같이 여러 이름을 지정할 수도 있다.

사용 예제

```
#grid { display: grid;
   grid-template-columns: (first nav) 150px (main) 1fr (last);
   grid-template-rows: (first header) 50px (main) 1fr (footer) 50px (last)
}
#menu { grid-column: nav; grid-row: main; }
#header { grid-column: main; grid-row: header; }
#article { grid-column: main; grid-row: main; }
```

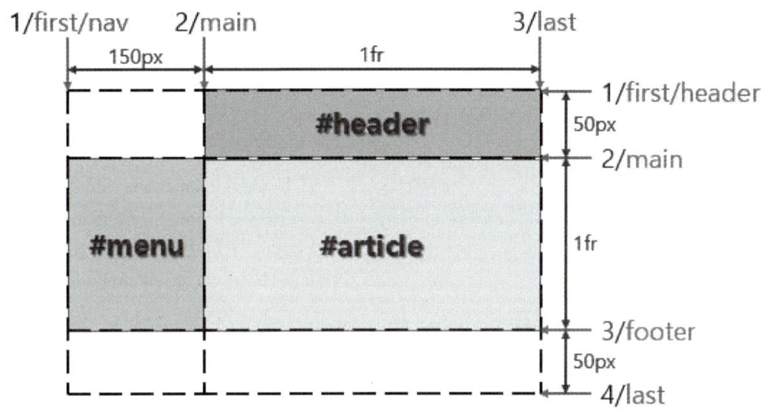

■ 그리드 트랙(Track)

그리드 트랙은 그리드 열과 행에 대한 또 다른 이름의 일반적인 용어로서, 두 개의 인접하는 그리드 라인 사이의 공간을 의미하며 지정한 요소들이 위치하게 될 가상의 그리드를 의미한다. 따라서 트랙의 폭이나 높이는 그리드 컨테이너에 따라서 커질 수 있기 때문에 그리드 라인이 얼마나 떨어져 있는지를 나타낸다. 위 예제에서의 grid-template-columns 및 grid-template-rows가 트랙에 해당된다.

■ 그리드 셀(Cell)

그리드 셀은 두 개의 인접한 행이나 열의 그리드 라인 사이의 공간으로서, 그리드 항목을 위치할 때 참조할 수 있는 최소 단위를 나타낸다. 엑셀에서의 셀과 동일한 의미를 갖기 때문에 #menu는 2번째 행의 1번째 열의 한 개 셀의 크기를 차지한다. 앞의 그리드 라인의 그림에서 2번째 셀(열)의 크기(1fr)는 유연한 크기를 갖도록 지정되었기 때문에, 그리드 컨테이너의 폭이 200픽셀이라면 50픽셀이 된다. 하지만 그리드 컨테이너의 폭이 100픽셀이라면 2번 열의 크기는 0픽셀이 되면서 열에 위치한 모든 콘텐츠는 넘침(overflow)이 발생할 것이다.

▣ 그리드 영역(Areas)

그리드 영역은 하나 이상의 그리드 항목을 배치하는데 사용되는 논리적인 공간을 의미한다. 그리드 영역은 그리드 컨테이너의 grid-template-areas 속성을 이용하여 명시적으로 이름을 지정할 수 있으며, 그리드 라인의 경계에 의해 암시적으로 참조될 수 있다. 그리드 항목의 경우, 다음과 같이 손쉽게 그리드 영역에 할당될 수 있다.

사용 예제

```
#grid { display: grid;
        grid-template-areas: ". a"
                             "b a"
                             ". a";
  grid-template-columns: 150px 1fr;
grid-template-rows: 50px 1fr 50px
}
```

```
#item1 { grid-area: a }
#item2 { grid-area: b }
#item3 { grid-area: b }

#item2 { align-self: start }
#item3 { align-self: end; justify-self: end; }
```

- item2와 item3는 동일한 영역에 할당되지만, 서로 다른 위치에 정렬됨을 볼 수 있다.

2.3 그리드 컨테이너 및 항목

▣ 그리드 컨테이너(Container)

블록 컨테이너를 생성하듯이 display 속성에 grid와 inline-grid 속성 값을 이용하면 새로운 그리드 형식의 컨테이너를 만들 수 있으며, 블록 컨테이너처럼 콘텐츠에 대한 포함된 블록을 형성한다.

속성	display	CSS3
속성 값	**grid**	**inline-grid**
JavaScript	object.**style.display** = **"grid"**	object.**style.display** = **"inline-grid"**
사용 예제	div { **display**: grid }	div { **display**: inline-grid }

속성에서 사용할 수 있는 각 속성 값들과 의미는 앞에서 살펴본 내용들과 유사하며 다음과 같다.

속성 값	설명
grid	블록 레벨의 그리드 컨테이너를 생성하는 요소를 지정한다.
inline-grid	인라인-레벨의 그리드 컨테이너를 생성하는 요소를 지정한다.

그리드 컨테이너는 다음과 같은 특징을 가진다.

- float 속성은 그리드 컨테이너에 침범하지 않는다.
- 그리드 컨테이너의 여백은 콘텐츠간의 여백을 통합(collapse)하지 않는다.
- overflow 속성은 그리드 컨테이너에 적용된다.
- 그리드 컨테이너는 블록 컨테이너가 아니기 때문에, 블록 레이아웃으로 가정하여 디자인된 일부 속성들은 그리드 레이아웃에 적용되지 않는다.
- 다단(multicol_ 모듈에 있는 'column-*' 와 관련된 모든 속성들은 그리드 컨테이너에서는 효과가 없다.
- float 및 clear 는 그리드 항목에 영향을 주지 않지만, float 속성은 여전히 그리드 항목이 결정되기 전에 발생된 그리드 컨테이너의 자식 요소에 대한 display 속성의 계산된 값에는 영향을 준다.
- vertical-align 속성은 그리드 항목에 영향을 주지 않는다.
- ::first-line과 ::first-letter 가상 요소는 그리드 컨테이너에는 적용되지 않는다.

▣ 그리드 항목(Items)

그리드 컨테이너의 콘텐츠는 하나 이상의 그리드 항목으로 구성되어 있다. 그리드 컨테이너의 각 자식들은 그리드-레벨의 박스로써, 그리드 항목이 된다. 그리고 그리드 컨테이너 내에 연속적으로 포함되어 있는 텍스트는 익명의(anonymous) 그리드 항목에 포함된다. 그러나, 익명의 그리드 항목은 오직 공백만을 포함하기 때문에 표시되지 않는다(display: none 인 것처럼).

- order 속성을 그리드 항목에 적용시킬 수 있기 때문에 그리드 항목들이 배치되는 순서를 정할 수 있다.
- 그리드 컨테이너 자식의 위치는 justify-self 및 align-self 값에 의해 영향을 받지만, 대부분의 다른 레이아웃 모델에서와 같이 절대적으로 위치한 자식은 포함 블록이나 콘텐츠 레이아웃의 크기에는 영향을 주지 않는다.

> **유의할 점**
>
> 만일, 요소에 지정된 display 속성 값이 'inline-grid'이고 해당 요소가 float 또는 절대적으로(absolutely) 배치된 경우에는 display 속성 값은 'grid'가 됨을 유의하도록 하자.

2.4 그리드 레이아웃 만들기

display 속성을 이용하여 해당 요소를 그리드 컨테이너로 만든 후, 3가지 속성인 grid-template-rows, grid-template-columns, 그리고 grid-template-areas 속성을 사용하여 그

리드 컨테이너의 명시적인 그리드를 정의해야 한다. 명시적인 그리드의 크기는 이 3가지 속성에 의해 정의된 행 및 열의 개수에 의해서 결정된다. 그리고 'grid-template' 속성은 이 3가지의 속성을 동시에 모두 설정하는 속성이다.

만일, 명시적인 그리드가 grid-template-areas 속성에 의해 정의되어 있지만, grid-template-rows 및 grid-template-columns 속성에 의해 그리드의 크기가 지정되어 있지 않다면, 그리드의 크기는 grid-auto-rows 및 grid-auto-columns 속성에 의해 결정된다.

그리드 항목을 배치하는 속성에 지정되는 숫자 인덱스는 1부터 시작하여 그리드의 가장자리부터 계산된다. 이 때, 지정된 값이 양수이면 before 및 start측면에서 계산되고, 음수이면 after 및 end 측면에서 계산된다.

2.4.1 트랙(열 및 행) 크기 지정

grid-template-columns 속성은 각 그리드 열의 폭을 지정하고 grid-template-rows 속성은 각 그리드 행의 높이를 지정하는 것이다. 열의 폭 및 행의 높이를 지정할 때, 각각의 열 및 행은 공백으로 구분하여 지정한다.

<table>
<tr><td>속성</td><td>grid-template-columns, grid-template-rows</td><td>CSS3</td></tr>
<tr><td rowspan="2">속성 값</td><td colspan="2">none | <track-list> | subgrid <line-name-list>?</td></tr>
<tr><td colspan="2"><track-list> = [<line-names>? [<track-size> | <repeat()>]]+ <line-names>?
<track-size> = minmax(<track-breadth> , <track-breadth>) | auto | <track-breadth>
<track-breadth> = <length> | <percentage> | <flex> | min-content | max-content
<line-names> = (<custom-ident>*)
<line-name-list> = [<line-names> | repeat(<positive-integer>, <line-names>+)]+</td></tr>
</table>

속성에서 사용할 수 있는 각 속성 값들과 의미는 다음과 같다.

속성 값	설명
length	표준 길이 단위의 음수가 아닌 길이를 나타낸다.
percentage	음수가 아닌 백분율을 나타낸다. 그리드 컨테이너의 열 폭(논리적인 폭) 및 행 높이(논리적인 높이)의 범위를 기준으로 하고 범위의 크기가 불명확한 경우에는 auto 값으로 계산된다.
flex	트랙의 flex 계수(factor)로 지정되는 단위 'fr'를 사용하여 양수 값의 크기로 지정한다. <flex> 크기로 지정된 트랙은 flex 계수에 비례하여 나머지 공간을 유연하게(flexible) 공유한다.
max-content	그리드 트랙을 차지하고 있는 그리드 항목의 최대 크기(폭 또는 높이)를 나타낸다.
min-content	그리드 트랙을 차지하고 있는 그리드 항목의 최소 크기(폭 또는 높이)를 나타낸다.

minmax (min, max)	사용 가능한 공간이 허용하는 대로 폭 또는 높이의 크기 범위가 min과 max 사이에서 지정된다. 만일, max < min인 경우에는 max는 무시되고 minmax(min, max)는 min으로 처리된다. 최대치로서의 <flex> 값은 트랙의 flex 계수를 설정하고, 최소치는 0으로(그리드 컨테이너가 min-content) 처리된다.
auto	내부 항목을 기준으로 열의 폭 또는 행의 높이가 자동으로 지정된다. 따라서 minmax(min-content, max-content)로 계산된다.
none	명시적인 그리드가 없음을 나타낸다.
subgrid	그리드가 그 축에서 상위 그리드에 정렬됨을 나타내는 것으로, 명시적으로 행 및 열의 크기를 지정하는 대신에 부모 그리드의 정의에서 값을 취하도록 지정한다.

다음은 다양한 방법으로 트랙의 크기를 지정한 예를 나타낸 것이다.

사용 예제

```
grid-template-columns: 100px 1fr max-content minmax(min-content, 1fr);
grid-template-rows: 1fr minmax(min-content, 1fr);
grid-template-rows: 10px repeat(2, 1fr auto minmax(30%, 1fr));
grid-template-rows: calc(4em - 5px)
```

▣ 유연한 크기를 나타내는 'fr' 단위

유연한 크기 또는 〈flex〉는 'fr' 단위를 갖는 크기로서 그리드 컨테이너 내의 자유 공간의 비율을 분수(fraction)로 나타낸다. 즉, 사용 가능한 공간을 분수 값에 따라 열 또는 행 사이에 나누어야 함을 나타내는 분수 단위이다. 따라서 다음과 같이 동일한 행이나 열 사이에 분할되어 있는 전체 자유 공간을 flex 계수의 비율로 나누어서 다른 트랙 사이에 분포되어 계산된다.

$$\frac{(\text{열 또는 행의 <flex> 자유 공간})}{(\text{모든 flex 계수들의 합})}$$

다음은 4개의 열로 이루어진 그리드 레이아웃을 구성한 예제를 나타낸 것으로, 총 3개의 분수 단위가 있으므로 열 3은 자유 공간의 1/3(3개 분수 단위 중 1개 분수 단위)이 할당되고 열 4에는 자유 공간의 2/3가 할당된다.

사용 예제

```
#grid { display: grid;
   grid-template-columns: auto 100px 1fr 2fr;
   grid-template-rows: 1fr }
```

- 1번째 열(auto 키워드)의 크기는 콘텐츠에 맞게 자동으로 조정된다.
- 2번째 열("100px")의 크기는 100픽셀 크기만큼의 폭을 차지한다.
- 3번째 열("1fr")의 크기는 남은 자유 공간의 1/3만큼의 크기를 차지한다.
- 4번째 열("2fr")의 크기는 남은 자유 공간의 2/3만큼의 크기를 차지한다.

다음의 예를 하나 더 살펴보도록 하자

사용 예제

```
#myGrid { display: grid;
   grid-template-columns: 100px 1fr max-content minmax(min-content, 1fr)
   grid-template-rows: 1fr }
```

- 2번째 열의 크기는 사용할 수 있는 자유 공간의 1/2만큼의 크기로 계산된다.
- 3번째 열의 크기는 요소의 콘텐츠가 차지하는 최대 크기로 계산된다.
- 4번째 열의 크기는 요소의 콘텐츠가 차지하는 최소 영역부터 사용할 수 있는 자유 공간의 1/2만큼의 크기로 계산된다.

오른쪽 그림은 3개의 열(2fr, 1fr, 1fr)이 2:1:1의 비율 크기로 지정되며, 2개의 행(5fr, 2fr)이 5:2의 비율 크기로 지정됨을 나타낸 것이다.

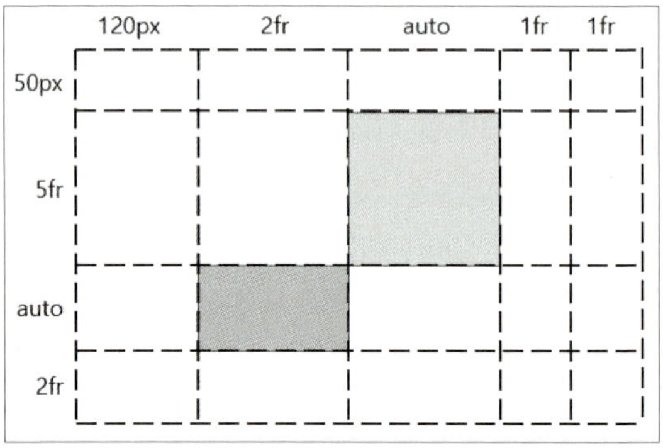

▣ 트랙(행과 열)의 반복을 나타내는 'repeat()' 표기법

동일하거나 반복 패턴을 보이는 많은 열이나 행이 있는 경우, 다음과 같은 반복 구문을 적용하여 보다 간결한 형식으로 열이나 행을 정의할 수 있다.

```
repeat() = repeat( <positive-integer> , [ <line-names>? <track-size> ]+ <line-names>? )
```

다음 두 예제는 동일한 것으로, 열의 트랙이 반복 패턴(250px 열 뒤에 10px의 여백이 있음)을 갖는다.

사용 예제

```
#grid { display: grid;
        grid-template-columns: 10px 250px 10px 250px 10px 250px 10px 250px 10px 5px;
        grid-template-rows: 1fr }
```

```
#grid { display: grid;
        grid-template-columns: 10px repeat(4, 250px 10px) 5px;
        grid-template-rows: 1fr }
```

그리드 라인의 이름 병합

만일, 서로 다른 2개의 그리드 라인의 이름이 인접하여 있다면, 이름들은 병합되어 동일한 그리드 라인의 이름들로 사용된다. 다음 2개의 예는 완전히 동일하다.

repeat(2, (a) 1fr (b))	(a) 1fr (b a) 1fr (b)

■ subgrid 키워드

display 속성 값을 gird로 지정함으로써, 그리드 항목 자체가 그리드 컨테이너가 될 수 있지만, 그리드 콘텐츠의 레이아웃은 그리드 레이아웃과는 무관하다. 그러나 여러 그리드 항목들의 콘텐츠가 서로 정렬할 필요가 있을 때가 있다. grid-template-rows 및 grid-template-columns속성의 subgrid 키워드를 사용하면, 부모 그리드 컨테이너를 기준으로 그리드의 행 또는 열의 크기를 조정할 수 있도록 참여하여, subgrid로 지정된 그리드 항목들의 그리드 콘텐츠가 정렬할 수 있도록 해준다.

다음은 ul 요소를 그리드 컨테이너로 정의하고, 1행 2열의 레이아웃을 구성한 예제와 결과를 나타낸 것이다.

사용 예제

CSS

```
ul { display: grid;
     grid-auto-flow: row;
     grid-template-columns: auto 1fr;
}
li { display: grid;  grid: subgrid;
     border: solid; margin: 0.5em; padding: 0.5em; }
label { grid-column: 1; }
input { grid-column: 2; }
```

HTML

```
<ul>
    <li><label>이름:</label> <input name=fn>
    <li><label>주소:</label> <input name=address>
    <li><label>전화:</label> <input name=phone>
/ul>
```

다음 결과에서 알 수 있듯이, 브라우저 창의 크기를 변경하여 그리드 컨테이너(ul)의 크기를 변경하면, 1번째 열의 크기는 변경되지 않지만, 2번째 열의 크기는 변경됨을 확인할 수 있다(input 요소의 크기는 변경되지 않는다).

예제	CSS3_08-02_SubGrid.html
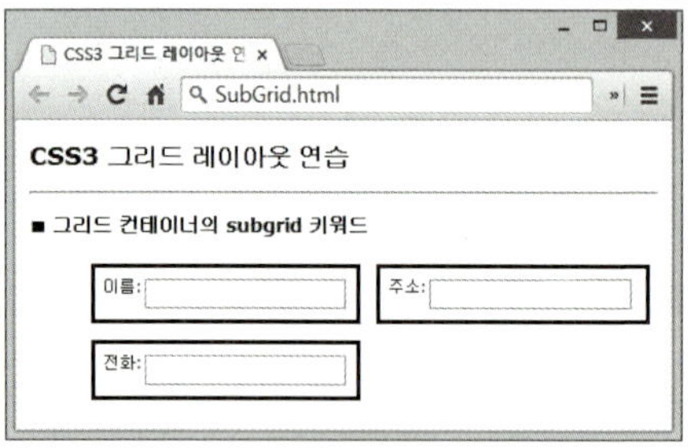	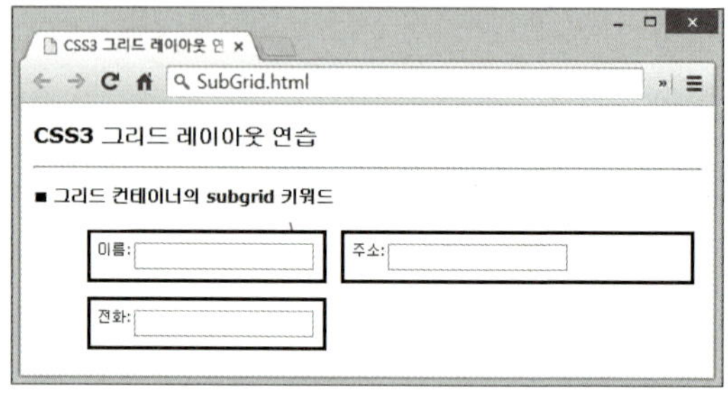
초기 화면	창의 크기 변화로, 그리드 컨테이너의 2열 크기가 변경됨

2.4.2 그리드 영역 이름

앞에서 설명한 바와 같이, 그리드 영역은 하나 이상의 그리드 항목을 배치하는데 사용되는 논리적인 공간이고, grid-template-areas 속성은 특정 그리드 항목과 관련되지 않은 그리드 영역에 이름을 지정하는 속성이다. 그리고 그리드 항목을 배치할 때 이 영역 이름을 참조할 수 있다.

속성	grid-template-areas					CSS3
속성 값	none | <string>+					
속성 특징	초기값	none	적용	그리드 컨테이너들	상속	X

속성에서 사용할 수 있는 각 속성 값들과 의미는 다음과 같다.

속성 값	설명
none	그리드 컨테이너가 그리드 영역의 이름을 정의하지 않도록 지정한다.
<string>+	행은 속성에 나열된 모든 문자열을 분리하여 생성하고, 열은 각 문자열의 각 셀에 대하여 생성된다.

다음의 예는 4개의 그리드 영역 이름을 가진 3개의 행과 2개의 열을 생성하는 예제를 나타낸 것으로, head 영역은 1개의 행과 2개의 영역에 걸쳐 있는 것을 볼 수 있다.

사용 예제

#grid { display: grid; grid-template-areas: "head head" "nav main" "foot . " }	#grid > header { grid-area: head; } #grid > nav { grid-area: nav; } #grid > main { grid-area: main; } #grid > footer { grid-area: foot; }

grid-template-areas 속성은 템플릿의 그리드 이름 영역으로부터 보이지 않는 라인을 만들고 이 라인에 이름을 지정하고 각각 row-start, column-start, row-end, 그리고 column-end라고 부른다. 이렇게 명명된 라인 이름들은 grid-template-rows/grid-template-columns의 값에 나타나지 않는 것을 제외하고는 다른 모든 그리드 라인의 이름처럼 동작한다.

2.4.3 명시적인 그리드 레이아웃 속성 한번에 지정하기

grid-template 속성은 앞에서 학습한 3가지 grid-template-rows, grid-template-columns, 그리고 grid-template-areas 속성을 동시에 모두 설정하는 속성이다.

속성	grid-template					CSS3
속성 값	none | subgrid | <'grid-template-columns'> / <'grid-template-rows'> | [<track-list> /]? [<line-names>? <string> <track-size>? <line-names>?]+					
속성 특징	초기값	개별 속성 참조	적용	그리드 컨테이너들	상속	개별 속성 참조

속성에서 사용할 수 있는 각 속성 값들과 의미는 다음과 같다.

속성 값	설명
none	3가지 각 속성들의 값을 none으로 설정한다.
subgrid	grid-template-rows와 grid-template-columns 속성의 값을 subgrid로 설정하고 grid-template-areas 속성의 값을 초기값(none)으로 설정한다.
<'grid-template-columns'> / <'grid-template-rows'> - grid-template-rows와 grid-template-columns 속성의 값을 각각 지정한 값으로 설정하고 grid-template-areas 속성의 값을 초기값(none)으로 설정한다. 다음 2개의 예는 완전히 동일한 내용이다.	

grid-template: **auto 1fr auto** / ***auto 1fr***;	grid-template-columns: **auto 1fr auto**; grid-template-rows: ***auto 1fr***; grid-template-areas: none;

[<track-list> /]? [<line-names>? <string> <track-size>? <line-names>?]+
- grid-template-columns 속성을 슬래시(/) 앞에 지정된 트랙 목록으로 지정한다(지정되어 있지 않으면 'none')
- grid-template-areas 속성을 슬래시(/) 뒤에 있는 문자열 목록으로 지정한다.
- grid-template-rows 속성을 <track-size>의 뒤에 따라오는 각 문자열로 설정한다(크기가 지정되어 있지 않으면 auto로 채워진다).
- 다음 2개의 예는 완전히 동일한 내용이다.

grid-template: auto 1fr auto / (header-top) "a a a" (header-bottom) (main-top) "b b b" 1fr (main-bottom);	**grid-template-columns**: auto 1fr auto; **grid-template-rows**: (header-top) auto (header-bottom main-top) 1fr (main-bottom); **grid-template-areas**: "a a a" "b b b";

2.4.4 자동 생성된 행 및 열의 크기 조정

앞에서 설명한 **grid-template*** 속성을 이용하여 명시적으로 그리드를 정의하는 경우에, 그리드 항목들이 정의된 범위를 벗어난 행이나 열 외부에 위치할 수 있게 되는데, 이는 그리드 트랙들이 암시적으로 자동 생성되기 때문이다. grid-auto-columns 및 grid-auto-rows 속성은 암시적인 그리드 트랙의 크기를 지정할 수 있도록 해준다.

속성	grid-auto-columns, grid-auto-rows					CSS3
속성 값	<track-size>					
속성 특징	초기값	auto	적용	그리드 컨테이너들	상속	X

다음의 예제는 명시적으로 그리드 트랙을 1행 1열로 정의하고 있다. 그리고 그리드 항목 B는 그리드 라인 5에 위치하도록 했기 때문에 자동으로 그리드 열 4개를 생성하지만, 2개의 그리드 열만 그리드 항목이 배치되고 2개의 열은 크기가 0인 폭으로 통합되어 보이지 않게 된다.

예제 CSS3_08-02_GridAutoSpan.html

```
#grid { display: grid;
grid-template-columns: 20px;
grid-template-rows: 20px
}
#A { grid-column: 1;          grid-row: 1 }
#B { grid-column: 5;          grid-row: 1 / span 2 }
#C { grid-column: 1 / span 2; grid-row: 2 }
```

```
<div id="grid">
   <div id="A">A</div>
   <div id="B">B</div>
   <div id="C">C</div>
</div>
```

※ 아직은 주요 브라우저에서 정상적으로 동작하지 않는다.

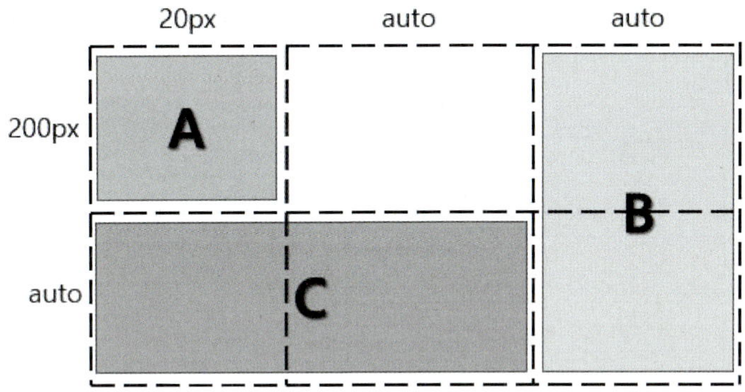

2.4.5 그리드 항목의 자동 배치

명시적으로 배치되지 않은 그리드 항목은 자동으로 그리드 컨테이너의 빈 공간에 배치된다. grid-auto-flow속성은 그리드 항목을 자동으로 배치할 수 있도록 하는 속성으로, 콘텐츠를 수용하기 위해 필요한 행이나 열이 추가되었는지의 여부와 빈 공간에 대한 검색이 수행되는 방향을 제어한다.

속성	grid-auto-flow					CSS3
속성 값	[row | column] && dense? | stack && [row | column]?					
속성 특징	초기값	auto	적용	그리드 컨테이너들	상속	X

속성에서 사용할 수 있는 각 속성 값들과 의미는 다음과 같다.

속성 값	설명
row	항목을 배치할 수 있도록 필요에 따라서 자동으로 행을 추가하도록 지정한다.
column	항목을 배치할 수 있도록 필요에 따라서 자동으로 열을 추가하도록 지정한다.
dense	항목을 자동으로 배치하도록 하는 "dense" 패킹 알고리즘을 사용하도록 지정한다.
stack	모든 항목들이 겹쳐져서 배치하도록 지정한다. 이 값은 자동 배치 알고리즘을 하나의 가상 1x1그리드 항목으로 실행하기 때문에 속성 값이 row 또는 column이 지정되어 있다면, 항목은 행이나 열에 따라서 그 열에 지정된다. row와 column이 모두 지정되어 있다면 기본적으로 row가 지정된 것으로 처리된다.

다음 예제는 3개의 열이 자동으로 크기가 조정되도록 정의하였고 행은 명시적으로 정의하지 않았다. grid-auto-flow 속성은 그리드의 첫 번째 행에서, 처음 3개의 열을 통해 검색할 수 있는 방법을 알려주는 행으로써, 그리드 항목이 자동으로 배치할 수 있는 충분한 공간이 있을 때

까지 계속해서 행을 추가하도록 지시한다. 따라서 다음 그림과 같이 폼의 label, input 요소들이 자동으로 행이 추가되면서 배치될 수 있다.

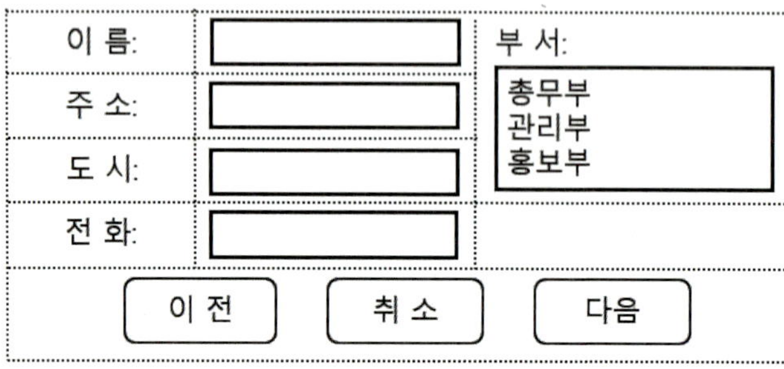

예제	CSS_08-02_GridForm.html

```
form { display: grid;
      grid-template-columns: (labels) auto (controls) auto (oversized) auto;
      grid-auto-flow: row } /* 자동으로 행이 추가될 수 있도록 한다 */
form > label { grid-column: labels; grid-row: auto }
form > input, form > select { grid-column: controls; grid-row: auto }
#department { grid-column: oversized; grid-row: span 3; }
#buttons { grid-row: auto;  grid-column: 1 / -1; }
```

```
<form>
    <label for="name">이 름:</label><input type="text" id="name" name="name" />
    <label for="address">주 소:</label><input type="text" id="address" name="address" />
    <label for="city">도 시:</label><input type="text" id="city" name="city" />
    <label for="tel">전 화:</label><input type="text" id="tel" name="tel" />
    <div id="department">
        <label for="department">부 서:</label>
        <select id="department" name="department" multiple>
            <option value="finance">총부부</option>
            <option value="humanresources">관리부</option>
            <option value="marketing">홍보부</option>
        </select>
    </div>
    <div id="buttons">
        <button id="cancel">취 소</button>
        <button id="back">이 전</button>
        <button id="next">다 음</button>
    </div>
</form>
```

2.4.6 그리드 레이아웃 속성 한번에 지정하기

앞에서 설명한 3가지 속성인 grid-template-rows, grid-template-columns, 그리고 grid-template-areas 속성을 사용하여 그리드 컨테이너의 명시적인 그리드를 정의하도록 하였다. 그리고 grid-auto-columns, grid-auto-rows, 그리고 grid-auto-flow 속성을 이용하여 그리드 트랙의 크기를 암시적으로 지정하여 그리드 항목을 자동으로 배치할 수 있도록 하였다. grid 속성은 이러한 명시적인 속성들뿐만 아니라, 암시적인 속성들까지 동시에 모두 설정하는 속성이다. 이 속성을 이용하여 지정되지 않은 값들은 개별 속성의 초기값으로 설정된다.

<table>
<tr><td>속성</td><td colspan="5">grid</td><td>CSS3</td></tr>
<tr><td>속성 값</td><td colspan="6"><'grid-template'> | [<'grid-auto-flow'> [<'grid-auto-columns'> [/ <'grid-auto-rows'>]?]?]</td></tr>
<tr><td>속성 특징</td><td>초기값</td><td>개별 속성 참조</td><td>적용</td><td>그리드 컨테이너들</td><td>상속</td><td>개별 속성 참조</td></tr>
</table>

다음 예제에서 왼쪽 열과 오른쪽 열의 내용은 각각 동일한 정의를 나타낸다.

사용 예제

'grid: **rows** ***1fr***'는 다음과 동일한 내용이다.	'grid: **columns 1fr** / **auto**"는 다음과 동일한 내용이다.
grid-template: none; grid-auto-columns: ***1fr***; **grid-auto-rows: 1fr;** **grid-auto-flow: row;**	grid-template: none; **grid-auto-columns: 1fr;** grid-auto-rows: ***auto***; **grid-auto-flow: column;**

2.5 그리드 항목 배치하기

그리드 항목(콘텐츠)들의 배치는 다음과 같이 그리드 위치(position)와 그리드 확장(span)으로 구성되어 있다.

그리드의 위치	그리드 내에서의 그리드 항목의 위치를 나타내는 것으로, 위치는 명시적인 지정(특정 위치 지정) 및 암시적인 지정(자동 배치)에 의해 결정될 수 있다.
그리드의 확장(또는 병합)	그리드 항목이 얼마나 많은 그리드 트랙을 차지하는지를 나타내는 것으로, table 요소의 colspan 및 rowspan과 동일한 의미를 갖는다.

그리고 그리드 항목을 배치하기 위해서는 grid-row-start, grid-row-end, grid-column-start, grid-column-end 속성이나 이들 속성의 단축 속성인 grid-row, grid-column, 그리고

grid-area 속성을 이용할 수 있으며, 다음과 같이 요약될 수 있다.

	행(row)	열(column)
Start	row-start 라인	column-start 라인
End	row-end 라인	column-end 라인
Span	row span	column span

2.5.1 그리드 배치에 대한 공통적인 패턴

그리드 항목을 배치하기 위한 속성들은 다음과 같이 3개의 단축 속성으로 구성된다.

grid-area			
grid-column		grid-row	
grid-column-start	grid-column-end	grid-row-start	grid-row-end

▣ 영역 이름을 통한 배치

그리드 항목은 다음 예제의 왼쪽과 같이 그리드 영역 이름을 사용하여 배치할 수 있고, 오른쪽과 같이 그리드 항목이 부분적으로 다른 가장자리에 지정된 영역 이름에 정렬될 수 있도록 할 수 있다.

사용 예제

article { **grid-area**: main }	.one { **grid-row-start: main** }

▣ 수치 인덱스 및 확장을 통한 배치

그리드 레이아웃과 같은 트랙 번호 지정 시스템은 1부터 시작하는 인덱스이기 때문에 기본값은 1이 된다. 따라서 다음 예제와 같이 지정한 인덱스를 이용하여 그리드 항목의 위치와 크기를 지정할 수 있다.

사용 예제 ※ 다음의 예제는 **'grid-area: 2 / 3'** 와 동일한 의미를 갖는다

```
.two {
    grid-row: 2;    /* 그리드 항목을 2번째 행에 위치시킨다. */
    grid-column: 3; /* 그리드 항목을 3번째 열에 위치시킨다. */
}
```

그리드 항목이 확장되는 값은 기본적으로 1로 설정되어 있지만, 다음 예제와 같이 특정 수치

를 지정하여 열 또는 행으로 확장시킬 수 있다. 'three' 항목은 2행을 시작으로 5개의 행을 확장하기 때문에 2행에서 7행(2+5)을 차지하는 영역이 된다. 그리고 'four' 항목은 시작 행을 지정하지 않았지만, 7번째 행을 시작으로 앞쪽으로 5개의 행을 확장시키기 때문에 'three' 항목과 동일한 영역을 차지한다. 이와 같이 열이나 행을 확장할 때 시작을 중심으로 확장할지, 끝을 중심으로 확장할지를 선택하기만 하면 된다.

사용 예제	
`.three { grid-row: 2 / span 5 }`	`.four { grid-row: span 5 / 7 }`

수치 인덱스의 기준은 쓰기 모드에 따라 다르다.

수치 인덱스의 지정은 쓰기 모드에 따라 다르기 때문에 주의해야 한다. 예를 들어 아랍어의 경우는 오른쪽에서 왼쪽으로 진행되는 언어이기 때문에 첫 번째 열은 제일 오른쪽에 있는 열이 된다.

다음의 예를 통하여 그리드 레이아웃을 정의하고 각 그리드 항목들이 어떻게 배치되는지 살펴보도록 한다.

예제 CSS_08-02_GridPosition.html

```
section {
display: grid;
  grid-template-columns: 150px 1fr 200px; /* 3열 정의 */
  grid- template-rows: 50px 1fr 50px;  /* 3행 정의 */
}
```

```
section header  { grid-row: 1; grid-column: 2 }
section nav     { grid-row: 2; grid-column: 1 }
section content { grid-row: 2; grid-column: 2 }
section aside   { grid-row: 2; grid-column: 3 }
section footer  { grid-row: 3; grid-column: 2 }
```

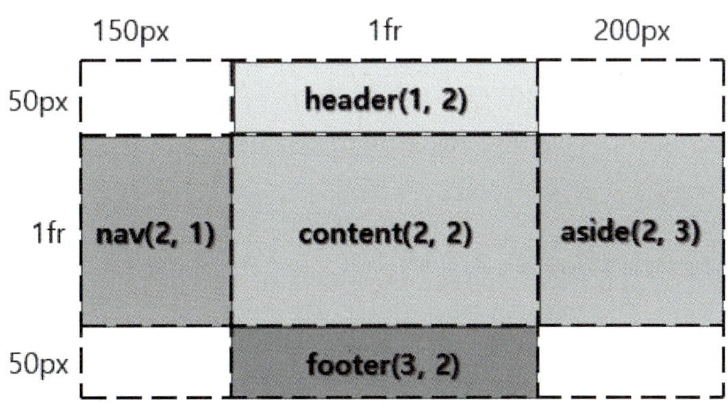

▣ 그리드 라인 이름 및 확장을 통한 배치

다음 예제와 같이 그리드 라인의 이름을 통해서도 그리드 항목을 배치 및 확장할 수 있다. 그리고 동일한 이름의 복수 라인이 있을 경우에는 이름에 의해 그리드 라인을 명확히 할 수 있다. 'six' 항목의 2가지 방법은 동일한 의미(라인 이름이 text인 5번째 행에서 2개의 행을 확장하여 7번째 행까지를 차지한다)를 갖는다.

사용 예제

.five { grid-column: first / middle }	.six { grid-row: text 5 / text 7 }
	.six { grid-row: text 5 / span text 2 }

그리드 영역 이름과 그리드 라인의 이름이 동일할 경우의 처리

만일, 그리드 영역의 이름과 그리드 라인의 이름이 동일할 경우에는, 그리드 항목을 배치하기 위한 알고리즘은 그리드 영역 이름의 경계(edge)를 사용한다.

▣ 그리드 항목의 자동 배치

그리드 항목은 사용 가능한 다음 그리드 셀(남아 있는 공간이 없을 경우)에 대하여 자동으로 배치될 수 있다. 자동으로 배치되는 'nine' 항목은 2개의 행과 3개의 열을 확장하도록 한다. 이러한 자동 배치 알고리즘은 grid-auto-flow 속성에 의해 조정된다.

사용 예제

.eight { grid-area: auto } /* 초기 값 */	.nine { grid-area: span 2 / span 3 }

▣ 자동으로 subgrids 크기 조정

그리드 확장(span)이 없는 subgrid는 암시적으로 그리드에 크기 조정이 이루어진다. 즉, 그리드 항목이 우선적으로 자신의 그리드 내에서 배치되고 확장은 크기 조정이 이루어진 결과가 된다. 다음의 예제는 자동으로 2개의 열이 확장될 수 있음을 보여준다. 만일 자동으로 배치되는 그리드 항목이 10개 있다면, 이 예제는 부모 그리드 내에서 5개의 행을 확장할 것이다.

사용 예제

```
.adverts { grid: subgrid; grid-column: span 2 }
```

2.5.2 그리드 라인을 기준으로 한 배치

grid-row-start, grid-column-start, grid-row-end 그리고 grid-column-end 속성은 그리드 라인과 확장 또는 자동 배치를 통한 그리드 내에서 그리드 항목의 크기와 위치를 결정한다.

속성	**grid-row-start, grid-column-start, grid-row-end, grid-column-end**					CSS3
속성 값	<grid-line>					
	<grid-line> = auto | <custom-ident> | [<integer> && <custom-ident>?] | [span && [<integer> || <custom-ident>]]					
속성 특징	초기값	auto	적용	그리드 항목들	상속	X

다음 그림은 1개의 행과 8개의 열에 대한 그리드 및 9개의 그리드 라인 이름을 가지고 있다.

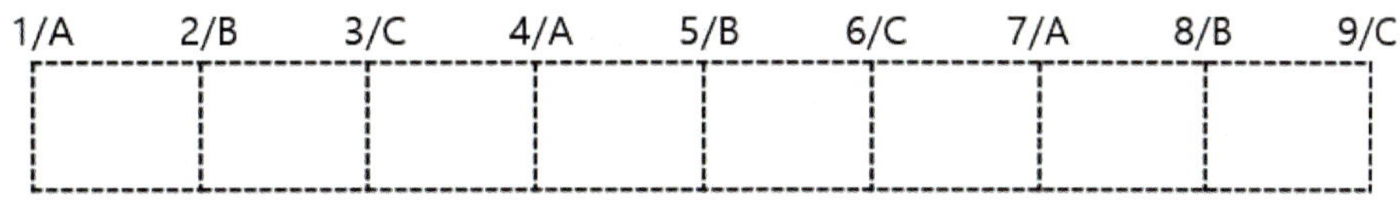

다음의 예제는 위 그림에서의 그리드 항목에 대한 다양한 배치 방법을 나타낸 것이다.

사용 예제	
grid-column-start: 4; grid-column-end: auto;	/* 라인 4에서 5까지 */
grid-column-start: auto; grid-column-end: 6;	/* 라인 5에서 6까지 */
grid-column-start: C; grid-column-end: C -1;	/* 라인 3에서 9까지 */
grid-column-start: C; grid-column-end: span C;	/* 라인 3에서 6까지 */
grid-column-start: span C; grid-column-end: C -1;	/* 라인 6에서 9까지 */
grid-column-start: 5; grid-column-end: C -1;	/* 라인 5에서 9까지 */
grid-column-start: 5; grid-column-end: span C;	/* 라인 5에서 6까지 */
grid-column-start: 8; grid-column-end: 8;	/* 오류(라인 8에서 9까지) */
grid-column-start: B 2; grid-column-end: span 1;	/* 라인 5에서 6까지 */

2.5.3 단축 속성에 의한 배치

grid-row 및 grid-column 속성은 앞에서 설명한 grid-row-start/grid-row-end 속성과 grid-column-start/grid-column-end 속성들을 각각 한번에 지정할 수 있는 단축 속성이다.

속성	**grid-row, grid-column**					CSS3
속성 값	<grid-line> [/ <grid-line>] ?					
속성 특징	초기값	개별 속성 참조	적용	그리드 항목들	상속	개별 속성 참조

<grid-line> 값이 지정되면, grid-row-start/grid-column-start와 같은 형식의 값은 슬래시(/) 이전의 값으로 설정되고 grid-row-end/grid-column-end와 같은 형식의 값은 슬래시(/) 이후의 값으로 설정된다. 만일, 슬래시(/) 뒤의 2번째 값이 생략되면 grid-row-end/grid-column-end 값은 <custom-ident> 값이 된다.

grid-area 속성은 앞에서 설명한 grid-row-start/grid-row-end 속성과 grid-column-start/grid-column-end 속성들 4개 모두를 한번에 지정할 수 있는 단축 속성이다.

속성	grid-area					CSS3
속성 값	<grid-line> [/ <grid-line>] { 0, 3 }					
속성 특징	초기값	개별 속성 참조	적용	그리드 항목들	상속	개별 속성 참조

<grid-line> 값이 지정되는 경우, (grid-row-start / grid-column-start / grid-row-end / grid-column-end)와 같이 각 속성 값들은 슬래시 기호로 구분된다. 만일 grid-row-end 및 grid-column-end 값이 생략되면 grid-column-start 및 grid-row-start 값은 <custom-ident> 값이 되고, grid-column-start 값이 생략되면 grid-row-start 값 또한 <custom-ident> 값이 된다. 그렇지 않으면 각 값들은 'auto'로 설정된다.

2.5.4 절대 위치에 의한 배치

만일 그리드 컨테이너에 의해 생성된 요소의 포함 블록이 절대값에 의해 위치해 있다면 그리드 배치 속성에 의해 포함 블록의 경계는 요소의 그리드 영역의 경계가 된다. 이러한 경우 그리드 속성에 대한 자동 값은 라인으로써 그리드 컨테이너의 패딩 경계에 대응되는 원인이 된다. 따라서 기본적으로 포함 블록은 그리드 컨테이너의 패딩 모서리에 해당이 된다.

절대 위치에 대한 오프셋 속성들(top/right/bottom/left)은 일반적으로 포함 블록의 경계로부터 안쪽 방향으로의 오프셋을 의미한다. 다음은 절대 위치에 대한 배치하는 예제를 나타낸 것이다.

사용 예제

```
.grid {
grid: 10rem 10rem 10rem 10rem / 1fr 1fr 1fr 1fr;
justify-content: center;
position: relative;
}
```

```
.abspos {
   grid-row-start: 1; grid-row-end: span 2;
   grid-column-start: 3; grid-column-end: auto;
   position: absolute;
   top: 70px; bottom: 40px; left: 100px; right: 30px;
}
```

그리드 컨테이너

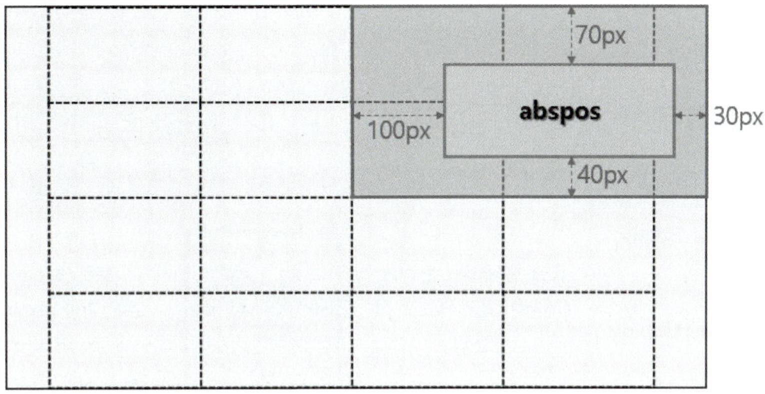

방향이나 쓰기 모드에 따른 오프셋 값의 변화

abspos 항목의 옵셋이 물리적인 거리를 나타내기 때문에 그리드와 그리드를 배치하는 속성들은 흐름에 대하여 상대적으로 계산된다. 따라서 방향이나 쓰기 모드 속성이 변한다면 abspos 항목은 그리드에 맞게 변환되지만 오프셋 값은 변경되지 않는다는 점에 주의하도록 하자

2.6 그리드 정렬하기

그리드 컨테이너 내의 그리드 트랙들의 크기가 조정되고 나면 그리드 항목들은 크기가 조정되고 그리드 영역 내에서 정렬될 수 있다. 여백 속성들은 비슷한 방법으로 항목들을 정렬하는데 사용되지만 좀 더 강력한 방법으로 블록 레이아웃에서 처리될 수 있다. 그리드 항목들 또는 박스 정렬 방식을 따르기 때문에 쉬운 키워드를 사용하여 행이나 열에서 정렬을 수행할 수 있다.

기본적으로, 그리드 항목들은 그리드 영역을 채우기 위해 늘어난다(`stretch`). 만일 행을 중심으로 하는 정렬을 하고자 할 때는 그리드 컨테이너의 `justify-items` 속성이나 그리드 항목의 `justify-self` 속성을 사용하여 그리드 항목을 인라인 크기 안에서 정렬시킬 수 있다. 그리고 열을 중심으로 하는 정렬을 하고자 할 때는 그리드 항목의 `align-self` 속성이나 그리드 컨테이너의 `align-items` 속성을 사용하여 그리드 항목을 블록 크기(인라인 크기에 대하여 직각인) 안에서 정렬시킬 수 있다. 또한 그리드의 외부 경계가 그리드 컨테이너의 콘텐츠 경계와 일치하지 않는다면(유연한 크기를 갖는 열이 없는 경우) 그리드는 `justify-content` 속성과 `align-content` 속성에 따라서 콘텐츠 박스 내에서 정렬된다.

다음에 설명되는 내용은 CSS3에서 새롭게 추가된 박스 정렬 모듈로써 기본 박스 레이아웃 및 유연한 박스 모델, 그리고 그리드 레이아웃을 위한 공통적인 내용이다. 좀 더 자세한 내용을 살펴보고자 한다면 해당 표준화 문서를 참고하도록 하자.

표준화 문서	CSS Box Alignment Module Level 3 - http://dev.w3.org/csswg/css-align/
표준화 단계	W3C Editor's draft, (2014-05-19)

다음 표는 제안되어 있는 정렬 속성 및 적용할 수 있는 표시 유형을 요약하여 정리한 것이다.

공통 속성	축(Axis)	정렬		적용 범위
justify-content	inline	요소 안에서의 콘텐츠 (패딩이 효과적으로 적용된다)	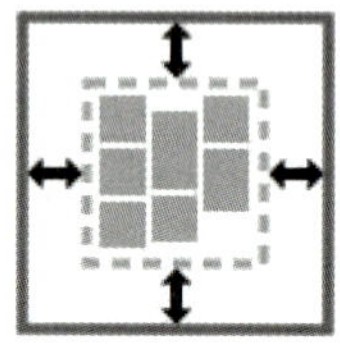	블록(Block) 컨테이너 유연한(Flexible) 컨테이너 그리드 컨테이너
align-content	stacking			
justify-self	inline	부모 안에서의 요소 (여백이 효과적으로 적용된다)	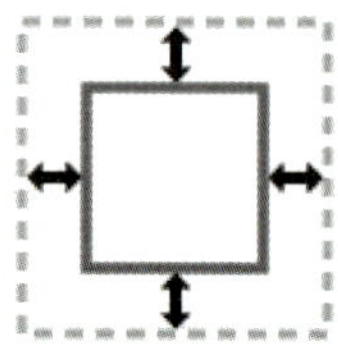	블록-레벨(Block-level) 요소 절대 위치에 의한 박스 그리드 항목
align-self	stacking			블록-레벨(Block-level) 박스
justify-items	inline	요소 내부에서의 항목들 (자식 항목들을 제어한다 - 'align/justify-self:auto')	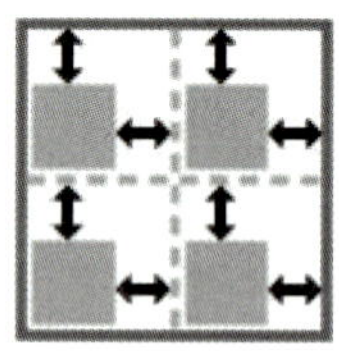	블록(Block) 컨테이너 유연한(Flexible) 컨테이너 그리드 컨테이너
align-items	stacking			블록-레벨(Block-level) 요소

다음 표는 정렬 위치를 지정할 때 사용되는 키워드를 요약하여 정리한 것이다.

키워드	내용	적용
center	정렬할 내용을 중앙으로 위치시킨다.	항목 위치 (item-position) 및 콘텐츠 위치 (content-position)
start	정렬할 컨테이너의 시작 경계와 같은 높이로 위치 시킨다.	
end	정렬할 컨테이너의 경계와 같은 높이로 위치 시킨다.	
flex-start	유연한 레이아웃에만 적용되는 값으로, 그 이외의 레이아웃에서는 start로 계산된다. 유연한 컨테이너의 main-start 또는 cross-start 측면에 대응하는 정렬 컨테이너의 경계와 같은 높이로 위치 시킨다.	
flex-end	유연한 레이아웃에만 적용되는 값으로 그 이외의 레이아웃에서는 end로 계산된다. 유연한 컨테이너의 main-end 또는 cross-end 측면에 대응하는 정렬 컨테이너의 경계와 같은 높이로 위치 시킨다.	
left	정렬 컨테이너의 라인-왼쪽(line-left) 측면과 같은 높이로 위치 시킨다. 만일 정렬하는 축과 인라인 축이 평행하지 않다면 이 값은 start로 계산된다.	
right	정렬 컨테이너의 라인-오른쪽(line-right) 측면과 같은 높이로 위치 시킨다. 만일 정렬하는 축과 인라인 축이 평행하지 않다면 이 값은 end로 계산된다.	

<table>
<tr><td>self-start</td><td>정렬할 내용의 시작 측면에 대응하는 정렬 컨테이너의 경계와 같은 높이로 위치시킨다. 만일, 정렬할 내용의 쓰기 모드와 정렬할 컨테이너가 직교한다면 이 값은 start로 계산된다.</td><td rowspan="2">항목 위치
(item-position)</td></tr>
<tr><td>self-end</td><td>정렬할 내용의 끝 측면에 대응하는 정렬 컨테이너의 경계와 같은 높이로 위치 시킨다. 만일, 정렬할 내용의 쓰기 모드와 정렬할 컨테이너가 직교한다면 이 값은 end로 계산된다.</td></tr>
</table>

2.7 그리드 항목의 겹침 우선 순서

그리드 항목들은 그리드 영역에서 서로 교차하거나 서로 교차하지는 않지만, 여백이나 위치가 음수 값을 갖는 경우에는 겹쳐질 수 있다. 그리드 항목이 그려지는 순서는 원시 문서 대신에 순서가 변경된 문서와 position 속성 값이 static인 경우에도 콘텍스트를 z-축으로 자동으로 쌓이게(stacking) 하는 z-index 값을 제외하고는 CSS 2.1에 정의되어 있는 인라인 블록과 완전히 동일하다(여러 요소들이 있는 경우 기본적으로 뒤에 명시한 항목이 앞에 명시한 항목 위에 그려진다).

z-index 속성은 그리드 셀 내의 그리드 항목의 계층(z-index)을 지정한다. 이 속성은 일반적으로 position 속성이 static으로 설정되지 않은 개체에만 적용되지만 z-index 속성이 static으로 설정된 경우에도 그리드 항목에는 적용시킬 수 있다. 다음은 암시적으로 결정되는 소스 순서와 자신이 쌓이는 순서를 명시적으로 제어하는 z-index를 조합하여 그리드 항목들이 중첩되는 여러 가지를 보여주는 예제와 결과를 나타낸 것이다.

사용 예제

```
#grid { display: grid;
        grid-template-columns: 1fr 1fr;  grid-template-rows: 1fr 1fr }
#A { grid-column: 1 / span 2;  grid-row: 2;  align-self: end }
#B { grid-column: 1; grid-row: 1;  z-index: 10 }
#C { grid-column: 2; grid-row: 1;  align-self: start;  margin-left: -20px }
#D { grid-column: 2; grid-row: 2;  justify-self: end;  align-self: start; }
#E { grid-column: 1 / span 2;  grid-row: 1 / span 2;  z-index: 5;
    justify-self: center;  align-self: center; }
```

```
<div id="grid">
   <div id="A">A</div>
   <div id="B">B</div>
   <div id="C">C</div>
   <div id="D">D</div>
   <div id="E">E</div>
</div>
```

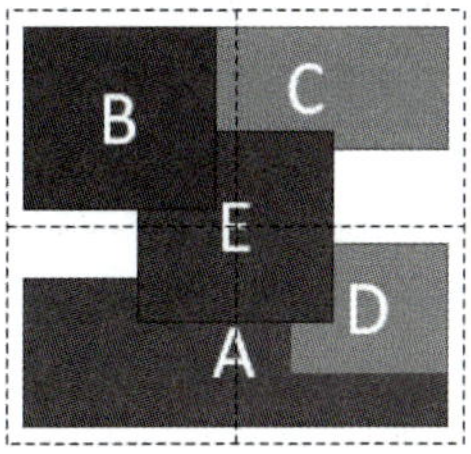

Section 03 사용자 인터페이스(User Interface)

이번 절에서는 CSS3 모듈의 하나로, 이미 CSS1과 CSS2.1에 존재하는 사용자 인터페이스 관련 속성들과 CSS3에서 새롭게 추가된 기능에 대하여 설명한다. 사용자 인터페이스 모듈에 대한 내용들은 표준화 문서를 참조하여 작성하였으므로, 좀 더 자세한 내용을 살펴보고자 한다면 아래 사이트에서 해당 문서를 참고하도록 하자.

표준화 문서	CSS Basic User Interface Module Level 3(CSS3 UI) - http://dev.w3.org/csswg/css-ui/
표준화 단계	W3C Editor's draft (2013-11-28)

3.1 요소 아이콘(Element Icons)

속성	content - 콘텐츠 추가 지정하기	CSS2/CSS3

content 속성은 선택자 가상 요소인 :before 및 :after를 이용하여 특정 요소의 앞이나 뒤에 콘텐츠를 추가할 수 있도록 지정하는 속성으로, 텍스트를 포함하여 이미지 또는 특정 규칙에 따른 값을 지정할 수도 있고 CSS3에서 새롭게 추가된 icon을 사용할 수도 있다.

속성 값	[<string> | <uri> | <counter> | attr(X) | open-quote | close-quote | no-open-quote | no-close-quote] | **icon**] + | inherit					
속성 특징	초기값	빈(empty) 문자열	적용	가상 요소(:before 및 :after)	상속	X
사용 예제	h1:before { **content**: "Read me - " }					

속성에서 사용할 수 있는 각 속성 값들과 의미는 다음과 같다.

속성 값	설명
string	문자열 내용으로 이중 따옴표 또는 단일 따옴표들과 함께 쓰여질 수 있다.
uri	외부(external) 자원을 지정하는 URI를 이용하여 콘텐츠를 추가하도록 한다.
counter	카운터 값을 콘텐츠로 추가하도록 한다. 자세한 내용은 counter-reset 및 counter-increment 속성을 참고하도록 한다.
attr(X)	선택자(selector)의 맞는 제목(subject)을 위한 속성(attribute) X의 값을 문자열로 돌려받아 콘텐츠로 추가한다. 문자열은 CSS 처리자(processor)에 의해 해석(parse)되지 않으며, 선택자의 맞는 제목이 속성 X를 가지고 있지 않다면 빈 문자열이 된다.

open-quote close-quote	따옴표('quotes') 속성으로부터의 적당한 문자열로 대체되도록 한다.
no-open-quote no-close-quote	공백(empty)을 삽입하는 것과 같이 아무것도 삽입하지 않으나, 내포된(nest) 따옴표의 레벨을 증가시키거나 감소시킨다.
icon	뒤에서 언급할 icon 속성에 의해 참조된 자원(resource)에 의해 대체되고 대체된 요소로서 처리된다.

다음은 p요소의 단락에 문자열 "Read this" 문자열을 추가한 예와 결과를 나타낸 것이다.

p:before { content: "Read me -" } <p>나의 이름은 홍길동입니다</p>	Read me – 나의 이름은 홍길동입니다

다음 예제는 장(Chapter)들과 항목들의 번호를 "Chapter 1", "1.1", "1.2" 등으로 번호 붙이는 것을 나타낸 것이다.

```
H1:before {
   content: "Chapter " counter(chapter) ". ";
   counter-increment: chapter;   /* chapter를 1 증가 */
   counter-reset: section;       /* 항목을 0 으로 설정*/
}
H2:before {
   content: counter(chapter) "." counter(section) " ";
   counter-increment: section;   /* section을 1 증가 */
}
```

속성 icon - 콘텐츠 추가 지정하기 CSS3

icon 속성은 콘텐츠 저작자가 임의의 요소에 스타일링을(iconic) 할 수 있는 기능을 제공하는 속성으로, 요소의 아이콘이 content 속성 값이 'icon'으로 설정되어 있지 않으면 렌더링되지 않는다. 해당 요소가 아이콘화되어 있는 문서는 너무 많은 텍스트로 이루어진 문서들보다 쉽고 편하게 문서들을 볼 수 있을 것이다.

속성 값	auto | <uri> [, <uri>]* | inherit					
속성 특징	초기값	auto	적용	모든 요소들	상속	X
JavaScript	object.style.icon= "url(image.png)"					

사용 예제	img { content: icon; icon: url(img_icon.png) }

속성에서 사용할 수 있는 각 속성 값들과 의미는 다음과 같다(※ 아직은 주요 브라우저에서 지원하지 않는다).

속성 값	설명
auto	웹 브라우저(UA)가 제공하는 기본적인 일반 아이콘을 사용하도록 지정한다.
uri	외부(external) 자원을 지정하는 URI를 이용하여 쉼표(,)로 구분된 목록에서 하나 이상의 아이콘을 참조하도록 지정한다.

다음은 이미지(image)와 객체(object)의 위치에 아이콘을 표시하기 위하여 아이콘 기능을 사용한 예를 나타낸 것이다.

```
img,object { content: icon }
img { icon:url(img_icon.png) }  /* 이미지에 대한 사용자 아이콘을 지정한다 */
object { icon:url(obj_icon.png) }  /* 객체에 대한 다른 사용자 아이콘을 지정한다 */
```

3.2 추가적인 박스 모델

속성	box-sizing - 박스 크기 결정 방식 지정하기	CSS3

box-sizing 속성은 해당 요소의 박스 크기를 결정하는 방식을 지정하는 속성이다. 박스 모델에 따라서 콘텐츠의 크기에 여백 및 테두리, 그리고 패딩 값을 더해서 실제 박스의 크기가 결정되지만, 이 속성을 이용하면 박스의 실제 크기를 다르게 결정할 수 있다.

속성 값	content-box | padding-box | border-box | inherit					
속성 특징	초기값	content-box	적용	폭(width)과 높이(height)를 허용하는 모든 요소들	상속	X
JavaScript	object.style.boxSizing= "border-box"					
사용 예제	div { box-sizing: border-box }					

속성에서 사용할 수 있는 각 속성 값들과 의미는 다음과 같다.

속성 값	설명
content-box	CSS2.1에 지정된 폭과 높이로써, 요소 박스에 지정된 패딩 및 테두리의 크기 값을 더해서 실제 박스의 크기를 결정하도록 지정한다.
padding-box	패딩 영역까지의 크기를 실제 박스 크기로 결정하도록 지정한다(명세서에서 제외될 예정).
border-box	테두리 영역까지의 크기를 실제 박스 크기로 결정하도록 지정한다.

다음 예제는 속성 값들을 적용한 예를 나타낸 것으로, 속성 값에 따라서 박스의 실제 크기가 변경되는 것을 볼 수 있다.

예제	CSS3_08-03_BoxSizing.html

Style

```
#myDIV { width: 300px; border:1px solid red; }
.Box { width: 100px; height: 100px; text-align: center; float: left;
       padding 10px; border: 10px silver ridge; }
```

Body

```
<div id="myDIV">
    <div class="Box" id="Box1"><img src="images/smile_01.png">Box1</div>
    <div class="Box" id="Box2"><img src="images/smile_02.png">Box2</div>
    <div class="Box" id="Box3"><img src="images/smile_03.png">Box3</div>
    <div style="clear:both;"></div>
</div>
```

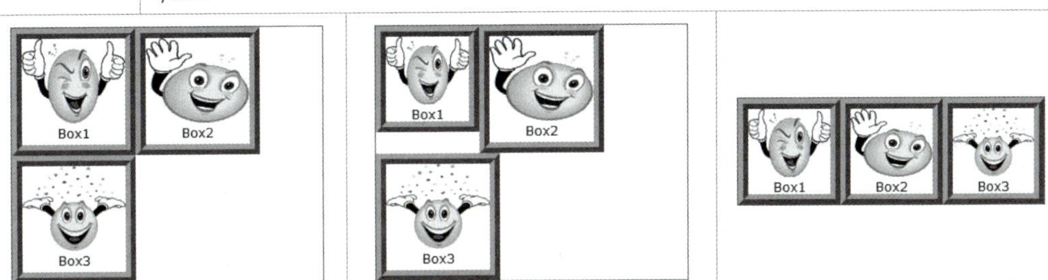

align-items: stretch	align-items: flex-start	align-items: flex-end

3.3 박스의 윤곽선 지정하기

때때로, 스타일시트를 작성할 때 버튼(button)이나 활성화 양식(active form field), 그리고 이미지 맵(image map) 등과 같은 시각적으로 보이는 객체들이 튀어 나오도록 객체 주위에 윤곽을 만들 필요가 있다. 이럴 경우에는 다음과 같은 방법으로 서로 다른 윤곽선(outline)을 만들 수 있으며, outline 속성을 이용하여 동적인 윤곽선 스타일을 제어할 수 있다.

1. 윤곽선은(outlines) 공간을 차지하지 않는다
2. 윤곽선은(outlines) 사각형이 아닐 수 있다.

outline-width 속성은 윤곽선의 굵기를 지정하고 outline-style 속성은 윤곽선의 모양을 지정하는 속성이다. 그리고 outline-color는 윤곽선의 색상을 지정하는 속성이다. outline 속성은 3개의 윤곽선 속성을 한번에 지정할 수 있는 대표적인 속성이다.

<table>
<tr><td>속성</td><td colspan="5">outline-width</td><td>CSS2</td></tr>
<tr><td>속성 값</td><td colspan="6"><border-width> | inherit</td></tr>
<tr><td>속성 특징</td><td>초기값</td><td>medium</td><td>적용</td><td>모든 요소들</td><td>상속</td><td>X</td></tr>
<tr><td>JavaScript</td><td colspan="6">object.style.outlineWidth= "10px"</td></tr>
<tr><td>사용 예제</td><td colspan="6">div { outline-width: 10px }</td></tr>
</table>

<table>
<tr><td>속성</td><td colspan="5">outline-style</td><td>CSS2</td></tr>
<tr><td>속성 값</td><td colspan="6">auto | <border-style> | inherit</td></tr>
<tr><td>속성 특징</td><td>초기값</td><td>none</td><td>적용</td><td>모든 요소들</td><td>상속</td><td>X</td></tr>
<tr><td>JavaScript</td><td colspan="6">object.style.outlineStyle= "double"</td></tr>
<tr><td>사용 예제</td><td colspan="6">div { outline-style: double }</td></tr>
</table>

<table>
<tr><td>속성</td><td colspan="5">outline-color</td><td>CSS2</td></tr>
<tr><td>속성 값</td><td colspan="6"><color> | invert | inherit</td></tr>
<tr><td>속성 특징</td><td>초기값</td><td>invert</td><td>적용</td><td>모든 요소들</td><td>상속</td><td>X</td></tr>
<tr><td>JavaScript</td><td colspan="6">object.style.outlineColor= "rgba(255, 0, 0, 0.7)"</td></tr>
<tr><td>사용 예제</td><td colspan="6">div { outline-color: rgba(255, 0, 0, 0.7) }</td></tr>
</table>

<table>
<tr><td>속성</td><td colspan="5">outline</td><td>CSS2</td></tr>
<tr><td>속성 값</td><td colspan="6">[<'outline-color'> || <'outline-style'> || <'outline-width'>] | inherit</td></tr>
<tr><td>속성 특징</td><td>초기값</td><td>개별 속성 참조</td><td>적용</td><td>모든 요소들</td><td>상속</td><td>X</td></tr>
<tr><td>JavaScript</td><td colspan="6">object.style.outline= "10px dashed rgba(255, 0, 0, 0.7)"</td></tr>
<tr><td>사용 예제</td><td colspan="6">div { outline: 10px dashed rgba(255, 0, 0, 0.7) }</td></tr>
</table>

속성에서 사용할 수 있는 각 속성 값들과 의미는 다음과 같다.

속성 값	설명
border-width	border-width 속성과 동일한 값들을 지정할 수 있다.
border-style	border-style 속성과 동일한 값들을 지정할 수 있다(단, hidden 값은 지정할 수 없다).
color	모든 색상들 및 색상 키워드를 지정할 수 있다.

invert	윤곽선의 색상에 지정하는 값으로, 스크린 상에서의 색상을 역(inversion)으로 만들게 한다. 이는 초점(focus) 테두리가 어떤 색상 배경이던 관계없이 확실히 보이게 한다.

윤곽선은 테두리 모서리 바로 밖에서 시작되고 사각형이 아닐 수 있다. 예를 들어, 어떤 요소가 여러 줄에 걸쳐서 나뉘어져 있다면 윤곽선은 모든 요소의 박스들을 둘러싸고 있는 최소의 윤곽선이 된다. 이는 테두리와는 달리, 라인 박스(line box)의 끝이나 시작에서 열리지 않고 항상 완전히 연결되기 때문이다.

윤곽선의 위치는 하위 박스에 의해 영향을 받을 수 있다. 따라서 브라우저는 사용자에게 초점(focus)을 전달하기 위한 영역을 둘러싸는 적절한 윤곽을 결정하기 위한 알고리즘을 사용한다.

다음은 윤곽선의 굵기를 적용한 예제 결과를 나타낸 것이다.

예제	CSS3_08-09_OutlineWidth.html		

outline-width: thin	**outline-width**: thick	**outline-width**: medium	**outline-width**: 10px

다음은 윤곽선의 스타일을 적용한 예제 결과를 나타낸 것이다.

예제	CSS3_08-03_OutlineStyle.html		

outline-style: dotted	**outline-style**: thick	**outline-style**: medium	**outline-style**: 10px

유의할 점

윤곽선은 border 속성과는 관계없이 해당 요소의 윤곽선을 표시하는 속성이기 때문에 모든 면들이 동일하다. 따라서 outline-top 또는 outline-left 같은 속성은 존재하지 않는다. 또한, 윤곽선은 항상 박스 위(over)에 그려지고 박스의 위치나 크기 및 다른 박스들에 의해서 영향을 받지 않는다. 따라서 윤곽선들이 표시되거나 억제되더라도 화면의 다시 흐름(reflow)을 일으키지 않는다.
초점 윤곽선은 양식화에 영향을 주지 않기 때문에(박스 모델에서 왼쪽에 공간이 없음), 페이지의 다른 요소들과 잘 겹칠 수가 있다.

속성	outline-offset – 윤곽선 간격 지정하기	CSS3

기본적으로 윤곽선은 테두리 경계 가장자리로부터 시작되어 표시하고 테두리 경계를 넘어서 표시될 수 있다. outline-offset 속성은 요소 박스의 외부 영역과 윤곽선 사이의 간격을 지정하는 속성이다.

속성 값	<length> | inherit					
속성 특징	초기값	0	적용	모든 요소들	상속	X
JavaScript	object.**style.outlineOffset= "10px"**					
사용 예제	div { **outline-offset**: 10px }					

속성 값이 0보다 크면, 테두리 가장 자리로부터 시작하여 윤곽선을 표시한다. 만일, 음수 값을 지정하면 윤곽선이 요소의 안쪽으로 그려진다. 다음은 윤곽선의 간격을 적용한 예제 결과를 나타낸 것이다.

예제	CSS3_08-03_OutlineOffset.html

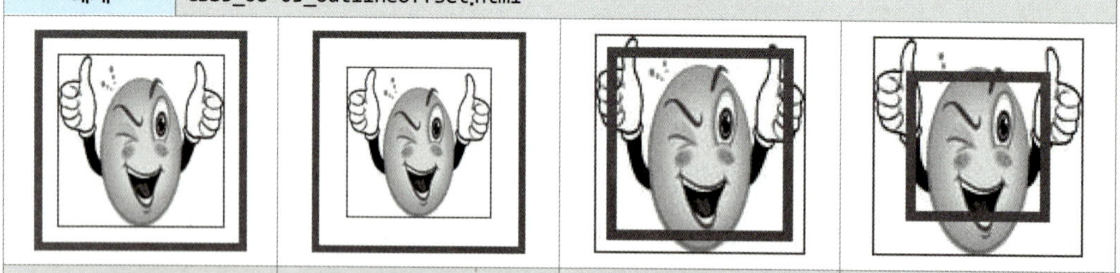

outline-offset: 10px	outline-offset: 20px	outline-offset: -10px	outline-offset: -20px

3.4 박스 크기 재조정(Resizing) 및 넘침(Overflow)

CSS 2.1은 블록 컨테이너 요소들에 스크롤 도구의 모양을 제어하기 위한 메커니즘을 제공한다. CSS3에서는 사용자에 의해 요소 박스의 크기를 재조정 하거나 텍스트의 넘침 동작을 지정하도록 하는 새로운 기능을 추가하였다.

속성	resize - 요소 박스 크기 재조정하기	CSS3

resize 속성은 사용자로 하여금 요소 박스의 크기를 조절하게 할 것인지를 지정하는 속성으로, overflow 속성이 지정되어 있어야 한다.

속성 값	none | both | horizontal | vertical | inherit					
속성 특징	초기값	none	적용	overflow 속성 (visible이 아닌)을 가진 요소들	상속	X
JavaScript	*object*.**style.resize**= **"10px"**					
사용 예제	div { **resize**: both }					

속성에서 사용할 수 있는 각 속성 값들과 의미는 다음과 같다.

속성 값	설명
none	사용자는 요소의 크기를 조절할 수 없도록 지정한다. 브라우저는 요소의 크기를 조절하는 도구를 제공하지 않는다.
both	사용자가 박스의 가로 및 세로 크기를 조절하도록 허용한다.
horizontal	사용자가 박스의 가로 크기를 조절하도록 허용한다.
vertical	사용자가 박스의 세로 크기를 조절하도록 허용한다.

다음은 요소 박스의 크기를 조절하도록 속성 값을 적용한 예제 결과를 나타낸 것이다. 크기 조절 도구는 브라우저별 달리 표시된다 - 크롬 및 오페라(), 파이어폭스()

예제	CSS3_08-03_Resize.html	
		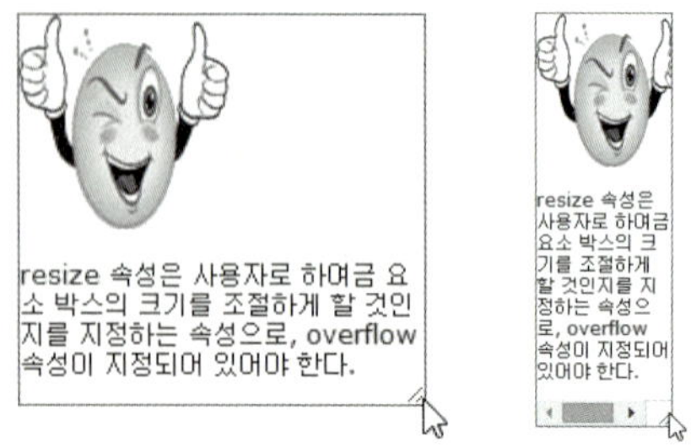
resize: none	**resize**: horizontal	**resize**: horizontal (크기 조절 후)
		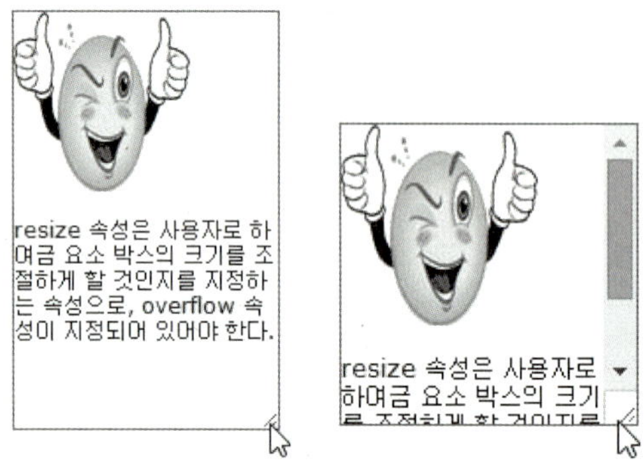
resize: both	**resize**: vertical	**resize**: vertical (크기 조절 후)

속성	text-overflow – 텍스트의 줄임 지정하기	CSS3

특정 영역에 있는 긴 텍스트를 입력할 때 word-break 속성을 이용하여 줄 바꿈을 지정하는 방법도 있지만, 텍스트 일부를 자르거나 줄이는 방법으로 표시할 수도 있다. text-overflow 속성은 요소 박스의 폭이 고정되어 있고 요소 박스 내의 텍스트가 박스 영역에서 벗어났을 때 어떤 방식으로 보여줄지를 지정한다.

속성 값	(clip | ellipsis | <string>){1,2} | inherit					
속성 특징	초기값	clip	적용	블록 요소들	상속	X
JavaScript	*object*.**style.textOverflow= "ellipsis"**					
사용 예제	div { **text-overflow**: ellipsis }					

속성에서 사용할 수 있는 각 속성 값들과 의미는 다음과 같다.

속성 값	설명
clip	박스 영역에 맞추어 텍스트의 글자를 자르도록 지정한다.
ellipsis	박스 영역 외곽으로 벗어나서 잘리는 끝 부분에 자동으로 "…"로 표시하여 말 줄임을 표시하도록 지정한다.
string	박스 영역을 벗어나 텍스트가 잘린 부분에 지정한 문자열이 대신 나타나도록 지정한다.

다음은 윤곽선의 간격을 적용한 예제 결과를 나타낸 것이다.

예제	CSS3_08-03_TextOverflow.html
Style	#myDIV { overflow: hidden; white-space:nowrap; **text-overflow: ellipsis** }
Body	<div id="myDIV">text-overflow 속성은 요소 박스의 폭이 고정되어 있고 요소 박스 내의 텍스트가 박스 영역에서 벗어났을 때 어떤 방식으로 보여줄지를 지정한다. </div>
text-overflow 속성은 요소 박스의 폭이	text-overflow 속성은 요소 박스의 폭...
flex-shrink: 1	**flex-shrink**: 2

아직은 이 속성의 기능을 완전히 지원하는 브라우저는 없다. 따라서, 다음에 쓰기 모드에 따른 기대되는 효과와 실제 결과를 요약하여 나타내었다.

CSS 속성 값	direction: ltr		direction: rtl	
	기대한 결과	실제 결과	기대한 결과	실제 결과
visible overflow	1234567890	1234567890	0987654321	0987654321
text-overflow: clip	123456	123456	654321	7654321
text-overflow: clip clip	123456	1234567	654321	7654321
text-overflow: clip ellipsis	1234…	1234567	6543…	7654321
text-overflow: clip .	1234.	1234567	6543…	7654321
text-overflow: ellipsis	1234…	1234…	…4321	…4321
text-overflow: ellipsis ellipsis	…34…	1234567	…43…	7654321
text-overflow: ellipsis clip	…3456	1234567	…4321	7654321
text-overflow: ellipsis '.'	…34.	1234567	…43.	7654321
text-overflow: ',' clip	,3456	1234567	,4321	7654321
text-overflow: ',' ellipsis	,34…	1234567	,43…	7654321
text-overflow: ',' '.'	,34.	1234567	,53.	7654321

(참고 - https://developer.mozilla.org/en-US/docs/Web/CSS/text-overflow)

유의할 점
이 속성은 고정된 가로 폭(width) 값이 지정되어야 하고, overflow 속성 값이 hidden 등 overflow 속성이 값을 갖고 있을 때와 줄 바꿈이 발생하지 않도록 white-space 속성 값이 nowrap일 때 적용이 가능하다.

3.5 포인팅 디바이스와 키보드

속성	cursor – 포인터 상호작용하기	CSS2/CSS3

cursor 속성은 포인팅 장치가 요소의 테두리 및 패딩, 콘텐츠 위에 있을 때 표시될 커서의 종류를 지정하는 속성이다.

속성 값	[[<uri> [<x> <y>]?,]* [auto | default | none | context-menu | help | pointer | progress | wait | cell | crosshair | text | vertical-text | alias | copy | move | no-drop | not-allowed | e-resize | n-resize | ne-resize | nw-resize | s-resize | se-resize | sw-resize | w-resize | ew-resize | ns-resize | nesw-resize | nwse-resize | col-resize | row-resize | all-scroll | zoom-in | zoom-out]] | inherit					
속성 특징	초기값	auto	적용	모든 요소들	상속	O
JavaScript	*object*.**style.cursor= "url('images/smile_s.png'), url('images/myCursor.cur')"**					
사용 예제	div { **cursor**: url(images/smile_s.png), url('images/myCursor.cur') }					

CSS3에서는 좀 더 다양한 모양의 커서를 추가하였는데, 속성에서 사용할 수 있는 각 속성 값들과 의미를 살펴보면 다음과 같다. 커서의 형태는 브라우저(사용자 에이전트)가 지원하는 형태를 선택하는 것이기 때문에 사용자 환경에 따라서 CSS에서 정의한 형태가 지원되지 않거나 모양이 다를 수 있음에 유의하자.

커서 종류	Level	속성 값	설명	
image 커서	CSS2	uri	URI에서 지정한 커서로 표시되도록 지정한다.	
	CSS3	x, y	커서의 좌표 체계(왼쪽 상단부터 상대적인)에 있는 x좌표 및 y좌표를 나타낸다.	
일반 커서	CSS2	auto	현재의 문맥에 기초하여 브라우저가 표시될 커서를 결정하도록 한다.	
	CSS2	default	플랫폼에 따른 기본 커서로서 일반적인 화살표로 표시된다.	
	CSS3	none	요소에 대한 커서를 보이지 않게 지정한다.	

분류	버전	속성값	설명
연결 및 상태 커서	CSS2	wait	프로그램이 작동 중이어서 사용자가 기다려야 함을 나타내는 모양으로 표시된다. 일반적으로 시계 또는 모래시계로 표시된다.
	CSS2	help	커서에 객체(object)가 있을 때 나타나는 도움말 모양으로 표시된다. 일반적으로 물음표 또는 풍선으로 표시된다.
	CSS2	pointer	연결(link)을 가리키는 모양으로 표시된다.
	CSS3	progress	진행 표시기가 나타나도록 한다. 일반적으로 시계 또는 모래시계를 가진 화살표나 회전하는 비치볼 모양이 표시된다.
	CSS3	context-menu	객체에 대한 상황에 맞는 메뉴가 있을 때 나타나는 모양으로 지정한다. 일반적으로 옆에 작은 메뉴와 같은 그래픽과 화살표로 표시된다.
선택 커서	CSS2	crosshair	단순한 십자가 형태(예를 들어, "+" 부호와 비슷한 짧은 선)
	CSS2	text	선택될 수 있는 텍스트를 나타내는 모양으로 표시된다. 일반적으로 I-막대로 표시된다.
	CSS3	cell	셀 또는 셀 세트가 선택될 수 있음을 표시하는 모양으로 지정한다. 일반적으로 중간에 점이 있는 두꺼운 더하기 기호로 표시된다.
	CSS3	vertical-text	수직 텍스트가 선택될 수 있음을 표시하는 모양으로 지정한다. 종종 수평I-beam으로 표시된다.
드래그 앤 드롭 커서	CSS2	move	무엇이 움직이는 것을 나타내는 모양으로 표시된다.
	CSS3	copy	무엇인가 복사할 때 나타내는 모양으로 표시된다. 일반적으로 일반적으로 옆에 작은 더하기 기호가 있는 화살표로 표시된다.
	CSS3	alias	무엇인가 만들어질 수 있는 바로 가기의 별칭을 나타내는 모양으로 표시된다. 일반적으로 옆에 작은 곡선의 화살표가 있도록 표시된다.
	CSS3	no-drop	드래그 된 항목을 현재 커서 위치에 놓을 수 없음을 나타내는 모양으로 표시된다. 일반적으로 작은 원을 대각선으로 가로지르는 선을 가진 손이나 포인터로 표시된다.
	CSS3	not-allowed	요청된 작업이 수행되지 않음을 나타내는 모양으로 표시된다. 일반적으로 원을 대각선으로 가로지른 선의 모양으로 표시된다.
크기 재조정 및 스크롤링 커서	CSS2	e-resize, ne-resize, nw-resize, n-resize, se-resize, sw-resize, s-resize, w-resize	일부 모서리가 움직이는 것을 나타내는 모양으로 표시된다.

크기 재조정 및 스크롤링 커서	CSS3	ew-resize, ns-resize, nesw-resize, nwse-resize	양방향 크기를 조절할 수 있는 모양으로 표시된다.	
	CSS3	col-resize	항목/열의 가로 크기를 조절할 수 있음을 나타내는 모양으로 표시된다. 일반적으로 항목을 구분하는 왼쪽과 오른쪽 화살표가 있는 세로 막대로 표시된다.	
	CSS3	row-resize	항목/행의 세로 크기를 조절할 수 있음을 나타내는 모양으로 표시된다. 일반적으로 항목을 구분하는 위와 아래쪽 화살표가 있는 가로 막대로 표시된다.	
	CSS3	all-scroll	어떤 방향으로 스크롤될 수 있음을 나타내는 모양으로 표시된다. 일반적으로 중간에 점이 있는 상하좌우를 가리키는 화살표로 표시된다.	
확대 및 축소 커서	CSS3	zoom-in, zoom-out	무엇인가의 크기가 확대 및 축소될 수 있음을 나타내는 모양으로 표시된다. 일반적으로 돋보기 모양의 가운데에 "+" 또는 "-" 기호가 있는 모양으로 표시된다.	

속성	nav-index – 요소의 탐색 순서 지정하기	CSS3

nav-index 속성은 순차 탐색 순서(탭 이동 순서)를 결정하는 입력 방법을 지정하는 속성이다.

속성 값	auto | <number> | inherit					
속성 특징	초기값	auto	적용	사용 가능한 모든 요소들	상속	0
JavaScript	*object*.**style.navIndex=** "1"					
사용 예제	div { **nav-index**: 1 }					

속성에서 사용할 수 있는 각 속성 값들과 의미는 다음과 같다.

속성 값	설명
auto	요소의 순차 탐색 순서가 브라우저(사용자 에이전트)에 의해서 자동으로 결정된다.
number	지정한 양수 값으로(0 이상) 요소의 순차 탐색 순서를 지정하도록 한다. 만일 동일한 탐색 순서 값을 가진 요소들이 있다면 문서의 순서에 의해 탐색된다.

▣ 포커스 탐색 방향 지정하기

일반적인 컴퓨터는 4방향(상-하-좌-우)의 화살표 키를 제공하고 있고 방향 탐색을 위하여 이 키를 사용할 수 있다. 접근성과 사용자의 편의성을 위해 브라우저(사용자 에이전트)는 키보드의 키가 방향 탐색에 사용되도록 허용해야 한다. nav-up, nav-right, nav-down, nav-left 속성은 요소가 포커스를 이동하여 반응하는 순서를 지정하는 속성으로, nav-up은 위쪽 방향을, nav-right은 오른쪽 방향을, nav-down은 아래쪽 방향을, nav-left은 왼쪽 방향을 지정하는 속성이다.

속성	**nav-up, nav-right, nav-down, nav-left**					CSS3
속성 값	auto | <id> [current | root | <target-name>]? | inherit					
속성 특징	초기값	auto	적용	사용 가능한 모든 요소들	상속	X
JavaScript	*object*.**style.navUp= "#up"**			*object*.**style.navRight= "#right"**		
	object.**style.navDown= "#down"**			*object*.**style.navLeft= "#left"**		
사용 예제	div { **nav-up**: #up }			div { **nav-right**: #right }		
	div { **nav-down**: #down }			div { **nav-left**: #left }		

속성에서 사용할 수 있는 각 속성 값들과 의미는 다음과 같다.

속성 값	설명
auto	브라우저의 자동 탐색 입력 방향성에 대한 응답으로 포커스가 이동하도록 지정한다.
id	특정 속성에 각각의 방향 탐색 입력에 대한 응답으로, 탐색되는 요소를 나타내도록 아이디(#) 뒤에 순서를 지정한다. <id>가 현재 포커스를 가진 요소를 참조하는 경우에는 동일한 요소를 포커싱할 필요가 없기 때문에 지정된 값은 무시된다.
target-name	포커스 탐색의 대상 프레임을 지정한다. 밑줄(_)이 아닌 문자열로 값을 지정해야 한다. 지정한 대상 프레임이 없을 경우, 현재 프레임을 의미하는 키워드 current 값으로 취급되고 전체 창을 대상 프레임으로 하려는 경우에는 키워드 root 값을 사용한다.

다음은 다이아몬드 형태로 버튼을 배치하여 탐색 순서가 순차적으로 또는 방향성 탐색이 가능하도록 한 예를 나타낸 것이다.

예제	CSS3_08-03_Nav.html
Style	button { position:absolute } button#b1 { top:0; left:50%; nav-index:1; nav-right:#b2; nav-left:#b4; nav-down:#b2; nav-up:#b4; } button#b2 { top:50%; left:100%; nav-index:2; nav-right:#b3; nav-left:#b1; nav-down:#b3; nav-up:#b1; } button#b3 { top:100%; left:50%; nav-index:3; nav-right:#b4; nav-left:#b2; nav-down:#b4; nav-up:#b2; } button#b4 { top:50%; left:0; nav-index:4; nav-right:#b1; nav-left:#b3; nav-down:#b1; nav-up:#b3; }

Body	<button id="b1">Button 1</button> <button id="b2">Button 2</button> <button id="b3">Button 3</button> <button id="b4">Button 4</button>
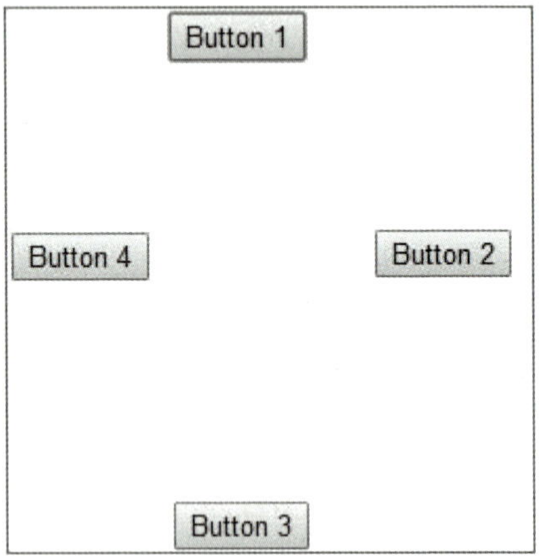	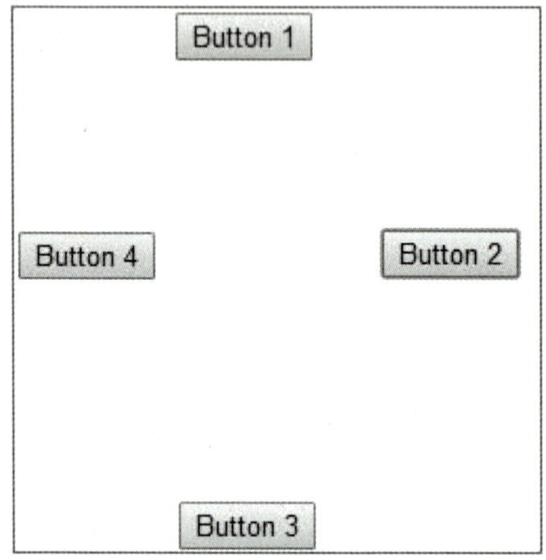

속성	ime-mode – 입력기 제어하기	CSS3

ime-mode 속성은 텍스트 필드에 대한 입력기(Input method editor)의 상태를 제어하는 속성이다.

속성 값	auto | normal | active | inactive | disabled | inherit					
속성 특징	초기값	auto	적용	텍스트 항목(fields)	상속	O
JavaScript	object.**style.imeMode**= **"active"**					
사용 예제	div { **ime-mode**: active }					

속성에서 사용할 수 있는 각 속성 값들과 의미는 다음과 같다.

속성 값	설명
auto	기본값으로, 현재의 입력기 상태가 바뀌지 않도록 한다.
normal	페이지 설정을 대체하는 사용자 스타일시트에 사용될 수 있도록 지정한다(IME 상태가 normal 이어야 한다).
active	초기에 입력기를 활성화 상태로 설정하여 텍스트 입력이 가능하도록 지정한다.
inactive	초기에 입력기를 비활성화 상태로 지정하지만, 사용자가 원할 경우에는 활성화 상태로 변경할 수 있다.
disabled	입력기를 사용 불가능하도록 지정한다.

다음의 예제에서는 필드에 대한 입력 방법을 지원하지 않도록 비활성화 상태로 지정한 것이다.

```
<input type="text" name="name" value="initial value" style="ime-mode: disabled">
```

유의할 점

일반적으로 IME 모드 설정을 제어하는 것이 공개적인 웹 사이트에 적합하지 않기 때문에 웹 응용 프로그램 등을 위해 사용해야 한다. 그리고 양식(form)을 통해 자료를 전송할 때 확장 문자를 방지하기 위한 방법으로 IME를 비활성화 상태로 변경하는 것은 의미가 없다. 여전히 확장 문자를 양식 필드에 붙여 넣기 할 수 있기 때문이다.

CHAPTER

09 CSS3 Part-6 고급기능
다단, 변형, 트랜지션, 마키, 애니메이션

Section 01 다단 레이아웃(Multi-column Layout)

웹 문서의 대부분은 일반 텍스트로 이루어져 있으며 지금 보고 있는 교재와 같이 하나의 단(Column)으로 구성되어 있다. 하지만 인쇄물에서의 뉴스 및 잡지의 경우는 대부분 하나 이상의 단(Multi Column)으로 구성되어 있다. 기존 CSS에서는 이러한 다단의 구성을 구현하기가 쉽지 않아서 보통 테이블을 이용하거나 div 요소를 적절히 이용하여 레이아웃을 구성하였지만, CSS3에서는 다단 레이아웃 문서를 쉽게 만들 수 있도록 새로운 기능이 추가되었다.

설명하게 되는 다단 레이아웃 모듈에 대한 내용들은 표준화 문서를 참조하여 작성하였으므로, 좀 더 자세한 내용을 살펴보고자 한다면 아래 사이트에서 해당 문서를 참고하도록 하자(아직은 표준화가 완료되지 않았기 때문에 콘텐츠의 다단 레이아웃을 사용하기 위해서는 웹 브라우저의 벤더 프리픽스를 사용해야만 한다).

표준화 문서	CSS Multi-column Layout Module - http://www.w3.org/TR/css3-multicol/
표준화 단계	W3C Candidate Recommendation, (2011-04-12)

1.1 다단 문서의 개수 및 폭 지정하기

문서 구성 시 페이지 내의 단을 몇 개로 어느 정도의 폭으로 해야 할지 결정해야 한다. column-count 속성은 다단을 구성할 때 단의 개수를 지정하는 속성이고, column-width 속성은 단의 폭을 지정하는 속성이다. 그리고 columns 속성은 단의 개수와 폭을 한번에 지정하기 위한 대표 속성이다.

<table>
<tr><td>속성</td><td colspan="4">column-width</td><td colspan="2">column-count</td><td>CSS3</td></tr>
<tr><td>속성 값</td><td colspan="7"><length> | auto</td></tr>
<tr><td>속성 특징</td><td>초기값</td><td>auto</td><td>적용</td><td colspan="2">대체되지 않은 블록-레벨 요소들,
테이블 셀 및 인라인-블록 요소들
제외(테이블 요소들)</td><td>상속</td><td>X</td></tr>
<tr><td>JavaScript</td><td colspan="4">object.style.columnWidth = "200px"</td><td colspan="3">object.style.columnCount = "3"</td></tr>
<tr><td>사용 예제</td><td colspan="4">div { column-width: 200px }</td><td colspan="3">div { column-count: 3 }</td></tr>
</table>

속성에서 사용할 수 있는 각 속성 값들은 다음과 같다.

속성 값	설명
auto	기본값으로 단의 개수 및 폭의 크기를 자동으로 계산하도록 지정한다. column-width 속성 값을 auto로 지정한 후에 다단을 구성하려면 column-count 속성을 지정해야 하고, column-count 속성 값을 auto로 지정한 후에 다단을 구성하려면 column-width 속성을 지정해야 한다.
length	단의 개수 및 폭의 크기를 길이 값으로 지정할 수 있다. • 단의 폭을 지정하게 되면 단의 개수는 요소의 폭에 따라 자동으로 계산된다. • 단의 개수가 지정되면 단의 폭은 요소의 폭에 따라 자동으로 계산되기 때문에 요소의 폭이 증가하더라도 단의 개수는 변하지 않고 열의 너비만 변경된다.

단의 폭 값은 상위 요소의 폭이 단을 구성하는 최소 기준이 되기 때문에 지정된 값은 정확한 값이 될 수 없다. 따라서 단의 폭을 기준으로 콘텐츠를 표시하려면 **column-width** 속성을 이용해야 한다. 만일, 단의 폭을 기준으로 하면 브라우저 창의 폭에 따라서 단의 개수가 달라진다. 다음 예제를 살펴보도록 하자.

<table>
<tr><td>속성</td><td colspan="5">columns</td><td>CSS3</td></tr>
<tr><td>속성 값</td><td colspan="6"><'column-width'> || <'column-count'></td></tr>
<tr><td>속성 특징</td><td>초기값</td><td>개별
속성 참조</td><td>적용</td><td>대체되지 않은 블록-레벨 요소들,
테이블 셀 및 인라인-블록 요소들
제외(테이블 요소들)</td><td>상속</td><td>X</td></tr>
<tr><td>JavaScript</td><td colspan="6">object.style.columns = "200px 3"</td></tr>
<tr><td>사용 예제</td><td colspan="6">div { columns: 200px 3 }</td></tr>
</table>

예제	CSS3_09-01_ColumnWidth.html

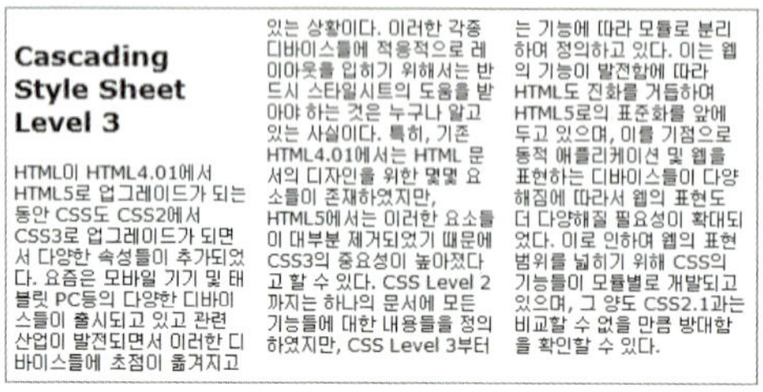

column-width: 100px;

column-width: 200px;

예제	CSS3_09-01_ColumnCount.html

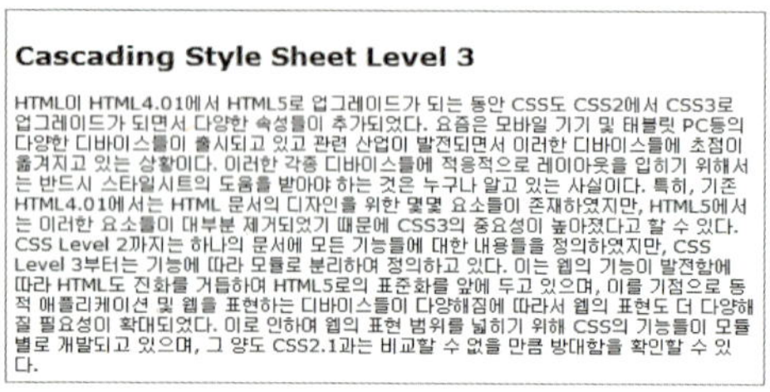

column-count: 1

column-count: 2

column-count: 3

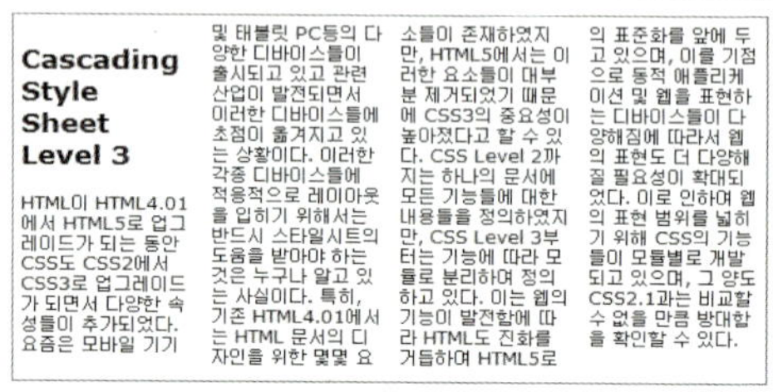

column-count: 4

1.2 열의 간격 및 구분선 스타일 지정하기

2개 이상의 단으로 구성할 때 column-gap 속성은 단과 단 사이의 간격을 지정하는 것으로 만일 단 사이에 구분선이 있다면 구분선도 이 여백에 포함된다.

속성	**column-gap**					CSS3
속성 값	<length> | normal					
속성 특징	초기값	normal	적용	다단 요소들	상속	X
JavaScript	*object*.**style.columnGap = "50px"**					
사용 예제	div { **column-gap**: 50px }					

속성에서 사용할 수 있는 각 속성 값들은 다음과 같다.

속성 값	설명
normal	기본값으로 브라우저에 의해서 지정되는 값으로, 자세한 값은 아직 결정되지 않았지만 1em 값만이 제안된 상태이다.
length	'길이+단위' 값을 이용하여 단 사이의 간격을 지정할 수 있으며, 음수 값은 지정할 수 없다.

column-rule-color 속성은 단과 단 사이의 색상을 지정하는 속성으로 <color> 속성 값은 color 속성과 동일하다.

속성	**column-rule-color**					CSS3
속성 값	<color>					
속성 특징	초기값	color 속성과 동일	적용	다단 요소들	상속	X
JavaScript	*object*.**style.columnRuleColor = "blue"**					
사용 예제	div { **column-rule-color**: blue }					

column-rule-style 속성은 단과 단 사이의 구분선 형태를 지정하는 속성으로 border-style 속성에서 사용할 수 있는 값들과 동일하게 값을 지정할 수 있다. 속성 값이 none인 경우 column-rule-style 값은 0으로 계산된다.

속성	**column-rule-style**					CSS3
속성 값	<border-style>					
속성 특징	초기값	none	적용	다단 요소들	상속	X
JavaScript	*object*.**style.columnRuleStyle = "dotted"**					
사용 예제	div { **column-rule-style**: dotted }					

column-rule-width 속성은 단과 단 사이의 구분선 굵기를 지정하는 속성이다. border-style 속성과 동일하게 thin, medium, tick 길이 단위로 속성 값을 지정할 수 있지만, 음수 값을 지정할 수 없다.

속성	column-rule-width				CSS3
속성 값	<border-width>				
속성 특징	초기값	medium	적용	다단 요소들	상속	X
JavaScript	*object*.**style.columnRuleWidth = "thick"**				
사용 예제	div { **column-rule-width:** thick }				

coloumn-rule 속성은 단과 단 사이의 구분 형태를 표현하기 위한 속성으로, 앞에서 언급한 3가지(column-rule-color, column-rule-style, column-rule-width)의 세부 속성을 한번에 지정할 수 있다.

속성	column-rule				CSS3
속성 값	<'column-rule-width'> || <'column-rule-style'> || [<'column-rule-color'> | transparent]				
속성 특징	초기값	개별 속성 참조	적용	다단 요소들	상속	X
JavaScript	*object*.**style.columnRule = "#f00 double 3px"**				
사용 예제	div { **column-rule:** f00 double 3px }				

다음 예제는 위 속성을 사용한 결과를 나타낸 것이다.

예제	CSS3_09-01_ColumnRule.html

column-rule: 3px dotted aqua

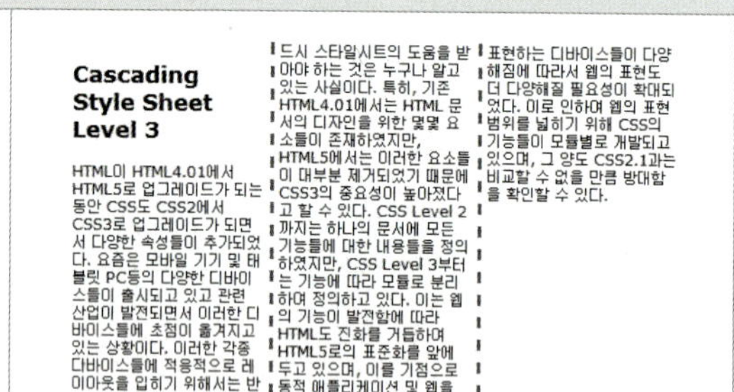

column-rule: 3px dashed red

column-rule: 3px double blue

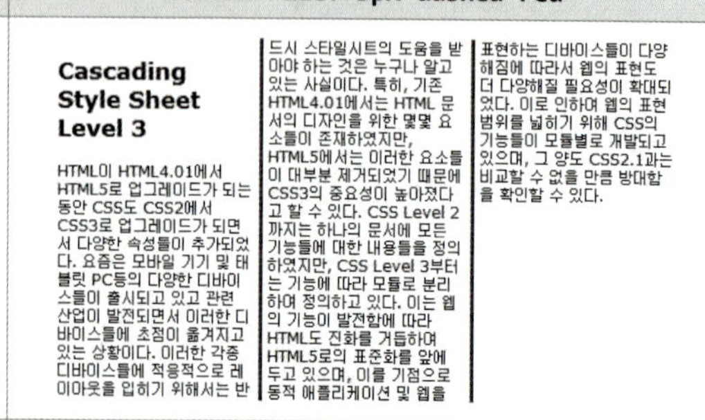

column-rule: 3px ridge green

1.3 다단 나누기 지정

콘텐츠가 여러 개의 단에 걸쳐서 표시되는 경우에 브라우저 같은 사용자 에이전트는 이를 다음 단으로 표시할지를 확인해야 한다. 즉, 콘텐츠의 내용이 자연스럽게 다음 페이지로 넘어가는 것과 유사하게, 콘텐츠가 다음 단으로 연결되어 표시되게 해야 할 필요가 있기 때문에 다단을 어디서부터 시작해야 할지를 지정해야 한다. break-before 속성은 특정 요소 앞에서 단을 분할하도록 지정하고 break-after 속성은 특정 요소 뒤에서 단을 분할하도록 지정한다. break-inside 속성은 해당 요소 안에서의 단을 강제로 분할지의 여부를 지정하는 속성이다.

속성	**break-before, break-after**					CSS3
속성 값	auto | always | avoid | left | right | page | column | avoid-page | avoid-column					
속성 특징	초기값	auto	적용	블록-레벨 요소들	상속	X
JavaScript	*object*.**style.breakBefore = "always"**			*object*.**style.breakAfter = "column"**		
사용 예제	div { **break-before**: always }			div { **break-after**: column }		

속성	**break-inside**					CSS3
속성 값	auto | avoid | avoid-page | avoid-column					
속성 특징	초기값	auto	적용	블록-레벨 요소들	상속	X
JavaScript	*object*.**style.breakInside = "avoid-column"**					
사용 예제	div { **break-inside**: avoid-column }					

속성에서 사용할 수 있는 각 속성 값들은 기존 CSS2.1에 있는 page-break-before, page-break-after, page-break-inside 속성의 값과 동일하고 새로운 속성 값들이 추가되었다.

속성 값	설명
auto	다단 분할을 강제하거나 금지하지 않도록 지정한다.
always	항상 요소(생성된 박스) 앞에서 페이지를 분할하도록 지정한다.
avoid	요소(생성된 박스) 앞에서 페이지 또는 단을 분할하지 않도록 지정한다.
left	요소(생성된 박스) 앞에서 페이지 또는 단을 분할하도록 지정한다. 다음에 오는 단은 왼쪽에 배치된다.
right	요소(생성된 박스) 앞에서 페이지 또는 단을 분할하도록 지정한다. 다음에 오는 단은 오른쪽에 배치된다.
page	요소(생성된 박스) 앞(break-before)이나 뒤(break-after)에서 항상 페이지를 분할하도록 지정한다.
column	요소(생성된 박스) 앞(break-before)이나 뒤(break-after)에서 항상 단을 분할하도록 지정한다.

avoid-page	요소(생성된 박스) 앞(break-before)이나 뒤(break-after) 또는 내부(break-inside)에서 페이지를 분할하지 않도록 지정한다.
avoid-column	요소(생성된 박스) 앞(break-before)이나 뒤(break-after) 또는 내부(break-inside)에서 단을 분할하지 않도록 지정한다.

페이지 또는 단이 박스를 분할할 때 박스의 여백, 테두리 및 패딩의 분할 효과는 시각적으로 발생하지 않는다. 그러나 페이지나 단의 분할은 자연적으로 발생하지 않기 때문에 강제로 분할된 이후에는 박스의 여백은 유지된다. 이 문제로 인하여 새로운 속성으로 여백 및 테두리와 페이지 및 단 분할 주위에 패딩을 처리하기 위한 다른 방법들을 표준화에서 논의하고 있다. 다음 다단의 예는 h2 요소를 이전 단에 img 요소를 이후 단에 나타나게 한다. 그리고 강제로 단을 분할하도록 했기 때문에 h2 요소의 상단 여백은 계속 유지된다.

```
.multicol { column-width: 8em }
.multicol h2 { break-before: column; margin-top: 2em }
.multicol img { break-after: column }
```

다음의 예는 p 요소 내부에서 단의 분할이 일어나지 않도록 한다.

```
p { break-inside: avoid-column }
```

1.4 단의 확장

column-span 속성은 다단을 구성할 때 해당 요소가 얼마나 많은 단을 차지하는지를 지정하는 속성이다. 하나 이상의 단으로 확장된 요소를 확장 요소(spanning element)라고 부른다.

속성	**column-span**					CSS3
속성 값	none | all					
속성 특징	초기값	none	적용	블록-레벨 요소들, 제외(float 및 absolute 로 위치한 요소들)	상속	X
JavaScript	*object*.**style.columnSpan** = **"all"**					
사용 예제	div { **column-span**: all }					

속성에서 사용할 수 있는 각 속성 값들은 다음과 같다.

속성 값	설명
none	해당 요소가 여러 단에 확장해서 나타나지 않도록 지정한다.
all	해당 요소가 모든 단에 확장해서 나타나도록 지정한다. 단의 일부만 확장할 수는 없다.

다음 예제는 위 속성을 사용한 결과를 나타낸 것이다.

예제 CSS3_09-01_ColumnSpan.html

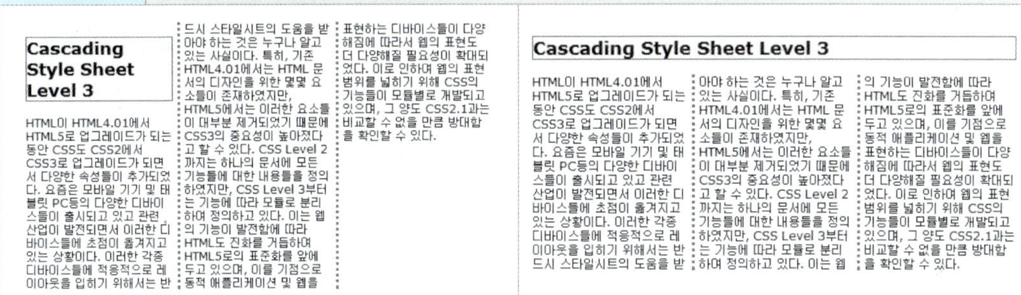

column-span: none | column-span: all

1.5 단의 콘텐츠 균형 조정하기

column-fill 속성은 다단 영역의 콘텐츠 흐름의 영향을 받는 방식을 지정하는 속성으로, 단에 있는 콘텐츠의 균형을 조정할지(단 길이의 차이를 최소화할지) 여부를 지정할 수 있다.

속성	**column-fill**					CSS3
속성 값	auto | balance					
속성 특징	초기값	balance	적용	다단 요소들	상속	X
JavaScript	*object*.**style.columnFill = "all"**					
사용 예제	div { **column-fill**: all }					

속성에서 사용할 수 있는 각 속성 값들은 다음과 같다.

속성 값	설명
balance	콘텐츠가 단의 크기에 따라서 균형을 이루도록 지정한다.
auto	콘텐츠가 단의 순서대로 채워지도록 지정한다. 각 단의 길이는 다를 수 있다.

다음 예제는 위 속성을 사용한 결과를 나타낸 것이다(※ 아직은 IE와 Firefox 만이 지원하고 있다).

예제	CSS3_09-01_ColumnFill.html

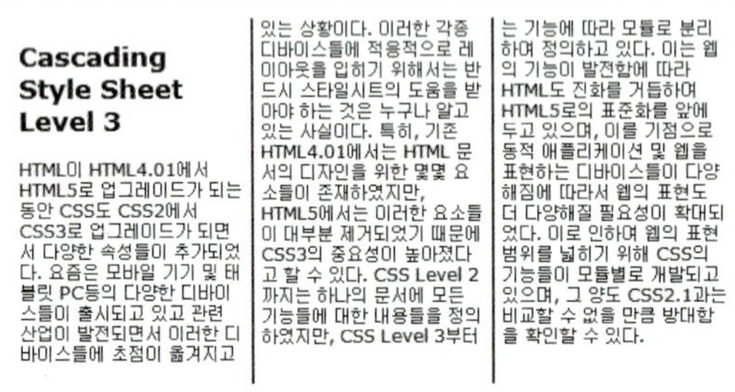

column-fill: balance

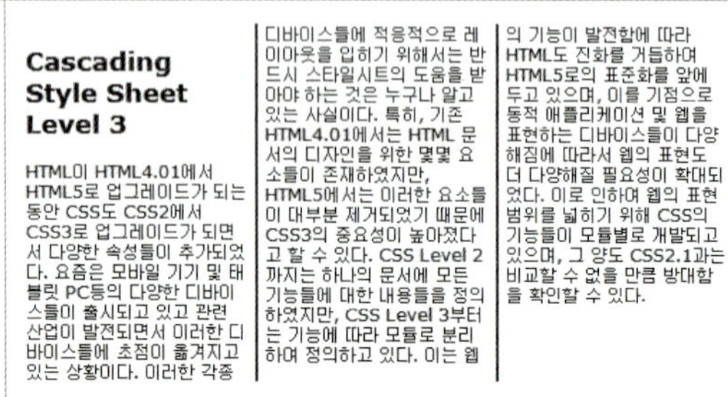

column-fill: auto

다음 MS 사이트에서 다단을 실습해 볼 수 있다.

- http://ie.microsoft.com/testdrive/Graphics/hands-on-css3/hands-on_multi-column.htm

Section 02 변형(Transform)

CSS3부터는 문서 레이아웃에 많은 변화를 줄 수 있도록 하고 있는데, 그 중에 가장 눈에 띄는 것은 바로 요소 박스의 변형(transform)이라 할 수 있다. 변형은 요소의 위치를 옮기거나 크기를 변경하고 회전 및 왜곡시키는 것을 말한다. 변형 관련 속성들은 2차원뿐만 아니라 3차원 변형도 가능하다.

설명하게 되는 내용들은 표준화 문서를 참조하여 작성하였으므로 좀 더 자세한 내용을 살펴보고자 한다면 아래 사이트에서 해당 문서를 참고하도록 하자.

표준화 문서	CSS Transforms Module Level 1 - http://dev.w3.org/csswg/css-transforms/
표준화 단계	W3C Editor's Draft, (2014-05-28)

참고로 이번 변형에 대한 예제를 확인하거나 실습하기 위해서는 아직 주요 브라우저에서 지원하고 있지 않기 때문에 구글의 크롬 버전 37.0.1987.1(카나리아) 이상에서 확인해야 한다.

2.1 좌표 시스템

요소 박스를 변형시킬 때 단순히 수평 및 수직으로 이동하거나 기울이는 등의 2차원(평면적인) 변형을 할 수도 있지만 회전하거나 요소에 원근감을 주는 등의 3차원(입체적인) 변형을 할 수 있다. 이때 사용되는 것이 바로 좌표계이다. 다음 그림은 2차원 좌표계와 3차원 좌표계를 나타낸 것으로 2차원 좌표계는 수평의 X축과 수직의 Y축으로 이루어져 있으며, 3차원 좌표계는 2차원 좌표계에 Z축을 더해서 평면의 깊이나 원근감을 나타내도록 하고 있다. 따라서 변형을 할 때 X축은 좌우로 값이 변한다면, Y축은 위아래로 변한다. 그리고 Z축은 앞뒤로 값이 변하기 때문에 보고 있는 사람의 쪽으로 가까울수록 값이 커지게 되고 멀어질수록 값이 작아지게 된다.

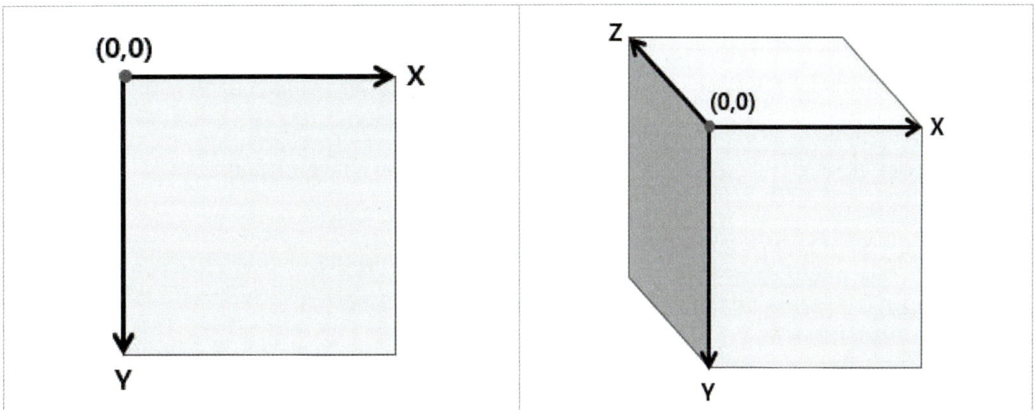

2차원 좌표계 | 3차원 좌표계

2.2 변형 함수

속성	transform – 요소 박스의 변형 지정하기	CSS3

transform 속성은 요소 박스의 변형을 지정하는 속성으로, 변형하고자 하는 형태별로 함수 타입의 속성 값을 이용한다. 이때 함수의 속성 값은 공백으로 구분하여 여러 개의 속성 값을 지정할 수 있다. 다음은 사용 방법 및 예제를 나타낸 것이다.

<table>
<tr><td>속성 값</td><td colspan="3">none | <transform-list></td><td colspan="3"><transform-list> = <transform-function>+</td></tr>
<tr><td>속성 특징</td><td>초기값</td><td>none</td><td>적용</td><td>변형 가능한 요소들</td><td>상속</td><td>X</td></tr>
<tr><td>JavaScript</td><td colspan="3">object.style.transform = "translate(10px, 20px)"
object.style.transform = "skew(20deg, 30deg)"</td><td colspan="3">object.style.transform = "scale(1.3, 1.2)"
object.style.transform = "rotate(180deg)"
object.style.transform = "matrix( )"</td></tr>
<tr><td>사용 예제</td><td colspan="3">div { transform: trasnslate(10px, 20px) }
div { transform: scale(1.3, 1.2) }
div { transform: rotate(180deg) }</td><td colspan="3">div { transform: skew(20deg, 30deg) }
div { transform: matrix( ) }</td></tr>
</table>

속성에서 사용할 수 있는 transform-function 속성 값은 요소를 변형하기 위한 함수로서, 다음과 같이 여러 가지 변형 함수를 사용할 수 있다.

transform 변형 함수 값	기능
translate(dx, dy)	요소 박스를 지정한 거리만큼 수평과 수직으로 이동한다.
translate3d(dx, dy, dz)	요소 박스를 지정한 거리만큼 수평과 수직, 앞뒤로 이동한다.
translateX(dx)	요소 박스를 지정한 거리만큼 수평으로 이동한다.
translateY(dy)	요소 박스를 지정한 거리만큼 수직으로 이동한다.
translateZ(dy)	요소 박스를 지정한 거리만큼 앞뒤로 이동한다.
scale(sx, sy)	요소 박스를 지정한 크기만큼 수평과 수직으로 확대하거나 축소한다.
scaleX(sx)	요소 박스를 지정한 크기만큼 수평으로 확대하거나 축소한다.
scaleY(sy)	요소 박스를 지정한 크기만큼 수직으로 확대하거나 축소한다.
scaleZ(sz)	요소 박스를 지정한 크기만큼 앞뒤로 확대하거나 축소한다.
rotate(angle)	요소 박스를 지정한 각도만큼 회전한다.
rotate3d(rx, ry, rz, angle)	요소 박스를 지정한 각도만큼 수평과 수직, 앞뒤로 회전한다.
rotateX(angle)	요소 박스를 지정한 각도만큼 수평으로 회전한다.
rotateY(angle)	요소 박스를 지정한 각도만큼 수직으로 회전한다.
rotateZ(angle)	요소 박스를 지정한 각도만큼 앞뒤로 회전한다.
skew(x_angle, y_angle)	요소 박스를 지정한 각도만큼 수평과 수직으로 왜곡한다.
skewX(angle)	요소 박스를 지정한 각도만큼 수평으로 왜곡한다.
skewY(angle)	요소 박스를 지정한 각도만큼 수직으로 왜곡한다.
matrix(n, n, n, n, n, n)	요소 박스를 6개의 매트릭스를 사용하여 2D 변형을 한다.
matrix3dY(n, n, n, n, n, n, n, n, n, n, n, n, n, n, n, n)	요소 박스를 4x4 매트릭스의 16개 값을 이용하여 3D 변형을 한다.

▣ translate( ) 변형 함수들 - 요소 박스 이동하기

이 함수는 요소 박스를 x축(dx), y축(dy), z축(dy)으로 지정한 거리만큼 이동시키는 기능을 하는 함수로써, 음수 값을 지정하면 반대 방향으로 이동된다. 그리고 이동된 요소는 다른 요소의 레이아웃에는 영향을 주지 않는다. 다음의 그림은 오른쪽 하단으로 각각 100px, 100px 만큼 요소를 이동시킨 그림을 표시한 것으로, 가운데 중심점을 중심으로 이동하는 것을 볼 수 있다.

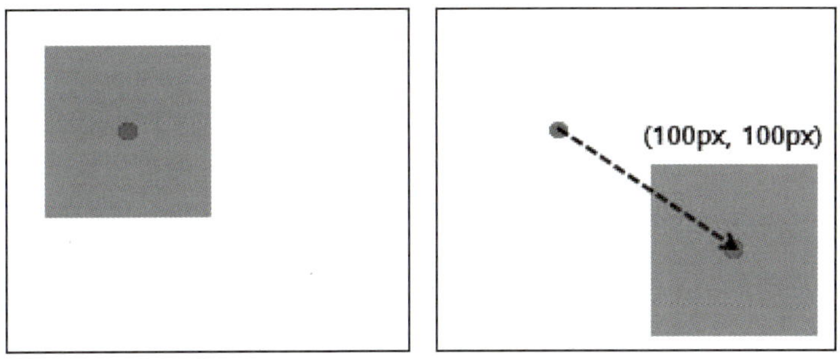

다음의 예는 x축 및 y축으로 이동한 결과를 나타낸 것이다.

예제	CSS3_09-02_Transform_Translate.html

transform: translate(20px, 10px)

transform: translate(-20px, -10px)

▣ scale( ) 변형 함수들 - 요소 박스 확대/축소하기

이 함수는 요소 박스를 지정한 x축(sx), y축(sy), z축(sz) 만큼 확대 또는 축소하는 함수로써, 요소 본래의 크기에 지정한 배율만큼의 크기로 적용된다. 그리고 이동된 요소는 다른 요소의 레이아웃에는 영향을 주지 않는다. 다음 그림은 해당 요소를 각각 확대 및 축소한 것을 나타낸 것이다.

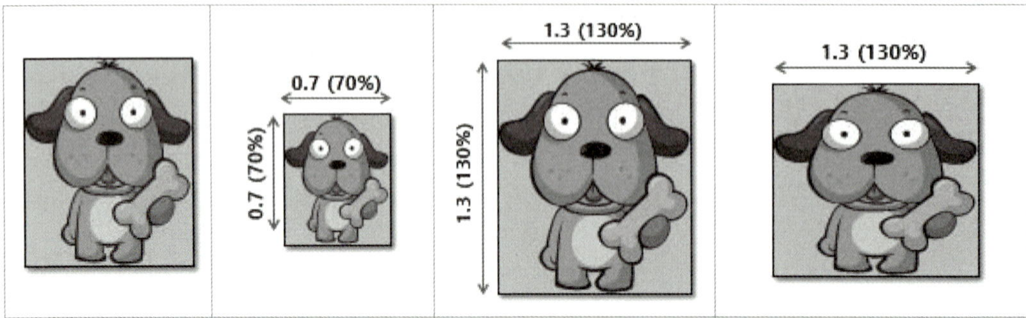

본래 크기	70% 크기로 축소	130% 크기로 확대	가로(X축) 크기만 130% 확대

다음의 예는 x축, y축으로 각각 130% 및 120% 확대한 결과와 70% 및 50% 축소한 결과를 나타낸 것이다.

예제	CSS3_09-02_Transform_Scale.html

transform: scale(1.3, 1.2)	transform: scale(0.7, 0.5)

▣ rotate( ) 변형 함수들 – 요소 박스 회전하기

이 함수는 x축(rx), y축(ry), z축(rz)을 기준으로 지정한 각도만큼 요소 박스를 회전하는 함수로써, 지정한 각도가 양수 값이면 시계방향으로, 음수 값이면 시계 반대 방향으로 회전한다. 각도의 사용은 도(degree) 또는 라디안(radian)을 사용해도 된다(1라디안은 1/180도). 그리고 회전된 요소의 표시 영역은 다른 요소의 레이아웃에는 영향을 주지 않는다.

다음의 예는 x, y축으로 각각 10도, 180도 및 50도씩 회전한 결과를 나타낸 것으로, translate 함수와 마찬가지로 요소의 중심을 기준으로 회전한 결과를 확인할 수 있다.

예제	CSS3_09-02_Transform_Rotate.html

transform: rotate(10deg)

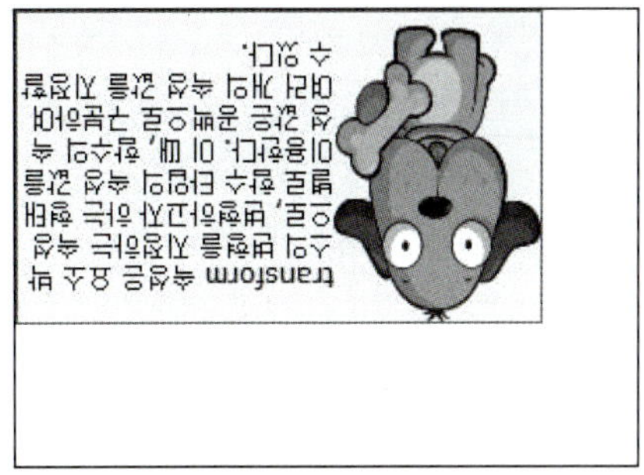

transform: rotate(180deg)

transform: rotateX(50deg)

transform: rotateY(50deg)

▣ skew( ) 변형 함수들 – 요소 박스 기울이기

이 함수는 x축, y축을 기준으로 지정한 각도만큼 요소 박스를 기울이는 함수로써, rotate 함수와 같이 각도의 사용은 도(degree) 또는 라디안(radian)을 사용해도 된다(1라디안은 1/180도). 그리고 회전된 요소의 표시 영역은 다른 요소의 레이아웃에는 영향을 주지 않는다. 다음의 예는 각각 x, y축으로 기울임의 결과를 나타낸 것이다.

예제	CSS3_09-02_Transform_Skew.html

transform: skewX(20deg)

transform: skewX(160deg)

transform: skewY(20deg)

transform: skewY(160deg)

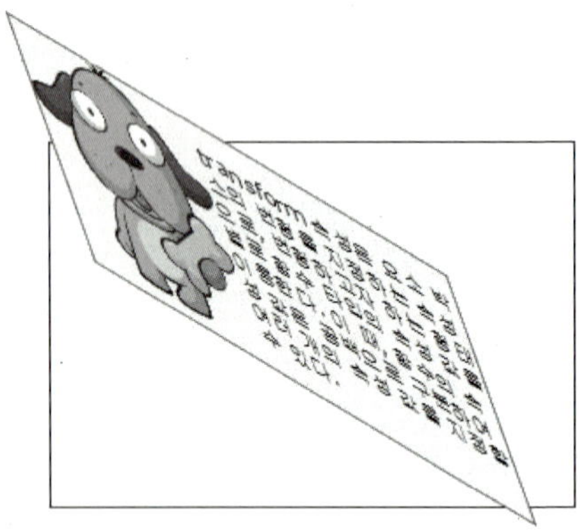

transform: skew(20deg, 30deg)

transform: skew(160deg, 160deg)

▣ matrix( ) 변형 함수 - 요소 박스 변형하기

이 함수는 앞에서 언급한 요소 박스의 이동, 확대 및 축소, 회전, 기울이기 등을 복합적으로 한 번에 지정할 수 있는 함수이다. 따라서 다음과 같이 3x3의 행렬 값에 지정하고자 하는 값들을 저장하는데, 함수에 전달하는 6개의 매개 변수 값들을 위해 2D 변환 행렬로 저장해야 한다. matrix(a, b, c, d, e, f)는 변환 행렬 [a b c d e f]에 해당된다. 6개의 값은 scaleX, skewX, skewY, scaleY, translateX, translate 순으로 지정하면 된다.

2D 변환을 위한 3x3 행렬 $\begin{bmatrix} a & c & e \\ b & d & f \\ 0 & 0 & 1 \end{bmatrix}$

예제	CSS3_09-02_Transform_Matrix.html

transform: matrix(0.866,0.5,-0.5,0.866,0,0)	**transform**: matrix(0.586,0.8,-0.8,0.586,10,0)

2.3 변형 기준 및 원근감

속성	transform-origin – 변형 기준 지정하기	CSS3

transform-origin 속성은 요소 박스의 변형 기준점을 지정하는 속성으로, **transform** 속성과 함께 사용한다. 따라서 변형 함수라도 변형의 기준점이 달라지면 결과가 다르게 표시되기 때문에 변형 관련 여러 속성을 함께 사용하면 원근감을 표현하거나 요소의 뒷면을 표시할 수 있다. 다음은 사용 방법 및 예제를 나타낸 것이다.

속성 값	<percentage> | <length> | left | center | right | top | bottom					
속성 특징	초기값	50% 50%	적용	변형 가능한 요소들	상속	X
JavaScript	*object*.**style.transformOrigin** = **"20% 30%"**					
사용 예제	div { **transform-origin**: left top } /* 기준점을 왼쪽 상단으로 지정 */					

속성에서 사용할 수 있는 각 속성 값들은 다음과 같으며, 속성 값은 X, Y, Z축으로 각각 지정할 수 있지만, 지정된 값이 1개이면 X축 및 Y축의 값은 동일하고 Z축의 값은 0이 된다. 지정된 값이 2개이면 Z축의 값은 0이 된다.

속성 값	설명
percentage	변형의 기준이 되는 위치를 박스 가로 폭에 대한 상대적인(100분율) 거리로(offset) 지정한다.
length	변형의 기준이 되는 위치를 박스 좌측 상단으로부터의 떨어진 고정된 거리를 지정한다.

top	세로 위치 0%인 지점을 기준으로 지정한다.
right	가로 위치 100%인 지점을 기준으로 지정한다.
bottom	세로 위치 100%인 지점을 기준으로 지정한다.
left	가로 위치 0%인 지점을 기준으로 지정한다.
center	가로 및 세로 위치의 가운데 50%인 지점을 기준으로 한다.

위 속성 값에서 각 X, Y, X축이 사용할 수 있는 값들은 다음과 같다.

- X축 - 길이 값(length), 백분율(%), left, center, right
- Y축 - 길이 값(length), 백분율(%), top, center, bottom
- Z축 - 길이 값(length)

다음의 예는 각각 박스의 위치에 따른 변형 기준점을 지정하여 박스의 회전(20도) 결과를 나타낸 것이다.

예제	CSS3_09-02_transform-Origin.html

transform-origin: left top

transform-origin: right top

transform-origin: left bottom

transform-origin: right bottom

속성	transform-style - 3차원 좌표 전달하기	CSS3

transform-style 속성은 3차원(3D) 공간에서 변형이 적용된 3차원 좌표를 하위 요소에게 전달할 것인지를 결정하는 속성이다.

속성 값	flat | preserve-3d					
속성 특징	초기값	flat	적용	변형 가능한 요소들	상속	X
JavaScript	*object*.**style.transformStyle** = **"preserve-3d"**					
사용 예제	div { **transform-style**: preserve-3d } /* 기준점을 왼쪽 상단으로 지정 */					

속성에서 사용할 수 있는 값들은 다음과 같다.

속성 값	설명
flat	하위 요소들의 좌표 값들은 부모 요소의 3차원(3D) 좌표와 관계없이 2차원(2D) 좌표 영역에 표시되도록 지정한다.
preserve-3d	하위 요소들의 좌표 값들은 무모 요소의 3차원 좌표 값을 전달받아 표시하도록 지정한다.

다음의 예는 각각 박스의 회전에 따른 각 속성 값을 적용하여 회전하는 애니메이션의 결과를 나타낸 것이다.

예제	CSS3_09-02_TransformStyle.html

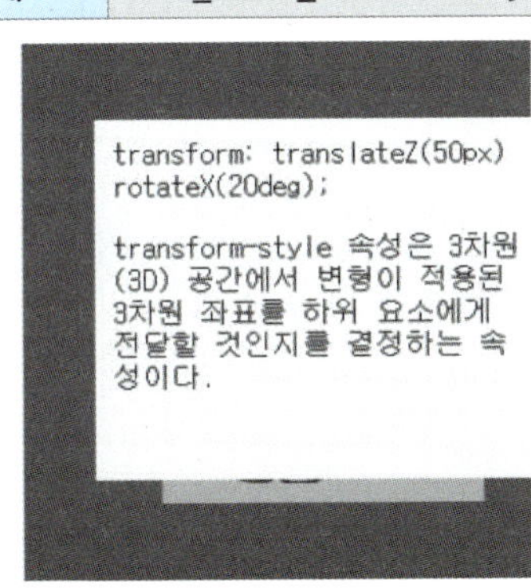

transform-style: flat

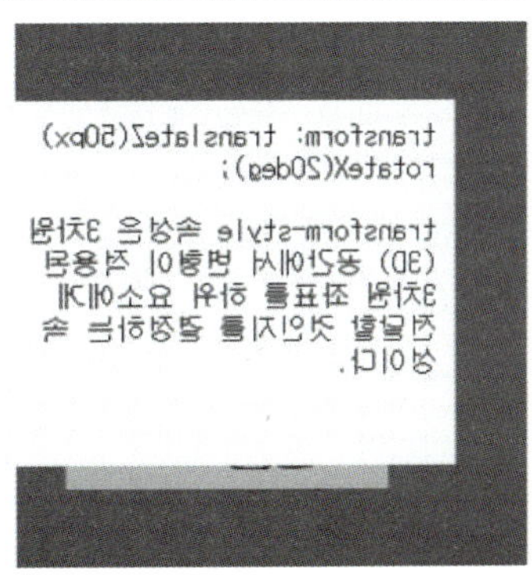

transform-style: flat

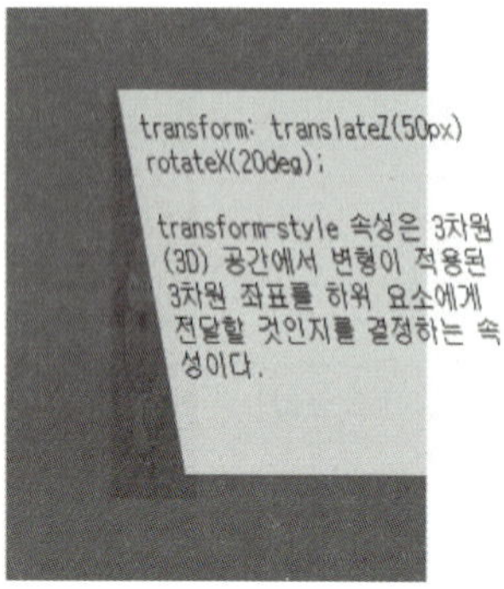

transform-style: preserve-3d

transform-style: preserve-3d

속성	perspective - 원근감 지정하기	CSS3

perspective 속성은 3차원(3D) 공간에서 해당 요소와 관측 점과의 거리를 조절해서(사용자가 있는 방향으로 잡아당기거나 반대 방향으로 밀어내서) 원근감을 지정하는 속성이다.

속성 값	none | <length>					
속성 특징	초기값	none	적용	변형 가능한 요소들	상속	X
JavaScript	*object*.**style.perspective** = **"200px**					
사용 예제	div { **perspective**: 200px } /* 기준점을 왼쪽 상단으로 지정 */					

속성에서 사용할 수 있는 값들은 다음과 같다.

속성 값	설명
none	원근감이 없는 변형을 지정하도록 하기 때문에 모든 개체는 캔버스에 평탄하게 나타난다.
length	요소가 투영(projection)되는 중심까지의 거리를 지정하는 것으로, 사용자가 있는 쪽으로 얼마나 이동하는지를 픽셀 크기로 지정한다. 속성 값은 0보다 커야 하며, 값이 클수록 사용자로부터 멀게 보인다.

다음은 perspective 속성과 Z값에 따라서 원근감이 결정되는 것을 보여주는 그림으로, Z축의 값이 작을수록 사용자에게 보여지는 상의 크기가 커지고(확대), Z축의 값이 커질수록 사용자로부터 멀어지기 때문에 그려지는 면에 요소가 작게(축소) 그려진다. 따라서 요소에 대한 크기 비율은 d/(d-Z)와 같이 계산될 수 있다.

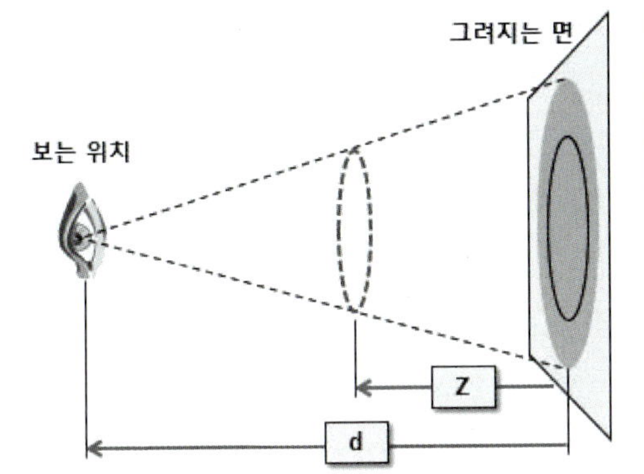	Z는 d의 절반이기 때문에 그려지는 면에 표시되는 푸른색의 원은 검은 실선의 원보다 2배로 확대되어 표시된다. 즉, Z의 값이 작을수록 그려지는 면에 크게 그려진다.
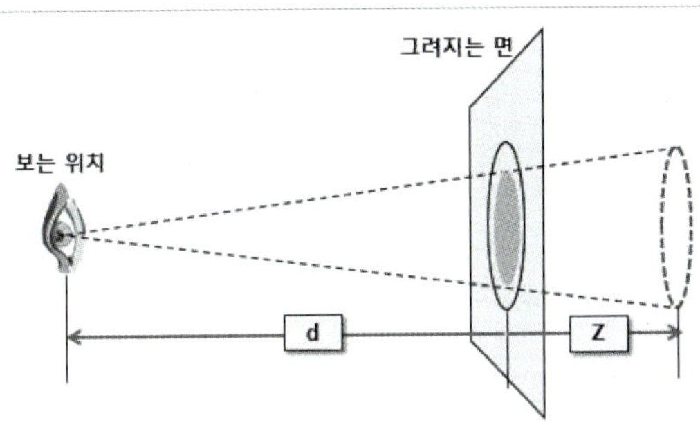	Z의 위치가 그려지는 면보다 뒤에 나타나기 때문에 그려지는 면에 축소되어 작게 그려진다.

다음의 예는 박스의 원근감을 각각 **160px**와 **250px**로 지정했을 때의 결과를 나타낸 것이다.

예제	CSS3_09-02_Perspective.html

perspective: 160px	**perspective**: 250px

속성	perspective-origin - 원근감 방향 지정하기	CSS3

perspective-origin 속성은 3차원(3D) 공간에서 원근감의 방향을 지정하는 속성으로, perspective 속성과 함께 사용해야 한다.

속성 값	<percentage> | <length> | left | center | right | top | bottom					
속성 특징	초기값	50% 50%	적용	변형 가능한 요소들	상속	X
JavaScript	*object*.**style.perspectiveOrigin** = "200px					
사용 예제	div { **perspective-origin**: 200px } /* 기준점을 왼쪽 상단으로 지정 */					

속성에서 사용할 수 있는 값들은 transform-origin 속성 값들의 의미와 동일하다. 만일 **top**이나 **left** 속성 값을 지정한 경우에는 세로 및 가로 방향 값을 **0**으로 지정한 것과 같고 **right**와 **bottom**의 값은 세로 및 가로 방향 값을 **100%**로 지정한 것과 같다.

일반적으로 가정된 사용자 눈의 위치는 perspective 속성에 나타난 그림과 같이 그려지는 면의 중심을 기준으로 하고 있지만, 이 눈의 위치는 이동될 수 있다. 따라서 다음 그림과 같이 눈의 위치를 상단으로 이동시키면 상향 관점에의 효과를 보기 때문에 원근감이 들도록 해준다.

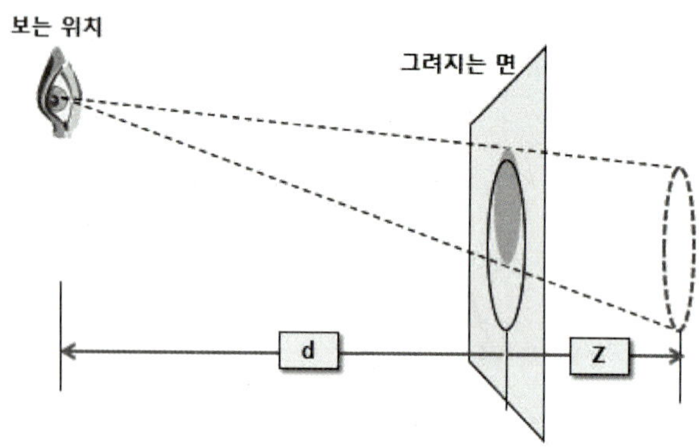

다음의 예는 각각 박스의 원근감 방향을 각각 '**50% 50%**' 와 '**10% 50%**'로 지정했을 때의 결과를 나타낸 것이다.

예제	CSS3_09-02_TransformOrigin.html

perspective-origin: 50% 50%	**perspective-origin**: 10% 50%

속성	backface-visibility - 요소의 뒷면 표시하기	CSS3

backface-visibility 속성은 요소의 뒷면(반대쪽 면)을 표시할 것인지를 결정하는 속성으로, 요소 박스가 뒤집혔을 경우에 박스 뒷면의 표시 여부를 지정할 수 있다. 따라서 요소를 회전시키는 애니메이션에서 요소의 뒷면을 보이지 않도록 할 때 유용하다.

속성 값	visible | hidden					
속성 특징	초기값	visible	적용	변형 가능한 요소들	상속	X
JavaScript	*object*.**style.backfaceVisibility** = **"hidden"**					
사용 예제	div { **backface-visibility**: hidden } /* 기준점을 왼쪽 상단으로 지정 */					

속성에서 사용할 수 있는 값들은 다음과 같다.

속성 값	설명
visible	요소의 뒷면을 표시하도록 지정한다.
hidden	요소의 뒷면을 표시하지 않도록 지정한다.

다음의 예는 각각 박스의 원근감 방향을 각각 '50% 50%' 와 '10% 50%'로 지정했을 때의 결과를 나타낸 것이다.

예제	CSS3_09-02_BackfaceVisibility.html

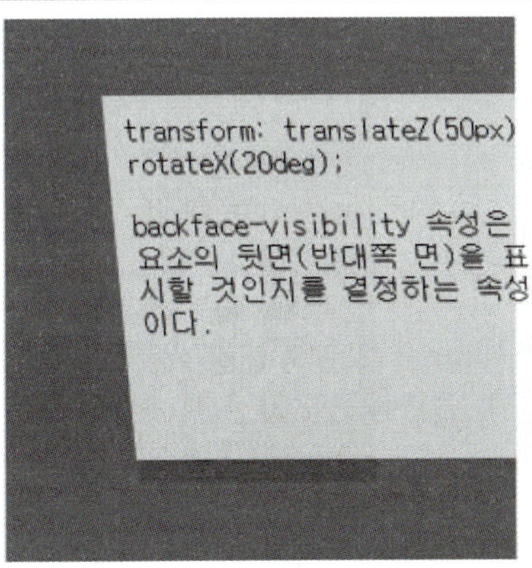

backface-visibility: visible

backface-visibility: hidden

Section 03 트랜지션(Transition)

트랜지션(Transition)이란 어떠한 상태가 다른 상태에 영향을 주는 것을 의미하는 것으로, CSS3에서의 트랜지션은 특정 스타일에서 다른 스타일로 바뀌는 것을 말한다. 즉, 요소 박스에 지정된 속성이 점진적으로 바뀌기 때문에 이러한 속성의 변화 과정을 통해서 애니메이션 효과를 줄 수 있으며, 사용자는 동적 콘텐츠의 느낌을 받는다.

일반적으로 CSS 속성 값이 변경되는 경우 렌더링 결과는 즉시 업데이트 된다. 이러한 속성의 변화는 시간이 지남에 따라서 새로운 상태로 변화하기 때문에 애니메이션에 많이 활용된다. 예를 들어, 다음 그림과 같이 왼쪽에 있는 빨간 색상의 배경이 1초 후에 파란 색상의 배경으로 변환될 때, 중간 0.5초 정도에서 보라색으로 변경되는 것을 볼 수 있다. 이는 시간의 흐름에 따라서 속성의 값이 업데이트 되면서 변경되기 때문이다.

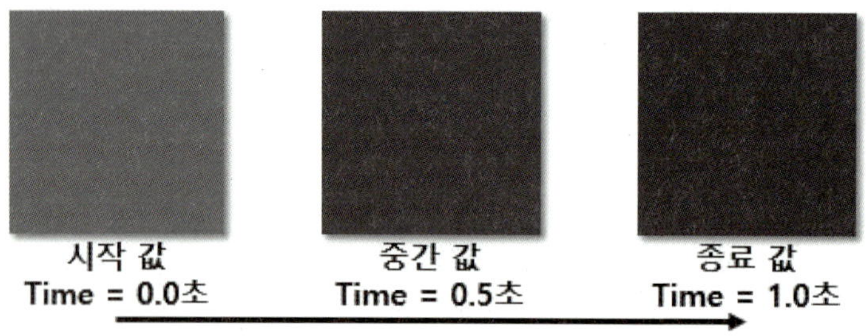

시간 흐름에 대한 배경 색상의 변화

애니메이션이 가능한 CSS 속성들만 트랜지션의 적용이 가능하다. 그리고 트랜지션은 이전 값에서 시간이 지남에 따라 새로운 속성 값으로의 계산된 값이기 때문에 바로 표시되는 효과를 볼 수 있다.

이러한 트랜지션 기능들은 기존 플래시나 자바스크립트를 사용하지 않고도 CSS 만으로도 동일한 효과를 낼 수 있기 때문에 아주 유용하게 사용될 것이다. 설명하게 되는 내용들은 표준화 문서를 참조하여 작성하였으므로, 좀 더 자세한 내용을 살펴보고자 한다면 아래 사이트에서 해당 문서를 참고하도록 하자.

표준화 문서	CSS Transitions - http://dev.w3.org/csswg/css-transitions/
표준화 단계	W3C Editor's Draft, (2014-01-29)

3.1 트랜지션 속성 지정하기

속성	transition-property – 요소 속성 변환하기	CSS3

transition-property 속성은 요소에 지정된 속성을 변환(transition) 하고자 할 때 사용하는 속성이다. 다음은 사용 방법 및 예제를 나타낸 것이다.

<table>
<tr><td>속성 값</td><td colspan="6">none | <single-transition-property> [',' <single-transition-property>]*
<single-transition-property> = all | <IDENT></td></tr>
<tr><td>속성 특징</td><td>초기값</td><td>all</td><td>적용</td><td>모든 요소들
가상 요소(:before 와 :after)</td><td>상속</td><td>X</td></tr>
<tr><td>JavaScript</td><td colspan="6">object.style.transitionProperty = "width"</td></tr>
<tr><td>사용 예제</td><td colspan="6">div { transition-property: width }</td></tr>
</table>

속성에서 사용할 수 있는 각 속성 값들은 다음과 같으며, 2개 이상의 속성을 지정할 경우에는 콤마(,)로 구분해서 지정해야 한다.

속성 값	설명
none	어떤 속성도 트랜지션을 일으키지 않도록 지정한다.
all	요소에 지정된 모든 속성이 트랜지션을 일으키도록 지정한다.
IDENT	트랜지션 효과를 적용할 속성 이름을 지정한다. 예를 들면, 배경색만 바꿀 것인지, 폭이나 높이를 바꿀 것인지를 선택하면 된다.

다음의 예는 각각 요소 박스의 폭, 높이, 배경색, 테두리가 변한 결과를 나타낸 것이다. 애니메이션의 효과를 주기 위해서는 transition-duration 속성 값을 지정해야 한다.

예제	CSS3_09-03_TransitionProperty.html

```
img { width: 90%; height: 90% }
div { width: 150px; height: 150px;  }
div > #Box1 {  transition-property: width; transition-duration: 2s; }
div > #Box2 {  transition-property: height; transition-duration: 2s; }
div > #Box3 {  transition-property: all; transition-duration: 2s; }
#Box1:hover { width: 300px;}
#Box2:hover { height: 300px;}
#Box3:hover { width: 300px; height: 300px; padding: 30px; border-radius: 50px; background: coral; }
```

 마우스 오버시 폭이 늘어납니다.	⇒ 트랜지션	 마우스 오버시 폭이 늘어납니다.
transition-property: width		**transition-property**: width
 마우스 오버시 폭,높 이,배경색,테두리가 변합니다.	⇒ 트랜지션	
transition-property: all		**transition-property**: all

3.2 트랜지션 시간 지정하기

속성	transition-duration - 트랜지션 시간 지정하기	CSS3

transition-duration 속성은 트랜지션이 진행되는 시간을 지정하는 속성이다. transition-property 속성에서 트랜지션 대상 속성을 지정했다면, 이 속성을 이용하여 진행 시간을 지정해야 속성이 부드럽게 바뀌는 애니메이션의 효과를 만들 수 있다. 만일, 트랜지션 대상이 되는 속성이 여러 개라면 진행 시간도 콤마(,)로 구분하여 여러 개 지정할 수 있다. 다음은 사용 방법 및 예제를 나타낸 것이다.

속성 값	<time> [, <time>]*					
속성 특징	초기값	0s	적용	모든 요소들 가상 요소(:before 와 :after)	상속	X
JavaScript	*object*.**style.transitionDuration** = **"2s"**					
사용 예제	div { **transition-duration**: 2s }					

속성에서 사용할 수 있는 시간은 초 단위(s)로 지정한다. 음수 값을 지정하면 0으로 간주된다. 이 속성에 대한 예는 앞에서 설명한 transition-property 속성의 예를 참고하도록 한다.

속성	transition-timing-function – 트랜지션 진행 시간 지정하기	CSS3

transition-timing-function 속성은 트랜지션이 진행되는 속도의 형태를 지정하는 속성이다. 즉, 트랜지션이 일어나는 시작과 중간, 그리고 끝부분에서의 속도 곡선을 선택해야 한다. 이 곡선은 주로 베지에 곡선을 이용해 표현한다. 이 속성 또한 트랜지션 대상이 되는 속성이 여러 개라면 진행 시간도 콤마(,)로 구분하여 여러 개 지정할 수 있다. 다음은 사용 방법 및 예제를 나타낸 것이다.

<table>
<tr><td>속성 값</td><td colspan="6"><single-transition-timing-function> [',' <single-transition-timing-function>]*
<single-transition-timing-function> = ease | linear | ease-in | ease-out | ease-in-out | step-start | step-end | steps(<integer>[, [start | end]]?) | cubic-bezier(<number>, <number>, <number>, <number>)</td></tr>
<tr><td>속성 특징</td><td>초기값</td><td>ease</td><td>적용</td><td>모든 요소들
가상 요소(:before 와 :after)</td><td>상속</td><td>X</td></tr>
<tr><td>JavaScript</td><td colspan="6">object.style.transitionTimingFunction = "linear"</td></tr>
<tr><td>사용 예제</td><td colspan="6">div { transition-timing-function: linear }</td></tr>
</table>

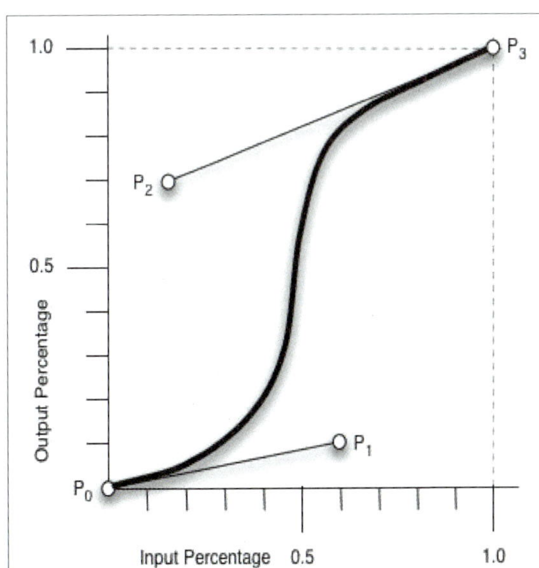

속성 값들은 트랜지션의 지속 시간과 속도를 변경하는 easing 함수에 의해서 결정되는데, 어떠한 경우에도 부드럽게 변하는 곡선을 제공하는 수학 함수가 사용된다. 보통 스텝(step) 함수 또는 큐빅 베지에 곡선(cubic Bézier curve)으로 정의된다. 오른쪽그림은 베지에 타이밍 함수의 제어점을 나타낸 것으로, 이 제어점에 의해 베지에 곡선이 정의된다.

그림에서 P0와 P3은 항상 (0,0)과 (1,1)로 설정되고 transition-timing-function 속성은 P1와 P2의 값을 지정하는데 사용되며, 다음 목록에 있는 키워드를 사용해서 설정할 수도 있고 'cubic-bezier' 함수를 사용하여 특정 값으로 설정할 수도 있다.

속성 값	설명
ease	(기본값) 진행 속도가 처음에는 천천히 시작해서 점점 빠르게 진행되다가 후반부에는 다시 느려지는 형태이다. cubic-bezier(0.25, 0.1, 0.25, 1)과 같다.
linear	처음부터 끝까지 동일한 속도로 트랜지션을 진행한다. cubic-bezier(0, 0, 1, 1)과 같다.
ease-in	트랜지션의 시작을 느리게 해서 후반부로 갈수록 진행 속도가 빨라진다. cubic-bezier(0.42, 0, 1, 1)와 같다.
ease-out	트랜지션의 시작을 빠르게 해서 후반부로 갈수록 진행 속도가 느려진다. cubic-bezier(0, 0, 0.58, 1)와 같다.
ease-in-out	트랜지션의 시작을 느리게 시작해서 느리게 끝난다. 전반부의 형태는 'ease-in'과 같고 후반부는 "ease-out'과 같다. cubic-bezier(0.42, 0, 0.0.58, 1)와 같다.
step-start	트랜지션이 진행되는 구간의 시작점에서 속성 값이 변경된다. steps(1, start)와 같다.
step-end	트랜지션이 진행되는 구간의 종료점에서 속성 값이 변경된다. steps(1, end)와 같다.
steps	트랜지션이 진행되는 구간을 임의의 단계로 구분해서 각 단계의 시작점 또는 종료점에서 속성 값을 변경한다. steps(<integer>[, [start | end]]?)와 같이 2개의 매개변수를 이용하는 형식에서, 첫 번째 integer는 함수의 간격을 의미하며 0 이상의 값을 지정해야 한다. 두 번째 값은 구간 내에서 변화가 발생하는 지점을 나타내는 것으로, 시작(start) 또는 종료(end) 값이 된다. 만일 두 번째 값이 생략되면 end 값으로 지정된다.
cubic-bezier() 함수	베지에 곡선의 시작점과 종료점의 제어점을 직접 지정해서 트랜지션의 속도를 지정한다. cubic-bezier(<number>, <number>, <number>, <number>)와 같이 4개의 값을 이용하여 베지에 곡선의 제어점인 P1과 P2의 좌표(x1, y1, x2, y2)를 지정한다. 좌표 x 값은 0~1 사이의 값이어야 하지만, y 값은 1 이상의 값이 될 수 있다.

다음 예제를 통하여 키워드에 따른 트랜지션 진행 시간을 살펴보도록 하자.

예제	CSS3_09-03_TransitionTimingFunction.html

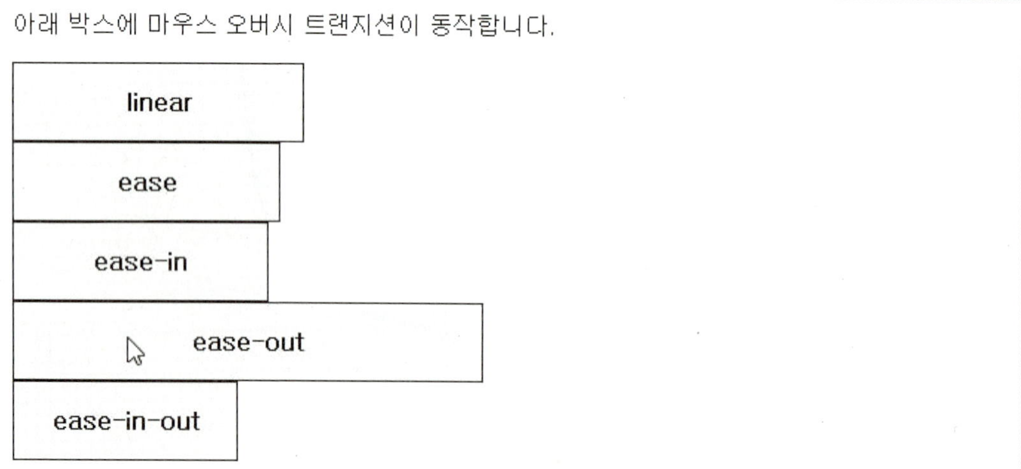

속성	transition-delay – 트랜지션 지연 시간 지정하기	CCSS3

transition-delay 속성은 트랜지션이 시작되기 전에 지연되는 시간을 지정하는 속성으로, 지정한 시간만큼 기다렸다가 트랜지션이 시작된다. 지연 시간은 초 단위(s)로 지정하면 된다. 이 때, 지연 시간은 트랜지션의 진행 시간(transition-duration)에는 포함되지 않는다. 다음은 사용 방법 및 예제를 나타낸 것이다.

속성 값	<time> [, <time>]*					
속성 특징	초기값	0s	적용	모든 요소들 가상 요소(:before 와 :after)	상속	X
JavaScript	*object*.**style.transitionDelay** = **"1s"**					
사용 예제	div { **transition-delay**: 1s }					

다음 예제는 transition-timing-function 속성의 예제와 동일하지만, 각 박스별 지연 시간을 1~3초씩 각각 달리 지정하였다.

예제	CSS3_09-03_TransitionDelay.html

3.3 트랜지션 지정하기

속성	transition – 트랜지션 지정하기	CSS3

transition 속성은 지금까지 살펴본 트랜지션 관련 속성들을 한번에 지정할 수 있는 대표 속성이다. 각 속성별로 트랜지션을 지정하려면 공백으로 구분하여 지정해야 한다. 그리고 하나 이상의

그룹을 지정하기 위해서는 콤마(,)를 사용해서 구분하면 된다. 다음은 사용 방법 및 예제를 나타낸 것이다.

<table>
<tr><td>속성 값</td><td colspan="6"><single-transition> [',' <single-transition>]*
<single-transition> = [none | <single-transition-property>] || <transition-duration> || <single-transition-timing-function> || <transition-delay ></td></tr>
<tr><td>속성 특징</td><td>초기값</td><td>ease</td><td>적용</td><td>모든 요소들 가상 요소(:before 와 :after)</td><td>상속</td><td>X</td></tr>
<tr><td>JavaScript</td><td colspan="6">*object*.**style.transition = "all 2s"**</td></tr>
<tr><td>사용 예제</td><td colspan="6">div { **transition**: all 2s }</td></tr>
</table>

지금까지 살펴본 트랜지션 관련 속성들을 모든 CSS 속성에 적용시킬 수 없기 때문에 다음 목록에 트랜지션을 사용할 수 있는 속성과 속성 값을 정리하여 나타내었다.

속성 이름	속성 값	속성 이름	속성 값
background-color	color	margin-right	length
background-position	percentage, length	margin-top	length
border-bottom-color	color	max-height	percentage, length
border-bottom-width	length	max-width	percentage, length
border-left-color	color	min-height	percentage, length
border-left-width	length	min-width	percentage, length
border-right-color	color	opacity	number
border-right-width	length	outline-color	color
border-spacing	length	outline-width	length
border-top-color	color	padding-bottom	length
border-top-width	length	padding-left	length
bottom	percentage, length	padding-right	length
clip	rectangle	padding-top	length
color	color	right	percentage, length
font-size	percentage, length	text-indent	percentage, length
font-weight	font weight	text-shadow	shadow
height	percentage, length	top	percentage, length
left	percentage, length	vertical-align	percentage, length
letter-spacing	length	visibility	visibility
line-height	number, length	width	percentage, length

margin-bottom	length	word-spacing	percentage, length
margin-left	length	z-index	

Section 04 콘텐츠 움직임 지정 – 마키(Marquee)

CSS3에서 트랜지션과 함께 콘텐츠를 동적으로 표현하는 대표적인 속성이 바로 마키(marquee) 관련 속성들이다. 트랜지션이 한 스타일에서 다른 스타일로 변경될 때 진행 시간을 지정해서 속성 값이 부드럽게 변경되도록 한 것이라면, 마키 속성은 시간의 흐름에 따라서 박스의 콘텐츠를 지정한 특성에 맞게 이동시키도록 정의한 것이 다른점이라 할 수 있다.

설명하게 되는 내용들은 표준화 문서를 참조하여 작성하였으므로, 좀 더 자세한 내용을 살펴보고자 한다면 아래 사이트에서 해당 문서를 참고하도록 하자.

표준화 문서	CSS Marquee Module Level 3 - http://www.w3.org/TR/css3-marquee/
표준화 단계	W3C Candidate Recommendation, (2008-12-05)

아직은 표준화가 완료되지 않았기 때문에 애니메이션을 사용하기 위해서는 웹 브라우저의 벤더 프리픽스를 사용해야만 한다. 어떤 이벤트의 도움 없이도 콘텐츠의 움직임을 지정할 수 있는 마키(marquee) 기능은 기존 인터넷 익스플로러에서 지원하던 기능이었지만, 이제는 CSS3에서도 기본적으로 지원된다. 그러나 아직은 정상적으로 동작되지 않는다.

4.1 마키 스크롤 방법 지정하기

overflow-style 속성은 요소의 내용이 요소의 영역을 벗어난(overflow) 경우에 콘텐츠를 어떻게 처리할 지를 지정하는 속성이지만, CSS3에서는 마키 기능의 스크롤 방법을 지정할 수 있도록 새로운 속성 값이 추가되었다.

속성	**overflow-style**					CSS2/CSS3
속성 값	auto | marquee-line | marquee-block					
속성 특징	초기값	auto	적용	overflow와 동일	상속	yes
JavaScript	*object*.**style.overflowStyle** = **"auto"**					
사용 예제	div { **overflow-style**: auto }					

속성에서 사용할 수 있는 각 속성 값들은 다음과 같으며, 브라우저가 지정된 값을 지원하지 않는 경우에는 지정된 값이 'auto'인 것으로 처리되어야 한다.

속성 값	설명
auto	브라우저가 스크롤링 도구를 선택하도록 한다. 브라우저마다 다를 수 있지만, 일반적으로 마키와 스크롤바는 동일한 동작을 보인다.
marquee-line	수평으로의 스크롤링(콘텐츠가 왼쪽이나 오른쪽으로 넘치는 경우)이 되도록 지정한다.
marquee-block	수직으로의 스크롤링(콘텐츠가 박스의 위쪽이나 아래쪽으로 넘치는 경우)이 되도록 지정한다.

4.2 마키 스타일 지정하기

marquee-style 속성은 요소의 모든 내용을 임의의 박스로 생성한 후에 해당 요소 박스의 바깥으로부터 스크롤링하여 움직이도록 지정하는 속성으로, 기존 인터넷 익스플로러(IE)의 marquee 요소와 동일한 효과를 보인다.

속성	**marquee-style**					CSS3
속성 값	scroll | slide | alternate					
속성 특징	초기값	scroll	적용	overflow와 동일	상속	X
JavaScript	*object*.**style.marqueeStyle = "slide"**					
사용 예제	div { **marquee-style**: slide }					

속성에서 사용할 수 있는 각 속성 값들은 다음과 같다.

속성 값	설명
scroll	임의의 박스 B(모든 콘텐츠)가 요소 박스 ①오른쪽 측면으로 시작하여 ②요소 박스로 움직이고 ③요소 박스의 왼쪽 측면으로 보이지 않을 때까지 스크롤된다. 이러한 스크롤은 반복적으로 이루어질 수 있다.

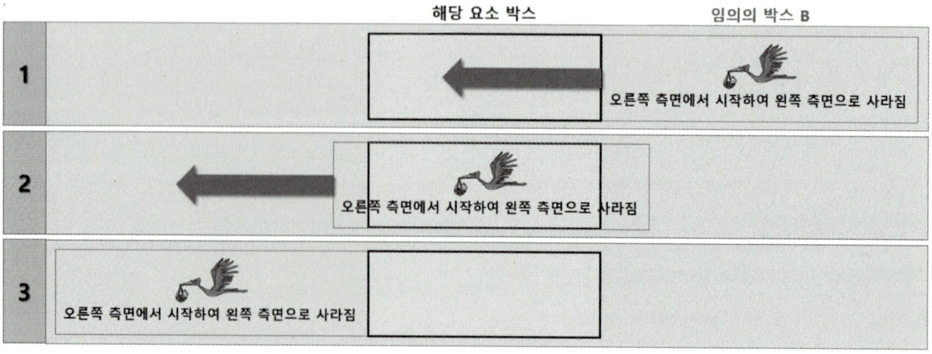

속성 값	설명
slide	임의의 박스 B(모든 콘텐츠)가 요소 박스 ①오른쪽 측면으로 시작하여 ②요소 박스로 움직이고 ③요소 박스의 오른쪽 측면과 임의의 박스 B의 오른쪽 측면이 일치할 때까지 스크롤된다. 콘텐츠의 일부는 요소 박스의 왼쪽으로 넘침(Overflow)이 일어난다.

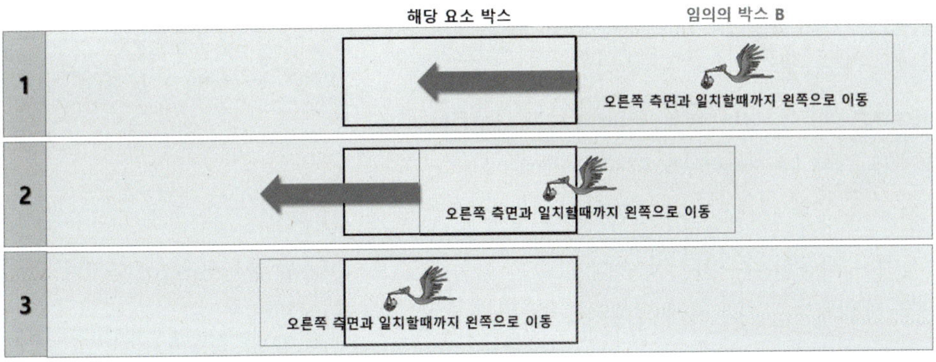

속성 값	설명
alternate	임의의 박스 B(모든 콘텐츠)가 요소 박스 ①오른쪽 측면으로 시작하여 ②요소 박스로 움직이고 ③요소 박스의 오른쪽 측면과 임의의 박스 B의 오른쪽 측면이 일치할 때까지 첫 번째로 스크롤이 마무리된다. ④다시 반대 방향으로 요소 박스로 스크롤되고 ⑤임의의 박스 B의 왼쪽 측면과 요소 박스 왼쪽 측면이 일치할 때까지 두 번째로 스크롤이 마무리가 된다. 콘텐츠의 일부는 요소 박스의 오른쪽으로 넘침(Overflow)이 일어난다. 이러한 스크롤은 반복적으로 이루어질 수 있다.

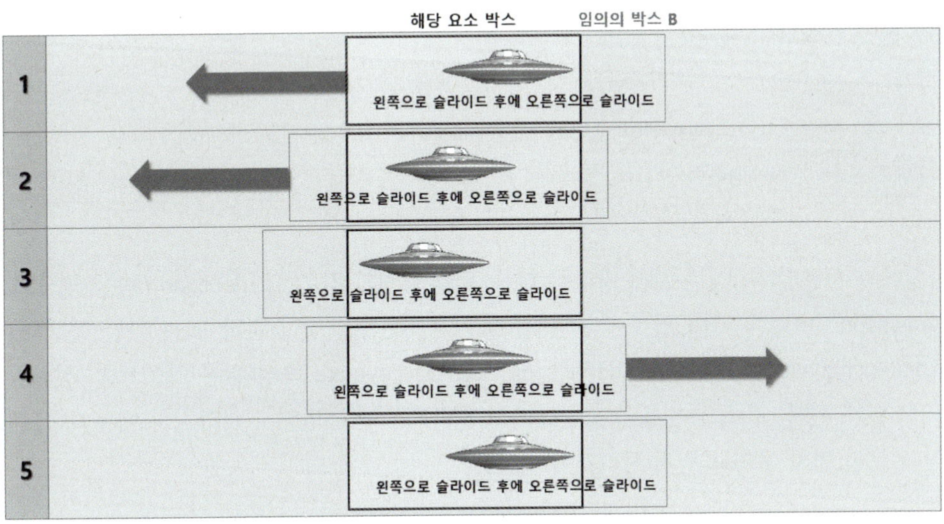

스크롤되는 요소의 내용은 하나의 조각으로(여러 요소가 하나로) 이동한다. 요소가 두 줄의 텍스트로 이루어져 있고 그 중 하나만이 넘칠 경우에도 텍스트의 두 줄은 함께 스크롤된다.

4.3 마키 특성 지정하기

marquee-play-count 속성은 요소 내용의 움직임 횟수를 지정하는 속성이다.

속성	marquee-play-count					CSS3
속성 값	<non-negative-integer> | infinite					
속성 특징	초기값	1	적용	overflow와 동일	상속	X
JavaScript	*object*.style.marqueePlayCount = "inifinite"					
사용 예제	div { marquee-play-count: infinite }					

속성에서 사용할 수 있는 각 속성 값들은 다음과 같으며, 속성 값이 infinite이거나 16회보다 많은 경우에는 브라우저에 의해서 16회 반복 후에 중단될 수 있다.

속성 값	설명
non-negative-integer	움직임의 횟수를 양수로 지정한다. 음수 값은 지정할 수 없다.
infinite	움직임의 횟수를 무한 반복으로 지정한다.

marquee-direction 속성은 움직이는 방향을 지정하는 속성이다.

속성	marquee-direction					CSS3
속성 값	forward | reverse					
속성 특징	초기값	reverse	적용	overflow와 동일	상속	X
JavaScript	*object*.style.marqueeDirection = "forward"					
사용 예제	div { marquee-direction: forward }					

속성에서 사용할 수 있는 실제 방향은 다음 표와 그림과 같이 'direction' 속성 및 'block-progression' 속성에 따라 달라진다. 예를 들어, 일반적인 영어 문장 또는 한글 문장의 경우('block-progression: tb' 와 'direction: ltr'), reverse 속성 값은 텍스트를 정상적으로 읽을 수 있게 된다. 요소의 내용이 오른쪽에서 왼쪽으로 이동되면서 사라지기 때문이다(콘텐츠의 앞 부분이 먼저 보이고 먼저 사라지기 때문).

block-progression	direction	reverse	forward
tb (위쪽 → 아래쪽)	ltr (왼쪽 → 오른쪽)	left (왼쪽)	right (오른쪽)
	rtl (오른쪽 → 왼쪽)	right (오른쪽)	left (왼쪽)
rl / lr (오른쪽 ↔ 왼쪽)	ltr (왼쪽 → 오른쪽)	up (위쪽)	down (아래쪽)
	rtl (오른쪽 → 왼쪽)	down (아래쪽)	up (위쪽)

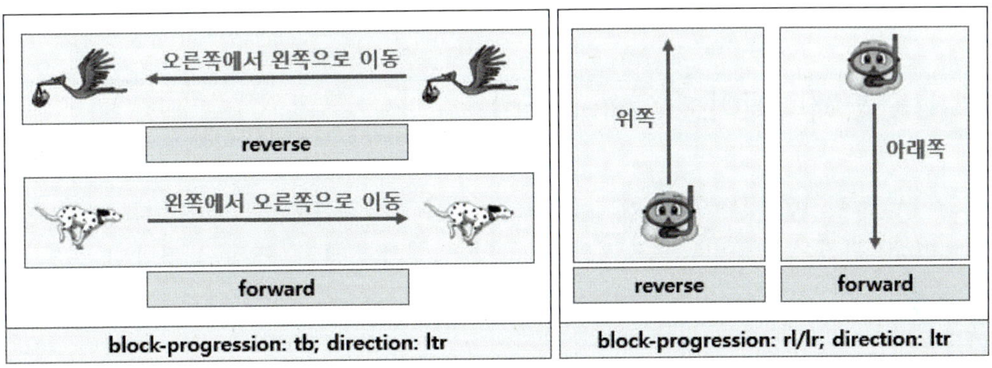

marquee-speed 속성은 요소 내용의 움직임 속도를 지정할 수 있는 속성이다.

속성	**marquee-speed**					CSS3
속성 값	slow | normal | fast					
속성 특징	초기값	normal	적용	overflow와 동일	상속	X
JavaScript	*object*.**style.marqueeSpeed = "fast"**					
사용 예제	div { **marquee-speed**: fast }					

실제 콘텐츠의 움직이는 속도를 결정하는 이 속성은 콘텐츠의 유형과 브라우저에 따라서 결정되며, 사용할 수 있는 각 속성 값들은 다음과 같다. 움직임 속도는 항상 slow < normal < fast 순서의 빠르기로 정해진다.

속성 값	설명
slow	콘텐츠 움직임의 속도를 느리게 지정한다.
normal	콘텐츠 움직임의 속도를 보통으로 지정한다.
fast	콘텐츠 움직임의 속도를 빠르게 지정한다.

콘텐츠의 움직임 속도(speed)

콘텐츠의 움직임 속도(speed)는 움직임이 한 방향으로만 움직이는 것인지, 아니면 양방향으로 움직이는 것인지에 따라서 달라질 수 있다. 그리고 얼마나 멀리 이동하는지, 이동하는 빈도수에 따라서도 달라질 수 있다. 그러나 다른 대부분의 스크롤링 도구와는 달리 사용자 이벤트에 의존하지 않는다는 점 때문에 스크롤 및 다른 표시 도구나 사용자와의 상호작용이 제한적인 상황에서만 마키의 기능을 사용하는 것이 일반적이라 할 수 있다.

Section 05 애니메이션(Animation)

CSS3에서 트랜지션 및 마키와 함께 콘텐츠를 동적으로 표현하는 속성이 바로 애니메이션(animation) 관련 속성들이다. 트랜지션이 한 스타일에서 다른 스타일로 변경될 때 진행 시간을 지정해서 속성 값이 부드럽게 변경되도록 한 것이라면, 애니메이션 관련 속성은 키프레임(@keyframe) 규칙을 사용하여 특정 시점에 애니메이션을 정의할 수 있다는 점이 다르다. 애니메이션은 또한 재생 횟수, 진행 방향, 일시 정지 등의 기능들을 지원하기 때문에 보다 능동적으로 동적 효과를 구현할 수 있다는 장점이 있다.

설명하게 되는 내용들은 표준화 문서를 참조하여 작성하였으므로, 좀 더 자세한 내용을 살펴보고자 한다면 아래 사이트에서 해당 문서를 참고하도록 하자.

표준화 문서	CSS Animation Level 1 - http://dev.w3.org/csswg/css-animations/
표준화 단계	W3C Editor's Draft, (2014-05-28)

아직은 표준화가 완료되지 않았기 때문에 애니메이션을 사용하기 위해서는 웹 브라우저의 벤더 프리픽스를 사용해야만 한다.

5.1 애니메이션 효과 적용 시점

애니메이션의 효과는 현재 상태에 대해 정확히 계산된 값이기 때문에 속성 값에 영향을 준다. 만일 시간의 한 지점에서 동일한 속성의 동작을 지시하는 여러 애니메이션이 있다면, animation-name 속성 값 목록에서 마지막으로 지정한 애니메이션 이름이 다른 애니메이션보다 우선하여 동작하게 된다. 다음 그림은 애니메이션의 속성 값이 계산되는 방법을 나타낸 것이다. 그림에서 알 수 있듯이 애니메이션이 아직 실행되지 않은 상태에서 지연이 있는 경우에는 계산된 스타일은 본래(intrinsic)의 스타일에서 파생된다.

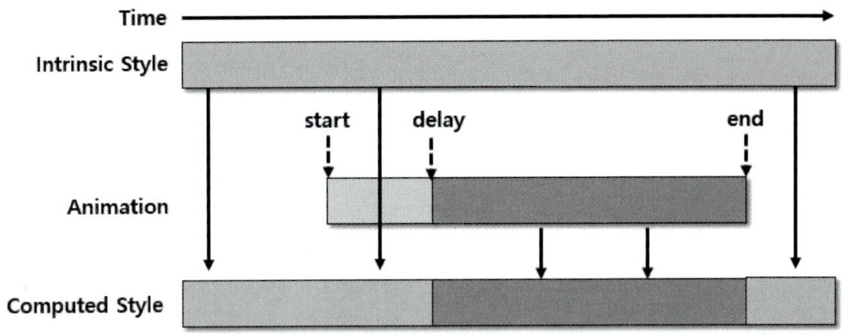

애니메이션에서의 키프레임(keyframe)은 애니메이션을 구현할 때 지정된 애니메이션의 동작이 시작되는 특정 시점으로, 애니메이션 중간중간에 요소(객체)의 위치와 크기 등이 자동으로 구현된다. @keyframes는 animation 속성에 적용할 키프레임을 생성하기 위한 규칙으로 다음과 같이 정의된다.

```
@keyframes 애니메이션 이름 {
    from { [ CSS 속성: 값; ] }
    [ percentage ] { [ CSS 속성: 값; ] }
    to { [ CSS 속성: 값; ] }
}
```

애니메이션 이름은 @keyframe 규칙으로 생성된 애니메이션의 정보를 대표하는 이름이다. 그리고 animation-name 속성 값으로 사용되기 때문에 animation-name 속성에 의하여 애니메이션이 실행된다.

from은 애니메이션의 시작 지점을 의미하는 키워드로서 0%로 지정할 수도 있다. percentage는 중간 단계의 지점을 의미하며 백분율로 지정할 수 있다. 일반적으로 특정 시점에서의 애니메이션을 적용시키고자 할 때 사용한다. to는 애니메이션의 종료 지점을 의미하는 키워드로서 100%로 지정할 수도 있다.

다음은 애니메이션이 지정된 요소의 배경색과 크기를 변경하도록 지정한 예와 결과를 나타낸 것으로, 요소의 배경색이 파란색으로 시작되어 빨간색으로 변경되도록 하였으며, 시간 흐름의 50% 시점에서는 크기를 130% 확대하도록 하였다. 따라서 시간 흐름이 0~50% 구간에서는 요소의 크기가 130%까지 점차 확대되었다가 시간의 흐름이 51~100% 구간에서는 본래 크기인 100%로 다시 돌아온다.

예제	Animation.html

```
#myDIV1 { width: 100px; height: 100px;
          margin: 20px; border-radius:10px;
          animation: myDIV1 5s infinite linear;
          }

@-webkit-keyframes myDIV1 {
          from { background-color: blue; }
          50%  { transform: scale(1.3, 1.3); }
          to   { background-color: red;}
}
```

5.2 애니메이션 속성

속성	animation-name – 애니메이션 이름 지정하기	CSS3

animation-name 속성은 @keyframes 규칙으로 생성한 애니메이션 이름을 지정하여 해당 애니메이션이 실행되도록 하는 속성이다.

속성 값	<single-animation-name>#		*<single-animation-name>* = none | <custom-ident>			
속성 특징	초기값	none	적용	모든 요소들 제외(table-column-group, table-column)	상속	X
JavaScript	*object*.**style.animationName**= "myName"					
사용 예제	div { **animation-name**: myName }					

속성에서 사용할 수 있는 각 속성 값들은 다음과 같다.

속성 값	설명
none	키프레임이 지정되지 않은 것으로 처리되기 때문에 애니메이션 효과가 없다.
custom-ident	지정된 이름으로 키프레임을 사용하도록 지정한다. 애니메이션이 여러 개인 경우에는 애니메이션 이름을 콤마(,)로 구분하여 지정할 수 있다.

속성	animation-duration - 애니메이션 진행 시간 지정하기	CSS3

animation-duration 속성은 진행되는 애니메이션의 진행 시간을 지정하는 속성이다. 속성에서 사용할 수 있는 time 값은 애니메이션이 한 사이클을 완료하는데 걸리는 시간을 의미하며, 초 단위(s)로 지정하고 1회만 진행이 된다.

속성 값	<time>#					
속성 특징	초기값	0s	적용	모든 요소들 제외(table-column-group, table-column)	상속	X
JavaScript	*object*.**style.animationDuration= "5s"**					
사용 예제	div { **animation-duration**: 5s }					

속성	animation-timing-function - 애니메이션 진행 속도 지정하기	CSS3

animation-timing-function 속성은 애니메이션 진행 속도의 변화를 지정하는 속성이다. 사용할 수 있는 속성 값들은 앞에서 살펴본 transition-timing-function 속성 값과 동일하다.

속성 값	ease | linear | ease-in | ease-out | ease-in-out | step-start | step-end | steps(<integer>[, [start | end]]?) | cubic-bezier(<number>, <number>, <number>, <number>)					
속성 특징	초기값	ease	적용	모든 요소들 제외(table-column-group, table-column)	상속	X
JavaScript	*object*.**style.animationTimingFunction= "ease-in-out"**					
사용 예제	div { **animation-timing-function**: ease-in-out }					

속성	animation-iteration-count - 애니메이션 반복 횟수 지정하기	CSS3

animation-iteration-count 속성은 애니메이션의 반복 횟수를 지정하는 속성이다.

속성 값	infinite | <number>					
속성 특징	초기값	1	적용	모든 요소들 제외(table-column-group, table-column)	상속	X
JavaScript	*object*.**style.animationIterationCount= "infinite"**					
사용 예제	div { **animation-iteration-count**: infinite }					

속성에서 사용할 수 있는 각 속성 값들은 다음과 같다.

속성 값	설명
infinite	애니메이션이 무한 반복되도록 지정한다.
number	애니메이션이 반복될 횟수를 지정한다. 음수 값은 허용되지 않으며, 정수가 아닌 실수 값을 지정하면 마지막 싸이클 도중에 종료된다.

속성 animation-direction - 애니메이션 진행 방향 지정하기 CSS3

animation-direction 속성은 애니메이션의 일부 또는 전체 사이클에서 진행 방향이 순방향인지, 역방향인지를 지정하는 속성이다. 만일, 애니메이션이 역방향으로 재생된다면 타이밍 함수 또한 역방향으로 처리된다.

속성 값	normal | reverse | alternate | alternate-reverse					
속성 특징	초기값	normal	적용	모든 요소들 제외(table-column-group, table-column)	상속	X
JavaScript	*object*.**style.animationDirection= "alternate"**					
사용 예제	div { **animation-direction**: alternate }					

속성에서 사용할 수 있는 각 속성 값들은 다음과 같다.

속성 값	설명
normal	애니메이션의 진행 방향을 순방향으로 지정한다.
reverse	애니메이션의 진행 방향을 역방향으로 지정한다.
alternate	애니메이션의 진행 방향을 양방향으로 지정한다. 만일 애니메이션 반복 횟수가 여러 번 지정된 경우에는 홀수 번째는 순방향으로 진행되고 짝수 번째는 역방향으로 진행된다.
alternate-reverse	애니메이션의 진행 방향을 양방향으로 지정한다. 만일 애니메이션 반복 횟수가 여러 번 지정된 경우에는 홀수 번째는 역방향으로 진행되고 짝수 번째는 순방향으로 진행된다.

속성 animation-play-state - 애니메이션 진행 상태 지정하기 CSS3

animation-play-state 속성은 애니메이션의 진행 또는 정지 상태를 지정하는 속성이다.

속성 값	running | paused					
속성 특징	초기값	running	적용	모든 요소들 제외(table-column-group, table-column)	상속	X
JavaScript	*object*.**style.animationPlayState= "paused"**					
사용 예제	div { **animation-play-state**: paused }					

속성에서 사용할 수 있는 각 속성 값들은 다음과 같다.

속성 값	설명
running	애니메이션을 진행 상태로 지정하며, 이 값으로 지정되어 있는 동안은 애니메이션이 정상적으로 진행된다.
paused	애니메이션을 정지 상태로 지정하며, 이 값으로 지정되어 있는 동안은 애니메이션이 일시 정지되며 진행 시간 또한 일시 정지 된다.

속성	animation-delay - 애니메이션 지연 시간 지정하기	CSS3

animation-delay 속성은 애니메이션이 시작할 때의 지연 시간을 지정하는 속성으로, 지연 시간은 앞에서 살펴본 transition-delay 속성과 동일하다.

속성 값	<time>#					
속성 특징	초기값	0s	적용	모든 요소들 제외(table-column-group, table-column)	상속	X
JavaScript	*object*.**style.animationDelay= "3s"**					
사용 예제	div { **animation-delay**: 3s }					

속성	animation-fill-mode - 애니메이션 효과 여부 지정하기	CSS3

animation-fill-mode 속성은 애니메이션의 실행 이전이나 이후에 애니메이션 효과의 표시 여부를 지정한 속성이다.

속성 값	none | forwards | backwards | both					
속성 특징	초기값	none	적용	모든 요소들 제외(table-column-group, table-column)	상속	X
JavaScript	*object*.**style.animationFillMode= "forwards"**					
사용 예제	div { **animation-fill-mode**: forwards }					

속성에서 사용할 수 있는 각 속성 값들은 다음과 같다.

속성 값	설명
none	애니메이션의 효과가 없도록 지정한다.
forwards	애니메이션 실행이 종료된 후에 마지막 키프레임에 선언된 CSS 속성을 표시하도록 지정한다.

backwards	애니메이션이 시작하기 전 또는 지연 시간에 첫 번째 키프레임에 선언된 CSS 속성을 표시하도록 지정한다.
both	양쪽 forwards 및 backwards에 적용되도록 지정한다.

속성	animation – 애니메이션 효과 지정하기	CSS3

animation 속성은 지금까지 살펴본 애니메이션 관련 속성을 한번에 지정할 수 있는 애니메이션 대표 속성이다.

<table>
<tr><td>속성 값</td><td colspan="7"><time> || <single-timing-function> || <time> || <single-animation-iteration-count> || <single-animation-direction> || <single-animation-fill-mode> || <single-animation-play-state> || <single-animation-name></td></tr>
<tr><td>속성 특징</td><td>초기값</td><td>개별 속성 값 참조</td><td>적용</td><td>모든 요소들 제외(table-column-group, table-column)</td><td>상속</td><td>X</td></tr>
<tr><td>JavaScript</td><td colspan="7">object.style.animation = "myAnimation 5s ease-in 2s infinite alternate forwards"</td></tr>
<tr><td>사용 예제</td><td colspan="7">div { animation: myAnimation 5s ease-in 2s infinite alternate forwards }</td></tr>
</table>

지금까지 살펴본 애니메이션 관련 속성을 이용한 예제를 살펴보면 다음과 같다.

예제	CSS3_09-05_Animation.html

```
#myDIV2 {
   width: 100px; height: 100px;
   margin: 20px; border-radius:10px;
   background:#92B901; color:#ffffff;
   position:relative;
   animation: myDIV2 5s infinite
}
```

```
@-webkit-keyframes myDIV2 {
  0%  {transform: rotate(0deg); left:0px;}
  25% {transform: rotate(20deg); left:0px;}
  50% {transform: rotate(0deg); left:500px;}
  55% {transform: rotate(0deg); left:500px;}
  70% {transform: rotate(0deg); left:500px; background:#1ec7e6;}
  100% {transform: rotate(-360deg); left:0px;} }
```

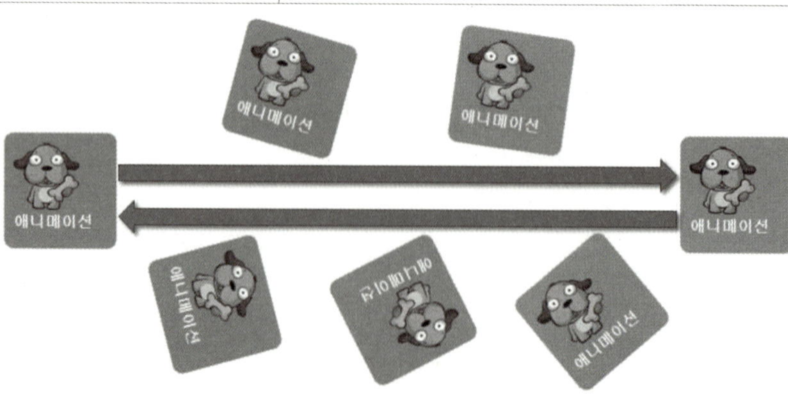

```
#myDIV3 {
    width: 100px; height: 100px;
    margin: 20px; border-radius:10px;
    background: red; position: relative;
    animation: myDIV3 5s infinite
}
```

```
@-webkit-keyframes myDIV3 {
    from, to {background:red; left:0px; top:0px;}
    25% {background:yellow; left:200px; top:0px;}
    50% {background:blue; left:200px; top:200px;}
    75% {background:green; left:0px; top:200px;}
}
```

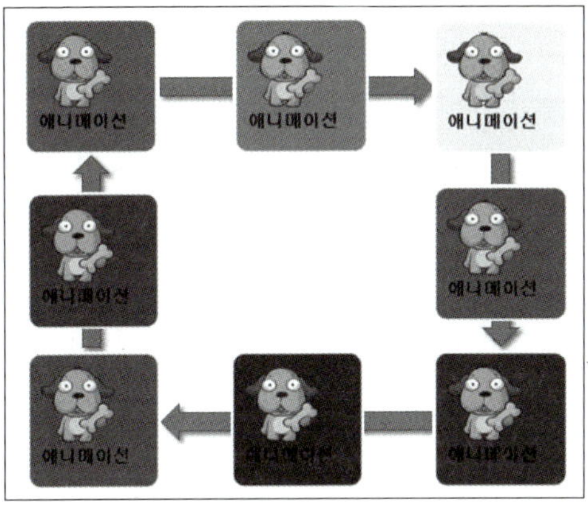

예제	CSS3_09-05_Animation.html

```
#myDIV4 {
    background: red; position: relative;
    animation-name:myDIV4;
    animation-duration:5s;
    animation-timing-function:linear;
    animation-delay:2s;
    animation-iteration-count:infinite;
    animation-direction:alternate;
    animation-play-state:running;
}
```

```
@-webkit-keyframes myDIV4 {
    from, to {background:red; left:0px; top:0px;}
    25% {background:yellow; left:200px; top:0px;}
    50% {background:blue; left:200px; top:200px;}
    75% {background:green; left:0px; top:200px;}
}
```

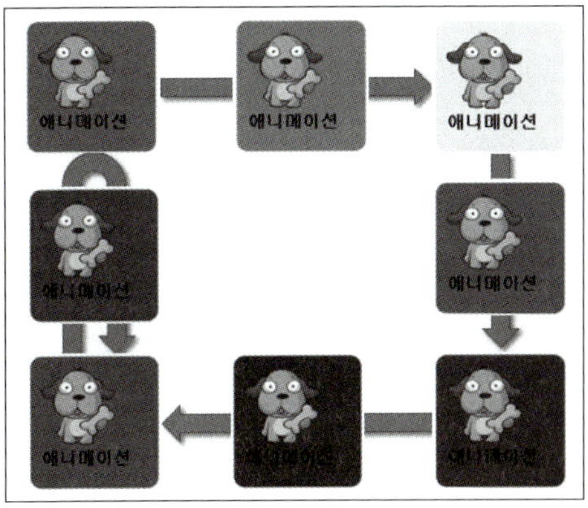

Section 06 미디어 쿼리(Media Query)

HTML4와 CSS2는 다양한 미디어 형식에 맞는(미디어 종속적인) 스타일 시트를 지원한다. 미디어 쿼리는 스타일 시트의 좀 더 정확한 표시를 허용함으로써 미디어 유형의 기능을 확장할 수 있기 때문에 반응형 웹을 구현할 때 아주 유용한 기능이라 할 수 있다. 기존 CSS에서도 다양한 미디어에 웹을 표시하기 위한 기능들을 제공했지만 CSS3로 오면서 웹을 좀 더 다양한 미디어에 선택적으로 적용할 수 있도록 기능이 크게 강화되었다.

설명하게 되는 미디어 쿼리 모듈에 대한 내용들은 표준화 문서를 참조하여 작성하였으므로, 좀 더 자세한 내용을 살펴보고자 한다면 아래 사이트에서 해당 문서를 참고하도록 하자.

표준화 문서	Media Queries Level 3 - http://www.w3.org/TR/css3-mediaqueries/
표준화 단계	W3C Recommendation. (2012-06-19)

6.1 미디어 쿼리 사용의 배경

다른 미디어 유형들을 위한 스타일시트는 때에 따라서 속성을 공유할 수 있으나 그 속성에 따라서 다른 값을 필요로 한다. 예를 들면 font-size 속성은 화면 또는 프린터에 모두 유용한 속성이지만, 다른 속성 값을 요구한다. 일반적으로 화면에 표시되는 글자의 크기는 종이에 인쇄되는 문서의 글자 크기보다 큰 글자를 필요로 하기 때문이다. 많은 경험에 따르면, sans-serif 글꼴은 화면에서 좀 더 읽기 쉽고 serif 글꼴은 인쇄된 종이에서 더 읽기가 쉽다고 알려져 있다.

예를 들면, HTML4의 웹 문서는 서로 다른 스타일시트를 사용하여, 텍스트를 화면에 표시하기 위해 sans-serif 글꼴을 사용하고 프린터에 인쇄할 때는 serif 글꼴을 사용할 것이다.

```
<link rel="stylesheet" type="text/css" media="screen" href="sans-serif.css">
<link rel="stylesheet" type="text/css" media="print" href="serif.css">
```

그리고, 다음과 같이 CSS 스타일시트 내에서 한 섹션이 특정 미디어 유형에 적용될 수 있도록 선언할 수 있다.

```
@media screen {
  * { font-family: sans-serif }
}
```

여기서 화면(screen)과 프린터(printer)는 HTML4에서 정의된 2가지의 미디어 유형이며 미디어 쿼리는 스타일 시트의 좀 더 정확한 표시를 허용함으로써 미디어 유형의 기능을 확장할 수 있다. HTML4와 CSS 2.1에서는 다음과 같은 다양한 미디어 유형을 지정할 수 있도록 정의하고 있다.

미디어 타입	의도	미디어 타입	의도
all	모든 장치들	print	인쇄 장치
aural	음성 합성 장치(speech synthesizer)	projection	프로젝터 장치
braille	점자 표시 장치	screen	컴퓨터 화면 장치
embossed	양각(종이에 인쇄된 점자를 위한 의도)	tty	디스플레이 능력이 한정된, teletype
handheld	휴대 기기(전형적으로 작은 스크린)	ty	영상과 음성이 동시 출력(텔레비전 등)

이러한 미디어 유형 이름들은 대소문자를 구별하여 사용한다. 그리고 급속히 변하는 기술 때문에, 다른 @media의 값들이 지정될 수 있도록 하기 위하여 결정적인 미디어 유형들의 목록을 지정하지 않고 있다. 따라서 CSS 규격에 아직 정의되지 않은 미디어 유형 이름에 의존하지 않도록 권고하고 있다.

6.2 미디어 쿼리의 사용

미디어 쿼리를 사용하기 위해서는 다음과 같이 3가지의 방법을 사용할 수 있다.

▣ link 요소를 이용하는 방법

앞에서 살펴본 예와 같이 스타일시트 파일을(sans-serif.css와 serif.css) 선택적으로 사용할 수 있다. 그러나 일치하는 미디어가 없을 경우에는 해당 CSS 선언은 모두 무시된다.

다음은 특정 미디어(컬러 모니터)에 특정 스타일시트(example.css)를 적용하기 위한 예를 나타낸 것이다.

```
<link rel="stylesheet" media="screen and (color)" href="example.css" />
```

이 방법은 다음과 같이, 동일한 기능을 하도록 CSS에서 @import 규칙을 사용할 수도 있다.

```
@import url(color.css) screen and (color);
```

▣ style 요소의 media 속성 사용

미디어 유형에 따라서 선택적으로 스타일을 적용시킬 수 있다.

다음은 media 속성에 따라서 style 구간을 선택적으로 적용하기 위한 예를 나타낸 것이다.

```
<style media="screen">
    p { font-family: sans-serif; font-size: 14px }
<style>
<style media="print">
    p { font-family: serif; font-size: 12px }
<style>
```

link 요소와 마찬가지로, 일치하는 미디어가 없을 경우에는 해당 CSS 선언은 모두 무시된다.

▣ @media 규칙의 사용

앞에서 살펴본 예와 같이 특정 미디어 유형에만 선택적으로 CSS를 적용시킬 수 있다. 이 방법의 특징은 하나의 CSS 파일 안에서 특정 미디어에만 적용할 수 있다는 점과 @media에서 작성된 속성들도 모든 매체에 적용되는 속성의 특징을 상속하고 우선순위도 동일하다는 점이다.

다음은 특정 미디어(프린터)에 특정 스타일을 적용하기 위한 예를 나타낸 것이다.

```
<style>
    @media screen { p { font-family: verdana, sans-serif; font-size: 14px }  }
    @media print  { p { font-size: 20px; color:red }  }
    @media screen, print  { p { font-weight: bold }  }
</style>
```

미디어 유형이 키워드 'all'인 경우, 명시적으로 지정하지 않으면 all 이 되기 때문에, 다음의 예 2가지 모두 동일한 방법을 나타낸다.

```
@media all and (min-width: 500px) { … }
@media (min-width: 500px) { … }
```

```
@media (orientation: portrait) { … }
@media all and (orientation: portrait) { … }
```

6.3 미디어 쿼리의 문법 및 조건

미디어 쿼리를 사용하기 위한 문법은 다음과 같은 형태를 가지고 있으며, 콤마(,)로 구분하여 미디어 쿼리 목록에서 결합될 수 있다. 그리고 앞에서 살펴본 link 및 style 요소에도 그대로 적용이 된다.

@media	only	screen	and	(	min-width	:	480px	) { ... }
	논리적 not 및 only	미디어 유형	논리적 OR/AND		미디어 기능(속성)		미디어 값	

▣ 논리적 OR 와 AND

콤마로 구분된 목록에서 하나 또는 그 이상의 미디어 쿼리가 참이면(조건에 맞으면), 목록 전체는 참이 되고 그렇지 않은 경우에는 거짓이 된다. 미디어 쿼리 문법에서, 콤마는 논리적 OR를 의미하기 때문이다. 그러나 앞에서 언급한 'and' 키워드는 논리적 AND의 의미를 나타낸다.

다음은 CSS에서의 @media 규칙을 사용하여 콤마로 구분된 목록에서의 미디어 쿼리의 예를 나타낸 것으로, 컬러 화면 또는 컬러 프로젝터 장치에 스타일을 적용한다.

```
@media screen and (color), projection and (color) { … }
```

다음은 화면의 폭이 최소 320픽셀 이상이고 최대 폭이 800픽셀 이하인 경우에만 해당 CSS가 적용되도록 한 예를 나타낸 것이다.

```
@media screen and (min-width: 320px) and (max-width: 800px) { … }
```

▣ 논리적 NOT 및 only

미디어 쿼리의 조건을 부정하거나 제한할 수 있는데, 키워드 'not'을 통해서 논리적 NOT을 표현할 수 있다. 따라서 미디어 쿼리의 조건이 참이고 그 앞에 키워드 not이 있다면 최종적으로 그 결과는 거짓이 된다. 반면에 'only'는 지정한 미디어 유형일 때만 CSS를 적용하는 키워드이기 때문에 미디어 쿼리의 기본값이다. 그리고 이 키워드는 생략될 수 있다.

다음에서 ①은 화면이 아닌 미디어 유형일 경우에 해당이 되고, ②는 미디어 유형이 화면일 경우에만 해당이 되는 예제를 나타낸 것이다.

①	@media not screen { … }
②	@media only screen { … }

6.4 미디어 기능(Media Features)

CSS2.1까지는 앞에서 살펴본 바와 같이 단순히 미디어 유형에 따른 구분만 가능했다. 그러나 CSS3에서는 해당 미디어의 특성을 구분할 수 있는 기능이 추가되었다. 이러한 기능들을 이용하여 다양한 단말기의 해상도에 따른 구분을 CSS로 분리하여 적용한다면, 사용자는 단말기에 관계 없이 다양한 환경에서의 CSS 디자인을 경험하게 될 것이다.

▣ width

값	<length>	미디어 유형	시각과 촉각 미디어	min/max 접두사 사용	yes

width 미디어 기능은 출력 장치의 대상 표시 영역의 폭을 정의하는 기능으로, 음수 값은 지정할 수 없다.

- 연속 미디어(continuous media) – 문서의 내용이 하나 이상의 페이지들로 구성되어 있으며, 페이지 넘김을 위하여 표시된 스크롤 바의 크기를 포함하는 뷰포트(viewport)의 폭을 의미한다. (뷰포트에 대한 자세한 내용은 CSS2.1의 섹션 9.1.1 참고).
- 페이지화된 미디어(paged media) – 종이, 투명지, 컴퓨터 모니터상에 표시되는 페이지 등의 페이지 박스의 폭을 의미한다(CSS2.1의 섹션 13.2 참고).

min/max 접두사를 사용할 수 있기 때문에 최소 폭(min-width)과 최대 폭(max-width)로 사용할 수 있으며, min-width는 미디어의 폭이 지정된 폭보다 클 경우에 해당 CSS를 적용하고, max-width는 지정된 폭보다 작을 경우에 해당 CSS를 적용한다. 다음 미디어 쿼리 예제들을 살펴보도록 하자.

미디어 유형이 프린터이고 25cm보다 넓은 출력일 때, CSS가 사용될 수 있음을 나타낸 예제이다.	
link	<link rel="stylesheet" **media="print and (min-width: 25cm)"** href="http://…" />
style	<style type="text/css" **media="print and (min-width: 25cm)"**>
@media	@media **print and (min-width: 25cm)** { … }

뷰포트(문서가 렌더링되는 화면이나 종이의 일부) 폭이 400픽셀 ~ 700픽셀 사이의 장치에서 CSS가 사용될 수 있음을 나타낸 예제이다.	
link	<link rel="stylesheet" **media="screen and (min-width: 400px) and (max-width: 700px)"** href="http://…" />
style	<style type="text/css" **media="screen and (min-width: 400px) and (max-width: 700px)"**>
@media	@media **screen and (min-width: 400px) and (max-width: 700px)** { … }

뷰포트의 폭이 20em보다 큰 화면과 휴대기기에서 CSS가 사용될 수 있음을 나타낸 예제이다.	
link	<link rel="stylesheet" **media="handheld and (min-width: 20em), screen and (min-width: 20em)"** href="http://…" />
style	<style type="text/css" **media="handheld and (min-width: 20em), screen and (min-width: 20em)"**>
@media	@media **handheld and (min-width: 20em), screen and (min-width: 20em)** { … }

▣ height

값	<length>	미디어 유형	시각과 촉각 미디어	min/max 접두사 사용	yes

height 미디어 기능은 출력 장치의 대상 표시 영역의 높이를 정의하는 기능으로, 음수 값은 지정할 수 없다. 사용 방법은 width 미디어 특징과 동일하고 최소 높이(min-height)와 최대 높이(max-height)로 사용할 수 있다.

▣ device-width

값	<length>	미디어 유형	시각과 촉각 미디어	min/max 접두사 사용	yes

device-width 미디어 기능은 출력 장치의 디스플레이(렌더링되는 표면)의 폭을 정의하는 기능으로, 음수 값은 지정할 수 없다. 연속 미디어(continuous media)에서는 화면의 폭이 되고, 페이지화된 미디어(paged media)에서는 페이지 시트의 폭이 된다. 그리고 최소 장치 폭(min-device-width)과 최대 장치 폭(max-device-width)로 사용할 수 있다.

가로로 800픽셀을 표시하는 화면에서만 CSS가 사용될 수 있음을 나타낸 예제이다.	
link	`<link rel="stylesheet" media="screen and (device-width: 800px)" href="http://…" />`
style	`<style type="text/css" media="screen and (device-width: 800px)">`
@media	`@media screen and (device-width: 800px) { … }`

▣ device-height

값	<length>	미디어 유형	시각과 촉각 미디어	min/max 접두사 사용	yes

device-height 미디어 기능은 출력 장치의 디스플레이(렌더링되는 표면)의 높이를 정의하는 기능으로, 음수 값은 지정할 수 없다. 연속 미디어(continuous media)에서는 화면의 높이가 되고, 페이지화된 미디어(paged media)에서는 페이지 시트의 높이가 된다. 그리고 최소 장치 높이(min-device-height)와 최대 장치 높이(max-device-height)로 사용할 수 있다.

세로로 600픽셀을 표시하는 화면에서만 CSS가 사용될 수 있음을 나타낸 예제이다.	
link	<link rel="stylesheet" **media="screen and (device-height: 600px)"** href="http://…" />
style	<style type="text/css" **media="screen and (device-height: 600px)"**>
@media	@media **screen and (device-height: 600px)** { … }

▣ orientation

<table><tr><td>값</td><td>portrait | landscape</td><td>미디어 유형</td><td>비트맵 미디어</td><td>min/max 접두사 사용</td><td>no</td></tr></table>

orientation 미디어 기능은 화면의 가로 및 세로 방향에 따라서 미디어의 유형을 결정하는 기능으로, 'height' 미디어 특징의 값이 'width' 미디어 특징의 값보다 크거나 같으면, orientation 미디어 특징은 세로(portrait)가 된다. 그렇지 않으면 가로(landscape)가 된다.

portrait(세로 방향 길이가 가로 방향 길이보다 큰)인 모든 미디어에서 CSS가 사용될 수 있음을 나타낸 예제이다.	
link	<link rel="stylesheet" **media="all and (orientation: portrait)"** href="http://…" />
style	<style type="text/css" **media="all and (orientation: portrait)"**>
@media	@media **all and (orientation: portrait)** { … }

▣ aspect-ratio

값	<ratio>	미디어 유형	비트맵 미디어	min/max 접두사 사용	yes

aspect-ratio 미디어 기능은 'width' 미디어 기능의 값과 'height' 미디어 기능 값의 비율을 정의하는 기능이다. 최소 비율(min-aspect-ratio)과 최대 비율(max-aspect-ration)로 사용할 수 있다.

▣ device-aspect-ratio

값	<ratio>	미디어 유형	비트맵 미디어	min/max 접두사 사용	yes

device-aspect-ratio 미디어 기능은 'device-width' 미디어 기능의 값과 'device-height' 미디어 기능 값의 비율을 정의하는 기능이다. 즉, 출력 장치 디스플레이의 가로/세로 비율에 따라서 미디어의 유형을 정의한다. 최소 장치 비율(min-device-aspect-ratio)과 최대 장치 비율(max-device-aspect-ration)로 사용할 수 있다.

화면의 가로/세로 픽셀 수가 16:9의 비율을 가진 장치에 CSS가 사용될 수 있음을 나타낸 예제이다.	
link	<link rel="stylesheet" **media="screen and (device-aspect-ratio: 16/9)"** href="http://…" />
style	<style type="text/css" **media="screen and (device-aspect-ratio: 16/9)"**>
@media	@media **screen and (device-aspect-ratio: 16/9)** { … } @media **screen and (device-aspect-ratio: 32/18)** { … } @media **screen and (device-aspect-ratio: 1280/720)** { … } @media **screen and (device-aspect-ratio: 2560/1440)** { … }

▣ color

값	<integer>	미디어 유형	시각 미디어	min/max 접두사 사용	yes

color 미디어 기능은 출력 장치의 색 성분에 할당되는 비트 수(색상의 깊이)를 나타내는 것으로, 색상 표시가 가능한 장치의 미디어 유형을 결정하는 기능이다. 만일 장치가 색상을 표시할 수 없다면, 값은 0이 되고 음수 값은 지정할 수 없다. 최소 색상 비트수(min-color)과 최대 색상 비트 수(max-color)로 사용할 수 있다.

다음 2가지의 경우, 컬러 장치에 CSS가 사용될 수 있음을 나타낸 예제이다.	
link	<link rel="stylesheet" **media="all and (color)"** href="http://…" />
style	<style type="text/css" **media="all and (color)"**>
@media	@media **all and (color)** { … } @media all **and (min-color: 1)** { … }

다음은 색 성분당 2비트 이상인 컬러 장치에 CSS가 사용될 수 있음을 나타낸 예제이다.	
@media	@media **all and (min-color: 2)** { … }

만일, 색 성분마다 서로 다른 비트 수로 표현된다면, 가장 작은 비트수가 사용된다. 예를 들어, 빨간 색과 녹색이 3비트로 8가지의 색을 표현할 수 있지만, 파란색이 2비트로 4가지 색을 표현할 수 있다면 'color' 미디어 기능의 값은 2가 될 것이다.

▣ color-index

값	<integer>	미디어 유형	시각 미디어	min/max 접두사 사용	yes

color-index 미디어 기능은 출력 장치의 색상 룩업 테이블에 들어있는 전체 수(색상 수)로 미디어 유형을 결정하는 기능이다. 만일 장치가 색상 룩업 테이블을 가지고 있지 않다면 값은 0이 되고 음수 값은 지정할 수 없다. 최소 색상수(min-color-index)과 최대 색상수(max-color-index)로 사용할 수 있다.

다음 2가지의 경우, 모든 컬러 인덱스 장치에 CSS가 사용될 수 있음을 나타낸 예제이다.	
link	`<link rel="stylesheet" media="all and (color)" href="http://…" />`
style	`<style type="text/css" media="all and (color)">`
@media	`@media all and (color-index) { … }` `@media all and (min-color-index: 1) { … }`

다음은 화면이 256가지의 색상을 표시할 수 있는 경우에 CSS가 사용될 수 있음을 나타낸 예제이다.	
@media	`@media screen and (min-color-index: 256) { … }`

▣ monochrome

값	<integer>	미디어 유형	시각 미디어	min/max 접두사 사용	yes

monochrome 미디어 기능은 흑백 프레임 버퍼에 있는 각 픽셀에 할당되는 비트 수(흑백의 깊이, 음영)로 미디어 유형을 결정하는 기능이다. 만일 장치가 흑백 장치가 아니라면 출력 장치의 값은 0이 되고 음수 값은 지정할 수 없다. 최소 흑백 비트수(min-monochrome)과 최대 흑백 비트수(max-monochrome)로 사용할 수 있다.

다음 2가지의 경우, 흑백 장치에 CSS가 사용될 수 있음을 나타낸 예제이다.	
link	`<link rel="stylesheet" media="all and (monochrome)" href="http://…" />`
style	`<style type="text/css" media="all and (monochrome)">`
@media	`@media all and (monochrome) { … }` `@media all and (min- monochrome: 1) { … }`

다음은 픽셀당 2비트 이상인 흑백 장치에 CSS가 사용될 수 있음을 나타낸 예제이다.	
@media	`@media all and (min- monochrome: 2) { … }`

▣ resolution

값	<resolution>	미디어 유형	비트맵 미디어	min/max 접두사 사용	yes

resolution 미디어 기능은 출력 장치의 해상도(화소의 밀도)로 미디어의 유형을 결정하는 기능이다. 이 기능을 이용하면 화면의 크기는 동일하지만, 지원하는 해상도가 다른 기기의 경우를(예를 들어, 아이폰3와 아이폰4) 판단할 때 매우 유용한 기능이라 할 수 있다. 접두사 min 또는 max가 없는 'resolution' 쿼리는 사각형이 아닌 픽셀을 가진 장치에는 절대 일치하지 않는다. 따라서, 사각형이 아닌 픽셀을 가진 장치에서 쿼리를 하기 위해서는, 다음과 같이 최소 해상도(min-resolution)와 최대 해상도(max-resolution)에 따라서 달리 해야 한다.

- min-resolution : 밀도가 가장 작은 값과 지정된 값을 비교해야 한다.
- max-resolution: 밀도가 가장 큰 값과 지정된 값을 비교해야 한다.

프린터의 경우는, 화면 해상도에 대응되는 임의의 색상에 대한 도트 해상도로 출력된다.

다음은 인치당 300도트 보다 큰 해상도를 가진 장치에서 CSS가 사용될 수 있음을 나타낸 예제이다.	
link	`<link rel="stylesheet" media="print and (min-resolution: 300dpi)" href="http://…" />`
style	`<style type="text/css" media="print and (min-resolution: 300dpi)">`
@media	`@media print and (min-resolution: 300dpi) { … }`

▣ scan

값	progressive | interlace	미디어 유형	텔레비전(TV)	min/max 접두사 사용	no

scan 미디어 기능은 TV 미디어의 화면 주사 방식에 따라서 미디어의 유형을 결정하는 기능이다. 주사 방식은 순차주사(progressive) 방식과 비월주사(interlace) 방식으로 구분된다.

다음은 TV 화면의 주사 방식이 순차 방식일 경우에 CSS가 사용될 수 있음을 나타낸 예제이다.	
link	`<link rel="stylesheet" media="tv and (scan: progressive)" href="http://…" />`
style	`<style type="text/css" media="tv and (scan: progressive)">`
@media	`@media tv and (scan: progressive) { … }`

```
    var canvas = document.getElementById("myCanvas");
    var context = canvas.getContext("2d");
    context.font = "36pt 굴림체";
    context.fillStyle = "lightblue";
    context.strokeStyle = "blue";
    context.fillText("안녕 캔버스", canvas.width/2 - 130, canvas.height/2 + 15);
    context.strokeText("안녕 캔버스", canvas.width/2 - 130, canvas.height/2 + 15);
</script>
```

그러나 캔버스의 크기를 변경할 때 주의해야 할 사항이 있다. 앞의 예제에서의 캔버스 크기는 canvas 요소의 width 및 height 속성을 사용했기 때문에 캔버스의 크기와 함께 드로잉 표면에 대한 크기도 함께 설정되었다. 하지만 다음과 같이 canvas 요소의 속성이 아닌 CSS를 이용한 방법으로 캔버스의 크기를 변경한다면, 드로잉 표면에 대한 크기는 기본값인 가로 300픽셀, 세로 150픽셀로 설정된다.

```
<style>
    canvas {  width: 400; height: 200 }
</style>
```

```
<canvas id="myCanvas">
    이 브라우저는 캔버스를 지원하지 않습니다.
</canvas>
```

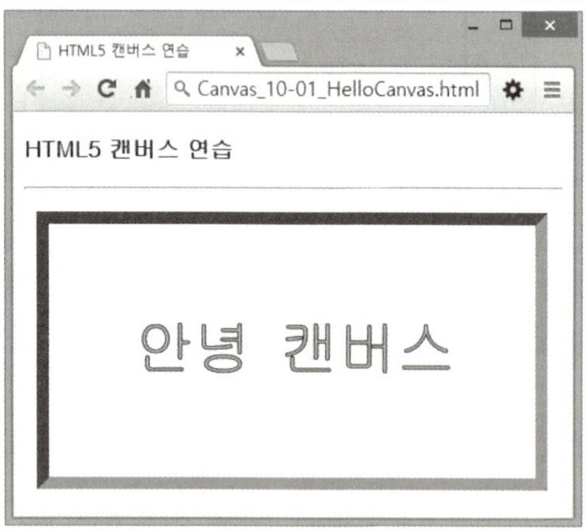

canvas 요소의 속성을 이용한 크기 변경

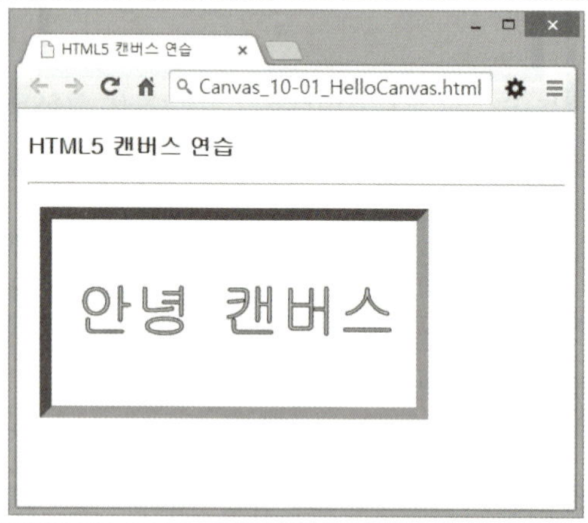

CSS를 이용한 캔버스 크기 변경

기본적으로 브라우저는 canvas 요소의 크기를 드로잉 표면의 크기로 자동 변경한다. 따라서 앞의 그림에서 볼 수 있듯이, CSS를 이용하여 캔버스 크기를 변경하는 것은 드로잉 표면의 크기는 변경할 수 없기 때문에 캔버스와 드로잉 표면의 크기 불일치로 인하여 예기치 않은 결과를 발생시킬 수 있음에 주의하도록 한다.

▣ 캔버스 속성

canvas 요소에서는 다음과 같이 2개의 속성을 사용할 수 있다.

속성	설명
width	드로잉 표면의 가로(폭) 크기를 나타내며, 기본적으로 브라우저에서는 캔버스 요소의 크기를 드로잉 표면과 같은 크기로 생성한다. 기본값은 300이며, 음수가 아닌 정수여야 한다.
height	드로잉 표면의 세로(높이) 크기를 나타내며, 기본적으로 브라우저에서는 캔버스 요소의 크기를 드로잉 표면과 같은 크기로 생성한다. 기본값은 150이며, 음수가 아닌 정수여야 한다.

만일 현재 브라우저의 화면 크기를 기준으로 캔버스의 크기를 변경하고자 한다면 다음과 같이 윈도우 객체의 innerWidth 및 innerHeight 값을 이용하면 된다.

```
var canvas = document.getElementById("myCanvas");
```

```
canvas.width = window.innerWidth;
canvas.height = window.innerHeight;
```

▣ 캔버스 API

canvas 요소에서는 다음과 같이 3개의 메서드를 사용할 수 있으며, 이후에 자세히 살펴보도록 한다.

메서드	설명
getContext( )	캔버스의 컨텍스트를 반환한다. 각 캔버스에는 하나의 컨텍스트가 있으며 각 컨텍스트는 하나의 캔버스와 관련되어 있다. ContextId 2D에 대한 새로운 객체를 반환하는 경우에 브라우저는 새로운 CanvasRenderingContext2D 개체를 반환하고 추가적인 인수는 무시된다.
toDataURL (type, quality)	img 요소의 src 속성에 할당할 수 있는 데이터 URL을 반환한다. • type - 이미지의 종류를 나타내는 것으로, "image/jpeg" 또는 "image/png"와 같이 지정할 수 있다. 지정되지 않으면 기본적으로 "image/png"로 설정된다. • quality - 이미지의 품질을 나타내는 것으로, 0.0 ~ 1.0(손실이 없는 가장 좋은 품질) 사이의 실수 값을 반드시 지정해야 한다.
toBlob (callback,type, args….)	캔버스의 이미지를 포함하고 있는 파일을 나타내는 Blob를 생성한다. • callback - 브라우저에서 Blob에 대한 참조를 호출하는 콜백 함수를 나타낸다. • type - 이미지의 종류를 나타내는 것으로, "image/jpeg" 또는 "image/png"와 같이 지정할 수 있다. 지정되지 않으면 기본적으로 "image/png"로 설정된다. • args … - 이미지 특성을 제어하기 위해 quality 등의 다른 인수를 추가할 수 있다.

1.2 캔버스 컨텍스트

캔버스 표준화 명세서의 제목(HTML Canvas 2D Context)에서 알 수 있듯이, 컨텍스트는 모든 그래픽 능력을 제공한다. 앞의 예제에서 살펴보았듯이, 캔버스는 컨텍스트를 위한 컨테이너로서의 역할만 하고, 실제로 캔버스에 그리는 등의 기능들은 모두 컨텍스트를 통하여 처리된다. 캔버스 명세서에는 2D 컨텍스트 뿐 아니라 모든 종류의 컨텍스트를 포괄적으로 다루고 있으며, 명세서에 3D 컨텍스트를 추가하는 작업이 진행 중에 있다.

캔버스의 컨텍스트를 얻기 위해서는 앞의 예제에서 잠깐 보았듯이 다음과 같이 2가지 방법으로 얻을 수 있다.

방법1	var 캔버스객체 = document.getElementById("캔버스 아이디"); var 컨텍스트 = 캔버스객체.getContext("2d");
방법2	var 컨텍스트 = document.getElementById("캔버스 아이디").getContext("2d");

예제1	var *canvas* = document.getElementById("myCanvas"); var context = *canvas*.getContext("2d");
예제2	var context = document.getElementById("myCanvas").getContext("2d");

다음은 상기와 같은 방법의 이해를 돕기 위해 그림으로 나타낸 것이다.

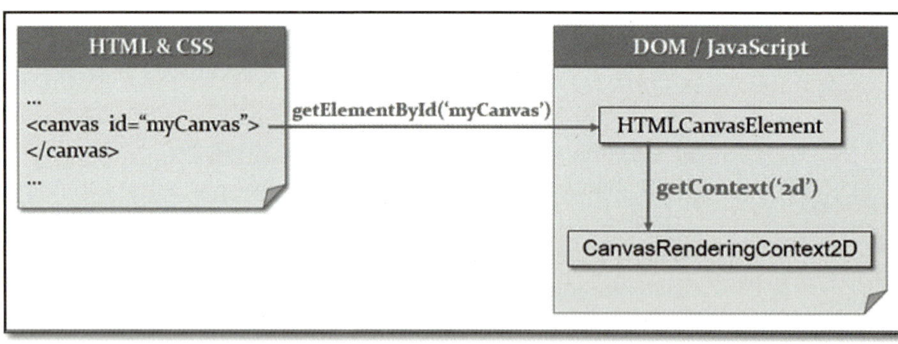

표준화 컨텍스트 명세서는 API CanvasRenderingContext2D 인터페이스(웹 IDL의 관점에서 정의)를 사용하여 구현되는 2D 컨텍스트 타입을 정의하고 있다.

다음은 캔버스 컨텍스트에서 사용되는 속성들을 간략하게 나타낸 것으로 자세한 내용은 각 항목에서 설명한다.

속성	설명
canvas	컨텍스트의 캔버스를 참조하는 읽기 전용 속성으로, 컨텍스트에 그릴 수 있는 캔버스 요소를 반환해야 한다. 그렇지 않으면 2D 컨텍스트 인터페이스에 지정된 경우를 제외하고 값이 무한대 또는 NaN의 값이 된다. 보통은 캔버스의 폭(canvas.width)이나 높이(canvas.height)에 접근할 때 사용된다.
fillStyle	컨텍스트에서 도형을 채울 때 사용되는 색상이나 그라데이션 및 패턴을 나타낸다.
font	컨텍스트에서 사용할 글꼴을 나타낸다.
globalAlpha	전역(global) Alpha 값을 설정하는 속성으로, 0(완전 투명) ~ 1.0(완전 불투명) 사이의 값을 지정할 수 있으며 기본값은 1.0이다. rgba() 또는 hsla()를 이용하여 투명도를 지정할 수 있지만 계속해서 그리게 되는 모든 도형과 이미지에 이 속성을 사용할 수 있다.
globalComposite-Operation	도형 위에 다른 도형을 겹쳐서 그리는 방법을 결정한다
lineCap	선(line)의 끝 위치(endpoint) 모양을 나타내는 것으로 butt, round, square 등의 값을 지정할 수 있다. 기본값은 butt이다.
lineWidth	선의 폭(픽셀)을 나타내는 것으로, 음이 아닌 유한 실수 값을 사용해야 한다. 기본값은 1.0이다.
linejoin	각 선들이 이어질 때 선이 연결되는 방법을 나타낸 것으로 round, bevel, miter 등의 값을 지정할 수 있다. 기본값은 miter이다.
miterLimit	선의 연결 방법을 miter 값으로 지정하였을 때 miter 높이의 비율을 나타낸다.
shadowBlur	그림자의 흐림 정도를 나타내는 것으로 값이 클수록 그림자는 더 많이 흐려진다. 이 값은 픽셀 값이 아닌 가우시안 블러에 대한 방정식에서 사용되는 값으로 반드시 양의 유한 실수 값을 지정해야 한다. 기본값은 0이다.
shadowColor	그림자의 색상을 나타낸다.
shadowOffsetX	그림자의 떨어진 거리인 수평 오프셋(픽셀)을 나타낸다.
shadowOffsetY	그림자의 떨어진 거리인 수직 오프셋(픽셀)을 나타낸다.
strokeStyle	패스를 그릴 때 사용하는 스타일을 나타내는 것으로 색상이나 그라데이션 그리고 패턴 중 하나를 지정할 수 있다.
textAlign	fillText() 또는 storkeText() 메서드를 사용해서 그리는 텍스트의 가로 위치를 나타낸다.
textBaseline	fillText() 또는 storkeText() 메서드를 사용해서 그리는 텍스트의 세로 위치를 나타낸다.

1.3 캔버스 상태 저장 및 복원

캔버스 컨텍스트는 드로잉 상태(drawing state)의 스택을 관리하기 위하여 다음과 같이 컨텍스트의 드로잉 상태를 저장하고 복원할 수 있는 save() 메서드와 restore() 메서드를 제공한다.

메서드	설명
context.save()	현재 드로잉 상태의 복사본을 드로잉 상태의 저장소인 스택의 마지막에 저장한다.
context.restore()	스택에 저장되어 있는 마지막 상태를 꺼내옴으로써 현재 상태를 다시 복원한다.

드로잉 상태는 다음으로 구성되어 있다.

- 현재의 변환 행렬(transformation matrix)
- 현재의 클리핑 영역(clipping region)
- 다음 속성들의 현재 값
  - strokeStyle, fillStyle, globalAlpha, lineWidth, lineCap, lineJoin, miterLimit, shadowOffsetX, shadowOffsetY, shadowBlur, shadowColor, globalCompositeOperation, font, textAlign, textBaseline.

다음 예제에서의 draw_area() 메서드는 이전 드로잉 상태 정보를 보호하기 위하여 save() 메서드를 호출하여 캔버스의 드로잉 상태를 저장한 다음, fillStyle 및 strokeStyle 속성 값을 사용하였다. 그리고 이전 드로잉 상태 정보를 복원하기 위하여 restore() 메서드를 호출하였다.

```
function draw_area() { stroke_style, fill_style} {
    context.save(); /컨텍스트를 스택에 저장한다.
        context.fillStyle = fill_style;
        context.strokeStyle = stroke_style;
        // 다른 그리기 작업 진행 ….
    context.restore(); //스택으로부터 저장한 컨텍스트를 복원한다.
}
```

이와 같이 restore() 메서드를 통해 스택에 저장되어 있는 정보를 꺼내오면 현재 상태가 되기 때문에 브라우저는 이에 맞춰 캔버스 상태를 설정해야 한다. 따라서 save() 메서드와 restore() 메서드 사이에 캔버스 상태를 변화시키고 싶다면 restore() 메서드를 호출할 때까지만 상태를 유지하면 된다.

주의사항

현재의 패스(Path)와 현재의 비트맵 드로잉 상태는 포함되지 않는다. 현재의 패스는 영구적이며, 오직 beginPath() 메서드를 사용하여 재설정 할 수 있기 때문에 드로잉 상태의 일부분이 될 수 없다. 그리고 현재의 비트맵 또한 캔버스 속성으로, 컨텍스트가 없기 때문에 드로잉 상태의 일부분이 될 수 없음에 주의하자.

다음의 예제는 3가지의 드로잉 상태(색상 및 투명도)를 save() 메서드를 사용하여 스택에 추가한다. 예제에서 사용하는 컨텍스트 상태의 요소는 fillStyle 및 globalAlpha 속성이다. 그리고 중심좌표를 이동하면서 3개의 원을 그리기 전에 restore() 메서드를 사용하여 스택에 저장된 드로잉 상태를 복원하였다. 복원된 드로잉 상태는 3개의 원을 그릴 때 적용된다. 캔버스에서의 드로잉 상태는 스택 방식으로 유지되고 있기 때문에 저장된 순서와는 반대 순서로 복원이 된다. 따라서 마지막으로 저장된 상태가 가장 먼저 복원된다는 점을 잊지 말자.

예제 Canvas_10-01_SaveRestore.html

Script

```
var canvas = document.getElementById("myCanvas"); //캔버스 객체 생성
var context = canvas.getContext("2d");            //컨텍스트 생성

// 드로잉 상태(색상 및 투명도)를 3 개 저장한다
var colors = new Array ( "red", "blue", "green"); //색상 3개
var alphas = new Array (0.2, 0.5, 0.8);          //투명도 3개
for (var i = 0; i < 3; i++) {
   context.fillStyle = colors [i];
   context.globalAlpha = alphas [i];
   context.save();
}
// 저장된 드로잉 상태를 복원하여 3개의 원을 그린다
for (var i = 0; i < 3; i++) {
   context.restore(); // 드로잉 상태를 꺼내온다. 녹색, 파란색, 빨간색 순으로 꺼내온다
   context.beginPath ();
   context.arc ((i+1) * 120, 120, 100, 0, Math.PI * 2, false);
   context.fill ();
}
```

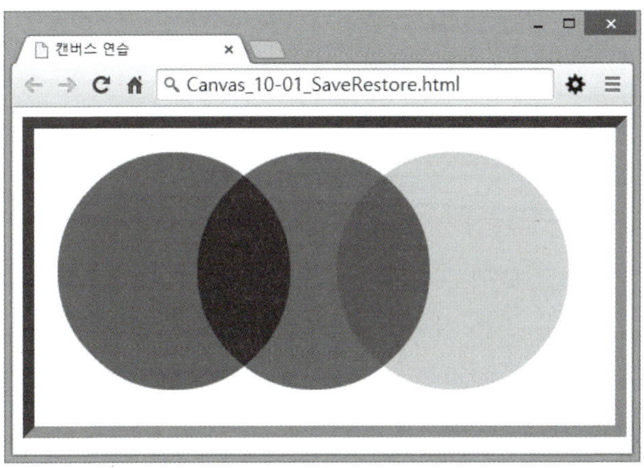

1.4 드로잉 모델

도형이나 이미지를 캔버스에 그릴 때, 브라우저에서는 다음과 같은 단계를 거쳐서 작업을 한다.

단계	내용
1	현재 fillStyle, strokeStyle, lineStyle에 따라 무한하고 투명한 검은 비트맵에 도형이나 이미지를 그린다.
2	도형이나 이미지의 그림자를 현재 그림자 설정에 따라 두 번째 비트맵에 그린다.
3	모든 그림자 픽셀에 해당하는 알파 구성 요소에 gloabalAlpha 속성을 곱한다.
4	현재 합성(current composition) 연산자를 사용하여 현재 캔버스 비트맵을 클리핑 영역과 합성한다.
5	도형이나 이미지의 모든 픽셀에 globalAlpha 속성을 곱한다.
6	현재 합성 연산자를 사용하여 현재 캔버스 비트맵 위에 형성된 클리핑 영역과 도형이나 이미지 비트맵을 합성한다.

이와 같이 처음 브라우저에서는 도형을 그리고 내부를 칠하는 작업과 관련된 캔버스 컨텍스트의 속성을 사용해서 도형이나 이미지를 무한하고 투명한 비트맵에 그린다. 물론 무한한 비트맵은 없지만 브라우저에서는 마치 무한한 비트맵이 존재하는 것처럼 처리한다.

2단계부터 4단계에서는 그림자를 처리한다. 따라서 그림자 효과를 사용한다면 그림자를 다른 비트맵으로 전달하고 그림자에 있는 모든 픽셀에 globalAlpha 속성을 곱해서 그림자의 투명도를 설정한다. 그리고 현재 합성 연산자를 사용하여 그림자를 클리핑 영역으로 설정한 canvas 요소와 합성한다.

마지막으로 브라우저에서는 현재 합성 연산자에 설정과 클리핑 영역에 따라 도형이나 이미지를 <canvas> 요소와 합성한다.

1.5 드로잉 기본 작업

브라우저에 그림을 그리기 위해서는 캔버스 요소를 사용하여 그림을 그리고자 하는 영역을 정의하고 실제 그림을 그리는 것은 자바스크립트를 사용하여 그린다. 본 교재에서 다루고 있는 자바스크립트 관련 내용은 아주 기초적인 내용이고, 별도의 설명이 필요한 부분은 따로 설명할 것이기 때문에 상세한 지식이 없어도 충분히 따라할 수 있을 것이다.

우선, 캔버스를 정의하기 위해서는 다음과 같이 canvas 요소에 캔버스의 폭과 높이를 지정하고, 자바스크립트에서 사용할 아이디 값을 지정한다. 그리고 canvas 요소 사이에는 canvas 요소를 지원하지 않는 브라우저를 위해 친절한 텍스트를 입력하거나 이미지를 넣으면 된다.

사용 예제

```
<canvas id="myCanvas" width="400" height="200">
        이 브라우저는 캔버스를 지원하지 않습니다.
        <img src="sample.jpg" width="400" height="200">
</canvas>
```

이와 같이 캔버스를 생성하고 난 이후에는 실제 그림을 그리는 자바스크립트를 작성해야 한다. 앞에서 생성한 canvas 요소의 아이디를 문서의 getElementById("아이디") 메서드를 호출하여 canvas 객체를 생성하고 캔버스의 getContext('2d') 메서드를 호출하여 그리기 컨텍스트를 생성하면 된다.

사용 예제

```
var canvas = document.getElementById("myCanvas")
var context = canvas.getContext("2d");
```

앞에서도 언급했듯이 3D 컨텍스트는 아직 완전하지 않기 때문에 본 교재에서는 2D 컨텍스트에 대해서만 학습하도록 하겠다. 이제 그림을 그릴 준비가 끝났기 때문에 실제로 그림을 그리는 방법에 대해서 하나씩 학습하도록 한다.

HTML5 **실습하기** CSS

캔버스의 느낌을 살리기 위해, 이번 실습을 통해서 캔버스를 만들어보도록 한다. 눈으로만 예제를 확인하지 말고, 직접 코드를 입력하면서 브라우저로 확인을 해보자. 우선, Canvas_Study10-01_Step.html 파일을 열고, 다음의 HTML 실습 코드를 입력하고 브라우저로 확인을 해보자.

예제 Canvas_Study10-01_Step.html

※ 완성된 코드는 Canvas_Study10-01.html에서 확인할 수 있다.

CSS

```
canvas { margin: 10px; padding 10px; border: 10px inset #aaa }
```

HTML

```
<canvas id="myCanvas" width="300" height="200">
        이 브라우저는 캔버스를 지원하지 않습니다.
</canvas>
<script>
        var canvas = document.getElementById("myCanvas");
        var context = canvas.getContext("2d");
        context.font = "24pt 굴림체";
        context.fillStyle = "maroon";
        context.fillText("캔버스를 학습하자", canvas.width/2 - 130, canvas.height/2 + 15);
</script>
```

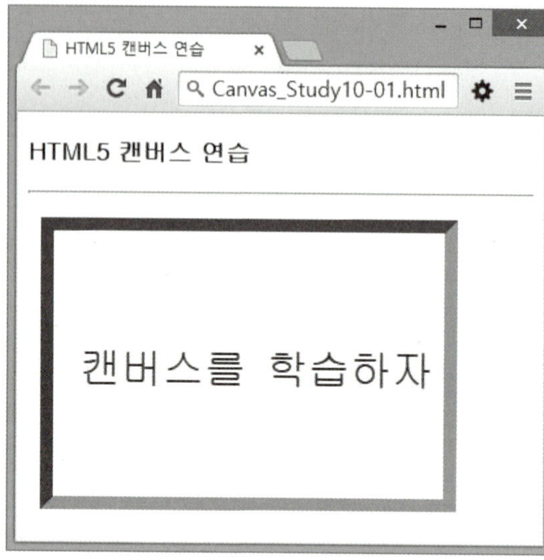

HTML 1~3 줄에서, canvas 요소를 사용하여 캔버스의 크기를 폭 300픽셀, 높이 200픽셀로 정의하고 있다. 만일 브라우저가 캔버스를 지원하지 않는다면, "이 브라우저는 캔버스를 지원하지 않습니다."라는 문구가 보일 것이다.

캔버스 드로잉 표면의 크기를 확인하기 위하여 CSS를 사용하여 스타일을 지정하도록 하였다. CSS 1번 줄에서 "border: 10px inset #aaa"로 인하여 캔버스 드로잉 표면의 영역을 확인해 볼 수 있다.

HTML 5~6 줄에서, 앞에서 정의한 캔버스 아이디를 사용하여 캔버스 객체를 얻어오고, 캔버스 객체의 getContext() 메서드를 사용하여 캔버스에 그릴 도구인 컨텍스트를 얻어와서 context 객체를 생성한다. 이렇게 컨텍스트 객체 context가 얻어졌으면, 이후의 모든 드로잉 작업은 이 context를 이용하여 작업하게 된다.

HTML 7~9 줄에서, 바로 이 컨텍스트 메서드를 이용하여 텍스트를 출력한 것을 볼 수 있다.

Section 02 사각형 그리기

표준화 명세서에는 다음 그림과 같이 비트맵 사각형을 그릴 수 있는 세 가지 방법을 제공한다. 각각 모두 4개의 인수를 가지고 있으며, 처음 2개는 직사각형의 왼쪽 상단의 x 및 y 좌표를 제공하고, 다른 2개는 사각형의 폭(w) 및 높이(h)를 제공한다. 그리고 현재의 변환 행렬은 지정된 사각형을 얻기 위해 닫힌 패스를 형성하는 [(x, y), (x+w, y), (x+w, y+h), (x, y+h)]와 같은 4개의 좌표에 적용한다.

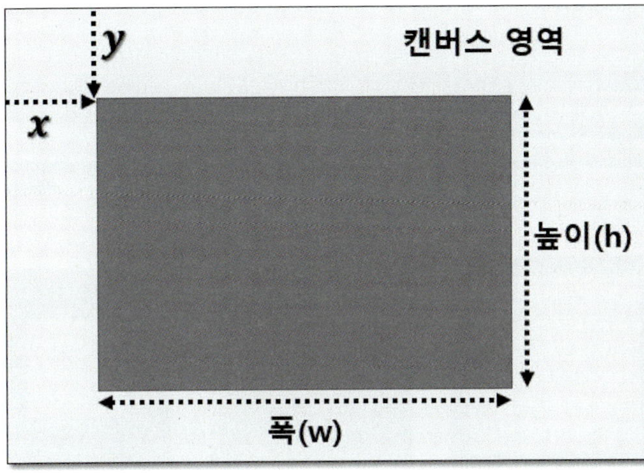

context.fillRect(x, y, w, h) 색이 채워진 사각형 영역을 그린다.

- 현재의 채우기 스타일 fillStyle 속성을 사용하여 지정한 사각형 영역의 캔버스에 채워진 사각형을 그린다.
- 만일, 폭(w) 또는 높이(h)가 0이면, fillRect() 메서드는 어떠한 작업도 하지 않는다.

context.strokeRect(x, y, w, h) 테두리만 있는 사각형 영역을 그린다.

- 다음의 속성을 사용하여 지정한 사각형 영역의 캔버스에 다양한 사각형을 그린다.
- strokeStyle, lineWidth, lineJoin, miterLimit
- 만일, 2개의 폭(w) 과 높이(h)가 0이면, 패스는 하나의 포인트(x,y)만을 가진 하나의 서브 패스를 가지며, 어떠한 선도 없기 때문에 사각형을 그리지 않는다.
- 만일, 폭(w) 또는 높이(h)가 0이면, 패스는 2개의 포인트[(x, y), (x+w, y+h)]로 구성된 하나의 서브 패스를 가지고 직선을 그린다.
- 폭이나 높이 모두 0이 아니면, 패스는 4개의 포인트[(x, y), (x+w, y), (x+w, y+h), (x, y+h)]로 구성된 하나의 서브 패스를 가지고 사각형 영역의 직선을 그린다.

context.clearRect(x, y, w, h) 지정한 사각형 영역을 지운다.

- 현재 클리핑 영역과 교차하는 지정한 사각형 영역에 있는 모든 픽셀을 투명한 검은색으로 지운다. (캔버스에서의 픽셀을 지운다는 의미는, 완전히 투명하게 되기 때문에 캔버스의 배경을 비치게 한다)
- 클리핑 영역은 캔버스 크기와 동일하므로, 별도의 클리핑 영역이 변경되지 않는다면, 지정된 폭(w)과 높이(h) 만큼의 픽셀을 모두 지운다.
- 만일, 폭(w) 또는 높이(h)가 0이면, clearRect() 메서드는 어떠한 작업도 하지 않는다.

다음 그림은 strokeRect() 메서드를 사용한 테두리만 있는 사각형, fillRect() 메서드를 사용한 색이 채워진 사각형, 그리고 clearRect() 메서드를 사용한 사각형 영역을 지우는 드로잉 예제의 결과를 나타낸 것이다.

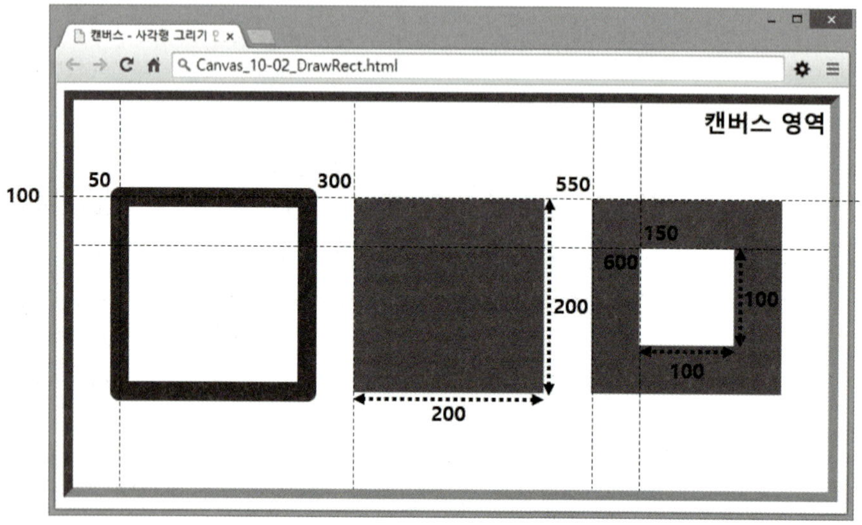

이러한 결과를 얻기 위한 다음의 예제 코드를 살펴보도록 하자.

예제 Canvas_10-02_DrawRect.html

Script

```
function rect() {
        var canvas = document.getElementById("myCanvas");
        var context = canvas.getContext("2d");

        context.lineJoin = "round";
        context.lineWidth = 20;
        context.strokeStyle = "blue";
        context.fillStyle = "green";

        context.strokeRect(50, 100, 200, 200);
        context.fillRect(300, 100, 200, 200);

        context.fillRect(550, 100, 200, 200);
        context.clearRect(600, 150, 100, 100);
}
```

HTML

```
<body onload="rect();">
   <canvas id="myCanvas" width="800" height="400" style="border: 10px inset #aaa">
            캔버스에 사각형 그리기 연습
</canvas>
</body>
```

다음 내용은 예제에 대한 설명을 요약한 것이다.

구분	위치	설명
Script	2	캔버스 요소의 아이디 "myCanvas"를 불러와 객체를 생성한다.
	3	getContext("2d") 메서드를 호출하여 드로잉 컨텍스트를 생성한다.
	5~8	선의 연결 모양(모서리를 둥글게), 선의 두께(20픽셀), 선 스타일(파란색), 그리고 채우기 스타일(녹색)을 지정한다.
	10	strokeRect() 메서드를 호출하여 좌표 공간 (50, 100) 위치에서 시작하여 폭과 높이를 각각 200픽셀의 테두리만 있는 사각형을 그린다.
	11	fillRect() 메서드를 호출하여 좌표 공간 (300, 100) 위치에서 시작하여 폭과 높이를 각각 200픽셀의 크기를 채우는 사각형을 그린다. 예제에서는 fillStyle을 녹색으로 지정하였기 때문에 사각형 내부는 녹색으로 채워진다.
	14	clearRect() 메서드를 호출하여 좌표 공간 (600, 150) 위치에서 시작하여 폭과 높이가 각각 100픽셀의 사각형 크기 영역을 지운다.
HTML	1	캔버스 영역에 자바스크립트를 이용하여 드로잉을 하기 위하여 rect() 메서드를 호출한다.
	2	캔버스 영역을 표시하기 위하여 캔버스 요소에 인라인 스타일의 테두리를 지정한다.

Section 03 선 그리기

앞 절에서는 캔버스 컨텍스트의 strokeRect() 메서드 및 fillRect() 메서드를 이용하여 직사각형을 그리거나 내부가 채워진 직사각형을 그리는 것을 살펴보았다. 이러한 메서드들은 캔버스 컨텍스트로 구현된 메서드 중에서 도형을 어떤 단계도 거치지 않고 곧바로 그리는 유일한 메서드이기 때문에 메서드를 호출하는 즉시 효과가 나타난다.

베지어 곡선과 같은 복잡한 도형을 그리는 다른 컨텍스트 메서드들은 패스를 기반으로 드로잉을 수행하게 된다. SVG(Scalable Vector Graphics) 뿐만 아니라, 애플의 코코아(Cocoa), 어도비의 일러스트레이터(Illustrator) 등과 같은 애플리케이션들도 패스를 기반으로 하고 있다.

3.1 패스와 서브 패스

캔버스에서는 각 도형들을 이루는 선들의 집합을 패스(Path)라고 하고 각각의 선을 서브 패스라고 한다. CanvasDrawingStyles 인터페이스를 구현하는 객체는 단 한 개의 기본 패스(path)를 가지고 있으며, 이를 현재 패스라고 부른다. 그리고 현재 패스는 여러 개의 서브 패스로 구성될 수 있고 각 패스는 0개 이상의 서브 패스의 목록을 가지고 있다. 각 서브 패스는 직선이나 곡선에 의해 연결된 하나 또는 그 이상의 지점의 목록 및 서브 패스가 닫혔는지의 여부를 나타내는 플래그로 구성된다. 닫힌 서브 패스는 서브 패스의 마지막 점은 직선 서브 패스의 첫 번째 점에 연결되어 있다. 그리고 패스를 그릴 때 2개 미만의 점으로 구성된 서브 패스는 무시된다.

컨텍스트의 메서드를 이용하여 선이나 도형을 그리고자 할 때는 우선, beginPath() 메서드를 호출하여 패스를 초기화한다. 그리고 다양한 메서드를 사용하여 패스를 지정하고 선이나 도형을 그린다. 마지막으로 지정한 패스를 닫고 선이나 도형을 출력해야 한다.

CanvasPathMethods 인터페이스를 구현하는 객체가 생성 될 때, 그 패스는 0개의 서브 패스로 초기화 된다. 다음은 명세서에 있는 선이나 도형을 그릴 때의 객체의 패스를 조작하는 메서드를 나타낸 것이다.

context.beginPath( ) 현재 패스를 초기화한다.

- beginPath() 메서드를 호출함으로써, 현재 서브 패스의 목록을 비워서 0개의 서브 패스를 가질 수 있도록 한다. 즉, 이전까지 그렸던 서브 패스를 모두 초기화하고 새로운 패스를 그린다는 의미이다.

context.closePath() 현재의 패스를 닫는다.

- 현재 닫힌 서브 패스를 표시하고 새롭게 닫힌 서브 패스의 시작 및 끝과 동일한 점을 가진 서브 패스를 시작한다. 즉, 패스 그리는 것을 종료한다는 의미이다.
- 만일 객체의 패스가 서브 패스를 가지고 있지 않다면 closePath() 메서드는 아무일도 하지 않는다.
- 서브 패스를 가지고 있다면, 닫힌 서브 패스를 표시해야 하고 이전 서브 패스의 첫 번째 점과 동일한 첫 번째 점의 서브 패스를 새롭게 만든다. 그리고 패스에 이 새로운 서브 패스를 추가한다.
- 마지막 서브 패스 목록에서 둘 이상의 지점을 가지고 있다면, 이것은 마지막 지점을 첫 번째 지점에 연결하는 직선을 추가하는 것과 같다. 따라서 닫힌 모양의 도형을 만들 수 있다.

context.lineTo(x, y) 직선을 연결한다.

- 이전 위치에서의 점과 현재 서브 패스에 주어진 점을 추가하여 선을 그린다.

context.moveTo(x, y) 주어진 점으로 시작하는 새로운 서브 패스를 만든다.

- moveTo() 메서드는 최초로 유일한 지점으로 지정된 점과 새로운 서브 패스를 만들어야 한다.

context.stroke( ) 현재 패스 또는 주어진 패스의 서브 패스를 현재의 선 스타일로 그린다.

- 선 스타일에 대하여 CanvasRenderingContext2D 객체를 사용해서 패스를 추적한 다음, strokeStyle 속성을 사용하여 현재 패스의 윤곽을 그린다.
- 만일, 패스가 현재 기본 패스인 경우에, 드로잉 스타일은 그리는 중에도 변형에 의해 영향을 받는다.

context.fill( ) **현재 패스 또는 주어진 패스의 서브 패스를 현재의 채우기 스타일로 채운다.**

- fillStyle 속성과 논제로 와인딩 규칙(non-zero winding number rule, 패스를 채우는 순서)을 사용하여 현재 패스의 모든 서브 패스들을 채우기 위해 이 메서드를 호출한다. 열려 있는 패스는 채워질(실제 서브 패스에 영향을 주지 않고) 때 암시적으로 닫히게 된다.
- 따라서 와인딩 순서가 서로 반대인 서브 패스를 가진 경우에는 상쇄 없는 채워진 결과를 보인다. 와인딩 순서가 동일하다면, 그 지역은 한 번만 그려지게 된다.

context.rect(x, y, w, h) **사각형을 그린다.**

- 주어진 사각형을 나타내는 패스에 새로운 닫힌 서브 패스를 추가한다.

다음 2개의 예제들은 현재 패스와 서브 패스에 대한 예제를 나타낸 것이다. 첫 번째 예를 살펴보면, 현재 패스를 초기화하는 beginPath() 메서드로 시작하고, rect() 메서드를 사용하여 서브 패스를 현재 패스에 추가한다. 그리고 stroke() 메서드를 통해 직사각형을 캔버스에 표시한다. 그리고 다시 beginPath() 메서드를 사용하여 앞에서 생성했던 현재의 모든 패스들을 지운다. 그리고 다시 4개의 서브 패스를 만들고 직사각형을 캔버스에 그리도록 하고 있다(Canvas_10-03_Rect1.html).

코드	설명
context.beginPath();	현재 패스를 초기화하기 때문에 모든 서브 패스를 지운다.
context.**rect**(10, 10, 100, 100);	4개의 점으로 구성된 서브 패스를 추가한다.
context.**stroke**();	서브 패스의 윤곽선을 그린다.
context.beginPath();	현재 패스를 가진 모든 서브 패스(앞의 4개의 서브 패스)를 지운다.
context.rect(110, 110, 100, 100);	4개의 점으로 구성된 서브 패스를 추가한다.
context.stroke();	서브 패스의 윤곽선을 그린다.

다음 두 번째 예는 앞의 예제와는 달리 두 번째 사각형을 그리기 위한 beginPath() 메서드가 없다. 즉, 앞에서 그렸던 4개의 서브 패스를 지우지 않고 계속해서 rect() 메서드를 호출함으로써, 추가적인 4개의 서브 패스를 생성하고 있는 것을 보여주고 있다(Canvas_10-03_Rect2.html).

코드	설명
context.beginPath();	현재 패스를 초기화 하기 때문에 모든 서브 패스를 지운다.
context.**rect**(10, 10, 100, 100);	4개의 점으로 구성된 서브 패스를 추가한다.
context.**stroke**();	서브 패스의 윤곽선을 그린다.
context.**rect**(110, 110, 100, 100);	4개의 점으로 구성된 서브 패스를 추가한다.
context.**stroke**();	서브 패스의 윤곽선을 그린다.

3.2 선 그리기

선을 그리기 위해서는 다음과 같이 시작 점을 지정하기 위해서 moveTo() 메서드를 사용한다. 그리고 다음 위치까지의 점을 지정하여 선을 그리기 위해서 lineTo() 메서드를 사용한다. 마지막으로 stroke() 메서드를 사용해서 선을 출력한다. 이러한 예를 살펴보면, 다음과 같다.

예제 Canvas_10-03_Line1.html

```
context.beginPath();
① context.moveTo(x1, y1);
② context.lineTo(x2, y2);
③ context.stroke();
```

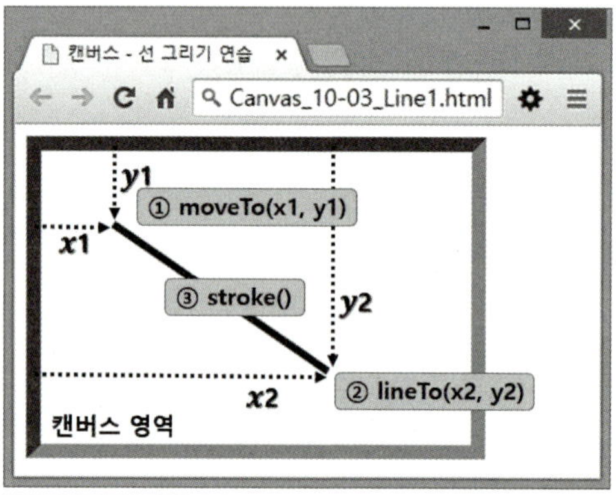

앞의 예제와 같이 stroke() 메서드를 호출하기 전에는 패스를 그리지 않는다. 즉, 패스를 생성한 이후의 패스를 그리거나 내부를 칠하는 작업은 보이지 않는 잉크로 그리는 것으로 생각할 수 있다. 따라서 생성된 패스는 stroke() 메서드나 fill() 메서드를 호출해야 캔버스에 표시된다는 점을 잊지 말자. 다음은 3개의 선을 이어서 그리고자 할 때의 예를 나타낸 것으로 `lineTo()` 메서드를 3번 사용하면 된다.

예제 Canvas_10-03_Line2.html

```
context.beginPath();
context.moveTo(20, 20);
context.lineTo(150, 150);
context.lineTo(150, 20);
context.lineTo(280, 150);
context.stroke();
```

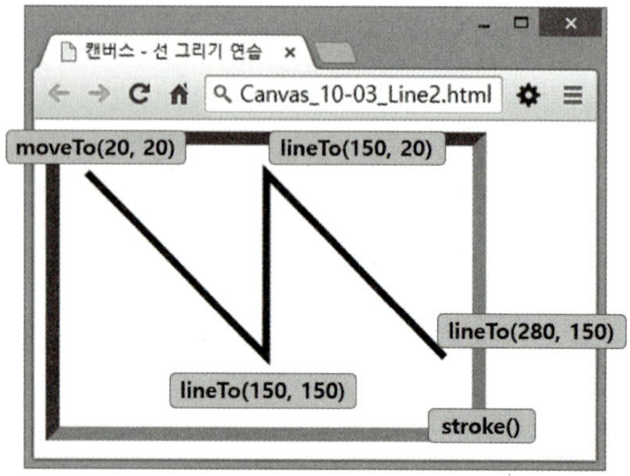

HTML5 실습하기

이번 실습은 앞에서 살펴본 선 그리기를 연습해 보도록 하겠다. 우선, Canvas_Study10-02_Step.html 파일을 열고, 다음의 Script 실습 코드를 입력하고 브라우저로 확인을 해보자.

예제 Canvas_Study10-02_Step.html ※ 완성된 코드는 Canvas_Study10-02_LinePath.html 에서 확인

Script

```
function Line() {
    var canvas = document.getElementById("myCanvas");
    var context = canvas.getContext("2d");

    context.beginPath();
    context.moveTo(60, 40);
    context.lineTo(300, 40);
    context.moveTo(295, 35);
    context.lineTo(300, 40);
    context.lineTo(295, 45);

    context.moveTo(60, 40);
    context.lineTo(60, 235);
    context.moveTo(55, 230);
    context.lineTo(60, 235);
    context.lineTo(65, 230);

    context.stroke();
}
```

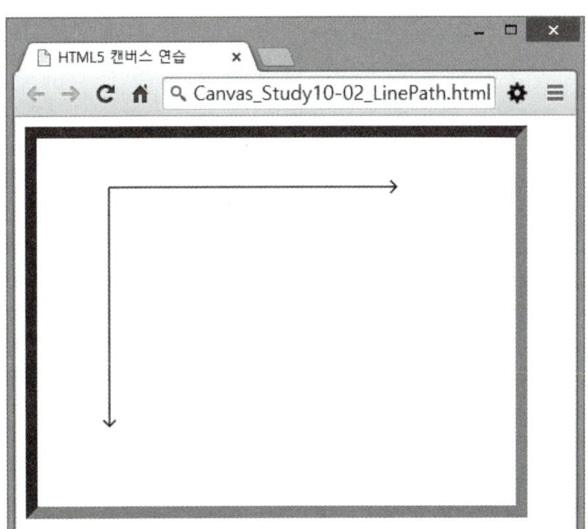

이 실습 예제의 결과를 보면, 첫 번째 수평으로 그린 화살표는 새로운 패스를 생성해서 그리지만, 2번째 수직으로 그린 화살표는 새로운 패스가 아니고 첫 번째 패스의 하위 패스가 되는 것을 보여주고 있다.

3.3 선의 경계와 픽셀 경계

다음은 별도의 선을 2개 그리고자 할 때의 예제를 나타낸 것으로, 상단 2개의 선 두께는 동일한 1픽셀의 두께로 지정된 것을 확인할 수 있다.

예제	Canvas_10-03_Line3.html

```
context.lineWidth = 1;

context.beginPath();
context.moveTo(50, 20);
context.lineTo(250, 20);
context.stroke();

context.beginPath();
context.moveTo(50.5, 50.5);
context.lineTo(250.5, 50.5);
context.stroke();

...
```

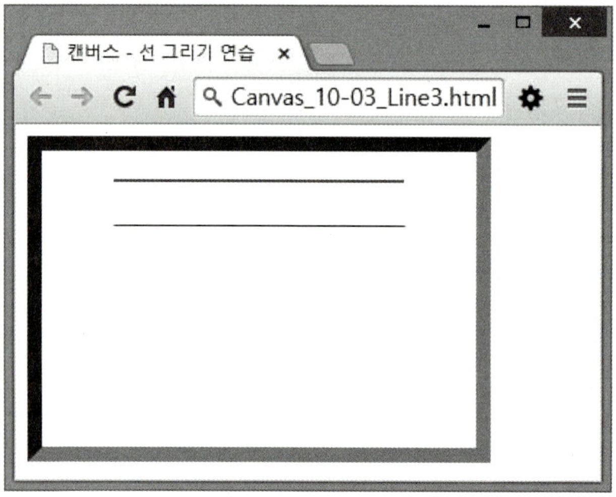

앞의 예제의 결과를 자세히 살펴보면(브라우저로 예제를 살펴보면 명확히 알 수 있다) 선의 두께를 동일하게 지정했음에도 불구하고 캔버스에 표시될 때는 선의 두께가 다르게 표시되는 것을 볼 수 있다. 즉, 2개의 선 중에서 상단의 선 두께가 1픽셀 더 두꺼운 것을 확인할 수 있다. 그것은 패스를 만들 때 위치 지정을 실수 값으로 지정했기 때문이다. 다음 2개의 그림을 살펴보자.

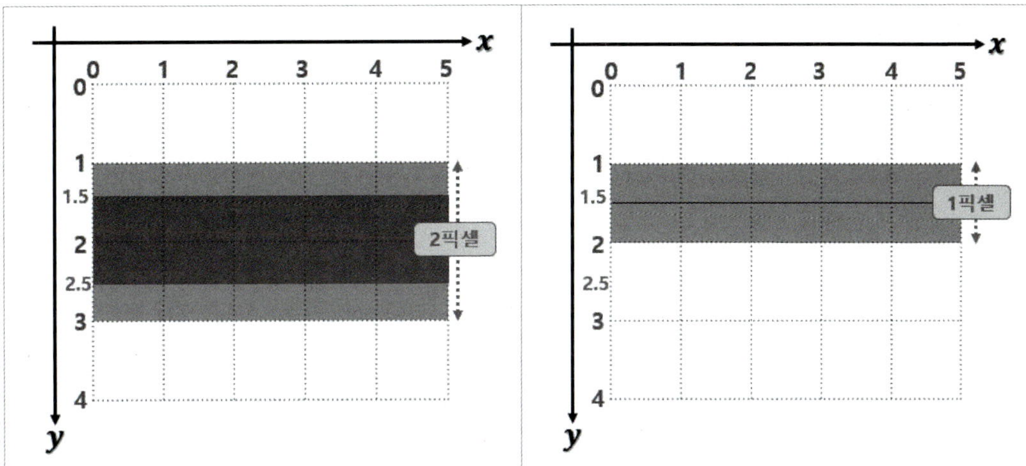

픽셀 경계에 선 그리기	픽셀 사이에 선 그리기

※ 자료 참조 – Let's call it a DRAW(ING SURFACE) http://diveintohtml5.info/canvas.html

일반적으로 픽셀을 다루는 컴퓨터그래픽 시스템에서는 픽셀의 위치를 정수 단위로 처리하기 때문에 픽셀의 경계 또한 정수 단위로 이루어진다. 그리고 캔버스 컨텍스트에서는 선을 그릴 때 두께를 지정할 수 있기 때문에 선의 중간에서 상하/좌우 0.5 픽셀만큼씩 그리려고 한다. 따라서 왼쪽 그림과 같이 1.5에서 상하 0.5 픽셀 크기만큼씩 확장하고(1~2까지), 2.5에서 상하 0.5 픽셀 크기만큼씩 확장하기(2~3) 때문에 결국에는 2픽셀(1~3까지) 크기만큼 선이 그려진다. 그러나 오른쪽 그림에서는 상하 0.5 픽셀만큼씩 확장하면 정수 단위의 픽셀 경계가 되기 때문에 1 픽셀 크기만큼만 그려지는 것을 볼 수 있다. 즉, 정확한 1픽셀 두께만큼의 선을 그리려면 픽셀 사이의 실수 값 위치를 지정해야 함을 잊지 말도록 하자.

3.4 다각형 그리기

다각형을 그리기 위해서는 앞에서 학습한 선 그리기에서 closePath() 메서드를 사용하면 쉽게 다각형을 그릴 수 있다. 다음 그림은 사각형, 삼각형, 오목 다각형을 그린 예제의 결과를 나타낸 것이다.

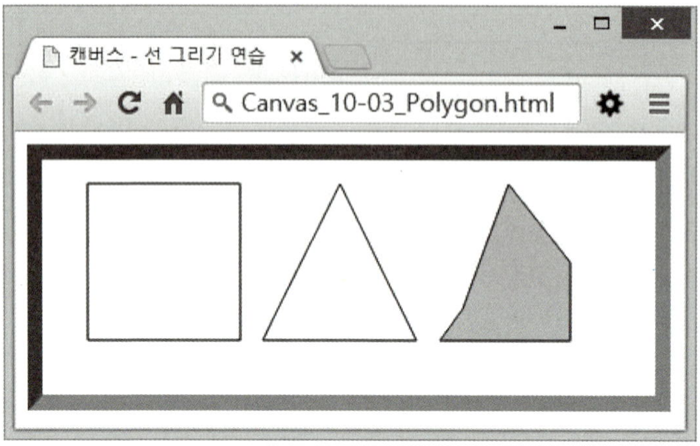

앞의 그림을 나타내기 위한 예제는 다음과 같다. 이 예제에서 사각형은 `rect()` 메서드를 사용하지 않고 `moveTo()` 메서드와 `lineTo()` 메서드를 사용하고 `closePath()` 메서드를 사용하여 그리도록 하였다.

예제 Canvas_10-03_Polygon.html

```
context.beginPath(); // 사각형 그리기
    context.moveTo(30,15);
    context.lineTo(130,15);
    context.lineTo(130,115);
    context.lineTo(30,115);
context.closePath();
context.stroke();
context.beginPath(); // 삼각형 그리기
    context.moveTo(145,115);
    context.lineTo(195,15);
    context.lineTo(245,115);
context.closePath();
context.stroke();
context.beginPath(); // 다각형 그리기
context.fillStyle = 'lightblue';
    context.moveTo(260,115);
    context.lineTo(275,95);
    context.lineTo(305,15);
    context.lineTo(345,65);
    context.lineTo(345,115);
context.closePath();
context.fill();
context.stroke();
```

위 예제에서 삼각형, 사각형 및 볼록 다각형을 그려보았다. 그러나 표준화 명세서에는 일반적인 정규(규칙적인) 다각형을 그릴 수 있는 방법이 없다. 캔버스와 관련된 많은 라이브러리들에서는 이러한 기능들을 구현하여 제공하고 있다.

따라서 다음 실습에서는 삼각형, 사각형, 오각형, 육각형, … 등의 볼록 정다각형을 그릴 수 있도록 할 것이다. 우선 다각형을 그리기 위해서는 다각형의 그리는 지점을 확인하는 것이 가장 중요한데, 다음 그림과 같이 정다각형의 경우에는 모든 각도와 모든 측면이 동일하다는 점이다. 또한 정다각형의 모든 꼭지점은 원 안에 위치한다는 것을 확인할 수 있다.

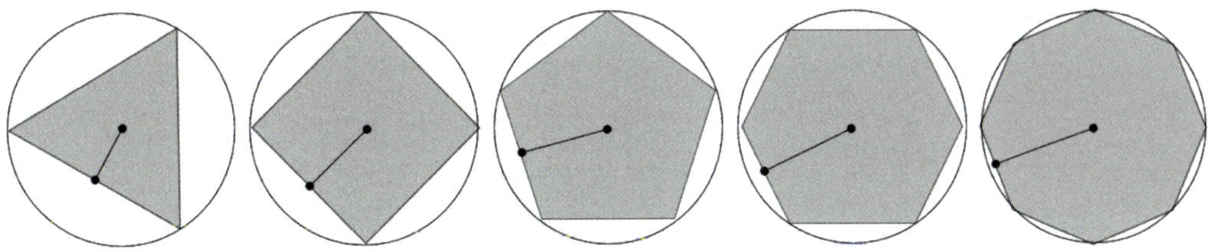

다음 그림에서 알 수 있듯이, r은 반지름이고, α는 정다각형의 각도이기 때문에, 이 2개의 변수를 통하여 다각형의 꼭지점 위치를 계산할 수 있게 된다. 예를 들어, 정삼각형의 경우, 꼭지점이 3개이기 때문에 각 꼭지점의 위치는 원점에서 각 120도(360도/3=120도) 만큼씩 떨어져 있다는 것을 쉽게 계산할 수 있다. 따라서 다음과 같이 쉽게 계산해볼 수 있다.

- 첫 번째 꼭지점의 위치는 기준이 되는 위치로써 (r cos 0, r sin 0)=(r, 0)가 된다.
- 두 번째 꼭지점의 위치는 120도의 위치이기 때문에 (r cos 120도, r sin 120도)가 된다.
- 세 번째 꼭지점의 위치는 240도의 위치이기 때문에 (r cos 240도, r sin 240도)가 된다.

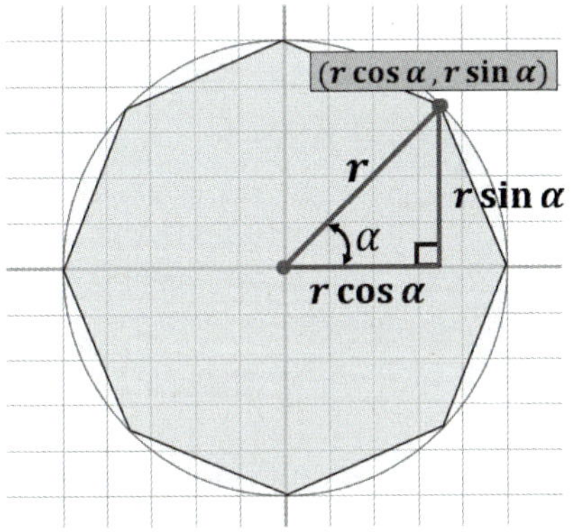

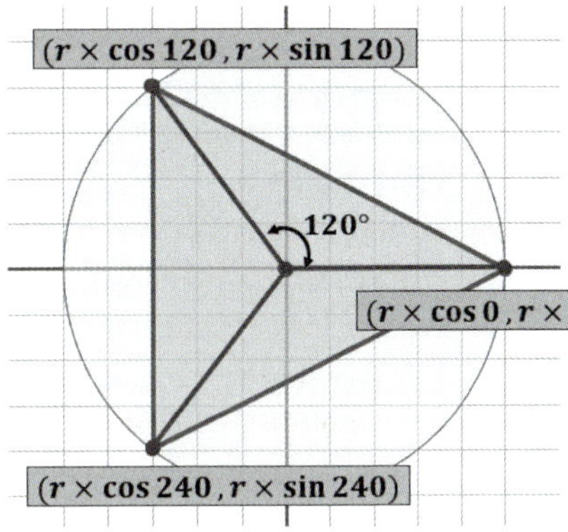

따라서, 알고리즘은 다음과 같이 수행된다.

- 가장 먼저 원의 반지름(R)과 면의 수(N)를 계산한다(3각형은 3면, 4각형은 4면, 5각형은 5면이 된다).
- 원의 중심으로부터 정다각형의 각 측면에 의한 각도(360/N)를 계산한다.
- 첫 번째 꼭지점의 위치를 (R, 0)으로 지정한다.
- 면의 수(N)만큼 루프를 통해서 꼭지점이 위치하는 각도를 계산한다.
- 각 꼭지점들끼리의 드로잉(직선 및 채우기 등)을 수행한다.

보충 설명

캔버스 API의 모든 함수들에서는 각도(Degree)를 사용하지 않고 라디안(Radian)을 사용하기 때문에 각도를 라디안으로 다음과 같이 전환해야 한다. 원의 360도는 2π 라디안이기 때문에 180도 = π라디안 이 된다. 따라서 다음과 같이 각도와 라디안간에 상호 변환을 할 수 있다.

- 라디안 = (π / 180) x 도
- 도 = (180 / π) x 라디안

HTML5	실습하기

이번 실습은 앞에서 살펴본 정다각형을 그리기 위한 기본 이론을 토대로 polygon() 메서드를 만들어보고 이 메서드를 통하여 다양한 형태의 다각형을 그려보도록 하는 것이다. 우선 Canvas_Study10-03_Step.html 파일을 열고 다음의 Script 실습 코드를 입력하고 브라우저로 확인을 해보자.

예제 Canvas_Study10-03_Step.html ※ 완성된 코드는 Canvas_Study10-03_Polygon.html 에서 확인

Script

```
//function polygon(컨텍스트, 좌표(x, y), 반지름, 면의 수, 시작 각도)
function polygon(context, x, y, radius, sides, startAngle) {
    if (sides < 3) return; //3각형 이하는 그리지 않도록 한다.
    var degree = (Math.PI * 2)/sides; //각 면에 대한 각도를 계산한다.
    context.save();          //드로잉 상태를 저정한다.
    context.translate(x,y);    //드로잉 좌표 공간을 다각형 중심좌표로 이동한다.
    context.rotate(startAngle); //시작 각도를 중심으로 그리도록 하기 위하여 회전한다.
    context.moveTo(radius, 0); //다각형의 시작 위치로 이동한다.
    for (var i = 1;  i < sides;  i++) { //면의 수 만큼 루프를 반복한다
        //다음 꼭지점까지 선을 그린다.
    context.lineTo( radius * Math.cos(degree * i), radius * Math.sin(degree * i) );
    }
    context.closePath(); //패스를 닫는다.
    context.restore();  //기존 드로잉 상태를 복구한다.
}
function draw() {
    var canvas = document.getElementById("myCanvas");
    var context = canvas.getContext("2d");

    // 그려지는 다각형과 비교하기 위한 기준 원을 그린다.
    context.beginPath();
    context.arc(125, 125, 100, 0, Math.PI * 2);
    context.stroke();

    context.beginPath();
```

Script

```
        polygon(context, 125, 125, 100, 3, -Math.PI/2); //삼각형을 그린다
    context.stroke();

    context.beginPath();
        polygon(context, 350, 125, 100, 5, -Math.PI/2); //오각형을 그린다
    context.stroke();

    context.beginPath();
        polygon(context, 550, 125, 100, 6, -Math.PI/2); //육각형을 그린다
    context.stroke();

    context.beginPath();
        polygon(context, 750, 125, 100, 7, -Math.PI/2); //칠각형을 그린다
    context.stroke();
}
```

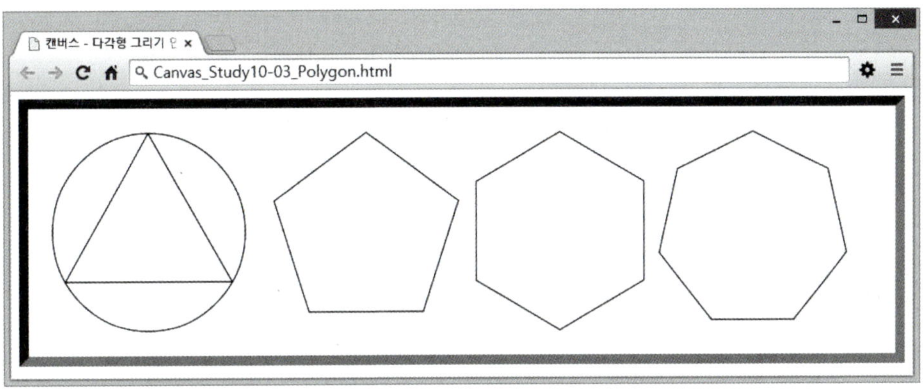

3.5 점선 그리기

기존 표준화 명세서가 레벨 1에서는 점선을 그릴 수 있는 방법이 없었다. 따라서 별도의 메서드를 만들고 CanvasRenderingContext2D 객체에 이 메서드를 추가하는 방법 등으로 점선을 그려왔다. 그러나 레벨 2에서는 다음 그림과 같이 점선을 그릴 수 있는 속성과 메서드가 추가되어 손쉽게 점선을 그릴 수 있게 되었다.

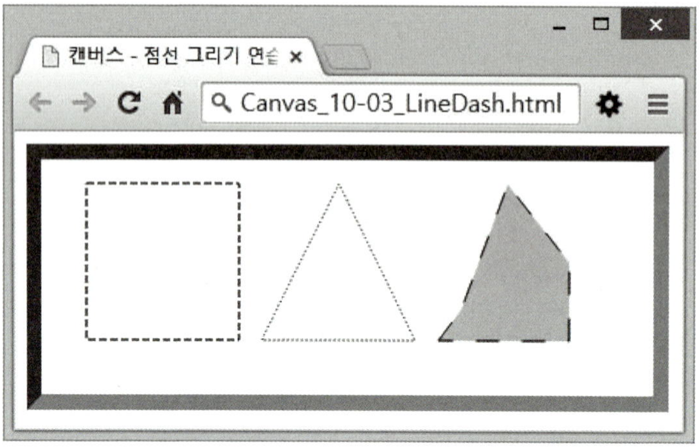

`context.lineDashOffset [= value ]` 점선 모양의 패턴과 동일한 단위에서의 위상 오프셋을 반환한다.

- 선의 모양을 점선 패턴(개미가 행진하는 모습과 같은)으로 변경하며, 무한 값과 NaN값은 무시된다.
- CanvasDrawingStyles 객체가 생성될 때, lineDashOffset 속성 값은 0.0으로 초기화 된다.

`context.setLineDash (segments)` 현재의 점선 패턴을 설정한다.

- 전달되는 인수 segments 값은 점선의 패턴으로 선이 그려지는 부분과 그려지지 않는 부분이 반복되는 배열이 된다.
- 각 CanvasDrawingStyles 객체는 비어 있거나 0이 아닌 양의 짝수로 구성되어 있는 목록을 가지고 있다. 이 점선의 목록은 처음에는 비어 있어야 한다. 따라서 점선의 패턴을 지우기 위해서는 segments 값을 [0,0]으로 지정하면 된다.
- setLineDash() 메서드가 호출되면 다음과 같은 단계를 실행한다.
  1. 전달된 인수 segments 값을 지역변수 a에 복사한다.
  2. 만일 배열에 있는 값이 무한대의 값이나 NaN 값, 그리고 음수 값이면 이 단계는 취소된다.
  3. a에 있는 값이 홀 수 이면, a 값은 2개의 a 값의 복사본으로 연결된 결과로 된다.
  4. 객체의 점선 목록을 a로 대체한다.

`segments = context.getLineDash()` 현재의 점선 패턴을 반환한다.

- 반환 된 배열의 목록들은 항상 짝수 값을 가지고 있어야 한다.

다음은 setLineDash() 메서드에서 사용될 수 있는 segments의 다양한 사용법을 요약한 것이다.

setLineDash() 예제	설명
context.setLineDash([5])	기본 설정으로, 선과 공백의 크기가 모두 5픽셀로 설정한다
context.setLineDash([1, 2])	선의 크기는 1픽셀이고 공백의 크기는 2픽셀로 설정한다.
context.setLineDash([2, 3])	선의 크기는 2픽셀이고 공백의 크기는 3픽셀로 설정한다.
context.setLineDash([5, 5, 2, 2])	첫 번째 선의 크기는 5픽셀이고 공백의 크기는 5픽셀이다. 두 번째 선의 크기는 2픽셀이고 공백의 크기는 2픽셀이다. 첫 번째 선과 두 번째 선이 반복된다.

다음은 앞의 그림에 대한 예제를 나타낸 것으로, 앞의 다각형 그리기 예제를 점선으로 변경한 것이다.

예제	Canvas_10-03_LineDash.html

//사각형 그리기
context.setLineDash([5, 2]);
context.rect(30, 15, 100, 100);

//삼각형 그리기
context.setLineDash([1, 2]);
context.moveTo(145, 115);
context.lineTo(195, 15);
context.lineTo(245, 115);
	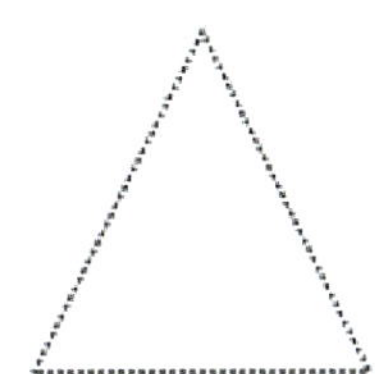

//다각형 그리기
context.setLineDash([15]);
context.moveTo(260, 115);
context.lineTo(275, 95);
context.lineTo(305, 15);
context.lineTo(345, 65);
context.lineTo(345, 115);

HTML5 실습하기

다음은 사각형 3개를 움직이는 점선으로 그리도록 하는 실습 예제이다. 우선, Canvas_Study10-04_Step.html 파일을 열고, 다음의 Script 실습 코드를 입력하고 브라우저로 확인을 해보자.

예제 Canvas_Study10-04_Step.html ※ 완성된 코드는 Canvas_Study10-04_LineDash.html 에서 확인

Script

```
1 var dashList = [12, 3, 3, 3]; //점선의 패턴
2 var antOffset = 0; // 점선의 시작 옵셋 값
3 function draw() {
4         var canvas = document.getElementById("myCanvas");
5         var context = canvas.getContext("2d");
6 
7         context.clearRect(0, 0, canvas.width, canvas.height);
8         context.setLineDash(dashList);
9         context.lineDashOffset = antOffset; // 점선의 옵셋 값
10         context.lineJoin = "round";
11         context.lineWidth = "3";
12 
13         context.strokeStyle = "blue";
14         context.strokeRect(5, 5, 300, 250);
15         context.strokeStyle = "red";
16         context.strokeRect(150, 200, 300, 150);
17         context.lineDashOffset = -antOffset; // 역방향 애니메이션
18         context.lineWidth = "7";
19         context.strokeStyle = "green";
20         context.strokeRect(250, 50, 150, 250);
21 }
22 function doLineDash() {
23         antOffset++;
24         if (antOffset > 20) { antOffset = 0; } // 점선 리스트의 최대값이면 초기화
25         draw();
26         setTimeout(doLineDash, 10); // 애니메이션을 10ms 단위로 호출한다.
27 }
28 doLineDash(); // 점선을 그리기 시작한다.
```

※ 예제 참고 - MS Internet Explorer Dev Center (HTML5 Canvas)

다음 내용은 실습 예제에 대한 설명을 요약한 것이다.

구분	위치	설명
Script	1	점선의 패턴(12픽셀의 선 길이 + 공백 3픽셀 + 3픽셀의 선 길이 + 3픽셀의 공백)을 정의
	2	점선의 시작 옵셋 지정
	7	doLineDash() 메소드에서 호출될 때마다 캔버스 영역을 지워, 새로운 점선을 그리도록 한다.
	8	1번 줄에서 정의한 점선의 패턴을 지정한다.
	9, 17	점선의 시작 옵셋을 지정하는 것으로, 17번 줄은 역방향으로 지정한다.
	22~28	점선 사각형을 애니메이션으로 그려지도록 하기 위해 타이머를 사용하여 10ms 단위로 draw() 메서드를 호출하도록 한다.

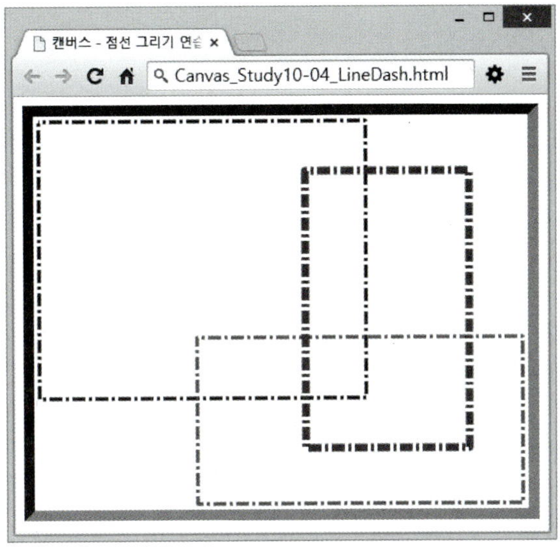

3.6 선 스타일 지정하기

캔버스에서 선을 그릴 때, 선의 두께를 포함하여 선의 끝 모양과 선이 연결되어 있을 때의 연결 부분의 스타일들을 다양하게 지정하여 그릴 수 있다. CanvasDrawingStyles 인터페이스를 구현하는 객체는 다음과 같이 선이 처리되는 방법에 대한 속성과 메소드를 가지고 있다.

▣ 선의 색상 및 두께 지정하기

선의 색상을 지정하고자 할 때는 다음과 같이 strokeStyle 속성을 사용하면 된다. strokeStyle 속성의 사용 방법은 계속해서 사용되는 예제들에서 사용될 것이기 때문에 생략한다. 색상 지정에 관련된 자세한 내용은 5장의 색상 부분을 참고하도록 한다.

context.**strokeStyle [= value]** **도형을 그리기 위해 사용되는 현재의 선 스타일을 반환한다.**

- strokeStyle 속성은 도형 주위의 라인에 사용하는 색상이나 스타일을 나타내는 것으로 지정한 값(value)으로 변경할 수 있다.
- 스타일은 CSS 색상을 포함하는 문자열이나 CanvasGradient 또는 CanvasPattern 객체가 될 수 있으며, 잘못된 값은 무시된다.

선의 두께를 지정할 때는 다음과 같이 lineWidth 속성을 사용하면 된다. lineWidth 속성의 사용 방법 또한 색상과 함께 계속해서 사용되는 예제들에서 사용될 것이기 때문에 생략한다.

`context.lineWidth [ = value ]` 현재 선의 두께를 반환한다.

- lineWidth는 공간 좌표 단위에서의 현재 선의 두께에 대한 속성으로 0보다 큰 무한하지 않은 값을 지정해야 하고 그 이외의(zero, 음수, 무한 값, NaN 값) 값은 무시된다.
- CanvasDrawingStyles 객체가 생성될 때, lineWidth 속성 값은 1.0으로 초기화된다.

▣ 선의 끝 부분 및 연결 부분 스타일 지정하기

선의 끝 부분 스타일을 지정할 때는 다음과 같이 lineCap 속성을 사용하면 된다.

`context.lineCap [ = value ]` 현재 선의 끝 부분 스타일을 반환한다.

- 선의 끝 부분 스타일은 butt, round, square를 지정할 수 있으며, 그 이외의 값은 무시된다.
- CanvasDrawingStyles 객체가 생성될 때, lineCap 속성 값은 butt로 초기화된다.

`context.lineJoin [ = value ]` 현재 선의 연결 부분 스타일을 반환한다.

- 선의 연결 부분 스타일은 bevel, round, miter를 지정할 수 있으며, 그 이외의 값은 무시된다.
- CanvasDrawingStyles 객체가 생성될 때, lineCap 속성 값은 miter로 초기화된다.

lineCap 속성의 경우 기본값은 butt로서 선의 끝 모양을 변형하지 않고 그대로 둔다. 반면에 round와 square를 사용하면 선의 모양을 변형하게 되는데, round는 선 두께의 반을 지름으로 한 반원을 선의 끝에 추가하고 square는 선 두께 반 크기의 직사각형으로 선의 끝에 추가한다.

lineJoin 속성의 경우 bevel 값은 두 선이 만나는 모서리의 반대편을 직선으로 연결한다. miter 값은 두 선이 만나는 모서리를 연장하여 연결한다. round 값은 두 모서리를 연결하는데, 호(선 두께를 반지름으로 하는 호)가 만들어진다.

다음은 lineCap 속성 및 lineJoin 속성의 다양한 예를 나타낸 그림이다.

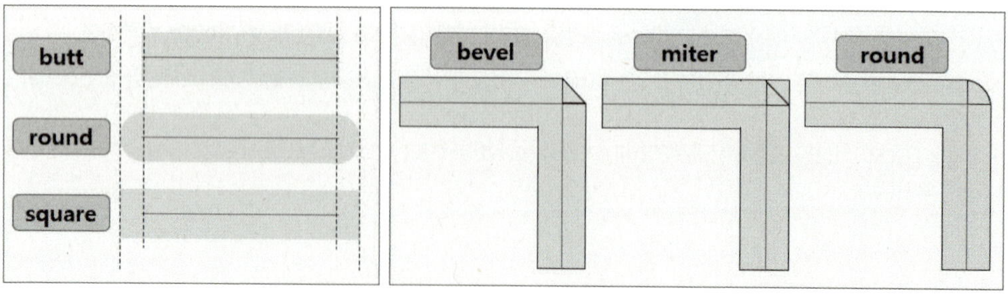

다음은 선 스타일 lineCap 속성에서 사용될 수 있는 값들을 지정한 예제를 나타낸 것이다.

예제 Canvas_10-03_LineCap.html

Script

```
var lineStart = 50, lineEnd = 200, yStart = 50;
context.lineWidth = "25";

context.beginPath();
        context.lineCap = "butt"; //선의 끝 부분 스타일을 butt로 그린다.
        context.strokeStyle = "Red";
        context.moveTo(lineStart, yStart);
        context.lineTo(lineEnd, yStart);
context.stroke();

context.beginPath();
        context.lineCap = "round"; //선의 끝 부분 스타일을 round로 그린다.
        context.strokeStyle = "maroon";
        context.moveTo(lineStart, yStart + 75);
        context.lineTo(lineEnd, yStart + 75);
context.stroke();

context.beginPath();
        context.lineCap = "square"; //선의 끝 부분 스타일을 square로 그린다.
        context.strokeStyle = "green";
        context.moveTo(lineStart, yStart + 150);
        context.lineTo(lineEnd, yStart + 150);
context.stroke();
```

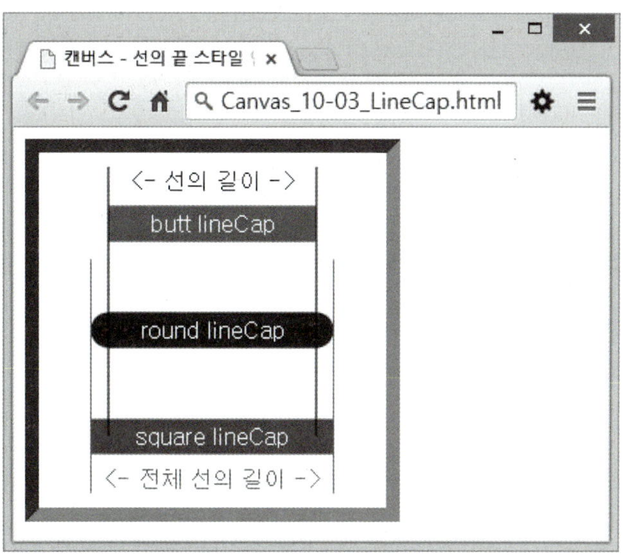

다음은 선 스타일 lineJoin 속성에서 사용될 수 있는 값들을 지정한 예제를 나타낸 것이다.

예제 Canvas_10-03_LineJoin.html

Script

```
var lineStart = 50, lineEnd = 200, yStart = 50;
context.lineWidth = "25";

context.beginPath();
        context.strokeStyle = "Red";
        context.lineJoin = "bevel"; //선의 연결 부분 스타일을 bevel로 지정한다.
        context.moveTo(lineStart, yStart);
        context.lineTo(lineEnd, yStart);
        context.lineTo(lineEnd, yStart + 150);
context.stroke();

context.beginPath();
        context.strokeStyle = "blue";
        context.lineJoin = "round"; //선의 연결 부분 스타일을 round로 지정한다.
        context.moveTo(lineStart + 200, yStart);
        context.lineTo(lineEnd + 200, yStart);
        context.lineTo(lineEnd + 200, yStart + 150);
context.stroke();

context.beginPath();
        context.strokeStyle = "green";
        context.lineJoin = "miter"; //선의 연결 부분 스타일을 miter로 지정한다.
        context.moveTo(lineStart + 400, yStart);
        context.lineTo(lineEnd + 400, yStart);
        context.lineTo(lineEnd + 400, yStart + 150);
context.stroke();
```

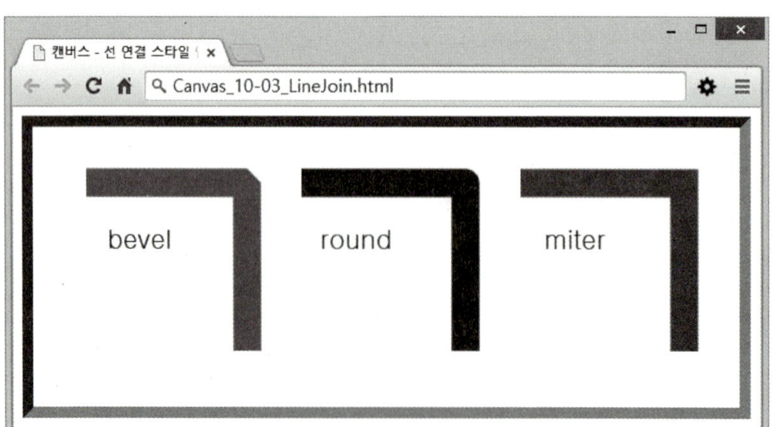

▣ 선의 연결 부분 스타일 miter의 한계 비율 지정하기

현재 선의 연결 부분의 스타일이 miter인 경우 miter 길이의 비율을 지정하고자 할 때는 다음과 같이 miterLimit 속성을 사용하면 된다.

`context.miterLimit [ = value ]` **현재 선의 miter 연결 부분의 한계 비율을 반환한다.**

- lineJoin 속성 값이 miter인 경우, 선 두께의 1/2로 나눈 miter 높이의 비율로 지정할 수 있다. 비율은 (miter 길이 / 선 두께의 ½크기)와 같이 계산된다.
- 0보다 큰 무한하지 않은 값을 지정해야 하고 그 이외의(zero, 음수, 무한 값, NaN 값) 값은 무시된다.
- CanvasDrawingStyles 객체가 생성될 때, miterLimit 속성 값은 10.0으로 초기화 된다. 따라서 miterLimit 속성 값이 선 두께의 반(1/2) 길이보다 10배 더 길다는 의미이다.

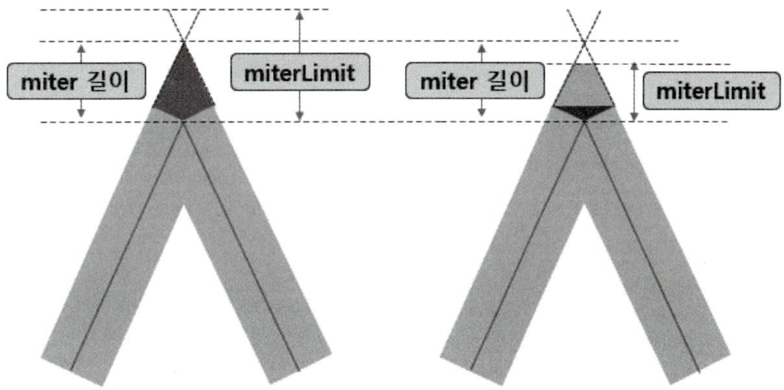

miterLimit 속성의 경우, lineJoin 속성값이 miter일 때 설정되는 속성으로, miter 높이(길이)의 비율을 선 두께의 반으로 나눈 비율을 값으로 지정한다. 따라서 앞의 그림과 같이 연결되는 두 선의 각도가 작을수록 miter의 길이가 길어지기 때문에 miterLimit 속성에 지정한 값이 miter 길이보다 보다 크면 왼쪽 그림과 같이 끝이 뾰족한 모양으로 주 직선이 연결된다. 그러나 miterLimit 속성에 지정한 값이 miter 길이보다 작을 경우에는 오른쪽 그림과 같이 lineJoin 특성이 bevel로 설정된 상태와 동일하게 된다.

다음은 miterLimit 속성값을 다르게 지정한 예제를 나타낸 것이다.

예제 Canvas_10-03_miterLimit.html

Script

```
// 첫 번째 연결선을 그린다.
context.lineWidth = 20;
context.miterLimit = 3.0;
context.beginPath();
context.strokeStyle = "lightblue";
context.moveTo(30, 140);
context.lineTo(50, 80);
context.lineTo(70, 140);
context.stroke();

// 보조선을 선 중간에 그린다
context.beginPath();
context.lineWidth = 1;
context.strokeStyle = "red";
context.moveTo(30, 140);
context.lineTo(50, 80);
context.lineTo(70, 140);
context.stroke();
```

```
//두 번째 연결선을 그린다.
context.lineWidth = 20;
context.miterLimit = 10.0;
context.beginPath();
context.strokeStyle = "lightblue";
context.moveTo(130, 140);
context.lineTo(150, 80);
context.lineTo(170, 140);
context.stroke();

// 보조선을 선 중간에 그린다
context.beginPath();
context.lineWidth = 1;
context.strokeStyle = "red";
context.moveTo(130, 140);
context.lineTo(150, 80);
context.lineTo(170, 140);
context.stroke();
```

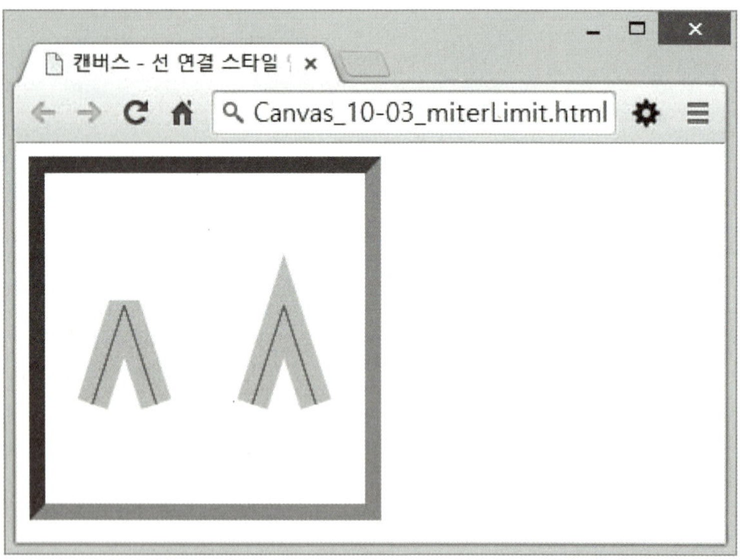

CHAPTER 11

캔버스 Part-2 드로잉 확장

학습 목표

앞장에서 캔버스에서 드로잉 작업에 필요한 기본적인 내용들을 살펴보았다. 이번 장에서는 기본 드로잉 기능에 원 및 원호를 그리는 방법, 베지에 곡선을 그리는 방법을 학습한다. 그리고 다양한 색상으로 도형을 채울 수 있는 그라데이션 스타일, 와인딩에 따른 도형의 다양한 채우기 스타일, 패턴에 의한 스타일, 그리고 그림자 스타일에 대하여 학습하도록 한다.

Key Point

원/원호, 각도, 접점, 시작점, 종료점, 제어점, 보조점, 베지에 곡선, 와인딩 규칙, 짝-홀 와인딩, 넌제로 와인딩, 투명도, 그라데이션, 패턴, 그림자

Section

CHAPTER 11

캔버스 Part-2 드로잉 확장

Section 01 원 그리기

지금까지 살펴본 moveTo() 메서드와 lineTo() 메서드를 사용하여 다양한 다각형을 만들 수 있었다. 이번 절에서는 곡선이나 원을 그릴 수 있는 방법에 대하여 살펴보도록 한다. 캔버스 컨텍스트에서는 다음과 같이 원과 호를 그리기 위한 arc() 메서드와 arcTo() 메서드를 제공하고 있다.

1.1 원/원호 그리기 – arc() 메서드

arc() 메서드에는 시작 좌표(x, y), 반지름(radius), 시작 각도(startAngle), 종료 각도(endAngle), 그리는 방향(anticlockwise)을 지정해야 한다. 시작 각도와 종료 각도는 브라우저에서 원주를 따라 그려지는 호에 대한 각도지만 단위는 도(degree)를 사용하지 않고 라디안(radian)을 사용한다. 따라서 각도에 Math.PI/180을 곱해서 사용해야 한다. 예를 들어 90도를 지정하고 싶으면, (90*Math.PI/180)와 같이 지정하면 된다. 시작 각도와 종료 각도를 지정할 수 있으므로 완전한 원을 그리거나 호를 그리는 것이 가능하다. 그리고 원이나 호를 그리는 방향은 두 방향밖에 없으므로, 아래 그림과 같이 시계 방향으로 그리기 위해서는 false 값을 지정하고 시계 반대 방향으로 그리기 위해서는 true 값을 지정해야 한다.

`context.arc(x, y, radius, startAngle, endAngle [, anticlockwise ] )` 호를 그린다.

- 직선에 의한 이전 포인트에 연결하기 위하여 주어진 시작 각도로 시작해서 주어진 방향(기본적으로 false 값이 지정되어 있기 때문에 시계 방향)으로 종료 각도까지 주어진 반지름의 크기로 호를 그린다.
- 주어진 반지름의 크기가 음수인 경우 indexSizeError 예외 오류가 발생한다.

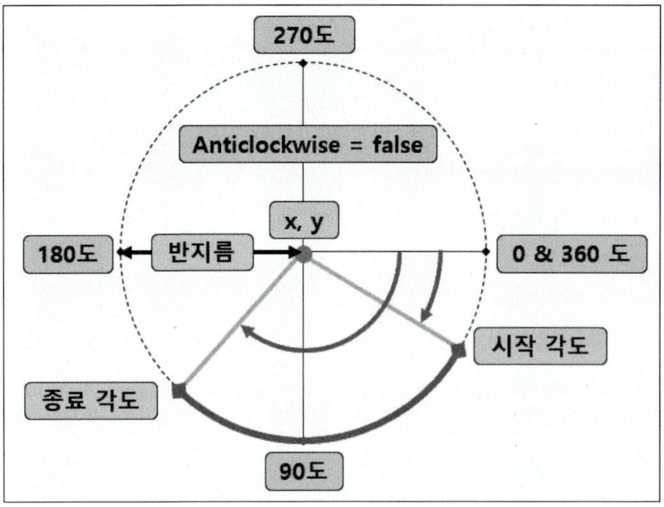

다음은 arc() 메서드를 사용하여 다양한 호를 그리도록 한 예제를 나타낸 것으로, 사용된 모든 호는 0도에서 시작되는 6개의 호를 그리도록 하였다. 반복문(for)을 이용하여 안쪽 루프의 처음 호 3개는(①③⑤) 처음에는 시계반대방향(anticlockwise)으로 호를 그리고, 두 번째 루프에서 호 3개는(②④⑥) 시계 방향으로 그리도록 하였다. ①과 ②, ③과 ④, 그리고 ⑤와 ⑥은 모두 시작 각도와 종료 각도가 동일하지만, 그리는 방향에 따라서 호의 모양이 달라지는 것을 볼 수 있다.

예제 Canvas_11-01_Arc.html

Script

```
for (var i = 0; i < 2; i++) {
    for (var j = 0; j < 3; j++) {
      context.beginPath();
      var x = 75 + j * 125; // 좌표 X
      var y = 75 + i * 125; // 좌표 Y

      var radius = 50;      // 반지름
      var startAngle = 0;   // 시작 각도
      var endAngle = Math.PI + (Math.PI * j) / 2; // 종료 각도
      var anticlockwise = i % 2 == 0 ? false : true; // 그리는 방향

      context.lineWidth = 4;
      context.arc(x, y, radius, startAngle, endAngle, anticlockwise); // 호를 그린다
      context.stroke();
    }
}
```

다음 내용은 예제에 대한 설명을 요약한 것이다.

구분	위치	설명
Script	4, 5	그려질 호의 중심 좌표 x, y를 계산한다. x/y축으로 각각 125 픽셀씩 이동한다.
	7	호의 반지름을 50픽셀로 지정한다.
	8	호의 시작 각도를 0도로 지정한다.
	9	호의 종료 각도를 계산한다. 360도의 원에서 PI는 180도에 해당되기 때문에 (180도 + 0도), (180도 + 90도), (180도 + 180도) 순서로 계산된다.
	10	첫 번째 줄은 시계 반대 방향으로, 두 번째 줄은 시계 방향으로 호를 그리도록 계산된다.
	13	arc() 메서드를 사용하여 앞에서 설정한 값으로 호를 그리도록 한다.

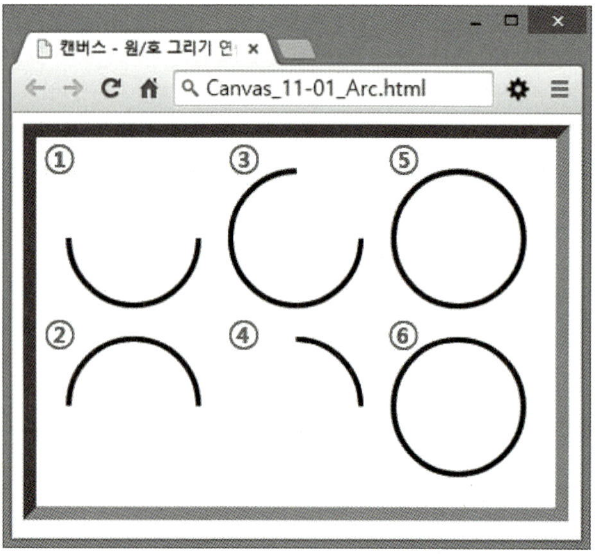

arc() 메서드를 moveTo() 메서드와 함께 사용하면 부채꼴도 간단하게 만들 수 있다. moveTo() 메서드로 시작 지점을 지정하고 arc() 메서드로 호를 그린 후에 closePath() 메서드로 패스를 닫으면, 자동으로 시작 지점과 호의 양 끝점이 연결되어 부채꼴의 모양이 완성된다.

Canvas	실습하기	Script

이번 실습 예제를 통하여 단순한 호와 부채꼴을 어떻게 그리는지를 알아보도록 한다. 이 예제를 응용하면 원 그래프를 간단하게 그릴 수 있을 것이다. 우선 Canvas_Study11-01_Step.html 파일을 열고 다음의 HTML 실습 코드를 입력하고 브라우저로 확인을 해보자.

예제 Canvas_Study11-01_Step.html

※ 완성된 Canvas_Study11-01_Arc.html 에서 확인할 수 있다.

Script

```
1  // 첫 번째 부채꼴을 그린다 ----------------------------------------
2  context.beginPath();
3  context.moveTo(120,120);
4  context.arc(120,120,100,0,270*Math.PI/180, true);
5  context.closePath();
6  context.stroke();
7
8  // 두 번째 원의 첫 번째 호를 그린다 ----------------------------------
9  context.beginPath();
10 context.arc(350,120,100,90*Math.PI/180,360*Math.PI/180,false);
11 context.stroke();
12 // 두 번째 원의 두 번째 채워진 호를 그린다 -----------------------------
13 context.beginPath();
14 context.arc(350,120,100,90*Math.PI/180,360*Math.PI/180,true);
15 context.fill();
16
17 // 세 번째 원의 첫 번째 부채꼴을 그린다 -------------------------------
18 context.beginPath();
19 context.moveTo(570,120);
20 context.arc(570,120,100,90*Math.PI/180,360*Math.PI/180,false);
21 context.closePath();
22 context.stroke();
23
24 // 세 번째 원의 두 번째 채워진 부채꼴을 그린다 ---------------------------
25 context.beginPath();
26 context.moveTo(580,130);
27 context.arc(580,130,100,90*Math.PI/180,360*Math.PI/180,true);
28 context.closePath();
29 context.fill();
```

다음 내용은 예제에 대한 설명을 요약한 것이다.

구분	위치	설명
Script	2~6	0도에서 270도까지의 부채꼴을 그리도록 moveTo() 메서드를 이용하여 시계 반대방향으로 호를 그리고 closePath() 메서드로 패스를 닫은 후에 stroke() 메서드를 호출한다.
	9~15	앞의 부채꼴과는 달리, moveTo() 메서드 및 closePath() 메서드를 호출하지 않아서 단순한 호과 채워진 호를 그린다.
	18~22	3번째 원의 첫 번째 부채꼴은 stroke() 메서드를 이용하여 호의 윤곽선만 그린다.
	25~29	3번째 원의 두 번째 부채꼴은 호의 중심좌표를 오른쪽으로 10픽셀, 아래쪽으로 10픽셀 이동하고 fill() 메서드를 호출함으로써 채워진 부채꼴을 그린다. 이 결과로써 원 그래프가 그려진 것을 볼 수 있다.

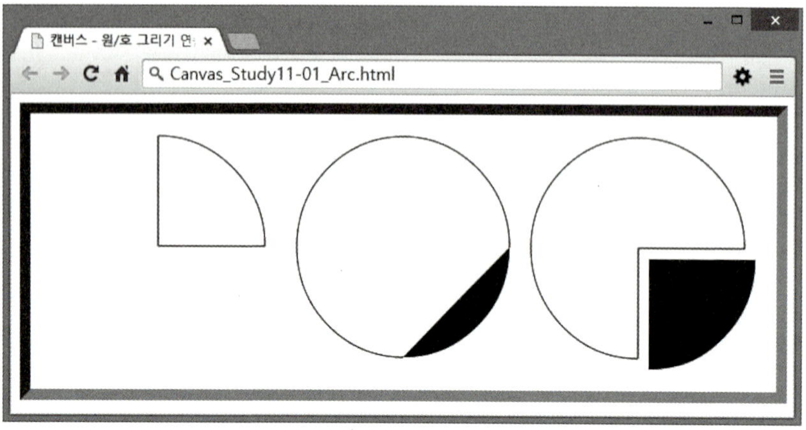

1.2 직선과 연결된 원호 그리기 – arcTo() 메서드

앞에서 살펴본 arc() 메서드는 완전한 원이나 호는 그릴 수 있지만 직선과 접하는 원호는 그릴 수 없다. 앞의 예제에서 moveTo() 메서드와 arc() 메서드를 사용함으로써 부채꼴을 그렸다면 직선과 접하는 원호를 그리기 위해서는 moveTo() 메서드와 arcTo() 메서드를 사용해야 한다.

context.**arcTo(x1, y1, x2, y2, radius)** 직선과 연결된 호를 그린다.

- 현재 경로에 하나의 지점이 추가되고 그 지점은 직선에 의해 직전 지점에 연결된다. 그리고 현재 경로에 두 번째 지점이 추가되고 그 지점은 속성이 인수에 지정된 호에 의해 직전 지점에 연결된다.
- 주어진 반지름의 크기가 음수인 경우, indexSizeError 예외 오류가 발생한다.

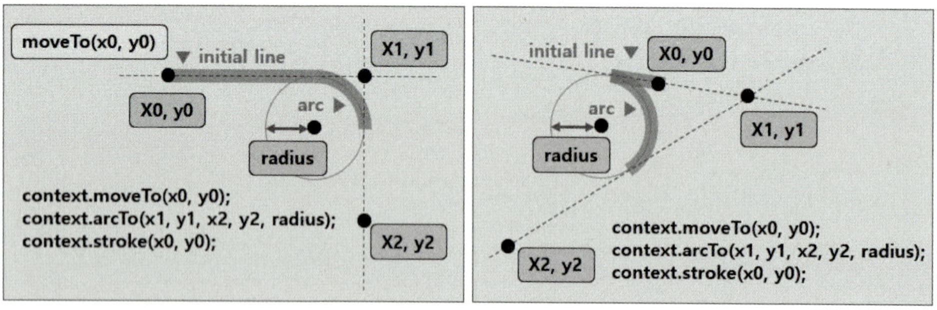

만일 지점 (x0, y0)가 지점 (x1, y1)과 동일하거나 지점 (x1, y1)이 지점 (x2, y2)와 동일하거나 반경 radius가 0이면, 이 메서드는 서브 패스 지점 (x1, y1)을 더해 그 지점을 이전 지점 (x0, y0)에 직선으로 연결한다. 그렇지 않고 지점 (x0, y0), (x1, y1), (x2, y2) 모두 일직선상에 있다면, 이 메서드는 서브 패스 지점 (x1, y1)을 더해 그 지점을 이전 지점 (x0, y0)에 직선으로 연결한다.

그렇지 않으면 arc에 의해 반경 radius가 되는 가장 짧은 원호가 만들어진다. 이것은 지점 (x0, y0)를 지나 지점 (x1, y1)로 끝나는 반직선에 만나는 지점을 하나 가지고 있다. 그리고 지점 (x1, y1)로 끝나고 지점 (x2, y2)를 지나는 반직선에 접하는 다른 지점이 있다. 이 원이 두 직선에 접하는 지점을 각각 시작 접점과 종료 접점이라고 한다. 이 메서드는 지점 (x0, y0)에서 시작 접점까지를 직선으로 연결하여 시작 접점을 하위 경로에 추가한다. 그리고 시작 접점에서 종료 접점까지 arc로 묶어서 종료 접점을 하위 경로에 추가한다.

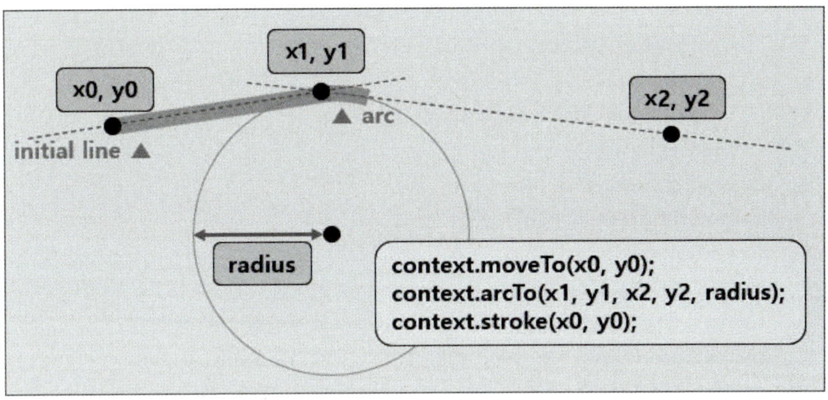

arcTo() 메서드는 앞의 그림들과 같이 보조점(x1, y1), 종료점(x2, y2), 반지름(radius)을 인자 값으로 지정한다. 즉, moveTo()로 지정한 시작점(x0, y0)과 보조점(x1, y1)에 가상선을 그리고, 보조점(x1, y1)과 종료점(x2, y2)에 또 다시 가상선을 그린다. 그리고 두 가상선 안에 지정한 반지름의 원이 2개의 가상선과 접하는 호를 그린다. 따라서 처음의 시작점에서 원의 시작 접점까지 선을 그리고, 종료 접점까지의 반지름 크기 호를 그린다.

다음 그림은 arcTo() 메서드가 아닌, arc() 메서드를 이용하여 직선과 연결된 원호를 그리는 예를 나타낸 것이다.

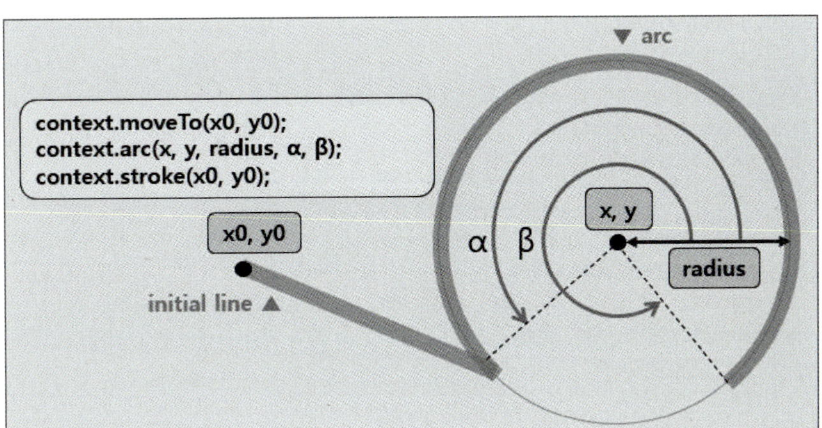

다음은 앞에서 설명한 arcTo() 메서드를 사용한 예제를 나타낸 것이다.

예제 Canvas_11-01_ArcTo.html

Script

```
// 첫 번째 arcTo() 를 위한 가상선
context.beginPath();
context.lineWidth = "1";
context.setLineDash([3,3]); //점선으로 가상선을 그리도록 한다.
context.strokeStyle = "blue";
context.moveTo(80, 50);  context.lineTo(240, 50);  //첫 번째 가상선
context.moveTo(200, 20); context.lineTo(200, 170); //두 번째 가상선
context.stroke();
// 첫 번째 arcTo() 를 사용한 직선과 연결된 원호
context.beginPath();
context.strokeStyle = "Red";
context.setLineDash([0,0]); //점선을 초기화 한다.
context.lineWidth = "10";
context.moveTo(120, 50);                 // 시작점
context.lineTo(180, 50);                 // 호와 접할 가로 선 그리기
context.arcTo(200, 50, 200, 120, 20);    // 직선과 접하는 호 그리기
context.lineTo(200, 100);                // 호와 연결된 세로 선 그리기
context.stroke();

context.translate(200, 0); // 좌표 공간을 X 축으로 200픽셀만큼 옮긴다.

// 두 번째 arcTo() 를 위한 가상선
context.beginPath();
context.strokeStyle = "blue";
context.setLineDash([3,3]); //점선으로 가상선을 그리도록 한다.
context.lineWidth = "1";
context.moveTo(200, 30);  context.lineTo(200, 170);
context.moveTo(220, 30);  context.lineTo(120, 130);
context.stroke();

// 두 번째 arcTo() 를 사용한 직선과 연결된 원호
context.beginPath();
context.strokeStyle = "red";
context.setLineDash([0,0]); //점선을 초기화 한다.
context.lineWidth = "10";
context.moveTo(180, 70);                 // 시작점
context.arcTo(200, 50, 200, 120, 20);    // 직선과 접하는 호 그리기
context.lineTo(200, 130);                // 호와 연결된 세로 선 그리기
context.stroke();
```

다음 내용은 예제에 대한 설명을 요약한 것이다.

구분	위치	설명
Script	2~8, 23~29	점선으로 예제를 그리기 위한 가상선을 그린다.
	12, 34	예제를 그리기 위해 점선의 패턴을 초기화한다.
	20	좌표 공간을 X축으로 200픽셀을 옮겨서, (200, 0)의 위치가 (0,0)이 되도록 한다.
	14~17	시작점을 기준으로 호와 접할 시작 접점과의 직선을 그리고 직선과 접하는 호를 그린다. 그리고 호의 종료 접점과 연결된 세로 직선을 그린다.
	36~38	시작점을 기준으로 두 번째 가상선의 종료 접점까지의 호를 그린다.

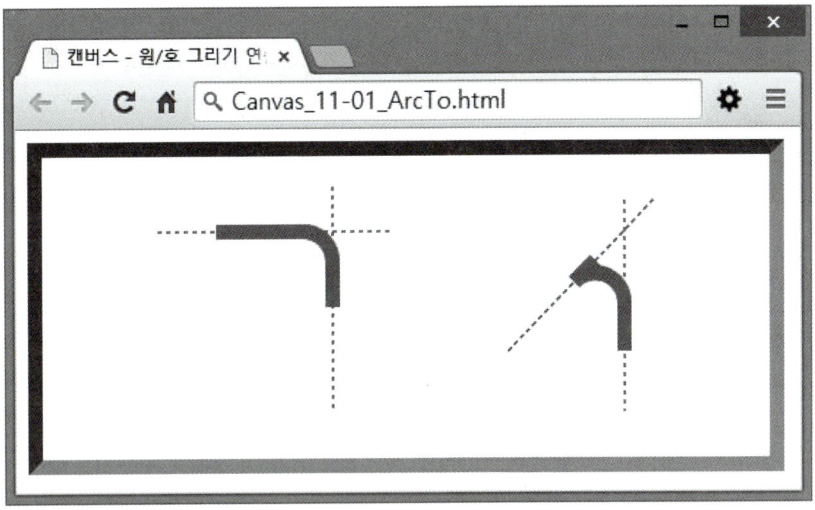

우리는 앞에서 strokeRect() 메서드와 함께 lineJoin 속성을 사용하여 모서리가 둥근 사각형을 그려보았다. 그러나 모서리의 둥근 정도를 달리해서 그릴 수는 없었다. 따라서 다음 실습에서는 모서리가 둥근 사각형에서 모서리의 둥근 정도를 지정해서 그릴 수 있는 메서드를 만들어볼 것이다. 앞의 예제 결과에서 왼쪽 그림과 같이 arcTo() 메서드를 활용하면 직선과 연결된 호를 그릴 수 있다는 것을 확인하였다. 따라서 다음 그림과 같이 이를 잘 활용하면 모서리가 둥근 사각형을 손쉽게 그릴 수 있게 된다.

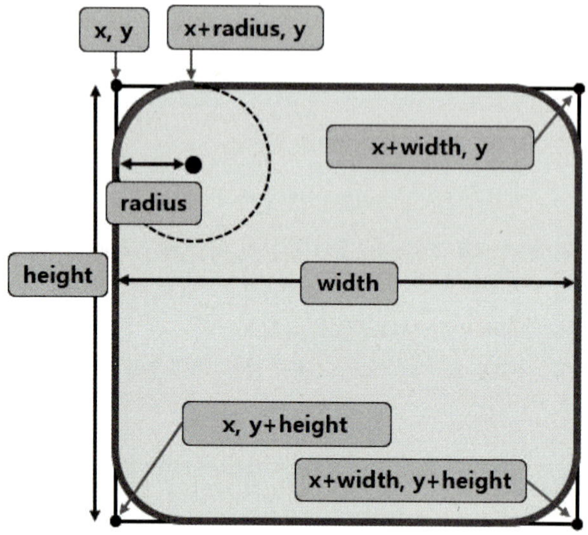

Canvas	실습하기	Script

이번 실습에서는 모서리가 둥근 사각형을 만들어보도록 하겠다. 우선 Canvas_Study11-02_Step.html 파일을 열고 다음의 HTML 실습 코드를 입력하고 브라우저로 확인을 해보자.

예제 Canvas_Study11-02_Step.html ※ 완성된 Canvas_Study11-02_RoundRect.html 에서 확인할 수 있다.

Script

```
function roundRect(context, x, y, width, height, radius) {
    if(width < 1) return;
    context.beginPath();
        context.moveTo(x + radius, y); //오른쪽 상단 모서리를 그리기 위한 시작점으로 이동
        context.arcTo((x+width), y, (x+width), (y+height), radius);  //오른쪽 상단 모서리
        context.arcTo((x+width), (y+height), x, (y+height), radius); //오른쪽 하단 모서리
        context.arcTo(x, (y+height), x, y, radius); //왼쪽 하단 모서리
        context.arcTo(x, y, (x+radius), y, radius); //왼쪽 상단 모서리
    context.stroke();
}
function draw() {
        var canvas = document.getElementById("myCanvas");
        var context = canvas.getContext("2d");

        roundRect(context, 50, 50, 100, 100, 10);
        roundRect(context, 200, 50, 100, 100, 20);
        roundRect(context, 350, 50, 100, 100, 30);
        roundRect(context, 500, 50, 100, 100, 40);
}
```

다음 내용은 예제에 대한 설명을 요약한 것이다.

구분	위치	설명
Script	4	사각형의 왼쪽 상단으로 이동시킨다.
	5~8	오른쪽 상단 모서리, 오른쪽 하단 모서리, 왼쪽 하단 모서리, 왼쪽 상단의 모서리를 그린다.
	15~18	반지름의 크기를 10, 20, 30, 40의 크기로 4개의 모서리가 둥근 사각형을 그린다.

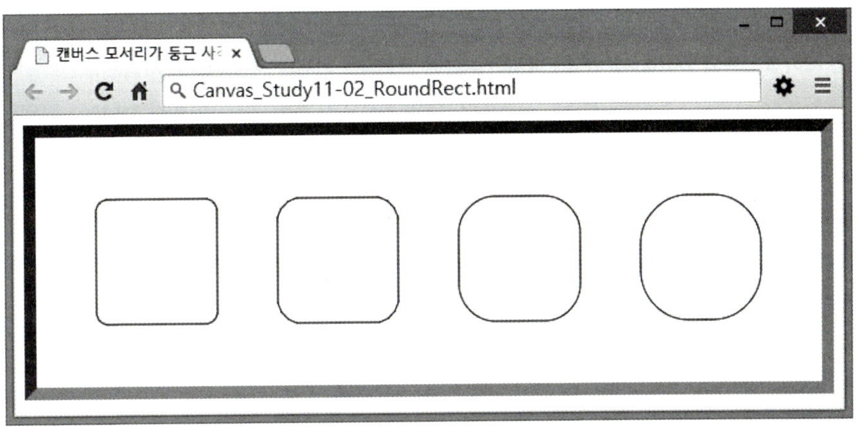

Section 02 베지에 곡선(Bezier Curve)

베지에 곡선은 n 개의 점으로부터 얻어지는 (n-1)차 곡선을 의미한다. 특히 수치 해석 분야에서 상당히 중요한 위치를 차지하고 있으며, 가장 널리 사용되고 있는 곡선으로, 프랑스의 자동차 제조사 르노사의 기술자인 피에르 베지에(Pierre Bezier)가 1962년 자동차 몸체 디자인에 사용하면서 널리 알려졌다. 특히 트루 타입 폰트에 2차 베지에 곡선 알고리즘을 사용하고 포스트 스크립트 글꼴, 메타폰트, 김프(GIMP, GNU Image Manipulation Program) 같은 이미징 시스템에서 부드러운 곡선을 생성하는데는 3차 베지에 곡선이 이용된다.

이런 베지에 곡선은 어도비사의 일러스트레이터, 애플사의 코코아, 그리고 HTML5의 캔버스의 그래픽 시스템에서 사용되고 있다. 따라서 이번 절에서는 다양한 곡선을 그릴 수 있는 베지에 곡선에 대하여 살펴보도록 한다.

구분	위치	설명
Script	1~3	시작점, 제어점, 종료점의 위치를 지정한다.
	9	시작점으로 이동시킨다.
	10	제어점과 종료점의 위치를 이용하여 2차 베지에 곡선을 그린다.
	14~20	베지에 곡선과 비교하기 위한 가상의 보조선을 그린다.
	23~25	시작점, 제어점, 종료점의 위치를 표시하기 위하여 사각형으로 표시한다.

2.2 3차(다항) 베지에 곡선

2차 베지에 곡선과 유사하게, 3차 베지에 곡선은 2개의 기준점(시작점, 종료점)과 2개의 제어점으로 정의된다. 4개의 점에서 중간 점 3개를 구하고, 중간 점 3개에서의 중간 점을 2개를 다시 구한다. 마지막으로 중간점 2개에서 마지막 중간 점을 구하는 식이다. 즉, 2개의 제어점을 가지므로 총 5개의 보조선이 생성되어 이를 기준으로 곡선이 생성되는 것이다. 다음 그림은 이러한 3차 베지에 곡선이 그려지는 과정을 나타낸 것이다.

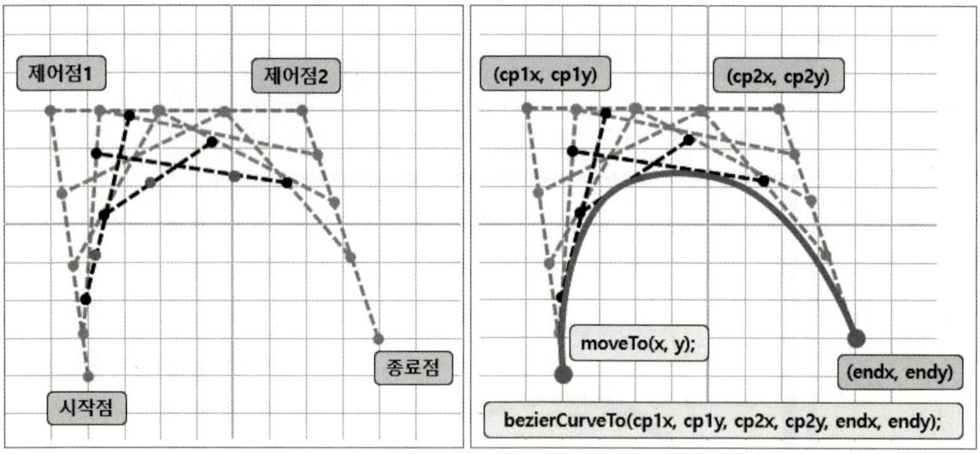

3차 베지에 곡선은 bezierCurveTo() 메서드를 사용하고 두 개의 제어점과 한 개의 종료점을 인수로 갖는다. 시작점은 moveTo() 메서드를 사용하면 된다.

`context.bezierCurveTo(cp1x, cp1y, cp2x, cp2y, endx, endy)` **3차 베지에 곡선을 그린다.**

- 직선에 의한 이전 포인트와 연결된 현재의 서브 패스로 지정된 포인트를 추가한다.

이와 같이 4개의 점(시작점, 제어점1, 제어점2, 종료점)으로 3차 베지에 곡선을 정의하는데 곡선은 시작점을 출발해서 제어점1과 제어점2 방향으로 향한 후에 종료점으로 도작한다. 일반적으로 제어점들은 거치지 않고 방향 정보를 제공하기 위해서만 존재한다. 여기서 시작점과 제어점1 사이의 거리는 종료점으로 돌아서기 전에 제어점2와 곡선 간의 거리를 결정하는 역할을 하게 된다.

다음은 앞의 그림과 같은 3차 베지에 곡선을 만드는 예제를 나타낸 것이다.

예제 Canvas_11-02_bezierCurve1.html

Script

```
1  var X = 100, Y = 320;                      //시작점의 위치 지정
2  var cp1X = 60, cp1Y = 50;                  //제어점1의 위치 지정
3  var cp2X = 320, cp2Y = 50;                 //제어점1의 위치 지정
4  var endX = 400, endY = 280;                //종료점의 위치 지정
5
6  // 3차 베지어 곡선을 그린다.
7  context.beginPath();
8  context.lineWidth = 10;                    //곡선 두께 지정
9  context.strokeStyle = "rgba(255, 0, 0, 0.5)"; //선 색 지정
10 context.moveTo(X, Y);                      //시작점으로 이동
11 context.bezierCurveTo(cp1X, cp1Y, cp2X, cp2Y, endX, endY);
12 context.stroke();
13
14 // 가상의 보조선과 각 지점을 그린다.
15 context.lineWidth = 1; //보조선 두께 지정
16 context.strokeStyle = "rgba(0, 0, 0, 0.5)";
17 context.beginPath();
18 context.moveTo(X, Y);
19 context.lineTo(cp1X, cp1Y);
20 context.lineTo(cp2X, cp2Y);
21 context.lineTo(endX, endY);
22 context.stroke();
23 context.fillRect(X-3, Y-3, 6, 6);                  //시작점의 표시
24 context.fillRect(cp1X-3, cp1Y-3, 6, 6);            //제어점1의 표시
25 context.fillRect(cp2X-3, cp2Y-3, 6, 6);            //제어점2의 표시
26 context.fillRect(endX-3, endY-3, 6, 6);            //종료점의 표시
```

다음 내용은 예제에 대한 설명을 요약한 것이다.

구분	위치	설명
Script	1~4	시작점, 제어점1, 제어점2, 종료점의 위치를 지정한다.
	10	시작점으로 이동시킨다.
	11	시작점을 거쳐서, 제어점 1, 제어점 2의 방향으로 종료점까지의 2차 베지에 곡선을 그린다.
	15~22	베지에 곡선과 비교하기 위한 가상의 보조선을 그린다.
	23~26	시작점, 제어점1, 제어점2, 종료점의 위치를 나타내기 위하여 사각형으로 표시한다.

앞의 예제와는 달리, 다음 예제와 같이 제어점 2개의 위치에 따라서 다양한 곡선을 그릴 수 있음을 확인해보자.

예제 Canvas_11-02_bezierCurve2.html

Script

```
var X = 100, Y = 320;           //시작점의 위치 지정
var cp1X = 60, cp1Y = 50;       //제어점1의 위치 지정
var cp2X = 320, cp2Y = 50;      //제어점1의 위치 지정
var endX = 400, endY = 280;     //종료점의 위치 지정
```

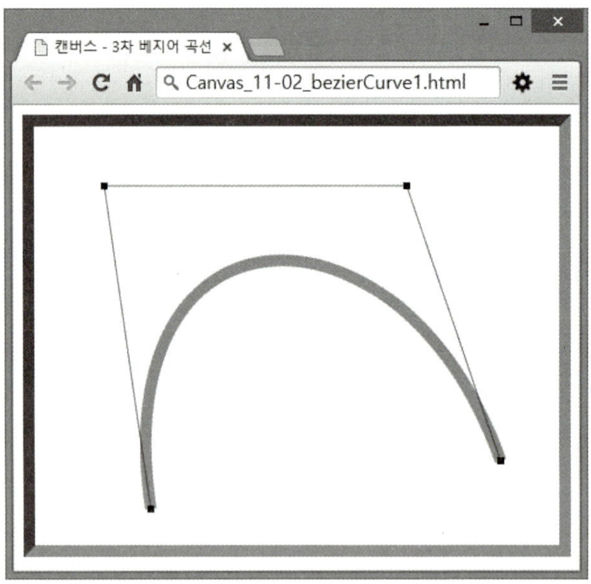

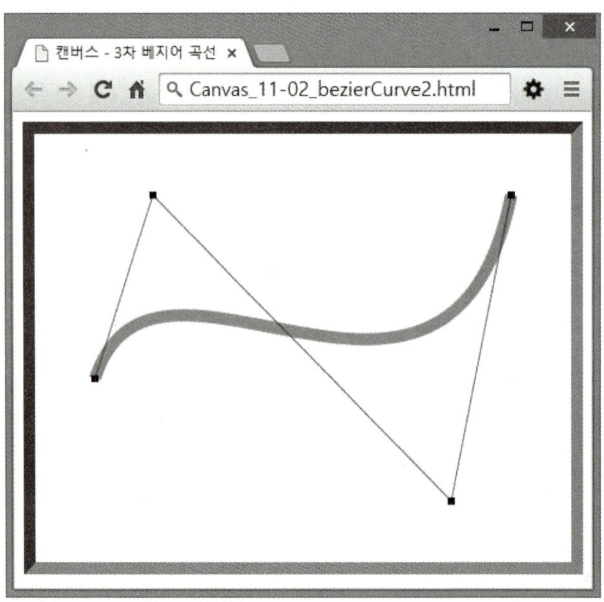

Canvas 실습하기 Script

이번에는 quadraticCurveTo() 메서드를 사용하여 실습을 해보도록 한다. 종료점의 세로 위치를 적당히 조절한다면, 앞의 실습과 유사하게 모서리가 둥근 사각형을 만들 수 있을 것이다. 우선, Canvas_Study11-03_Step.html 파일을 열고, 다음의 HTML 실습 코드를 입력하고 브라우저로 확인을 해보자.

예제 Canvas_Study11-03_Step.html ※ 완성된 Canvas_Study11-03_quadraticCurve.html에서 확인

Script

```
1 context.lineWidth = 5.0;
2 context.strokeStyle = "red"
3 context.beginPath();
4     context.moveTo(175, 25); //시작점을 중앙 상단으로 옮긴다
5     context.quadraticCurveTo(325, 25, 325, 100);   //제어점 cp1과 종료점(325,100)
6     context.quadraticCurveTo(325, 175, 175, 175);  //제어점 cp2와 종료점(175,175)
7     context.quadraticCurveTo(25, 175, 25, 100);    //제어점 cp3과 종료점(25,100)
8     context.quadraticCurveTo(25, 25, 175, 25);     //제어점 cp4과 종료점(25,25)
9 context.stroke();
```

다음 내용은 예제에 대한 설명을 요약한 것이다.

구분	위치	설명
Script	4	사각형의 왼쪽 상단으로 이동시킨다.
	5~8	오른쪽 상단 모서리, 오른쪽 하단 모서리, 왼쪽 하단 모서리, 왼쪽 상단 모서리를 그린다.
	9	반지름의 크기를 10, 20, 30, 40의 크기로 4개의 모서리가 둥근 사각형을 그린다.

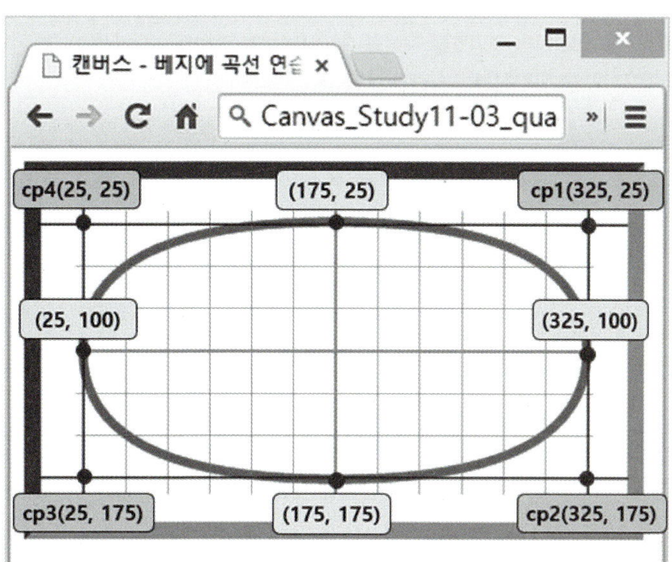

Section 03 스타일 지정하기

지금까지는 canvas 요소를 사용해서 사각형, 선 및 원 등을 그리는 방법에 대하여 학습하였다. 이번 절에서는 도형을 채우는 다양한 스타일에 대하여 학습하도록 한다.

3.1 채우기 스타일(Fill Style) 지정

선을 그릴 때는 stroke() 메서드를 사용하고 색상을 지정할 때는 strokeStyle 속성을 사용한다. 색으로 채워져 있는 도형을 그릴 때는 fill() 메서드를 사용하고 채우기 색을 지정할 때는 다음과 같이 fillStyle 속성을 사용한다.

context.**fillStyle [= value]** **도형을 채우기 위해 사용되는 현재의 채우기 스타일을 반환한다.**

- fillStyle 속성은 도형 내부에 사용하는 색상이나 스타일을 나타내는 것으로 지정한 값(value)으로 변경할 수 있다.
- 스타일은 CSS 색상을 포함하는 문자열이나 CanvasGradient 또는 CanvasPattern 객체가 될 수 있으며, 잘못된 값은 무시된다.

채우기 스타일을 이용하여 도형을 채울 때 투명도와 함께 지정할 수 있다. 투명도는 다음과 같이 globalAlpha 속성을 사용하며 0 ~ 1.0 사이의 값을 지정하면 된다.

context.**globalAlpha [= value]** **렌더링 처리에 적용하는 현재의 투명도 값을 반환한다.**

- 전역(global) 알파(Alpha) 값을 설정하는 속성으로, 0(완전 투명) ~ 1.0(완전 불투명) 사이의 값을 지정할 수 있으며 기본값은 1.0이다.
- rgba() 또는 hsla()를 이용하여 투명도를 지정할 수 있지만, 이 속성을 사용하면 이후에 계속해서 그리게 되는 모든 도형과 이미지에 이 속성에 지정된 값이 적용된다.

다음의 예제는 도형을 그릴 때 stroke() 메서드와 strokeStyle 속성도 함께 사용하여 도형의 외곽선도 함께 출력되도록 지정한 것이다. 예제에서 사용된 다각형 그리기 polygon() 메서드는 앞에서 학습한 Canvas_Study10-03_Polygon.html 실습 예제에서 정의한 메서드를 그대로 사용하였다.

예제 Canvas_11-03_fillStyle.html

Script

```
context.lineWidth = 10;
context.beginPath();
        context.strokeStyle = "blue"
        polygon(context,125, 125, 100, 4, -Math.PI/2); //사각형을 그린다
        context.fillStyle="rgba(227,11,93,0.75)";
        context.fill();
context.stroke();

context.beginPath();
        context.strokeStyle = "green"
        polygon(context,350, 125, 100, 5, -Math.PI/2); //오각형을 그린다
        context.fillStyle="rgba(51,128,255,0.75)";
        context.fill();
context.stroke();

context.beginPath();
        context.strokeStyle = "red"
        polygon(context,550, 125, 100, 6, -Math.PI/2); //육각형을 그린다
        context.fillStyle="rgba(11,227,93,0.75)";
        context.fill();
context.stroke();

context.beginPath();
        context.strokeStyle = "black"
        polygon(context,750, 125, 100, 8, -Math.PI/2); //팔각형을 그린다
        context.fillStyle="rgba(227,11,93,0.75)";
        context.fill();
context.stroke();
```

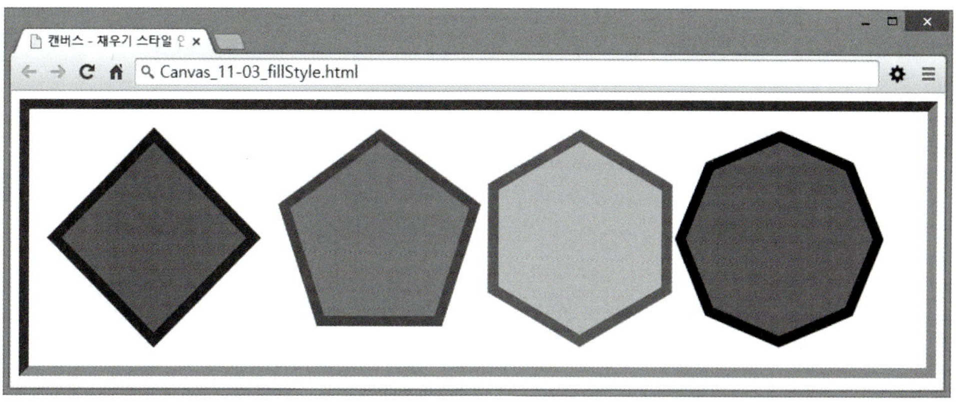

다음은 앞의 예제 Canvas_11-03_fillStyle.html 파일에서 globalAlpha 속성을 추가하여 도형의 투명도를 지정한 예제로서, 결과 그림에서 왼쪽은 globalAlpha 속성 값을 1.0으로 지정하여 완전 불투명하게 지정된 결과를 나타낸 것이고, 오른쪽은 globalAlpha 속성을 0.5로 지정하여 50% 투명하게 지정된 결과를 나타낸 것이다.

예제 Canvas_11-03_fillStyle.html

Script

```
context.lineWidth = 10;
//context.globalAlpha = 1; //투명도를 완전 불투명하게 지정
context.globalAlpha = 0.5; //투명도를 50% 투명하게 지정

context.beginPath();
    context.strokeStyle = "blue"
    polygon(context,125, 125, 100, 4, -Math.PI/2); //사각형을 그린다
    context.fillStyle="rgb(227,11,93)";
    context.fill();
context.stroke();

… 이하 생략(앞의 예제 참고)
```

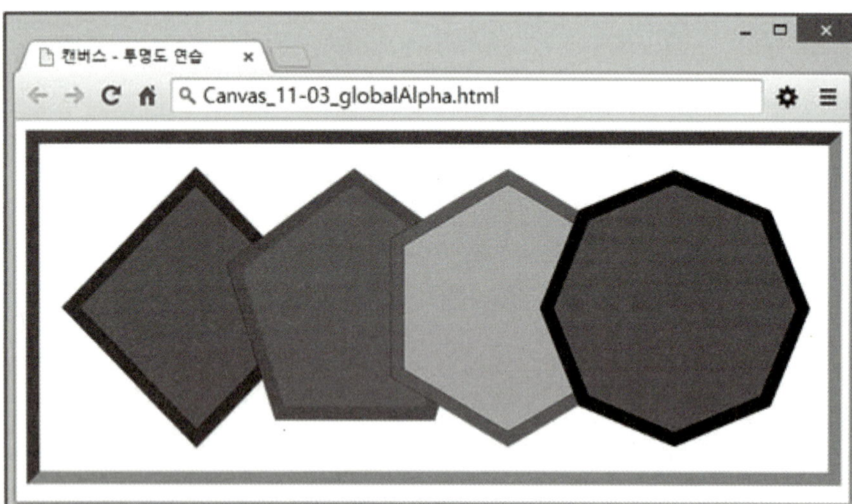

globalAlpha = 1.0

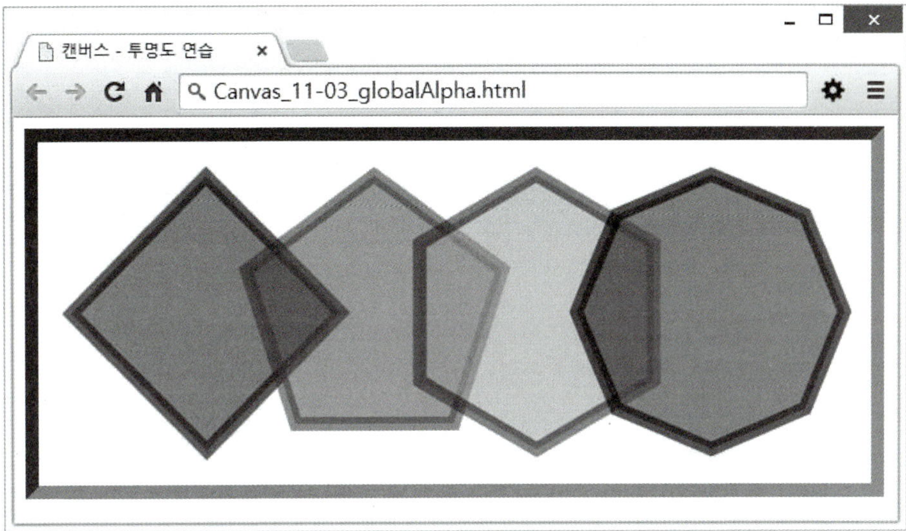

globalAlpha = 0.5

3.2 와인딩 규칙(Winding Rule)

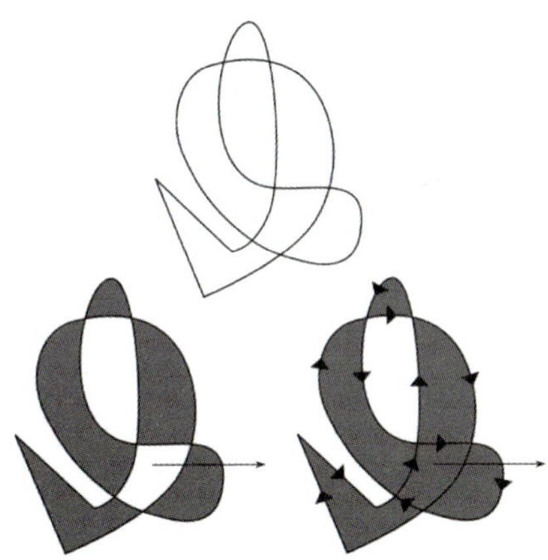

오른쪽 그림과 같이 현재 패스가 자기 자신을 통과하거나 현재 패스와 교차하는 여러 개의 서브 패스가 있을 경우에, fill() 메서드는 내부를 어떻게 채울까?

패스는 그래픽 라이브러리의 아주 기본적인 빌딩이라 할 수 있다. 따라서 패스를 그릴 때마다 브라우저는 캔버스에 있는 지점이 곡선 내부에 있는지의 여부를 결정해야 한다. 패스가 간단한 원이나 직사각형인 경우라면 명백하겠지만, 패스 자체가 오른쪽 그림과 같이 교차하거나 충첩되어 있는 경우에는 명확하지 않기 때문이다.

캔버스에서는 현재 패스의 내부를 칠하는 방법에 따라서 다르게 동작한다. 패스 내부에 있는 점과 외부에 있는 점을 판별하는 방법으로 넌제로 와인딩 규칙(Non-zero winding rule)을 사용하기 때문이다. 이러한 방법은 2차원 그래픽에서 사용되는 방법으로, 주어진 지점이 닫힌 곡선 내부에 있는지의 여부를 판정하는 수단으로 사용된다. 일반적으로 사용되는 방법으로는 넌제로 와인딩 규칙 외에도 이와 유사한 짝-홀 와인딩(even-odd winding) 규칙이 사용된다.

컴퓨터 그래픽에서의 와인딩은 다음 그림과 같이 다각형을 포함한 어떤 도형의 앞면을 정의하기 위하여 정해진 순서에 의한 꼭지점의 나열 순서(그리는 방향)를 말한다. 일반적으로 어떤 모델을 그릴 때, 앞면을 그리기 위해서는 시계 반대방향 와인딩이 사용되고, 뒷면을 그리기 위해서 시계 방향 와인딩이 사용된다.

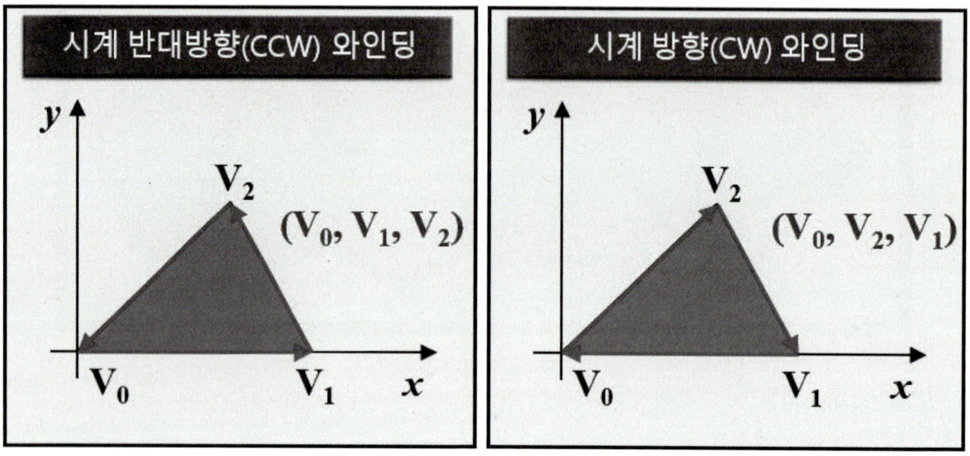

▣ 짝-홀 와인딩(even-odd winding)

어떤 한 지점이 패스 내부에 있는지를 확인하려면, 다음 그림과 같이 다시 한번 그 지점을 통해서 선을 그려보면 알 수 있다. 선을 통과할 때마다 교차 횟수를 누적한다. 누적된 교차 횟수가 짝수라면 패스 외부라고 판단하고 채우지 않는다. 그러나, 교차 횟수가 홀수이면 패스 내부라고 판단하고 지정한 스타일로 채우게 된다.

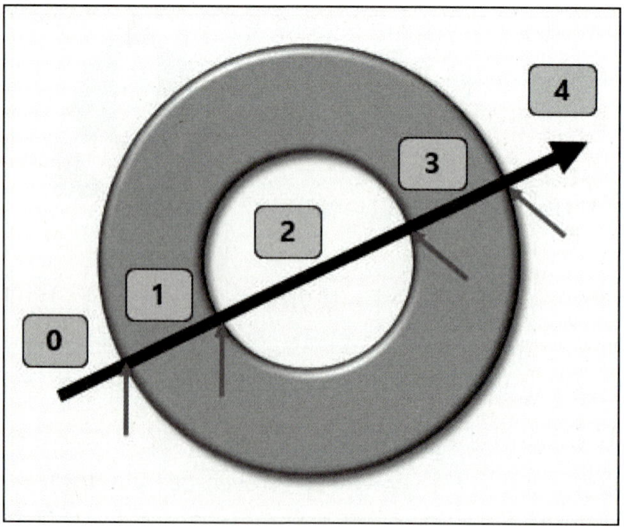

▣ 넌제로 와인딩(non-zero winding)

넌제로 와인딩 규칙은 가장 일반적으로 사용되는 방법으로, 다음 그림과 같이 패스의 각 부분에 대한 드로잉을 하는 방향(시계 방향 및 시계 반대 방향)에 의존하는 방법이다.

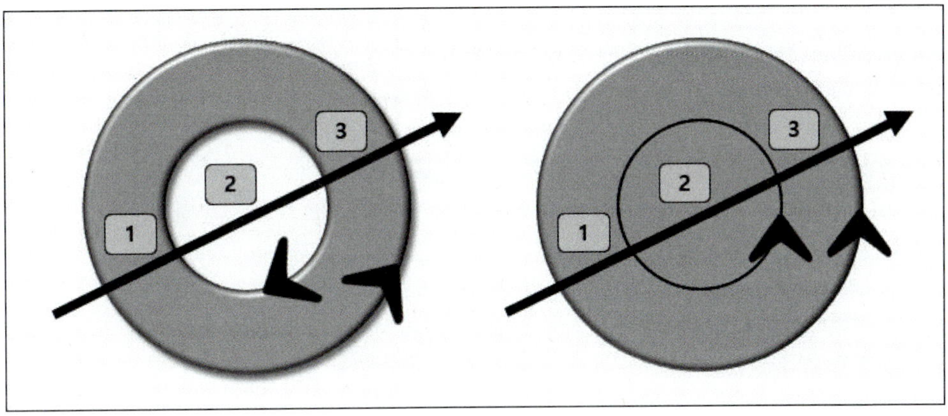

어떤 한 지점이 곡선 내부에 있는지를 확인하려면, 해당 지점을 통해서 가상의 선을 그린다. 그런 다음 그 지점에 도달할 때까지 곡선을 교차하는 횟수를 계산한다. 모든 시계 방향 회전의 경우에는 1씩 감소시키고, 모든 시계 반대 방향 회전의 경우에는 1씩 증가시킨다. 마지막으로 계산된 카운터가 0이 아니면, 해당 영역은 패스 안에 존재한다고 판단하여 브라우저에서는 `fill()` 메서드를 호출해서 해당 영역의 내부를 채운다. 그러나 마지막 카운터가 0이라면 해당 영역은 패스 안에 존재하지 않는 것으로 판단하여 브라우저에서는 해당 영역 내부를 채우지 않는다.

예를 들어, 앞의 그림 모두 2개의 원을 가지고 있다. 왼쪽 그림의 경우, 내부에 있는 원은 시계 방향으로 그려지고, 외부에 있는 원은 시계 반대 방향으로 그려지고 있다. 따라서 다음과 같이 계산되는 것을 알 수 있다.

지점 1. Total = 1, 따라서 내부라고 판단하여 내부를 채운다.

지점 2. Total = 1 - 1(시계 방향) = 0, 따라서 외부라고 판단하여 내부를 채우지 않는다.

지점 3. Total = 1 - 1(시계 방향) - 1(시계 방향) = -1, 따라서 내부라고 판단하여 내부를 채운다.

그러나 오른쪽에 있는 그림의 경우 내부 및 외부에 있는 원 모두 시계 반대 방향으로 그려지고 있다. 따라서 다음과 같이 계산되는 것을 알 수 있다.

지점 1. Total = 1, 따라서 내부라고 판단하여 내부를 채운다.

지점 2. Total = 1 + 1(시계 반대 방향) = 2, 따라서 내부라고 판단하여 내부를 채운다.

지점 3. Total = 1 + 1(시계 반대 방향) + 1(시계 반대 방향) = 3, 따라서 내부라고 판단하여 내부를 채운다.

이와 같은 와인딩 규칙에 따라서 앞의 도형(도넛 모양)과 같이 그리기 위해서는 앞에서 정의한 polygon() 메서드를 수정해야 한다. 다음과 같이 그리는 방향을 지정하기 위한 함수 인수를 추가한다. 그리고 이 방향에 따른 각도를 계산하도록 "degree = anticloackwise ? -degree : degree" 문장을 추가한다.

코드	비고
//function polygon(컨텍스트, 좌표(x, y), 반지름, 면의 수, 시작 각도, 그리는 방향) **function polygon(context, x, y, radius, sides, startAngle**, anticlockwise) {	수정
if (sides < 3) return; //3각형 이하는 그리지 않도록 한다. var degree = (Math.PI * 2)/sides; //각 면에 대한 각도를 계산한다.	
degree = anticlockwise ? -degree : degree; //각도의 방향을 반대로 계산하도록 한다.	추가

context.save(); //드로잉 상태를 저정한다.
        context.translate(x,y); //드로잉 좌표 공간을 다각형 중심좌표로 이동한다.
        context.rotate(startAngle); //시작 각도를 중심으로 그리게 하기 위하여 회전한다.
        context.moveTo(radius,0); //다각형의 시작 위치로 이동한다.
        for (var i = 1; i < sides; i++) { //면의 수만큼 루프를 반복한다
            //다음 꼭지점까지 선을 그린다.
            context.lineTo(radius*Math.cos(**degree***i),radius*Math.sin(**degree***i));
        }
        context.closePath(); //패스를 닫는다.
    context.restore(); //기존 드로잉 상태를 복구한다.
}	

수정된 polygon() 메서드에 다음과 같이 각도 방향을 반대로 지정해서 꼭지점의 위치를 계산하면, 다각형을 원하는 방향으로 그릴 수가 있다. 앞에서 살펴본 Canvas_11-03_fillStyle.html을 다음과 같이 수정한다.

예제 Canvas_11-03_fillStyleWinding.html

Script	사각형	polygon(context,125, 125, 100, 4, -Math.PI/2, false); //사각형 외부를 그린다
		polygon(context,125, 125, **50**, 4, -Math.PI/2, **true**); //사각형 내부를 그린다

	오각형	polygon(context,350, 125, 100, 5, -Math.PI/2, false); //오각형 외부를 그린다
		polygon(context,350, 125, **50**, 5, -Math.PI/2, **true**); //오각형 내부를 그린다

	육각형	polygon(context,550, 125, 100, 6, -Math.PI/2, false); //육각형 외부를 그린다
		polygon(context,550, 125, **50**, 6, -Math.PI/2, **true**); //육각형 내부를 그린다

	팔각형	polygon(context,750, 125, 100, 8, -Math.PI/2, false); //팔각형 외부를 그린다
		polygon(context,750, 125, **50**, 8, -Math.PI/2, false); //팔각형 내부를 그린다

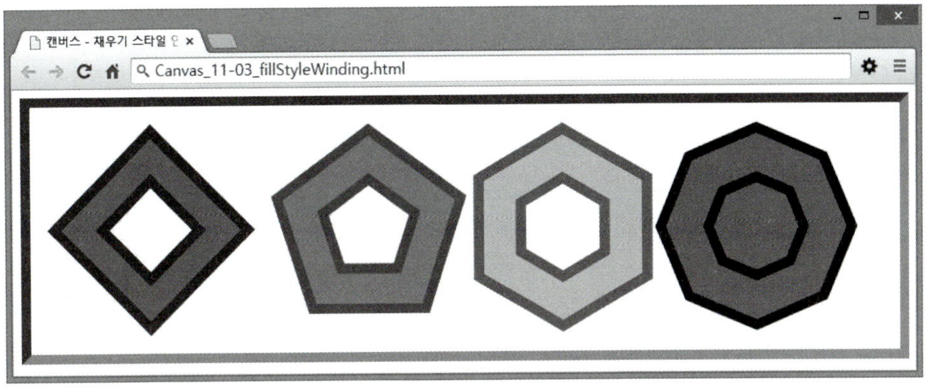

예제 결과를 살펴보면 팔각형의 경우는 안쪽 도형과 바깥쪽 도형의 그리는 방향을 동일하게 지정했기 때문에 모두 내부로 판단해서 모두 채워진 결과를 볼 수 있다.

지금까지 살펴본 예제는 패스의 그리는 방향을 변경함으로써, 내부의 채움을 결정하였다. 또한 캔버스 명세서에는 아직 넌제로 와인딩 방식에 대해서만 기술되어 있지만, 마이크로소프트사의 인터넷익스플로러 버전 11이상에서는 다음 그림과 같이 넌제로 와인딩 뿐만 아니라, 짝-홀 와인딩 방식도 지원한다.

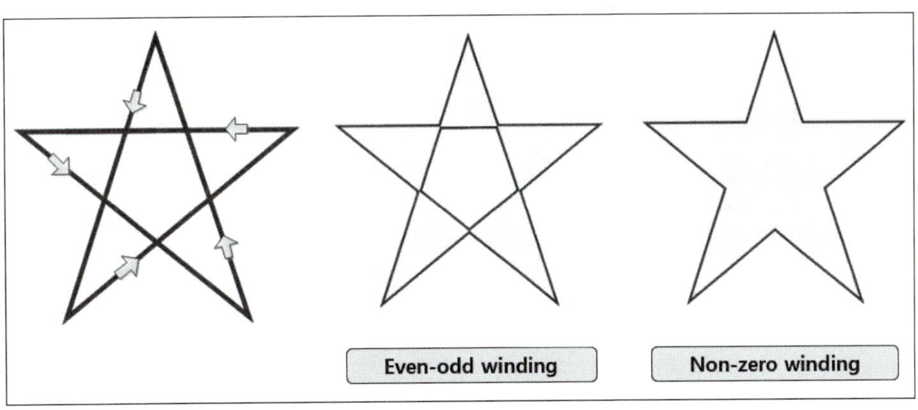

와인딩 방식을 변경하는 방법은 다음과 같이 `msFillRule` 속성에 원하는 와인딩 방식을 지정하면 된다.

짝-홀 와인딩	`context.msFillRule = "evenodd";`
넌제로 와인딩	`context.msFillRule = "nonzero";`

예제 Canvas_11-03_msFillRule.html

<table>
<tr><td rowspan="2">Script</td><td><pre>context.beginPath();
context.strokeStyle = "blue";
context.lineWidth = "5"
context.moveTo(200, 110);
context.lineTo(50, 110);
context.lineTo(300, 310);
context.lineTo(200, 10);
context.lineTo(100, 310);
context.lineTo(350, 110);
context.lineTo(100, 110);
context.stroke();
context.fillStyle = "yellow";
context.msFillRule = "evenodd";
context.fill();</pre></td><td><pre>context.beginPath();
context.strokeStyle = "blue";
context.lineWidth = "5"
context.moveTo(200, 110);
context.lineTo(50, 110);
context.lineTo(300, 310);
context.lineTo(200, 10);
context.lineTo(100, 310);
context.lineTo(350, 110);
context.lineTo(100, 110);
context.stroke();
context.fillStyle = "yellow";
context.msFillRule = "nonzero";
context.fill();</pre></td></tr>
<tr><td>짝-홀 와인딩 방식</td><td>넌제로 와인딩 방식</td></tr>
</table>

앞에서 살펴본 별 모양의 도형에 적용된 와인딩 방식에 따른 예제에 대한 좀 더 자세한 내용을 살펴보고자 한다면 다음 주소에서 확인해 볼 수 있을 것이다(인터넷 익스플로러(IE)에서만 확인해 볼 수 있다).

- http://msdn.microsoft.com/en-us/library/ie/dn265061(v=vs.85).aspx

3.3 그라데이션(Gradient) 스타일 지정

우리는 지금까지 도형의 채우기 스타일을 하나의 색상으로만 채울 수 있었다. 그러나 우리는 2가지 이상의 색상으로 채울 수 있다는 것을 5장의 CSS3의 색상 부분에서 학습하였다. 캔버스에서도 마찬가지로 2가지 이상의 색상으로 도형을 채울 수 있도록 기능을 지원하고 있다. 바로 createLinearGradient() 메서드를 사용하여 선형 그라데이션 효과를 줄 수 있으며 createRadialGradient() 메서드를 사용하여 방사형 그라데이션 효과를 줄 수 있다.

▣ 선형 그라데이션(Linear Gradient)

선형 그라데이션을 지정하기 위해서는 다음과 같이 createLinearGradient() 메서드에 시작 좌표(x0, y0)와 종료 좌표(x1, y1)를 지정함으로써, 시작 좌표와 종료 좌표 간의 위치에 따라서 색상 변화가 있는 그라데이션 효과를 만들어 낼 수 있게 된다.

`gradient = context.createLinearGradient(x0, y0, x1, y1)` **선형 그라데이션 객체를 생성한다.**

- 인수로 표시되는 좌표로 지정된 라인을 따라서 그리는 선형 그라데이션을 나타내는 CanvasGradient 객체를 반환한다.
- 만일, x0 = x1 그리고 y0 = y1 이면, 선형 그라데이션은 아무것도 그리지 않는다.
- 선형 그라데이션의 색상이 적용되는 방법은 [5장 CSS3-2부 색상 및 글꼴]을 참고하도록 한다

▣ 방사형 그라데이션(Radial Gradient)

방사형 그라데이션을 지정하기 위해서는 다음과 같이 createRadialGradient() 메서드에 원의 중심 좌표(x0, y0), 원의 반지름(r0), 또 다른 원의 중심 좌표(x1, y1), 또 다른 원의 반지름(r1)을 지정함으로써, 두 개의 가상의 원이 생성되고 그 두 개의 가상의 원 사이의 위치에 따라서 색상 변화가 있는 그라데이션으로 효과를 만들어낼 수 있게 된다.

`gradient = context.createRadialGradient(x0, y0, r0, x1, y1, r1)` **방사형 그라데이션 객체를 생성한다.**

- 인수로 표시되는 원에 의해 주어진 원뿔을 따라서 그리는 방사형 그라데이션을 나타내는 CanvasGradient 객체를 반환한다. 지정된 반지름(r0, r1)중에 하나가 음수일 경우에는 IndexSizeError 예외 오류가 발생한다.
- 다음 단계에 따라서 렌더링된다.
  1. (x0=x1), (y0=y1), 그리고 (r0=r1)인 경우는 아무것도 그리지 않고 다음 단계들을 취소한다.
  2. x(ω) = (x1-x0)ω + x0
     y(ω) = (y1-y0)ω + y0
     r(ω) = (r1-r0)ω + r0

  ω위치의 색상이 그라데이션의 색상이 된다.
  3. r(ω) > 0인 모든 값에서, 양의 무한대에 가까운 ω값에서 시작하여 음의 무한대에 가까운 ω 값으로 끝나는 (x(ω), y(ω)) 위치에서 ω색상으로 반지름 r(ω)를 가진 원의 경계를 그린다. 그러나 지정된 캔버스 부분에만 그라데이션을 적용한다.
- 방사형 그라데이션의 색상이 적용되는 방법은 [5장 CSS3-2부 색상 및 글꼴]을 참고하도록 한다

▣ 변환점 색(경계 색) 지정

CreateLinearGradient() 메서드 또는 createRadialGradient() 메서드를 사용하여 그라데이션 지정을 위한 객체를 생성한 후에는 다음과 같이 그라데이션에 따라 색상을 어떻게 배분하는지를 정의하는 addColorStop() 메서드를 사용하여 두 좌표간 또는 두 가상의 원 사이의 변환점 색상을 지정해야 한다.

`context.addColorStop(offset, color)` **주어진 오프셋 위치에 변환점 색상(color-stop)을 추가한다.**

- 주어진 오프셋(offset) 위치에 그라데이션의 변환점 색상을 추가한다. 0.0은 한쪽 끝의 오프셋 위치이고 1.0은 다른 한쪽 끝의 오프셋 위치에 해당된다. 중간의 변환점 색상을 지정하기 위해서는 소수점으로 지정하면 된다(변환점 색상은 색상과 색상 사이의 경계색을 의미하는 것으로, 자세한 내용은 5장 CSS3-2부 색상 및 글꼴을 참고하도록 한다).
- 오프셋이 범위를 벗어나면(0보다 작거나 1보다 큰 경우), IndexSizeError 예외 오류가 발생하고 색상이 해석할 수 없는 경우에는 SyntaxError 예외 오류가 발생한다.

문자열이나 CanvasGradient 또는 CanvasPattern 객체는 fillStyle 및 strokeStyle 속성에 설정될 수 있다. 설정에서 문자열은 CSS의 <color> 값과 할당된 색상으로 구문 분석할 수 있어야 하고 CanvasGradient 또는 CanvasPattern 객체는 자신을 할당해야 한다. 만일, 지정한 문자열이 CSS의 <color> 값으로 구문 분석할 수 없는 문자열일 경우에는 지정한 문자열, CanvasGradient, 그리고 CanvasPattern 어느 것도 무시되고 속성은 이전 값을 유지하게 된다. 일반적으로 컨텍스트가 만들어질 때, fillStyle 및 strokeStyle 속성은 처음에 문자열 값 #000000으로 초기화된다. 만일, 지정된 값이 색상이라면 캔버스에 그려질 때 변환 행렬에는 영향을 주지 않고 선형 및 방사형 그라데이션 모두 불투명한 CanvasGradient 인터페이스를 구현하는 객체로 표현된다.

따라서 다음과 같은 방법으로 도형에 주고자 하는 그라데이션 효과(선형 또는 방사향)의 객체를 생성하고, 변환점 색상들을 지정한다. 그리고 그라데이션 객체를 fillStyle 속성의 값을 지정하고 도형을 채우면 그라데이션 효과를 볼 수 있게 된다.

```
var 객체 = context.createLinearGradient(x0, y0, x1, y1); //또는 context.creatRadialGradient(x0, y0, r0, x1, y1, r1);
객체.addColorStop(시작 지점 오프셋, 시작 색상);
객체.addColorStop(끝 지점 오프셋, 색상);
context.fillStyle = 객체;
```

이렇게 해서 그라데이션 객체를 채우기 스타일로 지정하고 나면, 도형을 원하는 그라데이션 효과로 채울 수 있게 된다. 다음은 도형의 내부를 선형 그라데이션 효과로 채우는 예제이다.

예제 Canvas_11-03_GradientLinear.html

Script

```
context.beginPath(); //첫 번째 사각형을 그린다.
  var rectstyle = context.createLinearGradient(20,20,200,200); //선형 그라데이션 객체 생성
  rectstyle.addColorStop(0,"yellow"); //시작 노란색의 옵셋을 지정
  rectstyle.addColorStop(0.5,"red");  //중간 빨간색의 옵셋을 지정
  rectstyle.addColorStop(1,"blue");   //종료 파란색의 옵셋을 지정
  context.fillStyle = rectstyle;      //그라데이션 객체를 채우기 스타일로 지정
context.fillRect(20,20,200,200);

context.beginPath(); //두 번째 사각형을 그린다.
  rectstyle = context.createLinearGradient(230,20,420,10);
  rectstyle.addColorStop(0,"yellow"); //시작 노란색의 옵셋을 지정
  rectstyle.addColorStop(0.3,"red");  //30% 위치의 빨간색을 지정
  rectstyle.addColorStop(1,"blue");   //종료 파란색의 옵셋을 지정
  context.fillStyle = rectstyle;      //그라데이션 객체를 채우기 스타일로 지정
context.fillRect(230,20,200,200);
```

Script

```
context.beginPath(); //세 번째 사각형을 그린다.
  rectstyle = context.createLinearGradient(450,20,430,210);
  rectstyle.addColorStop(0,"yellow"); //시작 노란색의 옵셋을 지정
  rectstyle.addColorStop(0.7,"red");  //70% 위치의 빨간색상을 지정
  rectstyle.addColorStop(1,"blue");   //종료 파란색의 옵셋을 지정
  context.fillStyle = rectstyle;      //그라데이션 객체를 채우기 스타일로 지정
context.fillRect(440,20,200,200);
```

이번에는 도형의 내부를 방사형 그라데이션의 효과로 채우는 예제를 살펴보도록 하자.

예제 Canvas_11-03_GradientRadial.html

Script

```
context.beginPath(); //첫 번째 원을 그린다.
    //방사형 그라데이션 객체를 만든다.
    var gradient = context.createRadialGradient( 100, 100, 10, 100, 100, 90 );
    gradient.addColorStop(0, "yellow");
    gradient.addColorStop(1, "blue");
    context.fillStyle = gradient;
    context.arc(100, 100, 90, 0, 360*Math.PI/180, true);
context.fill();

context.beginPath(); //두 번째 원을 그린다.
    gradient = context.createRadialGradient( 350, 100, 10, 300, 100, 90 );
    gradient.addColorStop(0, "yellow");
    gradient.addColorStop(1, "blue");
    context.fillStyle = gradient;
    context.arc(300, 100, 90, 0, 360*Math.PI/180, true);
context.fill();

```

Script

```
context.beginPath();  //세 번째 원을 그린다.
    gradient = context.createRadialGradient( 480, 120, 10, 510, 100, 90 );
    gradient.addColorStop(0, "yellow");
    gradient.addColorStop(1, "blue");
    context.fillStyle = gradient;
    context.arc(510, 100, 90, 0, 360*Math.PI/180, true);
context.fill();
```

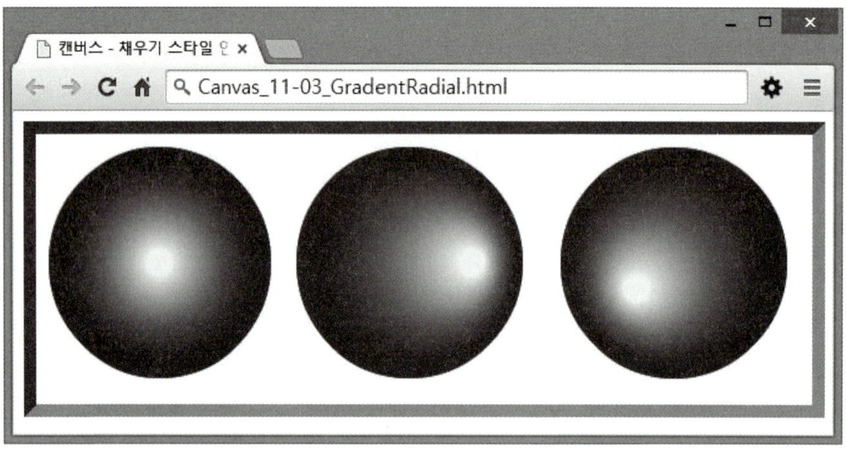

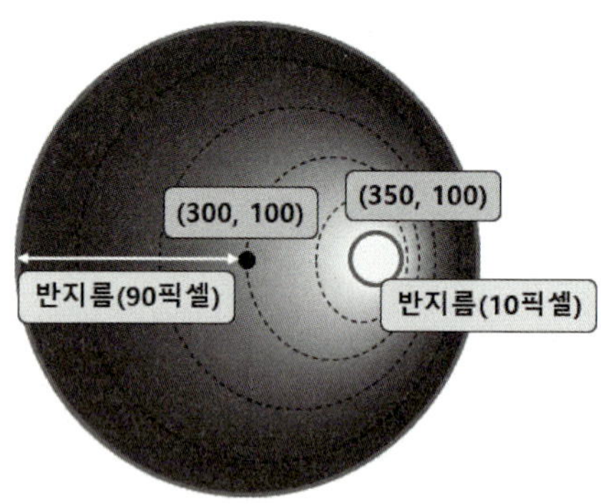

그라데이션을 채우기 속성으로 지정할 때 주의할 점은, 실제 생성되는 그라데이션의 영역과 이 영역을 사용하여 채워지게 되는 도형의 영역이 다르다면, 원하지 않는 결과(앞의 방사형 예제의 2번째와 3번째 원의 경우)를 볼 수도 있다.

즉, 2번째 원에서 생성되는 그라데이션의 영역을 오른쪽 그림으로 표시하였다. (350, 100) 위치에서 반지름 10픽셀만큼의 작은 원(노란색)에서 시작하여 (300, 100)위치에서 90픽셀만큼의 큰 원(파란색)까지의 방사형 그라데이션 영역을 생성하였지만, 실제로 채워지게 되는 영역은 (300, 100)위치에서 90픽셀만큼의 영역을 채우기 때문에 작은 원의 중심 위치가 오른쪽으로 이동되면서 그라데이션의 효과가 비대칭으로 적용되는 것을 볼 수 있다. 그러나 이 비대칭의 결과는 그라데이션 본래의 지정된 옵셋의 위치에 따른 비율로 적용되기 때문에 나타난 결과이다. 즉, 작은 원과 큰 원의 왼쪽 경계 거리와 오른쪽 경계 거리가 다르기 때문에 두 원의 50% 지점이 달라서 생기는 자연스러운 결과라 할 수 있다.

Canvas	실습하기	Script

이번 실습은 선형 그라데이션을 통해서 그라데이션 객체의 영역과 실제 채워지는 영역이 어떻게 적용되는지 확인하는 실습을 해보도록 한다. 우선, Canvas_Study11-04_Step.html 파일을 열고, 다음의 HTML 실습 코드를 입력하고 브라우저로 확인을 해보자.

예제 Canvas_Study11-04_Step.html ※ 완성된 Canvas_Study11-04_LinearGradient.html 에서 확인

HTML

```html
<button id="mybutton">색상 변경하기</button>
```

Script

```javascript
var gradArray = ["red","purple","blue","green","yellow","orange"];
var gradient; //그라데이션을 위한 변수

document.getElementById("mybutton").addEventListener("click", changeColor, false);

doGradient(); //처음 지정된 색상으로 그라데이션 효과를 적용한다.

//배열 gradArray[]에 있는 색상으로 그라데이션 효과를 적용한다.
function doGradient() {
    gradient = context.createLinearGradient(0, 0, canvas.width, 0); //그라데이션 객체 생성
    gradient.addColorStop("0", gradArray[0]);   //시작 색상
    gradient.addColorStop(".20", gradArray[1]); //20% 지점의 색상
    gradient.addColorStop(".40", gradArray[2]); //40% 지점의 색상
    gradient.addColorStop(".60", gradArray[3]); //60% 지점의 색상
    gradient.addColorStop(".80", gradArray[4]); //80% 지점의 색상
    gradient.addColorStop("1.0", gradArray[5]); //마지막 색상

    context.fillStyle = gradient; //채우기 속성에 그라데이션 객체 스타일을 적용한다.
    context.fillRect(0, 0, 350, 150);     //그라데이션 스타일로 채워진 첫 번째 사각형을 그린다.
    context.fillRect(0, 155, 600, 10);    //그라데이션 영역을 비교하기 위한 사각형을 그린다.
    context.fillRect(200, 170, 600, 150); //그라데이션 스타일로 채워진 두 번째 사각형을 그린다.
}

//배열의 첫번째 색상을 제거해서 마지막 색상으로 이동시켜서 배열의 색상을 변경하고 그라데이션 효과를 적용한다.
function changeColor() {
    var temp = gradArray.shift();
    gradArray.push(temp);
    doGradient();   //변경된 색상으로 그라데이션 효과를 다시 적용시킨다.
}
```

다음 내용은 예제에 대한 설명을 요약한 것이다.

구분	위치	설명
HTML	1	예제 결과와 같이 그라데이션의 색상을 변경하기 위한 버튼을 만든다.
Script	1	그라데이션 색상을 배열에 저장한다.
	2	그라데이션 객체를 위한 변수를 정의한다.
	4	버튼의 아이디를 가져와서 버튼에 대한 이벤트 리스너를 등록한다.
	6	그라데이션 효과를 적용하는 함수를 호출한다.
	9~21	배열에 저장된 색상으로 그라데이션을 적용한다. 색상의 옵셋 위치를 각 20%, 40%, 60%, 80% 위치로 지정한다.
	10	캔버스 폭 만큼의 영역을 그라데이션 가로 폭 영역으로 지정한다.
	18	그라데이션 객체를 채우기 스타일로 지정한다.
	19,21	2개의 사각형에 적용된 그라데이션의 위치가 달리 적용된다. 즉, 그라데이션이 적용된 영역은 절대적으로 변경되지 않지만, 사각형의 위치에 따라서 내부에 채워진 색상이 달라지는 것을 볼 수 있다.
	20	그라데이션 영역을 비교하기 위한 사각형을 그린다.
	25~29	배열에 저장된 색상들을 이동시켜서 색상들의 위치를 변경한다.

이 실습 예제에서는 앞에서 언급한 바와 같이 캔버스 전체 폭만큼의 그라데이션 영역을 지정하였지만, 실제 적용된 사각형 영역에 따라서 적용된 색상이 달라지는 것을 볼 수 있다. 즉, 그라데이션의 영역의 색상은 그대로 있고, 지정된 사각형의 위치에 따라서 그라데이션의 색상이 적용되는 것이다.

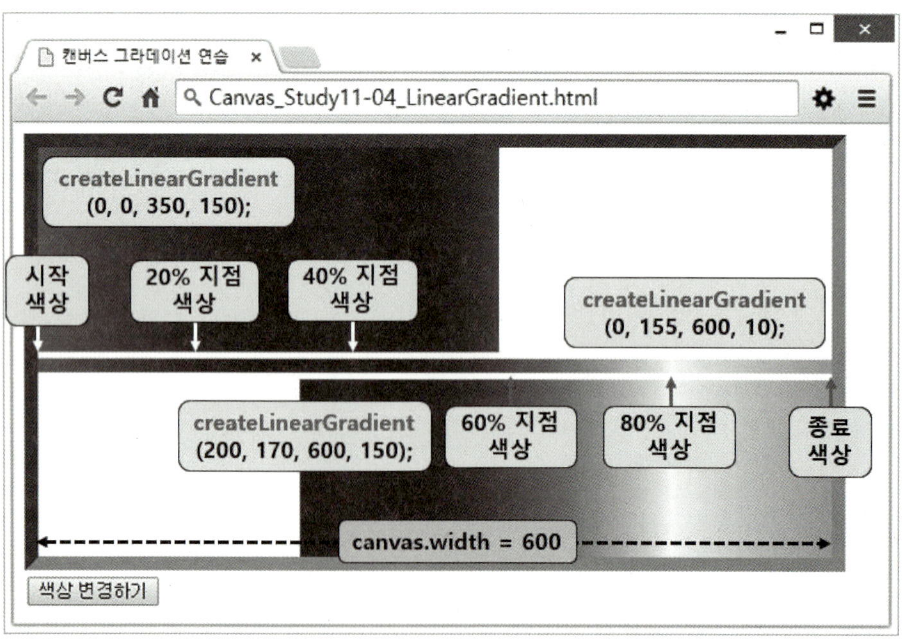

위 예제 결과에서 [색상 변경하기] 버튼을 클릭할 때마다 그라데이션이 적용된 사각형 내부의 색상이 바뀌는 것을 확인할 수 있다.

3.4 패턴(Pattern) 스타일 지정

패턴은 불투명한 CanvasPattern 인터페이스를 구현하는 객체로 표현되며, 앞에서 학습한 CanvasGradient와 마찬가지로 CanvasPattern도 fillStyle 및 strokeStyle 속성에 지정할 수 있다. 따라서 색상 및 그라데이션과 함께 패턴으로 도형과 텍스트를 그리고 내부를 채울 수 있게 된다. 또한 image 요소, canvas 요소, 또는 video 요소 중 하나를 패턴으로 사용할 수도 있다. 패턴 객체는 다음의 createPattern() 메서드를 통해서 만들 수 있다.

pattern = *context*.createPattern(image, repetition) CanvasPattern 객체를 반환한다.

- 첫 번째 인수 image는 패턴으로 사용할 이미지를 지정한다. 이미지는 HTMLImageElement, HTMLCanvasElement, HTMLVideoElement 중에서 지정해야 한다.
- 두 번째 인수 repetition은 주어진 image의 반복되는 방향을 나타낸다.
- 반복(repetition)으로 지정될 수 있는 값은 다음과 같으며, 그 이외의 값을 지정하면 SyntaxError 예외 오류가 발생한다. 이 값이 생략되면 기본적으로 repeat 값이 된다.
  - repeat(양방향), repeat-x(수평 방향만), repeat-y(수직 방향만), no-repeat(반복 안 함)
- 이미지 데이터가 없는 image인 경우, InvalidStateError 예외 오류가 발생하고 image가 완전히 복호화(decoding)가 되지 않으면 NULL 값을 반환한다.
- 이 메서드를 호출한 이후에 이미지를 수정하더라도 패턴에는 영향을 주지 않는다.
- 만일, 원본 이미지 데이터가 비트맵 이미지인 경우, 반복되는 영역의 시점에서 그려진 값은 원본 이미지 데이터를 필터링(예를 들어, 이중 선형(bilinear) 보간이나 최근접-이웃(nearest-neighbor) 보간)함으로써 계산된 값이 된다. 브라우저는 특정 필터링 알고리즘을 사용할 수 있다.
- 만일, 인수 image로 애니메이션 이미지가 전달된다면, 브라우저는 애니메이션의 포스터(poster) 프레임 또는 애니메이션의 첫 번째 프레임(포스터 프레임이 없는 경우)을 사용한다.
- 만일, 인수 image가 HTMLVideoElement인 경우에는 현재의 재생 위치에서의 프레임은 원본 이미지로 사용되고 원본 이미지의 크기는 미디어 소스의 본래 크기여야 한다(즉, 화면 비율 보정이 적용 된 이후).
- 변환 행렬이 특이 행렬(singular)인 경우 방사형 그라데이션이나 반복 패턴을 사용할 때에는 그 결과 스타일은 투명한 검은색이어야 한다. 선형 그라데이션 및 solid 색상은 항상 특이 변환 행렬로 모든 포인트들을 정의한다.

패턴 채우기에 적용하기 위해서는 다음과 같은 과정을 통해서 처리된다.

1. 이미지 파일의 Image 객체를 생성한다.
2. onload 이벤트 처리기를 사용하여 이미지 로드가 완료되면 createPattern() 메서드를 사용하여 패턴 객체를 생성한다.
3. fillStyle 속성에 패턴 객체를 지정한다.
4. 원하는 도형 등을 그리면 내부를 패턴으로 채울 수 있게 된다.

다음은 앞의 학습에서 실습했던 정다각형 및 원의 내부를 이미지 패턴으로 채우도록 하는 예제를 나타낸 것이다.

예제 Canvas_11-03_Pattern.html

Script

```
var img = new Image();          //이미지 객체를 만든다.
img.src = "images/pattern.png";       //이미지 객체에 이미지를 지정한다.

img.onload = function () {       // 이미지가 로드될 때까지 기다렸다가 처리를 계속한다.
context.beginPath ();
     var pattern = context. createPattern (img, ""); //이미지로 패턴 객체를 생성한다.
     context.fillStyle = pattern; //패턴 객체를 채우기 스타일로 지정한다.
     context.arc(100, 100, 70, 0, 2 * Math.PI, false); //원을 그린다.
     polygon(context, 270, 100, 70, 8, -Math.PI/2, false); //팔각형 외부를 그린다
     polygon(context, 270, 100, 40, 8, -Math.PI/2, true); //팔각형 내부를 그린다
     polygon(context, 440, 100, 70, 5, -Math.PI/2, false); //오각형을 그린다
context.fill (); //원 내부를 채운다.
}
```

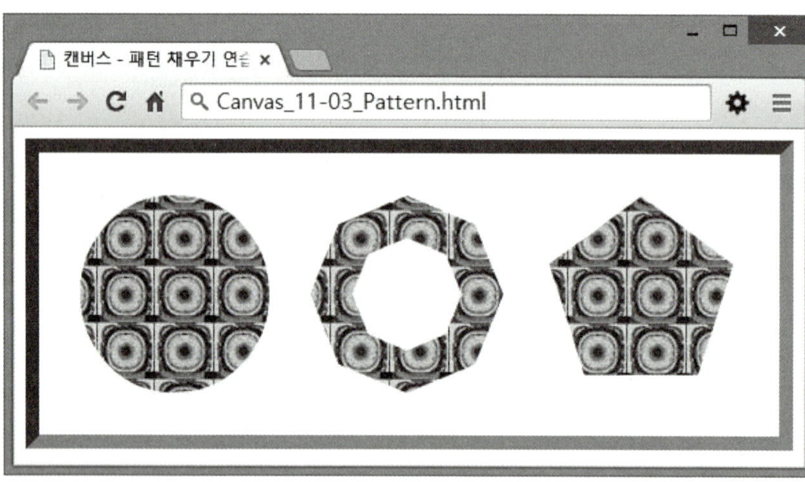

Canvas	실습하기	Script

이번 실습은 패턴 이미지의 반복을 지정할 수 있도록 실습을 해보도록 한다. 우선, Canvas_Study11-05_Step.html 파일을 열고, 다음의 HTML 실습 코드를 입력하고 브라우저로 확인을 해보자.

예제 Canvas_Study11-05_Step.html ※ 완성된 Canvas_Study11-05_Pattern.html에서 확인할 수 있다.

HTML

```
1 <div>
2     <img id="myImage" src="images/love.png" />
3     <p id="msg">이미지 패턴이 repeat 으로 지정되었습니다.</p>
4 </div>
5 <button onclick="draw('repeat')">Repeat all</button>
6 <button onclick="draw('repeat-x')">repeat-x</button>
7 <button onclick="draw('repeat-y')">repeat-y</button>
8 <button onclick="draw('no-repeat')">no-repeat</button><br />
```

Script

```
1 var image, pattern, message; //이미지와 패턴, 메시지를 위한 객체를 생성한다.
2 function draw(direction) {
3     var canvas = document.getElementById("myCanvas");
4     var context = canvas.getContext("2d");
5 
6     context.clearRect(0, 0, canvas.width, canvas.height); //캔버스 영역을 지운다.
7     pattern = context.createPattern(image, direction);   //패턴 객체를 생성한다.
8     context.fillStyle = pattern; //채우기 스타일을 패턴으로 지정한다.
9     context.fillRect(0, 0, canvas.width, canvas.height); //캔버스 영역을 지운다.
10    message.innerHTML = "이미지 패턴이 " + direction + "으로 지정되었습니다";
11 }
12 
13 message = document.getElementById("msg");  //P 요소의 아이디를 가져온다.
14 image = document.getElementById("myImage"); //이미지의 아이디를 가져온다.
15 
16 //이미지 리스너를 통해 이미지가 로드되면, draw() 메서드를 호출한다.
17 image.addEventListener("load", function () {
18     draw("repeat"); // 초기 repeat 값으로 패턴을 채우도록 draw() 메서드를 호출한다.
19 }, false);
```

다음 내용은 예제에 대한 설명을 요약한 것이다.

구분	위치	설명
HTML	2	패턴으로 사용할 이미지를 지정한다.
	3	메시지를 출력할 아이디를 지정한다.
	5~8	4개의 버튼으로 패턴의 반복(repeat, repeat-x, repeat-y, no-repeat)을 지정하도록 한다.
Script	1	이미지, 패턴, 메시지를 지정할 객체를 생성한다.
	2~10	캔버스 영역을 지우고 지정된 패턴으로 캔버스 영역을 채운다.
	13, 14	이미지 및 P 요소의 아이디를 가져온다.
	17~19	이미지 객체의 리스너를 통하여 이미지가 로드되면 draw() 메서드를 호출하도록 한다.

3.5 그림자 스타일 지정

어떤 도형이나 텍스트, 또는 이미지 등에 입체감을 주기 위해서는 그림자를 지정해야 한다. 그림자를 지정하면 도형이나 텍스트 등이 캔버스 위에 마치 떠 있는 듯한 느낌이 들도록 시각적 효과를 주기 때문에 많이 이용되는 기능이기도 하다. 그림자를 지정하기 위해서는 다음과 같은 shadowColor, shadowOffsetX, shadowOffsetY, shadowBlur 속성을 사용하면 된다. 그림자 스타일과 관련해서는 이미 학습한 6장 CSS3의 [3.3 텍스트 그림자 효과 지정하기] 부분을 참고해도 된다.

`context.shadowColor [= value]` 현재 그림자의 색상을 반환한다.

- CSS로 지정할 수 있는 값을 사용하여 그림자의 색상을 변경할 수 있다. CSS 색상으로 구문 분석할 수 없는 값은 무시된다.
- 기본값은 완전히 투명한 검정(rgba(0, 0, 0, 0))으로 초기화된다.

`context.shadowOffsetX [= value]` 현재 그림자의 수평(X 좌표) 오프셋을 반환한다.

- 도형이나 텍스트로부터 그림자까지의 수평 오프셋을 픽셀 단위로 지정한다.
- 기본값은 0으로 초기화되며, 변환 행렬의 영향을 받지 않는다.

`context.shadowOffsetY [= value]` 현재 그림자의 수직(Y 좌표) 오프셋을 반환한다.

- 도형이나 텍스트로부터 그림자까지의 수직 오프셋을 픽셀 단위로 지정한다.
- 기본값은 0으로 초기화되며, 변환 행렬의 영향을 받지 않는다.

`context.shadowBlur [= value]`	**그림자의 흐림 정도(크기 또는 범위)를 지정한다.**

- 값을 지정하여 그림자의 흐림 정도를 지정할 수 있다. 값이 작을수록 그림자는 선명해진다.
- 컨텍스트가 생성될 때, shadowBlur 속성은 0으로 초기화된다.

그림자의 수평 및 수직 오프셋 값을 적절히 크게 지정하면 캔버스에서 많이 떠 있는 것처럼 보이게 만들 수 있다. 만일, 오프셋 값을 양수 값이 아닌, 음수 값으로 지정하게 되면, 도형이나 텍스트의 안쪽으로 그림자가 만들어지게 할 수 있다.

다음은 앞에서 사용된 정다각형을 이용한 그림자 스타일을 다양한 방법으로 지정한 예제를 나타낸 것이다. 사각형의 경우 그림자의 오프셋을 지정하지 않고 검은색 그림자의 흐림 정도를 15로 지정하였다. 오각형은 그림자의 흐림 정도를 지정하지 않고, 각 6픽셀만큼씩 오른쪽 하단으로 위치시켰다. 그리고 육각형은 그림자를 도형의 왼쪽 상단으로 이동시키고 그림자의 색상을 빨간색에 가까운 색상으로 25% 투명하게 지정하였다. 마지막으로 팔각형은 수평 및 수직의 옵셋을 각각 10픽셀씩 오른쪽 하단으로 이동시키고, 그림자의 색상을 25% 투명한 검은색으로 지정하였다.

예제 Canvas_11-03_Shadow.html

Script

```
context.beginPath();
context.shadowBlur = 15;      //그림자의 흐림 정도를 크게 지정하여 많이 흐리게 한다.
context.shadowColor = "rgb(0, 0, 0)"; //그림자의 색상을 검은색으로 지정한다.
polygon(context, 125, 125, 100, 4, -Math.PI/2, false); //사각형 외부를 그린다
polygon(context, 125, 125, 50, 4, -Math.PI/2, true);  //사각형 내부를 그린다
context.fillStyle="rgba(227,11,93,0.75)";
context.fill();

context.beginPath();
context.shadowBlur = 0;          //그림자의 흐림 정도를 주지 않는다.
context.shadowOffsetX = 6;       //그림자를 도형의 6픽셀만큼 오른쪽으로 위치시킨다.
context.shadowOffsetY = 6;       //그림자를 도형의 6픽셀만큼 아래쪽으로 위치시킨다.
context.shadowColor = "rgba(125, 125, 125, 0.5)"; //그림자를 50% 투명하게 지정한다.
polygon(context, 350, 125, 100, 5, -Math.PI/2, false); //오각형 외부를 그린다
polygon(context, 350, 125, 50, 5, -Math.PI/2, true);  //오각형 내부를 그린다
context.fillStyle="rgba(51,128,255,1.0)";
context.fill();

context.beginPath();
context.shadowBlur = 10;
context.shadowOffsetX = -10; //그림자를 도형의 10픽셀만큼 왼쪽으로 위치시킨다.
context.shadowOffsetY = -10; //그림자를 도형의 10픽셀만큼 위쪽으로 위치시킨다.
context.shadowColor = "rgba(227,11,93,0.75)"; //그림자를 25% 투명하게 지정한다.
```

Script

```
polygon(context, 550, 125, 100, 6, -Math.PI/2, false); //육각형 외부를 그린다
polygon(context, 550, 125, 50, 6, -Math.PI/2, true);  //육각형 내부를 그린다
context.fillStyle="rgba(11,227,93,1.0)";
context.fill();

context.beginPath();
context.shadowBlur = 10;
context.shadowOffsetX = 10; //그림자를 도형의 10픽셀만큼 오른쪽으로 위치시킨다.
context.shadowOffsetY = 10; //그림자를 도형의 10픽셀만큼 아래쪽으로 위치시킨다.
context.shadowColor = 'rgba(0,0,0,0.75)'; //그림자의 색상을 25% 투명한 검은색으로 지정한다.
polygon(context, 750, 125, 100, 8, -Math.PI/2, false); //팔각형 외부를 그린다
polygon(context, 750, 125, 50, 8, -Math.PI/2, true);  //팔각형 내부를 그린다
context.fillStyle="rgba(227,11,93,0.75)";
context.fill();
```

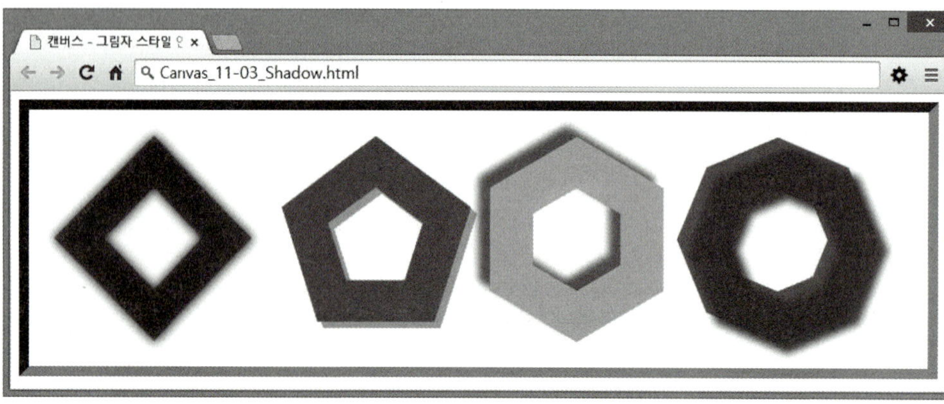

CHAPTER 12

HTML5

캔버스 Part-3 드로잉 응용

학습 목표

지금까지 학습한 캔버스의 기본적인 기능 이외에도, 캔버스의 좌표 공간을 이동하거나 회전 및 확대/축소할 수 있는 기능들과 텍스트를 다양하게 그리거나 배치하기 위한 기능들을 지원한다. 그리고 이미지를 그리는 다양한 방법 이외에도 캔버스의 이미지 데이터에 접근하고 처리할 수 있는 다양한 기능들을 제공한다. 또한, 캔버스의 드로잉 영역을 제한하도록 하는 클리핑 기능과 애니메이션을 지원해주는 기능들을 제공한다. 마지막으로 캔버스의 비트맵 영역에 대한 히트 영역을 지원하여 다양한 이벤트 처리를 할 수 있도록 하고 있다. 이번 장에서는 이러한 고급 기능들에 대하여 학습하도록 한다.

Key Point

도형 합성, 변환, 좌표 공간의 이동/회전/확대/축소, 이미지 그리기/조작하기/저장하기, 클리핑 영역, 애니메이션, 타이밍 컨트롤, 히트 영역 정의/삭제

Section

CHAPTER

12 캔버스 Part-3 드로잉 응용

Section 01 도형 합성 및 변환

캔버스에서는 객체(도형이나 이미지 등) 위에 다른 객체가 그려질 때, 두 객체 간의 겹치는 부분을 결정하는 합성(composition)이라고 부르는 속성이 있다. 그리고 캔버스에는 좌표계를 이동하거나 회전, 확대 및 축소할 수 있는 변환(Transformation) 기능을 지원한다. 이번 절에서는 이러한 합성 및 변환 기능에 대하여 학습하도록 한다.

1.1 도형 합성하기

캔버스 컨텍스트에 다음과 같은 globalCompositeOperation 속성을 사용하면 다양한 기본 합성 동작을 지정할 수 있다. 이 속성을 이용함으로써 도형을 그린 순서와 상관없이 겹쳐지는 부분에 대한 처리를 할 수 있게 된다.

`imagedata.globalCompositeOperation [= value]` **현재 설정된 합성 값을 반환한다.**

- 컨텍스트가 생성될 때, 이 값은 기본적으로 나중에 그려지는 도형이 표시되는 source-over 값으로 지정된다.
- 다양한 합성 모드 값으로 합성 작업을 변경할 수 있으며, 그 이외의 값들은 무시된다.

globalCompositeOperation 속성 값에 지정할 수 있는 합성 모드는 다음과 같다. 드로잉 원본 이미지(source image) A는 앞으로 드로잉을 하고자 하는 도형이나 이미지를 나타내고 드로잉 대상 이미지(destination image) B는 현재의 비트맵 상태를 나타낸다. 참고로 합성 예에서 각 도형에 표시된 윤곽선은 합성의 비교를 위한 것이기 때문에 실제 합성에서는 표시되지 않는다.

합성 모드	합성 예	설명
source-atop	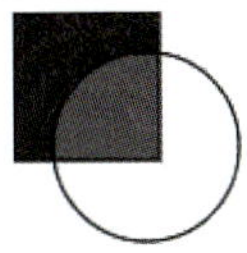	A atop B, 처음 드로잉 된 대상 이미지 B 위에 드로잉 원본 이미지 A가 표시되도록 하는 합성 모드이다. 그러나 처음 드로잉 된 대상 이미지의 영역만큼만 표시되고 그 이외의 부분은 투명하게 된다.
source-in	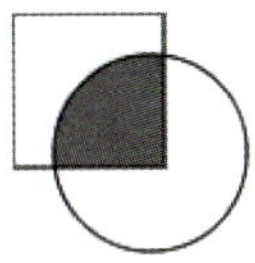	A in B, 처음 드로잉 된 대상 이미지 B 위에 드로잉 원본 이미지 A의 겹쳐진 부분만 표시되도록 하는 합성 모드이다. 그 이외의 부분은 투명하게 된다.
source-out	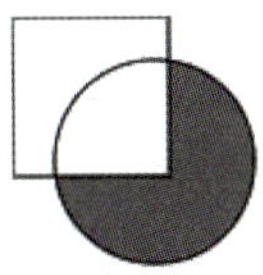	A out B, 처음 드로잉 된 대상 이미지 B와 겹쳐지지 않은 드로잉 원본 이미지 A 부분만 표시되도록 하는 합성 모드이다. 그 이외의 부분은 투명하게 된다.
source-over	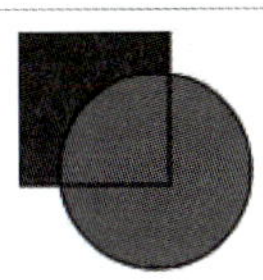	A over B, 처음 드로잉 된 대상 이미지 B 위에 드로잉 원본 이미지 A가 표시되도록 하는 합성 모드이다. 이 모드는 합성 모드의 기본값이 된다.
destination-atop	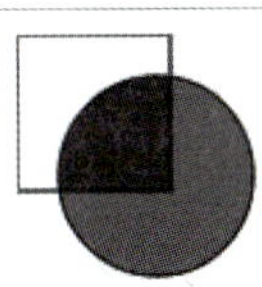	B atop A, 드로잉 원본 이미지 A 위에 처음 드로잉 된 대상 이미지가 B가 표시되도록 하는 합성 모드이다. 그러나 드로잉 원본 이미지 A 영역만큼만 표시되고 그 이외의 부분은 투명하게 된다.
destination-in	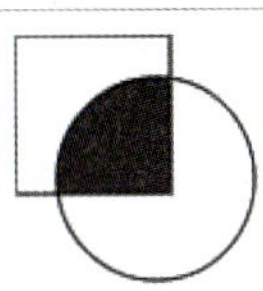	B in A, 드로잉 원본 이미지 A 위에 처음 드로잉 된 대상 이미지 B의 겹쳐진 부분만 표시되도록 하는 합성 모드이다. 그 이외의 부분은 투명하게 된다.
destination-out	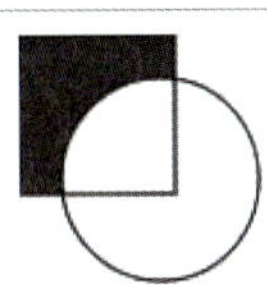	B out A, 드로잉 원본 이미지 A와 겹쳐지지 않은 처음 드로잉 된 대상 이미지 B 부분만 표시되도록 하는 합성 모드이다. 그 이외의 부분은 투명하게 된다.
destination-over		B over A, 드로잉 원본 이미지 A 위에 처음 드로잉 된 대상 이미지 B가 표시되도록 하는 합성 모드이다. 처음 그려진 도형이 나중에 그려진 도형 위에 표시됨
lighter	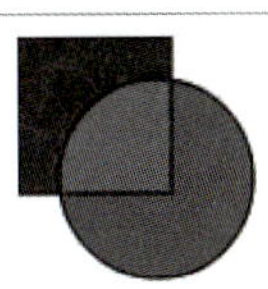	A plus B, 처음 드로잉 된 대상 이미지 B와 드로잉 원본 이미지 A의 겹쳐지는 부분의 색상이 두 이미지의 합으로 계산된 값으로 표시되도록 하는 합성 모드이다.
copy	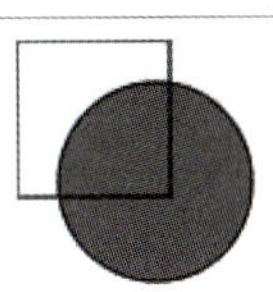	A (B는 무시됨) 처음 드로잉 된 대상 이미지 B 대신에 드로잉 원본 이미지 A만 표시되도록 하는 합성 모드이다.

xor		A xor B(배타적 논리합), 처음 드로잉된 대상 이미지 B와 드로잉 원본 이미지 A가 겹쳐지는 부분은 투명하게 표시되도록 하는 합성 모드이다.
darker		A minus B, 처음 드로잉된 대상 이미지 B와 드로잉 원본 이미지 A가 겹쳐지는 부분의 색상이 두 이미지의 차이 값을 구하여 표시되도록 하는 합성 모드이다.
vendorName - operationName		이 합성 모드는 독자적으로 합성 모드를 확장할 때 사용된다.

globalCompositeOperation 속성 값에 지정되는 값은 대소문자를 구분하고, 브라우저가 지정된 값을 인식하는 못하는 경우에는 무시된다.

다음은 앞에서 언급한 다양한 합성 모드를 이용하여 처음에 드로잉된 대상 이미지 B(사각형)에 드로잉 원본 이미지 A(원)가 겹쳐지도록 드로잉하는 예제를 나타낸 것이다.

예제 Canvas_12-01_Composition.html

Script

```
function CompositeOperation() {
    var canvas = document.getElementById('myCanvas');
    var context = canvas.getContext('2d');
    var tempCanvas = document.getElementById('tempCanvas'); //임시 캔버스를 아이디
    var tempContext = tempCanvas.getContext('2d');          //임시 캔버스의 컨텍스트

    var squareWidth = 55;
    var shapeOffset = 50;
    var drawOffset = 150;
    var compositeOperation = new Array(  //합성 모드별 속성 값을 배열에 저장
        "source-atop",      "source-in",      "source-out",      "source-over",
        "destination-atop", "destination-in", "destination-out", "destination-over",
        "lighter", "darker", "copy",  "xor" );

    context.translate(10, 10);

    //반복 루프를 통해 합성 모드별로 도형을 그린다.
    for(var n = 0; n < compositeOperation.length; n++) {
        tempContext.save();
            tempContext.clearRect(0, 0, canvas.width, canvas.height);

            //처음 드로잉된 대상 이미지 B(destination)를 그린다. - 사각형
            tempContext.beginPath();
```

Script

```
                tempContext.rect(0, 0, squareWidth, squareWidth);
                tempContext.fillStyle = 'blue';
            tempContext.fill();

            //합성 모드를 지정한다.
            tempContext.globalCompositeOperation = compositeOperation[n];

            // 드로잉 원본 이미지 A(source)를 그린다. - 원
            tempContext.beginPath();
                tempContext.arc(shapeOffset, shapeOffset, 35, 0, (2 * Math.PI), false);
                tempContext.fillStyle = 'red';
            tempContext.fill();
        tempContext.restore();

        //합성을 비교하기 위한 도형의 보조 윤곽선을 그린다.
        tempContext.globalCompositeOperation = "source-over";
        tempContext.strokeStyle = "#aaaaaa";
        tempContext.strokeRect (0, 0, squareWidth, squareWidth);
        tempContext.beginPath ();
        tempContext.arc (shapeOffset, shapeOffset, 35, 0, (2 * Math.PI), false);
        tempContext.stroke ();

        // 텍스트를 그린다.
        tempContext.font = '10pt Verdana';
        tempContext.fillStyle = 'black';
        tempContext.fillText(compositeOperation[n], 0, squareWidth + 45);

        // 좌표 공간의 이동을 통해서 도형을 그린다.
        if(n > 0) {
            if(n % 4 === 0) { //수평으로 도형을 4개 출력하였다면,
                //좌표 공간을 수평으로 처음, 수직으로 drawOffset 픽셀 내린다.
                context.translate(drawOffset * -3, drawOffset);
            }
            else { //수평으로 좌표 공간을 오른쪽으로 drawOffset 픽셀씩 이동시킨다.
                context.translate(drawOffset, 0);
            }
        }

        context.drawImage(tempCanvas, 0, 0); // 임시 캔버스에 그린 도형을 캔버스에 복사
        }
}
```

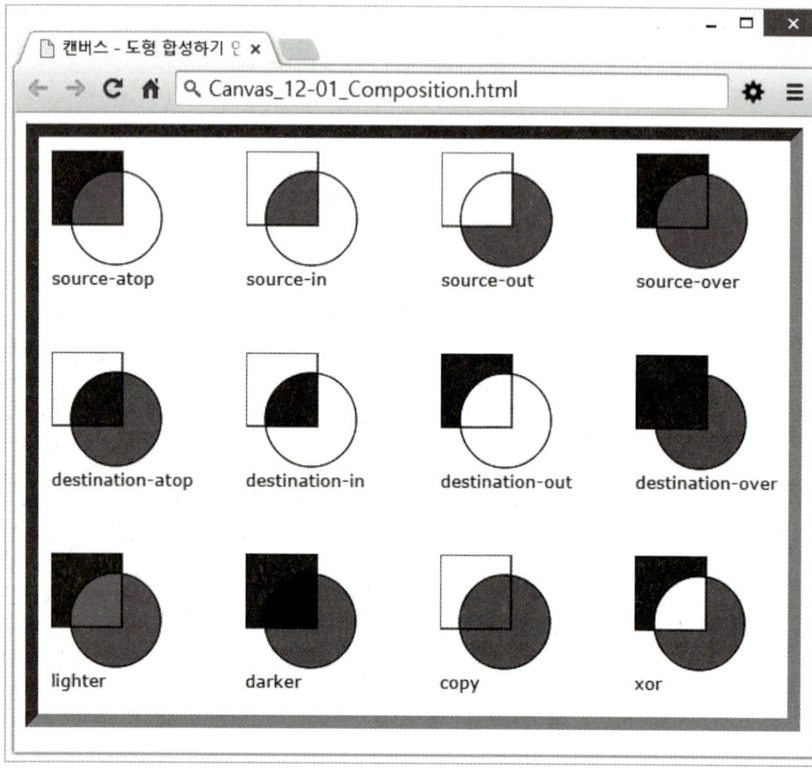

1.2 도형 변환하기

우리는 앞의 몇몇 예제들에서 도형을 그리기 위한 방법으로 캔버스의 좌표계가 이동된 것을 살펴보았다. 이렇게 기본 위치인 캔버스의 원점을 왼쪽 상단이 아닌 다른 곳으로 이동시키는 작업은 도형과 텍스트를 캔버스 내부로 이동시킬 때 좌표 계산을 단순하게 해주기 때문에 매우 유용하게 사용된다. 이와 같이 캔버스에서는 좌표계를 이동하거나, 회전 및 확대/축소할 수 있는 기능을 제공하고 있다.

각 CanvasRenderingContext2D 객체는 객체를 조작할 수 있는 메서드 뿐만 아니라 현재의 변환 행렬을 가지고 있다. 따라서 `CanvasRenderingContext2D` 객체가 생성되면 변환 행렬은 변환 `ID`로 초기화된다. 그리고 변환 행렬은 CanvasRenderingContext2D 객체에 현재 패스를 생성하고 문자, 도형 및 패스를 그릴 때 좌표에 적용된다.

▣ 좌표 공간의 이동 - translate() 메서드

앞에서 언급한 바와 같이 좌표 공간을 이동시키기 위해서는 다음과 같은 translate() 메서드를 사용하면 된다.

context.translate(x, y) 주어진 좌표(x, y)를 사용해서 이동 변환을 적용하여 변환 행렬을 변경한다.

- 변환 인수 x, y는 공간 좌표 단위를 나타내는 것으로, x는 수평 방향의 변환 거리를 나타내고, y는 수직 방향의 변환 거리를 나타낸다. 아래 그림과 같이 좌표(x, y) 공간을 이동시킨다.

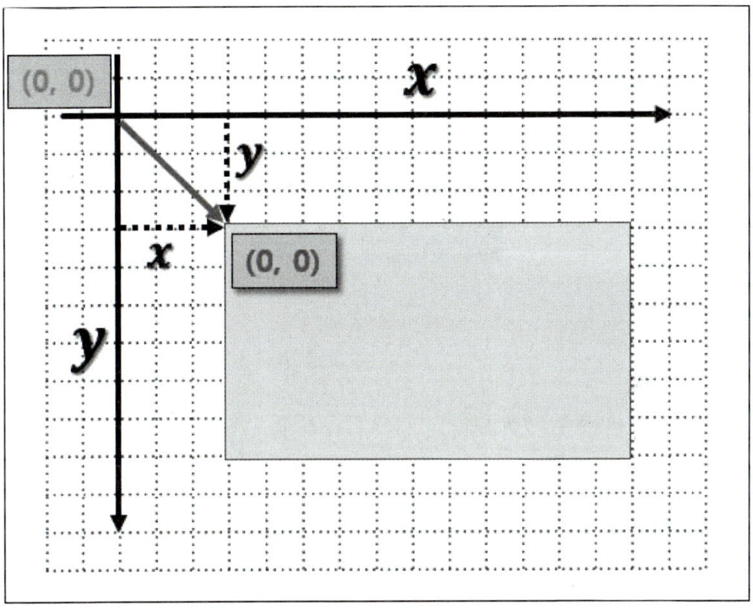

다음은 translate() 메서드를 사용한 예제를 나타낸 것으로, 두 개의 사각형 모두 동일한 좌표를 사용했지만, 두 번째 사각형이 좌표 공간이 이동된 위치를 기준으로 그려졌다는 것을 확인할 수 있다.

예제 Canvas_12-01_Translate.html

Script

```
context.fillStyle = "red";
context.fillRect(10, 10, 100, 100); //빨간 색상으로 사각형을 그린다.
context.translate(100, 100); //좌표 공간을 오른쪽으로 100픽셀, 아래쪽으로 100픽셀 이동
context.fillStyle = "blue";
context.fillRect (10, 10, 100, 100); //동일한 좌표공간에서 파란 색상으로 사각형을 그린다.
```

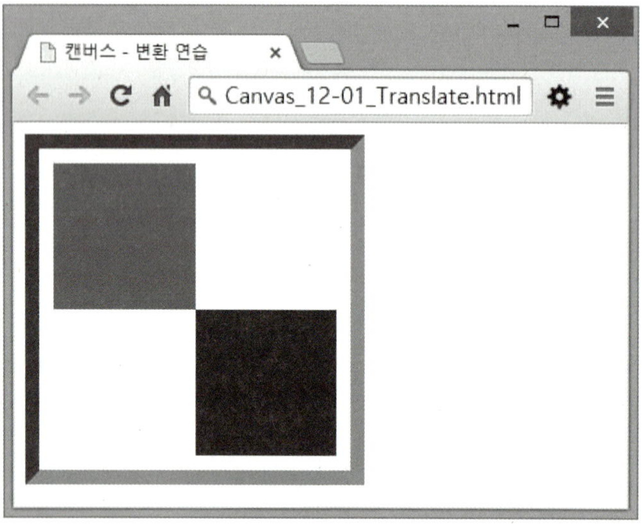

▣ 좌표 공간의 회전 – rotate() 메서드

좌표 공간을 회전시키기 위해서는 다음과 같은 rotation() 메서드를 사용하면 된다.

context.rotate(angle) 주어진 각도를 사용해서 회전 변환을 적용하여 변환 행렬을 변경한다.

- 회전 인수 각도(angle)는 라디안(radians)으로 다음 그림과 같이 시계 방향의 회전 각도를 나타낸다.

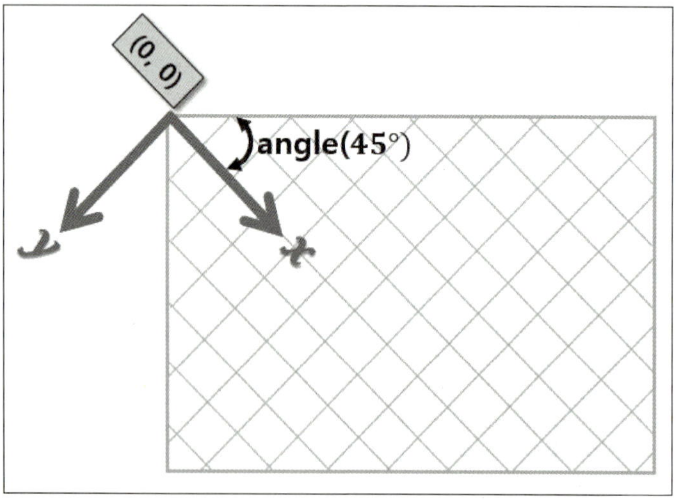

다음은 rotation() 메서드를 사용한 예제를 나타낸 것으로, 두 개의 사각형 모두 동일한 좌표와 크기를 사용했지만 두 번째 사각형은 좌표 공간이 회전됨으로써 45도 회전되어 그려졌다는 것을 확인할 수 있다.

예제 Canvas_12-01_Rotate.html

Script

```
context.fillStyle = "red";
context.fillRect(50, 10, 200, 40); //빨간 색상으로 사각형을 그린다.

context.rotate(45 * Math.PI/180); //좌표 공간을 시계방향으로 45도 회전한다.

context.fillStyle = "blue";
context.fillRect(50, 10, 200, 40); //동일한 좌표공간에서 파란 색상으로 사각형을 그린다.
```

다음 결과에서 알 수 있듯이 회전은 그리는 도형의 중심을 기준으로 회전되는 것이 아니라, 앞의 그림과 같이 왼쪽 상단을 기준으로 시계 방향으로 회전된다는 점에 주의하도록 하자.

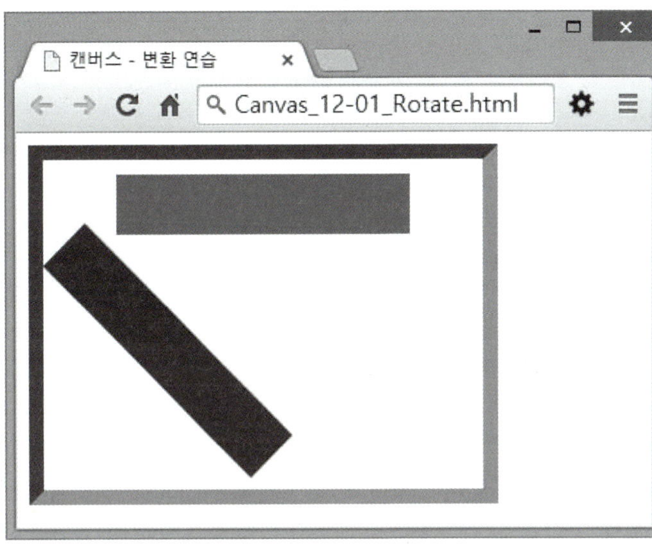

▣ 좌표 공간의 확대/축소 – scale() 메서드

좌표 공간을 다음 그림과 같이 확대 및 축소시키기 위해서는 scale() 메서드를 사용하면 된다.

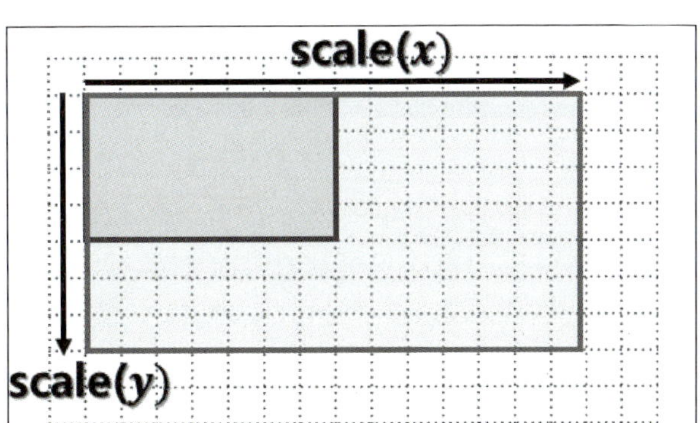

`context.scale(x, y)` **주어진 변환 요인(x, y)을 사용해서 크기 변환을 적용하여 변환 행렬을 변경한다.**

- 인수 x는 수평 방향의 크기 변환 요인(factor)을 나타내고, 인수 y는 수직 방향의 크기 변환 인수를 나타낸다.
- 크기 변환 요인은 얼마만큼의 크기로 변경할지를 결정하는 크기 배수에 해당된다.

다음은 scale() 메서드를 사용한 예제를 나타낸 것으로, 두 개의 원 모두 동일한 좌표와 크기를 사용했지만, 두 번째 원은 수평 방향으로 2배 확대, 수직 방향으로 0.7배 축소로 그려졌다는 것을 확인할 수 있다.

예제 Canvas_12-01_scale.html

Script

```
context.beginPath();
    context.strokeStyle = "red";
    context.arc(100, 100, 80, 0, 2 * Math.PI, false); //첫 번째 원을 그린다.
context.stroke();

context.scale(2, 0.7); //좌표 공간을 수평으로 2배, 수직으로 0.7배로 축소한다.

context.beginPath();
    context.strokeStyle = "blue";
    context.arc(100, 100, 80, 0, 2 * Math.PI, false); //두 번째 원을 그린다.
context.stroke();
```

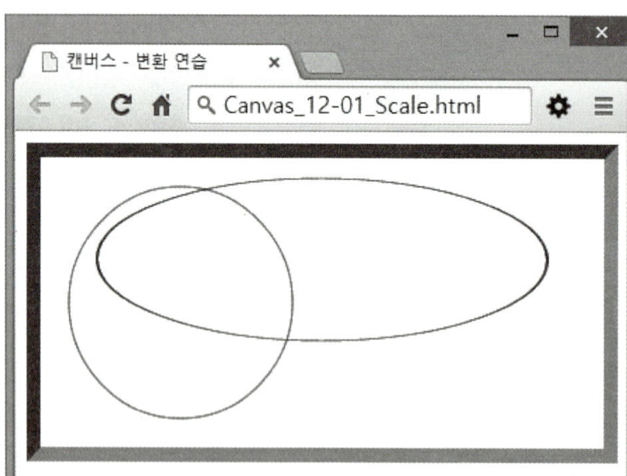

좌표 공간을 확대/축소하기 위해서는 앞의 예제와 같이 양수 값을 사용하였지만, 만일 음수 값을 지정한다면 어떻게 될까? 다음 그림과 같이 y 값이 음수일 경우에는 수직 축(y축)을 기준으로 반대 방향으로 확대/축소가 이루어진다. 그리고 x 값이 음수일 경우에는 수평 축(x축)을 기준으로 반대 방향으로 확대/축소가 이루어진다.

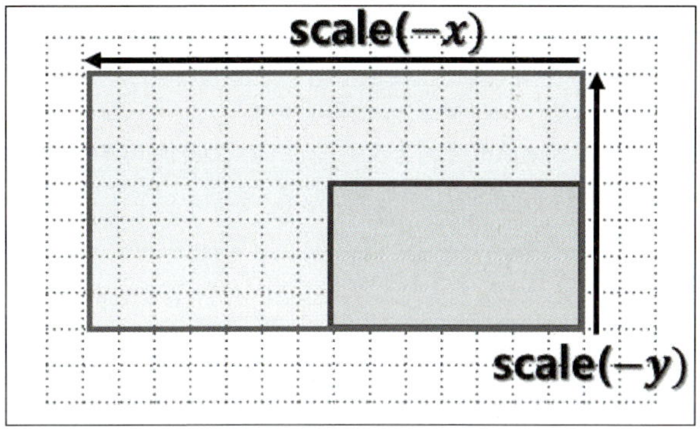

Canvas	실습하기	Script

이번 실습 예제는 앞에서 살펴본 translate() 메서드와 rotate() 메서드를 사용하는 예제를 살펴보도록 한다. 참고로, 이미 학습했던 다양한 다각형을 그렸던 polygon() 메서드와 유사한 방법으로 이번에는 별 모양을 그리는 실습도 함께 진행한다. 그리고 별 모양을 이용하여 캔버스에서 회전하는 애니메이션을 만들 것이다. 우선 Canvas_Study12_01_Step.html 파일을 열고, 다음의 HTML 실습 코드를 입력하고 브라우저로 확인을 해보자.

예제 Canvas_Study12-01_Step.html ※ 완성된 Canvas_Study12-01_Rotate.html 에서 확인할 수 있다.

Script

```
//별을 그리는 메서드(컨텍스트, 별의 중심 좌표(x, y), 별의 반지름, 별을 그리는 방향)
function drawStar(context, center_x, center_y, radius, anticlockwise) {
    var vertAngle = (2 * Math.PI) / 10;
    var pox_x = new Array(11); //x 좌표를 위한 배열
    var pos_y = new Array(11); //y 좌표를 위한 배열

    context.save();
    for (var i = 11; i != 0; i--) {        //10개의 꼭지점 좌표를 계산한다.
        var r = radius * (i % 2 + 1) / 2;  //현재 꼭지점의 반지름을 계산한다.
        var curAngle = vertAngle * i;    //현재 꼭지점의 각도를 계산한다.
        pox_x[i] = (r * Math.sin(curAngle)) + center_x;  //별 꼭지점의 X좌표 저장
        pos_y[i] = (r * Math.cos(curAngle)) + center_y; //별 꼭지점의 Y좌표 저장
    }
    //시계 반대방향이면 좌표 순서를 뒤에서 그리도록 한다.
    if(anticlockwise) { pox_x.reverse(); pos_y.reverse(); }
        context.moveTo(pox_x[1], pos_y[1]);  //시작점으로 이동한다.
        //반목루프를 이용하여 별을 그리도록 한다.
        for (var i = 10; i != 0; i--) { context.lineTo(pox_x[i], pos_y[i]); }
        context.closePath();
    context.restore();
```

Script

```
21 }
22
23 function Rotate() {
24     var cW = canvas.width/2; //캔버스 중앙으로 위치시키기 위한 수평 좌표
25     var cH = canvas.height/2; //캔버스 중앙으로 위치시키기 위한 수직 좌표
26
27     animate();
28
29     function animate() {
30         context.clearRect(0, 0, canvas.width, canvas.height); //캔버스를 지운다.
31         context.translate(cW, cH);            //캔버스의 좌표 공간을 이동시킨다.
32         context.rotate((1 * Math.PI) / 180); //좌표 공간을 1도 회전시킨다.
33
34         context.lineWidth = 5;
35         context.fillStyle = "rgba(227,11,93,0.75)";
36
37         context.beginPath();
38             drawStar(context, 0, 0, 100, false); //바깥쪽 별을 그린다.
39             drawStar(context, 0, 0, 50, true);  //안쪽 별을 그린다.
40         context.stroke();
41         context.fill();
42
43         context.translate(-cW, -cH); //별을 그린 후에 이동시킨 좌표 공간을 다시 이동
44         window.requestAnimationFrame(animate);
45     }
46 }
```

다음 내용은 예제에 대한 설명을 요약한 것이다.

구분	위치	설명
Script	2~21	별 모양을 그리는 메서드를 새로 만든다.
	3	360도를 꼭지점 10으로 나눈다.
	4, 5	10개의 꼭지점들의 x, y 좌표들을 저장할 배열을 정의한다.
	9	각 꼭지점의 반지름을 계산한다.
	10	현재 꼭지점의 각도를 계산한다.
	11, 12	각 꼭지점들의 x, y 좌표를 저장한다.
	15	그리는 방향이 시계 반대 방향이면 저장된 좌표의 순서를 거꾸로 바꾼다.
	16~19	첫 꼭지점으로 이동하고, 반복 루프를 통해서 꼭지점들끼리 선을 연결하고 패스를 닫는다.
	24, 25	별 모양을 캔버스 중앙으로 이동시키기 위한 좌표를 계산한다.

Script	31	캔버스의 좌표 공간을 중앙으로 이동시킨다.
	32	캔버스를 시계 방향으로 1도 회전시킨다.
	37~41	별 모양을 그린다.
	43	캔버스의 좌표 공간을 원상태로 이동시킨다.
	44	애니메이션으로 동작시킨다(뒤에서 학습한다).

Canvas | **실습하기** | Script

이번 실습 예제는 앞에서 살펴본 `translate()` 메서드와 `scale()` 메서드를 사용하는 예제이다. 이번 실습도 `polygon()` 메서드를 활용하여 삼각형을 그린 다음 `scale()` 메서드의 스케일링 값을 음수 값으로 지정한다. 이렇게 하면 드로잉 방향이 반대이기 때문에 도형이 서로 마주보고 있는 것처럼 효과를 줄 수 있게 된다. 우선 `Canvas_Study12_02_Step.html` 파일을 열고 다음의 HTML 실습 코드를 입력하고 브라우저로 확인을 해보자.

예제 Canvas_Study12-02_Step.html

※ 완성된 Canvas_Study12-02_Scale.html에서 확인할 수 있다.

Script

```
function ScaleMirror() { //그린 도형을 서로 마주보게 만든다.
        var canvas = document.getElementById("myCanvas");
        var context = canvas.getContext("2d");

        context.lineWidth = 10;
        context.lineJoin = "round"
        context.fillStyle = "rgba(227,11,93,1.0)";

        //polygon 메서드를 사용하여 삼각형을 그린다.
        context.beginPath();
        polygon(context,120, 120, 100, 3, (90 * Math.PI/2), false);
        context.stroke();
        context.fill();

        context.translate(canvas.width, 0); //캔버스의 좌표 공간을 이동시킨다.
        context.scale(-1, 1); //그리는 방향을 수평 반대 방향으로 그리도록 한다.

        //polygon 메서드를 사용하여 동일한 조건으로 삼각형을 하나 더 그린다.
        polygon(context,120, 120, 100, 3, (90 * Math.PI/2), false);
        context.stroke();
        context.fill();
}
```

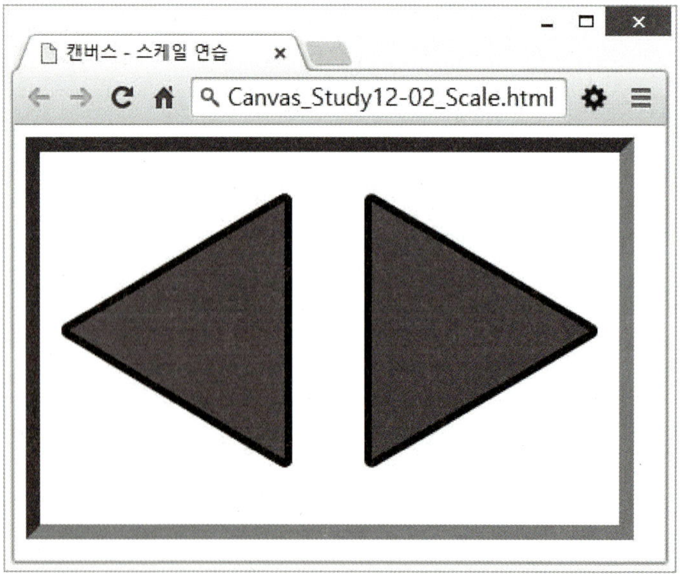

다음 내용은 예제에 대한 설명을 요약한 것이다.

구분	위치	설명
Script	9~13	polygon 메서드를 활용하여 삼각형을 그린다.
	15	삼각형을 수평 반대 방향으로 그리기 위해서 캔버스의 중앙으로 좌표 공간을 이동시킨다.
	16	scale(-1, 1)을 함으로써 수평 반대 방향으로 그리도록 한다.
	18~21	동일한 조건으로 삼각형을 하나 더 그린다.

▣ 사용자 정의 변환

앞에서 살펴본 translate() 메서드, rotate() 메서드, scale() 메서드는 컨텍스트의 변환 행렬(transformation matrix)을 매우 편리하게 조작하도록 하는 메서드이다. 변환 행렬은 도형이나 패스가 생성될 때 좌표에 적용되기 때문에, 변환 행렬을 변경함으로써 그리려고 하는 도형이나 텍스트, 이미지 등을 변형하여 캔버스에 적용시킬 수 있다. 그러나 앞의 3개의 메서드는 변환 행렬이 정해져 있지만, 이와 달리 사용자가 직접 변환 행렬을 조작함으로써 앞으로의 드로잉 작업에 영향을 줄 수도 있다.

캔버스 컨텍스트에서는 변환 행렬을 직접 조작할 수 있도록 다음과 같은 transform() 메서드와 setTransform() 메서드를 제공하고 있다.

`context.transform(a, b, c, d, e, f)` 지정된 인수 행렬로 변환 행렬을 변경한다.

- 다음에 나타낸 행렬과 현재의 변환 행렬을 곱한 결과로 현재 변환 행렬을 대체한다. 인수 a, b, c, d, e 및 f는 때때로 m11, m12, m21, m22, dx 그리고 dy 또는 m11, m21, m12, m22, dx 그리고 dy로 불린다.

a / m11	c / m21	e / dx
b / m12	d / m22	f / dy
0	0	1

`context.setTransform(a, b, c, d, e, f)` 지정된 인수 행렬로 변환 행렬을 변경한다.

- 이 메서드는 인수로 주어진 행렬로 현재의 변환 행렬을 대체하고 동일한 인수를 이용하여 transform(a, b, c, d, e, f) 메서드를 호출한다.

2개 메서드 모두 변환 행렬을 변경한다. 그러나 변환 행렬을 적용하는 부분에서 명확한 차이가 있다. transform() 메서드가 지정된 인수의 행렬로 현재 변환 행렬에 적용시키기 때문에 연속해서 이 메서드를 호출하면 변환 행렬 값이 누적된다. 반면에 setTransform() 메서드는 위에 언급한 바와 같이 현재 변환 행렬을 원래 값인 단위 행렬로 재설정한 다음 transform() 메서드를 호출한다. 따라서 이 메서드를 호출할 때마다 매번 새로운 변환 행렬이 적용된다.

이러한 변환 행렬을 이용하는 것은 도형이나 이미지 등의 아핀(affine) 변환을 수행할 수 있는 일반적인 방법으로, 예를 들어 각각의 점(x, y)의 새로운 점(x', y')으로 변환되는 경우 다음과 같이 계산될 수 있다.

x' = a * x + c * y + e	y' = b * x + d * y + f

따라서 다음과 같이 변환 행렬의 각 단일 파라미터의 효과는 다음과 같이 정리될 수 있다.

파라미터	효과
a	수평으로 확대/축소한다(음수일 경우, y축으로 미러링된다).
b	수평으로 기울어지게 한다.
c	수직으로 기울어지게 한다.
d	수직으로 확대/축소한다(음수일 경우, x축으로 미러링된다).
e	수평으로 옮긴다.
f	수직으로 옮긴다.

변환 행렬에 대한 자세한 내용은 이 교재의 범위를 벗어나기 때문에 선형 대수학을 참고하기 바란다. 대신에 몇 가지의 예제를 통해서 앞에서 살펴보았던 기능들을 transform() 메서드와 setTransform() 메서드로 구현하는 것을 살펴보도록 한다.

다음 예제는 무지개가 그려지도록 한 예제로 transform() 메서드를 사용하여 변환 행렬을 적용하였다.

예제 Canvas_12-01_Transform.html

Script

```
var colors = new Array("red", "orange", "yellow", "green", "blue", "navy", "purple");

context.lineWidth = 10;
for (var i = 0; i <colors.length; i++) { //호를 반복해서 그리도록 한다.
    // 아래쪽으로 10픽셀만큼 이동하는 변환 행렬을 정의한다
    context.transform (1, 0, 0, 1, 0, 10);
    context.strokeStyle = colors[i]; //색상을 적용시킨다.
    context.beginPath();
        context.arc(200, 250, 250, 0, Math.PI, true); //호를 그린다.
        context.stroke();
}
```

다음은 setTransform() 메서드를 사용하여 앞에서 살펴보았던, 확대 및 이동 변환 행렬을 정의해서 다음 그림과 같이 빨간 사각형을 그리고 이 사각형을 수평 및 수직으로 2배씩 적용하여 녹색으로 그렸고 다시 오른쪽으로 40픽셀, 아래쪽으로 80픽셀을 이동하여 검은색 사각형을 그렸다. 또한 사각형을 회전하면서 그리도록 하였다.

예제 Canvas_12-01_setTransform.html

Script

```
context.strokeStyle = "red";
context.strokeRect (30, 10, 150, 50); //빨간 색상으로 사각형을 그린다.

//수평 및 수직으로 2배 확대하는 변환 행렬을 정의한다.
context.setTransform(2.0, 0, 0, 2.0, 0, 0);
context.strokeStyle = "green";
context.strokeRect(30, 10, 150, 50); //녹색으로 사각형을 그린다.

//오른쪽으로 40픽셀, 아래쪽으로 80픽셀만큼 이동하는 변환 행렬을 정의한다.
context.setTransform(1, 0, 0, 1, 40, 80);
context.strokeStyle = "black";
context.strokeRect(30, 10, 150, 50);

context.lineWidth = 0.5;
context.strokeStyle = "black";
for(var i = 0; i < 50; i++) { //사각형을 회전시킨다.
     context.setTransform(Math.cos(angle), -Math.sin(angle), Math.sin(angle), Math.cos(angle), i + 150, 220);
     context.strokeRect(-50, -50, 110, 110);
     angle += 0.05;
}
```

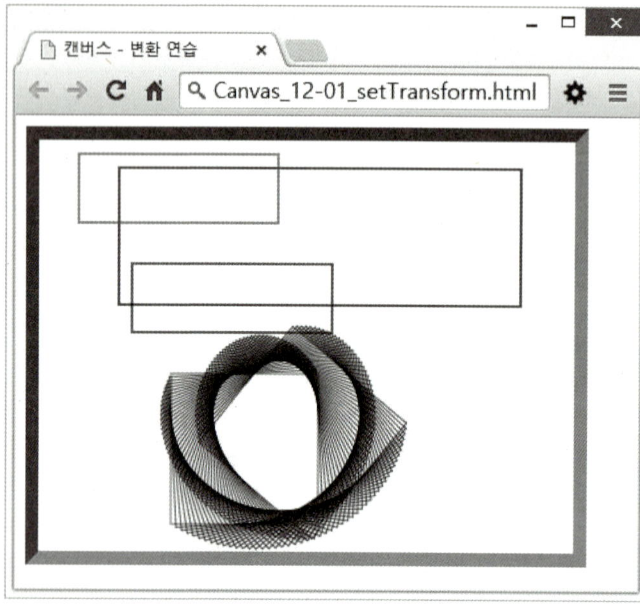

앞에서 살펴본 바와 같이 translate() 메서드, rotate() 메서드, scale() 메서드는 다음과 같이 transform() 메서드를 사용하여 동일한 효과를 얻어낼 수 있다.

translate(x, y)	transform(1, 0, 0, 1, x, y)
rotate(angle)	transform(Math.cos(angle), Math.sin(angle), -Math.sin(angle), Math.cos(angle), 0, 0)
scale(x, y)	transform(x, 0, 0, y, 0, 0)

Section 02 텍스트 그리기

대부분의 그래픽 소프트웨어에서 텍스트를 처리할 수 있는 기능을 제공하고 있듯이 캔버스에서도 텍스트를 처리할 수 있는 기능들을 제공하고 있다. 따라서 이번 절에서는 캔버스에 텍스트의 테두리 및 텍스트 내부를 채우는 기본적인 기능과 지정된 텍스트의 폭을 측정하는 기능 그리고 글꼴을 설정하고 텍스트를 드로잉하는 위치를 지정하는 등의 텍스트 기능에 대하여 살펴보도록 하겠다.

2.1 텍스트 테두리 및 채우기

CanvasRenderingContext2D 인터페이스는 캔버스에 텍스트를 렌더링하기 위한 다음과 같은 방법들을 제공한다. 특히 fillText() 메서드와 strokeText() 메서드는 현재의 font, textAlign, textBaseline 속성 값을 사용하여 주어진 위치에 maxWidth보다 넓지 않은 폭만큼의 텍스트를 그린다.

`context.fillText(text, x, y, [, maxWidth])` 지정된 위치에 텍스트를 채운다.

- maxWidth가 지정된 경우, 텍스트는 maxWidth 폭 크기에 맞게 조정된 텍스트를 채운다.

`context.strokeText(text, x, y, [, maxWidth])` 지정된 위치에 텍스트의 테두리를 그린다.

- maxWidth가 지정된 경우, 텍스트는 maxWidth 폭 크기에 맞게 조정된 텍스트의 테두리를 그린다.

`metrics = context.measureText(text)` 지정된 텍스트의 폭을 반환한다.

- 현재 글꼴에서 주어진 텍스트의 폭을 가진 TextMetrics 객체를 반환한다.

`metrics.width` 텍스트의 폭을 반환한다.

- measureText() 메서드를 통해 반환된 텍스트의 유효한 폭(CSS 픽셀에서의 인라인 박스의 폭)을 반환한다.

주의사항

현재의 명세서에 따르면, fillText()와 strokeText() 메서드를 호출하여 그려지는 텍스트는 글꼴의 크기(em square 크기)와 measureText() 메서드에 의해 반환된 텍스트 폭에 따라 박스 크기 밖으로 벗어날 수 있다는 점에 유의하자. 현재 버전의 명세서는 텍스트의 경계 박스 크기를 구하는 방법을 제공하지 않는다. 따라서 텍스트를 그리거나 제거함으로써 클리핑 영역을 덮는 캔버스 전체 영역을 대체할 때 주의할 필요가 있다.

다음 예제를 통하여 fillText() 메서드와 strokeText() 메서드를 어떻게 사용하고 있는지 살펴보도록 하자. 이름에서 알 수 있듯이 fillText() 메서드는 색상이나 그라데이션 그리고 패턴 등이 채워진 텍스트를 삽입하는 역할을 하며, strokeText() 메서드는 테두리만 있는 텍스트를 삽입하는 역할을 한다. 예제에서는 테두리만 있는 텍스트, 내부가 그라데이션으로 채워진 텍스트, 테두리와 내부가 채워진 텍스트를 보여주고 있다.

예제 Canvas_12-01_Text.html

Script

```
gradient = context.createLinearGradient(0, 0, canvas.width, 0);
gradient.addColorStop("0", "magenta");
gradient.addColorStop(".25", "blue");
gradient.addColorStop(".50", "green");
gradient.addColorStop(".75", "yellow");
gradient.addColorStop("1.0", "red");

context.font = "36pt 굴림체";
context.fillStyle = gradient;
context.strokeStyle = "red";

context.strokeText("캔버스(strokeText)", 20, 50); //테두리만 있는 텍스트를 그린다.
context.fillText("캔버스(fillText)", 20, 100);         //내부가 채워진 텍스트를 그린다.

context.strokeText("캔버스(stroke&fillText)", 20, 150); //텍스트 테두리를 그리고
context.fillText("캔버스(stroke&fillText)", 20, 150);     //텍스트 내부를 채운다.
```

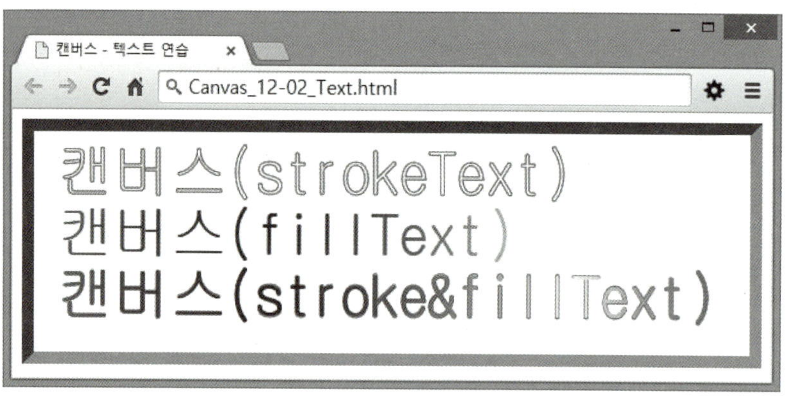

다음의 예제는 지정된 텍스트의 폭을 반환하는 예제를 나타낸 것으로, 현재 설정된 글꼴에 따라서 반환되는 크기가 달라진다는 점에 유의하도록 하자.

예제 Canvas_12-01_Text.html

Script

```
var text = "HTML5 캔버스";
var metrics, textWidth1, textWidth2;

context.strokeStyle = "red";
context.fillStyle = "blue";
context.font = "20pt 굴림체";  //글꼴의 크기를 20포인트로 지정한다.
context.strokeText(text, 20, 50);  //첫 번째 텍스트를 출력한다.
```

Script

```
metrics = context.measureText(text); //텍스트의 TextMetrics 객체를 반환한다.
textWidth1 = metrics.width;          //TextMetrics 객체의 텍스트 폭을 반환한다.

context.font = "40pt 굴림체";        //글꼴의 크기를 40포인트로 지정한다.
context.strokeText(text, 20, 100);  //두 번째 텍스트를 출력한다.

metrics = context.measureText(text); //텍스트의 TextMetrics 객체를 반환한다.
textWidth2 = metrics.width;          //TextMetrics 객체의 텍스트 폭을 반환한다.

//첫 번째 및 두 번째 텍스트의 폭을 출력한다.
context.font = "14pt 굴림체";
context.fillText("(텍스트의 폭 = " + textWidth1 + ")", 180, 50);
context.fillText("(텍스트의 폭 = " + textWidth2 + ")", 340, 100);
```

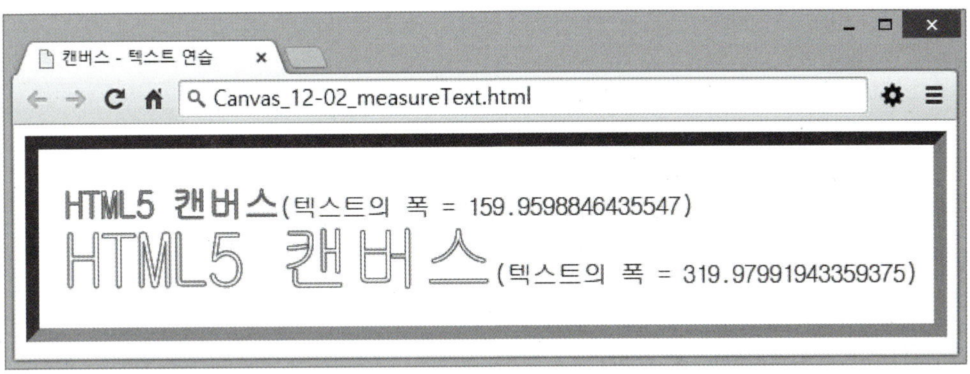

2.2 글꼴 설정 및 텍스트 배치하기

앞의 예제들에서 잠깐 살펴본 font 속성을 사용하면 캔버스에 드로잉 하는 텍스트의 글꼴을 설정할 수 있고, textAlign 속성을 사용해서 텍스트의 수평 위치를 지정할 수 있다. 그리고 textBaseline 속성을 사용해서 텍스트의 수직 위치를 지정할 수 있다.

▣ 텍스트의 글꼴 설정

`context.font [ = value ]`	현재 글꼴의 설정 값을 반환한다.

- 글꼴을 변경하기 위하여 CSS의 font 속성과 동일한 방법으로 설정하고 CSS 글꼴 값으로 해석할 수 없는 값은 무시된다.
- 상대적인 키워드와 길이는 캔버스 요소의 글꼴을 기준으로 계산된다.

font 속성의 값은 글자체, 글자 크기, 글자 스타일 등으로 지정할 수 있다. 예를 들어, 텍스트의 글꼴을 기울어진 20포인트 굴림체 스타일로 지정하기 위해서는 font 속성의 값을 "italic 20pt 굴림체"와 같이 지정하면 된다. 만일 글꼴을 지정하지 않으면 캔버스 글꼴의 기본값은 "10px sans-serif"가 되고, font-style, font-variant, font-weight의 기본값은 모두 normal이다. 글꼴에 대한 자세한 내용은 CSS3의 글꼴 부분을 참고하기 바란다.

▣ 텍스트의 수평 위치 지정

context.textAlign [= value] **현재 텍스트의 수평에 대한 맞춤(정렬) 설정 값을 반환한다.**

- 텍스트의 맞춤을 변경하기 위하여 설정될 수 있고, 기본값은 start이다.
- 지정할 수 있는 값은 start, end, left, right, center이며, 그 이외의 값은 무시된다.

textAlign 속성에 지정되는 값에 따라서 배치되는 위치는 다음과 같다.

키워드	설명
start	캔버스 요소의 방향성에 따라서 앵커 포인트는 다음과 같이 결정된다. • ltr(left-to-right) 왼쪽에서 오른쪽 방향 - 텍스트의 왼쪽 가장자리가 기준이 된다. • rtl(right-to-left) 오른쪽에서 왼쪽 방향 - 텍스트의 오른쪽 가장자리가 기준이 된다.
end	캔버스 요소의 방향성에 따라서 앵커 포인트는 다음과 같이 결정된다. • ltr(left-to-right) 왼쪽에서 오른쪽 방향 - 텍스트의 오른쪽 가장자리가 기준이 된다. • rtl(right-to-left) 오른쪽에서 왼쪽 방향 - 텍스트의 왼쪽 가장자리가 기준이 된다.
left	앵커 포인트는 텍스트의 왼쪽 가장자리가 기준이 된다.
right	앵커 포인트는 텍스트의 오른쪽 가장자리가 기준이 된다.
center	앵커 포인트는 텍스트의 중심에 있다.

다음은 textAlign 속성에 대한 사용 예제를 나타낸 것이다.

예제 Canvas_12-02_textAlign1.html

Script

```
var startX = 90;

context.lineWidth = 1;
context.strokeStyle = "red";
context.beginPath();
     context.moveTo(startX, 10); context.lineTo(startX, 200);
context.stroke();

context.font = "20px 'Courier New'"; //글꼴 설정
```

Script

```
context.fillStyle = "black";

context.textAlign = "start"; //textAlign을 start로 지정
context.fillText ( "start", startX, 30);

context.textAlign = "end"; //textAlign을 end로 지정
context.fillText ( "end", startX, 70);

context.textAlign = "left"; //textAlign을 left로 지정
context.fillText ( "left", startX, 110);

context.textAlign = "right"; //textAlign을 right로 지정
context.fillText ( "right", startX, 150);

context.textAlign = "center"; //textAlign을 center로 지정
context.fillText ( "center", startX, 190);
```

이 예제의 결과를 보면, 아래 왼쪽 그림과 같이 표시되는 것을 볼 수 있다. 그러나 다음과 같이 캔버스 요소의 방향을 오른쪽에서 왼쪽으로 변경한다면, 오른쪽 그림과 같이 표시될 것이다.

```
<style>
    canvas { direction:rtl; unicode-bidi: bidi-override }
</style>
```

Canvas_12-02_textAlign1.html

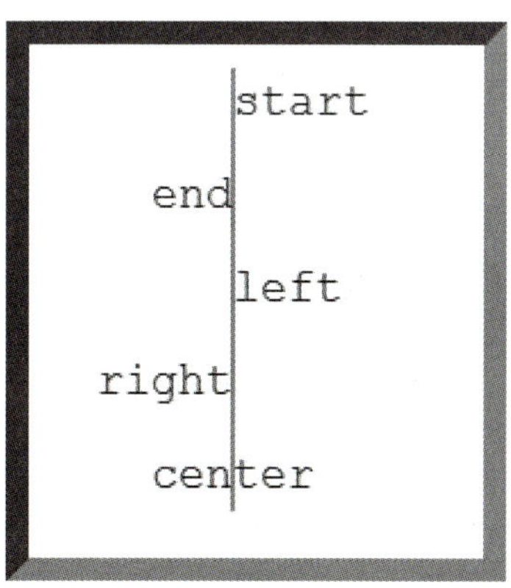

canvas 요소의 방향 = 왼쪽에서 오른쪽(ltr)

Canvas_12-02_textAlign2.html

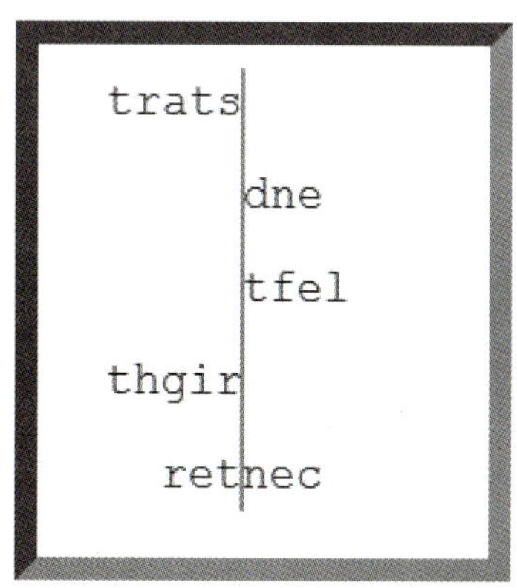

canvas 요소의 방향 = 오른쪽에서 왼쪽(rtl)

▣ 텍스트의 수직 위치 지정

context.textBaseline [= value] 현재 텍스트의 수직에 대한 기준(baseline) 정렬 설정 값을 반환한다.

- 수직 위치의 기준 정렬을 변경하기 위하여 설정될 수 있고, 기본값은 alphabetic이다.
- 지정할 수 있는 값은 top, hanging, middle, alphabetic, ideographic, bottom이며, 그 이외의 값은 무시된다.

textBaseline 속성에 지정되는 값에 따라서 다음과 같이 배치하게 되며, 수직 위치를 인라인 박스의 첫 번째 사용 가능한 글꼴을 기준으로 한다.

키워드	설명
top	em 박스의 세로 상단을 기준으로 한다.
hanging	hanging 기준선을 기준으로 한다(주로 인도의 다양한 언어에서 사용된다).
middle	em 박스의 세로 가운데를 기준으로 한다.
alphabetic	영어 알파벳 글자의 기준선을 기준으로 한다.
ideographic	표의 문자의 기준선을 기준으로 한다(주로 일본어와 중국어 등과 같은 언어에서 사용된다).
bottom	em 박스의 세로 바닥을 기준으로 한다.

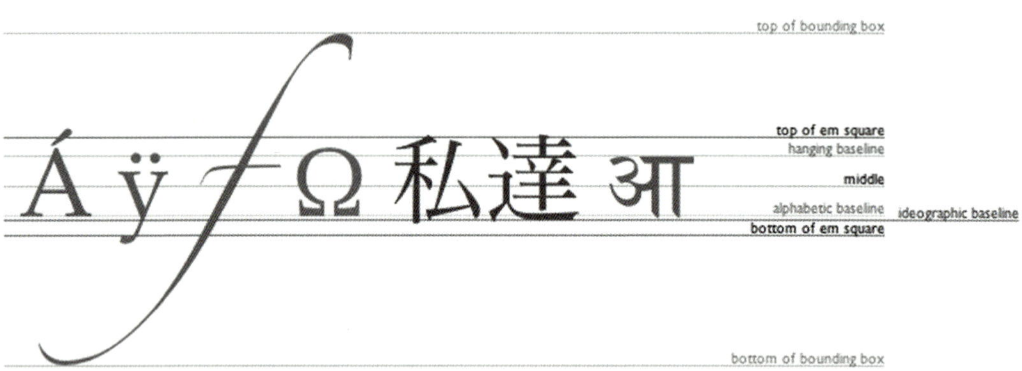

다음은 textAlign 속성에 대한 사용 예제를 나타낸 것이다.

예제 Canvas_12-02_textBaseline.html

Script

```
var baseY = 50

//기준선 그리기
context.lineWidth = 1;
context.strokeStyle = "red";
```

Script

```
context.beginPath();
    context.moveTo(5, baseY);
    context.lineTo(595, baseY);
context.stroke();

context.font = "20px 'Courier New'"; //글꼴 설정
context.fillStyle = "black";

context.textBaseline = "top";
context.fillText("top", 10, baseY);

context.textBaseline = "middle";
context.fillText("middle", 50, baseY);

context.textBaseline = "bottom";
context.fillText("bottom", 130, baseY);

context.textBaseline = "alphabetic";
context.fillText("alphabetic", 220, baseY);

context.textBaseline = "ideographic";
context.fillText("ideographic", 350, baseY);

context.textBaseline = "hanging";
context.fillText("hanging", 500, baseY);
```

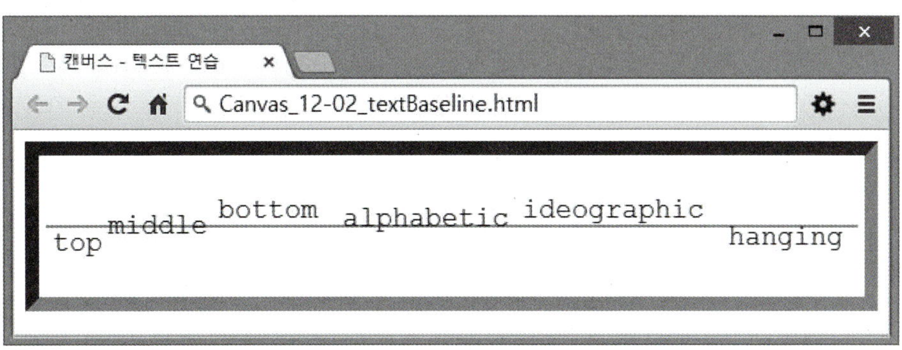

보충 설명 - em 박스에 대하여

아래 그림과 같이 인쇄기로 글자를 인쇄하던 시절에는 인쇄용 판의 높이에 따라서 글꼴의 크기가 결정되었다. 판의 높이는 포인트 크기이며, 글자 M의 폭은 일반적으로 em 박스로 알려져 있다. 디지털시대인 오늘날에는 일반적으로 특정 글꼴의 높이로 간주된다.

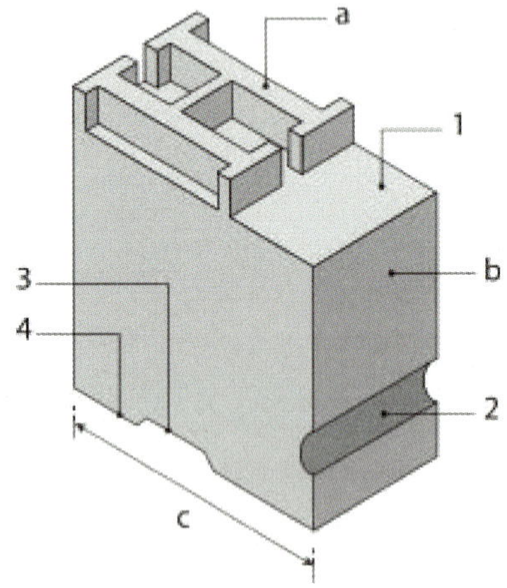

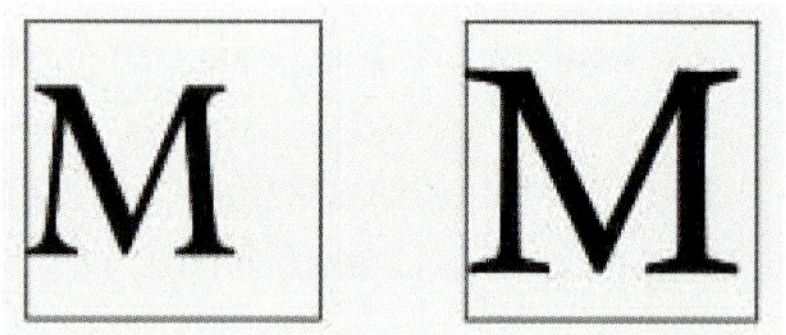

※ 자료 출처 - 위키피디아(http://en.wikipedia.org/wiki/Em_(typography))

Section 03 이미지 처리하기

캔버스에서는 도형 및 텍스트와 함께 이미지에 대한 기능을 지원하고 있다. 이미지의 일부 및 전체 이미지, 그리고 확대 및 축소된 이미지 등을 캔버스 어디에나 그릴 수 있다. 또한 각 픽셀에 대한 색상이나 투명도를 조작할 수도 있고 클리핑 영역 등과 같은 기능을 함께 사용하면 다양한 효과를 볼 수 있다.

3.1 이미지 그리기

캔버스에 이미지를 그리기 위해서는 다음과 같은 3가지 스타일의 drawImage() 메서드가 사용될 수 있다. 이 메서드를 사용하면 이미지의 일부나 전체, 또는 확대 및 축소하여 캔버스 어디든지 그릴 수 있게 된다.

context.drawImage(image, dx, dy)	지정한 이미지를 원래의 크기로 그린다.
context.drawImage(image, dx, dy, dw, dh)	지정한 이미지를 지정한 크기로 그린다.
context.drawImage(image, sx, sy, sw, sh, dx, dy, dw, dh)	이미지의 일부를 지정한 크기로 그린다.

다음 그림은 3가지 스타일의 drawImage() 메서드를 요약하여 표현한 그림으로, 메서드에 지정하는 첫 번째 인수 image는 이미지(HTMLImageElement), 다른 캔버스(HTMLCanvasElement), 그리고 비디오(HTMLVideoElement) 인스턴스 중에 하나이기 때문에 캔버스 또는 비디오를 이미지처럼 조작할 수 있다.

- 만일 인수 image로 애니메이션 이미지가 전달된다면, 브라우저는 애니메이션의 포스터(poster) 프레임 또는 애니메이션의 첫 번째 프레임(포스터 프레임이 없는 경우)을 사용한다.
- 만일 인수 image가 HTMLVideoElement인 경우에는, 현재의 재생 위치에서의 프레임은 원본 이미지로 사용되고 원본 이미지의 크기는 미디어 소스의 본래 크기여야 한다.

그러나 image가 이러한 요소들이 아니라면 TypeMismatchError 오류가 발생하며, 지정한 이미지 데이터가 없는 경우에도 InvalidStateError 예외 오류가 발생한다.

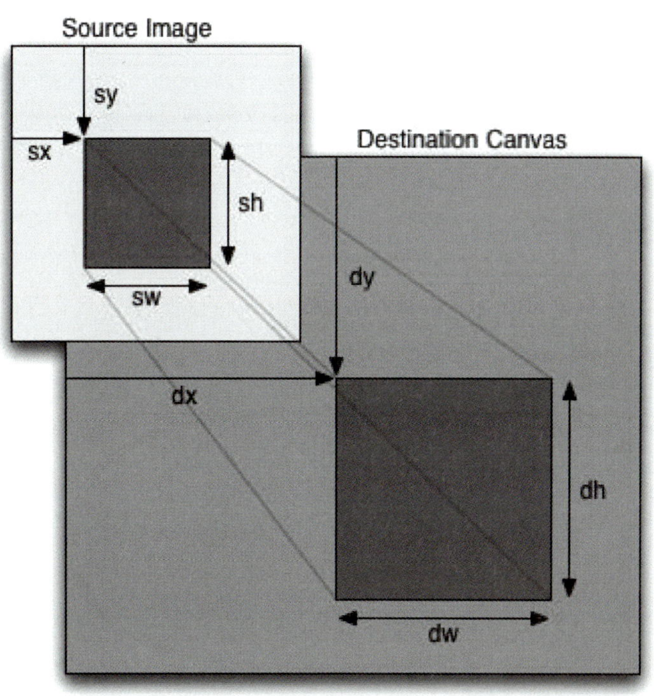

앞의 그림에서 sx 및 sy는 목적 캔버스(Destination Canvas)에 그리고자 하는 소스 이미지(Source Image)의 시작 위치를 나타내고, sw 및 sh는 소스 이미지의 폭과 높이를 나타낸다. 그리고 dx 및 dy는 목적 캔버스(Destination Canvas)에 이미지가 그려지는 시작 위치를 나타내고, dw 및 dh는 그려지는 이미지의 폭과 높이를 나타낸다. 따라서 3가지 스타일의 drawImage() 메서드를 사용하면 다양한 방법으로 이미지를 캔버스에 그릴 수 있게 된다.

▣ 원본 이미지를 목적 캔버스에 그리기

캔버스에 이미지를 그리기 위해서는 다음과 같이 drawImage() 메서드를 사용하기 전에 ①과 같이 Image() 객체를 생성하고, ②와 같이 Image() 객체의 src 속성에 이미지의 주소를 지정해야 한다. 그리고 ③과 같이 drawImage() 메서드의 첫 번째 인수 image에 Image() 객체를 지정하면 된다. 3가지 스타일의 drawImage() 메서드 모두 이와 같은 방법으로 캔버스에 이미지를 그린다.

context.drawImage(image, dx, dy) 지정한 이미지를 원래의 크기로 그린다.

```
① var image = new Image();
② image.src = 이미지 주소;
③ context.drawImage(image, 목적 캔버스 위치(dx, dy));
```

다음은 이와 같은 순서에 따라서 지정한 이미지를 목적 캔버스에 표시하도록 하는 예제로서, 이 예제에서 알 수 있는 것은 drawImage() 메서드는 이미지를 캔버스에 드로잉할 때 아직 이미지를 가져오지 못했다면 어떤 작업도 하지 않는다는 점이다. 따라서 drawImage() 메서드를 사용할 때는 drawImage() 메서드에 대한 호출을 onload 이벤트 리스너를 통해서 이미지를 가져오는 것이 안전하다.

예제 Canvas_12-03_drawImage1.html

Script

```
function drawImage() {
    var canvas = document.getElementById('myCanvas');
    var context = canvas.getContext('2d');

    var image = new Image();
    image.src = 'images/WorldCup2014.png'; //570 x 220

    image.onload = function(e) { context.drawImage( image, 0, 0 ); }
}
```

HTML

```
<canvas id="myCanvas" width="700" height="300" style="border: 10px inset #aaa">
```

다음 예제 결과에서 지정된 이미지 원래의 크기(가로 570픽셀, 세로 220픽셀)로 목적 캔버스에 표시되는 것을 볼 수 있다(캔버스 크기 – 가로 700픽셀, 세로 300픽셀).

▣ 원본 이미지를 지정한 크기로 목적 캔버스에 그리기

앞에 설명한 방법과 마찬가지로 drawImage() 메서드를 사용하여 드로잉을 하지만 다음과 같이 목적 캔버스에 드로잉하는 이미지의 크기(폭과 높이)를 지정하는 부분이 다르다.

context.drawImage(image, dx, dy, dw, dh)	지정한 이미지를 지정한 크기로 그린다.
③	context.drawImage(*image*, 목적 캔버스 **위치(dx, dy)**, 드로잉 이미지 **폭과 높이(dw, dh)**);

다음은 지정한 이미지를 목적 캔버스에 지정한 크기(캔버스의 크기)로 표시하도록 하는 예제를 나타낸 것으로, 이와 같은 방법으로 지정한 이미지를 캔버스의 원하는 위치에 확대 및 축소할 수 있다.

예제 Canvas_12-03_drawImage2.html

Script
```
function drawImage() {
    var canvas = document.getElementById('myCanvas');
    var context = canvas.getContext('2d');

    var image = new Image();
    image.src = 'images/WorldCup2014.png'; //570 x 220

    image.onload = function(e) {
        context.drawImage( image, 0, 0, canvas.width, canvas.height ); }
}
```

HTML
```
<canvas id="myCanvas" width="700" height="300" style="border: 10px inset #aaa">
```

다음 예제 결과에서 지정된 이미지를 목적 캔버스의 크기만큼 확대하여 표시한 것을 볼 수 있다.

▣ 원본 이미지의 일부를 목적 캔버스에 지정한 크기로 그리기

이번에는 앞의 방법과는 다르게 drawImage() 메서드를 사용하여 원본 이미지의 지정한 위치에서 원하는 크기만큼을 목적 캔버스의 원하는 위치에 지정한 크기를 지정해서 캔버스에 드로잉 하도록 한다.

`context.drawImage(image, sx, sy, sw, sh, dx, dy, dw, dh)` 이미지의 일부를 지정한 크기로 그린다.

③
```
context.drawImage(image, 원본 이미지 위치(sx, sy), 원본 이미지 크기(sw, sh),
                  목적 캔버스 위치(dx, dy), 드로잉 이미지 폭과 높이(dw, dh) );
```

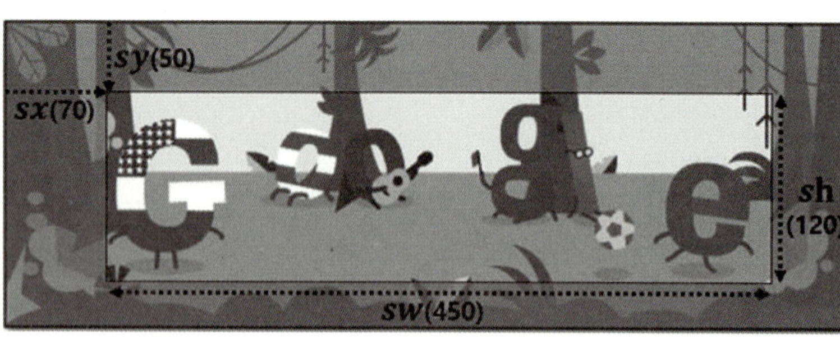

앞의 그림과 같이 이미지의 일부분을 다음 그림과 같이 목적 캔버스에 지정한 크기로 표시하도록 하는 예제를 살펴보도록 한다.

위 예제 결과에서 원본 이미지의 위치(70, 50)에서 가로 450픽셀, 세로 120픽셀 크기만큼의 이미지를 목적 캔버스의 위치(0,0)에 캔버스 크기만큼 확대하여 표시된 것을 볼 수 있다.

예제 Canvas_12-03_drawImage3.html

Script

```
function drawImage() {
    var canvas = document.getElementById('myCanvas');
    var context = canvas.getContext('2d');

    var image = new Image();
    image.src = 'images/WorldCup2014.png'; //570 x 220

    image.onload = function(e) {
    context.drawImage(image, 70, 50, 450, 120, 0, 0, canvas.width, canvas.height); }
}
```

HTML

```
<canvas id="myCanvas" width="700" height="300" style="border: 10px inset #aaa">
```

Canvas	실습하기	Script

이번 실습 예제는 앞에서 살펴본 drawImage() 메서드를 사용하여 다양한 방법으로 이미지를 그려보도록 하겠다. 우선 Canvas_Study12_03_Step.html 파일을 열고, 다음의 HTML 실습 코드를 입력하고 브라우저로 확인을 해보자.

예제 Canvas_Study12-03_Step.html

※ 완성된 Canvas_Study12-03_drawImage.html에서 확인할 수 있다.

Script

```
var image = new Image();
image.src = 'images/WorldCup2014.png'; //570 x 220

image.onload = function(e) {
    context.drawImage(image, 0, 0, canvas.width, canvas.height); //원본 이미지 드로잉
}

canvas.addEventListener("click", function () {
    var canvas2 = document.getElementById("yourCanvas");
    var context2 = canvas2.getContext("2d");

    context2.drawImage(image, 50, 50, 300, 120);  //이미지를 축소하여 드로잉한다.
    context2.drawImage(image, 0, 0, 100, 100, 0,0, 50, 50);      //왼쪽 상단 이미지
    context2.drawImage(image, 470, 0, 100, 100, 350,0, 50, 50);  //오른쪽 상단 이미지
    context2.drawImage(image, 0, 120, 100, 100, 0, 170, 50, 50); //왼쪽 하단 이미지
    context2.drawImage(image, 470, 120, 100, 100, 350, 170, 50, 50); //오른쪽 하단 이미지
}, false);
```

HTML

```
<canvas id="myCanvas" width="400" height="200" style="border: 10px inset #aaa">캔버스 연습</canvas>
<canvas id="yourCanvas" width="400" height="200" style="border: 10px outset #aaa">캔버스 연습</canvas>
<p>왼쪽 캔버스를 마우스로 클릭하면 오른쪽 캔버스에 이미지들이 그려집니다.</p>
```

다음 내용은 예제에 대한 설명을 요약한 것이다.

구분	위치	설명
Script	1~2	이미지 객체를 생성하고 이미지 주소를 지정한다.
	4~6	이미지가 로드되면 왼쪽 캔버스에 이미지를 그린다.
	8~17	이벤트 리스너를 사용하여, 왼쪽 캔버스에 마우스를 클릭하면, 오른쪽 캔버스에 이미지가 그려지도록 한다.
	9~10	오른쪽 캔버스의 아이디와 컨텍스트를 가져온다.
	12	왼쪽 캔버스 이미지를 축소하여 가운데로 그린다.
	13~16	왼쪽 캔버스 이미지에서 각 모서리의 100픽셀만큼씩을 오른쪽 캔버스에 각 모서리 위치에 50픽셀만큼으로 축소하여 그린다.
HTML	2	오른쪽에 캔버스 하나를 추가로 생성한다.

3.2 이미지 조작하기

이미지 데이터 메서드를 사용하면 이미지의 각 픽셀에 접근해서 다양한 조작을 할 수 있다. createImageData() 메서드를 사용하여 비어 있는 이미지 데이터 객체를 생성할 수 있다. 그리고 getImageData() 메서드를 사용하여 이미지 픽셀에 접근하고 putImageData() 메서드를 사용하여 픽셀을 다시 이미지에 넣을 수 있다.

이미지 데이터 객체를 생성할 때, ImageData 객체나 이미지 데이터의 폭이나 높이를 createImageData() 메서드에 전달하면 전달된 객체와 동일한 폭이나 높이를 가진 비어 있는 ImageData 객체를 반환한다.

```
imagedata = context.createImageData(sw, sh)
imagedata = context.createImageData(imagedata)
```

ImageData 객체를 반환한다.

- 2개의 인수 sw와 sh를 지정하면 지정한 크기의 사각형(CSS 픽셀 단위)을 가지는 ImageData 객체를 반환한다.
- 지정된 imagedata 크기와 동일한 이미지 데이터(ImageData) 객체를 반환한다.
- 반환된 객체의 모든 픽셀은 투명한 검은색으로 초기화된다.

```
imagedata = context.getImageData(sx, sy, sw, sh)
```

지정된 영역에 대한 ImageData 객체를 반환한다.

- 캔버스 영역에 지정된 사각형 영역(sw, sy, sw, sh)에 대한 이미지를 포함한 ImageData 객체를 반환한다.
- 사각형 영역의 각의 4개의 모서리는 캔버스의 좌표 공간 단위에서 (sx, sy), (sx+sw, sy), (sx+sw, sy+sh), (sx, sy+sh)가 된다.
- 지정된 인수가 하나라도 유한한 값이 아닐 경우, NOT_SUPPORTED_ERR 예외 오류가 발생한다.
- 지정된 인수 중에서 폭(sw)이나 높이(sh)가 0이면 INDEX_SIZE_ERR 예외 오류가 발생한다.

```
imagedata = context.putImageData(imagedata, dx, dy [, dirtyX, dirtyY, dirtyWidth, dirtyHeight] )
```

- 캔버스에 지정된 ImageData 객체(imagedata)의 데이터를 그린다.
- 만일 옵션 dirty로 주어지는 사각형(dirtyX, dirtyY, dirtyWidth, dirtyHeight) 영역이 지정되면, 지정된 사각형 영역의 픽셀만 그려지게 된다.
- 지정된 인수 imagedata 객체가 없으면, TYPE_MISMATCH_ERR 예외 오류가 발생한다.
- 지정된 인수가 하나라도 유한한 값이 아닐 경우, NOT_SUPPORTED_ERR 예외 오류가 발생한다.

imagedata.width *imagedata*.height	ImageData 객체 데이터의 실제 폭(width)과 높이(height)를 반환한다. 읽기 전용의 부호가 없는 long형의 실수 값이며, 단위는 장치의 픽셀이다.
imagedata.data	각 디바이스의 픽셀의 색상 구성 요소인 RGBA 순서의 데이터를 포함하는 1차원 배열(CanvasPixelArray 객체)을 반환한다. 따라서 각 픽셀은 빨강, 녹색, 파랑 및 투명 요소의 순서로 주어진다. 각각의 값은 8비트 정수로 이루어져 있기 때문에 0~255의 범위 이내의 값을 갖는다.

▣ 이미지 데이터(ImageData) 처리

다음은 이미지 데이터(ImageData) 객체를 생성하고 읽고 저장하는 방법을 나타낸 것이다.

```
imageCopy = context.createImageData(canvas.width, canvas.height)
```

생성되는 이미지 데이터 객체(imageCopy)의 크기(n)는 다음과 같이 캔버스의 크기(canvas.width x canvas.height)만큼의 비어 있는 색상 구성 요소의 배열로 생성된다.

imageCopy.data

data[0]	data[1]	data[2]	data[3]	...	data[n-4]	data[n-3]	data[n-2]	data[n-1]
빨간색	녹색	파란색	투명도	...	빨간색	녹색	파란색	투명도

다음은 캔버스 영역에 지정된 사각형 영역에서(0,0) 캔버스 크기만큼(canvas.width, canvas.height)의 이미지 데이터를 imageData 객체에 반환하는 방법을 나타낸 것으로, 캔버스에서 이미지 데이터를 가져옴으로써 이미지 조작을 자유자재로 할 수 있게 된다.

```
imageData = context.getImageData(0, 0, canvas.width, canvas.height)
```

생성된 이미지 배열 데이터를 복사하거나 조작하기 위해서는 다음과 같이 반복문을 통해서 처리하게 된다.

```
for(var i=0; i < imageData.data.length; i++) { //캔버스에서 가져온 이미지 데이터 크기만큼 반복한다.
    imageCopy.data[i] = imageData.data[i]; //imageData의 데이터를 imageCopy에 복사한다
}
```

다음은 가져온 이미지 데이터의 투명도를 높이도록 하는 반복문을 나타낸 것이다.

```
for(var i=3; i < imageData.data.length - 4; i+=4) { //이미지 데이터 크기만큼 반복.
    imageData.data[i] = imageData.data[i] / 2; //imageData.data에 저장된 픽셀 데이터의 투명도를 높인다.
}
```

다음은 가져온 이미지 데이터의 픽셀 값을 변경하여 네거티브 필터 역할을 하도록 하는 반복문을 나타낸 것이다. 네거티브 필터는 각 픽셀의 색상과 반대의 색상이 되도록 하는 것이기 때문에 픽셀의 최대값에서 빼주면 된다.

```
for(var i=0; i < imageData.data.length - 4; i+=4) { //이미지 데이터 크기만큼 반복.
    imageData.data[i] = 255 - imageData.data[i];      //빨간 색상을 반전한다.
    imageData.data[i+1] = 255 - imageData.data[i+1]; //녹색 색상을 반전한다.
    imageData.data[i+2] = 255 - imageData.data[i+2]; //파란 색상을 반전한다.
}
```

다음은 가져온 이미지 데이터의 픽셀 값을 변경하여 흑백 필터 역할을 하도록 하는 반복문을 나타낸 것이다. 흑백 필터는 각 픽셀 색상 값들의 평균 값이 되도록 하면 된다.

```
for(var i=0; i < imageData.data.length - 4; i+=4) { //이미지 데이터 크기만큼 반복.
    average = ( imageData.data[i] + imageData.data[i+1] + imageData.data[i+2] ) / 3; //픽셀 값 평균
    imageData.data[i] = imageData.data[i+1] = imageData.data[i+2] = average;      //평균 값 저장
}
```

이와 같이 다양한 방법으로 캔버스에 있는 이미지 데이터를 가져와서 조작할 수 있게 된다. 이미지 데이터의 처리에 대한 자세한 내용들은 영상처리 관련 참고 자료들을 참고하기 바란다.

다음은 캔버스에서 가져온 이미지 데이터를 복사한 imageCopy를 캔버스 영역(0,0)에 출력하도록 한 방법을 나타낸 것으로, 저장되어 있던 이미지 데이터가 캔버스에 표시된다.

```
context.putImageData(imageCopy, 0, 0)
```

다음은 앞의 실습 예제인 Canvas_Study12-03_drawImage.html을 수정한 것으로, drawImage() 메서드 대신에 이미지 데이터 객체를 생성하고 캔버스에 있는 이미지를 복사하여 다른 캔버스에 이미지를 넣는 방식으로 구현한 예제이다(참고로, 그려지는 도형들은 앞에서 학습했던 다각형과 별 모양으로 드로잉을 하였으며, 별도의 Canvas_Lab.js 파일로 저장하여 활용하도록 하였다).

예제 Canvas_12-03_createImageData.html

Script

```
//그리는 도형의 그림자 효과를 설정한다.
context.shadowBlur = 5;
context.shadowOffsetX = 5; //그림자를 도형의 10픽셀만큼 오른쪽으로 위치시킨다.
context.shadowOffsetY = 5; //그림자를 도형의 10픽셀만큼 아래쪽으로 위치시킨다.
context.shadowColor = 'rgba(0,0,0,0.75)'; //그림자의 색상을 25% 투명한 검은색으로 지정한다.

//다각형을 그린다.
context.beginPath();
context.strokeStyle = "black"
    drawPolygon(context, 100, 100, 80, 8, Math.PI/2, false); //팔각형 외부를 그린다
    drawPolygon(context, 100, 100, 40, 8, Math.PI/2, true); //팔각형 내부를 그린다
    context.fillStyle="rgba(227,11,93,0.75)";
context.fill();

//별을 그린다.
context.beginPath();
    drawStar(context, 300, 100, 90, false); //바깥쪽 별을 그린다.
    drawStar(context, 300, 100, 50, true);  //안쪽 별을 그린다.
    context.fillStyle="rgba(11,227,93,0.75)";
context.fill();

canvas.addEventListener("click", function (){ //캔버스의 이벤트리스너에서 마우스 클릭시
    var canvas2 = document.getElementById("yourCanvas");
    var context2 = canvas2.getContext("2d");

    //캔버스에 그려진 이미지 데이터를 가져온다.
    var imageData = context.getImageData(0, 0, canvas.width, canvas.height);

    //캔버스에 이미지 데이터 크기만큼의 빈 이미지 데이터 객체를 생성한다.
    var imageCopy = context.createImageData(imageData);
    //가져온 이미지(imageBuffer)를 생성된 빈 이미지 데이터(imageCopy)에 복사한다.
    for(var i=0; i < imageData.data.length; i++) {
        imageCopy.data[i] = imageData.data[i];
    }
    context2.putImageData(imageCopy, 0, 0); //다른 캔버스에 복사한 이미지를 그린다.
}, false);
```

HTML

```
<canvas id="myCanvas" width="400" height="200" style="border: 10px inset #aaa">캔버스 연습</canvas>
<canvas id="yourCanvas" width="400" height="200" style="border: 10px outset #aaa">캔버스 연습</canvas>
<p>왼쪽 캔버스를 마우스로 클릭하면 오른쪽 캔버스에 이미지를 복사합니다.</p>
```

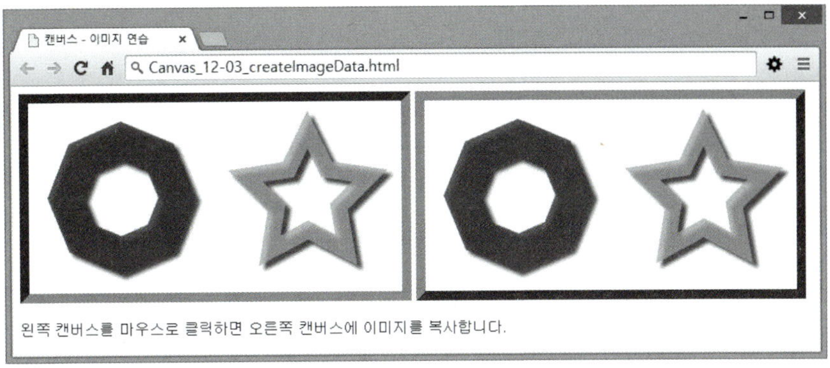

그러나 putImageData() 메서드는 앞에서 살펴보았던 drawImage() 메서드와 마찬가지로 이미지 데이터의 원하는 부분만을 캔버스에 출력할 수 있는 옵션을 제공하고 있다. 만일 다음과 같이 추가적인 옵션 dirty*를 지정한다면 이미지 데이터의 원하는 부분만을 캔버스에 원하는 이미지의 영역으로 출력할 수 있게 된다.

```
context.putImageData(imageData, 0, 0, 100, 0, 200, 200)
```

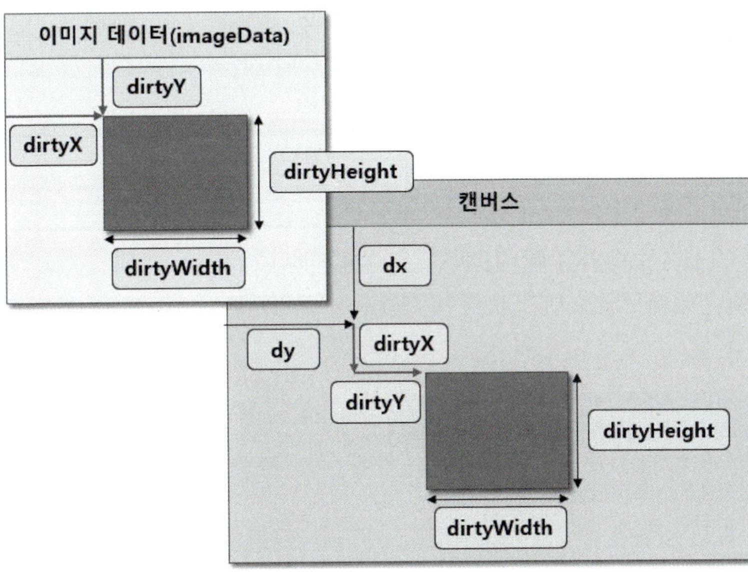

다음은 앞의 예제 Canvas_12-03_createImageData.html를 수정한 것으로, 이미지 데이터를 복사하지 않고, 가져온 이미지를 바로 다른 캔버스에 출력하도록 한 예제를 나타낸 것으로, 앞에서 언급한 dirty 옵션을 주어서 출력하도록 하였다.

예제 Canvas_12-03_putImageData.html

Script

```
… 앞의 예제 참고
canvas.addEventListener("click", function (){ //캔버스의 이벤트리스너에서 마우스 클릭시
    var canvas2 = document.getElementById("yourCanvas");
    var context2 = canvas2.getContext("2d");

    //캔버스에 그려진 이미지 데이터를 가져온다.
    var imageData = context.getImageData(0, 0, canvas.width, canvas.height);

    //이미지 데이터를 원하는 영역만 다른 캔버스에 출력한다.
    context2.putImageData(imageData, 0, 0, 100, 0, 200, 200);
}, false);
```

▣ 이미지 데이터 저장 – toDataURL() 메서드

10장 캔버스 기본에서 캔버스 API의 하나인 toDataURL() 메서드에 대한 기능에 대하여 간략하게 소개하였다. 이 메서드는 다음과 같이 캔버스에 그려진 내용을 URL 문자열로 반환 해주는 기능을 제공한다.

`url = canvas.toDataURL(type, quality)` **캔버스에 그려진 내용을 URL 문자열로 반환한다.**

- type - 이미지의 종류를 나타내는 것으로, "image/jpeg" 또는 "image/png"와 같이 지정할 수 있다. 지정되지 않으면, 기본적으로 "image/png"로 설정된다.
- quality - 이미지의 품질을 나타내는 것으로, 0.0 ~ 1.0(손실이 없는 가장 좋은 품질) 사이의 실수 값을 반드시 지정해야 한다.

반환된 문자열에는 다음과 같이 이미지 MIME 타입과 인코딩 방법 그리고 인코딩 된 데이터 문자열이 포함된다.

```
data:image/png;base64,iVBORw0KGgoAAAANSUhEUgAAAZAAAADICAYAAADGFbfiAAAgAElEQVR…………..
```

캔버스에 그려진 내용을 Data URL로 변환한 것이기 때문에 이 문자열 자체가 이미지 정보가 된다. 따라서 이러한 문자열 정보를 이용하여 이미지 객체에 연결하거나 다른 이미지로 생성할 수 있다. 따라서 이와 같은 기능을 활용하면 캔버스에 그린 이미지를 문자열로 변환하여 데이터베이스에 저장하고 필요할 때 다시 이미지로 변환하면 별도의 이미지 파일을 보관할 필요가 없게 된다.

다음은 toDataURL() 메서드를 활용한 예제를 나타낸 것으로, 캔버스를 클릭하면 오른쪽에 이미지로 표시되고 하단에 변환된 URL 문자열을 표시하도록 하였다.

예제 Canvas_12-03_toDataURL.html

Script

```
… 앞의 예제 참고
canvas.addEventListener("click", function (){ //캔버스의 이벤트리스너에서 마우스 클릭시
    var myImage = document.getElementById("myImage");
    var textArea = document.getElementById("textArea");

    //이미지의 src와 텍스트 필드의 value에 URL 문자열을 할당한다.
    textArea.value = myImage.src = canvas.toDataURL();
}, false);
```

HTML

```
<img id="myImage"></img>
<textarea id="textArea" cols="110" rows="10"></textarea>
```

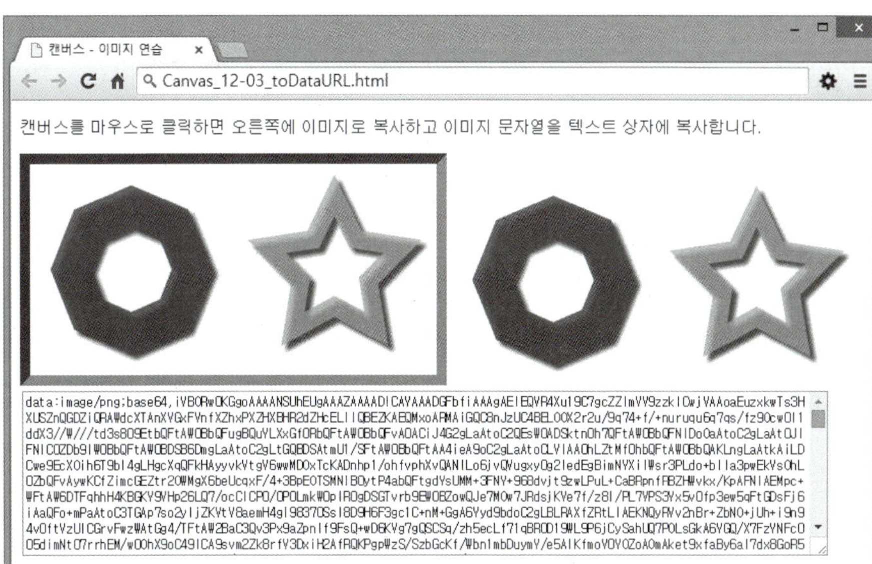

기본적으로 캔버스에서 드로잉 되는 내용들은 비트맵이지만 HTML의 img 요소는 비트맵이 아니다. 따라서 마우스 오른쪽 버튼을 클릭해서 캔버스의 내용들을 저장할 수도 없을 뿐만 아니라 캔버스를 데스크톱으로 드래그하여 저장할 수도 없다. 그러나 예제와 같이 toDataURL() 메서드를 사용하여 이미지로 변환하면 마우스의 오른쪽 버튼을 클릭해서 저장할 수도 있고, 드래그를 할 수도 있다. 다음 그림은 캔버스 위에서 오른쪽 버튼을 클릭했을 때와 오른쪽에 이미지로 변환한 이후에 클릭했을 때를 나타낸 것이다.

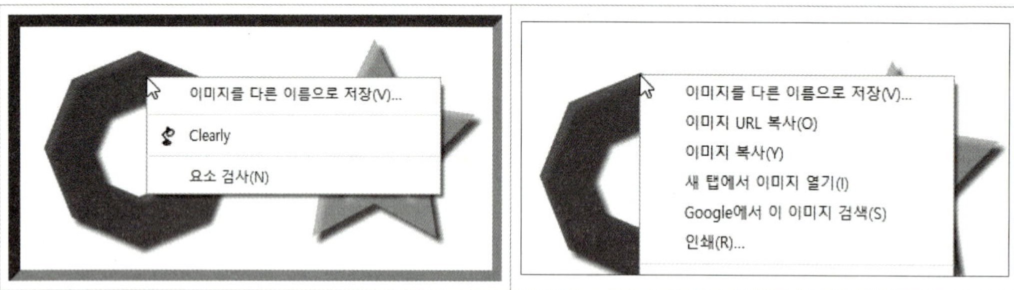

캔버스에서 오른쪽 버튼 클릭 시	이미지에서 오른쪽 버튼 클릭 시

3.3 클리핑

클리핑은 이미지를 모양대로 마스크를 씌워서 원하는 모양으로 보이도록 하는 기능으로, 어떠한 드로잉도 정해진 틀 안에서 작업하도록 해주기 때문에 매우 유용한 기능이라 할 수 있다.

▣ 클리핑 영역 지정하기

클리핑 영역은 캔버스 영역에서 드로잉을 제한하도록 해주는 패스로 정의된 특수한 영역을 말한다. 그리고 컨텍스트가 초기화될 때, 클리핑 영역은 기본적으로 상단 왼쪽(0,0)에서 좌표 공간의 폭과 높이를 가지는 구조로 설정되기 때문에 클리핑 영역의 크기와 캔버스의 크기와 동일하게 된다.

클리핑 영역은 현재의 클리핑 영역과 현재 패스에서 그려진 영역이 겹치는 부분을 계산하여 새로운 클리핑 영역으로 생성한다. 만일 열려 있는 서브 패스가 있다면, 클리핑 영역을 계산할 때 암시적으로 닫혀있는 것으로 처리한다. 그러나 서브 패스에는 영향을 주지 않는다.

클리핑 영역은 다음과 같이 원하는 클리핑 모양의 패스를 지정한 다음, clip() 메서드를 호출하면 된다.

1. 원하는 클리핑 모양의 패스를 지정한다.
2. context.clip()

패스를 생성한 이후에 **clip()** 메서드를 호출해서 클리핑 영역을 설정할 때까지는 캔버스에 그려지는 어떤 것에도 영향을 주지 않지만, 이렇게 메서드가 호출되어 클리핑 영역이 설정되면 캔버스에서 드로잉하는 작업들은 클리핑 영역으로 제한되기 때문에 클리핑 영역 외부에 그려지는 내용들은 아무런 효과도 없게 된다. 다음의 예제는 앞의 예제(Canvas_12-03_createImageData.html)에서 드로잉 하기 전에 클리핑 영역만 설정한 것이 다른 점이다.

예제 Canvas_12-03_clipArea.html

Script

```
… 앞의 예제 참고 …
// 둥근 클리핑 패스를 생성한다.
context.beginPath ();
context.arc(200, 100, 90, 0, Math.PI * 2, false); //원 모양의 클리핑 영역 패스를 만든다.
context.stroke();
context.clip(); //클리핑 영역을 설정한다.
… 앞의 예제 참고 …
```

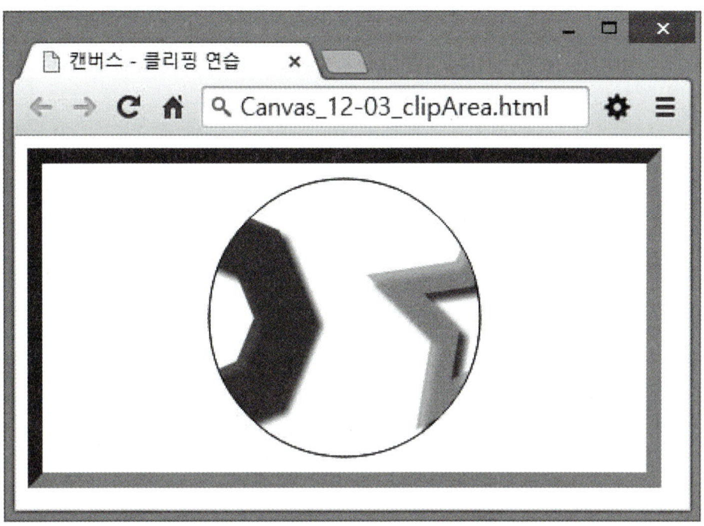

이러한 클리핑 영역은 이미지도 동일하게 적용을 받는다. 따라서 다음 그림과 같이 지정한 이미지를 그리기 전에 클리핑 영역을 설정한다면 클리핑 영역에만 이미지가 그려지게 되는 것을 볼 수 있다. 다음의 예제는 앞의 예제(Canvas_12-03_drawImage3.html)에서 이미지를 표시하기 전에 클리핑 영역을 설정한 결과이다.

예제	Canvas_12-03_clipImage.html

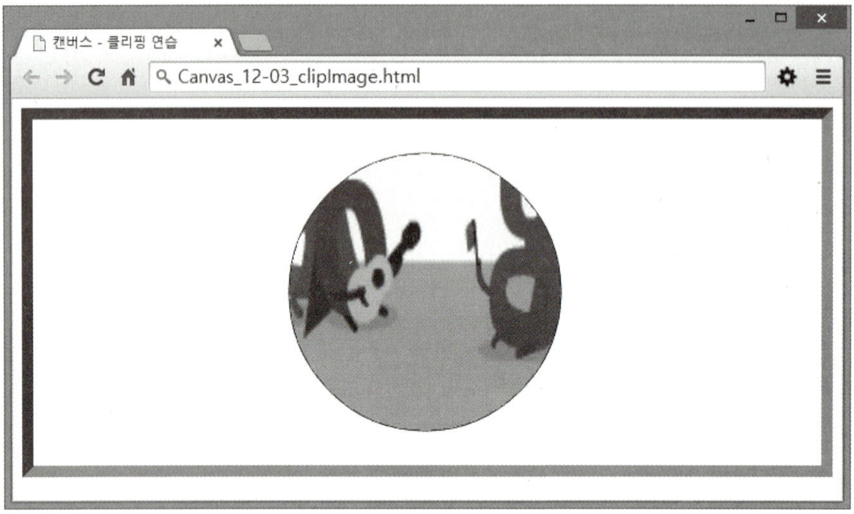

▣ 클리핑 영역 지우기

우리는 앞에서 clearRect() 메서드를 호출하면, 지정한 영역이 지워진다는 것을 살펴보았다. 그런데, 클리핑 영역을 설정하고 clearRect() 메서드를 호출하면 지워지는 영역이 클리핑 영역으로 제한된다. 다음 예제의 결과는 앞의 예제(Canvas_12-03_clipArea.html)와는 순서를 달리한 것으로, 클리핑 영역의 설정을 이미지를 표시한 이후에 context.clearRect(0, 0, canvas.width, canvas.height)와 같이 메서드를 호출하도록 한 결과이다.

예제	Canvas_12-03_clipClear.html

Section 04 애니메이션

우리는 앞에서 학습한 CSS3에서 애니메이션에 대한 내용을 학습하였다. HTML5의 캔버스에서도 애니메이션 기능을 구현할 수 있다. 캔버스에서는 많은 이미지들이 애니메이션처럼 보이게 하려면 가능한 빠르게 드로잉 작업을 해야 한다. 따라서 애니메이션의 최적 성능을 얻기 위해서는 윈도우 객체의 window.requestAnimationFrame() 메서드를 통해서 애니메이션을 구현해야 한다. 이번 절에서는 간단한 애니메이션 예제를 통해서 캔버스에서 어떻게 애니메이션을 구현하는지 학습하도록 한다.

본 교재에서 설명하게 되는 애니메이션 관련 내용들은 다음의 표준화 문서를 참조하여 작성하였으므로, 좀 더 자세한 내용을 살펴보고자 한다면 아래 사이트에서 해당 문서를 참고하도록 하자.

표준화 문서	Timing control for script-based animations - http://www.w3.org/TR/animation-timing/
표준화 단계	W3C Candidate Recommendation. (2013-10-31)

4.1 기존 방법의 문제

웹 브라우저에서의 애니메이션은 두 가지 형태로 제공된다. SVG에서의 <animate>요소와 스크립트에서 구현되는스크립트 기반의 setTimeout() 메서드와 setInterval() 메서드이다. setTimeout() 메서드가 특정 시간에 메서드를 한 번만 호출하는 반면에 setInterval() 메서드는 특정 시간마다 메서드를 반복적으로 호출한다. 이러한 메서드들의 문제는 애니메이션을 업데이트하기 위한 최적의 주기(frequency)가 무엇인지 모르기 때문에 개발자는 가장 간단한 방법으로 10ms와 같은 최소한의 시간으로 고정시킨다. 이는 매우 작은 값으로 setTimeout() 메서드를 호출하는 것으로, 초당 100번을 업데이트하는 것과 같다. 이러한 방법들은 웹 개발자에게 애니메이션의 그래픽 타이머를 예약할 수 있는 효율적인 방법을 제공하지 않기 때문에 애니메이션이 과도하게 그려지게 되고 CPU 주기가 낭비되거나 추가 전력이 사용되는 문제가 발생한다. 또한 웹 사이트가 보이지 않을 때, 특히 웹 사이트가 배경 탭의 페이지를 사용하거나 브라우저가 최소화된 경우에도 애니메이션이 종종 발생하는 문제점이 있다.

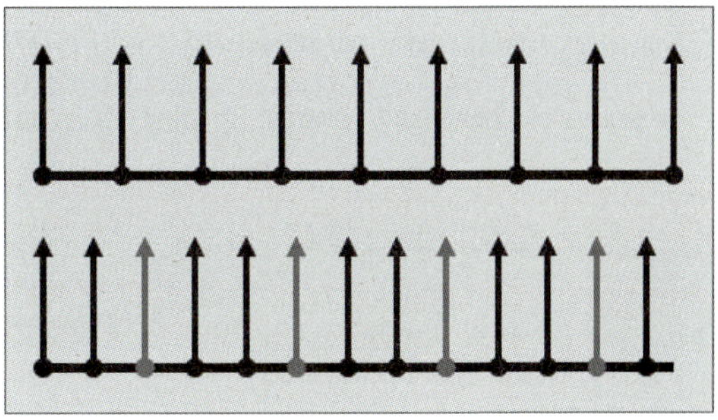

오른쪽 그림은 애니메이션에서 10ms의 타이머를 사용할 경우를 나타낸 것으로, 그림에

서 보듯이 타이밍 불일치가 발생하는 것으로 볼 수 있다. 그림에서 상단에 있는 타이밍은 대부분의 모니터에 표시되는 16.7ms의 디스플레이 주파수를 나타내고, 하단에 있는 타이밍은 일반적인 10ms의 setTimeout을 나타낸 것이다. 하단 타이밍의 경우 디스플레이를 새로 고침하는 간격 전에 요청이 한번 더 발생하기 때문에 세 번째 그림은 그릴 수 없게 된다(빨간색 화살표).

이러한 과도한 그리기는 매 세 번째 프레임이 손실되기 때문에 애니메이션이 끊어지는 현상을 가져오게 된다. 또한 타이머 확인 감소는 배터리 수명에도 좋지 않은 영향을 미치고 다른 앱의 성능을 저하시킬 수 있는 문제점을 가지고 있다.

다음 그림은 setTimeout 기반의 애니메이션과 requestAnimationFrame 기반의 애니메이션을 비교한 것으로 (http://ie.microsoft.com/testdrive/Graphics/RequestAnimationFrame/Default.html)에서 직접 확인해 볼 수 있다.

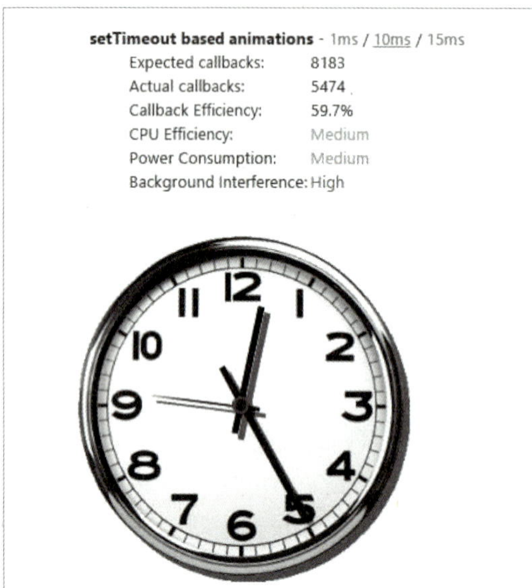

setTimeout 기반의 애니메이션

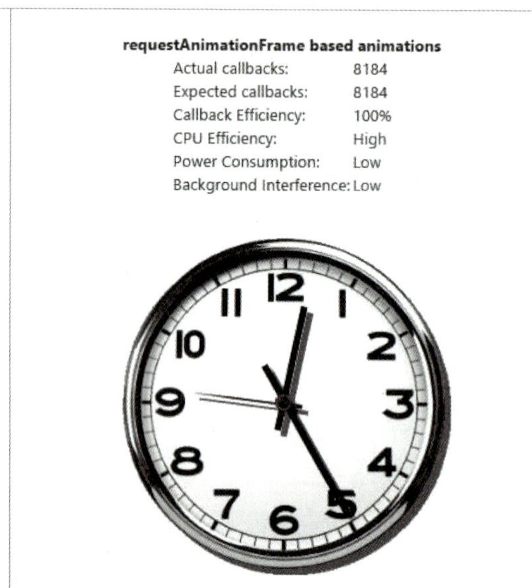

requestAnimationFrame 기반의 애니메이션

그림에서 알 수 있듯이 setTimeout() 메서드를 사용하는 것은 시스템에 많은 부하를 주고 있다는 것을 알 수가 있다. 가장 중요한 것은 setTimeout() 메서드와 setInterval() 메서드가 애니메이션을 목적으로 만든 메서드가 아니라는 점이다. 따라서 본 교재에서는 W3C의 표준 메서드인 requestAnimationFrame() 및 cancelAnimationFrame() 메서드를 사용하도록 하였다.

4.2 스크립트 기반 애니메이션용 타이밍 컨트롤

캔버스에서는 requestAnimationFrame() 메서드와 cancelAnimationFrame() 메서드를 사용하여 애니메이션을 구현한다. 이 메서드는 브라우저가 페이지 디스플레이를 업데이트해야 할 때만 사용자 애플리케이션에 알리도록 할 수 있으므로 프레임 손실 문제를 해결할 수 있다. 따라서 애플리케이션이 브라우저 그리기 간격에 맞춰 완벽하게 조정되며 적절한 리소스 양만 사용하는 장점이 있다.

다음은 표준화 문서에 기술되어 있는 requestAnimationFrame 및 cancelAnimationFrame 메서드에 대한 인터페이스를 나타낸 것이다.

```
partial interface Window {
    long requestAnimationFrame(FrameRequestCallback callback);
    void cancelAnimationFrame(long handle);
};

callback FrameRequestCallback = void (DOMHighResTimeStamp time);
```

메서드	설명
requestAnimationFrame	다음 애니메이션 프레임을 그릴 준비가 되면 브라우저에게 특정 콜백을 호출할 수 있도록 요청한다. long 타입의 핸들을 반환한다. cancelAnimationFrame 메서드에서 사용된다. 다음 애니메이션을 그릴 시간을 알 필요가 없다는 장점이 있다.
cancelAnimationFrame	애니메이션 프레임을 업데이트하도록 이전에 예약되어 있는 콜백 요청을 취소하는데 사용된다.

즉, requestAnimationFrame() 메서드에서는 콜백에 대한 핸들 역할을 하는 long 타입의 핸들을 반환하고 이 핸들을 cancelAnimationFrame() 메서드에 전달해서 콜백을 취소할 수 있다.

▣ 콜백 함수의 시간

이러한 콜백 함수를 사용하여 SVG 및 Canvas 또는 CSS 속성을 비롯한 거의 모든 것에 애니메이션 효과를 줄 수 있다. 이 콜백 함수에는 들어오는 한 개의 time 매개 변수는 콜백 함수가 호출된 시간을 나타낸다. 이는 페이지의 탐색 시작부터 측정된 고해상도 시간인 DOMHighResTimeStamp이다. DOMHighResTimeStamp는 밀리초로 측정되며 밀리초의 천분의 1까지 정확하게 측정된다.

시간 측정의 경우 1970년 1월 1일 이후의 시간을 밀리초로 측정하는 Date.now()

와 직접 비교할 수는 없다. time 매개 변수를 현재 시간과 비교하려면 현재 시간에 대해 window.performance.now() 메서드를 사용해야 한다. 시간 값을 DOMTimeStamp에서 DOMHighResTimeStamp로 변경하는 것은 W3C 스크립트 기반 애니메이션의 타이밍 컨트롤 명세서의 최신 편집자 초안에 포함된 최근 변경 사항이므로 일부 브라우저에서는 여전히 DOMTimeStamp로 시간 값을 구현할 수 있다. W3C 명세서 이전 버전에서는 DOMTimeStamp를 사용했으며, 이때는 현재 시간에 Date.now를 사용할 수 있었다.

정확한 시간을 측정하는 window.performance.now() 메서드는 PerformanceTiming.navigationStart 속성을 1000분의 1초를 정확히 측정하여 DOMHighResTimeStamp 값을 반환한다. 이에 대한 자세한 내용은 다음 주소를 참고하도록 하자.

- Automating Web Performance Measurement - http://updates.html5rocks.com/tag/performance

▣ 간단한 애니메이션 구현

우선 간단한 애니메이션을 살펴보도록 하겠다. 브라우저가 다음 프레임을 그리기 위한 준비가 되면 브라우저는 우리가 만든 애플리케이션에 신호를 보낸다. 브라우저는 애니메이션에 대한 하드웨어 가속을 사용할 뿐만 아니라, 다른 그리기 작업과 동시에 프레임을 다시 그리기 위한 작업을 조정하게 된다. 기본적으로 캔버스를 사용해서 애니메이션을 구현하기 위해서는 움직이게 하고자 하는 무엇인가를 계속해서 업데이트하고 그려야 한다.

다음의 예제는 간단하게 그린 사각형을 좌우로 왕복 운동하게 하는 것으로, 그리는 도형의 캔버스 좌표를 계속해서 업데이트하도록 하였다. 캔버스를 클릭하면 애니메이션이 동작하고 다시 클릭하면 애니메이션이 정지되도록 애니메이션을 토글 처리하였다.

예제 Canvas_12-04_simpleAnimation.html

Script

```
var requestId = 0;
var x =  25, y = 25, rectWidth = 50, speed = 5;

context.fillStyle="rgba(11,227,93,0.75)";
context.fillRect(x, y, rectWidth, rectWidth);

function draw() {
    context.clearRect(0, 0, canvas.width, canvas.height);
    context.fillRect(x, y, rectWidth, rectWidth);
}

function animate() {
    requestId = window.requestAnimationFrame(animate);
```

```
    x += speed;
    if(x <= 0 || x >= (canvas.width - rectWidth)){ speed = -speed; } //방향을 바꾸도록 한다.

    draw();
}

canvas.addEventListener("click", function (){ //캔버스의 이벤트리스너에서 마우스 클릭시
        if(requestId > 0) { //애니메이션이 동작중일 때
            window.cancelAnimationFrame(requestId); //애니메이션을 정지한다..
            requestId = 0;  //핸들 번호를 초기화 시킨다.
        } else {  //애니메이션이 정지 상태이면 다시 시작한다.
            requestId = window.requestAnimationFrame(animate);
    }
}, false);
```

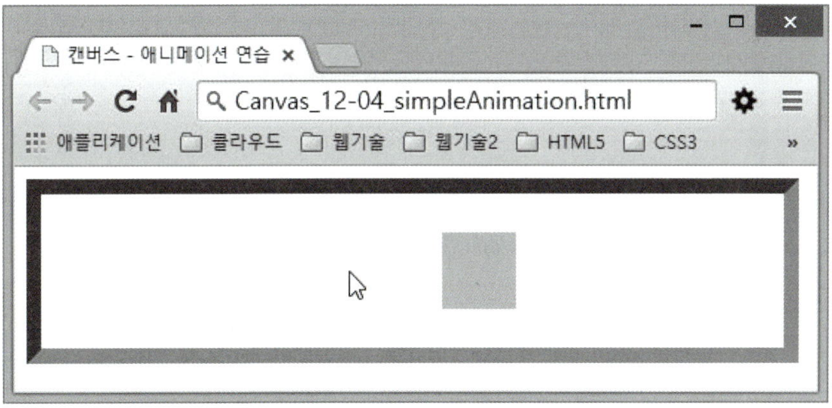

4.3 예제 응용하기

이번에는 앞에서 살펴본 예제를 기준으로 다음 그림과 같이 캔버스 영역 내에서 움직이는 볼을 만들어 보도록 할 것이다. 캔버스를 클릭하면 볼이 정해진 각도에 따라서 움직이게 되고 캔버스 각 모서리에 도착하면 방향을 바꾸게 되는데, 볼의 입사각을 기준으로 반사각을 결정하게 된다.

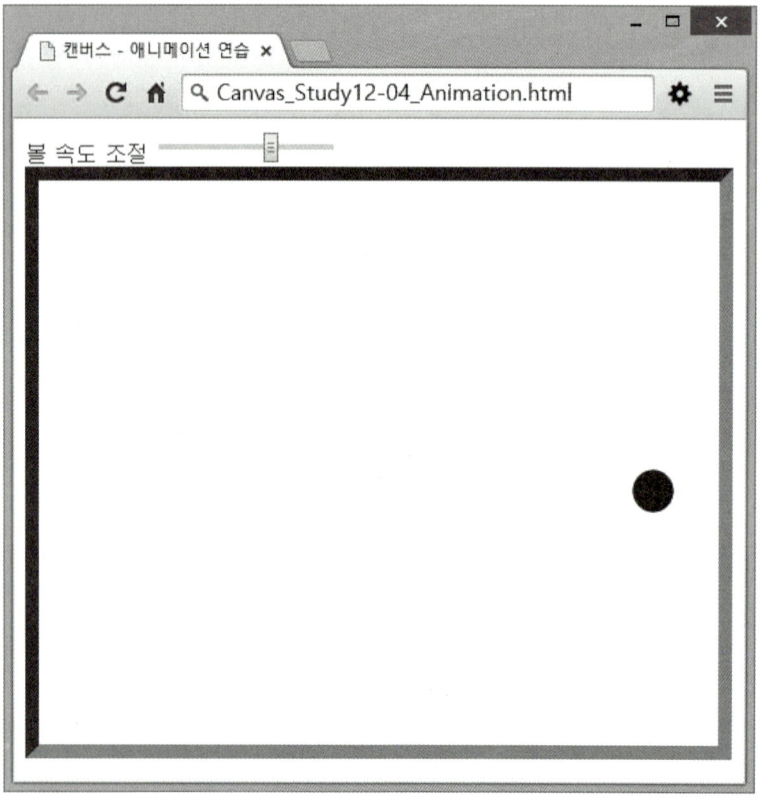

Canvas **실습하기** Script

우선, Canvas_Study12_04_Step.html 파일을 열고, 다음의 HTML 실습 코드를 입력하고 브라우저로 확인을 해보자.

예제 Canvas_Study12-04_Step.html　　※ 완성된 Canvas_Study12-04_Animation.html 에서 확인할 수 있다.

Script

```
function draw() {
    var canvas = document.getElementById("myCanvas");
    var context = canvas.getContext("2d");

    var ballSpeed = document.getElementById("ballSpeed"); //Input 요소의 아이디를 가져온다.
    var speed = ballSpeed.value; //볼의 초기 움직임 속도를 HTML의 input 요소에서 가져온다.
    var ballSize = 15; //볼의 반지름 크기
    var ball = {x:canvas.width/2, y:canvas.height/2}; //볼의 중심 위치
    var angle = 35; //볼이 벽을 맞고 튈 때마다 변경되는 각도를 나타낸다.
    var radians = 0, xunits = 0, yunits = 0; //볼의 각도, 수평 및 수직의 움직이는 단위
    var requestId = 0; //requestAnimationFrame 메서드를 위한 핸들
```

```
        updateBallPosition();
        drawBall();

        function updateBallPosition() { //볼의 움직이는 위치를 결정한다.
            radians = angle * Math.PI/ 180;
            xunits = Math.cos(radians) * speed;
            yunits = Math.sin(radians) * speed;
        }

        function drawBall() { //볼을 그린다.
            context.fillStyle = "blue";
            context.beginPath();
            context.arc(ball.x, ball.y, ballSize, 0, Math.PI*2, true);
            context.closePath();
            context.fill();
        }

        function  animate() { //애니메이션을 처리한다.
            requestId = window.requestAnimationFrame(animate);
            context.clearRect(0, 0, canvas.width, canvas.height);
            ball.x += xunits; //볼의 중심 x좌표 업데이트
            ball.y += yunits; //볼의 중심 y좌표 업데이트

            if (ball.x > canvas.width || ball.x < 0 ) {
                angle = 180 - angle; //수평 방향을 바꾸도록 한다.
                updateBallPosition();
            } else if (ball.y > canvas.height || ball.y < 0) {
                angle = 360 - angle; //수직 방향을 바꾸도록 한다.
                updateBallPosition();
            }
            drawBall();
        }

        //마우스로 캔버스를 클릭할 때 이벤트 리스너에서 의해서 호출된다.
        canvas.addEventListener("click", function (){
            if(requestId > 0) { //애니메이션이 동작중일 때
                window.cancelAnimationFrame(requestId); //애니메이션을 정지한다..
                requestId  = 0;  //핸들 번호를 초기화 시킨다.
            } else {  //애니메이션이 정지 상태이면 다시 시작한다.
                requestId = window.requestAnimationFrame(animate);
            }
        }, false);
```

```
55
56      //Input 요소의 볼의 속도를 변경하면 호출된다.
57      ballSpeed.addEventListener("change", function () {
58          speed = ballSpeed.value; //볼의 속도 값을 변경한다.
59      }, false);
60  }
```

Script

```
1  <body onload="draw();">
2  볼 속도 조절 <input id="ballSpeed" type="range" min=10 max=30 value=15 step=1></input><br>
3  <canvas id="myCanvas" width="500" height="400" style="border: 10px inset #aaa">캔버스 연습</canvas>
4  </body>
```

다음 내용은 예제에 대한 설명을 요약한 것으로, 각 세부 사항은 코드의 주석을 참고하도록 한다.

구분	위치	설명
Script	5~11	실습 예제에서 필요한 각 변수들을 초기화한다.
	16~20	볼의 움직이는 위치를 결정한다.
	22~28	캔버스에 볼을 그린다.
	30~44	볼의 애니메이션을 처리는 부분이다.
	47~54	캔버스에 마우스를 클릭할 때마다. 애니메이션을 진행하거나 정지한다.
	57~60	Input 요소의 슬라이더로 볼의 속도가 변경되면 볼의 속도를 변경한다.
HTML	2	볼의 속도를 조절하기 위한 슬라이더를 추가한다.

Section 05 히트 영역(Hit Regions)

HTML5 캔버스에서는 히트 영역을 위한 기능 지원이 확대되었다. 이 기능을 사용하면 사용자의 이벤트에 응답하는 임의의 영역을 지정할 수 있게 된다. 즉, 그래픽서 핫-스팟(hot-spots)을 정의할 수 있다. 히트 영역은 최근에 추가된 기능이기에 아직은 주요 브라우저에서 지원되지 않는다. 본 교재가 출간되는 시점에도 계속에서 이 기능에 대한 이슈가 논의되고 있으며, 버그 리포트를 받고 있었다. 이에 대한 이슈를 보고자 한다면 구글 크로미움의 코드 리뷰(https://codereview.chromium.org/329853011)를 살펴볼 수 있으며, 직접 소스 코드까지 다운을 받아서 살펴볼 수 있다. 그러나 중요한 기능이 곧 주요 브라우저에서 지원될 것이라 생각되어, 본 교재에서는 이 기능에 대하여 간략하게나마 살펴보기로 한다.

기본 컨텍스트가 CanvasRenderingContext2D 객체인 각각의 캔버스 요소는 비트맵과 관련된 히트 영역 목록이 있어야 한다. 각각의 히트 영역은 다음 정보로 구성되어 있다.

- 캔버스의 비트맵에 있는 패스
- 히트 영역의 패스를 둘러싸고 있는 캔버스 요소의 비트맵에 있는 경계의 둘레
- 선택적으로 다른 영역으로부터 영역을 구별하기 위한 ID를 나타내는 비어 있지 않은 문자열
- 선택적인 컨트롤(특정 조건에서의 요소 노드에 대한 참조, 캔버스 요소의 하위 요소가 아니면 무시된다)

캔버스에는 히트 영역에 대한 기본 적인 메서드를 다음과 같이 지원하고 있다.

context.addHitRegion(options)	현재 기본 패스를 기반으로 캔버스 비트맵에 대한 히트 영역을 추가한다.

- 이 메서드의 options 인수는 다음과 같은 멤버를 가진 객체이다.
- id(기본적으로 비어 있는 문자열) – 히트 영역에서 사용할 수 있는 아이디를 나타낸다. 캔버스의 이벤트 영역(event.region)에서의 MouseEvent 이벤트와 이 메서드에 대한 이후에 호출되는 영역을 식별하는 방법으로 사용된다. 이 옵션을 사용하면 마우스 이벤트에서 마우스(ID 포함)가 히트 영역에 있을 때, 브라우저가 이 영역을 검사하게 함으로써 히트 감지를 쉽게 만들 수 있다.
- control(기본값은 Null) – 이벤트에 대한 캔버스의 하위 요소로서, 히트 영역과의 상호작용을 위한 대리자로서의 사용할 수 있는 접근성 도구를 나타낸다.

context.removeHitRegion(id)	캔버스 비트맵에서 히트 영역을 제거한다.

- 인수 id는 addHitRegion() 메서드를 사용하여 추가된 히트 영역의 ID를 나타낸다.

context.clearHitRegions()	캔버스 비트맵에서의 모든 히트 영역을 제거한다.

- 이 메서드를 사용하여 히트 영역들에 있는 패스들을 효과적으로 지운다.

추가적으로, 히트 영역을 지원하기 위하여 MouseEvent 인터페이스는 다음과 같이 확장되었다.

```
partial interface MouseEvent { readonly attribute DOMString? region; };
partial dictionary MouseEventInit { DOMString ? region; };
```

event.region	만일, 마우스가 히트 영역에 있으면 히트 영역의 ID를 반환한다. 그 외에는 null 값을 반환한다.

히트 영역을 정의하기 위해서는 다음과 같이 간단하게 패스를 닫기 전에 패스와 히트 영역을 정의하기만 하면 된다. 예로 다음의 예제를 살펴보자.

```
context.beginPath();
context.rect(10,10,100,100); //캔버스의 좌표(10, 10)에서 폭(100픽셀)과 높이(100픽셀)의 영역을 그린다.
context.fill();              //사각형 영역을 채운다.
context.addHitRegion( { id: 'First Button' } ) //위에서 채운 사각형 영역을 히트 영역으로 정의한다.
```

이 예제는 이벤트를 생성하여 그 위에 사용자 클릭에 반응하는 사각형 영역을 만든다. 바로 그래픽 내에서 버튼과 같은 역할을 하게 되는 것이다. 따라서 사용자는 캔버스 이벤트 처리기에서 전달된 이벤트 인수를 검사하여 클릭된 영역을 발견할 수 있다.

addHitRegion() 메서드에는 옵션 인수로서 사용될 수 있는 다음과 같은 속성들을 포함한다.

속성	기본값	설명
path	null	히트 영역을 위해 응답이 가능한 패스/도형을 결정하는 캔버스 Path 객체를 나타낸다. 이 값이 지정되지 않으면 현재 패스가 사용된다.
fillRule	nonzero	패스의 내부를 채우는(fill) 규칙을 나타낸다. 자세한 내용은 11장 3절에 설명되어 있는 와인딩 규칙을 참고하도록 한다.
id	빈 문자열	이벤트 및 addHitRegion 메서드로 정의된 히트 영역을 식별하는 데 사용된다.
parentID	null	부모 히트 영역의 ID가 될 수 있는 ParentID를 나타낸다. 부모 히트 영역으로 사용될 수 있는 잠재적인 하나는 포인터에 대한 다른 스타일을 지정할 수 있도록 하는 커서의 대체 요소(fallback)를 가질 수 있다는 것이다.
cursor	inherit	히트 영역에 대한 커서의 스타일을 나타낸다. 예를 들어, 마우스 오버시 커서의 모양을 변경할 수 있다.
control	null	클릭이나 마우스 이벤트에 대한 캔버스의 하위 요소로서, 히트 영역과의 상호작용을 위한 대리자로서 사용할 수 있는 접근성 도구를 나타낸다. <button>과 같은 컨트롤이 될 수 있다. 따라서 "proxy" 같은 요소를 사용한 다음에 이 요소에 대한 이벤트 리스너 코드를 추가하면 된다. 기본값은 null이다.
label	null	주어진 control이 없을 경우에, 히트 영역의 설명으로 사용되는 "텍스트 레이블"과 같은 접근성 도구를 나타낸다.
role	null	주어진 control이 없을 경우에, 히트 영역을 어떻게 표현하는지를 결정하기 위해 사용되는 접근성 툴을 위한 ARIA 역할을 나타낸다.

이러한 속성을 사용하여 다음 예제와 같이 클릭이 가능한 영역임을 알 수 있도록 히트 영역 위로 커서를 이동하는 경우에도 자동으로 커서의 변경을 지정할 수도 있다. 다음은 히트 영역을 2개 정의한 예제를 나타낸 것이다.

예제 Canvas_12-05_simpleHitRegion.html

Script

```
<script>
   context.beginPath();
   context.rect(10,10,100,100); //첫 번째 히트 영역
   context.fill();
   context.addHitRegion({'id': 'First Button', 'cursor': 'pointer'});

   context.beginPath();
   context.rect(120,10,100,100); //두 번째 히트 영역
   context.fill();
   context.addHitRegion({'id': 'Second Button', 'cursor': 'pointer'});

   canvas.onclick = function (event)
   {
      if (event.region) { alert('You clicked ' + event.region); }
   }
<script>
```

CHAPTER

13 오디오와 비디오

Section 01 미디어 요소

미디어 요소는 사용자에게 오디오 데이터 또는 비디오 데이터를 제공한다. 본 교재에서는 이것을 미디어 데이터라고 할 것이다. 설명하게 되는 미디어 요소와 오디오 및 비디오에 대한 내용들은 표준화 문서를 참조하여 작성하였으므로, 좀 더 자세한 내용을 살펴보고자 한다면 아래 사이트에서 해당 문서를 참고하도록 하자

표준화 문서	HTML 5 - http://www.w3.org/html/wg/drafts/html/CR/
표준화 단계	Last Call Working Draft(Editor's Draft) (2014-06-27)
문서 위치	4.7.10 Media elements

미디어 요소는 오디오를 위한 미디어 요소나 비디오를 위한 미디어 요소에 똑같이 적용되고 미디어 자원이라는 용어는 완전한 비디오 파일이나 오디오 파일과 같이 완전한 미디어 데이터 집합을 가리킨다.

미디어 자원에는 여러 개의 오디오와 비디오 트랙이 있을 수 있다. 미디어 요소를 사용할 경우, 미디어 자원의 비디오 데이터는 이 요소의 videoTracks 속성이 제공한 트랙 중 현재 선택된 트랙의 비디오 데이터일 뿐이며, 미디어 자원의 오디오 데이터는 이 요소의 audioTracks 속성이 제공한 트랙 중 현재 활성화된 트랙을 모두 조합한 결과이다. 또한 audio와 video 요소 모두 오디오와 비디오에 사용할 수 있다. 이 둘의 주요 차이점이라면, 단지 video 요소는 시각적인 콘텐츠(예를 들어, 비디오나 캡션)를 위한 재생 영역이 있지만, audio 요소에는 없다는 것이다.

본 교재에서는 오디오와 비디오를 학습하기에 앞서 미디어 요소의 인터페이스를 비롯하여 관련 내용들을 미리 간략하게 정리해서 살펴본다. 그리고 이를 응용하는 것은 2절 오디오와 3절 비디오에서 살펴보기로 하겠다.

1.1 미디어 요소의 인터페이스

다음은 오디오 및 비디오 요소에서 사용되는 미디어 요소의 인터페이스를 정리하여 나타낸 것이다.

enum	CanPlayTypeEnum { "" /* 빈 문자열을 나타냄 */, "maybe", "probably" };	
Interface	HTMLMediaElement : HTMLElement	
미디어 오류 상태	속성	error;
네트워크 상태	속성	src, currentSrc, crossOrigin, networkState, preload, buffered
	메서드	load(),canPlayType(type);
	상수 값	NETWORK_EMPTY = 0 / NETWORK_IDLE = 1 NETWORK_LOADING = 2 / NETWORK_NO_SOURCE = 3
준비 상태	속성	readyState, seeking
	상수 값	HAVE_NOTHING = 0 / HAVE_METADATA = 1 / HAVE_CURRENT_DATA = 2 HAVE_FUTURE_DATA = 3 / HAVE_ENOUGH_DATA = 4
재생 상태	속성	currentTime, duration, paused, defaultPlaybackRate, playbackRate, played, seekable, ended, autoplay, loop
	메서드	getStartDate(), play(), pause()
미디어 컨트롤러	속성	mediaGroup, controller
재생 도구	속성	controls, volume, muted, defaultMuted
트랙	속성	audioTracks, videoTracks, textTracks
	메서드	addTextTrack(kind, label, language)

미디어 자원을 지정하는 방법에는 src 속성을 사용하거나 source 요소들을 사용하는 두 가지 방법이 있다. 다음과 같은 currentSrc 속성은 이러한 미디어 자원의 위치를 재정의하는 기능을 가지고 있다.

media.currentSrc	현재 미디어 자원의 주소를 반환한다. 미디어 자원이 없을 경우 빈 문자열을 반환한다.

다음은 네트워크의 상태를 알려주는 networkState 속성 값을 나타낸 것이다.

media.networkState	아래 목록의 코드 중에서 해당 요소에 대한 현재 네트워크 활동 상태를 나타내는 코드를 반환한다.
NETWORK_EMPTY	요소가 아직 초기화되어 있지 않아서 속성 모두 각각의 초기 상태에 있다는 것을 나타낸다.

NETWORK_EMPTY	요소가 자원을 선택했지만, 현재 실제로 네트워크를 사용하고 있지 않다는 것을 나타낸다.
NETWORK_LOADING	브라우저에서 활발히 데이터의 다운로드 시도를 하고 있는 상태를 나타낸다.
NETWORK_NO_SOURCE	요소가 사용할 자원을 아직 찾지 못했다는 것을 나타낸다.

▣ 미디어 자원의 로딩, 길이 및 현재 위치

다음은 미디어 자원을 로딩하기 위한 load() 메서드를 나타낸 것이다.

media.load()	미디어 요소를 재설정하고 처음부터 다시 새 미디어 자원을 선택하고 다운로드하기 시작한다.

buffered 속성은 브라우저가 버퍼링 한 미디어 자원의 범위를 나타내는 TimeRanges 객체를 반환한다. 그리고 preload 속성은 미디어 자원이 버퍼링 되거나 재생되는 때에도 다음과 같은 키워드를 사용하여 변경될 수 있다.

키워드	설명
none	버퍼링이 어쨌든 시작되면(예를 들어, 사용자가 "재생"버튼을 누를 때) 미디어 자원을 실제로 얼마나 다운로드 해야 하는지에 관한 어떤 정보도 제공하지 않는다.
metadata	자원에 대한 메타데이터(크기, 트랙 목록, 지속 시간 등)와 처음 몇 프레임이라도 가져오는 것이 합리적이라는 힌트를 브라우저에게 준다. 브라우저에서는 이 메타데이터를 가져오면, 미디어 요소의 readyState 속성은 HAVE_METADATA로 설정될 것이다. 그러나 미디어 자원이 재생 중일 때는, 일반적으로 프레임 몇 개가 따라올 것이고, 속성은 HAVE_CURRENT_DATA 또는 HAVE_FUTURE_DATA가 될 것이다.
auto	리소스 전체를 안전하게 다운로드 받을 수 있으면서도 서버에 위험 부담을 주지 않고 사용자의 필요를 우선적으로 처리해야 한다는 정보를 브라우저에게 준다.

autoplay 속성은 preload 속성을 재정의할 수 있다(미디어가 재생되면, 이 미디어는 preload 속성이 제공한 힌트에 상관없이 우선 버퍼링 된다). 그러나 이 두 속성들 모두 포함하면 오류가 발생한다.

다음의 속성들을 이용하여 미디어 자원의 길이와 위치에 접근할 수 있으며, 값을 변경할 수 있다.

media.duration	초 단위로 미디어 자원의 길이를 반환한다.
media.*currentTime* [=value]	초 단위로 재생 위치를 반환한다. 주어진 시간을 찾아 가도록 설정될 수 있다.

▣ 미디어의 준비 상태 및 오류

다음은 미디어의 준비 상태를 알려주는 readyState 속성을 나타낸 것이다.

media.readyState	현재 재생 위치와 관련하여 요소의 현재 상태를 아래 목록으로 표현하는 값을 반환한다.
HAVE_NOTHING	미디어 자원에 관한 정보가 없기 때문에 현재 재생 위치에 대한 데이터가 없는 상태를 나타낸다. networkState 속성이 NETWORK_EMPTY로 설정되어 있으면, HAVE_NOTTHING 상태가 된다.
HAVE_METADATA	자원을 충분히 얻었기(메타 데이터 다운로드가 완료된 상태) 때문에 자원의 지속 시간을 알 수 있다. 비디오 요소인 경우, 비디오의 크기 또한 알 수 있다.
HAVE_CURRENT_DATA	가장 가까이에 있는 현재 재생 위치를 알 수 있는 데이터가 있지만(현재 재생 위치만큼 다운로드 완료된 상태), 현재 재생 위치에서 더 이상 진행할 수 없을 정도로 데이터가 충분히 있지 않거나 재생 방향으로 가도 더 이상 얻을 데이터가 없는 상태를 나타낸다.
HAVE_FUTURE_DATA	현재 재생 위치에서 재생 방향으로 앞으로 더 나갈 수 있을 정도로 충분한 데이터가 있는 상태(조금 더 재생할 수 있는 만큼 다운로드가 완료된 상태)를 나타낸다.
HAVE_ENOUGH_DATA	HAVE_FUTURE_DATA 조건을 충족하고 다음 중 하나를 만족해야 한다. 데이터가 유효 재생 속도로 진행할 때 재생 미디어 자원의 끝에 도달하기 전에 현재의 재생 위치가 이용 가능한 데이터를 추월하지 않을 것으로 브라우저가 추정한다. 브라우저가 더 이상 추가적으로 획득하는 데이터가 발생하지 않는다는 상태를 입력한다(예들 들어, 버퍼가 가득차 있을 때).

다음은 미디어 오류를 알려주는 error 속성과 이에 해당하는 오류 코드 값을 나타낸 것이다.

media.error	미디어 요소의 현재 오류 상태를 나타내는 객체인 MediaError를 반환한다.
media.error.code	아래 목록에서 현재 오류 상태를 나타내는 오류 코드를 반환한다.
MEDIA_ERR_ABORTED	미디어 자원을 가져오는 프로세스가 사용자에 의해서 중지됨.
MEDIA_ERR_NETWORK	자원이 완전히 만들어져서 사용할 수 있더라도 어떤 네트워크 오류가 발생하여 브라우저에서 미디어 자원을 더 이상 가져오지 못함.
MEDIA_ERR_DECODE	자원이 완전히 만들어져서 사용할 수 있더라도 미디어 자원을 디코딩하는 중에 어떤 오류가 발생함.
MEDIA_ERR_SRC_NOT_SUPPORTED	src 속성이 나타내는 미디어 자원이 적절하지 않음.

▣ 미디어 자원의 컨트롤러

controls 속성은 논리 속성이다. 이 속성이 있는 경우, 개발자가 스크립트로 된 컨트롤러를 제공하지 않고 브라우저에서 자신의 컨트롤 집합을 제공하기를 원한다는 것을 나타낸다. 다음은 미디어 컨트롤러를 나타내는 속성을 보여주는 것이다.

media.volume [=value]	현재의 재생되는 미디어 자원의 볼륨을 반환한다.
• 0.0 ~ 1.0 사이의 값으로 현재 재생되는 미디어 자원 볼륨 값을 변경할 수 있다. • 만일, 0.0 ~ 1.0 사이의 값이 아닌 경우에는 IndexSizeError 오류를 발생시킨다.	
media.muted [=value]	현재 오디오가 묵음 처리되었다면 true를 반환한다.
• 오디오의 묵음 처리 여부를 바꾸도록 설정할 수 있다. 컨트롤러나 이 컨트롤러에 종속된 모든 미디어 요소의 다른 속성과 관계없이 오디오의 묵음 처리 여부를 반환한다.	
media.defaultMuted	muted 콘텐츠 속성을 반영한다.
• 어떤 동적인 효과도 없이 요소의 기본 상태를 제어만 한다. 다음의 예제는 자동으로 재생되지만, 사용자에게 방해가 되지 않도록 무음 상태에서 재생되고 사용자가 소리를 켤 수 있도록 한다. `<video src="adverts.cgi?kind=video" controls autoplay loop muted></video>`	

다음은 미디어 자원의 재생과 검색을 하기 위한 메서드 및 속성을 나타낸 것이다.

media.played	재생한 미디어 자원의 범위를 나타내는 TimeRanges 객체를 반환한다.
media.paused	재생이 멈추면 true 값을 반환한다. 그렇지 않으면 false 값을 반환한다.
media.ended	미디어 자원의 재생이 끝까지 완료되면 true 값을 반환한다.
media.seeking	브라우저에서 현재 재생 위치를 찾고 있으면 true 값을 반환한다.
media.seekable	브라우저에서 찾아갈 수 있는 미디어 자원의 범위를 나타내는 TimeRanges 객체를 반환한다.
media.defaultPlaybackRate [=value]	미디어를 재생하기 위한 재생 기본 속도를 반환한다.
재생 기본 속도를 변경할 수 있도록 설정될 수 있다. 요소에 현재 미디어 컨트롤러가 있을 때, 이 속성은 무시되고 현재 미디어 컨트롤러의 defaultPlaybackRate가 대신 사용된다.	
media.playbackRate [=value]	현재 재생 속도를 반환한다(1.0이 보통 속도)
재생 속도를 변경할 수 있도록 설정될 수 있다. 요소에 현재 미디어 컨트롤러가 있을 때, 이 속성은 무시되고 현재 미디어 컨트롤러의 playbackRate가 대신 사용된다.	

media.play()	미디어 자원을 로딩하고 재생을 시작하며 paused 속성을 false로 설정한다. 재생이 끝나면 처음부터 다시 재생을 시작한다.
media.pause()	미디어 자원을 로딩하며 속성 값을 true로 설정한다.

1.2 미디어 컨트롤러(MediaController)

각 미디어 요소에는 미디어 컨트롤러가 있을 수 있다. 미디어 컨트롤러는 여러 미디어 요소의 재생을 조정하는 객체이다. 예를 들어, 수화 해설이 담긴 트랙이 비디오 트랙 위에서 그 둘이 동기화되는 상태에서 재생될 수 있다. 기본적으로는 미디어 요소에는 미디어 컨트롤러가 없기 때문에, 미디어 컨트롤러가 있는 미디어 요소는 이 미디어 컨트롤러에 종속된다. 따라서 미디어 컨트롤러 재생 속도와 종속된 각 미디어 요소의 재생 볼륨을 수정할 수 있다. 그리고 어떤 종속된 미디어 요소가 예상 외로 멈출 때, 다른 미디어 요소도 동시에 멈추도록 한다. 다음은 미디어 컨트롤러의 인터페이스를 나타낸 것이다.

enum	MediaControllerPlaybackState { "waiting", "playing", "ended" };
Interface	MediaController : EventTarget
속성	readyState, buffered, seekable, duration, currentTime, paused, playbackState, played, defaultPlaybackRate, playbackRate, volume, muted
메서드	pause(), unpause(), play()
이벤트 핸들러	onemptied, onloadedmetadata, onloadeddata, oncanplay, oncanplaythrough, onplaying, onended, onwaiting, ondurationchange, ontimeupdate, onplay, onpause, onratechange, onvolumechange

미디어 컨트롤러는 다음과 같은 방법으로 새로운 MediaController 객체를 만들 수 있다.

```
controller = new MediaController()
```

다음은 미디어 컨트롤러 객체에서 사용할 수 있는 속성과 메서드를 설명한 것이다.

media.controller [= controller]	미디어 요소를 위한 현재의 미디어 컨트롤러가 있다면, 이 컨트롤러를 반환한다. 그렇지 않으면 null을 반환한다.
	• 명시적으로 미디어 컨트롤러를 지정함으로써 미디어 컨트롤러를 변경할 수 있다. 이런 경우, mediagroup 속성은 제거된다.
controller.buffered	TimeRanges 객체를 반환한다.
	• 브라우저는 종속된 모든 미디어 요소를 위해 관련되어 있는 모든 미디어 데이터를 갖고 있다. 그리고 이 데이터의 시간 범위들이 교차하는 부분을 나타낸 것이 TimeRanges 객체이다.
controller.seekable	TimeRanges 객체를 반환한다.
	• 브라우저에서 종속된 모든 미디어 요소를 위해 찾아 들어가는 시간 범위들이 교차하는 부분을 나타낸 것이 TimeRanges 객체이다.
controller.duration	미디어 자원의 재생 가능한 시간을 반환한다. 미디어가 없으면, 0을 반환한다.
	• 최초로 재생이 가능한 때와 가장 마지막으로 재생이 가능한 때 사이의 차이를 나타낸다 • 현대 데이터가 실제로 버퍼링되어 있는지 또는 직접적으로 찾아갈 수 있는지는 고려하지 않는다. 무한한 스트림에서 나중에 재생되는 부분의 시간은 포함하지 않는다.
controller.paused	미디어 자원의 재생이 멈추면 true를 반환한다. 그렇지 않으면 false를 반환한다.
	• 이 속성 값이 true이면, 이 컨트롤러에 종속된 모든 미디어 요소도 멈춘다.

controller.currentTime [=value]	초 단위로 현재 재생 위치를 반환한다.
	• 0~현재 duration 사이의 위치를 나타내는 것으로, 주어진 시간으로 찾아 갈 수 있도록 설정될 수 있다.
controller.defaultPlaybackRate [=value]	기본 재생 속도를 반환하며, 기본 재생 속도를 변경할 수 있다.
	• 요소에 현재 미디어 컨트롤러가 있을 때, 이 속성은 무시되고 현재 미디어 컨트롤러의 defaultPlaybackRate가 대신 사용된다. • 이 속성 값으로는 재생에 아무런 영향을 주지 않지만, 사용자가 빠른 속도로 재생하였다가, 다시 보통의 속도로 재생한다면, 재생 속도(playbackRate)은 이 기본 속도로 돌아간다.
controller.playbackRate [=value]	현재 재생 속도를 반환한다. 재생 속도를 변경할 수 있다.
controller.volume [=value]	현재의 재생되는 미디어 자원의 볼륨을 반환한다.
	• 0.0 ~ 1.0 사이의 값으로 현재 재생되는 미디어 자원 볼륨 값을 변경할 수 있다.
controller.muted [=value]	현재 오디오가 묵음 처리되었다면, true를 반환한다.
	• 오디오의 묵음처리 여부를 바꾸도록 설정할 수 있다. 컨트롤러나 이 컨트롤러에 종속된 모든 미디어 요소의 다른 속성과 관계없이 오디오의 묵음 처리 여부를 반환한다.

controller.pause()	paused 속성 값을 true로 설정한다.
controller.unpause()	paused 속성 값을 false로 설정한다.
controller.play()	paused 속성 값을 false로 설정하고 종속되어 있는 각 미디어 요소의 play() 메서드를 호출한다.

다음은 MediaController 객체에서 발생하는 이벤트 핸들러를 요약하여 정리한 것으로, 자바스크립트를 사용하여 오디오 및 비디오 데이터를 제어할 수 있게 된다.

이벤트 이름	이벤트 발생 시점
onemptied	종속된 미디어 요소 모두 최근에 readyState를 HAVE_NOTHING이나 더 큰 값으로 설정할 때, 종속된 미디어 요소가 더 이상 없을 때
onloadedmetadata	종속된 미디어 요소 모두 최근에 readyState를 HAVE_NOTHING이나 더 큰 값으로 설정할 때
onloadeddata	종속된 미디어 요소 모두 최근에 readyState를 HAVE_CURRENT_DATA나 더 큰 값으로 설정할 때
oncanplay	종속된 미디어 요소 모두 최근에 readyState를 HAVE_FUTURE_DATA나 더 큰 값으로 설정할 때
oncanplaythrough	종속된 미디어 요소 모두 최근에 readyState를 HAVE_ENOUGH_DATA이나 더 큰 값으로 설정할 때
onplaying	MediaController가 더 이상 차단된 미디어 컨트롤러가 아닐 때
onwaiting	MediaController가 차단된 미디어 컨트롤러일 때
onended	종속된 미디어 요소 모두 최근에 재생을 마친 때
ondurationchange	duration 속성이 방금 업데이트되었을 때
ontimeupdate	미디어 컨트롤러 위치가 변경되었을 때

onplay	paused 속성이 최근에 false로 변경되었을 때
onpause	paused 속성이 최근에 true로 변경되었을 때
onratechange	defaultPlaybackRate 속성이나 playbackRate 속성이 방금 업데이트되었을 때
onvolumechange	volume 속성이나 muted 속성이 방금 업데이트되었을 때

▣ 선언적으로 미디어 컨트롤러 할당하기

미디어 요소의 mediagroup 콘텐츠 속성은 묵시적으로 미디어 컨트롤러를 생성하여 여러 미디어 요소를 한꺼번에 링크로 연결하기 위해 사용할 수 있다. 그리고 브라우저에서는 동일한 값을 갖는 미디어 요소를 자동적으로 연결하게 된다. 동일한 미디어 자원을 참조하는 여러 미디어 요소는 네트워크 요청을 공유한다. 이러한 요청을 이용하여 한 화면의 다른 두 곳에서 동일한 미디어 자원으로부터(비디오) 트랙 두 개를 효과적으로 재생할 수 있다. 이 요소들은 mediagroup 속성과 함께 사용하면 동기화 상태를 유지할 수 있다.

다음 예제에서는 video 요소 2개와 함께 묵시적으로 미디어 컨트롤러를 사용하여 영화 파일의 수화 해설 트랙이 같은 비디오 파일의 주요 비디오 트랙 위에 오버레이 형태로(위에 겹쳐서 나타나는 형태) 나타나도록 하고 있다.

```
<article>
 <style>
   div { margin: 1em auto; position: relative; width: 400px; height: 300px; }
video { position; absolute; bottom: 0; right: 0; }
   video:first-child { width: 100%; height: 100%; }
   video:last-child { width: 30%; }
 </style>
 <div>
<video src="movie.vid#track=Video&amp;track=English" autoplay controls mediagroup=movie>
</video>
   <video src="movie.vid#track=sign" autoplay mediagroup=movie></video>
 </div>
</article>
```

1.3 텍스트 트랙(TextTrack)

텍스트 트랙은 미디어와 관련된 시간 및 텍스트 콘텐츠를 제공하는 신호 모음이라 할 수 있다. 그리고 각 텍스트 트랙에는 해당 TextTrack 객체가 있다. 그리고 텍스트 트랙의 종류로는 subtitles, captions, descriptions, chapters, 그리고 metadata 문자열로 구분될 수 있으며, 텍스트 트랙 신호

(cue)는 텍스트 트랙에서 시간의 민감한 데이터 단위로써, 특정 시간에 표시되고 다른 시간에 사라지는 텍스트의 자막과 제목에 적용된다. 각 텍스트 트랙 신호는 해당하는 TextTrackCue 객체가 있으며, 특정 텍스트 트랙과 연관될 수 있다. 이러한 텍스트 트랙의 신호는 다음으로 구성된다.

신호	설명
식별자	임의의 문자열이다.
시작 시간	신호가 적용되는 시작 부분을 초와 그 이하의 단위로 지정한다.
종료 시간	신호가 적용되는 끝 부분을 초와 그 이하의 단위로 지정한다.
pause-on-exit 플래그	신호가 적용되는 범위의 끝에 도달할 때, 미디어 요소의 재생이 멈추어야 하는지를 나타내는 논리 값
추가된 형식별 데이터	포맷을 위해 필요에 따라서 추가된 필드. 예를 들어, WebVTT는 텍스트 트랙 신호의 쓰기 방향을 가지고 있다.
신호 데이터	신호의 가공되지 않은 텍스트와 이를 표현하기 위한 규칙이다. 이 데이터는 포맷에 의해 정의된다. 예를 들어, WebVTT 텍스트를 사용한다.

다음은 텍스트 트랙 목록에 대한 인터페이스를 나타낸 것이다.

Interface	TextTrackList : EventTarget
속성	length
메서드	TextTrack(index), getTrackById(id)
이벤트 핸들러	onchange, onaddtrack, onremovetrack

다음은 TextTrackList 객체에 대한 속성과 메서드를 정리하여 나타낸 것이다.

media.textTracks.length	미디어 요소의 텍스트 트랙으로 구성된 목록 내에 있는 텍스트 트랙의 개수를 반환한다.
media.textTracks.[n]	n번째 텍스트 트랙을 나타내는 TextTrack 객체를 반환한다.
track.track	track 요소의 텍스트 트랙을 나타내는 TextTrack 객체를 반환한다.

textTrack.media.textTracks.getTrackById(id)	주어진 식별자로 TextTrack 객체를 반환하고 객체가 없으면 null을 반환한다.

다음은 텍스트 트랙에 대한 인터페이스를 나타낸 것이다.

enum	TextTrackMode { "disabled", "hidden", "showing" };
enum	TextTrackkind { "subtitles", "captions", "descriptions", "chapters", "metadata" };
Interface	TextTrack : EventTarget
속성	kind, label, language, id, inBandMetadataTrackDispatchType, mode, cues, activeCues
메서드	addCue(cue), removeCue(cue)
이벤트 핸들러	oncuechange;

다음은 TextTrack 객체에 대한 속성과 메서드를 정리하여 나타낸 것이다.

textTrack.kind	텍스트 트랙의 종류를 문자열로 반환한다.
textTrack.label	텍스트 트랙의 레이블을 반환한다.
textTrack.language	텍스트 트랙의 언어 문자열을 반환한다.
textTrack.id	주어진 트랙에 대한 식별자(ID)를 반환한다.
textTrack.mode	다음과 같은 텍스트 트랙의 모드를 반환한다.
• *textTrack*."disabled"[0] – 텍스트 트랙 비활성 모드 • *textTrack*."hidden"[1] – 텍스트 트랙 숨김 모드 • *textTrack*."showing"[2] – 텍스트 트랙 보여주기 모드	
textTrack.cues	TextTrackCueList 객체로서, 신호로 구성된 텍스트 트랙 목록을 반환한다.
textTrack.activeCues	TextTrackCueList 객체로서, 현재 활성화되어 있는 신호로 구성된 텍스트 트랙 목록에서 텍스트 트랙 신호를 반환한다.
textTrack.inBandMetadataTrackDispatchType	문서 내에서 다른 스크립트에 보내질 수 있는 대역내(in-band) 메타데이터 트랙에 대한 특별한 미디어 자원에서 추출된 문자열을 반환한다.

textTrack.addCue(cue)	주어진 신호를 textTrack의 신호로 구성된 텍스트 트랙 목록에 추가한다.
textTrack.removeCue(cue)	주어진 신호를 textTrack의 신호로 구성된 텍스트 트랙 목록에서 제거한다.
textTrack.media.addTextTrack (kind, [label [, language]])	미디어 요소의 텍스트 트랙으로 구성된 목록에 추가되는 새로운 TextTrack 객체를 생성하고 반환한다.

다음은 텍스트 트랙 신호 목록에 대한 인터페이스와 이에 대한 속성과 메서드에 대한 내용을 정리한 것이다.

Interface	TextTrackCueList {
속성	length
메서드	TextTrackCue(index), getTrackById(id)

cuelist.length	목록에 있는 신호들의 개수를 반환한다.
cuelist[index]	목록에서 index인 텍스트 트랙 신호를 반환한다.
cuelist.getCueById(id)	텍스트 트랙 신호 식별자가 id인 첫 번째 텍스트 트랙 신호를 반환한다.

다음은 텍스트 트랙 신호에 대한 인터페이스를 나타낸 것이다.

[Constructor(double startTime, double endTime, DOMString text)]	
Interface	TextTrackCue : EventTarget {
속성	track, id, startTime, endTime, pauseOnExit,
이벤트 핸들러	onenter, onexit;

다음은 텍스트 트랙 신호 객체의 속성에 대한 내용을 정리한 것이다.

cue.track	텍스트 트랙 신호가 속해 있는 TextTrack 객체가 있으면 이 객체를 반환한다. 그렇지 않으면 null을 반환한다.
cue.id [= value]	텍스트 트랙의 신호 식별자를 반환하며, 식별자를 설정할 수 있다.
cue.startTime [= value]	초 단위로, 텍스트 트랙 신호의 시작 시간을 반환한다.
cue.endTime [= value]	초 단위로, 텍스트 트랙 신호의 끝 시간을 반환한다.
cue.pauseOnExit [= value]	지정한 endTime에 도달할 경우에 미디어 재생을 중지할 지의 여부를 나타낸다. 텍스트 트랙 신호 pause-on-exit플래그를 설정할 수 있으며, 이 플래그가 설정되어 있으면, true를 반환하고 그렇지 않으면 false를 반환한다.

미디어 자원은 종종 브라우저가 표시되지 않는(스크립트를 노출시키기를 원하지 않는) 데이터를 포함하는 하나 이상의 미디어 자원의 특정 텍스트 트랙을 포함한다. 만일, 브라우저가 TextTrackCue 인터페이스를 식별할 수 없다면, 미디어 자원의 특정 텍스트 트랙 신호에 데이터를 제공하는 것이 더 적절하기 때문에 다음과 같은 DataCue 객체가 사용된다.

[Constructor(double startTime, double endTime, ArrayBuffer data)]	
Interface	DataCue : TextTrackCue
속성	data, text;

TextTrackCue 객체를 생성하기 위해서는 다음과 같이 생성자를 사용한다.

cue = new DataCue(*startTime*, *endTime*, *data*)	
	• addCue() 메서드와 함께 사용하기 위해 새로운 TextTrackCue 객체를 반환한다. • 전달 인자 startTime은 텍스트 트랙 신호의 시작 시간을 지정한다. • 전달 인자 endTime은 텍스트 트랙 신호의 종료 시간을 지정한다. • 전달 인자 data는 텍스트 트랙 신호의 가공되지 않은 데이터를 설정한다.
cue.data [= value]	가공 및 구문 분석되지 않은 형태의 텍스트 트랙 신호 데이터를 반환한다
cue.text [= value]	data로부터 UTF-16 텍스트로 변환된 텍스트 트랙 신호 데이터를 반환한다.

▣ 장(chapter)을 설명하는 텍스트 트랙

장은 특정 제목이 있는 미디어 자원의 일부이다. 장들도 문서의 아웃라인 내에 있는 섹션에 하부 섹션이 있을 수 있는 것과 같이 중첩될 수 있다. 장을 나타내는 데 사용하는 텍스트 트랙 내에 있는 각 텍스트 트랙 신호는 장의 시작 시간을 제공하는 "텍스트 트랙 신호 시작 시간", 장의 종료 시간을 제공하는 "텍스트 트랙 신호 종료 시간", 장의 제목을 제공하는 "텍스트 트랙 신호 텍스트"의 세 가지 주요 특징이 있다.

다음에서 WebVTT 파일 코드에서 중첩된 장들이 어떻게 마크업되는지 볼 수 있다. 파일은 "Astrophysics"와 "Computational Physics", "General Relativity"의 50분짜리 3개의 장을 나타낸다. 첫 번째 장에는 하위 장이 3개, 두 번째 장에는 하위 장이 4개, 세 번째 장에는 하위 장이 2개 있다.

```
WEBVTT
00:00:00.000 --> 00:50:00.000
Astrophysics

00:00:00.000 --> 00:10:00.000
Introduction to Astrophysics

00:10:00.000 --> 00:45:00.000
The Solar System

00:00:00.000 --> 00:10:00.000
Coursework Description

00:50:00.000 --> 01:40:00.000
Computational Physics

00:50:00.000 --> 00:55:00.000
Introduction to Programming
00:55:00.000 --> 01:30:00.000
Data Structures

01:30:00.000 --> 01:35:00.000
Answers to Last Exam

01:35:00.000 --> 01:40:00.000
Coursework Description

01:40:00.000 --> 02:30:00.000
General Relativity

01:40:00.000 --> 02:00:00.000
Tensor Algebra

02:00:00.000 --> 02:30:00.000
The General Relativistic Field Equations
```

1.4 여러 미디어 트랙이 있는 미디어 자원

오디오 및 비디오 트랙에 대한 객체는 다음과 같은 인터페이스를 사용한다.

Interface	AudioTrackList : EventTarget		
속성	length	메서드	AudioTrack(index), getTrackById(id)
이벤트 핸들러	onchange, onaddtrack, onremovetrack		
Interface	AudioTrack {		
속성	id, kind, label, language, enabled		
Interface	VideoTrackList : EventTarget {		
속성	length	메서드	VideoTrack(index), getTrackById(id)
이벤트 핸들러	onchange, onaddtrack, onremovetrack		
Interface	VideoTrack {		
속성	id, kind, label, language, selected		

다음은 오디오 및 비디오 트랙 목록의 인터페이스에서 사용할 수 있는 속성과 메서드를 설명한 것이다.

속성/메서드	설명
media.audioTracks.length *media*.videoTracks.length	리스트 내에 있는 트랙의 수를 반환한다.
audioTrack.id *videoTrack*.id	주어진 트랙의 아이디(ID)를 반환한다. 아이디는 트랙의 포맷이 미디어 조각 URI 문법을 지원하면 조각 식별자와 함께 사용할 수 있고, getTrackById() 메서드와 함께 사용할 수 있는 아이디이다.
audioTrack.kind *videoTrack*.kind	주어진 트랙이 해당하는 범주를 반환한다. 가능한 트랙 범주는 아래 트랙 범주에서 확인할 수 있다.
audioTrack.label *videoTrack*.label	주어진 트랙의 레이블을 알고 있으면 그 레이블을 반환한다. 그렇지 않으면 빈 문자열을 반환한다.
audioTrack.language *videoTrack*.language	주어진 트랙의 언어를 알고 있으면, 그 언어를 반환하거나, 그렇지 않으면 빈 문자열을 반환한다.
audioTrack = *media*.audioTracks[*index*] *videoTrack* = *media*.videoTracks[*index*]	지정한 AudioTrack이나 VideoTrack 객체를 반환한다.
audioTrack.enabled [=value]	주어진 트랙이 활성화되어 있으면 true 값을 반환하고 그렇지 않으면 false값을 반환한다. 트랙의 활성화 여부를 변경할 수 있다. **만일, 여러 오디오 트랙이 동시에 활성화되어 있다면, 모두 다 들린다.**

audioTrack.selected [=value]	주어진 트랙이 활성화되어 있으면 true 값을 반환하고 그렇지 않으면 false값을 반환한다. 트랙의 선택 여부를 변경할 수 있도록 설정될 수 있다.
앞의 트랙이 선택되어 있는 동안, 새 트랙을 선택하면 앞의 트랙은 선택 해제된다.	
media.videoTracks.selectedIndex	현재 선택된 트랙이 있을 경우, 그 트랙의 인덱스를 반환하거나, 그렇지 않으면 -1을 반환한다.

audioTrack = *media*.audioTracks.getTrackById(*id*) *videoTrack* = *media*.videoTracks.getTrackById(*id*)	주어진 식별자(id)에 해당하는 AudioTrack이나 VideoTrack 객체를 반환한다. 해당되는 식별자가 없으면 null을 반환한다.

다음은 AudioTrack.kind() 메서드와 VideoTrack.kind() 메서드에서 반환되는 아이디(ID)의 범주를 나타낸 것이다.

범주	적용	정의
"alternative"	오디오 비디오	노래의 다른 테이크(오디오)나 다른 각도(비디오)와 같이 주요 트랙을 대체할 수 있는 것. (예) Ogg. "audio/alternate" 또는 "video/alternate"
"captions"	비디오	캡션이 새겨진 주요 비디오 트랙 버전. 구형 콘텐츠의 경우, 새 콘텐츠는 텍스트 트랙을 사용한다. (예) DASH. "caption"과 "main" 역할 모두(다른 역할은 무시됨).
"description"	오디오	비디오 트랙에 대한 오디오 설명 (예) Ogg. "audio/audiodesc"
"main"	오디오 비디오	주요 오디오나 비디오 트랙. (예) Ogg. "audio/main" 또는 "video/main". WebM. "FlagDefault" 요소가 설정된다.
"main-desc"	오디오	오디오 설명이 함께 있는 주요 오디오 트랙
"sign"	비디오	오디오 트랙의 수화 해석. (예) Ogg. "video/sign"
"subtitles"	비디오	자막이 새겨진 주요 비디오 트랙 버전. 구형 콘텐츠의 경우, 새 콘텐츠는 텍스트 트랙을 사용한다. (예) DASH. "subtitle"과 "main" 역할 모두(다른 역할은 무시됨).
"translation"	오디오	주요 오디오 트랙의 번역된 버전. (예) Ogg. "audio/dub" DASH. "dub"과 "main" 역할 모두(다른 역할은 무시됨).
"commentary"	오디오 비디오	감독의 해설과 같은 주요 오디오나 비디오 트랙에 대한 해설 예) DASH. "main"역할이 없는 "commentary" 역할(다른 역할은 무시됨)
"" (빈 문자열)	오디오 비디오	명시적인 종류가 아님(브라우저에서 트랙의 메타데이터에서 정한 종류를 알지 못함)

미디어 자원에는 내장된 오디오와 비디오 트랙이 여러 개 있을 수 있다. 예를 들어, 주요 비디오와 오디오 트랙뿐만 아니라, 미디어 자원에 외국어로 더빙된 대화나 감독의 해설, 오디오 설명, 대체 비디오, 그리고 수화 오버레이가 있을 수 있다.

media.audioTracks	오디오 트랙을 나타내는 AudioTrackList 객체를 반환한다.
media.videoTracks	비디오 트랙을 나타내는 VideoTrackList 객체를 반환한다.

다음 예제는 스크립트에서 비디오와 이 비디오가 들어가 있는 요소에 대한 참조를 가리키는 URL을 가져오는 메서드를 정의한다. 그리고 나서, 이 메서드는 비디오를 로딩하고, 로딩이 끝나면 수화 트랙이 있는지 알아본다. 또한 메서드가 트랙을 보여주기도 한다. 두 트랙 모두 주어진 컨테이너 내에 위치해 있다.

```
<script>
 function loadVideo(url, container) {
  var controller = new MediaController();
  var video = document.createElement('video');
  video.src = url;
  video.autoplay = true;
  video.controls = true;
  video.controller = controller;
  container.appendChild(video);
  video.onloadedmetadata = function (event) {
    for (var i = 0; i < video.videoTracks.length; i += 1) {
      if (video.videoTracks[i].kind == 'sign') {
        var sign = document.createElement('video');
        sign.src = url + '#track=' + video.videoTracks[i].id;
        sign.autoplay = true;
        sign.controller = controller;
        container.appendChild(sign);
        return;
      }
    }
  };
 }
</script>
```

다음은 AudioTrackList, VideoTrackList, 그리고 TextTrackList 객체에서 발생하는 이벤트를 요약하여 정리한 것이다.

이벤트 핸들러	이벤트 발생 시점
onchange	트랙 목록의 하나 이상의 트랙이 enabled 이거나 disable일 때
onaddtrack	트랙이 트랙 목록에 추가되었을 때
onremovetrack	트랙 목록으로부터 트랙이 제거되었을 때

1.5 재생 시간 범위 및 이벤트

다음과 같이 TimeRanges 인터페이스를 구현하는 객체는 시간의 범위(주기)들로 구성된 목록을 나타낸다.

Interface	TimeRanges		
속성	length	메서드	start(index), end(index)

media.length	객체 내에 있는 범위들의 개수를 나타낸다.
time = media.start(index)	주어진 인덱스로 범위 시작 부분의 시간을 반환한다.
	• 인덱스가 범위 밖에 있으면, IndexSizeError 오류를 발생시킨다.
time = media.end(index)	주어진 인덱스로 범위 끝 부분의 시간을 반환한다.
	• 인덱스가 범위 밖에 있으면, IndexSizeError 오류를 발생시킨다.

트랙에 대한 이벤트 객체를 정의하려면 다음의 인터페이스를 이용해야 한다.

[Constructor(DOMString type, optional TrackEventInit eventInitDict)]	
Interface	TrackEvent : Event
속성	readonly attribute (VideoTrack or AudioTrack or TextTrack) track;
dictionary	TrackEventInit : EventInit
속성	(VideoTrack or AudioTrack or TextTrack) track;

event.track	이벤트가 관련되어 있는 트랙 객체(TextTrack이나 AudioTrack, VideoTrack)를 반환한다.

다음은 지금까지 설명한 미디어 요소에서 발생하는 이벤트를 요약하여 정리한 것이다.

이벤트 이름	이벤트 발생 시점
loadstart	미디어 데이터를 찾기 시작할 때, 이벤트 조건: networkState = NETWORK_LOADING
progress	미디어 데이터를 가져오고 있을 때, 이벤트 조건: networkState = NETWORK_LOADING
suspend	브라우저에서 의도적으로 미디어 데이터를 가져오고 있지 않을 때 이벤트 조건: networkState = NETWORK_IDLE
abort	브라우저에서 미디어 데이터를 완전히 다운로드되기 전에 데이터를 가져오는 것을 중지할 때(오류 때문에 중지하는 것은 아님) 이벤트 조건: error는 MEDIA_ERR_ABORTED 코드를 갖고 있는 객체이고 networkState는 다운로드가 언제 취소되었느냐에 따라서 NETWORK_IDLE과 같다.

error	미디어 데이터를 가져오는 동안 발생할 때.
emptied	미디어 데이터의 networkState가 NETWORK_EMPTY 상태가 되었을 때 이벤트 조건: networkState = NETWORK_EMPTY
stalled	브라우저에서 미디어 데이터를 가져오려고 시도하지만, 예상치 않게 데이터가 오지 않을 때. 이벤트 조건: networkState = NETWORK_LOADING
loadedmetadata	브라우저에서 미디어 자원과의 지속 시간과 크기를 방금 알아냈고 텍스트 트랙이 이용될 수 있도록 준비된 때. 이벤트 조건: readyState가 새로운 HAVE_METADATA와 동일하거나 처음으로 더 커졌다.
loadeddata	브라우저가 처음으로 현재 재생 위치에서 미디어 데이터를 표시할 수 있을 때. 이벤트 조건: 처음으로 readyState가 최근에 HAVE_CURRENT_DATA로 증가했거나 이보다 더 크다.
canplay	브라우저에서 미디어 데이터를 다시 재생할 수 있지만, 지금 재생해야 할 경우 멈추고 콘텐츠를 더 버퍼링하지 않고서는 끝까지 현재 속도로 미디어 자원을 표시할 수 없다고 판단한 때. 이벤트 조건: readyState가 최근에 HAVE_FUTURE_DATA로 증가했거나 이보다 더 크다.
canplaythrough	브라우저에서 지금 재생해야 할 경우, 콘텐츠를 더 버퍼링하기 위해서 멈추지 않으면 끝까지 현재 속도로 미디어 자원을 표시할 수 없다고 판단한 때. 이벤트 조건: readyState가 최근에 HAVE_ENOUGH_DATA와 같아졌다.
playing	미디어 데이터가 없어서 잠시 멈추거나 지연된 후 재생을 시작할 준비가 되었을 때. 이벤트 조건: readyState는 최근에 HAVE_FUTURE_DATA와 같아졌거나 이보다 더 크고 paused가 false이거나, paused가 최근에 false이고 readyState가 HAVE_FUTURE_DATA와 같거나 이보다 더 크다.
waiting	다음 프레임이 없기 때문에 재생이 멈추었지만, 브라우저에서 적절한 때에 프레임이 생길 것으로 보는 때. 이벤트 조건: readyState가 HAVE_CURRENT_DATA와 같거나 적고, paused는 false이다. seeking이 true이거나 그 어떤 범위에도 속한 현재 재생 위치가 buffered에 없다. paused가 false가 아니어도 재생이 다른 이유로 멈출 수 있지만, 그 이유로 이 이벤트가 발생하지는 않는다.
seeking	seeking IDL 속성이 true로 바뀌었을 때
seeked	seeking IDL 속성이 false로 바뀌었을 때
ended	재생이 미디어 자원의 끝에 도달하여 멈추었을 때 이벤트 조건: currentTime이 미디어 자원의 끝과 같다. ended가 true이다.
durationchange	duration 속성이 방금 업데이트되었을 때
timeupdate	정상적인 재생 내용의 일부로서, 또는 중단되는 것과 같이 특이한 방식으로 현재 재생 위치가 바뀌었을 때
play	요소가 더 이상 멈춰 있지 않은 때. 이 이벤트는 play() 메서드가 반환된 이후나 autoplay() 속성으로 인해 재생이 시작되었을 때 발생한다. 이벤트 조건: paused가 최근에 false로 되었다.
pause	요소가 멈췄을 때. 이 이벤트는 pause() 메서드가 반환된 후에 발생한다. 이벤트 조건: paused가 최근에 false로 되었다.
ratechange	defaultPlaybackRate 또는 playbackRate 속성이 막 변경되었을 때

resize	videoWidth 또는 videoHeight 속성의 값이 변경되었을 때 이벤트 조건: 미디어 요소가 video이고 readyState가 HAVE_NOTHING이다.
volumechange	volume 또는 muted 속성이 변경되었을 때. 관련 속성의 설정 메서드(setter)가 반환된 후 발생한다.

Section 02 오디오

설명하게 되는 오디오에 대한 내용들은 표준화 문서를 참조하여 작성하였으므로, 좀 더 자세한 내용을 살펴보고자 한다면 아래 사이트에서 해당 문서를 참고하도록 하자.

문서 위치	4.7.7 The audio element	4.7.8 The source element

2.1 오디오 요소 – audio

오디오 요소는 웹 브라우저에서 플러그인의 도움 없이 오디오를 재생할 수 있지만, HTML5에서 추가된 기능이기 때문에 IE8 이하에서는 사용할 수 없다. audio 요소는 다음과 같은 특징을 가지고 있으며, 소리 또는 오디오 스트림을 지정할 때 사용한다. 이러한 audio 요소는 미디어 데이터가 표면적으로 오디오 데이터인 미디어 요소이며, 다음과 같은 속성 값들을 사용할 수 있다.

속성 값	설명
src	재생할 오디오 파일의 경로를 나타낸다.
preload	웹 문서 로딩 시에 오디오의 로딩 상태를 나타낸다. 다음과 같이 3가지의 값을 지정할 수 있으며, 기본값은 auto이다. • none – 오디오를 재생하기 위해 미리 다운로드하지 않는다. • metadata – 오디오에 대한 기본적인 정보들을(크기, 첫 프레임, 오디오 길이 등) 가져온다. • auto – 오디오를 자동으로 재생하기 위해 다운로드를 한다.
autoplay	웹 문서 로딩 시에 오디오를 자동으로 재생할지를 나타낸다.
loop	재생할 오디오의 반복 여부를 나타낸다.
controls	기본으로 제공되는 재생 컨트롤 집합을 표시할지를 나타낸다. 일반적으로 표시되는 컨트롤은 재생, 일시정지, 검색 및 볼륨 설정이 포함된다.

오디오 요소를 사용하여 오디오 콘텐츠를 재생하기 위해서는 다음과 같이 단순히 src 속성을 사용하여 재생할 오디오의 위치를 지정하기만 하면 된다. 그리고 audio 요소를 지원하지 않는

구형 웹 브라우저를 위해서, <audio>와 </audio> 태그 사이에 사용자에게 보여줄 친절한 텍스트를 넣을 수 있다. 물론, 오디오 요소를 지원한다면 이런 텍스트는 무시되어 브라우저에 표시되지 않는다.

예제 Audio_simplePlay.html

```
<audio src="media/audio_sample.ogg">
    <p>당신의 브라우저는 audio 요소를 지원하지 않습니다. </p>
</audio>
```

물론, 이렇게 해서는 오디오가 재생되지 않을뿐더러, 브라우저에는 아무것도 표시되지 않는다. 따라서 앞에서 설명한 각 속성들을 사용해서 오디오를 재생하도록 해야 한다. 다음의 예제는 오디오의 재생 도구를 표시하도록 controls 속성을 지정하였고, 웹 문서 로딩시 오디오를 자동으로 재생하도록 autoplay 속성을 지정하였다. 그리고 오디오가 반복적으로 재생되도록 loop 속성을 지정하였다.

예제 Audio_autoPlay.html

```
<audio src="media/audio_sample.ogg" controls="controls" autoplay="autoplay" loop="loop">
    <p>당신의 브라우저는 audio 요소를 지원하지 않습니다. </p>
</audio>
```

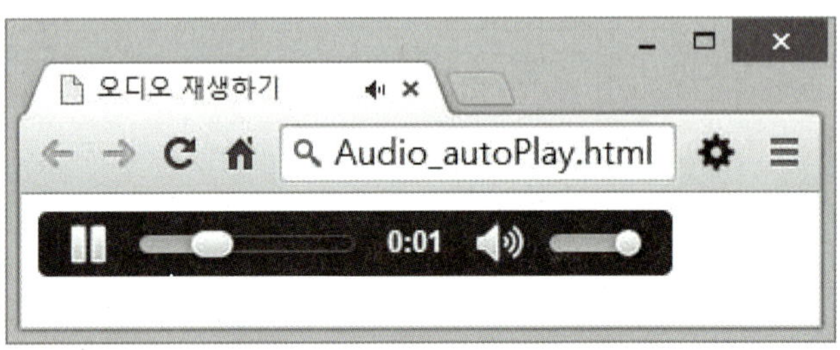

브라우저는 이 그림과 같이 오디오의 재생 도구를 표시하면서 자동으로 반복해서 오디오를 재생하도록 한다.

브라우저에 표시되는 오디오의 재생 도구 모양은 브라우저별로 조금씩 다르게 표시되며, 사용자는 오디오의 재생 위치와 소리의 크기를 마우스로 드래그하여 조절할 수 있다. 다음은 각 브라우저에 대한 오디오 재생 도구의 모양을 나타낸 것이다.

브라우저	모양
Chrome	
Firefox	
Opera	
Safari	
IE	

앞의 예제에서 지정한 controls, autoplay, loop 속성은 다음과 같이 값을 별도로 지정하지 않아도 동일한 동작을 한다.

```
<audio src="media/audio_sample.ogg" controls autoplay loop>
    <p>당신의 브라우저는 audio 요소를 지원하지 않습니다. </p>
</audio>
```

오디오의 재생 도구 이외에도 사용자가 별도의 도구를 만들어서 오디오를 제어할 수도 있다. 다음의 예제는 간단하게 버튼을 추가하여 버튼을 클릭할 때마다 오디오를 제어하도록 하였다.

예제 Audio_userPlay.html

```
<audio id="player" src="vincent.mp3"></audio><br>
<button onclick="document.getElementById('player').play()">Play</button>
<button onclick="document.getElementById('player').pause()">Pause</button>
<button onclick="document.getElementById('player').volume += 0.1">Vol+ </button>
<button onclick="document.getElementById('player').volume -= 0.1">Vol- </button>
```

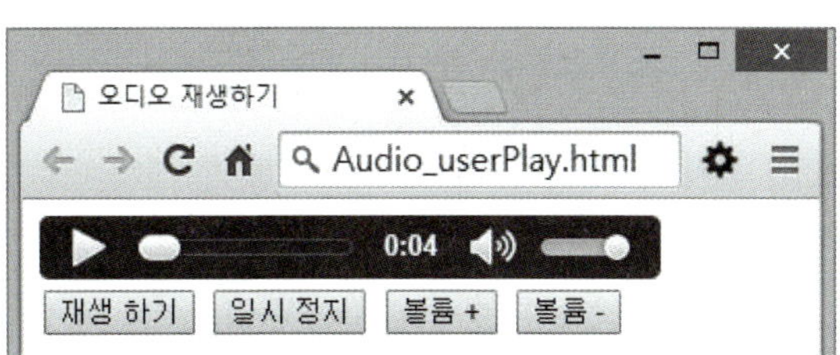

▣ 오디오 포맷

앞의 예제에서는 오디오 파일의 확장자(포맷)를 ogg로 지정하였지만, HTML5에서는 다양한 오디오 포맷을 지원하도록 하고 있다. 다음은 각 브라우저별 지원하고 있는 오디오 포맷의 현황을 나타낸 것이다.

오디오 포맷	브라우저				
	Chrome Canary	IE 11	Firefox 30	Opera 22	Safari 8.0
PCM	Yes	No	Yes	Yes	No
AAC	No	Yes	No	No	Yes
MP3	Yes	Yes	Yes	No	Yes
Ogg Vorbis	Yes	No	Yes	Yes	No
Ogg Opus	Yes	No	Yes	Yes	No
WebM(Vorbis)	Yes	No	Yes	Yes	No
WebM(Opus)	Yes	No	Yes	Yes	No

(자료 참조 – HTML5test.com 브라우저 비교)

2.3 다양한 포맷 지정 – source 요소

브라우저마다 지원하는 오디오/비디오 포맷이 다르기 때문에 모든 브라우저에서 오디오/비디오가 실행되기 위해서는 source 요소를 사용하는 것이 효율적이다. source 요소는 미디어 요소(audio 요소와 video 요소)를 위해서 여러 대체 미디어 자원을 명시할 수 있다. 즉, 미디어 요소의 자식 요소로써 src 속성의 역할을 대신하는 요소라고 할 수 있기 때문에 이 source 요소를 단독으로 사용하면 아무것도 나타나지 않는다. source 요소에서 사용할 수 있는 각 속성 값들은 다음과 같다.

속성 값	설명
src	미디어 자원의 주소를 지정하는 것으로, 재생할 파일의 경로를 지정하면 된다. 지정되는 값은 앞뒤로 공백이 없는 유효한 URL이어야 하고 반드시 지정되어야 한다.
type	미디어 자원을 가져오기 전에 재생할 수 있는지에 대한 브라우저의 판단을 돕기 위한 것으로, 미디어 자원의 MIME 타입을 지정한다. 유효한 MIME 타입에 대해서는 다음의 RFC 문서와 사이트를 참고하기 바란다. [RFC4281] The Codecs Parameter for "Bucket" Media Types (http://tools.ietf.org/html/rfc4281) [Media Types] http://www.iana.org/assignments/media-types/media-types.xhtml

media	브라우저는 미디어 자원을 가져오기 전에 이 자원이 사용자에게 유용한지를 판단할 수 있도록 도와주기 위해 이 속성 값을 사용하여, 미디어 자원에 대한 유효한 미디어 쿼리를 지정한다. 이 값이 생략되면 기본적으로 "all" 값으로 지정되고, 지정한 미디어 자원이 모든 미디어에 적합하다는 뜻이다.

▣ MIME 타입

인터넷 미디어 유형(Internet Media Types)으로 알려진 MIME 타입은 시스템이 이를 처리하는 방법을 알 수 있도록 파일 형식을 정의하는 방법으로, 미디어 요소의 src 콘텐츠 속성은 보여줄 미디어 자원(비디오 또는 오디오)의 주소를 제공한다. 경우에 따라서 codecs 매개 변수로 명확히 지정할 수도 있다(즉, MIME 타입에 따라서 codecs 매개 변수의 사용 유무가 결정된다). [RFC 4281]

일반적으로 타입만 보아서는 충분한 정보를 알 수가 없다. 예를 들어, "video/mpeg"이라는 타입으로는 컨테이너 외에 다른 것은 알 수 없으며, 'video/mp4; codecs="avc1.42E01E, mp4a.40.2"'와 같은 타입에서 조차도 실제 비트 전송 속도와 같은 정보는 없다. 따라서 타입이 주어지면, 대개 브라우저는 해당 타입의 미디어를 재생할 수 있는지, 아니면 절대 재생할 수 없는지 만을 알 수 있을 뿐이다. 이는 브라우저에서는 컨테이너 타입을 모른다거나 등록된 코덱을 지원하지 않기 때문이다.

다음은 type 속성에서 오디오에 대한 codecs MIME 매개 변수를 사용하는 법에 대한 예를 나타낸 것이다.

Ogg 컨테이너 내에 단독으로 있는 보비스(Vorbis) 오디오

```
<source src='audio.ogg' type='audio/ogg; codecs="vorbis" '
```

Ogg 컨테이너 내에 단독으로 있는 스픽스(Speex) 오디오

```
<source src='audio.spx' type='audio/ogg; codecs="speex" '
```

Ogg 컨테이너 내에 단독으로 있는 FLAC 오디오

```
<source src='audio.oga' type='audio/ogg; codecs="flac" '
```

서버에서 미디어 자원을 받아서 클라이언트에서 재생하기 위해서는 미디어 서버가 올바른 MIME 타입을 제공하도록 구성해야 한다. 예를 들어, 아파치 웹 서버의 경우 .htaccess 파일에 다음 행을 추가해야 한다.

```
AddType audio/mpeg mp3
AddType audio/mp4 m4a
AddType audio/ogg ogg
AddType audio/ogg oga
AddType audio/webm webma
AddType audio/wav wav
```

그리고 클라이언트측에서도 브라우저가 미디어를 올바르게 식별하는데 도움이 되도록 다음과 같이 MIME 타입을 지정해야 한다.

예제 Audio_sourcePlay.html

```
<audio controls>
        <source src="media/audio_sample.ogg" type="audio/ogg">
        <source src="media/audio_sample.mp3" type="audio/mpeg">
        <p>당신의 브라우저는 audio 요소를 지원하지 않습니다. </p>
</audio>
```

이 예제에서 source 요소는 audio 및 video 요소와 마찬가지로 속성에 재생할 오디오 파일의 경로를 지정하였다. 미디어 자원(오디오 및 비디오)의 src 속성이 하나의 값만 지정(재생 파일의 위치)할 수 있는 반면에, source 요소는 audio 및 video 요소 사이에 여러 개 지정할 수 있다. 따라서 다양한 포맷의 오디오 파일을 지정해 놓으면 각 브라우저에서는 차례대로 source 요소를 실행하다가 지원하는 포맷의 파일을 만나게 되면 해당 파일을 재생하게 되는 것이다.

다음 예제에서는 type 속성을 사용하여 특정 MIME 타입을 명시하였다. type 속성을 사용하지 않아도 오디오가 재생되는데 문제는 없지만 브라우저가 재생할 오디오 파일을 다운받기 전에 어떤 형식의 오디오 파일인지 판단할 수 있도록 하기 위해서 사용하였다.

▣ 지원하는 오디오 MIME 타입을 사전에 알 수 있는 방법

다행히, 오디오 API는 특정 형식이 브라우저에서 지원하는지의 여부를 알 수 있는 방법을 다음 과정을 통해서 알 수 있도록 제공하고 있다.

1. 우선 MIME 타입의 지원 여부를 알기 전에 오디오 요소를 가져와야 한다.
   - 첫 번째 방법은 다음과 같이 오디오의 아이디를 사용해서 오디오 요소를 가져올 수 있다는 것을 앞의 학습 과정들을 통해서 여러 차례 본 적이 있을 것이다.

```
var audio = document.getElementById('오디오 아이디');
```

- 두 번째 방법은 이를 대체할 수 있는 수단으로, HTML5에서 새롭게 추가된 오디오 API를 다음과 같이 사용한다.

```
var audio = new Audio();
```

이렇게 오디오 요소를 가져오면, 오디오 메서드와 속성에 접근할 수 있는 준비가 된 것이다.

2. 오디오 포맷을 지원하는지 canPlayType() 메서드를 사용하여 조사한다.
    - 첫 번째 방법은 다음과 같이 오디오의 포맷을 지정해서 확인할 수 있다.

```
audio.canPlayType('audio/ogg');
```

    - 두 번째 방법은 다음과 같이 codec을 명확히 지정하는 것이다.

```
audio.canPlayType('audio/ogg; codecs="vorbis" ');
```

이렇게 canPlayType() 메서드를 사용하면, 3가지 probably, maybe 또는 ""(빈 문자열) 중에 하나를 반환한다. 이와 같이 브라우저는 특정 코덱이 실제로 재생함 없이도 재생할 수 있는지의 여부를 추측할 수 있게 된다. 따라서, 다음과 같이 지원되는지 확인할 수 있게 된다.

```
var audio = new Audio();
var canPlayOgg = !!audio.canPlayType && audio.canPlayType('audio/ogg; codecs="vorbis" ') != "";
```

이 예제에서 우선, canPlayType이 지원되는지 체크할 목적으로, !!audio.canPlayType와 같이 사용하였다(!!는 효과적으로 논리 연산자의 캐스트를 해준다). 그리고 우리가 선택한 오디오 포맷이 지원되는지를 검사하였다. 여기서, 빈 문자열이 아니라면 포맷을 지원하고 있다는 것을 알 수 있다.

▣ 오디오 컨테이너, 포맷, 파일 확장자, MIME 타입, 그리고 코덱 문자열

다음은 오디오 컨테이너, 포맷, 파일 확장자, MIME 타입, 그리고 코덱(Codec) 문자열을 정리한 것으로, 컨테이너는 하나 이상의 포맷을 포함할 수 있다. 예를 들어, MP4는 AAC 또는 AAC+를 포함할 수 있다.

컨테이너	포맷	파일 확장자	MIME 타입	코덱 문자열
MP3	MP3	.mp3	audio/mpeg	mp3
MP4	AAC, AAC+	.mp4, .m4a, .aac	audio/mp4	mp4a.40.5
OGA/OGG	Ogg Vorbis	.oga, .ogg	audio/ogg	vorbis
WAV	PCM	.wav	audio/wav	1

2.3 오디오 제어하기

▣ 재생 시간 범위 객체(TimeRanges)

이번에는 반환된 TimeRanges 객체의 buffered, preloaded 속성에 대하여 살펴볼 것이다. 앞에서(1.5절 참고) 살펴보았듯이 TimeRanges 객체는 length 속성과 start() 및 end() 메서드로 이루어져 있으며, 다음과 같이 오디오 데이터를 얻을 수 있다.

```
var buffered = audio.buffered; //버퍼링된 미디어의 TimeRanges 객체를 반환한다.
var bufferedEnd = audio.buffered.end(); //마지막으로 버퍼링된 시간을 초 단위로 반환한다.
```

이러한 오디오 데이터의 TimeTanges 객체가 다음과 그림과 같이 2개의 시간의 범위가 있다고 가정할 때,

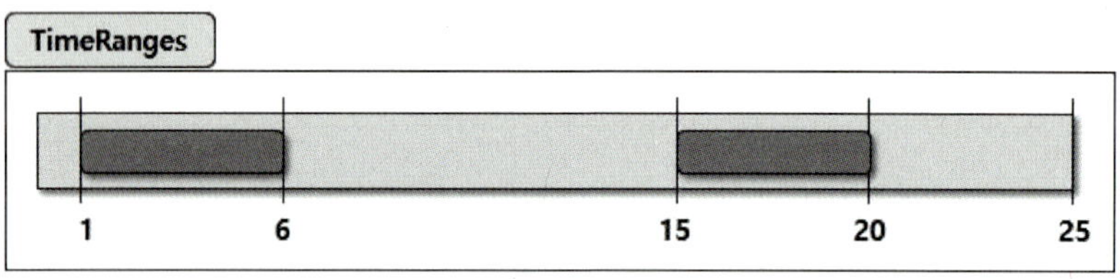

다음과 같은 결과를 얻을 수 있다.

메서드 호출	반환되는 값
audio.buffered.leng	2를 반환한다.
audio.buffered.end()	20을 반환한다.
audio.buffered.start(0)	1을 반환한다.
audio.buffered.end(0)	6을 반환한다.
audio.buffered.start(1)	15를 반환한다.
audio.buffered.end(1)	20을 반환한다.

seekable 속성은 시간 범위 객체 TimeRanges 객체를 반환하는데, 콘텐츠의 일부가 HTTP를 통해서 요청될 수 있는 바이트-범위(byte-range) 요청이라고 알려져 있다. seekable.end() 메서드는 실제로 마지막 시간 범위(모든 검색 가능한 미디어의 끝이 아닌 검색 가능한 미디어의 범위)의 끝 지점을 알려준다. 따라서 다음을 참고하도록 하자.

```
var isSeeking = audio.seeking; //플레이어가 검색이 가능한가?
var isSeekable = audio.seekable && audio.seekable.length > 0; //미디어가 검색이 가능한가?
var seekableEnd = audio.seekable.end(); //미디어가 검색이 가능한 끝 지점을 초 단위로 반환한다.
```

▣ 재생 상태 업데이트하기

앞에서 살펴본 미디어에서 다양한 이벤트 핸들러를 제공하고 있고, 미디어 파일을 삽입하여 로드하거나 재생을 하는 데 있어서 여러 가지 이벤트가 발생을 한다. 이러한 이벤트의 발생에 따라서 적절하게 처리를 한다면 더욱 다양하고 편리한 미디어 제어가 가능하게 된다.

다음의 예제는 앞에서 살펴본 Audio_userPlay.html 예제에 재생 상태를 알려주는 기능을 추가한 것이다. 재생 시간이 업데이트(timeupdate 이벤트)될 때마다 PlayTime() 메서드를 호출하도록 이벤트를 등록하였고, 재생이 종료(ended 이벤트)되었을 때 PlayEnd() 메서드를 호출하도록 하였다.

예제 Audio_userPlay.html

HTML

```html
<audio id="player" src="media/audio_sample.ogg" controls></audio><br>
<p>재생 상태 : <span id="playtime"></span></p>
<button onclick="document.getElementById('player').play()">재생 하기</button>
<button onclick="document.getElementById('player').pause()">일시 정지</button>
<button onclick="document.getElementById('player').volume += 0.1">볼륨 +</button>
<button onclick="document.getElementById('player').volume -= 0.1">볼륨 -</button>
```

Script

```javascript
var player = document.getElementById('player');
player.addEventListener("timeupdate", PlayTime, false);
player.addEventListener("ended", PlayEnd, false);

function play() {
    if(player.paused) player.play();
    else player.pause();
}
function PlayTime(e) {
    document.getElementById("playtime").innerHTML = Math.floor(player.currentTime) +
"/" + Math.floor(player.duration);
}
function PlayEnd(e) {
    document.getElementById("playtime").innerHTML = "재생이 종료되었습니다.";
}
```

▣ 캔버스에서 오디오 재생하기

timeupdate 이벤트는 오디오 미디어 데이터가 재생될 때, currentTime이 변경될 때마다 발생한다. 앞의 예제에서는 currentTime이 변경될 때 시작되는 timeupdate 이벤트를 등록하여 진행률을 텍스트로 표시하도록 하였다. 이와 같이 JavaScript를 사용하면 미디어(오디오 및 비디오) 객체의 이벤트를 사용하여 다양한 조작을 할 수 있게 된다.

이번 실습 예제에서는 이를 활용하여 진행률을 캔버스와 연계하여 그래픽적으로 표시되도록 하였다. 즉, timeupdate 이벤트는 발생 시 progressBar 메서드를 호출하여 진행률 표시줄을 업데이트하도록 하였다. 진행률 표시줄은 canvas 요소를 사용하여 직사각형 영역을 만들도록 하였다. 이 영역이 채워지는 진행 상황을 통해 오디오 파일 내의 현재 위치를 확인할 수 있다. progressBar 함수를 호출할 때마다 canvas를 지워서 사용자가 재생 위치를 뒤로 이동해도 문제 없이 표시하도록 하였고, 진행률의 채우기 폭은 currentTime 값을 오디오 객체의 duration 속성으로 나누어 계산하였다. 그리고 캔버스의 클라이언트 폭(clientWidth)과 곱해져서 캔버스 폭의 비율이 되도록 하였다.

그리고 오디오가 재생 중일 때와 일시 중지될 때 발생하는 이벤트를 보여주도록 하였다. 이는 이벤트를 사용해서 재생 버튼의 레이블을 전환하도록 한 것이다. 오디오 미디어가 재생 중이면 버튼 레이블에 "일시 중지"가 표시되고, 일시 중지되면 버튼 레이블에 "재생하기"가 표시된다.

또한 오디오의 currentTime을 조정하여 재생 위치를 제어하도록 하였으며, 오디오 객체의 volume 속성을 이용하여 볼륨을 제어하였다. 그리고 오디오 객체의 playbackRate를 조정하여 재생 속도를 변경하도록 하였다. 이 간단한 오디오 플레이어를 확장하면, 재생 목록을 사용하거나 음악 재생 상태에 따라서 이미지를 변경하거나 하는 등의 응용을 할 수 있을 것이라 생각된다.

Audio	실습하기	Script

앞에서 설명한 대로 실습을 해보도록 한다. 우선, Audio_Study01_Step.html 파일을 열고, 다음의 실습 코드를 입력하여 브라우저로 확인을 한다.

예제 Audio_Study01_Step.html ※ 완성된 코드는 Audio_Study01_SimplePlayer.html 에서 확인

Script

```
var currentFile = "";
var myAudio, canvas, btn, audioURL, duration;
function progressBar() { //업데이트되는 상태바를 표시한다.
        var elapsedTime = Math.round(myAudio.currentTime);
        var context = canvas.getContext("2d");
        context.clearRect(0, 0, canvas.clientWidth, canvas.clientHeight);
        context.fillStyle = "red";
```

```
        var fWidth = (elapsedTime / duration) * (canvas.clientWidth);
        if (fWidth > 0) { context.fillRect(0, 0, fWidth, canvas.clientHeight); }
}
function playAudio() {
        duration = Math.round(myAudio.duration);
        if (audioURL.value !== currentFile) { //오디오 파일이 변경되었으면
                myAudio.src = audioURL.value;    //오디오 파일의 src를 수정한다.
                currentFile = audioURL.value;
        }
        if (myAudio.paused) { myAudio.play();  btn.textContent = "일시 멈춤"; }
        else                  { myAudio.pause(); btn.textContent = "재생 하기"; }
}

function rewindAudio() { myAudio.currentTime -= 1.0; } //재생 위치를 앞으로 1초씩 옮긴다.
function restartAudio() { myAudio.currentTime = 0; }   //재생 위치를 처음으로 옮긴다.
function volumeUp() { myAudio.volume += 0.1; }      //볼륨을 0.1씩 올린다.
function volumeDown() { myAudio.volume -= 0.1; }     //볼륨을 0.1씩 내린다.
function increaseSpeed() { myAudio.playbackRate += 1; } //재생 속도를 1씩 올린다.
function decreaseSpeed() {                           //재생 속도를 1씩 내린다.
        if (myAudio.playbackRate <= 1) {  //재생 속도가 1보다 작거나 같으면,
//재생 속도가 1보다 작으면 중간 속도로 변경한다.
                myAudio.playbackRate = (myAudio.playbackRate / 2);
                }
        else {    myAudio.playbackRate -= 1; }
}

function defaultSpeed() { myAudio.playbackRate = 1; }  //기본 재생 속도로 초기화
function PlayEnd() { btn.textContent = "재생 하기"; }   //재생이 끝나면 버튼의 레이블을 변경

function initEvents() {
        canvas = document.getElementById('myCanvas');
        myAudio = document.getElementById('myAudio');
        btn = document.getElementById('play');
        audioURL = document.getElementById('audioFile');
        myAudio.addEventListener("timeupdate", progressBar, true);
        myAudio.addEventListener("ended", PlayEnd, false);
}
//웹 문서가 로드 되었을 때 이벤트를 초기화 하도록 해준다.
window.addEventListener("DOMContentLoaded", initEvents, false);
```

HTML	

```
1  <audio id="myAudio" src="media/audio_sample.ogg">오디오 요소를 지원하지 않음</audio>
2  <p><input type="text" id="audioFile" size="80" value="media/audio_sample.ogg" /></p>
3  <p><button id="play" onclick="playAudio();">재생 하기</button>
4      <button id="rewind" onclick="rewindAudio();">다시 감기</button>
5      <button id="restart" onclick="restartAudio();">다시 재생</button>
6      <button id="volumeUp" onclick="volumeUp();">볼륨 +</button>
7      <button id="increaseSpeed" onclick="increaseSpeed();">재생 속도 +</button>
8      <button id="decreaseSpeed" onclick="decreaseSpeed();">재생 속도 -</button>
9      <button id="defaultSpeed" onclick="defaultSpeed();">기본 속도</button>
10 </p>
11 <canvas id="myCanvas" width="550" height="20" style="border: 10px inset #aaa">캔버스
   를 지원하지 않음</canvas>
```

다음 내용은 예제에 대한 설명을 요약한 것이다.

구분	위치	설명
Script	1, 2	오디어 플레이어를 위한 전역 변수를 정의한다.
	3~10	오디오 데이터에 따라서 캔버스에 진행률을 표시한다.
	11~19	오디오의 재생 시간을 계산하고 버튼의 레이블을 변경한다.
	21~35	오디오 플레이어의 재생 도구 버튼에 대한 메서드를 정의한다.
	37~44	오디오 플레이어와 관련된 객체를 가져오고 이벤트 리스너를 등록한다.
	46	웹 문서가 로드 되었을 때, 이벤트를 초기화 하도록 initEvents() 메서드를 호출한다.
HTML	1, 11	오디오 및 캔버스 요소를 사용하였다. 오디오의 재생도구는 별도로 만들 것이기 때문에, 재생 도구가 표시되지 않도록 하였다.
	2~10	오디오 플레이어의 재생 도구를 나타낸다.

보충 설명 - 내 웹 문서의 준비 상태 체크

미디어를 사용하는 웹 문서의 경우, 문서의 해당 요소가 로드되고 콘텐츠가 재생될 수 있는 상황인지를 체크하는 2가지 방법이 있다. 첫 번째 방법은 페이지의 미디어 요소를 만들었는지 여부와 스크립트에 필요한 속성을 사용할 수 있는지 여부를 확인하여 수행되는 경우이다. DOM(문서 객체 모델)에서 요소가 로드되거나 만들어진 경우 스크립트에서는 요소를 확인할 수만 있다. 따라서 웹 문서의 요소 로드가 완료되었는지 확인하는 적절한 방법은 document 개체에서 DOMContentLoaded 이벤트를 사용하는 것이다. 이 이벤트는 페이지 요소 로드가 완료되고 기본 DOM을 사용할 수 있는 경우에 발생한다(오디오 실습하기에서 언급된 내용). 두 번째 방법은 브라우저에서 해당 미디어를 지원하는지 여부를 확인하는 것이다(비디오 실습하기에서 살펴본다).

Section 03 비디오

앞에서 오디오에 대한 내용을 학습하였다. 이번 절에서는 비디오와 관련된 내용을 학습하도록 한다. 비디오와 관련된 속성 및 이벤트의 대부분은 오디오와 거의 유사하기 때문에 이번 절에서는 앞에서 언급했던 내용들은 생략하기로 한다. 특히 2.2절의 source 요소는 오디오 및 비디오에도 동일하게 적용됨을 상기하자. 비디오에 대한 내용들은 표준화 문서를 참조하여 작성하였으므로, 좀 더 자세한 내용을 살펴보고자 한다면 아래 사이트에서 해당 문서를 참고하도록 하자.

참고 위치	4.7.6 The video element	4.7.9 The track element	4.7.10 Media element

3.1 비디오 요소 - video

HTML5의 video 요소는 HTML5 초안 명세서에서 소개되어 HTML 페이지 내에 동영상을 내장(embed) 하도록 지원해 준다. 이러한 기능은 2010년 4월부터 어도비 플래시 플레이어가 유튜브와 같은 웹사이트에서 동영상을 포함하는데 널리 사용되기 시작하였다. 이것은 애플의 아이폰이나 아이패드와 같은 특정 브라우저를 제외하고는 대다수의 웹 브라우저에 어도비 플래시 플레이어가 설치되어 있기 때문이다. 이러한 기능은 별도의 플러그 인을 설치해야 하는 문제로, 각 브라우저마다 다른 플러그인을 적용해야 한다.

그러나, HTML5는 다음과 같은 video요소를 정의하여 웹 페이지 안에서 비디오/무비를 내장하도록 지원해준다. video 요소는 비디오나 영화와 캡션이 있는 오디오 파일을 재생하는데 사용한다. video 요소는 미디어 데이터가 표면적으로 비디오 데이터인 미디어 요소이며, 이 요소에는 연관된 오디오 데이터가 있을 수 있다. video 요소의 속성에서 사용할 수 있는 각 속성 값들은 다음과 같다.

속성 값	설명
src	재생할 비디오 파일을 가리키는 URL을 나타내는 문자열이다.
poster	비디오 데이터가 없는 경우, 브라우저에서 보여줄 수 있는 포스터 이미지 파일의 유효하고 앞뒤로 공백이 없는 URL을 지정한다. 지정한 비디오 데이터가 설정되어 있지 않거나 콘텐츠를 로드하는 중이어서 동영상을 사용할 수 없을 경우에만 포스터 이미지가 표시된다.
preload	웹 문서 로딩 시에 비디오 데이터의 로딩 상태를 다음과 같이 3가지의 값으로 지정한다. • none – 비디오를 재생하기 위해 미리 다운로드하지 않는다. • metadata – 비디오에 대한 기본적인 정보들을(크기, 첫 프레임, 비디오 길이 등) 가져온다. • auto – 기본값으로 비디오를 자동으로 재생하기 위해 다운로드를 한다.
autoplay	웹 문서 로딩 시에 비디오를 자동으로 재생할지를 나타낸다.
loop	재생할 비디오의 반복 여부를 나타낸다.
controls	기본으로 제공되는 재생 컨트롤 집합을 표시할지를 나타낸다. 일반적으로 표시되는 컨트롤은 재생, 일시정지, 검색 및 볼륨 설정이 포함된다.
width	비디오의 폭을 지정한다.
height	비디오의 높이를 지정한다.

미디어 자원의 본래 크기(폭과 높이)는 사용되는 형식에 정의된 대로 해당 리소스의 크기, 종횡비, 상하 잘림 영역, 해상도 등을 고려한 후 CSS 픽셀에서의 미디어 자원 크기가 된다. video 요소의 재생 영역의 본래의 크기는 그 비디오 데이터를 사용할 수 있는 경우 비디오 본래의 크기가 되지만, 그렇지 않다면 본래의 폭은 CSS 단위 300픽셀이 되고, 본래의 높이는 CSS 단위 150픽셀이 된다. 포스터 이미지가 있다면 포스터 본래의 크기가 된다. 비디오 본래의 크기는 다음과 같이 얻을 수 있다.

video.videoWidth	비디오 본래의 폭을 CSS 픽셀 단위로 반환한다.
video.videoHeight	비디오 본래의 높이를 CSS 픽셀 단위로 반환한다.

보충 설명 – 비디오 크기

비디오의 크기 중에서 하나만(폭이나 높이) 설정하면 비디오 플레이어에서 해당 크기에 비디오의 크기를 설정하고 비디오 콘텐츠의 가로 세로 비율을 기반으로 다른 크기를 조정하게 된다. 만일, 비디오 크기 2개 모두를 비디오 콘텐츠와 일치하지 않게 지정하면 비디오 플레이어에서는 가로 세로 비율을 유지하면서 적합한 가장 근사한 크기로 배율을 조정한다.

▣ 간단한 비디오 재생

오디오와 마찬가지로 비디오 또한 다음과 같이 간단하게 video 요소를 추가함으로써 재생할 수 있다. 비디오 샘플은 이곳에서(http://www.bigbuckbunny.org/index.php/download/) 다운로드를 받을 수 있다.

예제 Video_simplePlay1.html

```
<video src="media/bunny_small_ogg.ogg">
    <p>당신의 브라우저는 video 요소를 지원하지 않습니다. </p>
</video>
```

오디오와 마찬가지로 어떤 속성도 지정하지 않았기 때문에 비디오 크기만큼의 영역을 차지할 뿐 비디오가 재생되지 않는다. 브라우저는 사용자에게 좀 더 편리하게 비디오 컨텐츠를 볼 수 있도록 할 수 있다(예를 들어, 전체 화면이나 크기 조정 가능한 별도의 창으로 표시). 또한 브라우저는 비록 controls 속성이 없었다고 해도, 재생, 일시 중지 및 볼륨 조정과 같은 사용자 인터페이스를 다음 그림과 같이 보여줄 수 있다.

그림에서 오른쪽 버튼을 클릭하면 비디오를 제어할 수 있는 [재생]/[일시정지], [음소거], [루프]의 기능을 선택할 수 있으며, 특히 [컨트롤 표시]를 선택하면 다음 그림과 같이 controls 속성을 지정한 효과와 동일하게 비디오 플레이어의 도구(브라우저마다 모양이 다름)가 표시되는 것을 확인할 수 있다.

물론, 앞의 예제를 다음과 같이 수정해서 비디오의 크기를 원하는 크기로 수정해서 볼 수 있다. 비디오의 크기는 비디오의 폭의 비율에 맞추어서 높이는 조정되고 위 그림과 같이 비디오를 제어하는 컨트롤이 표시될 것이다.

예제 Audio_ simplePlay2.html

```
<video src="media/bunny_small_ogg.ogg" width="400px" controls autoplay loop >
    <p>당신의 브라우저는 video 요소를 지원하지 않습니다. </p>
</video>
```

또한, 오디오와 마찬가지로 버튼을 추가하여 비디오를 제어할 수도 있다(Video_userPlay.html 참고).

3.2 비디오 제어하기

HTML5 초기 명세서에서 추천하는 표준 동영상 포맷은 Ogg Theora였다. Ogg Theora 포맷이 오픈 소스로써, 무료로 사용할 수 있어서, 특허에 영향을 받지 않았기 때문이었다. 그러나 애플과 노키아 등의 몇몇 회사에서는 특허 문제에 대하여 이의 제기를 하기 시작했고, 애플이 명세서에 비디오 포맷을 직접적으로 명시하는 것은 좋지 않다고 강력히 주장하기 시작했다. 그리고 2007년 12월 10일 HTML5 명세서가 업데이트되었을 때, 포맷을 구체화하기 위한 참고사항이 업데이트되었다. 그리고 구글에서는 2010년 VP8 포맷을 획득한 다음 확정 무료 특허권인 BSD라이선스를 바탕으로 소프트웨어를 출시하고 2011년 1월에 크롬에서 MPEG-4에 대한 지원을 종료한다고 공식 발표를 하였다.

따라서 현재의 HTML5 초안 명세서에는 동영상 요소에서 어떤 동영상 포맷을 브라우저가 지원해야 할 것인지를 명시해 두지 않았다. 즉, 브라우저가 적합하다고 생각되는 동영상 포맷을 마음대로 지원할 수 있다는 뜻이다. 참고로 유투브는 플래시를 사용해서 동영상을 재생하도록 설계되었지만, http://www.youtube.com/html5에서 HTML5 기능을 선택하면 플래시 없이 동영상을 볼 수 있도록 지원하고 있다. 다음은 비디오 포맷에 대한 각 브라우저에서 지원되는 최근 상황을 나타낸 것이다.

<table>
<tr><th rowspan="2">브라우저</th><th rowspan="2">최신 안정판(공개일)</th><th colspan="3">비디오 포맷</th></tr>
<tr><th>Ogg</th><th>MP4</th><th>WebM</th></tr>
<tr><td>IE</td><td>11.0.9600.16476 (2013년 10월 17일)</td><td>수동 설치</td><td>9.0</td><td>수동 설치</td></tr>
<tr><td>Firefox</td><td>30.0(2014년 06월 10일)</td><td>3.5</td><td>No</td><td>4.0</td></tr>
<tr><td>Chrome</td><td>PC용 : 34.0.1847.116(2014년 4월 8일)
안드로이드용 ARM, x86:
34.0.1847.114(2014년 4월 2일)
iOS용 : 33.0.1750.21(2014년 3월 27일)</td><td>3.0</td><td>예</td><td>6.0</td></tr>
<tr><td>Safari</td><td>7.0.1(2013년 12월 16일)</td><td>수동 설치</td><td>3.1</td><td>No</td></tr>
</table>

Opera	Blink (21.0.1432.48)(2014년 4월 24일) Presto (12.17)(2014년 4월 23일)	10.50	No	10.60

(자료 참조 - 위키백과(HTML5 비디오))

- MP4 = H264 비디오 코덱과 AAC 오디오 코덱을 사용하는 MPEG4 파일
- WebM = VP8 비디오 코덱과 Vorbis 오디오 코덱을 사용하는 WebM 파일
- Ogg = Theora 비디오 코덱과 Vorbis 오디오 코덱을 사용하는 Ogg 파일

▣ source 요소 사용

앞에서 언급한 오디오와 같이 비디오 또한 브라우저별로 지원하고 있는 비디오 포맷이 다르기 때문에 다음과 같이 source 요소를 사용할 수 있다.

예제 Video_sourcePlay.html

```
<video controls>
    <source src="media/bunny_small_ogg.ogg" type=" video/ogg">
    <source src="media/bunny_small_avi.avi" type=" video/mp4">
    <p>당신의 브라우저는 audio 요소를 지원하지 않습니다. </p>
</video>
```

다음은 2.2절 source 요소에서 언급한 MIME 타입으로써, type 속성에 지정할 수 있는 비디오에 대한 codecs MIME 매개 변수를 사용하는 예를 나타낸 것이다.

MP4 컨테이너 내에 있는 H.264 베이스라인 프로파일 비디오 레벨 3와 복잡성이 낮은 AAC 오디오

```
<source src='video.mp4' type='video/mp4; codecs="avc1.42E01E, mp4a.40.2" '
```

MP4 컨테이너 내에 있는 MPEG-4 시각적인 단순 프로파일 레벨 0와 복잡성이 낮은 AAC 오디오

```
<source src='video.mp4' type='video/mp4; codecs="mp4v.20.8, mp4a.40.2" '
```

Ogg 컨테이너 내에 있는 데오라(Theora) 비디오와 보비스(Vorbis) 오디오

```
<source src='video.ogv' type='video/ogg; codecs="theora, vorbis" '
```

▣ 재생 시간 지정

미디어 콘텐츠를 재생할 때, 특정 위치를 지정하여 재생할 수도 있다. 다음과 같이 audio 또는 video 요소의 src 속성에 미디어의 URI를 지정할 때, 해시기호("#")와 함께 시작 시간과 종료 시간을 지정하면 시작 시간부터 재생하기 시작하여 종료시간까지 재생을 한다.

#t=[시작 시간] [,종료 시간]	#t=시간:분:초, 시간:분:초
src="media/bunny_small_ogg.ogg#t=1:20:30, 2:05:00"	1시간 20분 30초부터 2시간 5분까지 재생
src="media/bunny_small_ogg.ogg#t=10,20"	10초부터 20초까지 재생
src="media/bunny_small_ogg.ogg#t=,10"	10초까지 재생
src="media/bunny_small_ogg.ogg#t=20"	20초 부터 재생

다음은 간단한 예제를 나타낸 것으로, 브라우저에서 확인하면 자동으로 10초부터 재생하여 20초에 재생이 멈추는 것을 확인할 수 있다.

예제 Video_timePlay.html

```
<video src="media/bunny_small_ogg.ogg#t=10, 20" controls autoplay loop>
    <p>당신의 브라우저는 audio 요소를 지원하지 않습니다. </p>
</video>
```

▣ 비디오 포맷 검사

오디오 실습에서 살펴보았던 이벤트와 함께 비디오 실습에서는 여러 비디오 파일 중에서 원하는 비디오를 선택해서 재생할 수 있도록 하겠다. 비디오 데이터를 선택 할 때 canPlayType() 메서드를 사용하여 브라우저에서 재생이 가능한 비디오 포맷인지 검사하고 해당 비디오의 데이터를 변경하도록 하였다.

Video **실습하기** Script

앞에서 설명한대로 실습을 해보도록 한다. 우선, Video_Study01_Step.html 파일을 열고, 다음의 실습 코드를 입력하여 브라우저로 확인을 한다.

예제 Video_Study01_Step.html ※ 완성된 코드는 Video_Study01_SimplePlayer.html 에서 확인

Script

```
var myVideo, video_list, btn;
function playVideo() {
    if (myVideo.paused) { myVideo.play();  btn.textContent = "일시 멈춤"; }
    else                { myVideo.pause(); btn.textContent = "재생 하기"; }
}
function rewindVideo() { myVideo.currentTime -= 10.0; }    //재생 위치를 앞으로 10초씩 옮긴다.
function restartVideo() { myVideo.currentTime = 0; }      //재생 위치를 처음으로 옮긴다.
function volumeUp() { myVideo.volume += 0.1; }            //볼륨을 0.1씩 올린다.
function volumeDown() { myVideo.volume -= 0.1; }          //볼륨을 0.1씩 내린다.
function increaseSpeed() { myVideo.playbackRate += 0.1; } //재생 속도를 0.1씩 올린다.
```

```
function decreaseSpeed() {                          //재생 속도를 0.1씩 내린다.
        if (myVideo.playbackRate <= 1) {
                //재생 속도가 1보다 작으면 중간 속도로 변경한다.
                myVideo.playbackRate = (myVideo.playbackRate / 2);
                }
        else {  myVideo.playbackRate -= 0.1; }
}
function defaultSpeed() { myVideo.playbackRate = 1; }   //기본 재생 속도로 초기화한다.
function swapVideo(e) {
        if (myVideo.canPlayType("video/ogg") == 'maybe' ||
                myVideo.canPlayType("video/ogg") == 'probably') {
                myVideo.src = e.target.getAttribute('data-file')+'.ogg';
        } else if (myVideo.canPlayType("video/mp4") == 'maybe' ||
                        myVideo.canPlayType("video/mp4") == 'probably') {
                        myVideo.src = e.target.getAttribute('data-file')+'.mp4';
        }
        myVideo.load();
        playVideo();
}
function initEvents() {
        myVideo = document.getElementById('player');
        btn = document.getElementById('play');
        video_list = document.getElementsByTagName('input');

        for(i = 0; i<video_list.length; i++) {
                video_list[i].addEventListener('click',swapVideo,true);
        }
}
//웹 문서가 로드되었을 때 이벤트를 초기화 하도록 해준다.
window.addEventListener("DOMContentLoaded", initEvents, false);
```

HTML

```
<h2>HTML5 비디오 플레이어</h2>
<video width="600" controls id="player">비디오 요소를 지원하지 않음</video><br>
<p>  <button id="play" onclick="playVideo();">재생 하기</button>
     <button id="rewind" onclick="rewindVideo();">다시 감기</button>
     <button id="restart" onclick="restartVideo();">다시 재생</button>
     <button id="volumeUp" onclick="volumeUp();">볼륨 +</button>
     <button id="volumeDown" onclick="volumeDown();">볼륨 -</button>
     <button id="increaseSpeed" onclick="increaseSpeed();">재생 속도 +</button>
     <button id="decreaseSpeed" onclick="decreaseSpeed();">재생 속도 -</button>
     <button id="defaultSpeed" onclick="defaultSpeed();">기본 속도</button>
</p>
<input data-file="media/video_Wildlife" type="button" value="WildLife 보기"></input>
<input data-file="media/bunny_small_ogg" type="button" value="Bunny 보기"></input>
```

다음 내용은 실습 예제에 대한 설명을 요약한 것이다.

구분	위치	설명
Script	1~18	오디오 실습하기 설명 참고
	30~40	오디오 실습하기 설명 참고
	19~29	canPlayType() 메서드로 선택한 비디오 파일이 재생 가능한지 검사하고, 가능하면, 선택한 비디오 파일의 src를 변경하여 비디오 파일을 로드하고 재생하도록 한다.
	33~37	HTML input 요소들에서 비디오 목록을 가져오고, 목록 수 만큼 반복문을 사용하여 각 비디오별 이벤트를 등록하여 swapVideo() 메서드를 호출하도록 한다.
HTML	1, 11	오디오 실습하기 설명 참고
	12~13	HTML input 요소를 사용하여 비디오 목록을 버튼 타입으로 만들어서 클릭하면 해당 비디오가 재생되도록 한다.

3.2 자막처리 - 트랙(track) 요소

우리는 앞의 학습에서 미디어 요소의 트랙에 대한 기본적인 내용을 살펴보았다. 이번에는 이러한 트랙을 사용할 수 있는 트랙 요소에 대하여 살펴보도록 한다. 기본적으로 트랙(Track) 요소는 사용자에게 여러 언어나 비디오의 설명을 제공할 때, 시간이 지정된 텍스트 파일을 지정할 때 사용한다. 여러 트랙을 사용할 수 있고 한 트랙을 비디오가 시작될 때 사용할 기본 트랙으로 지정할 수 있다. 즉, track 요소를 사용하여 비디오 스트림에 내장하거나 외부 파일로 캡션을 제공할 수 있다. 수화 트랙도 mediagroup 속성이나 MediaController 객체를 이용하여 비디오 스트림에 내장하거나 여러 비디오 요소를 동기화하여 제공할 수 있다.

track 요소로 미디어 요소를 위한 재생 시작 시간이 정해진 명시적인 외부의 텍스트 트랙을 명시할 수 있지만, 이 요소 단독으로 사용되면 아무것도 나타나지 않는다. 다음은 track 요소의 속성에서 사용할 수 있는 각 속성 값들을 나타낸 것이다.

속성 값	설명
kind	track 요소의 상태를 나타내는 것으로 생략할 수 있으며, 기본값은 subtitles(자막)이다. 각 상태를 나타내는 키워드는 해당 예제의 설명을 참고하도록 한다.
src	텍스트 트랙 데이터의 주소를 나타낸다. 앞뒤로 공백이 들어갈 수 없는 유효한 URL이어야 하며, 반드시 지정해야 한다. 지정한 URL이 WebVTT(Web Video Text Track) 자원을 식별하고 kind 속성이 메타데이터(metadata) 상태에 있지 않으면, WebVTT 파일은 신호 텍스트를 사용하는 WebVTT가 된다. 지정한 URL이 WebVTT 자원을 식별하고 kind 속성이 장(chapters) 상태에 있으면, WebVTT 파일은 장 제목 텍스트를 사용하는 WebVTT 파일이 되고 오직 중첩된 신호만을 사용하는 WebVTT 파일이어야 한다.
srclang	텍스트 트랙 데이터의 언어를 제공한다. kind 속성이 자막 상태이면 반드시 지정되어야 한다.
label	사용자가 읽을 수 있는 트랙의 제목을 제공한다. 브라우저에서는 자신의 인터페이스에 자막, 캡션, 오디오 설명 트랙을 열거할 때 이 제목을 사용해야 한다.
default	이 속성 값이 지정되면, 사용자가 다른 트랙을 별도로 지정하지 않는 경우 기본 트랙이 활성화되어야 한다는 것을 나타낸다.

다음은 텍스트 트랙의 준비 상태를 나타내는 속성을 나타낸 것이다.

track.readtState	다음 목록에 나와 있는 번호 중 하나로 나타낸 텍스트 트랙 준비 상태를 반환한다.
NONE(=0)	텍스트 트랙의 로딩이 완료되지 않은 상태를 나타낸다.
LOADING(=1)	텍스트 트랙이 로딩 중인 상태를 나타낸다.
LOADED(=2)	텍스트 트랙의 로딩이 완료된 상태를 나타낸다.
ERROR(=3)	텍스트 트랙의 로딩이 실패한 상태를 나타낸다.

다음은 텍스트 트랙의 객체를 반환하는 속성을 나타낸 것이다.

track.track	track 요소의 텍스트 트랙에 일치하는 TextTrack 객체를 반환한다.

미디어 콘텐츠를 위한 자막 파일의 확장자는 우리가 자주 사용하던 SMI가 아닌 SRT 또는 VTT 파일을 이용해서 비디오에 자막을 넣을 수 있다.

▣ 트랙 요소 사용

자막을 위한 트랙 요소의 사용법은 다음과 같이 미디어(비디오 또는 오디오) 요소의 하위 요소로 track 요소를 사용하면 된다. 요소에서 지정된 텍스트 파일 안에 있는 자막은 기본적으로 플레이어의 아래쪽에 표시된다. 이 시점에는 위치와 색상을 제어할 수 없지만, 스크립트를 통해서 텍스트를 검색하고 원하는 방식으로 표시할 수 있다.

```
<video src="media/bunny_small_ogg.ogg" controls autoplay loop>
  <track src="media/bunny_small_ogg.vtt" srclang="ko" label="한국어" kind="subtitles" default>
</video>
```

다음은 위 예제의 kind 속성에서 사용할 수 있는 키워드를 나타낸 것이다.

키워드	상태	간단한 설명
subtitles	자막	대화를 글로 옮긴 것이나 번역한 것으로, 소리가 들리기는 하지만, 이해할 수 없을 때 적절하다. 비디오 위에 작성된다. • 예: 사용자가 미디어 자원의 오디오에서 들리는 언어를 이해하지 못할 때
captions	캡션	대화를 글로 옮긴 것이나 번역한 것으로, 사운드 효과, 관련된 음악적 신호, 다른 관련된 오디오 정보로 소리가 들리지만, 또렷하게 알아들을 수 없을 때 적절하다. 비디오 위에 작성되며 청력이 약한 사람들에게 적합하다. • 예: 소리가 묵음 처리되거나 주위 소음으로 상쇄되거나, 사용자가 청각 장애인 일 때
descriptions	설명	미디어 자원의 비디오 구성 요소에 대한 텍스트 형식의 설명으로, 시각적 구성 요소가 알아보기 힘들거나, 없거나 사용할 수 없을 때 오디오 합성을 위한 것이다. 오디오로 합성된다. • 예: 사용자가 운전 시에 애플리케이션과 상호작용할 때나 사용자가 앞을 못 볼 때
chapters	장	장의 제목으로 미디어 자원을 탐색하기 위한 목적으로 만든 것이다. 브라우저의 인터페이스에서 상호작용하는 목록으로 나타난다.
metadata	메타데이터	스크립트에서 사용하기 위해 만든 트랙이다. 브라우저에는 나타나지 않는다.

▣ 트랙 파일 형식

텍스트 트랙은 간소화된 WebVTT(Web Video Text Track)의 시간이 지정된 텍스트 파일 형식을 사용하는데, 이 파일은 다음과 같이 UTF-8(8비트 Unicode Transformation Format) 형식의 텍스트 파일이다. WebVTT에 대한 자세한 내용은 표준화 문서(http://dev.w3.org/html5/webvtt/)를 참고하기 바란다.

```
WEBVTT

00:00.000 --> 00:07.031
지금 보고 계시는 것은 예제로 만든 자막입니다.
...
```

이 파일의 첫 번째 줄에서 WEBVTT 태그로 시작하고 뒤에 줄 바꿈이 나온다. 타이밍 신호는 HH:MM:SS.sss 형식이다. 시작과 끝 신호 사이에는 공백과 "-->" 문자열로 구분된다. 타이밍 신호는 줄에 단독으로 표시되고 뒤에 줄 바꿈이 온다. 신호 바로 뒤에는 캡션 텍스트가 있다. 텍스트 캡션은 하나 이상의 줄로 이루어질 수 있으며, 유일한 제한 사항은 텍스트 줄 사이에 빈 줄이 없어야 한다는 것이다. 비디오에 대한 자막을 쉽게 만드는 방법은 여러 애플리케이션을 이용할 수도 있지만, 간단하게 HTML5 Video Caption Maker(http://ie.microsoft.com/testdrive/Graphics/CaptionMaker/Default.html)를 사용할 수도 있다.

▣ 다중 트랙 파일

사용자에게 여러 언어나 대체 설명(자막 등)을 제공하기 위해서 시간이 지정된 텍스트 파일을 여러 개 사용할 수 있다. 여러 트랙을 사용하는 경우 한 트랙을 페이지가 언어를 지정하지 않거나 사용자가 언어를 선택하지 않은 경우에 사용할 기본 트랙으로 설정한다. 비디오 플레이어 내에서 사용자는 기본적으로 제공하는 사용자 인터페이스를 통해서 대체 트랙을 선택할 수 있다.

다음 예제는 세 개의 트랙 요소가 있는 비디오 요소를 나타낸 것이다.

```
<video id="myVideo" controls autoplay loop>
  <source src="video.mp4" type="video/mp4">
  <track id="Track_en" src="video_en.vtt" label="영어" kind="subtitles" srclang="en" >
  <track id="Track_kr" src="video_ko.vtt" label="한국어" kind="subtitles" srclang="ko" default>
  <track id="Track_de" src="video_de.vtt" label="독일어" kind="subtitles" srclang="de">
</video>
```

▣ 트랙을 이용하여 비디오 재생하기

다음의 예제에서는 트랙 요소에 의해 지정된 자막을 불러오고 그 자막을 목록 요소에 추가하도록 하였다. 그리고 목록에 있는 자막을 클릭하면 해당 재생 위치로 이동해서 재생하도록 하고 있는 것을 볼 수 있다. 자막이 있을 경우에는 재생 컨트롤에 CC 모양이 추가되는 것을 볼 수 있다.

예제 Video_ trackSimple.html

Script

```
function loadCaptions(track)
{
  var cues = track.track.cues; //트랙의 신호 객체를 가져온다
  var list = document.getElementById('results'); //트랙의 텍스트들을 담을 객체를 가져온다.

  for (i = 0; i < cues.length; i++) {
      var track_text = cues[i].getCueAsHTML(); //트랙의 각 신호에 대한 텍스트를 가져온다.
      var option = document.createElement("option"); //임의의 요소를 만들고
      option.text = track_text.textContent;         //임의의 요소에 가져온 텍스트를 지정한다.
      //data-time 속성을 만들고 그 속성에 시간을 지정한다.
      option.setAttribute('data-time', cues[i].startTime);
      list.add(option);      //목록 요소에 가져온 트랙 신호 텍스트를 추가한다.
  }
}
function playCaption(control) {
  var obj = control.options[control.options.selectedIndex]; //목록 요소의 선택된 아이템 객체
  var track_cue = obj.getAttribute('data-time'); //아이템에 설정되어 있는 시간을 가져온다.
  var video = document.getElementById('player');
  video.currentTime = track_cue - 0.1; //비디오에 가져온 시간으로 설정하여 재생하도록 한다.
}
```

HTML

```
<video id="player" src="media/video_Wildlife.mp4" width="500px" controls autoplay loop>
   <track src='media/video_caption1.vtt' srclang='ko' label='한국어' kind='subtitles' default onload='loadCaptions(this)'>
</video>
<div><select size='5' id='results' onchange='playCaption(this)' style='width:500px; margin-top:8px' ></select></div>
<div>위 자막을 클릭하시면 자막이 있는 곳으로 이동하면서 재생됩니다.</div>
```

지금까지 비디오에 대한 간단한 재생과 자막을 추가한 비디오 플레이어를 살펴보았다. 그러나, 아쉽게도 track 요소의 경우는 로컬 파일시스템인 file://URL 에서는 테스트를 해볼 수가 없고 웹 서버에서 테스트를 해야만 한다. 이와 관련된 자세한 내용들은 지면 관계상 CORS(Cross-Origin Resource Sharing) 자료를 살펴보기 바란다.

교재의 지면 관계상 자막과 관련된 많은 부분들을 언급하지는 못했지만, 다음의 웹사이트에서 좀 더 자세한 내용들을 학습할 수 있을 것이라 생각된다.

- 트랙 참고자료 – http://www.html5rocks.com/en/tutorials/track/basics/
- 트랙 참고자료 – http://dev.opera.com/articles/an-introduction-to-webvtt-and-track/
- CORS 참고자료 – 표준문서 2.6.6 CORS setting attributes
- CORS 참고자료 – http://enable-cors.org/

CHAPTER

14

HTML API 1 – 오프라인 웹, 파일 접근, 웹 스토리지

학습 목표

HTML5에서는 새롭고 다양한 API들을 추가하였다. 오프라인 상태에서도 웹에 있는 자원을 사용할 수 있도록 해주는 오프라인 웹 애플리케이션 API와 함께 데스크탑 PC의 로컬 파일의 데이터를 직접 스크립트로 접근할 수 있도록 해주는 API기능이 추가되었다. 그리고 웹 스토리지 관련 API를 추가하여 반복적으로 요청되는 데이터를 직접 클라이언트 측 브라우저에 효과적으로 저장하고 관리하도록 하고 있다. 이번 장에서는 HTML5에 새롭게 추가된 이러한 기능들에 대하여 살펴보도록 하겠다.

Key Point

HTML5 API, 오프라인 웹 애플리케이션, 캐시, 매니페스트, 파일 데이터/객체, 블롭(Blob) 데이터/객체, Data URL, UTF-8 텍스트, 명시적/대체/온라인 화이트리스트 섹션, 바이트 시퀀스, 비동기/동기 액세스, 스토리지, 세션/로컬 스토리지, 스토리지 이벤트

Section

CHAPTER

14 HTML API 1 – 오프라인 웹, 파일접근, 웹 스토리지

Section 01 오프라인 웹 애플리케이션

우리가 알고 있는 사실 중에 하나는 브라우저를 사용하여 어떤 웹 사이트에 접속하여 정보를 주고 받는 등의 작업을 하려면 당연히 온라인 상태이어야 한다는 것을 알고 있다. 온라인 상태에서 장문의 메일을 쓰거나 게시판에 글을 작성하고 있는 도중에 네트워크의 이상으로 갑자기 다음과 같이 오프라인으로 변경된다면 어떻게 될까?

아마도 작성한 내용을 복사하고 온라인이 될 때까지 기다렸다가 복사했던 내용을 붙여 넣기로 할 것이다. 아니면, 내용을 별도의 파일을 보관할 수도 있다. 그러나 이제는 이런 걱정을 할 필요가 없어졌다. 바로 HTML5에서 새롭게 도입된 오프라인 웹 애플리케이션과 관련된 API들이 새로 추가되었기 때문이다. 이번 절에서는 오프라인 웹 애플리케이션에 대하여 학습하도록 한다.

설명하게 되는 오프라인 웹 애플리케이션에 대한 내용들은 표준화 문서를 참조하여 작성하였으므로, 좀 더 자세한 내용을 살펴보고자 한다면 아래 사이트에서 해당 문서를 참고하도록 하자.

표준화 문서	HTML 5 - http://www.w3.org/html/wg/drafts/html/CR/
표준화 단계	Last Call Working Draft(Editor's Draft) (2014-06-27)
문서 위치	5.7 Offline Web Application

1.1 소개

예를 들어 인터넷 서비스 제공 업체의 통신 가능 구역을 벗어나서 여행을 한다고 가정하면, 네크워크가 연결되어 있지 않더라도 사용자가 웹 애플리케이션과 문서와 지속적으로 상호작용할 수 있도록 개발자는 웹 애플리케이션이 오프라인일 때도 작동하는 데 필요한 파일들의 목록을 담은 매니페스트를 제공할 수 있고, 브라우저에서는 이 매니페스트를 사용하여 오프라인에서 사용할 수 있는 파일들의 복사본을 보관하게 된다.

오프라인 웹 애플리케이션이란 말 그대로 오프라인 상태에서도 사용이 가능하다는 것을 의미한다. 일정한 제약 사항이 있을 수 있지만, 위와 같이 온라인 지원이 안 되는 곳(비행기 안에서 업무를 볼 수도 있고 여행지에서 기록을 할 수도 있는 등)에서도 웹에 접근하여 사용이 가능하다는 것이다. 이것은 바로, 파일들을 클라이언트에서 캐시로 저장하여 사용하므로 웹 문서의 접근이 빠르다. 또한 지속적인 네트워크의 접속이 줄어들기 때문에 모바일 기기에서는 효과적인 전원 관리가 가능하다. 브라우저는 오직 자원이 변경된 경우에만 다운로드를 시도하기 때문이다.

다음과 같이 HTML 문서 파일 "clock.html", CSS 파일 "clock.css", 그리고 자바스크립트 파일 "clock.js"로 구성된 간단한 시계 애플리케이션의 예를 살펴보도록 하자.

<table>
<tr><th>파일</th><th>코드</th></tr>
<tr><td>clock.html</td><td>

```
<!DOCTYPE HTML>
<head>
    <title>Clock</title>
    <script src="clock.js"></script>
    <link rel="stylesheet" href="clock.css">
</head>
<body>
    <p>The time is: <output id="clock"></output></p>
</body>
</html>
```

</td></tr>
<tr><td>clock.css</td><td>

```
output { font: 2em sans-serif; }
```

</td></tr>
<tr><td>clock.js</td><td>

```
setInterval(function () {
    document.getElementById('clock').value = new Date();
}, 1000);
```

</td></tr>
</table>

사용자가 오프라인일 때는 "clock.html" 문서를 열려고 하면(브라우저에 로컬 캐시가 없는 경우) 브라우저에서는 오류가 발생하여 이 페이지를 열지 못하고 앞에서 보았던 오류 메시지를 보게 될 것이다. 따라서 개발자는 3개의 파일로 이루어진 매니페스트를 제공할 수 있다. 이 매니페스트를 파일 "clock.appcache" 이라고 가정하면, 앞의 HTML 문서를 약간 수정하여 이 매니페스트(text/cache-manifest MIME 타입으로 제공된다)를 애플리케이션(clock.html)에 다음과 같이 연결하면 된다.

clock.html

```html
<!DOCTYPE HTML>
<html manifest="clock.appcache">
<head>
  <title>Clock</title>
    <script src="clock.js"></script>
  <link rel="stylesheet" href="clock.css">
</head>
<body>
    <p>The time is: <output id="clock"></output></p>
</body>
</html>
```

```
CACHE MANIFEST
clock.html
clock.css
clock.js
```

clock.appcache

이렇게 되면, 사용자는 이 문서를 열 때, 브라우저에서는 사용자가 오프라인에서도 사용할 수 있도록 이 3개의 파일들을 캐시에 저장한다. 그리고 다음 그림과 같이 시스템에 저장된 여러 애플리케이션 캐시의 내용에 대한 세부 사항을 확인해 볼 수 있다. 그림에서 [view Entries]를 클릭하면 매니페스트에 지정한 파일의 정보(위치, 크기 등)를 확인할 수도 있고 [Remove]를 클릭하면 이 캐시를 완전히 제거할 수도 있다.

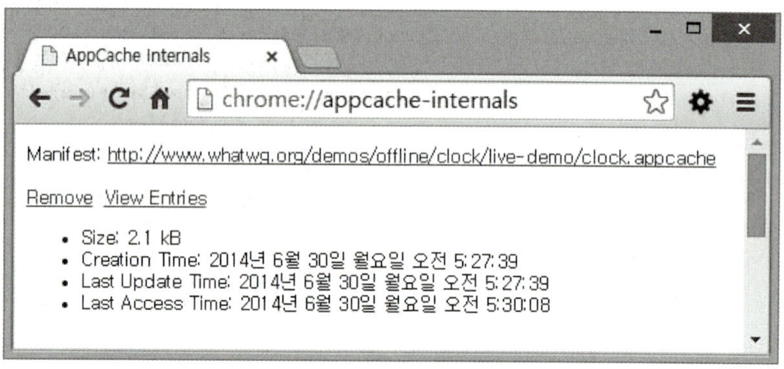

이와 같이 HTML5로 만들어진 애플리케이션은 온라인 및 오프라인에서도 사용 가능한 애플리케이션의 장점을 모두 살릴 수 있는 애플리케이션 캐시를 제공한다. 이러한 기능 덕분에 네트워크에 연결하지 않고도 실행할 수 있는 애플리케이션이 점차 증가하고 있다. 이렇게 매니페스트에 주요 문서를 넣는 것이 좋지만, 실제로 매니페스트를 참조하는 문서는 명시적으로 기록되어 있지 않더라도 자동적으로 캐시에 저장된다. 그리고 한 개의 웹 사이트당 5MB까지 캐시를 저장할 수 있고 매니페스트에 지정된 파일의 다운로드가 실패한다면, 브라우저는 가장 최근에 성공적으로 다운로드한 파일을 그대로 사용한다. 그리고 실패에 대한 이벤트를 발생시킨다.

1.2 매니페스트 파일

웹 사이트에서 사용하는 모든 파일들을 캐시로 저장할 수는 없기 때문에 오프라인에서도 웹 사이트 이용이 가능하도록 하기 위해서는 여러 문서와 파일들을 캐시로 저장해야 하는데, 캐시에 저장할 자원의 목록이 바로 매니페스트 파일인 것이다. 따라서 파일들을 캐시로 저장하기 위해서 반드시 매니페스트 파일이 필요하다. 매니페스트 파일에는 어떠한 파일을 캐시로 저장해야 하는지를 지정하며 서버로부터 웹 문서들과 함께 다운로드 되는 파일이다.

▣ 캐시 매니페스트 문법

매니페스트는 text/cache-manifest MIME 타입을 이용하여 제공되어야 한다. 명세서에서 정의한 대로 MIME 타입을 이용하여 제공된 자원 모두는 애플리케이션 캐시 매니페스트의 문법을 따라야 한다. 애플리케이션 캐시 매니페스트는 텍스트 파일이며, 이 파일의 텍스트는 UTF-8로 인코딩되고 데이터는 줄로 구분된다. 첫 줄에는 "CACHE", 단일 공백 문자, "MANIFEST"와 공백문자, 탭(tab) 문자, 그리고 "LF" 문자나 "CR" 문자로 구성된 문자열(CACHE MANIFEST)이어야 한다. 그리고 첫 번째 줄 앞에 선택 사항으로 "BOM" 문자가 올 수 있다. 첫 번째 줄에 다른 텍스트가 있으면 이 텍스트는 무시된다. 다음은 이러한 줄에 대한 사항을 나타낸 것이다.

빈 줄	0개 이상의 U+0020 공백과 "tab"(U+0009) 문자로만 구성되어야 한다.
설명문	0개 이상의 U+0020 공백과 "tab"(U+0009) 문자, 이 뒤에 나오는 "#"(U+0023) 문자 하나, 이 뒤에 나오는 "LF"(U+000D)와 "CR"(U+000D) 문자를 제외한 0개 이상의 문자로 구성된다. 예) # 캐시할 파일은 다음과 같습니다.
섹션 헤더	현재 섹션을 변경한다. 쓸 수 있는 섹션 헤더에는 다음과 같은 3가지가 있으며, 섹션 헤더 줄은 0개 이상의 공백과 탭 문자, 이 뒤에 오는 다음 이름 중 하나(":" 문자 포함), 그리고 이 뒤에 오는 0개 이상의 공백과 "tab" 문자로 구성된다. • CACHE: 명시적인 섹션으로 전환된다. • FALLBACK: 대체 섹션으로 전환된다. • NETWORK: 온라인 화이트리스트 섹션으로 전환된다.
현재 섹션에서 사용되는 데이터	데이터 줄에 적용해야 하는 포맷은 현재 섹션에 달려 있다. • 현재 섹션이 명시적인 섹션일 때, 데이터 줄은 0개 이상의 공백과 탭 문자, 매니페스트가 아닌 자원을 식별하는 유효한 URL, 0개 이상의 공백과 탭 문자로 구성된다. • 현재 섹션이 대체 섹션일 때, 데이터 줄은 0개 이상의 공백과 탭 문자, 매니페스트가 아닌 자원을 식별하는 유효한 URL, 0개 이상의 공백과 탭 문자, 매니페스트가 아닌 자원을 식별하는 다른 유효한 URL, 0개 이상의 공백과 탭 문자로 구성된다. • 현재 섹션이 온라인 화이트리스트 섹션일 때, 데이터 줄은 0개 이상의 공백과 탭 문자와 단일 "*" 문자나 매니페스트가 아닌 자원을 식별하는 유효한 URL, 0개 이상의 공백과 탭 문자로 구성된다.

섹션을 매니페스트에 한 번 이상 작성할 수 있으며, 섹션은 비어 있을 수 있다. 대체 네임스페이스와 연관된 대체 문서를 나타내는 URL과 그 네임스페이스 자체는 대체 섹션에 작성되며, 이 네임스페이스는 데이터 줄의 첫 번째 URL이고 해당 대체 문서는 두 번째 URL이어야 한다. 캐시에 저장할 다른 문서는 모두 명시적 섹션에 작성해야 한다. 그리고 대체 네임스페이스와 대체 자원은 매니페스트와 동일한 위치에 있어야 하며, 한 번 이상 작성해서는 안 된다.

다음은 앞에서 언급한 섹션을 정리한 내용이다.

섹션	설명
CACHE:	기본 값을 나타내는 부분으로, 클라이언트에서 캐시가 되어야 할 파일들을 지정하는 부분으로 이곳에 지정된 파일들은 오프라인에서도 해당 파일에 접근이 가능하다.
NETWORK:	반드시 온라인 상태에서만 접근할 수 있는 파일들을 지정하는 부분으로, CACHE 섹션과는 반대된다. 문서에서 서버와 다시 통신하기 위해 사용하는 모든 URL에 대해서 URL 모두 이 섹션에 자동으로 들어가게 하려면, "*" 문자를 그 URL중 하나로 명시할 수 있다. 그리고 URL 은 조각 식별자를 가져서는 안 된다(즉, 매니페스트 내에 있는 URL에 U+0023 NUMBER SIGN 문자를 사용할 수 없다). 온라인 화이트리스트에 작성된 네임스페이스와 네임스페이스는 접두어가 일치해야 한다.
FALLBACK:	대체되는 자원을 지정하는 부분으로, 클라이언트에서 서버로 문서를 요청했는데, 해당 문서가 존재하지 않을 때 대신 표시할 자원을 지정하는 것이다. 다른 섹션이 각 파일들의 이름을 한 줄에 하나씩 지정하는 반면에, 이 섹션은 좌우 쌍으로 2개 지정해야 한다. 아래 문법의 예제에서, signup.html 파일을 요청했는데 없을 경우, offline.html 파일로 대신한다는 의미이다.

▣ 캐시 매니페스트 문법의 예

다음 매니페스트 예제에서, 방법 1은 이미지 2개와 CSS 1개를 캐시에 저장하도록 하고, CGI 스크립트를 NETWORK: 섹션 항목으로 기록한다. 그리고 이 매니페스트는 오른쪽의 방법 2와 같이 작성될 수 있다.

방법 1	방법 2
CACHE MANIFEST images/sound-icon.png images/background.png NETWORK: comm.cgi FALLBACK: signup.html offline.html CACHE: style/default.css	CACHE MANIFEST NETWORK: comm.cgi FALLBACK: signup.html offline.html CACHE: style/default.css images/sound-icon.png images/background.png

오프라인 애플리케이션 캐시 매니페스트에서 다음과 같이 상대 경로나 절대 경로 URL을 사용할 수 있다.

``` CACHE MANIFEST /main/home /main/app.js /settings/home ```	``` CACHE MANIFEST http://img.example.com/logo.png http://img.example.com/check.png http://img.example.com/cross.png ```

다음의 매니페스트는 사용자가 오프라인 동안 사이트의 모든 문서에 대하여 나타나는 기본 오류 문서를 정의한다. 또한 온라인 화이트리스트 와일드카드 플래그(*)를 open 상태로 명시하여, 다른 사이트의 자원에 대한 접근을 막는다(기본 대체 네임스페이스로 인하여 동일한 사이트의 자원에 접근할 수 있다).

```
CACHE MANIFEST
FALLBACK:
/ /offline.html
NETWORK:
*
```

사이트의 모든 문서에서 이 매니페스트를 참조하는 한, 브라우저가 서버에서 이 문서들을 가져오는 대로 이 문서들이 지역적으로 캐시에 저장된다. 그래서 동일한 페이지를 다시 방문할 경우 캐시에 저장된 문서가 바로 로딩된다. 이 매니페스트가 변경되기 전에는 브라우저는 서버에서 아무 문서도 다시 가져오지 않는다. 이 매니페스트가 변경되는 경우, 모든 파일이 다시 다운로드 된다. 그러나 CSS나 이미지와 같은 하위 자원들은 일반 HTTP 캐싱 시맨틱을 이용하여 캐시에 저장된다.

▣ 캐시 매니페스트 작성하기

매니페스트 파일은 클라이언트에서 접근할 수 있어야 하기 때문에 파일의 MIME 타입을 서버의 mime.types 파일에 다음과 같이 지정(manifest 확장자)해야 한다.

```
text/cache-manifest        manifest
```

다음으로, 애플리케이션 문서에서는 앞에서 살펴본 예제와 같이 manifest 속성을 이용하여 매니페스트 파일을 다음과 같이 지정해줘야 한다.

```
<!DOCTYPE html>
<html manifest = "매니페스트 파일 이름" >
….
</html>
```

앞의 clock.html 예제에서는 매니페스트 파일 이름을 "clock.appcache"로 지정하였다. 이렇게 매니페스트 파일을 지정하면 해당 문서 호출 이후부터는 캐시가 동작하게 된다. 그리고 매니페스트 파일을 지정한 문서는 별도로 매니페스트 파일의 CACHE 섹션에 문서 이름을 입력하지 않아도 자동으로 캐시가 된다.

1.3 이벤트 처리

사용자가 매니페스트를 선언하는 문서를 열 때, 브라우저에서는 캐시를 업데이트하려고 한다. 이러한 작업은 브라우저가 매니페스트의 복사본을 가져오고, 브라우저에서 매니페스트를 마지막으로 보고 난 이후에 이 매니페스트가 변경되었으면 매니페스트에 기록된 자원을 모두 다시 다운로드하고 캐시에 새롭게 저장하여 이루어진다.

매니페스트가 업데이트되고 유지되도록 여러 이벤트가 ApplicationCache 객체에서 발생하여 사용자에게 캐시 업데이트의 상태에 대하여 적절하게 알릴 수 있다. 사용할 수 있는 이벤트에는 다음과 같은 것들이 있다.

이벤트 이름 (인터페이스)	이벤트 발생 조건	다음 이벤트
checking (Event)	브라우저에서 업데이트할 것이 있는지 확인하거나, 처음으로 매니페스틀 다운로드 하려고 할 때. 항상 이벤트 발생 순서에서 첫 번째로 발생하는 이벤트이다.	noupdate, downloading, obsolete, error
noupdate (Event)	매니페스트가 변경된 적이 없다.	이벤트 발생 순서에서 가장 마지막으로 발생
downloading (Event)	브라우저에서 업데이트할 것을 찾아서 가져오고 있거나, 매니페스트에 기록된 자원을 처음으로 다운로드 하려고 할 때.	progress, error, cached, updateready
progress (ProgressEvent)	매니페스트에 기록된 자원을 다운로드 하려고 할 때.	progress, error, cached, updateready
cached (Event)	매니페스트에 기록된 자원이 다운로드 되어 있으며, 애플리케이션은 이제 캐시에 저장된 상태일 때	이벤트 발생 순서에서 가장 마지막으로 발생
updateready (Event)	매니페스트에 기록된 자원이 새롭게 다운로드 되었을 때. 스크립트는 그 새로운 캐시로 전환하는 데 swapCache() 메서드를 사용할 수 있다.	이벤트 발생 순서에서 가장 마지막으로 발생

obsolete (Event)	매니페스트가 404나 410 문서로 찾을 수 없는 파일이 되어 애플리케이션 캐시가 제거될 때.	이벤트 발생 순서에서 가장 마지막으로 발생
error (Event)	매니페스트가 404나 410 문서이기 때문에 애플리케이션을 캐시에 저장하려는 시도가 취소 될 때.	이벤트 발생 순서에서 가장 마지막으로 발생
	매니페스트가 변경되지 않았지만, 이 매니페스트를 참조하는 문서가 적절히 다운로드 되지 않을 때	
	매니페스트에 기록된 자원을 가져오는 동안 치명적인 오류가 발생할 때	
	캐시 업데이트가 이루어지고 있는 동안 매니페스트가 변경될 때	브라우저에서 그 파일들을 다시 가져오려고 곧 시도할 것이다.

다음과 같이 2가지 방법으로, window.applicationCache 객체를 이용하여 다양한 이벤트들을 처리할 수 있다.

```
window.applicationCache.onchecking = function(e) { … }
window.applicationCache.onnoupdate = function(e) { … }
window.applicationCache.ondownloading = function(e) { … }
…
```

```
function handleCacheEvent(e) { … }
window.applicationCache.addEventListener('checking', handleCacheEvent, false);
window.applicationCache.addEventListener('noupdate', handleCacheEvent, false);
window.applicationCache.addEventListener('downloading', handleCacheEvent, false);
…
```

다음은 사용할 수 있는 속성과 메서드를 나타낸 것이다.

cache = window.applicationCache		(창에서) Window의 활성화된 문서에 적용되는 ApplicationCache 객체를 반환한다.
cache = self.applicationCache		(공유한 워커에서) 현재 공유하는 워커에 적용되는 ApplicationCache 객체를 반환한다.
***cache*.status**		애플리케이션 캐시의 현재 상태를 아래에 정의된 상수로 반환한다.
UNCACHED	0	캐시를 하지 않는다.
IDLE	1	최신의 캐시를 이용중인 상태이다.
CHECKING	2	캐시의 업데이트를 체크중인 상태이다.
DOWNLOADING	3	캐시를 업데이트중인 상태이다.
UPDATEREADY	4	최신의 캐시를 이용할 수 있는 상태이다.
OBSOLETE	5	오류가 발생하여 캐시가 되지 않은 상태이다.

cache.abort()	애플리케이션 캐시 다운로드 프로세스를 취소한다.
cache.update()	애플리케이션 캐시 다운로드 프로세스를 호출한다.
	• 갱신할 애플리케이션 캐시가 없다면 InvalidStateError 예외 오류를 발생시킨다. • 브라우저에서 자동으로 애플리케이션 캐시 업데이트를 관리하기 때문에 이 메서드를 호출할 필요는 없다. 그러나 오랫동안 실행되는 애플리케이션과 같은 경우에는 유용할 수 있다. • 예를 들어, 웹 메일 애플리케이션은 한 번에 여러 주 동안 브라우저 탭에 열린 상태로 있을 수 있다. 이런 애플리케이션에서는 매일 업데이트할 것이 있는지 확인하려 할 것이다.
cache.swapCache()	가장 최근의 애플리케이션 캐시로 전환한다.
	• 새 애플리케이션 캐시가 생기면, 이 캐시로 전환한다. 그렇지 않으면 InvalidStateError 예외 오류가 발생한다. 이 메서드로 전에 로딩된 자원이 다시 로딩되지는 않는다. 예를 들어, 이미지가 갑자기 리로딩되고 CSS와 스크립트가 파싱되거나 재평가되지는 않는다. 유일한 변화는 캐시에 저장된 자원에 대해 나중에 발생하는 요청으로 새로운 복사본이 로딩될 거라는 것이다. • updateready 이벤트는 이 메서드가 호출될 수 있기 전에 발생한다. 일단 이 이벤트가 발생하면, 웹 애플리케이션은 적절한 때에 이 메서드를 호출하여 기존 캐시에서 가장 최근에 업데이트된 파일들이 저장된 캐시로 전환한다. 이 방법을 적절히 사용하기 위해서는 애플리케이션에서 새로운 기능을 이용할 수 있어야 한다. 예를 들어, 스크립트를 다시 로드해서 새 기능을 활성화할 수 있다. swapCache()를 대체할 수 있는 쉬운 방법으로 location.reload()를 이용하여 사용자에게 적절한 시점에 문서 전체를 다시 로드하는 단순한 것이 있다.

다음은 window.applicationCache 개체를 이용하여 캐시를 프로그램적으로 처리할 수 있도록 한 예제로, status 속성을 사용하여 현재의 캐시 상태를 확인할 수 있다.

```
var appCache = window.applicationCache;
switch (appCache.status) {
  case appCache.UNCACHED: break; //캐시를 하지 않을 경우에 대한 처리를 한다.
  case appCache.IDLE: break;        //최신의 캐시 이용 상태일 경우에 대한 처리를 한다.
  case appCache.CHECKING: break;  //캐시의 업데이트 체크 중일 경우에 대한 처리를 한다.
  case appCache.DOWNLOADING: break; //캐시의 업데이트 중일 경우에 대한 처리를 한다.
  case appCache.UPDATEREADY: break;   //최신 캐시를 이용할 수 있는 상태에 대한 처리를 한다.
  case appCache.OBSOLETE: break;       //캐시가 되지 않은 상태에 대한 처리를 한다.
};
```

다음은 브라우저 상태를 체크하기 위한 브라우저 객체의 onLine 속성과 예제를 나타낸 것이다.

window.navigator.onLine	브라우저가 온라인이면 true를 반환하고 그렇지 않으면 false를 반환한다.

```
<script>
  function updateIndicator() {
      document.getElementById('indicator').textContent = navigator.onLine ? '온라인' : '오프라인';
  }
</script>
```

```
<body onload="updateIndicator()" ononline="updateIndicator()" onoffline="updateIndicator()">
  <p>현재 네트워크의 상태는: <span id="indicator">(알려져 있지 않습니다)</span>
</body>
```

Section 02 파일 API

이제는 웹에서도 파일에 대한 접근이 가능하게 되었다. 파일 API는 PC에 있는 파일의 데이터를 직접 스크립트로 접근할 수 있도록 지원한다. 이전 표준화 문서의 파일 API에서는 파일을 읽을 수만 있고 클라이언트에서 직접 편집할 수 없었다. 파일의 표현을 변경할 수는 있었지만, 이러한 편집 내용을 저장하려면 파일 및 편집 내용을 서버에 업로드를 하고 서버에서 모든 작업을 처리한 이후에 변경된 파일을 다운로드 해야만 했다. 그러나 최근 표준화 문서에는 블롭(Blob) 인터페이스를 통해서 파일을 생성할 수 있도록 하고 있다. 이번 절에서는 파일 API와 관련된 내용을 학습하도록 한다.

설명하게 되는 파일 API에 대한 내용들은 다음의 표준화 문서를 참조하여 작성하였으므로, 좀 더 자세한 내용을 살펴보고자 한다면 아래 사이트에서 해당 문서를 참고하도록 하자.

표준화 문서	File API - http://www.w3.org/TR/FileAPI/
표준화 단계	W3C Last Call Working Draft(Editors Draft), (2014-06-30)

표준화 명세서에서는 웹 애플리케이션에서 파일 객체를 표현하는 것은 물론 파일 객체를 프로그래밍 방식으로 선택하고 해당 데이터에 액세스하는 방법을 정의하고 있다. 파일 API를 사용하면 웹 개발자가 확장 또는 플러그 인 없이 안전하게 클라이언트 컴퓨터의 로컬 파일에 액세스할 수 있게 된다.

이와 같이 스크립트를 통해서 파일에 접근하기 위해서는 FileList라는 객체를 통해야 한다. 만일, 드래그 앤 드롭이라면 드롭 이벤트 객체에서 얻을 수 있는 DataTransfer 객체의 files 속성으로 가져와야 하고, input 요소라면 input 요소 객체의 files 속성에서 가져온다. 정보를 알고자 하는 파일의 객체를 구하기 위해서는 선택한 파일의 객체가 저장되어 있는 FileList 객체를 구하면 되는데, List라는 이름에서 알 수 있듯이 FileList 객체는 배열 형식으로 되어 있기 때문에 인덱스를 지정해서 파일 객체를 가져올 수 있다. 그러나 이 FileList 객체를 언제든지 구할 수 있는 것은 아니다. 드래그 앤 드롭에서는 드롭 되었을 때 얻을 수 있고, input 요소에서는 사용자가 파일을 선택했을 때 change 이벤트를 통해서 얻을 수 있다.

2.1 블롭(Blob) 인터페이스

파일(File) 인터페이스가 일반적으로 기본 파일 시스템으로부터 얻어진 파일 데이터를 나타내는 것이라면, 블롭(Blob) 인터페이스는 변경되지 않는 원시 데이터를 나타낸다. Blob(Binary Large Object)은 본래 커다란 파일을 부르는 단어로써, 비디오 같은 멀티미디어 데이터를 객체로 다루기 위해서 주로 사용되며 구글 기어의 웹 API에서 소개되었다. 파일 또는 블롭은 쓰레드로 처리되는 웹 애플리케이션 내에서 사용되는 메인 쓰레드에서 동기/비동기적으로 읽을 수 있다. 파일을 읽기 위한 비동기 API는 브라우저의 메인 쓰레드에서 블록킹과 사용자 인터페이스(UI) 에서의 응답 없음(freezing)을 방지할 수 있다. 표준화 문서 또한 파일이나 블록 데이터에 접근할 수 있는 이벤트 모델을 기반으로 하는 비동기 API를 정의하고 있다.

블롭(Blob) 객체는 바이트 시퀀스에 대한 비동기 액세스를 제공한다. 이는 FileReader 객체를 통해서 웹 애플리케이션 내에서 사용할 수 있도록 하기 위한 것이다. 블롭을 구성하는 방법은 Blob 생성자를 호출하는 방법과 다른 블롭 데이터 서브 세트를 포함하는 블롭을 생성하기 위한 slice() 메서드를 사용하는 것이다. 다음은 블롭 인터페이스와 생성자를 나타낸 것이다.

Constructor(sequence<(ArrayBuffer or ArrayBufferView or Blob or DOMString)> blobParts, optional BlobPropertyBag options)	
Interface	Blob {
속성	size, type
메서드	slice(start, end, contentType), close()

다음은 생성자에 대한 매개변수를 설명한 것이다.

매개 변수	설 명
blobParts	Blob 객체에 들어가는 데이터 객체의 배열을 나타낸다. blobParts는 지정하는 순서에 상관없이 ArrayBuffer, ArrayBufferView, Blob, 그리고 임의의 문자열이 될 수 있다.
options	새로운 Blob 객체에 대한 속성을 제공하는 BlobPropertyBag 객체를 나타낸다. BlobPropertyBag 객체는 Blob 객체의 MIME 타입을 나타내는(문자열) type 속성을 가지고 있다.

다음은 생성자를 다양하게 이용하는 방법을 보여준 예제를 나타낸 것이다.

ECMAScript

```
var a = new Blob(); //새로운 Blob 객체를 만든다.
var buffer = new ArrayBuffer(1024); //1024바이트 크기의 ArrayBuffer를 생성한다.
var shorts = new Uint16Array(buffer, 512, 128); //buffer에 기초한 ArrayBufferView 객체를 생성한다.
var bytes = new Uint8Array(buffer, shorts.byteOffset + shorts.byteLength);
var b = new Blob( ["문자열1" + "문자열2"], { type: "text/plain;charset=UTF-8" } );
var c = new Blob( [b, shorts] );          //Blob 객체 b를 이용한다.
var a = new Blob( [b, c, bytes] );        //Blob 객체 b, c, 그리고 ArrayBufferView 객체를 이용.
var d = new Blob( [buffer, b, c, bytes] ); //Blob 객체 b, c, 그리고 ArrayBuffer, ArrayBufferView 객체를 이용.
```

생성된 블롭 객체에서 사용할 수 있는 속성과 메서드를 나타낸 것이다.

Blob.size	(읽기전용) Blob 객체에 포함되어 있는 데이터의 크기를 바이트 단위로 반환한다.
Blob.type	(읽기전용) Blob 객체에 포함되어 있는 데이터의 MIME 타입을 나타내는 문자열을 반환한다.
Blob.slice()	소스 Blob의 지정된 바이트 범위(start에서 end까지)의 데이터를 포함하는 새로운 Blob 객체를 반환한다. 선택적으로 start, end 매개 변수를 지정할 수 있으며, 선택적으로 콘텐츠 타입(contentType)을 지정하여 파일 데이터를 HTTP를 통해서 받았을 때 데이터를 제한하는데 사용할 수 있다.
Blob.close()	이 메소드를 호출하면, 원래의 Blob 객체를 영구적으로 제거한다.

다음은 다양한 slice() 메서드 호출에 대한 예제를 나타낸 것이다.

ECMAScript

```
var file = document.getElementById('file').files[0];
if(file) {
   var fileClone1 = file.slice();         //파일의 복사본을 만든다. 아래 방법과 동일하다.
   var fileClone2 = file.slice(0, file.size); //파일 크기만큼의 복사본을 만든다. 위 방법과 동일하다.
   //파일의 중간에서 시작하는 남은 부분(Chunk)의 1/2 조각 파일
   var fileChunkFromEnd = file.slice(-(Math.round(file.size/2)));
   //파일의 처음부터 시작하는 1/2 부분의 조각 파일
   var fileChunkFromStart = file.slice(0, Math.round(file.size/2));
   //파일의 처음부터 마지막 150바이트 이전까지의 조각 파일
   var fileNoMetadata = file.slice(0, -150, "application/experimental");
}
```

이와 같이 블롭은 자바스크립트에서 바이너리로 수신한 부분(Chunk)들을 한번에 생성하여 파일로 인식하는 용도로 자주 사용된다. 그리고 FileReader API와 함께 사용되며, 이를 활용하

면 버퍼링을 제어하는 수준에서 미디어의 스트리밍을 구현할 수 있게 된다.

마이크로소프트사의 IE를 사용하는 경우에는, 추가적으로 msSaveBlob() 및 msSaveOrOpenBlob() 메서드를 사용해서 사용자가 웹에서 다운로드 한 파일처럼 Blob을 사용자 컴퓨터에 저장할 수 있도록 하고 있다. 파일은 기본적으로 Downloads 폴더에 저장된다. msSaveBlob() 메서드가 [저장] 버튼만 사용자에게 제공하는 반면에 msSaveOrOpenBlob() 메서드는 [저장] 및 [열기] 버튼을 둘 다 제공한다. Internet Explorer 10 이상에서 다음의 예제를 테스트하면 명확하게 확인할 수 있다.

예제 File_msBlob.html

```
<script>
if (typeof Blob !== "undefined") { demoBlobs(); } //Blob이 사용가능한지 점검한다.
function demoBlobs(){
var blob1 = new Blob(   //첫 번째 블롭 객체를 생성한다.
      ["블롭을 통해서 로컬 시스템에 파일로 ", "이렇게 내용을 저장할 수 있습니다.₩r₩n"],
      { type: "text/plain", endings: "native" } );
  //두 번째 블롭은 첫 번째 블록 배열에 추가한다.
  var blob2 = new Blob([blob1, "그리고 이렇게 기본 블롭에 데이터를 추가할 수도 있습니다."]);
  window.navigator.msSaveBlob(blob1, 'SavedBlobDataMS.txt');         //첫 번째 블롭(blob1) 저장
  window.navigator.msSaveOrOpenBlob(blob2, 'SavedBlobDataMS.txt'); //두 번째 블롭(blob2) 저장
}
</script>
```

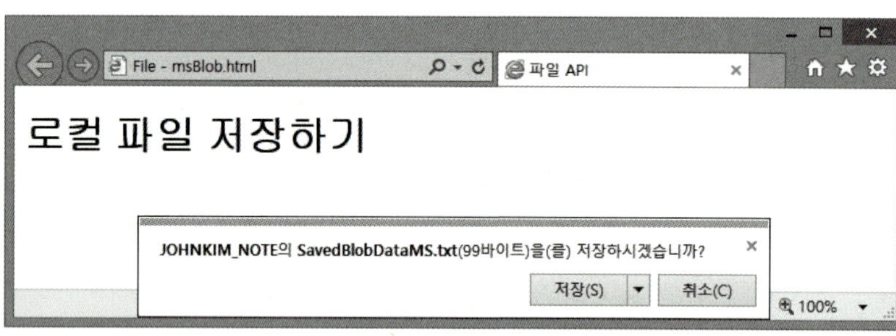

2.2 파일(File) 인터페이스

파일(File) 인터페이스는 다음과 같이 Blob 기반으로 되어 있고 Blob의 기능을 상속받고 확장한다. 다음은 파일 인터페이스와 생성자를 나타낸 것이다.

Constructor(Blob fileBits, [EnsureUTF16] DOMString fileName)	
Interface	File : Blob

다음은 생성된 File 객체에서 사용할 수 있는 속성을 나타낸 것이다.

속성	설명
File.name	(읽기 전용) File 객체가 참조하는 파일을 이름을 UTF-16 문자열로 반환한다. 파일에 대한 경로는 포함되지 않는다.
File.lastModifiedDate	(읽기 전용) File 객체가 참조하는 파일을 마지막으로 수정한 날짜(Date)를 반환한다.

File 객체는 Blob 객체가 되며, 파일의 바이트 시퀀스에 대한 접근은 FileReader 객체를 통해서 이루어진다. Blob을 상속받기 때문에 Blob의 속성과 메서드를 사용할 수 있다. File 객체의 상속받은 slide() 메서드는 파일 데이터를 잘라낸 바이너리 데이터를 반환하는 것이 아니라, 지정한 범위의 데이터를 나타내는 Blob 객체를 반환하기 때문에 선택된 파일의 데이터는 저장하지 않는다. 즉, 파일의 메타 정보가 담겨 있기 때문에 파일을 읽으려면 브라우저가 파일을 읽도록 명령해야 한다.

File 객체를 사용한 다음의 예제를 살펴보도록 하자. 예제에서는 파일의 이름, 파일의 수정 일자, 파일의 크기와 타입(Blob으로부터 상속한 속성 사용)을 표시하는 예제이다.

예제 File_Information.html

Script

```
document.addEventListener("DOMContentLoaded", function() {
    var input = document.getElementById('file');
    var table = document.getElementById("table");

    input.addEventListener("change", function(event) {
        var file = event.target.files[0];
        if (!file) { return; }
        table.innerHTML = "<tr><td> 파일 이름 </td><td>" + file.name + "</td></tr>";
        table.innerHTML += "<tr><td> 파일 크기 </td><td>" + file.size + "</td></tr>";
        table.innerHTML += "<tr><td> 파일 타입 </td><td>" + file.type + "</td></tr>";
        table.innerHTML += "<tr><td> 파일 수정 일자 </td><td>" + file.lastModifiedDate +
        "</td></tr>";
    }, false);
}, false);
```

HTML

```
<input id="file" type="file" />
<table id="table"></table>
```

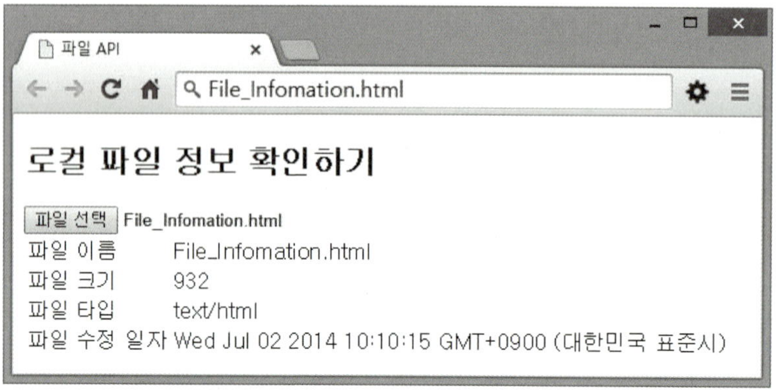

2.3 파일 리더(File Reader) 인터페이스

파일 리더(File Reader) 인터페이스는 메모리에 File 객체 또는 Blob 객체를 읽기 위한 방법을 제공하고 진행 이벤트와 이벤트 핸들러 속성을 사용하여 해당 파일이나 블롭 데이터에 비동기로 접근하도록 해준다. 다음은 파일 리더의 인터페이스에 대한 속성과 메서드를 나타낸 것이다.

Interface	FileReader : EventTarget
속성	readyState, result, error
메서드	readAsArrayBuffer(blob), readAsText(blob, label), readAsDataURL(blob)
상수값	EMPTY = 0, LOADING = 1, DONE = 2;
이벤트 핸들러	onloadstart, onprogress, onload, onabort, onerror, onloadend

다음은 파일 리더 객체에서 사용할 수 있는 속성과 메서드를 나타낸 것이다.

FileReader.readyState	(읽기 전용) FileReader 객체의 상태를 가리키는 다음의 상수 값을 반환한다. EMPTY – File 객체가 생성되었지만, 데이터가 아직 로딩되지 않은 상태 LOADING – 데이터가 현재 로딩되고 있는 상태 DONE – 전체 읽기 요구가 완료된 상태
FileReader.result	(읽기 전용) 파일의 읽기 명령이 완료되었을 때의 유효한 콘텐츠를 반환한다.
FileReader.error	(읽기 전용) 파일을 읽는 도중에 발생하는 오류를 반환한다.
FileReader.abort()	파일 읽기를 중단한다.
FileReader.readAsArrayBuffer()	지정된 Blob 객체(또는 File 객체)가 나타내는 파일의 데이터를 읽고 그 데이터를 ArrayBuffer 객체로 변환하여 result 속성에 저장한다.

FileReader.readAsText()	지정된 Blob 객체(또는 File 객체)가 나타내는 파일의 데이터를 읽고 그 데이터를 UTF-8 텍스트로 변환하여 result 속성에 저장한다. 데이터가 EUC-KR이라고 해도 UTF-8로 변환된다. 두 번째 인수 label이 지정되면, 지정된 문자 인코딩 방식으로 변환된다.
FileReader.readAsDataURL()	지정된 Blob 객체(또는 File 객체)가 나타내는 파일의 데이터를 읽고 그 데이터를 Data URL 형식의 문자열로 변환하여 result 속성에 저장한다.

다음은 파일 리더 객체에서 발생하는 이벤트 핸들러를 요약하여 정리한 것이다.

이벤트 이름	이벤트 발생 시점
onloadstart	데이터를 읽기 시작했을 때 발생한다.
onprogress	blob을 읽는(그리고 복호화(decoding)) 도중에 연속으로 발생한다.
onabort	데이터 읽기가 중단되었을 때 발생한다. abort() 메서드 호출에 의해서도 발생한다.
onerror	데이터 읽기가 실패했을 때 발생한다.
onload	데이터 읽기를 성공적으로 완료했을 때 발생한다.
onloadend	데이터 읽기 요구가(성공이든 실패든 관계 없이) 완료했을 때 발생한다.

파일 객체를 이용하여 데이터를 읽을 때는 비동기적으로 수행되기 때문에 데이터 읽기가 완료되면 onload 이벤트를 이용하여 처리할 필요가 있다. 다음은 이러한 과정을 어떻게 처리하는지를 다음의 예제를 통해서 살펴보도록 한다. 다음 예제는 FileReader 객체를 통하여 파일에 접근하고 데이터를 읽고 출력하는 예제이다.

예제 File_Data.html

Script

```
document.addEventListener("DOMContentLoaded", function() {
    var input = document.getElementById('file');
    var view = document.getElementById("content");

    input.addEventListener("change", function(event) {
        var file = event.target.files[0];
        if (!file) { return; }
        var reader = new FileReader();    //FileReader 객체를 생성
        reader.readAsText(file, "utf-8"); //데이터를 읽는다.
        reader.onload = function() { //파일 데이터를 성공적으로 읽기 완료하면
          view.textContent = reader.result; //텍스트 영역에 내용을 표시한다.
        };
    }, false);
}, false);
```

HTML

```
<input id="file" type="file" />
<textarea id="content" readonly style="width:500px; height:200px;"></textarea>
```

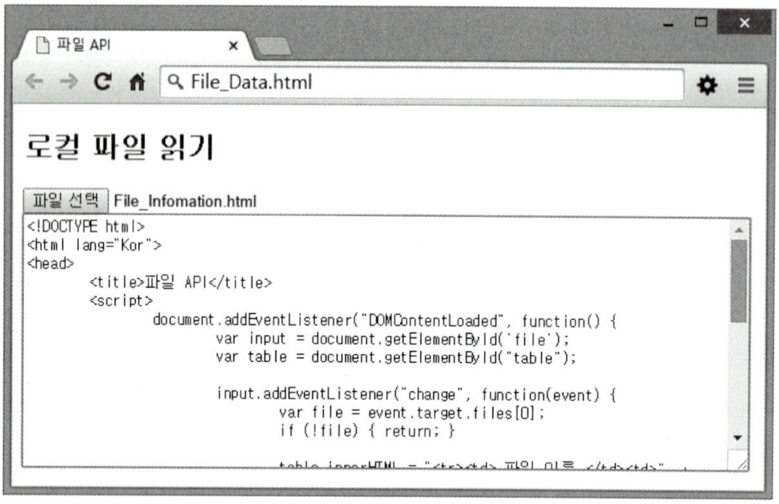

이와 같은 파일 API를 사용해서 모든 파일에 접근할 수 있는 것은 아니다. 사용자가 드래그 앤 드롭을 한 파일이나 input 요소의 type 속성을 file로 지정하여 선택한 파일에 한해서만 가능하다. 만약 사용자가 선택한 이외의 파일들까지 읽을 수 있다면 보안상 큰 문제가 발생할 것이기 때문이다.

File	실습하기	Script

이번에는 앞에서 학습한 내용으로 파일을 드래그 앤 드롭의 기능을 추가하여 로컬 파일을 읽어보도록 하자. 우선 File_Study01_Step.html 파일을 열고 다음 코드를 입력하여 브라우저로 확인을 해보자.

예제 File_Study01_Step.html ※ 완성된 코드는 File_Study01_Drag.html에서 확인

Script

```
document.addEventListener("DOMContentLoaded", function() {
    var view = document.getElementById('editor');
    view.addEventListener("dragenter", cancel_defalut, false);
    view.addEventListener("dragover", cancel_defalut, false);
    view.addEventListener("drop", drop_file, false);

    function cancel_defalut(event) { event.preventDefault(); } //기본 액션 해제
    function drop_file(event) {
        event.preventDefault();
        var file = event.dataTransfer.files[0];
        if(!file) { return; }
        var reader = new FileReader();    //FileReader 객체를 생성
```

Script

```
            reader.readAsText(file, "utf-8"); //데이터를 읽는다.

            reader.onload = function() { //파일 데이터를 성공적으로 읽기 완료되면
                view.textContent = reader.result; //텍스트 영역에 내용을 표시한다.
            }
        }
}, false);
```

HTML

```
<textarea id="editor" rows=20 cols=80 placeholder="HTML 파일을 이곳에 드롭해 주세요"></textarea>
```

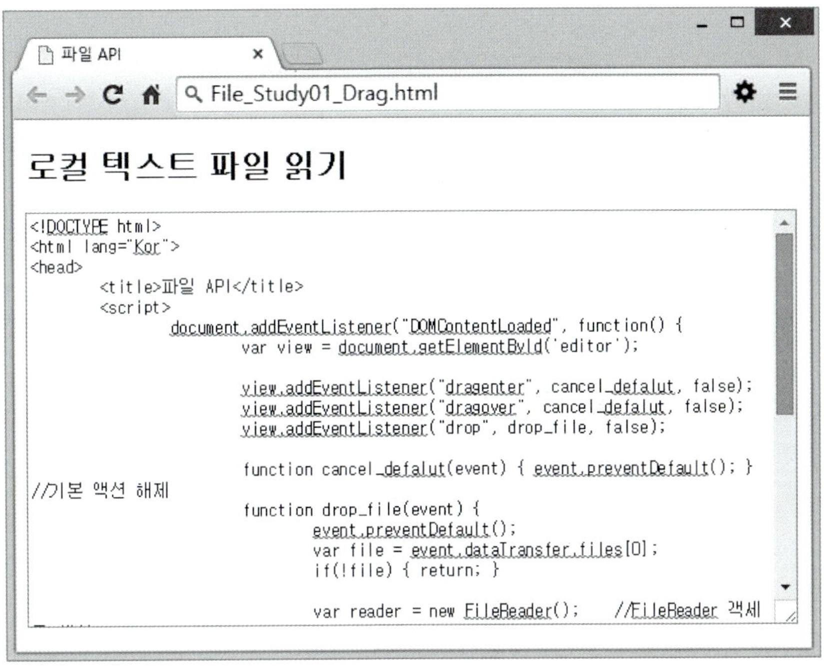

파일을 드롭 한 결과

2.4 URL 인터페이스

앞에서 살펴본 파일 API를 사용해서 img 및 video 요소에 해당 파일을 지정하여 이미지를 보거나 비디오를 재생할 수 있다. 이렇게 하기 위해서는 readAsDataURL() 메서드를 사용하여 Data URL 형식으로 변환해야 했다. 그러나 파일 API에서는 드래그 앤 드롭이나 input 요소에서 가져온 파일에 고유 URL를 생성할 수 있다. 그리고 이 URL을 특정(img 또는 video 등) 요소의 src 속성에 직접 지정할 수 있다. URL 인터페이스는 이런 고유 URL를 생성하거나 삭제하기 위한 메서드들을 제공한다. 다음은 URL 인터페이스를 나타낸 것이다.

Interface	URL
메서드	createObjectURL(blob), createFor(blob), revokeObjectURL(url)

URL.createObjectURL()	지정된 Blob 및 File 객체를 지정하면 고유한 URL을 반환한다.

URL.revokeObjectURL()	지정된 Blob URL 문자열을 지정하면 Blob URL 저장소에서 삭제한다. 다음과 같이 사용된다. window1과 window2는 동일 출처이기 때문에 동일한 Blob URL 저장소를 공유한다.
	myURL = window1.URL.createObjectURL(myBlob);
	window2.URL.revokeObjectURL(myURL);

URL.createFor()	고유한 Blob URL을 반환한다.

다음의 예를 통해서 URL의 사용하는 방법을 익혀보도록 하자.

예제 Canvas_Study11-05_Step.html

Script

```
document.addEventListener("DOMContentLoaded", function() {
    var input = document.getElementById('file');

    input.addEventListener("change", function(event) {
        var file = event.target.files[0];
        if (!file) { return; }
        var url = window.URL.createObjectURL(file);
        var img = document.createElement("img");
        img.src = url;
        img.width = 400; img.height = 300;
        document.body.appendChild(img);
    }, false);
}, false);
```

HTML

```
<input id="file" type="file" />
```

Section 03 웹 스토리지

기존에는 클라이언트에 정보를 저장하기 위해서는 주로 쿠키를 사용하여 클라이언트에서 서버로 지속적으로 주고받는 데이터를 웹 서버에 저장해야 했다. 그러나 HTML5에서는 웹 스토리지 관련 API가 추가하여 효과적으로 데이터를 저장하고 관리하도록 하고 있다. 따라서 개발자들은 반복적으로 요청되는 데이터를 직접 클라이언트 측 브라우저에 저장할 수 있게 되었고, 브라우저를 종료하고 나서도 데이터를 다시 사용할 수 있게 되어 네트워크의 사용량을 상당히 줄일 수 있게 되었다. 이번 절에서는 이러한 웹 스토리지 API에 대하여 살펴보도록 하겠다.

설명하게 되는 웹 스토리지에 대한 내용들은 표준화 문서를 참조하여 작성하였으므로, 좀 더 자세한 내용을 살펴보고자 한다면 아래 사이트에서 해당 문서를 참고하도록 하자.

표준화 문서	Web Storage - http://www.w3.org/html/wg/drafts/2dcontext/html5_canvas_CR/
표준화 단계	W3C Recommendation(Editors Draft), (2014-05-14)

3.1 웹 스토리지 개요

기존에는 클라이언트에 간단한 정보를 저장하기 위해서 주로 쿠키(cookie)를 주로 사용하였다. 쿠키는 프로그램 사이에서 작은 데이터 값을 주보 받는데 사용되던 아주 오래된 프로그램 기법에서 가져온 이름이다. 일반적으로 서버에서는 여러 웹 사이트를 옮겨 다니는 사용자 정보를 알아내기 위해서 쿠키들을 넣어두고 이 값들을 활용한다. 쿠키 값은 사용자가 사이트를 방문할 때마다 전송된다. 따라서 이러한 쿠키 값을 이용하여 불필요한 로그인 정보를 다시 입력하거나, 쇼핑몰에서 선택한 아이템 정보를 보관했다가 사용자에게 맞춤 정보를 제공하는 등의 편리함을 제공해준다. 그러나 이 쿠키 값을 이용한 타깃 광고를 위해 사용자가 어느 페이지를 방문했는지 추적하는 것과 같이 사용자에게 불필요하고 바람직하지 않은 연산을 할 때도 있다. 이렇게 쿠키의 사용은 장점이 있는 반면에 여러 가지 단점들이 있다. 다음은 쿠키의 이런 단점들과 웹 스토리지의 차이점을 비교하여 정리한 내용이다.

<table>
<tr><td>용량 제한</td><td>쿠키에 담을 수 있는 데이터의 한계는 4KB에 불과하다. 즉, 문서나 이메일 같이 큰 것은 들어갈 수 없다. 반면에 웹 스토리지는 도메인당 저장할 수 있는 용량을 5MB로 명세서에서 권장하고 있다.</td></tr>
<tr><td>네트워크 전송부하 및 보안문제</td><td>쿠키의 내용은 서버로 요청이 갈 때마다 HTTP 헤더에 담겨서 전송되기 때문에 불필요한 네트워크의 부하를 많이 발생시키게 된다. 또한 이렇게 전송되는 쿠키 데이터를 네트워크 상에서 참조할 수 있기 때문에 암호화되어 있지 않으면 보안 상의 위험이 뒤따른다. 반면에 웹 스토리지는 서버로 요청을 하더라도 HTTP 메시지에는 포함되지 않기 때문에 이런 부하를 줄일 수 있다.</td></tr>
<tr><td>유효기간 제한</td><td>쿠키는 유효 기간을 가지고 있는 특징이 있기 때문에 유효 기간이 지난 값은 삭제되어 접근할 수 없다. 반면에 웹 스토리지의 하나인 로컬 스토리지에는 유효 기간이 없기 때문에 사용자가 삭제하기 전까지는 내용이 지워지지 않는다.</td></tr>
<tr><td>세션 문제</td><td>브라우저에서 특정 사이트에 로그인을 하고 작업하다가, 새로운 창을 열어서 다른 아이디로 로그인을 한다면, 이전 창에서 로그인한 아이디는 새로운 창의 아이디로 세션이 바뀌게 된다. 즉, 동일한 사이트라 할지라도 다른 정보를 가지고 작업을 할 수 없다는 뜻이다. 반면에 웹 스토리지의 하나인 세션 스토리지는 각 창마다 독립적인 데이터가 저장되기 때문에 이런 문제를 해결할 수 있게 된다.</td></tr>
<tr><td>사용법</td><td>일정 시간 유지될 수 있는 값 하나를 쿠키에 저장하려면 다음과 같은 복잡한 코드가 필요하다.
<pre>document.cookie = 'name=myName; expires=Mon, 10, June 2014 20:45:10 UTC; path=/'</pre>또한 이렇게 저장되어 있는 값을 읽어오기 위해서는 복잡한 내용을 파싱해서 얻어내야 한다. 이러한 복잡성 때문에 코드를 별도로 작성해서 저장하거나 공개된 코드를 활용해서 사용한다. 반면에 웹 스토리지는 다음과 같이 객체를 다루듯이 값을 할당하고 읽으면 된다.
<pre>localStorage.name = "myName" //값을 저장할 때
var value = localStorage.name; //값을 읽어올 때</pre></td></tr>
<tr><td>데이터</td><td>쿠키에는 저장할 수 있는 데이터의 종류가 문자열 형식의 값만 가능하다. 즉, 숫자나 논리값 또는 객체 등을 저장할 수 없기 때문에 해당 값을 사용하기 위해서 저장할 때와 읽을 때 모두 변환을 해야 한다. 반면에 웹 스토리지의 경우는 어떤 형식의 데이터 값도 저장이 가능하다. 예를 들어, 이벤트가 할당되어 이는 웹 문서의 일부를 jQuery등으로 객체화시켜서 웹 스토리지에 저장했다가 사용자가 다음 방문할 때에 서버에 요청하지 않고 웹 스토리지에서 다시 읽어서 웹 문서를 그대로 구성하는 것이 가능하다.</td></tr>
</table>

다음은 로컬 스토리지를 사용하여 사용자 방문 횟수를 출력하는 간단한 예제를 나타낸 것으로, 사용자가 방문하여 웹 문서를 로딩할 때마다 카운팅하고 그 결과를 보여주도록 하였다.

예제 Storage_pageCount.html

Script

```
<script>
if (!localStorage.pageLoadCount) localStorage.pageLoadCount = 0;
localStorage.pageLoadCount = parseInt(localStorage.pageLoadCount) + 1;
document.getElementById('count').textContent = localStorage.pageLoadCount;
</script>
```

HTML

```
<p>당신이 보고 있는 이 웹 문서는 <span id="count"></span>번째 보고 있는 중입니다.</p>
```

3.2 웹 스토리지 인터페이스

웹 스토리지는 용도에 따라 로컬 스토리지와 세션 스토리지로 나눌 수 있으며, 다음의 스토리지 인터페이스를 상속받아서 처리된다.

Interface	Storage
속성	length
메서드	key(index), getItem(key), setItem(key, value), removeItem(key), clear()

다음은 스토리지 객체에서 사용할 수 있는 속성과 메서드를 설명한 것이다.

length	스토리지에 저장되는 있는 데이터의 수를 반환한다.
key(index)	인덱스(index)를 지정하여 스토리지에 저장되어 있는 키 값을 가져온다.
getItem(key)	키(key)에 대응하는 스토리지에 저장되어 있는 값을 가져온다.
setItem(key, value)	키와 데이터(value)를 지정하여 스토리지에 값을 저장한다.
removeItem(key)	키에 대응하는 데이터 값을 삭제한다.
clear()	스토리지에 저장되어 있는 전체 데이터를 삭제한다.

대부분의 브라우저가 웹 스토리지를 지원하지만, 작성한 웹 문서를 로딩한 브라우저가 웹 스토리지를 지원하지 않는다면, 낭패를 보게 될 것이다. 다음은 이러한 문제를 방지하기 위한 코드로 브라우저의 지원 여부를 판단할 수 있다.

```
if( typeof(Storage) !== "undefined") { // 웹 스토리지 기능을 지원하는 경우
    // 이곳에 세션 및 로컬 스토리지 기능을 구현한다.
} else {
    // 브라우저는 웹 스토리지 기능을 지원하지 않는다
}
```

3.3 세션 및 로컬 스토리지

세션 스토리지는 도메인마다 별도로 생성이 된다. 그러나, 로컬 스토리지와는 다르게 데이터의 저장 기간이 제한되어 있기 때문에 저장한 데이터를 영구적으로 보관하지 않고 세션이 종료되면 자동 폐기된다. 또한 각 세션마다 따로 스토리지가 생성되므로 같은 도메인이라고 해도 다른 윈도우에서 생성이 되면 서로의 스토리지에 접근이 불가능한 것이 특징이다.

다음은 윈도우 세션 스토리지의 인터페이스를 나타낸 것으로, 윈도우 스토리지의 속성이 바로 세션 스토리지이다.

Interface	WindowSessionStorage
속성	Storage sessionStorage

▣ 값 설정 및 읽기

웹 스토리지에 값을 할당하는 방법은 다음과 같이 2가지의 방법이 있다.

setItem() 메서드를 사용하는 방법	웹 스토리지에 직접 설정하는 방법
sessionStorage.setItem('key1', 1) sessionStorage.setItem('key2', 2)	sessionStorage.key1 = 1; sessionStorage.key2 = 2;

위 2가지의 방법은 동일하지만, 직접 설정하는 방법에서는 영문자로 시작하지 않거나 공백이 포함된 문자열의 키를 지정할 수 없는 한계를 가지고 있다는 점에 주의하도록 하자.

웹 스토리지에 저장되어 있는 값을 읽는 방법도 위와 같이 2가지의 방법이 있다.

setItem() 메서드를 사용하는 방법	웹 스토리지에 직접 설정하는 방법
var key1 = sessionStorage.getItem('key1') var key2 = sessionStorage.getItem('key2')	var key1 = sessionStorage.key1; var key2 = sessionStorage.key2;

▣ 값 삭제

웹 스토리지에 있는 값을 삭제할 때는 다음과 같이 removeItem() 메서드와 clear() 메서드를 사용할 수 있다. removeItem() 메서드가 지정한 데이터만 삭제하는 반면에, clear() 메서드는 저장되어 있는 모든 데이터를 삭제한다.

값 저장	저당된 값 삭제
sessionStorage.setItem('key1', 1) sessionStorage.setItem('key2', 2)	sessionStorage.removeItem('key1'); //1개의 데이터만 삭제 sessionStorage.clear(); //남아 있는 모든 데이터 삭제

다음은 앞에서 살펴본 페이지 방문 횟수와 다르게 세션 스토리지의 정보를 이용한 예제로서, 웹 문서를 열 때마다(F5 키를 누를 때마다, 아직 세션이 닫힌 상태가 아닌) 누적된 세션 정보를 반영하지만, 웹 문서를 닫았다가 다 열게 된다면 처음부터 다시 카운팅이 된다. 버튼 또한 클릭할 때마다 누적된 정보를 보여준다. 웹 문서의 방문 정보를 기록하고 가져올 때는 getItem() 메서드 및 setItem() 메서드를 사용하였지만, 버튼에 의해 호출되는 메서드에서는 직접 세션 스토리지에 있는 데이터를 지정하여 저장하고 가져오도록 하였다.

예제 Storage_sessionCount.html

Script

```
document.addEventListener("DOMContentLoaded", function() {
    var count= sessionStorage.getItem("homeCounter");
    var btn = document.getElementById('btn');
    if (count== null) {
        sessionStorage.setItem("homeCounter", 1);
    document.getElementById(visit).textContent = "첫 ";
    } else {
        count++;
        sessionStorage.setItem("homeCounter", count);
        document.getElementById(visit).textContent = count;
}
}, false);
function clickCount() {
    if(sessionStorage.clickCount) {
    sessionStorage.clickCount = Number(sessionStorage.clickCount) + 1;
    } else { sessionStorage.clickCount = 1; }
    btn.textContent = sessionStorage.clickCount + "번째 클릭";
}
```

HTML

```
<p>고객님! <span id=" visit "></span>번째 방문해 주셔서 감사합니다.</span>
<p><button id="btn" onclick="clickCount()" type="button">클릭해 주세요!</button></p>
```

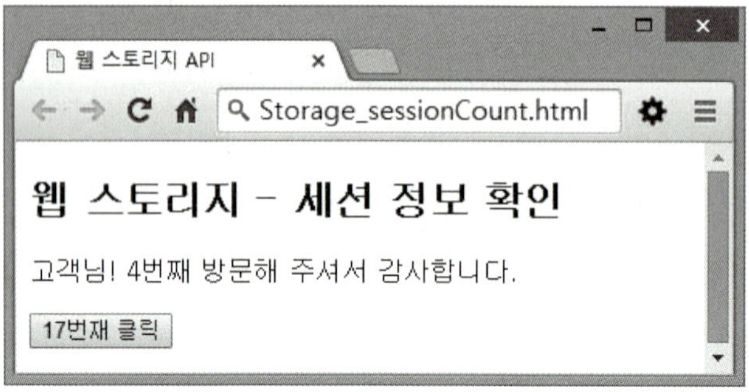

이렇게 저장된 정보는 각 브라우저의 내장되어 있는 리소스에서 확인해 볼 수 있다. 다음의 그림은 크롬 브라우저에서 F12 키를 눌러서 나오는 개발자 도구를 나타낸 것으로, 왼쪽에 Local Storage와 Session Storage 저장소를 볼 수 있다. 앞에서 살펴본 예제와 같이 각 세션 정보인 clickCount와 homeCount 데이터가 저장되어 있는 것을 확인해 볼 수 있다.

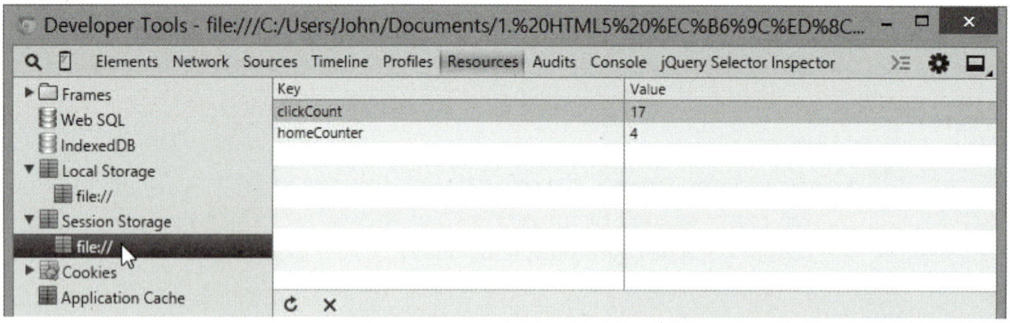

로컬 스토리지는 데이터 저장 시간에 제한이 없기 때문에 사용자가 별도 지우지 않는 한 영구적으로 보관된다. 그리고 도메인마다 저장 영역이 따로 생성되기 때문에 도메인마다 생성된 로컬 스토리지에 서로가 접근할 수 없다. 그러나 같은 도메인에 속해 있는 웹 페이지들은 모두 접근이 가능하다.

다음은 윈도우 로컬 스토리지의 인터페이스를 나타낸 것으로, 로컬 스토리지는 윈도우 스토리지의 속성이 된다.

Interface	WindowLocalStorage
속성	Storage localStorage

로컬 스토리지의 사용법은 세션 스토리지의 사용법과 동일하다. 즉, 앞의 예제에서 sessionStorage 객체 대신에 localStorage 객체를 사용하면 된다. 교재에 첨부되어 있는 예제 Storage_localCount.html 파일을 참고하도록 하자.

3.4 스토리지 이벤트

웹 스토리지 변경에 대해서는 window 객체가 Storage Event를 발생시킨다. 다음은 스토리지 이벤트의 인터페이스를 나타낸 것으로, 이벤트를 상속받고 있다.

Interface	StorageEvent : Event
속성	key, oldValue, newValue, url, storageArea

다음은 스토리지 이벤트에서 사용할 수 있는 속성을 나타낸 것이다.

key	변경된 키를 나타낸다. clear() 메서드가 호출되면 null을 반환한다.
oldValue	변경된 키의 이전 값을 나타내는 것으로, 새로운 키 값이 등록되면 null이 된다.
newValue	변경된 이후의 새로운 값을 나타내는 것으로, 값이 삭제되었다면 null이 된다.
url	키가 변경된 문서의 URL을 나타낸다.
storageArea	영향을 받은 스토리지 객체를 나타낸다.

이러한 이벤트들은 다음과 같이 사용할 수 있다.

```
window.addEventListener( "storage", function(event) {
    var key = event.key;
    var newValue = event.newValue;
    var oldValue = event.oldValue;
  var url = event.url;
  var storageArea = event.storageArea;
  //이벤트 핸들 처리…..
});
```

다음의 실습을 통해서, 로컬 스토리지에 데이터를 저장하고, 삭제하는 연습을 하도록 한다, 이와 함께 스토리지 이벤트를 통해서, 이벤트 처리를 어떻게 하는지 살펴보도록 한다. 주의할 점은, 로컬 스토리지에 데이터를 저장하고 삭제하는 등의 작업은 로컬 파일 시스템에서 실습을 해볼 수 있지만, 스토리지 이벤트의 경우는 HTTP 프로토콜을 통해서만 확인할 수 있기 때문에, "file://실습코드.html"와 같은 테스트를 해볼 수 없음에 유의하도록 하자.

Storage	실습하기	Script

지금까지 배운 웹 스토리지에 대한 내용을 실습을 하도록 하자. 우선, `File_Study01_Step.html` 파일을 열고 다음 코드를 입력하여 브라우저로 확인을 해보자.

예제 Storage_Study01_Step.html ※ 완성된 코드는 Storage_Study01_localEvent.html에서 확인

Script

```
document.addEventListener("DOMContentLoaded", function(event) {
  var key = document.getElementById("key");
  var value = document.getElementById("value");
  var add = document.getElementById("add");
  var remove = document.getElementById("remove");
  var clear = document.getElementById("clear");
  var content = document.getElementById("content");
  var msg = document.getElementById("event");

  add.addEventListener("click", function(event) { //스토리지에 데이터 저장
      if(key.value !== "") {
        localStorage.setItem(key.value, value.value);
        refreshContents();
      }
  });

  remove.addEventListener("click", function(event) { //스토리지에서 데이터 삭제
      if (key.value !== "") {
        localStorage.removeItem(key.value);
        refreshContents();
      }
  });

  clear.addEventListener("click", function(event) { //스토리지 전체 데이터 삭제
      localStorage.clear();
      refreshContents();
  });

  window.addEventListener("storage", function(event) { //스토리지에 이벤트 등록
var key = event.key;
var newValue = event.newValue;
var oldValue = event.oldValue;
var url = event.url;
var storageArea = event.storageArea;

msg.innerHTML ="EVENT: " + key + " 키의 값이 <br>[" + oldValue + "]에서 [" + newValue + "]
로 변경되었습니다.<br>" + "이벤트 발생 위치: " + url + "<br>" + storageArea;
```

Script

```
refreshContents();
 });

 function refreshContents() {
var str = "";
for ( var i = 0, len = localStorage.length; i < len; i++ ) {
        var key = localStorage.key(i);
        var value = localStorage.getItem(key);

        str += "'" + key + "' = '" + value + "'<br />";
}
content.innerHTML = str;
key.value = ""; value.value = "";
 }

refreshContents();
});
```

HTML

```
<p>Key:  <input type="text" id="key" />Value: <input type="text" id="value" /><br /></p>
<input type="button" id="add" value="스토리지에 추가" /> 
<input type="button" id="remove" value="스토리지에서 삭제" /> 
<input type="button" id="clear" value="스토리지 전체 삭제" /><br />
<div><p>로컬 스토리지에 저장된 데이터:<br /><span id="content"></span></p><div>
<div style="border:1px solid black"><p>이벤트 발생:<br><span id="event"></span></p></div>
```

스토리지 이벤트를 확인하기 위해서는 아래 그림과 같이 웹 문서 탭을 하나 더 열도록 한다. 그리고 처음 탭에서 아래 그림과 같이 키와 데이터를 지정하여 [스토리지 추가]버튼을 클릭하여 로컬 스토리지에 데이터를 저장한다. 만일 저장된 데이터를 삭제할 때는 Key 입력 박스에 해당 키를 입력하고 [스토리지에서 삭제] 버튼을 클릭하면 저장되어 있는 키를 삭제할 수 있고, [스토리지 전체 삭제] 버튼을 클릭하면 로컬 스토리지에 저장되어 있는 모든 데이터를 지운다.

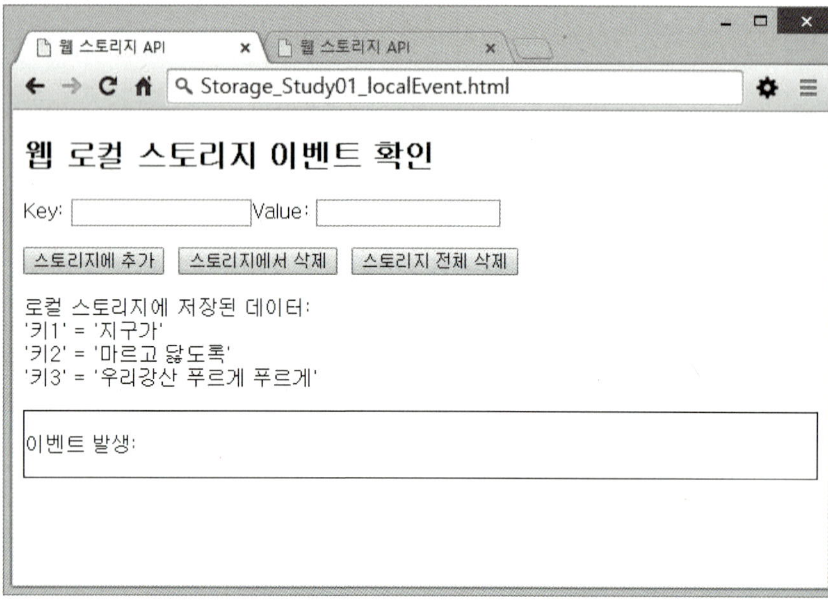

이번에는 두 번째 탭을 열어서 보면, 앞의 탭에서 열었던 내용을 그대로 볼 수 있을 것이다. 이번 탭에서는 Key 입력 박스에 "Key1"을 입력하고 Value 입력 상자에 "동해물과 백두산이"를 입력하고 [스토리지에 추가] 버튼을 클릭하면 앞에서 로컬 스토리지에 저장되어 있던 "키1"의 값이 변경되는 것을 확인할 수 있다.

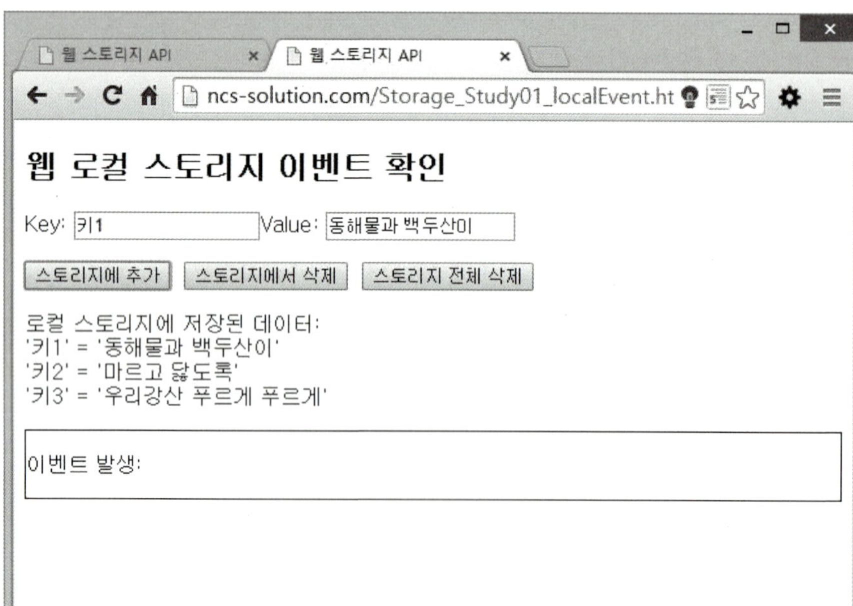

그리고 다시 처음 탭으로 이동해서 확인해보면, 다음 그림과 같이 로컬 스토리지의 값이 변경된 것을 역시 확인해 볼 수 있으며, 아래쪽 이벤트 발생지역에 스토리지 이벤트를 통해서 변경된 내용을 확인할 수 있다.

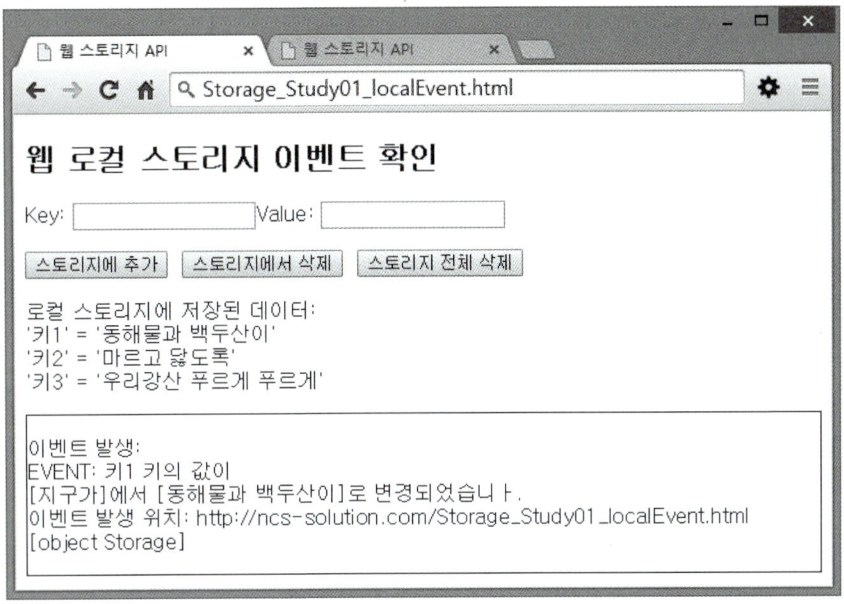

CHAPTER 15

HTML5

HTML API2 – 웹 워커, 웹 소켓, 위치 정보

학습 목표

일반 애플리케이션에서만 적용이 가능했던 기능들을 웹에서도 적용이 가능하도록 HTML5에서는 새로운 기능들을 추가하였다. 대표적인 기능이 바로 웹 워커와 웹 소켓이다. 웹 워커는 멀티 스레드 동작을 웹 브라우저에서도 지원이 가능하도록 한 기능이고 웹 소켓은 웹 환경에서 양방향 통신이 가능하도록 한 기능이다. 또한 지도 애플리케이션을 만들 수 있도록 위치 정보 API를 추가하였다. 따라서 이번 장에서는 HTML5에서 새롭게 추가된 웹 워커와 웹 소켓, 그리고 위치 정보 API에 대하여 살펴보도록 하겠다.

Key Point

전용/공유 워커, 스레드, 메시지, 동기/비동기, 백그라운드 프로세스, 전역 범위, 웹 소켓, 프로토콜, 폴링, 위치 정보, GPS, 위도, 경도, 좌표

Section

01 웹 워커　02 웹 소켓　03 위치 정보를 위한 Geolocation

CHAPTER

15 HTML API2 – 웹 워커, 웹 소켓, 위치 정보

Section 01 웹 워커

프로그래밍을 하나라도 접해본 사람이라면 멀티 프로세스나 멀티 스레드란 용어를 들어본 적이 있을 것이다. 멀티 프로세스와 멀티 스레드를 사용하여 우리는 하나의 CPU에서 여러 가지 작업을 할 수 있게 된다. 프로세스는 하나의 프로그램에 해당이 되며, 스레드는 하나의 프로그램 내에서의 실행 단위를 나타내는데 보통의 프로그램들은 멀티 스레드를 지원하기 때문에 하나의 프로그램에서 동시에 여러 기능이 이루어질 수 있다. 이러한 내용들에 대하여는 보통 공과대학 3학년 운영체제라는 과목에 상세히 다루고 있으므로, 관련 자료 및 참고서를 참고하는 것도 이번 절을 이해하는데 많은 도움을 줄 것이라 생각한다.

이처럼 많은 프로그램들이 멀티 스레드를 지원하지만 웹 브라우저는 멀티 스레드가 아닌 싱글 스레드만을 지원한다. 따라서 오랜 시간이 걸리는 작업(특히 자바스크립트로 구현한 특별한 기능 등)이 있다면, 이 작업이 종료될 때까지 기다려야 한다. 더 나아가 복잡한 처리 과정이 진행된다면, 웹 브라우저는 아마도 응답 없음 상태가 되어 버릴 것이다. 이럴 경우, 우리는 보통 웹 브라우저를 강제 종료한 후 다시 실행시켜야 했었다. 그러나 HTML5에 웹 워커(Web Workers) 기능이 추가되면서, 멀티 스레드 구현이 가능하게 되었다. 즉 웹 브라우저에서 메인이 아닌 백그라운드로 여러 가지 복잡한 작업도 처리가 가능하게 된 것이다. 이번 절에서는 이러한 웹 워커의 기능에 대하여 학습하도록 한다.

설명하게 되는 웹 워커에 대한 내용들은 표준화 문서를 참조하여 작성하였으므로, 좀 더 자세한 내용을 살펴보고자 한다면 아래 사이트에서 해당 문서를 참고하도록 하자.

표준화 문서	Web Workers - http://dev.w3.org/geo/api/spec-source.html
표준화 단계	W3C Candidate Recommendation (Editor's Draft) (2014-05-19)

1.1 웹 워커 소개

일반적으로 워커라는 단어는 특정한 종류의 일을 하는 "노동자"를 일컫는다. 따라서 웹 워커는 웹 상에서 특별한 일을 하는 노동자로 생각하면 이해하기가 쉬울 것이다. 즉, 웹 워커는 멀티 스레드와 비슷한 개념으로써, 백그라운드에서 여러 개의 워커들이 각각의 기능을 하며 처리하고 있는 형태로 이루어져 있다.

재미있는 애플리케이션이 있다 하더라도 클라이언트 측의 자바스크립트를 사용하여 기능을 구현하려면 수많은 병목 현상을 해결해야 한다. 예를 들어, 브라우저의 호환성, 정적 타이핑, 접근성, 성능 등의 문제가 발생한다. 그러나 자바스크립트는 단일 스레드 환경이기 때문에 동시에 실행할 수는 없다. 예를 들어 사용자 인터페이스(UI)의 이벤트 처리, 대량의 API 데이터를 위한 쿼리와 처리, DOM 조작을 사이트에서 수행하는 상황에 처한다면, 자바스크립트의 런타임 제약으로 인하여 모든 것을 동시에 실행할 수 없게 된다. 스크립트의 실행이 단일 스레드로 이루어지기 때문이다.

따라서 개발자들은 setTimeout(), setInterval(), XMLHttpRequest 이벤트 처리기 등의 기술을 사용하여 "동시성"을 구현하고 있다. 물론, 이러한 모든 기능은 비동기 적으로 실행이 되며, 비동기 이벤트는 현재 실행중인 스크립트의 결과가 생성된 이후에 처리된다. HTML5는 이러한 방법보다 더 나은 방법을 사용할 수 있도록 제공하는데, 그것이 바로, 자바스크립트의 스레드 기능을 추가한 것이다.

그러나 웹 워커가 만드는 스레드는 메인 문서에서 실행 중인 스크립트와 같은 데이터에 접근하는 것을 일절 허용하지 않는다. 즉, 메인 페이지에서 실행되는 스크립트로 접근할 수 있는 데이터는 웹 워커가 만든 스레드에서는 전혀 보이지 않기 때문이다. 따라서 웹 워커가 만들어낸 스레드로는 메인 문서에 접근할 수 없기 때문에 window 객체와 document 객체 데이터에는 접근할 수 없다는 의미이다. 다음 그림은 이러한 내용을 표현한 것이다.

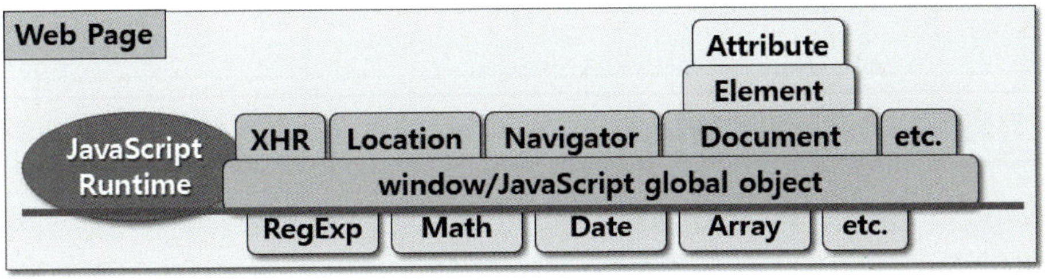

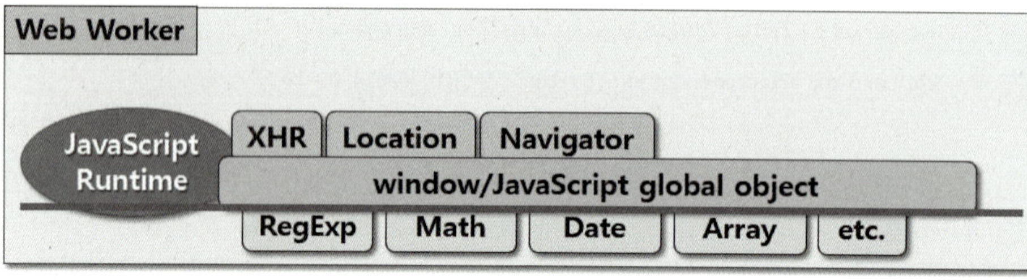

※ 자료 참조 - MSDN Document: HTML5 Web Worker

웹 워커에서 사용할 수 있는 기능과 접근할 수 없는 기능을 정리하면 다음과 같이 요약될 수 있다.

웹 워커에서 사용할 수 있는 기능	웹 워커에서 접근할 수 없는 기능
• navigator 객체 • location 객체(읽기 전용) • XMLHttpRequest • setTimeout() / clearTimeout() • setInterval() / clearInterval() • 애플리케이션 캐시 • ImportScripts() 메서드를 사용하여 외부 스크립트 가져오기 • 다른 웹 워커의 생성	• DOM(스레드 비보호) • window 객체 • document 객체 • parent 객체

웹 워커를 사용하여 브라우저의 CPU 부하를 줄이기 위한 적합한 상황들은 다음과 같은 것들로 알려져 있다.

- (나중에 데이터를 사용할 목적으로) 데이터 프리 패치/캐시 작업
- 코드 구문 강조 표시 및 기타 실시간으로 긴 문서의 텍스트 서식 작업
- 문법(맞춤법)을 강조하는 기능이 있는 작업
- 동영상 데이터 및 음성 데이터의 분석 작업
- <canvas>에서의 이미지 필터링 및 이미지 합성
- 백그라운드 I/O와 웹 서비스 폴링 작업
- 큰 배경이나 방대한 JSON 응답 처리
- 로컬 웹 데이터베이스 행의 대량 업데이트

1.2 전용 워커(Dedicated Worker)

웹 워커의 명세서에는 전용(Dedicated) 워커와 공유(Shared) 워커의 두 가지 웹 워커에 대하여 설명하고 있다. 그러나 본 교재에서는 전용 워커를 "웹 워커" 또는 "워커"라고 부르기로

한다. 다음은 워커를 생성할 때 사용되는 인터페이스를 나타낸 것이다.

Constructor(DOMString scriptURL), Exposed=Window,Worker	
Interface	Worker : EventTarget
메서드	postMessage(any message, optional sequence<Transferable> transfer), terminate()
이벤트 핸들러	onmessage

워커 객체에서 사용할 수 있는 메서드는 다음과 같다.

postMessage()	워커 스레드와 메시지를 주고 받는다. 전달되는 인수로는 모든 데이터가 가능하다.
terminate()	대기중인 프로세스 포함하여 생성된 워커를 강제로 종료한다. 해당 워커는 삭제된다.
onmessage	(이벤트) 메시지 데이터가 수신될 때 발생한다.
onerror	(이벤트) 런타임 오류가 있을 때 발생한다. (AbstractWorker 인터페이스에 정의되어 있음)

▣ 워커의 생성 및 메시지 전달

워커를 생성하기 위해서는 다음과 같이 메인 UI 문서에서 워커 역할을 하는 자바스크립트를 인수로 지정하여 워커의 생성자를 호출하면 된다. 워커에 의해 실행되는 코드는 별도의 자바스크립트 파일에 저장해야 한다.

```
if(window.Worker) { //브라우저에서 웹 워커를 지원하는지의 여부를 판단한다.
   var worker = new Worker("simple_calc.js") //간단한 계산을 처리하는 워커를 생성한다.
}
```

지정된 자바스크립트 파일이 존재하는 경우, 브라우저는 새 워커의 스레드를 생성하고, 이 스레드는 비동기적으로 다운로드된다. 그리고 파일의 다운로드가 완료되고 파일이 실행될 때까지 워커는 실행되지 않는다. 만일 워커의 경로에서 404오류가 반환된다면 워커는 오류를 반환하지 않고 실패하게 된다. 워커에서 생성한 객체(메서드 또는 변수 등)는 외부에서 참조할 수 없다. 따라서 다음 그림과 같이 워커에서 작업한 내용을 메인 UI에서 알게 하기 위해서는 메시지를 주고 받아야 한다.

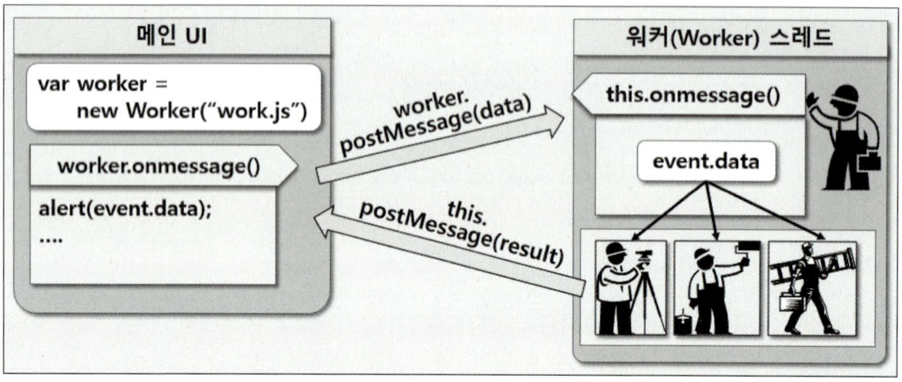

메시지를 주고받기 위해서는 postMessage() 메서드와 onmessage 이벤트 핸들러를 사용한다. 즉, 데이터를 보내기 위해서는 postMessage() 메서드를 사용하고, 메서드에 전달되는 데이터를 받기 위해서는 onmessage 이벤트 핸들러를 통해서 받아야 한다. 다음은 이러한 처리과정을 나타낸 가상의 예제로, 그림과 함께 살펴보면, 이해가 쉬울 것이다.

```
if(window.Worker) {
  var worker = new Worker("work.js");
  worker.onmessage = function(event) {
    //워크에서 받은 메시지를 처리한다
    alert("워커로부터 받은 메시지: " + even.data);
  };
  worker.postMessage("task=job1");
}
```

메인 UI 문서

```
this.onmessage = function(event) {
  //메시지를 처리한다.
  var job = even.data; //전달된 데이터는 문자열
  if( job == "task=job1" ) { job1(); }
  else { job2(); }
};
function job1() {
  //작업 처리
this.postMessage("작업 완료"); //결과 전송
}
```

워커(work.js)

이와 같이 메인 UI와 워커 간에 데이터를 주고 받기 위해서는 postMessage() 메서드를 사용하고, onmessage 이벤트 핸들러를 통해서 전달된 데이터를 가져오는데, postMessage() 메서드는 문자열 또는 JSON 객체를 단일 인수로 받아들일 수 있다. 최근의 브라우저 버전에서는 JSON 객체를 전달할 수 있도록 하고 있다. 이 예제에서는 워커로 문자열 "task=job1"이라는 문자열을 보내고 워커에서도 문자열로 비교하고 있는 것을 볼 수 있다. 그리고 메인 문서와 워커 사이에서 전달되는 메시지는 복사되지만 공유되지는 않는다.

앞의 예제에서는 워커로부터 보내는 메시지를 수신하기 위하여 onmessage 이벤트 핸들러를 직접 설정하였지만, 자바스크립트를 활용하여 개발하는 사람들은 본 교재를 통해서 가장 많이 사용했던 addEventListener를 권장한다. 따라서 앞의 onmessage 이벤트 핸들러는 다음과 같이 수정될 수 있다.

```
worker.addEventListener ('message', function(event) {
    //워크에서 받은 메시지를 처리한다
    alert("워커로부터 받은 메시지: " + even.data);
}, false);;
worker.postMessage("task=job1");
```

워커와 더 이상 메시지를 주고 받을 일이 없다면 워커를 종료해야 한다. 워커를 종료할 때는 워커를 생성한 곳에서 워커 객체의 worker.terminate() 메서드를 호출하는 방법과 워커 객체 내부에서 자신의 작업을 중지하기 위한 self.close() 메서드를 호출하면 된다. 다음의 예제를 통하여 지금까지 알아본 내용으로 간단한 워커의 처리 과정을 살펴보도록 한다. 워커의 처리 과정은 웹 서버에서 동작시켜야 정상 결과를 확인할 수 있다.

예제 WebWorker_simpleCount.html

Script

```
var worker;
function worker_start() {
    if(typeof(Worker) !== "undefined") { //이런 방식으로도 워커를 체크할 수 있다.
        worker = new Worker("simple_calc.js"); // 새로운 워커를 생성한다.

        worker.onmessage = function(event) { //워커로부터 메시지 데이터를 받았을 때
            document.getElementById("result").innerHTML = event.data; //데이터 출력
        }
        worker.onerror = function(event) { //런타임 오류 발생시
            document.getElementById("result").innerHTML = "오류 발생: " + event.message;
        }
        worker.postMessage(num); //생성된 워커로 메시지 데이터(num)을 보낸다.
    } else { document.getElementById("result").innerHTML = "웹 워커 지원 안함" }
}

function worker_stop() { worker.terminate(); }
```

HTML

```
<p>웹 워커 카운트: <output id="result"></output></p>
<button onclick="worker_start()">웹워커 시작</button>
<button onclick="worker_stop()">웹워커 중지</button>
```

예제 simple_calc.js

Script

```
var i = 0;
function Count() {
    i = i + 1;
    postMessage(i);
    setTimeout("timedCount()",500);
}
Count();
```

▣ 워커의 오류 처리

워커를 사용한 처리에서 어떤 오류가 발생하게 되면 앞의 예제와 같이(Script 9번 줄) Worker 객체에서 error 이벤트가 발생한다. 이때 얻을 수 있는 이벤트 객체에는 해당 오류에 대한 정보를 가지고 있는 속성이 다음과 같이 정의되어 있다.

event.message	오류 내용을 텍스트로 반환한다.
event.filename	오류가 발생한 파일의 URL을 http://로 시작하는 완전환 URL로 반환한다. 워커에서 발생했다면, 자바스크립트 파일의 URL을 반환한다.
event.lineno	오류가 발생한 줄의 번호를 반환한다.

따라서 이와 같은 오류 정보를 이용하여 다음과 같이 잘못된 곳을 손쉽게 찾아낼 수 있다.

```
worker.onerror = function(event) {
    var err_msg = event.message + "₩n" + event.filename + " 의 " + event.lineno + " 번째 줄에서 오류 발생";
    alert(err_msg);
}
```

1.3 공유 워커(Shared Worker)

워커는 앞에서 살펴본 바와 같이 하나의 워커 객체와 이로 인하여 호출되는 백그라운드의 프로세스가 일대일로 대응하는 형태로 되어 있지만, 공유 워커는 여러 개의 워커 객체가 하나의 백그라운드 프로세스를 공유해서 사용할 수 있도록 하고 있다.

Constructor(DOMString scriptURL, optional DOMString name), Exposed=Window,Worker	
Interface	SharedWorker : EventTarget {
속성	MessagePort port

port 속성은 객체의 생성자에 의해 할당된 MessagePort를 반환한다. port 속성은 메인 UI 문서와 공유 워커와의 통신을 위해 사용되는 채널이라 할 수 있다. 공유 워커 객체를 만들기 위해서는 SharedWorker() 생성자를 호출해야 한다. 그리고 다음과 같이 전달되는 인수로는 백그라운드로 처리되는 자바스크립트 파일명과, 워커의 이름을 지정해야 한다. 이렇게 생성된 공유 워커는 백그라운드 프로세스를 공유하게 된다.

var *worker1* = new SharedWorker("simple_calc.js", "Share");	*worker1*.*port*.postMessage("data1");
var *worker2* = new SharedWorker("simple_calc.js", "Share");	*worker2*.*port*.postMessage("data2");

메인 UI 문서에서 공유 워커로 데이터를 보내기 위해서는 워커와 달리, 생성된 워커 객체의 port 속성을 사용해서 postMessage() 메서드를 호출해야 한다. 이렇게 port 속성을 사용하여 전달한 데이터는 워커와 달리, 공유 워커에서 onconnect 이벤트 핸들러를 통해서 전달받아야 한다. onconnect 이벤트 핸들러는 다음에 설명하는 공유 워커의 전역 범위에서 확인하도록 한다. 다음은 공유 워커에서 처리되는 과정의 예를 나타낸 것이다.

```
onconnect = function(event) { //공유 워커의 메시지 수신
  var port = event.ports[0]; //연결 포트 정보
  port.onmessage = function(event) { OnCallerMessage(event, port); } //포트 번호를 통한 메시지 수신

  function OnCallerMessage(event, port) {
    var returnMsg = "Data from SharedWorker: " + event.data;
    port.postMessage(returnMsg);
  }
}
```

앞에서 살펴본 전용 워커는 onmessage를 통해서 메시지를 수신하였지만, 공유 워커에서는 connect 이벤트 객체의 ports 속성에서 메시지 채널을 나타내는 객체를 통해서 메시지를 주고받는다. 그리고 메인 문서는 워커와 연결되는 포트가 하나만 있지만, 이와 연결되는 공유 워커는 여러 개의 포트를 가지고 있다. 그리고 공유 워커에서는 onconnect 이벤트 핸들러를 통해 전달받은 이벤트 객체의 ports 속성을 사용해서 메인 문서와 연결되는 포트를 확인할 수 있다. 즉, ports 속성은 배열 형태로 되어 있기 때문에 ports 배열의 첫 번째 값을 사용하여 포트를 확인

할 수 있다. 워커 객체는 메시지 포트(MessagePort를 가지고 있는 것처럼 처리되고 워커가 생성될 때 설정되는 채널의 일부이지만 노출되지는 않는다.

다음 공유 워커의 사용 예제를 살펴보도록 하자.

예제 WebWorker_sharedWorker.html

Script

```
var worker;
window.addEventListener("load", function() {
    worker = new SharedWorker("shared_work.js"); //공유 워커 생성
    //메시지를 수신
    worker.port.onmessage = function(event) { print(event.data); };
}, false);

function send() { //공유 워커로 메시지 전송
    worker.port.postMessage(document.getElementById("data").value);
}
function print(msg) { //메시지를 출력한다.
    var p = document.createElement("p");
        p.textContent = msg;
        document.getElementById("result").appendChild(p);
}
```

HTML

```
<<p>데이터 <input id="data" type="text" /><button onclick="send()">데이터 전송</button></p>
<div><output id="result"></output></div>
```

예제 shared_work.js

Script

```
self.onconnect = function(event) { //공유 워커에 연결되었을 때의 처리 부분
    var port = event.ports[0];  //메시지 채널을 가져온다.

    port.onmessage = function(ev) { //채널로부터 메시지를 받았을 때
        port.postMessage("| 공유 워커 메시지: " + ev.data ); //메인 문서로 메시지 전송
    };
};
```

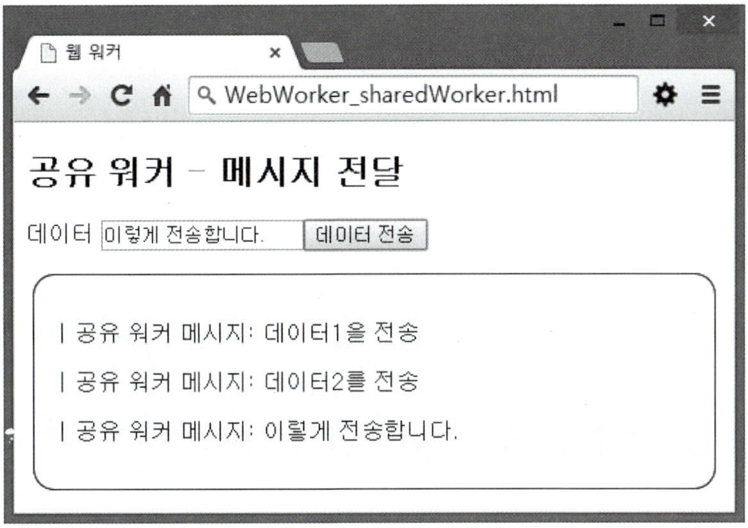

1.4 워커의 전역 범위

앞에서 언급한 바와 같이 워커에서는 기본적으로 window 객체와 document 객체가 전혀 보이지 않기 때문에 이들 객체에 대한 어떠한 작업도 처리하지 못한다. 즉, 워커쪽에서 전역 변수를 정의해도 메인 문서에서는 보이지 않기 때문에 접근할 수 없다. 반대인 경우도 마찬가지이다.

▣ 워커의 전역 범위 공통 인터페이스

Exposed=Worker	
Interface	WorkerGlobalScope : EventTarget
속성	WorkerGlobalScope self, WorkerLocation location
메서드	close()
이벤트 핸들러	onerror, onlanguagechange, onoffline, ononline

사용할 수 있는 속성, 메서드 및 이벤트 핸들러는 다음과 같다.

self	WorkerGlobalScope 객체 자신을 반환 한다.
location	워커가 생성될 때 WorkerGlobalScope 객체를 위하여 생성된 WorkerLocation 객체를 반환한다.
close()	워커 스레드를 강제로 종료한다.
onerror	(이벤트 핸들러) 오류가 발생할 때 호출된다.

onlanguagechange	(이벤트 핸들러) 언어가 변경되었을 때 호출된다.
onoffline	(이벤트 핸들러) 네트워크의 연결이 오프라인일 때 호출된다.
ononline	(이벤트 핸들러) 네트워크의 연결이 오프라인에서 온라인일 때 호출된다.

워커 쪽에서 보이는 미리 정의된 전역 범위를 가진 객체는 self 객체이다. 이름 그대로 워커 자신을 가리키는 객체이다. window 객체가 메인 문서 내에서 어디서나 사용할 수 있듯이, self 객체는 워커 내의 어디서나 사용할 수 있는 전역 범위의 성질을 가지고 있는 것이다. 그러나 window 객체와는 달리, 워커 객체에서 사용할 수 있는 메서드와 속성이 매우 제한적이다. 워커 내에서 사용할 때는 이 self 키워드를 사용하지 않아도 동일하게 처리된다. 예를 들어 self.postMessage() 또는 postMessage()와 같이 호출해도 된다.

▣ 워커에서의 메시지 전달 및 이벤트 핸들러

Global=Worker, DedicatedWorker		
Interface		DedicatedWorkerGlobalScope : WorkerGlobalScope
	메서드	postMessage(any message, optional sequence<Transferable> transfer)
	이벤트 핸들러	onmessage

앞에서 설명한 워커의 메서드와 속성과 동일한 기능을 한다. 워커에서 메인 문서에 메시지를 보낼 때 사용하는 메서드가 postMessage()이고 메인 문서에서 워커 쪽으로 메시지를 보냈을 때, 수신할 수 있는 이벤트 핸들러가 바로 onmessage인 것이다. 이에 대한 사용법은 앞에서 설명한 부분을 참고하자.

▣ 공유 워커의 전역 범위 인터페이스

Global=Worker,SharedWorker				
Interface		SharedWorkerGlobalScope : WorkerGlobalScope		
	속성	name, applicationCache	이벤트 핸들러	onconnect

name	메인 문서에서 SharedWorker 생성자를 사용하여 공유 워커를 생성했을 때 두 번째로 지정한 이름을 반환한다.
applicationCache	워커에 대한 애플리케이션 캐시(ApplicationCache)를 반환한다.
onconnect	(이벤트 핸들러) 공유 워커가 각 연결에 대한 자신의 SharedWorkerGlobalScope 객체의 이벤트를 연결할 때 지정할 수 있다.

공유 워커에서는 connect 이벤트가 발생할 때 생성되는 이벤트 객체를 사용하여 메인 문서와 메시지를 주고받을 수 있다. 이벤트 객체에는 ports 속성이 규정되어 있어서 메시지 채널을 포함하는 배열을 반환하지만, 하나의 채널만 사용한다. 따라서 메시지 채널을 나타내는 MessagePort 객체를 다음과 같이 얻을 수 있다.

```
self.onconnect = function(event) {
   port = event.ports[0]; //메시지 채널
   port.postMessage("Hello!");    //메인 문서에 메시지 보내기
   port.onmessage = function(e) { //메인 문서에서 메시지를 받을 때
      var message = e.data;
      //메시지를 받았을 때 처리할 작업
   };
};
```

1.5 워커에서 사용 가능한 API

워커에서 처리되는 작업은 매우 제한적일 수밖에 없기 때문에 다음과 같은 여러 API들을 지원하고 있다.

▣ 워커에서 외부의 자바스크립트의 파일 로드하기

워커에서는 또 다른 스크립트 파일을 로드하고 브라우저 클라이언트의 ID와 온라인 상태를 확인할 수 있도록 하고 있다. 다음은 이러한 기능을 하도록 하는 WorkerGlobalScope의 인터페이스를 나타낸 것이다.

partial Interface	WorkerGlobalScope		
속성	WorkerNavigator navigator	메서드	importScripts(DOMString…urls)
WorkerGlobalScope implements WindowTimers; WorkerGlobalScope implements WindowBase64;			

importScripts()	쉼표로 구분된 자바스크립트 파일 목록을 가져와서 로드하는 데 사용한다. 즉, 웹 문서에서 자바스크립트를 로드하는 <script src="script_lib.js"></script>와 같이 사용할 수 있다. 이러한 기능은 자바스크립트 라이브러리 등을 로드할 때 사용하면 매우 편리하다. 그러나 로드되는 라이브러리도 워커의 제한 대상이 되기 때문에 메인 문서의 콘텐츠를 처리할 수는 없다.
navigator	브라우저 클라이언트의 ID와 onLine 상태를 나타낸다.

다음은 여러 자바스크립트를 로드하는 방법을 나타낸 것으로, 동일한 효과를 보인다.

self.importScripts("lib1.js"); self.importScripts("lib1.js");	self.importScripts("lib1.js", "lib2.js");

▣ 워커에서 브라우저 정보 얻기

```
Interface   WorkerNavigator { };
    WorkerNavigator implements NavigatorID;
    WorkerNavigator implements NavigatorLanguage;
    WorkerNavigator implements NavigatorOnLine;
```

다음은 WorkerNavigator 객체의 속성을 나타낸 것으로, 모두 읽기 전용이기 때문에 값을 지정할 수는 없다. 그리고 이 속성은 windows.navigator의 속성과 동일하다.

self.navigator.appName	브라우저의 이름을 반환한다.
self.navigator.appVersion	브라우저의 버전을 반환한다.
self.navigator.platform	운영체제의 이름을 반환한다.
self.navigator.userAgent	웹 서버에 보낼 User-Agent 헤더의 값을 반환한다.
self.navigator.onLine	네트워크에 접속할 수 없으면 false를 반환한다.

▣ 워커 자바스크립트 파일의 URL 정보

```
Interface   WorkerLocation { };
    WorkerLocation implements URLUtilsReadOnly;
```

self.location은 windows.location 속성과 같은 역할을 하기 때문에 WorkerLocation 객체를 반환한다. 그리고 반환된 절대적인 URL을 분해할 수 있는 속성이 규정되어 있다. 다음의 URL이 있다고 가정한다면,

- http://dev.w3.org/html5/workers/work.js?arg1=a&arg2=b#apis-available-to-workers

다음과 같은 속성을 사용하여 URL을 분해할 수 있게 된다.

속성	분해 내용	의미
self.location.protocol	http:	프로토콜
self.location.host	dev.w3.org:80	호스트와 포트 번호
self.location.hostname	dev.w3.org	호스트

self.location.port	80	포트 번호
self.location.pathname	/html5/workers/work.js	경로
self.location.search	?arg1=a&arg2=b	쿼리문
self.location.hash	#apis-available-to-workers	해시 식별자

Section 02 웹 소켓

기본적으로 HTML5에서의 연결 기능은 웹 소켓, 서버센트 이벤트(Server-Sent Events), 크로스 도큐먼트 메시징(Cross-Document Messaging) 같은 다양한 기술로 구성된다. 이러한 다양한 API가 HTML5 명세서에 포함됨으로써, 그 동안 브라우저의 한계로 인하여 구현하지 못했던 복합(Rich) 기능이나 복잡한 기술을 구현할 수 있게 되었다. 웹 소켓 명세서는 웹 브라우저와 서버 사이에 "소켓"으로 연결하는 API를 정의하고 있다. 즉, 클라이언트와 서버 사이에 지속적인 연결이 어느 쪽이든, 언제든지 데이터 전송을 시작할 수 있도록 하고 있다.

앞으로 설명하는 웹 소켓 API에 대한 내용들은 표준화 문서를 참조하여 작성하였으므로, 좀 더 자세한 내용을 살펴보고자 한다면 아래 사이트에서 해당 문서를 참고하도록 하자

표준화 문서	The Web Socket API - http://dev.w3.org/html5/websockets/
표준화 단계	W3C Candidate Recommendation (Editor's Draft) (2014-06-04)

2.1 기존 방식의 문제점

우리가 어떤 웹 문서에 접속한다는 것은 해당 도메인의 서버에 문서를 보내달라고 요청하는 것이다. 서버에서는 요청을 받은 문서를 요청한 클라이언트 측에 보낸다. 그러나 실제적으로는 어떠한 정보를 보기 위해서는 클라이언트에서 서버에 요청을 보내기 전에, DNS 서버에 웹 서버의 IP주소를 받아온다. 그리고 이 IP주소를 통해서 웹 서버에 접속하고 해당 문서를 요청하게 되는 것이다. 그리고 서버는 이 요청에 응답하여 해당 문서를 클라이언트에 전송한다. 다음 그림은 이러한 과정을 나타낸 것이다.

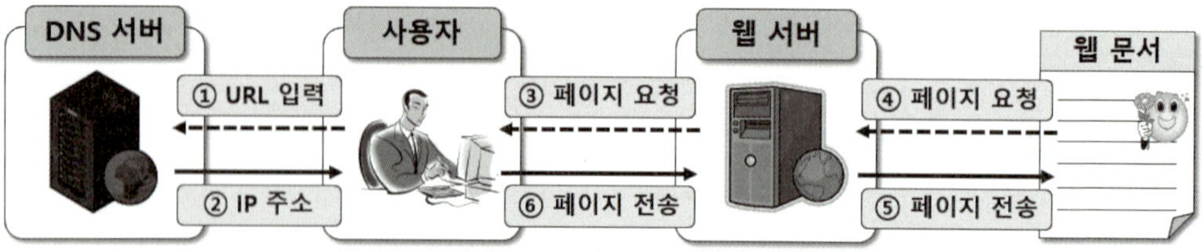

이렇게 웹의 대부분은 HTTP 프로토콜과 같은 요청/응답 패러다임을 기반으로 구축되어 왔다. 클라이언트가 웹 문서를 로드하고 사용자가 다음 문서를 요청(클릭이나 터치)하기 전까지는 어떤 일도 발생하지 않는다. 그러나 2005년부터 인기를 끌기 시작한 AJAX(Asynchronous JavaScript and XML)에 의해 웹이 보다 동적으로 느껴지는 방향으로 움직임이 시작되었다. 현재 대화형 웹 문서를 위한 도구로서 AJAX를 이용하는 애플리케이션들이 급격히 늘어나고 있는데, 이는 부분적으로 이용할 수 있는 애플리케이션 툴킷이 늘어나면서 프로그래머들이 구현하기가 쉬워진 때문이다. 국내 포털 사이트인 네이버와 다음 등에서도 이 기술을 사용하고 있다.

그러나 여전히 클라이언트는 HTTP 통신을 전면적으로 사용된 서버에서 새 데이터를 가져오기 위해 사용자 작업 및 정기적인 폴링(Polling, 각각의 요청에 의해 풀 객체를 생성하는 방식)을 필요로 한다는 점이다. HTTP는 상태가 없다(Stateless). 그래서 각 요청을 고유하고 독립적인 것으로 취급하여 세션 정보를 저장하지 않는다. 따라서 모든 HTTP 요청/응답에 해당 요청에 관한 중복된 정보가 전송될 수 있다. 이러한 HTTP의 오버헤드는 대기 시간이 짧은 애플리케이션에서는 최적이라고 말할 수 없을 것이다. 예를 들어, 브라우저에서 실행되는 멀티 슈팅 게임이나 실시간 구성 요소를 필요로 하는 다른 온라인 게임을 생각한다면 이해가 될 것이다.

▣ HTTP 폴링, 롱 폴링, 스트리밍

사용자가 어떤 문서를 요청하고 서버가 이에 응답하여 해당 문서를 클라이언트로 보낸다. 브라우저가 이 문서를 표시할 때는 최신 정보가 아닐 수도 있다(뉴스, 주가, 교통 정보, 기상 정보 등). 최근에는 실시간 웹 애플리케이션 개발이 다양한 서버 측의 푸시 기술을 시뮬레이션하는 폴링이란 기술을 주축으로 이루어진다. 그중에 가장 대중적인 기술은 코멧(Comet)인데 이 기술은 기본적으로 클라이언트로 메시지를 전달할 때까지 HTTP 응답을 지연시킨다.

폴링은 메시지가 전달되는 간격을 정확히 알고 있을 때만 적절한 방법이다. 다음 그림과 같이 서버에 정보가 있어야만 클라이언트를 동기화해서 요청한 정보를 전송할 수 있기 때문이다. 그러나 이러한 방법은 불필요한 요청을 보낼 수도 있기 때문에 과다한 연결이 발생하는 문제를 가지고 있다.

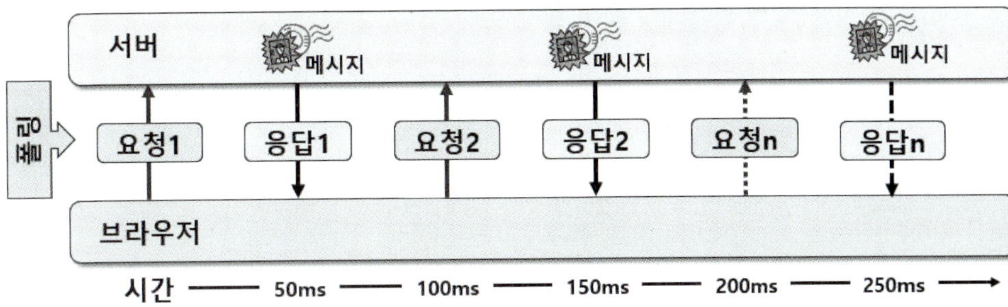

반면에 롱 폴링(Long Polling)은 클라이언트가 서버에 있는 정보를 요청하면 지정한 시간 또는 요청한 정보가 있을 때까지 연결을 열어두는 방법으로, 코멧 또는 리버스 에이잭스(Reverse Ajax)라고도 한다. 이러한 방법은 서버가 클라이언트로 데이터를 송신할 때까지 HTTP 응답 완료를 지연시킨다. 이를 보통 GET 또는 미결 POST(Pending-POST)라고 부르는데, 클라이언트가 새로운 정보를 가져오기 위해서 지속적으로 서버에 재연결을 해야 하는 문제가 있으며, 표준 구현이 없다는 단점이 있다.

스트리밍 기법은 클라이언트 요청에 대하여 서버가 지속적으로 업데이트되면 지정한 시간 동안 열린 상태로 유지하고 응답을 전송하고 관리한다. 그리고 서버에서 메시지를 전달할 준비가 되면 응답을 업데이트한다. 그러나 이 방법은 HTTP 응답을 완료 신호를 보내지 않아서 연결이 계속 열려 있는 상태가 되고, 프록시와 방화벽에서는 응답을 버퍼에 저장해서 전달하기 때문에 메시지 지연이 더 될 수도 있는 문제를 안고 있다.

이와 같은 방법들은 거의 실시간 전송이 가능하지만, 부수적이고 불필요한 헤더 정보와 지연이 포함된 HTTP 요청/응답 헤더가 필요하다. 이와 더불어, 클라이언트가 연결된 이후 요청을 개시하려면 반환 요청을 기다려야 하기 때문에 지연 시간이 많이 늘어나는 문제점을 안고 있다.

최근에는 실시간으로 정보를 주고받기 위해 양방향 통신이 가능한 플렉스나 실버 라이트 등을 사용하는 경우도 있지만, 별도의 플러그인을 설치해야 사용이 가능한 문제를 안고 있다. 그러나 HTML5에서 웹 소켓이 추가되면서 별도의 플러그인의 도움 없이도 순수한 웹 환경에서 실시간으로 데이터를 주고받을 수 있는 양방향 통신이 가능하게 되었다.

2.2 웹 소켓의 개념

앞에서 언급한 문제들을 해결하기 위하여 HTML5 명세서의 연결 기능에 웹 소켓이 포함되어 있다. 웹 소켓은 기본적으로 전이중 양방향의 단일 소켓 연결 형식이기 때문에 순수 웹 소켓 연결이나 TLS(전송 계층 보안, 주로 SSL)/웹 소켓 연결을 단일 HTTP 요청만으로도 열 수 있다. 즉, 폴링과 달리 요청을 한번만 하고 웹 소켓 연결이 한번 이루어지면 서버와 클라이언트 모두 언제든지 메시지를 송신할 수 있게 되기 때문에 지연이 많이 줄어든다.

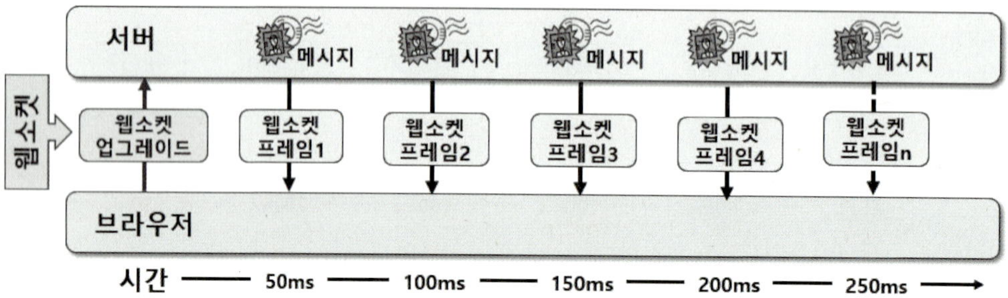

이와 같은 웹 소켓은 HTML5의 시맨틱과 간결성이라는 패러다임에 알맞은 통신 방법이라 할 수 있다. 웹 소켓에 연동하거나 대안으로 이용할 수 있는 기술은 다양하며, 계속 발전하고 있는 중이다.

서버센트 이벤트(Server-Sent Event) 기술에 들어 있는 EventSource API를 사용하면, 상호 작용할 필요없이 자신의 서비스가 뉴스피드나 일기예보와 같이 정보를 클라이언트로 브로드캐스트하거나 푸시를 할 수 있다. 이 기술은 HTML5 명세서에 들어 있는 일부 코멧 기술을 보완한 것으로, 자동 재연결이나 이벤트 ID 같은 장점을 얻을 수 있다.

SPDY 기술은 구글이 개발한 네트워크 연결 프로토콜이며, HTTP 헤더를 압축하고 다중화 처리하는 등의 HTTP를 보강함으로써 HTTP 요청의 성능을 향상시킨다. 웹 소켓이 웹 애플리케이션 프론트엔드와 서버 간의 통신을 최적화하는 데 중점을 둔 반면에, SPDY는 애플리케이션 콘텐츠와 정적 문서의 전달까지도 최적화를 해주는 장점을 가지고 있다. 웹 소켓과 SPDY는 상호보완적이기 때문에 SPDY로 보강한 HTTP 연결을 업그레이드하면 SPDY를 통한 웹 소켓을 이용할 수 있는 장점이 있게 된다.

WebRTC(Web Realtime Communication)는 최신 웹 브라우저의 통신 기능을 향상시키기 위한 노력으로 생겨난 기술로서, 웹에서 사용하는 Peer to Peer 기술이다. 브라우저가 직접 통신할 수 있기 때문에 서버를 경유해서 생기는 병목 현상이 없는 장점을 가지고 있다. 브라우저끼리 실시간으로 통신할 수 있는 API를 제공하기 때문에 손쉽게 브라우저 대화 애플리케이션을 만들 수 있다. 현재 WebRTC은 W3C의 명세서 초안 단계에 있으며 자세한 내용은 http://www.w3.org/TR/webrtc/에서 확인해 볼 수 있다.

2.3 웹 소켓 API

이번에는 웹 소켓 프로토콜을 제어하고 웹 소켓 애플리케이션 개발에 사용될 수 있는 API를 살펴보도록 한다. 참고로 본 교재에서는 웹 서버에 대한 내용은 다루지 않기 때문에 웹 소켓 API

사용법을 학습하기 위하여 공개 서버인 http://websocket.org에 연결하는 간단한 애플리케이션을 살펴볼 것이다. 먼저 명세서에 정의되어 있는 웹 소켓 인터페이스를 살펴보면 다음과 같이 되어 있음을 확인할 수 있다.

<table>
<tr><td colspan="2">enum BinaryType { "blob", "arraybuffer" }</td></tr>
<tr><td colspan="2">Constructor(DOMString url, optional (DOMString or DOMString[]) protocols), Exposed=Window,Worker</td></tr>
<tr><td>Interface</td><td>WebSocket : EventTarget</td></tr>
<tr><td>속성</td><td>url, readyState, bufferedAmount, extensions, protocol, binaryType</td></tr>
<tr><td>상수</td><td>CONNECTING = 0, OPEN = 1, CLOSING = 2, CLOSED = 3;</td></tr>
<tr><td>메서드</td><td>send(DOMString data), send(Blob data), send(ArrayBuffer data), send(ArrayBufferView data);
close([Clamp] optional unsigned short code, optional DOMString reason);</td></tr>
<tr><td>이벤트 핸들러</td><td>onopen, onerror, onclose, onmessage</td></tr>
</table>

▣ 웹 소켓 생성자를 이용한 연결 설정

웹 소켓 인터페이스에 있는 생성자에는 필수 인자와 선택 인자를 각각 하나씩 받도록 하고 있다. 우선 서버로 웹 소켓 연결을 설정하기 위해서는 연결하려는 종단점을 나타내는 첫 번째 인자인 URL을 지정함으로써, 웹 소켓 객체를 생성해야 한다. 그러나 URL을 지정할 때는 http나 https를 사용하지 않고, 클라이언트와 서버간의 암호화되지 않은 일반적인 트래픽을 사용할 때는 ws(WebSocket의 약어)를 사용하고, 클라이언트와 서버간의 암호화된 보안 통신을 사용할 때는 wss(WebSocket Secure의 약어)를 사용한다. wss는 TLS를 통한 웹 소켓 연결을 나타내며 https가 http 연결의 보안을 위해서 사용하는 것과 같은 보안 메커니즘을 사용한다. 선택 인자인 protocol은 프로토콜 이름 하나가 올 수도 있고, 서버가 연결을 설정하기 위해 응답에 포함시켜야 하는 여러 프로토콜의 이름(XMPP, SOAP, 사용자 정의 프로토콜 등)일 수도 있다.

다음과 같이 웹 소켓 생성자를 사용하여 서버에 연결을 설정할 수 있다.

URL만 지정	var websocket = new WebSocket("ws://www.websocket.org");
URL 및 프로토콜 지정	var websocket = new WebSocket("ws://www.websocket.org", :myProtocol");

위와 같이 두 번째 인자인 프로토콜은 문자열일 수도 있고, 애플리케이션이 인식해서 서버와의 통신에 사용되는 문자열의 배열일 수도 있다. 만일 프로토콜을 배열에 여러 개를 지정한 경우에는 서버에서는 프로토콜 중에서 하나를 선택하여 클라이언트와 연결한다. 이를 통해서 개발자는 각기 다른 서버에 다양한 프로토콜을 사용하게 할 수 있는 유연성이 확보되는 장점을 가진다.

▣ 웹 소켓 속성

속성	설명
url	생성자에 전달되는 URL(UTF-8로 설정되는 URL 문자 인코딩)을 반환한다.
readyState	웹 소켓의 연결 상태를 나타내는 것으로, 다음과 같은 웹 소켓 인터페이스의 상수 값을 가질 수 있다. • WebSocket.CONNECTING – 연결 중임을 나타낸다(아직 연결이 완료되지 않음) • WebSocket.OPEN – 연결이 완료됨을 나타낸다(서버와의 송수신이 가능함) • WebSocket.CLOSING – 연결을 종료하는 중임을 나타낸다. • WebSocket.CLOSED – 연결이 종료되었음을 나타낸다.
bufferedAmount	send() 메서드를 통해서 보내질 애플리케이션의 데이터 바이트 수(UTF-8 텍스트 및 이진 데이터)를 반환한다. 이 속성을 사용하면 아직 서버로 전송되지 않고 큐에 들어 있는 바이트 수를 검사할 수 있다.
extentions	처음에 빈 문자열을 반환하지만, 웹 소켓 연결이 설정되면 서버에 의해서 선택된 확장을 반환한다.
protocol	웹 소켓 생성자를 사용하여 웹 소켓 객체를 생성할 때 지정하는 프로토콜에서 서버가 선택한 프로토콜의 이름을 반환한다. 서버와의 연결이 설정되기 전에는 빈 문자열이지만, 웹 소켓의 연결이 설정되고 나면 이 속성을 사용하여 서버와의 연결이 설정된 프로토콜의 이름을 알 수 있다.
binaryType	enum 데이터 형태인 BinaryType으로 정의된 이 속성은 메시지를 송수신할 때, 이진 데이터(blob)를 처리할 때는 "Blob"을 지정하고 배열 버퍼 형태로 처리할 때는 "arraybuffer"를 지정하면 된다.

▣ 웹 소켓 이벤트

웹 소켓 API는 모두 이벤트 위주로 동작된다. 따라서 수신되는 데이터를 처리하고 연결 상태를 변경하기 위해서는 웹 소켓 객체를 대상으로 이벤트를 감시하면 된다. 따라서 업데이트되는 데이터를 얻기 위해서 별도로 서버를 폴링할 필요가 없게 되는 것이다. 메시지와 이벤트는 서버가 송신할 때 비동기적으로 도착하기 때문에 웹 소켓 프로그래밍은 비동기 프로그래밍 모델을 사용한다.

이벤트	설명
onopen	웹 소켓 연결 요청 시 서버에서 응답하여 연결이 설정되면 발생한다.

open 이벤트가 발생되었다는 것은, 웹 소켓 서버가 연결 요청을 성공리에 처리하였기 때문에 애플리케이션과의 통신을 수락했음을 확신할 수 있다. 따라서 다음과 같이 이벤트 핸들러를 사용하여 연결되었을 때의 처리를 수행하면 된다.

```
websocket.open = function(event) {
      console.log("연결 설정이 완료되었습니다.");
};
```

onerror	예기치 못한 오류가 있을 때 발생한다.

이 오류가 발생하면 웹 소켓 연결도 닫히게 된다. 따라서 웹 소켓 객체가 보내오는 예외를 처리하도록 하는 코드를 추가하여 다음과 같이 error 이벤트를 처리하는 것이 좋다.

```
websocket.onerror = function(event) {
    console.log("웹 소켓 오류 발생: ", event);
    ErrorHandle(event) //오류를 처리하는 메서드를 호출하도록 한다.
};
```

onclose	웹 소켓 연결이 닫히면 발생한다.

close() 메서드를 호출해서 서버로의 연결을 종료하면 다음과 같이 onclose 이벤트가 발생한다. 따라서 연결 종료에 대한 처리를 하려면 이곳에서 하면 된다.

```
websocket.onclose = function(event) {
    console.log("웹 소켓 연결이 종료되었습니다", event);
    //연결 종료에 대한 처리를 한다.
};
```

이 이벤트는 연결이 종료되는 순간 웹 소켓의 readyState 속성이 앞에서 살펴본 속성 값으로 변경된다. 그리고 다음은 명세서에 있는 close 이벤트에 대한 인터페이스를 나타낸 것이다.

Constructor(DOMString type, optional CloseEventInit eventInitDict), Exposed=Window,Worker	
Interface	CloseEvent : Event
속성	boolean wasClean, unsigned short code, DOMString reason

close 이벤트가 발생할 때 처리되는 CloseEvent 인터페이스 속성의 의미는 다음과 같다.

wasClean	접속이 완전히 닫혀 있는지 여부를 나타내는 것으로, 웹 소켓이 서버에서 보내온 닫기 프레임에 대한 응답으로 닫혔다면 이 속성값은 true가 되지만, TCP 등의 연결이 닫히거나 그 이외에는 false가 된다.
code	서버에 의해 제공된 웹 소켓 연결 종료 코드를 나타낸다.
reason	서버에 의해 제공된 웹 소켓 연결 종료 이유를 나타낸다.

연결 종료 코드 및 이유에 대한 자세한 내용은 지면 관계상 다음의 IETF 웹 소켓 프로토콜

[RFC6455]에 자세히 정의되어 있으므로 이를 참고하기 바란다.

- http://tools.ietf.org/html/rfc6455 (7.4.1 Defined Status Codes)

onmessage	메시지가 수신되는 순간 발생한다.

웹 소켓 메시지는 문자열 이외에도 이진 데이터를 처리할 수 있도록 하고 있다. 애플리케이션의 설정에 따라서 수신되는 2진 메시지가 달라지기 때문에 앞에서 살펴본 binaryType에 2진 데이터에 사용할 타입을 다음 예제와 같이 반드시 설정해야 한다.

메인 UI 문서:

```
websocket.binaryType = "Blob";
websocket.onmessage = function(event) {
  if(event.data instanceof Blob) {
    var blob = new Blob(event.data);
    //다른 처리 작업
  }
};
```

워커(work.js):

```
websocket.binaryType = "arraybuffer";
websocket.onmessage = function(event) {
  if(event.data instanceof ArrayBuffer) {
    var arr = new Uint8Arrayb(event.data);
    //다른 처리 작업
  }
};
```

▣ 웹 소켓 메서드

웹 소켓이 설정되면, 두 가지의 send() 및 close() 메서드를 사용할 수 있다. send() 메서드를 통해서는 클라이언트에서 서버로 메시지를 전송할 수 있다. 메시지를 하나 이상 전송한 이후에는 연결을 열린 채로 유지할 수도 있고, close() 메서드를 호출하여 연결을 종료시킬 수도 있다.

send(DOMString data), send(Blob data) send(ArrayBuffer data), send(ArrayBufferView data)	다양한 종류의 데이터를 서버로 전송한다.

메시지를 전송하기 위해서는 단순히 send() 메시지를 전송하면 되지만, open 이벤트를 기다렸다가 메시지를 전송해도 되고, readyState 속성을 검사해서 소켓인 열려있는 상태일 때에만 데이터를 송신해도 된다.

open 이벤트에서 전송:

```
var websocket = new WebSocket("ws://echo.websocket.org");
websocket.onopen = function(event) {  websocket.send("데이터를 전송합니다."); }
```

readyState 속성을 검사해서 전송:

```
function EventHandler(data) {
   if(websocket.readyState == WebSocket.OPEN) {
     websocket.send(data); //소켓 연결 상태이기 때문에 데이터 전송 가능
   else { //다른 작업을 처리한다 }
}
```

그리고 명세서에는 send() 메서드에서 전송할 수 있는 데이터의 종류가 문자열(DOMString)뿐만 아니라 2진 데이터인 블롭(Blob) 및 배열 버퍼(ArrayBuffer, ArrayBufferView) 등의 데이터도 전송할 수 있도록 하고 있다. Blob 객체를 사용하면, 멀티미디어, 이미지, 동영상, 사운드 등의 파일을 송수신을 할 수도 있다. 이에 대한 자세한 내용은 앞에서 학습한 파일 API를 참고하자. 이러한 데이터를 전송하기 위해서는 다음과 같이 하면 된다.

```
var blob = new Blob("Blob 타입의 데이터");
websocket.send(blob);
```

```
var arr = new Uint8Array([10,7,9,4,8,2]);
websocket.send(arr);
```

close([Clamp] optional unsigned short code, optional DOMString reason)	웹 소켓의 연결을 닫거나 연결 시도를 종료할 때는 close() 메서드를 사용한다.

연결이 이미 종료된 상태라면 어떤 일도 처리하지 않는다. 그리고 이 메서드를 호출함으로써 연결이 종료되었을 때는 더 이상 데이터를 전송할 수 없다. 웹 소켓의 연결을 닫기 위해서는 다음과 같이 메서드를 호출하기만 하면 된다. 이 메서드가 호출되면 연결 상태를 나타내는 readyState 속성 값은 CLOSING으로 변경된다. 그러나 명세서에는 연결을 종료할 때, 선택사항으로, 상태를 나타내는 code와 종료하려면 이유를 나타내는 문자열 reason을 전달할 수 있도록 하고 있다. 웹 소켓의 연결을 종료하기 위해서는 다음과 같이 하면 된다.

```
websocket.close(); //웹 소켓의 연결을 종료
```

```
//세션이 성공적으로 종료되어 웹 소켓의 연결을 종료
websocket.close(1000, "정상 종료");
```

▣ 웹 소켓을 사용한 예제

지금까지 살펴본 내용으로 간단한 웹 소켓 예제를 살펴보도록 하자.

예제 WebSocket_simpleExample.html

Script

```
var result;
window.addEventListener("load", function() {
    if(!window.WebSocket) print("이 브라우저는 웹 소켓 기능을 지원하지 않습니다.");
    result = document.getElementById("result");
    websocket = new WebSocket("ws://echo.websocket.org/echo"); //웹 소켓을 생성한다.

    websocket.onopen = function(event) { //웹 소켓이 연결되었을 때
        print("연결되었습니다."); websocket.send("반갑습니다. 연결되었군요!");
    }
    //웹 소켓의 연결이 종료되었을 때
    websocket.onclose = function(event) { print("연결 종료: " + event.reason); }
```

```
        //웹 소켓 오류가 발생할 때
        websocket.onerror = function(event) { print("오류가 발생하였습니다."); }
        //메시지가 수신되었을 때
        websocket.onmessage = function(event) {
            print("메시지 도착: " + event.data);
            websocket.close();
        }
}, false);

function print(msg) {
        var p = document.createElement("p");
            p.textContent = msg;
            result.appendChild(p);
}
```

HTML

```
<p>웹 소켓 메시지:</p>
<div style="border: 1px solid black"><output id="result"></output></div>
```

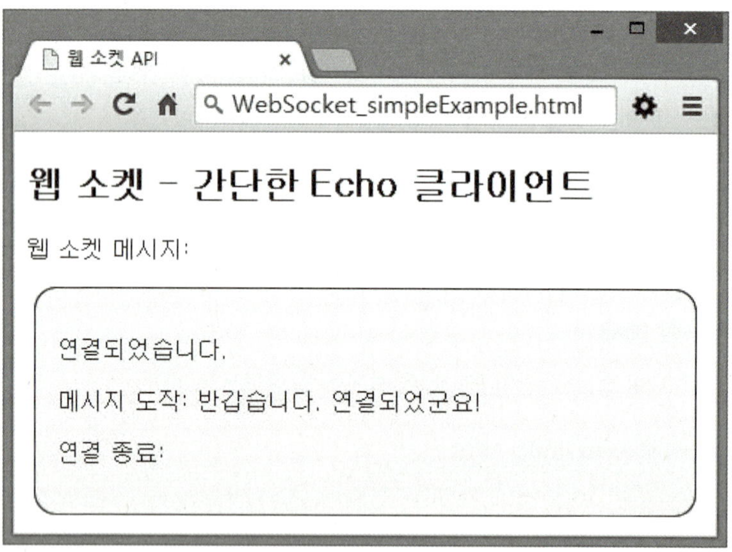

Section 03 위치 정보를 위한 Geolocation

요즘은 스마트폰이 대중화되면서, 여러 유용한 애플리케이션들이 개발되고 있는데, 그 중에 하나가 지도와 관련된 유명한 관광지 안내, 맛집 정보 위치 등의 애플리케이션일 것이다. 이렇게 지도 애플리케이션들은 현재 자신의 위치나 주변 가게의 정보들을 확인할 수 있다. 또한 지리적으로 잘 모른다 할지라도 지도 프로그램을 이용하여 마치 전문가가 찾아가는 것과 같이 최적의 길을 찾아서 갈 수 있다. 이렇게 지도를 이용한 현재의 위치 정보를 검색할 때 사용하는 것이 바로 위치 정보를 나타내는 Gelocation API 이다. 이번 절에서는 위치 정보와 관련된 내용을 살펴보도록 한다.

설명하게 되는 위치 정보 API에 대한 내용들은 표준화 문서를 참조하여 작성하였으므로, 좀 더 자세한 내용을 살펴보고자 한다면 아래 사이트에서 해당 문서를 참고하도록 하자

표준화 문서	Geolocation API Specification - http://dev.w3.org/geo/api/spec-source.html
표준화 단계	W3C Recommendation (Editor's Draft) (2014-05-05)

3.1 위치 정보의 기초

위치 정보는 추가적인 메타데이터와 함께 위도와 경도 좌표로 전달된다. 이런 위치 정보가 확보되면 인터페이스를 좀 더 세련되게 만들어서 멋진 위치 기반의 애플리케이션을 만들 수 있을 것이다. 위치 정보는 주로 다음과 같은 위도와 경도 좌표의 쌍으로 표시된다. 다음은 현재 필자의 위치를 자바스크립트로 표시하도록 한 것이다.

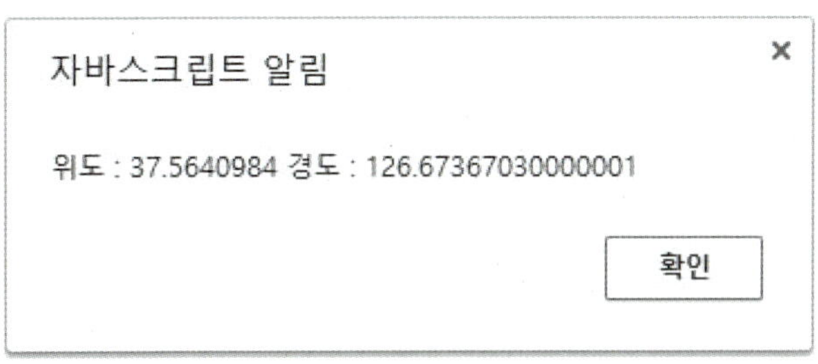

그러나 이러한 정보를 얻기 위해서는 다음 그림과 같이 사용자의 동의를 구해야 한다. 이는 개인 정보가 사용자 동의 없이 유출되는 것을 막기 위해서이다. 브라우저가 사용자의 위치 정보를 사용하려고 할 때는 항상 요청 메시지를 보여주도록 되어 있기 때문에 사용자가 [허용]버튼을 클릭해야만 위치 정보를 사용할 수 있게 된다.

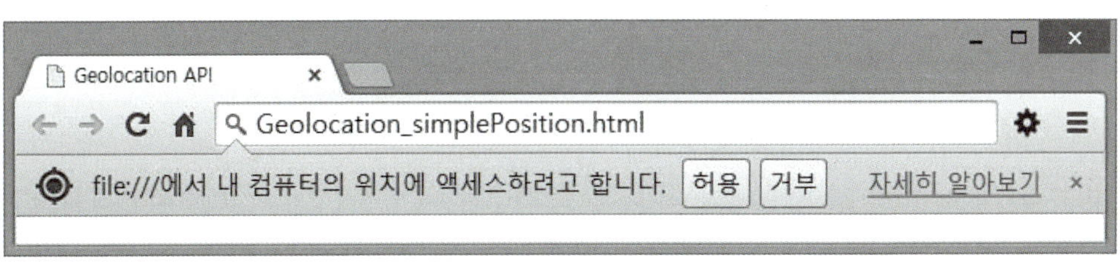

▣ 위도 및 경도 좌표

일반적으로 위도와 경도를 나타내는 좌표는 십진수의 도 형식으로 나타내는 경우와 도/분/초(DMS) 형식으로 나타내는 경우가 있다. Geolocation API에서 사용되는 좌표는 항상 십진수의 도(°) 형식으로 반환된다. 앞의 그림은 Geolocation API를 이용하여 나타낸 것으로, 위도(latitude)는 지구상의 가로선을 의미하며, 적도를 기준으로 한 남북 방향 거리를(위쪽의 북위(양의 값으로 제공) 0~90도, 아래쪽의 남위(음의 값으로 제공) 0~90도) 나타내는 숫자 값이다. 그리고 경도(longitude)는 지구상의 세로선을 의미하며, 영국 그리니치 천문대를 기준으로 동서(동경(양의 값으로 제공)과 서경(음의 값으로 제공)으로 구분) 방향 거리를 나타내는 숫자 값이다.

위도 및 경도 좌표와 함께 Geolocation API는 항상 위치 좌표의 정확도(accuracy)를 제공한다. 브라우저가 시행되는 기기에 따라서 altitude, altitudeAccuracy, heading, speed 등의 추가적인 메타데이터도 제공되지만 메타데이터가 없는 경우에는 null값을 가진다.

▣ 위치 정보 데이터를 얻는 방법

IP 주소를 기반으로 하여 위치 정보를 획득하는 방법은 자동으로 사용자의 IP 주소를 찾아서 등록된 사람의 실제 주소를 검색하는 방식으로 동작되기 때문에 실제 위치하고 있는 곳과 무관하게 ISP의 주소로 검색되는 경우가 있어서 정확하지 않은 위치가 반환되는 경우가 자주 발생한다. 그러나 어디서나 사용이 가능하다는(정확하지 않음) 점과 서버에서 처리되기 때문에 별도의 비용이 발생하지 않는다는 점이다.

GPS를 기반으로 하는 방법은 상당히 정확한 위치 정보를 제공한다. GPS 픽스는 지구 주위를 도는 여러 GPS 위성에서 신호를 받아서 위치 정보를 제공한다. 그러나 위치 정보를 얻기까지는 시간이 좀 걸리는 문제가 있다. 이로 인하여 배터리의 소모가 많고 실내에서는 잘 동작하지 않는다는 문제점을 가지고 있다. 추가적으로 GPS 신호를 받을 수 있는 별도의 하드웨어가 필요하다.

WI-Fi 기반으로 하는 방법은 주로 도심지역에서 이루어지고 있는데, 여러 개의 무선 AP와 사용자 사이의 거리를 바탕으로 삼각측량법을 이용해서 알아내는 방법이다. GPS와는 달리 실내에서도 꽤 정확하게 위치 정보를 얻을 수 있지만, 무선 AP가 적은 곳에서는 사용할 수 없다.

휴대전화를 기반으로 하는 방법은 다수의 휴대전화 기지국과 사용자와의 거리를 바탕으로 삼각측량법을 이용해서 위치 정보를 알아내는 방법으로 꽤 정확하고 실내에서도 사용 가능하고 빠르다는 장점을 가지고 있지만, 휴대전화와 모뎀등이 필요하기 때문에 기지국이 적은 시골 지역에서는 정확도가 떨어진다.

3.2 Geolocation API 사용

Geolocation API는 데스크톱보다는 스마트폰에서 유용하게 사용될 수 있다. 요즘의 스마트폰은 기본적으로 GPS가 내장되어 있어서 정확한 위치 정보를 파악할 수 있기 때문이다. 데스크톱은 내장되어 있지 않고 실내에 있기 때문에 정확한 위치를 파악하기는 힘들다. 다만 Wi-Fi 와 IP 주소 정보 등을 사용하여 대략적인 정보만을 얻을 수 있다. 우선 Geolocation AIP를 사용하기 위한 기본 인터페이스를 살펴보면 다음과 같다.

partial Interface	Navigator
속성	Geolocation geolocation
partial Interface	Geolocation
메서드	getCurrentPosition(successCallback, errorCallback, optios), watchPosition(successCallback, errorCallback, optios), clearWatch(watchId)
	callback PositionCallback = void (Position position); callback PositionErrorCallback = void (PositionError positionError);

Geolocation 객체는 호스팅 장치와 관련된 위치 정보를 프로그래밍적으로 결정하기 위해 스크립트에 의해 사용된다. 위치 정보는 브라우저의 특정 알고리즘을 사용함으로써 Position 객체를 생성하고 이에 따라서 적절한 데이터로 해당 객체를 채우게 된다.

▣ 위치 정보 얻기

위치 정보를 얻기 위해서는 다음과 같이 Geolocation 객체의 getCurrentPosition() 메서드를 사용하면 된다.

```
getCurrentPosition(PositionCallback successCallback, optional PositionErrorCallback errorCallback,
                   optional PositionOptions options);
```

Geolocation API은 위치 정보를 구할 때 비동기적으로 위치 정보를 처리하기 때문에 콜백 함수들을 매개 변수로 받아서 처리한다. 첫 번째 successCallback 인수는 사용자의 위치 정보를 파악하는 것에 성공하였을 때 실행되어 위치 정보를 처리해주는 콜백 메서드를 나타낸 것으로 Position 객체를 돌려준다. 따라서 이 객체를 이용하면 위치 정보를 얻을 수가 있다. 그리고 두 번째 인수 errorCallback은 예외 오류가 발생하였을 때 처리해주는 콜백 메서드로 PositionError 객체를 생성하기 때문에 이를 사용하면 실패한 이유를 알 수 있다. 마지막으로 세 번째 인수 options는 선택 사항으로 객체 형식으로 전달이 가능하다. 다음은 앞의 자바스크립트로 위치 정보를 보여준 예제를 나타낸 것으로, 위치 정보를 성공적으로 얻었을 때 위도와 경도를 출력하도록 한 것이다.

예제 Geolocation_simplePosition.html

Script

```
window.onload = function() {
    if(navigator.geolocation) //Geolocation API를 사용할 수 있다면
        navigator.geolocation.getCurrentPosition( MyPosition ); //위치 정보를 얻어 온다
}

function MyPosition(position) {
    var lat = position.coords.latitude;   //위도를 저장한다.
    var lng = position.coords.longitude; //경도를 저장한다.

    alert("위도 : " + lat + " 경도 : " + lng);
}
```

다음은 위치 정보를 나타내기 위한 명세서의 인터페이스를 나타낸 것이다.

Interface	Position
속성	Coordinate coords, DOMTimeStamp timestamp
Interface	Coordinates
속성	latitude, longitude, altitude, accuracy, altitudeAccuracy, heading, speed

위치 정보를 얻었을 때 실행되는 함수의 첫 번째 매개 변수에는 이벤트 객체가 자동으로 할당된다. 앞의 예제에서는 position 매개 변수에 이벤트 객체가 저장되어 있기 때문에 이 객체를 이용하면 위치 정보를 나타내는 다양한 값을 얻을 수가 있다.

timestamp	위치 정보를 성공적으로 얻었을 때의 시간을 나타내는 Date 객체를 반환한다.
cords	아래에 있는 지리적 좌표 뿐만 아니라 고도 및 속도 등을 포함하는 집합이다.
coords.latitude	위도를 10진 수치로 나타낸다. 단위는 도(°)이다.
coords.longitude	경도를 10진 수치로 나타낸다. 단위는 도(°)이다.
coords.accuracy	위도 및 경도의 정밀도를 미터 단위로 반환한다.
coords.altitude	GPS 고도를 미터 단위로 반환한다.
coords.altitudeAccuracy	GPS 고도의 정밀도를 미터 단위로 반환한다.
coords.heading	이동 중일 때의 진행 방향을 각도 단위로 0부터 360 사이의 값으로 반환한다. 북쪽은 0도, 동쪽은 90도, 남쪽은 180도, 서쪽은 270도가 된다.
coords.speed	이동 중일 때의 속도를 초당 미터의 단위로 반환한다.

이제는 다음 그림과 같이 위치 정보에 대한 자세한 정보를 확인할 수 있는 예제를 살펴보도록 하자.

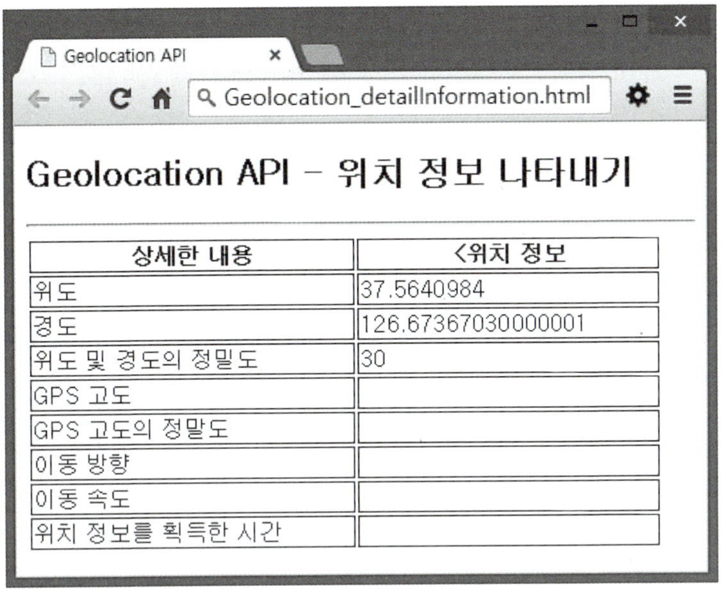

예제 Geolocation_detailInformation.html

CSS

```css
table { width: 450px; }
th,td { border:1px solid black;
```

Script

```javascript
window.onload = function() {
    if(navigator.geolocation) //Geolocation API를 사용할 수 있다면
        navigator.geolocation.getCurrentPosition(MyPosition); //위치 정보를 얻어 온다
}
function MyPosition(position) {
    document.getElementById("latitude").textContent = position.coords.latitude;
    document.getElementById("longitude").textContent = position.coords.longitude;
    document.getElementById("accuracy").textContent = position.coords.accuracy;
    document.getElementById("altitude").textContent = position.coords.altitude;
    document.getElementById("altitudeAccuracy").textContent = position.coords.altitudeAccuracy;
    document.getElementById("heading").textContent = position.coords.heading;
    document.getElementById("speed").textContent = position.coords.speed;
    document.getElementById("timestamp").textContent = position.coords.timestamp;
}
```

HTML

```html
<table>
    <tr><th>상세한 내용</th><th><위치 정보</th></tr>
    <tr><td>위도 </td><td id="latitude"></td></tr>
```

HTML

```
    <tr><td>경도 </td><td id="longitude">.</td></tr>
    <tr><td>위도 및 경도의 정밀도</td><td id="accuracy">.</td></tr>
    <tr><td>GPS 고도</td><td id="altitude">.</td></tr>
    <tr><td>GPS 고도의 정밀도</td><td id="altitudeAccuracy">.</td></tr>
    <tr><td>이동 방향</td><td id="heading">.</td></tr>
    <tr><td>이동 속도</td><td id="speed">.</td></tr>
    <tr><td>위치 정보를 획득한 시간</td><td id="timestamp">.</td></tr>
</dl>
```

▣ 위치 정보 오류

앞에서 살펴본 위치 정보를 반드시 얻을 수 있는 것은 아니다. 따라서 다음과 같은 위치 오류 정보에 대한 인터페이스에서 정보를 얻을 수 있다.

Interface	PositionError
속성	code, message
상수 값	PERMISSION_DENIED = 1, POSITION_UNAVAILABLE = 2, TIMEOUT = 3

확인할 수 있는 속성은 다음과 같다.

code	현재 오류를 나타내는 다음과 같은 코드 번호를 반환한다. • PERMISSION_DENIED – 위치 정보에 대한 수집 허가를 얻지 못한 경우 • POSITION_UNAVAILABLE – 위치 정보를 얻지 못한 경우 • TIMEOUT – 위치 정보를 얻는 데 소요되는 시간이 지났을 경우
message	오류 내용을 텍스트로 반환한다.

따라서 위치 정보를 얻지 못했을 때는 다음과 같이 getCurrentPosition() 메서드의 두 번째 인수에 콜백 함수를 지정하면 된다.

```
navigator.geolocation.getCurrentPosition( MyPosition, show_Error ); //위치 정보를 얻어 온다

function show_Error(error) { //오류 발생 시 처리할 메서드 지정
   switch(error.code) {
      case error.PERMISSION_DENIED: alert("사용 권한 오류: " + error.message ); break;
      case error.POSITION_UNAVAILABLE: alert("위치 파악 오류: " + error.message ); break;
      case error.TIMEOUT: alert("시간 초과 오류: " + error.message ); break;
      default: alert("알 수 없는 오류 발생"); break;
   }
}
```

▣ 위치 정보 옵션 지정

앞에서 살펴본 위치 정보를 얻을 때, 위치 정보의 정확도를 올리고자 할 때, 위치 정보를 얻는 데 소요되는 시간 및 캐시의 유효 기간을 지정하고자 한다면 getCurrentPosition() 메서드의 세 번째 옵션에 이러한 정보들을 설정하면 된다. 다음은 이러한 정보들을 나타내는 인터페이스와 속성을 나타낸 것이다.

dictionary	PositionOptions
속성	enableHighAccuracy = false, timeout = 0xFFFFFF, maximumAge = 0;

enableHighAccuracy	기본값은 false이고, 브라우저에 정확한 위치 정보를 얻도록 요청하기 위해서는 true값을 지정하면 된다. 그러나 반응 속도가 느려지거나 전류 소모량을 높일 수 있다.
timeout	위치 정보를 얻을 때까지 기다릴 시간을 밀리초 단위로 지정한다.
maximumAge	기본값은 0이고, 캐시된 위치 정보의 유효 시간을 밀리초로 지정한다. 일반적으로 Geolocation API에서 얻어진 위치 정보는 바로 삭제되지 않고 캐시에 저장되고 이 속성에 지정된 시간이 있으면, 지정된 시간 동안 캐시 정보를 사용하여 위치 정보를 반환한다.

다음은 이러한 위치 정보 옵션을 사용하는 예제를 나타낸 것이다.

```
var options = { enableHeightAccuracy: true,  //정확한 위치 정보를 요구
                timeout: 5000,               //최대 대기 시간(밀리초)
                maximumAge: 0                //캐시 유효 시간(밀리초)
};
navigator.geolocation.getCurrentPosition( MyPosition, show_Error, options ); //위치 정보를 얻어 온다

function MyPosition(position) { … }
function show_Error(error) { … }
```

▣ 연속적인 위치 정보 얻기

앞에서 살펴본 getCurrentPosition() 메서드는 현재의 위치 정보를 한 번만 요청한다. 그러나 연속적으로 위치 정보를 얻기 위해서는 watchPosition() 메서드를 사용해야 한다. 이 메서드를 호출하면 비동기적으로 위치 정보를 얻기 위한 처리가 반복되고 이를 구분하기 위한 식별 ID를 반환함으로써 항상 위치 정보를 감시할 수 있게 된다. 사용하는 방법은 getCurrentPosition() 메서드와 동일하다.

watchPosition() 메서드는 clearWatch() 메서드를 호출하기 전까지는 계속해서 위치 정보를 감시한다. clearWatch() 메서드에서는 watchPosition() 메서드 호출시에 반환되는 식별 ID를 인수로 지

정하면 된다. 다음의 예제는 이러한 연속적인 위치 정보를 얻도록 하는 예제로써, 정지 버튼을 누르면 위치 정보를 얻지 않는다. 앞의 예제를 변경하였다. CSS 및 HTML 코드는 동일하고 <button> 부분만 추가되었다. 스크립트에서는 위치 정보 옵션을 지정하고 watchPosition() 메서드를 호출하였고, 중지시키기 위하여 clearWatch() 메서드를 호출하도록 하였다. 결과는 앞의 예제에서 위치 정보 시작과 중지를 제외하고는 동일한 결과를 보인다.

예제 Geolocation_watchPosition.html

Script

```
window.onload = function() {
    var watch_id = 0;
    var watching = document.getElementById("get_info");
    watching.addEventListener("click", function() {
        if(watch_id > 0) { //연속적인 위치 정보를 얻고 있을 때
            window.navigator.geolocation.clearWatch(watch_id); //위치 정보를 중지한다.
            watch_id = 0; //식별자 초기화
            watching.textContent = "위치 정보 시작";
        } else {
            var options = { enableHeightAccuracy: true, //정확한 위치 정보를 요구
                timeout: 5000,    //최대 대기 시간(밀리초)
                maximumAge: 0 }; //캐시 유효 시간(밀리초)
            //연속적인 위치 정보를 얻어 온다
            watch_id = navigator.geolocation.watchPosition(Monitoring, null, options);
            watching.textContent = "위치 정보 정지";
        }
    }, false);
}

function MyPosition(position) { /* 앞의 예제와 동일하므로 참고한다 */ }
```

HTML

```
<button id="get_info">위치 정보 시작</button>
<!-- 앞의 예제와 동일 -->
```

3.3 구글 지도 활용하기 - Google Maps API v3

이번 내용은 최근에 공개된 구글 지도 API v3의 예제를 나타낸 것으로, 다음 사이트를 방문해 보면 친절하게도 한글로 모든 내용을 안내하고 있으므로 영어의 울렁증이 있는 학생들은 두 손 들고 거침없이 도전해보도록 하자.

Goole Maps Javascript API 3는 공식적으로 완전 무료인 자바스크립트 API이다. 따라서 API의 버전 2는 구글의 사용 중단 정책에 따라서 더 이상 공식적으로 사용되지 않기 때문에 기존 사용자들은 기존 버전의 코드를 마이그레이션해야 한다. 이 버전을 사용하면 구글 지도를 http://

maps.google.com 웹 사이트와 같이 지도를 조작하고 다양한 서비스를 할 수 있다. 특히 모바일 기기와 데스크톱 브라우저에서 더욱 빠르게 적용된다는 장점을 가지고 있다.

- https://developers.google.com/maps/documentation/javascript/tutorial?hl=ko

본 교재의 내용도 위 사이트의 내용을 기초로 하고 있지만, 내용이 변경되었기에 본 교재에서는 최근의 내용을 기준으로 설명하도록 한다. 참고로 https://developers.google.com/maps/를 방문하면, 위치 기반의 앱 만들기, 모바일 앱용 지도 만들기, 지형 공간 데이터 시각화(3D), 지도 맞춤 설정등의 다양한 애플리케이션을 만들어볼 수 있다.

▣ 1단계 – API 키 얻기

모든 구글 지도 API 애플리케이션에서는 API키를 사용하여 Maps API를 로드해야 한다. API키를 사용하면 애플리케이션의 Maps API 사용을 모니터링할 수 있다. API를 만들려면 다음의 단계를 따라야 한다.

1. https://code.google.com/apis/console에서 API 콘솔을 방문하고 Google 계정으로 로그인을 하면 [Create project…]버튼을 클릭한다.
2. 이어서 나타나는 다음 화면에서 [Google Maps JavaScript API v3]를 선택하여 활성화를 [ON] 하면 완전 무료로 사용할 수 있다. 만일 상용으로 구글 지도를 사용하고자 한다면, [Google Maps Geolocation API]를 선택하면 된다. 이어서 표시되는 [Enable the Google Maps JavaScript API v3]에서 서비스를 사용하겠다고 체크한 다음 [Accept]버튼을 클릭한다.

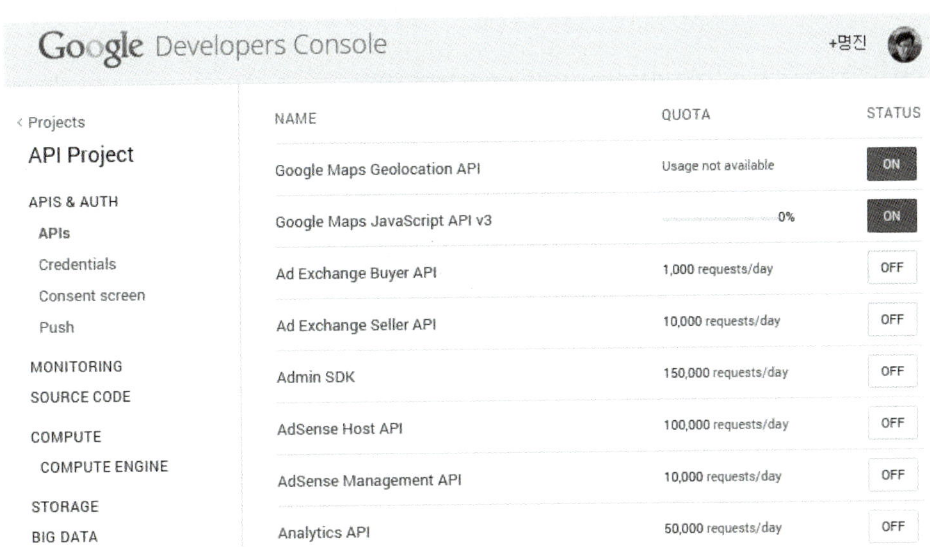

3. 다시 왼쪽 메뉴의 [APIS & AUTH] 링크를 선택하여 [Credentials] 링크를 클릭한다. 그리고 표시되는 화면에서 Public API access의 [Create new key] 버튼을 클릭하면 다음과 같이 생성하고자 하는 키의 종류를 선택하면 된다.

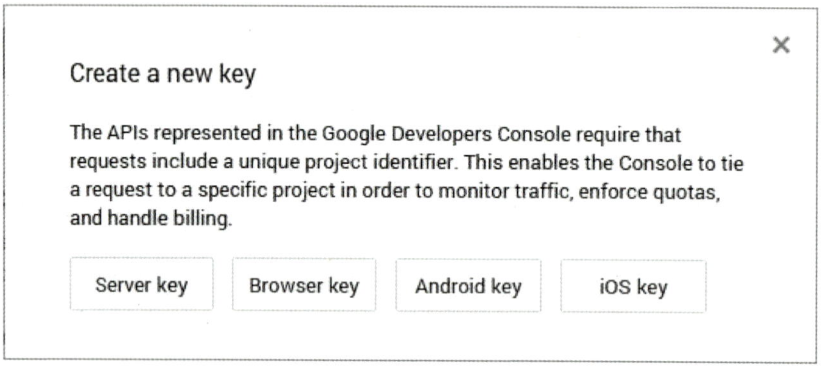

4. 원하는 키를 선택하면 된다. 교재에서는 브라우저용 키[Browser key]를 선택하였다. 이어서 나타나는 화면에서는 키를 적용시키고자 하는 사이트의 URL을 입력하면 된다. 예를 들어 "*.example.com/*" 와 같이 입력할 수 있다.
5. 생성되는 API 키는 클라이언트 애플리케이션에 배포될 수 있고, API 요청은 클라이언트의 브라우저에서 구글에 직접 전송된다. 중요한 것은 기본적으로 생성된 키는 모든 사이트에서 사용할 수 있기 때문에 승인되지 않은 사이트에서는 사용하지 못하도록 키의 사용을 관리하는 도메인으로 제한하는 것이 좋다. [Edit allowed referes]버튼을 클릭하여 어떤 도메인에서 API키를 사용해야 하는지를 지정하면 된다. 키를 갱신하거나 삭제할 수도 있다.

▣ 2단계 - 구글 지도와 연동하기(Google Map API v3)

다음은 구글 맵 API를 사용하기 위한 단계로써, 이미 앞에서 다 학습했던 내용이므로, 소스코드를 보면 바로 이해할 수 있을 것이다. 이에 대한 자세한 내용은 앞에서 언급한 웹 주소를 방문하여 확인하도록 한다.

1. 애플리케이션에 <!DOCTYPE html> 선언을 사용하여 HTML5로 사용하도록 한다.
2. script 태그를 사용하여 Maps API JavaScript를 포함한다.

```
<script type="text/javascript"
  src="http://maps.googleapis.com/maps/api/js?key=API_KEY&sensor=false">
```

3. 지도를 넣을 'map_canvas'라는 div 요소를 만든다.
4. 여러 지도 속성을 담기 위해 자바스크립트 객체 리터럴을 만든다.
5. 'map' 객체를 만들기 위해 자바스크립트 함수를 작성한다.

6. body 태그의 onload 이벤트에서 지도 객체를 초기화한다.

다음의 간단한 예제는 앞에서 필자가 현재 위치하고 있는 위치 정보가 중앙으로 오는 지도를 표시하도록 하였다. 이를 잘 활용하여 각자 자기만의 멋진 구글 지도 애플리케이션을 만들어보도록 한다. 본 실습 예제에서는 앞에서 구한 API 키를 사용하지 않고 기본 예제를 활용하였다.

Geolocation	실습하기	Script

앞의 내용을 기준으로 Geolocation_Study01_Step.html 파일을 열고, 다음의 실습 코드를 입력하고 브라우저로 확인을 해보자.

예제 Geolocation_Study01_Step.html ※ 완성된 코드는 Geolocation_Study01_GoogleAPI3.html 에서 확인

Script

```
1  <script src="https://maps.googleapis.com/maps/api/js?v=3.exp"></script>
2  <script>
3      var map, lat = 37.5640984, lng = 126.67367030000001; //위도와 경도를 지정한다.
4      function initialize() {
5          var mapOptions = { zoom: 10, //지도의 확대 비율을 지정한다.
6          center: new google.maps.LatLng(lat, lng) //현재의 위치 정보를 기준으로 한다.
7          };
8
9          //현재 지도를 중심으로 구글 지도를 표시하도록 한다.
10         map = new google.maps.Map(document.getElementById('map-canvas'), mapOptions);
11     }
12     google.maps.event.addDomListener(window, 'load', initialize);
13 </script>
```

HTML

```
1  <div id="map-canvas"></div>
```

구글 Map API v2에 비하면 코드가 상당히 간단하다는 것을 느낄 수 있을 것이다. 다음 내용은 예제에 대한 설명을 요약한 것이다.

구분	위치	설명
Script	1	구글 Map API v3를 사용하기 위한 자바스크립트 코드를 지정한다.
	3	구글 지도에서 처음에 보여줄 지도의 위도와 경도를 지정한다.
	5~7	구글 지도의 옵션으로, 확대 비율과 초기 중앙의 위치를 지정한다. 확대 비율의 값은 클수록 지도가 상세히 표시된다.
	10	실제 구글 지도 객체를 생성하여 HTML의 map-canvas 아이디에 표시하여 준다.
HTML	1	구글 지도를 담을 영역을 div 요소를 사용하여 정의하였다.

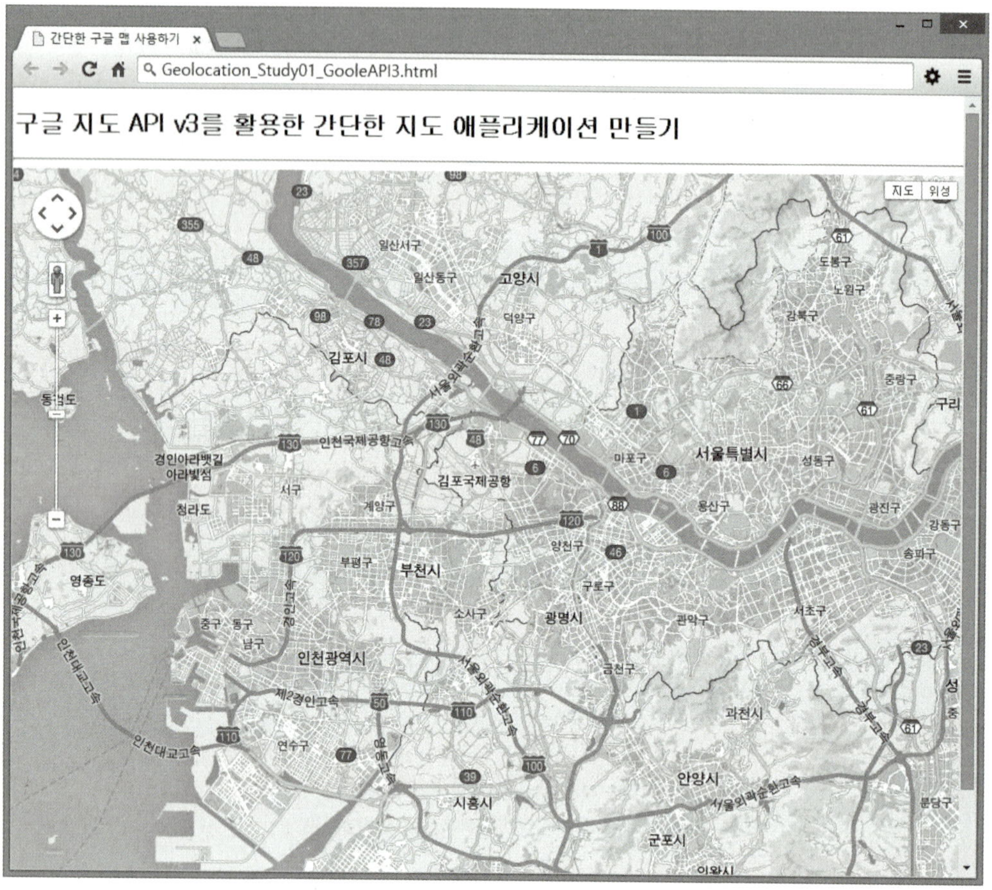

실습을 성공적으로 마친 학생은 다음 단계로 국내의 네이버와 다음 지도를 스스로 활용을 해보도록 한다. 현재, 네이버는 지도 활용을 위한 JavaScript 2.0이 공개되어 있는 상태이고, 다음 지도는 API 3이 공개되어 있는 상태이기 때문에 스스로 국내 지도에 도전을 해보도록 하자.

- 네이버 지도 – http://developer.naver.com/wiki/pages/MapAPI
- 다음 지도 API 3 – http://dna.daum.net/apis/maps

찾아보기

저자약력

김명진(webzealer@ssu.ac.kr)

현 동양미래대학교 겸임교수 IT 개발 컨설팅
숭실대학교/한국방송대학교/평생교육원(e-그린) 외래교수
학부: C/C++/HTML5/멀티미디어웹페이지/컴퓨터그래픽스/컴퓨터구조/디지털공학/알고리즘/컴파일러구성
대학원: 네트워크시뮬레이션/영상통신

〈저서〉

웹프로그래밍 기초, 와우북스, 2016
Hadoop Hacks(전문가가 사용하는 실전기술), 와우북스, 2016
속이 깊은 HTML5 & CSS3, (주)생능출판사, 2014
예제가 가득한 C언어 길라잡이, 정보문화사, 2006, 2012
프론트페이지 2002 Inside Out, 정보문화사, 2002
프론트페이지 2002 Step by Step, 정보문화사, 2001
네트워크 기초과정, SK Telecom 인재연구원, 1998
인터넷 프로토콜, SK Telecom 인재연구원, 1997

〈주요 프로젝트〉

교육과학기술부, 차세대 정보컴퓨팅 기술개발사업 – MIMO HCI S/W 원천기술 개발
정보통신산업진흥원, 서비스 로봇을 위한 멀티 모달 지능형 인간-로봇 상호작용 기술 개발
LG전자(주), 압축 동영상의 해상도 및 화질 개선 연구, 양방향 HD급 실시간 A/V 압축전송기술 개발
삼성전자(주), 모바일향 표준 이미지 코덱 SIMD 가속 기술 개발
씨엔에스테크놀러지(주), H.264 부호화 방식의 성능 최적화 개발
한국전자통신연구원(ETRI), 저전력 H.264 Morion Compensator IP 및 90nm용 VLC/VLD Fim IP 개발

속이 깊은 HTML5 & CSS3

김명진 지음

초판발행 : 2014. 7. 21
제1판 3쇄 : 2016. 7. 15
발행인 : 김 승 기
발행처 : (주)생능출판사
신고번호 : 제406-2005-000002호
신고일자 : 2005. 1. 21
ISBN : 978-89-7050-812-2(93000)

413-120
경기도 파주시 광인사길 143
대표전화 : (031)955-0761, FAX : (031)955-0768
홈페이지 : http://www.booksr.co.kr

* 파본 및 잘못된 책은 바꾸어 드립니다.

정가 28,000원